Grundlagen der Schulpädagogik

Band 47

Lexikon Schulpraxis

Theorie- und Handlungswissen für Ausbildung und Unterricht

2. ergänzte Auflage

Von

Dietrich Homberger

Schneider Verlag Hohengehren GmbH

Grundlagen der Schulpädagogik
Herausgegeben von Jürgen Bennack, Astrid Kaiser, Rainer Winkel
Mitbegründet von Ernst Meyer

Umschlagfotos: Dr. Petra Weißenfels

Gedruckt auf umweltfreundlichem Papier (chlor- und säurefrei hergestellt).

Bibliografische Information Der Deutschen Bibliothek

Die Deutsche Bibliothek verzeichnet diese Publikation in der Deutschen Nationalbibliografie; detaillierte bibliografische Daten sind im Internet über ›http://dnb.ddb.de‹ abrufbar.

ISBN 3-89676-966-9
Schneider Verlag Hohengehren, Wilhelmstr. 13, 73666 Baltmannsweiler

Printed in Germany. Druck: Hofmann, Schorndorf

Vorwort des Herausgeberteams der Reihe

„Gedanken ohne Inhalt sind leer;
Anschauungen ohne Begriffe sind blind.“
Immanuel Kant, 1781

Als mir das hier vorliegende „Lexikon der Schulpraxis“ zwecks Begutachtung vorgelegt wurde und ich kurz darauf meine nach fünf Jahren Schulpraxis wieder aufgenommene Sprechstunde an der Universität (der Künste) abzuhalten hatte, legte ich den ersten sechs Lehramtsstudenten sechs verschiedene Begriffe vor und bat sie um eine entsprechende Definition, Deskription oder wenigstens um eine gewisse Erläuterung. Keine einzige war auch nur einigermaßen hinreichend. Stattdessen hörte ich immer wieder das Präfix ***irgend-***: irgendwie, irgendwo, irgendwann ... Und ich bin sicher, dass meine amerikanischen Kollegen in New York oder L.A. Vergleichbares zu hören bekommen: ***any-***: anyway, anywhere, anytime ... Wie kommt das?

Nun, unsere Zeit und unser Reden bevorzugt das Diffuse, das Huschende, das Ungefähre und Unklare ... Bilder eben, die kommen und gehen, eilen, aber nicht (ver-)weilen. Differenzen sind nicht gefragt, Exaktheiten verpönt, Definitionen gelten als Vergewaltigungen – wo doch alles „irgendwie“ zusammenhängt. Das Androgyne hat Konjunktur; geliebt wird die Dämmerung; nur Tag, nur Nacht gibt es kaum noch. Entsprechend mühsam ist es, wenigstens sprachlich Eindeutigkeit zu erzielen. Aber notwendig ist es allemal. Denn bei diesem Wissensstand darf niemand stehenbleiben:

„Was verstehen Sie unter Aggression?“ – so meine Frage. Die erste Antwort des 24jährigen Studenten:
„Also, ich weiß ja nicht, was Sie dabei empfinden, aber für mich ist Aggression eindeutig negativ besetzt!“
„Nun gut“, so meine Nachfrage, „was aber ist Aggression – meinethalben für Sie?“
Noch einmal der stud. phil.: „Also, irgendwie ist Aggression für mich nicht hinnehmbar ...“

Belassen wir es bei der Bestandsaufnahme, die ein Buch wie das meines Bochumer Kollegen *Dietrich Homberger* dringlicher denn je erforderlich macht. Denn ein Lexikon, also ein alphabetisch geordnetes und systematisch gegliedertes Nachschlagewerk, könnte, sollte, müsste drei Leistungen erbringen:

- Es soll die fraglichen Begriffe klären (hier die der Schulpraxis).
- Es soll zweitens die Verbindungen der Begriffe untereinander kennzeichnen (also das schulpädagogische Gesamtterrain vermessen).
- Und es soll die von den Begriffen bezeichneten Wirklichkeiten möglichst anschaulich beschreiben (mit anderen Worten: Theorie und Praxis miteinander versöhnen).

„Der Homberger“ bewältigt alle drei Aufgaben – souverän, professionell, optimal. Und da es bisher überhaupt kein vergleichbares Lexikon gibt (lediglich mit Abstrichen den „Odenbach“ aus dem Jahre 1974 und den „Aschersleben / Hohmann“ von 1979), sind die Herausgeber dieser Reihe überaus froh, das „Lexikon Schulpraxis“ als Band 47 der „Grundlagen der Schulpädagogik“ präsentieren zu können. Diese Grundlage hat in der Tat bisher gefehlt!

Sicher: „Begriffe sind Vokabeln, flatus vocis, Signale, Abzeichen. Schießen kann man nicht damit“ – so der 1983 verstorbene Münsteraner Pädagoge *Jürgen Henningsen*. Aber arbeiten, also denken und handeln, das kann, das darf, das muss man mit ihnen – oder?

Rainer Winkel
im Namen der Reihenherausgeber
an den Eisheiligen im Jahre 2003
Bonn / Berlin

Vorwort

Das *Lexikon Schulpraxis* wendet sich an Lehrerinnen und Lehrer, die gezielt Fragen zu einem pädagogischen oder schulischen Sachthema klären oder ohne großen Aufwand eine knappe, präzise Information zu einem entsprechenden Stichwort erhalten wollen. Von seiner Konzeption her wendet es sich an Kollegen und Kolleginnen aller Fächer, was sich sowohl in der Themenwahl als auch in den Beispielen, die den verschiedensten Unterrichtsfächern entnommen sind, widerspiegelt. In diesem Sinne vereint das *Lexikon Schulpraxis* relevantes Theoriewissen mit schulpraktischem Handlungswissen. Im Ganzen gesehen, kann es dazu genutzt werden, die Qualität von Unterricht zu verbessern und zu sichern.

Des Weiteren kann das *Lexikon Schulpraxis* von Lehrerinnen und Lehrern in der Ausbildung sowie von Berufsanfängern genutzt werden; es erschließt die Berufsfunktionen, gibt Hinweise zur Organisation und Verwaltung im Schulalltag, zu den Dienstpflichten und Vorschriften, es sichert die allgemeinen didaktischen und methodischen Grundlagen des Fachunterrichts, bietet rasche Orientierung sowie Hilfen bei der Vorbereitung und Reflexion des eigenen Unterrichts.

Die im *Lexikon Schulpraxis* abgehandelten Bereiche umfassen u. a.:

- Qualifikationen für den Lehrberuf wie Unterrichten, Erziehen, Beurteilen, Beraten
- Planung, Durchführung und Reflexion von Fachunterricht
- Prinzipien des Lehrens und Lernens
- Fachmethoden, Unterrichtsmethoden, Lern- und Arbeitstechniken
- Gesprächsführung, Gesprächsstrategien, Gewaltprävention
- Grundlagen der allgemeinen Didaktik und Lernpsychologie
- Schulprogramm, Standarddiskussion, Qualitätssicherung und -verbesserung
- Multimedia, Internet und Hypertext

Einige Themen sprechen vor allem Lehrer und Lehrerinnen in der Ausbildung sowie Berufsanfänger an, z. B.:

- Schulorganisation, wichtige Schulgesetze und Verordnungen
- Dienstpflichten, Schulaufsicht, Umgang mit Beschwerden
- Aufgaben des Klassenlehrers, Datenschutz, Unfallverhütung
- Besonderheiten der Schulformen und Schulstufen
- Schulangst und Schulversagen, Differenzierungsmaßnamen
- Unterrichtsführung, Medieneinsatz und Motivation
- Stressbewältigung und Entlastung im Berufsalltag

Angestrebt ist eine Information mittlerer Reichweite, die stets das mögliche Informationsinteresse eines Kollegen oder einer Kollegin im Blick hat. Besonders geachtet wurde auf eine verständliche Sprachgestaltung, auf erläuternde Beispiele, übersichtliche Zusammenfassungen, praxisbezogene Hinweise und Tipps und wenige, aber relevante bzw. aktuelle Lesehinweise.

Das *Lexikon Schulpraxis* ist folgendermaßen aufgebaut[1]:

- Bei Fachausdrücken wird überall dort, wo es erforderlich ist, eine deutsche Übersetzung gegeben; es folgt eine kurze Erklärung mit instruktiven Beispielen.
- In zahlreichen Fällen wird das Stichwort in seinen besonderen Bedeutungsvarianten in Unterpunkte 1), 2) usw. differenziert und erläutert.
- Querverweise sorgen für eine Verbindung der Informationen zu komplexeren Sinneinheiten.
- Tabellen und Zusammenfassungen schaffen Übersicht und geordnetes Wissen.
- Einige komplexere Sachthemen sind ausführlich dargestellt, so dass vertiefte Einsichten möglich werden.
- Hinweise zu Standardliteratur oder zu aktuellen Publikationen bieten Gelegenheit zu weiterführender Lektüre.
- Dort, wo es sich anbietet, finden sich Hinweise für die Gestaltung des Fachunterrichts.

Das *Lexikon Schulpraxis* deckt das Basiswissen für alle relevanten Bereiche und Aspekte des Fachunterrichts und des Schullebens ab. Auf Grund seiner Anlage lässt es sich für vielfältige Aufgaben einsetzen: für die rasche Suche nach gesicherter Information, für die Einarbeitung in ein neues Sachgebiet oder für die Auffrischung eines bereits bekannten Sachthemas, für einen Überblick über die neueren Entwicklungen im Bereich von Ausbildung und Schule, für die Suche nach Beispielen zu einem Fachausdruck, für eine geeignete Lektüreempfehlung und vieles mehr.

Es ist somit eine wertvolle Hilfe bei der beruflichen Sozialisation, bei der Vorbereitung und Reflexion oder der Qualitätsverbesserung von Unterricht; aber auch bei Prüfungen, Haus- oder Examensarbeiten. Hierzu wünsche ich sehr, dass die Arbeit mit dem *Lexikon Schulpraxis* zu einem guten Gelingen beiträgt.

Dietrich Homberger

[1] Für die sprachliche Gestaltung gilt Folgendes: Die Stichwörter werden im laufenden Text durch eine Abkürzung, meist durch den ersten Buchstaben repräsentiert. Hierbei werden Plural- oder Flexionsformen nicht gesondert ausgewiesen. Es gilt also z. B.: »Entwurf« = E. (= Entwurf, Entwurfs, Entwürfe); die jeweilige Form ist durch den Kontext gegeben. Gleiches gilt für »Jahrhundert« (= Jh.).

»Maßstab für die Brauchbarkeit didaktischen Theoriewissens
ist die gelingende Unterrichtspraxis.«
W. Jank / H. Meyer

Abbild-Didaktik Direkte Übernahme (»Abbildung«) der Ergebnisse und Verfahren der ➪ Bezugswissenschaft im Fachunterricht. Die A.-D. geht davon aus, dass am Beginn der ➪ Unterrichtsplanung eine fachwissenschaftlich orientierte ➪ Sachanalyse steht, in der die wesentlichen Strukturen, Sachverhalte, Fragestellungen usw. des zu unterrichtenden Gegenstandes bzw. Themas herausgearbeitet werden, um sie dann im Unterricht in der »sachlogischen« Reihenfolge und mit der »angemessenen« Methode darzubieten. Die Interessen der Schüler und Schülerinnen spielen dabei eine untergeordnete Rolle.

Dieser Ansatz ist häufig kritisiert worden, insbesondere von der ➪ Bildungstheoretischen Didaktik (W. Klafki); so führen W. Jank / H. Meyer ([5]1996) an, dass sich die didaktischen und methodischen Entscheidungen für den Unterricht nicht direkt aus den fachwissenschaftlichen Vorgaben deduzieren lassen, dass die meisten Fächer nicht auf nur eine Wissenschaft bezogen werden können und dass eine erfahrene Lehrerin bzw. ein erfahrener Lehrer immer schon die konkrete Lerngruppe mit ihrem ➪ sachstrukturellen Entwicklungsstand im Blick haben wird, wenn sie oder er Unterrichtsgegenstände auswählt und aufbereitet.

Diese Kritik darf jedoch nicht dahingehend missverstanden werden, dass bei der ➪ didaktischen Analyse kein größerer Wert auf fachliche Kenntnisse gelegt würde; doch sind diese in größeren Kontexten (z. B. während des Studiums) zu erwerben, nicht erst während der Vorbereitung auf die nächste Unterrichtsstunde.

Abiturprüfung Auch: Reifeprüfung, Matura (Österreich, Schweiz); Abschlussprüfung an allen Schulformen, die zur allgemeinen Hochschulreife führen. Die A. wurde in den meisten deutschen Ländern zu Beginn des 19. Jh. eingeführt (in Preußen bereits 1788) und war zunächst auf das Gymnasium beschränkt. Gegen Ende des 19. Jh. wurde sie auf Realgymnasien und die Oberrealschulen ausgedehnt; nach dem Ersten Weltkrieg auch auf die Deutsche Oberschule. Seit dem Hamburger Abkommen von 1964 gibt es neben der allgemeinen auch die berufsbezogene Qualifikation der ➪ Fachhochschulreife (meist nach der Jahrgangsstufe 12), die den Besuch von Fachhochschulen ermöglicht.

Über den Zweiten Bildungsweg (Abendgymnasium, Kolleg zur Erlangung der allgemeinen Hochschulreife) können berufserfahrene Erwachsene den Hochschulzugang durch eine A. erwerben. So genannte Externenprüfungen (Nichtschüler-Reifeprüfungen, Begabtenprüfungen) sind möglich.

Als Grundlage für die gegenseitige Anerkennung der Reifezeugnisse hat die ➪ Kultusministerkonferenz (KMK) am 1.7.1979 eine Vereinbarung über die einheitlichen Prüfungsanforderungen in der A. beschlossen. Sie steckt im Wesentlichen den Rahmen ab, in dem sich Art und Schwierigkeitsgrad der Abituraufgaben bewegen sollen, so dass Unter- wie Überforderungen vermieden werden. Die Anforderungen in der A. beziehen sich auf selbstständige Aussagen des Prüflings zur Darstellung und Verarbeitung bekannter Sachverhalte sowie zur Übertragung des Gelernten auf vergleichbare neue Bereiche. Hierbei lassen sich drei ➪ Anforderungsbereiche unterscheiden:

1. Wiedergabe von Kenntnissen,
2. Anwendung von Kenntnissen sowie
3. Problemlösen und Werten.

Trotz einer Reihe von Absprachen innerhalb der KMK ist die A. in den einzelnen Ländern recht unterschiedlich organisiert. So ist nach der Wiedervereinigung die Frage, ob die A. nach 13 oder bereits nach 12 Jahren erworben werden kann, erneut gestellt worden. Immerhin haben zwei der neuen Bundesländer (Sachsen und Thüringen) die Zwölfjahresregelung (bisher) beibehalten; in weiteren zwei Ländern (Baden-Württemberg, Nordrhein-Westfalen) kann das Abitur wahlweise nach 12 oder 13 Jahren erworben werden. Wieder andere Länder stellen die Abituraufgaben zentral; ein solches Zentralabitur haben mittlerweile sieben Bundesländer (Baden-W., Bayern, Mecklenburg-V., Saarland, Sachsen, Sachsen-A. sowie Thüringen). Auf der einen Seite entlastet das Zentralabitur die Lehrerinnen und Lehrer; denn sie brauchen keine Zeit für die Suche nach geeigneten Texten oder Textstellen, für die Formulierung der Aufgabenstellungen oder die Abfassung der Formblätter (Unterrichtsvoraussetzungen, erwartete Schülerlösungen u. dgl.) aufzuwenden. Andererseits ist eine individuelle Vorbereitung auf die dem Lehrer bekannte Lerngruppe nicht mehr möglich.

In den Bundesländern, in denen es kein Zentralabitur gibt, werden die Abiturvorschläge von den Fachlehrerinnen bzw. Fachlehrern über die Schulleitung dem Fachdezernenten eingereicht (➪ APO-GOSt, § 33). Hierbei sind folgende Formblätter vorgesehen:

a) eine Übersicht über die Themen und Unterrichtsgegenstände der Qualifikationsphase (d. h. der Kurse 12.I bis 13.II), ggf. bereits ab der Jahrgangsstufe 11,
b) die Aufgabenvorschläge, evtl. getrennt für Schülergruppen mit unterschiedlichen Kursvoraussetzungen, sowie eine Angabe über die Zahl der Schüler und Schülerinnen, für die der Vorschlag (jeweils) gilt,
c) eine Erklärung des Fachlehrers bzw. der Fachlehrerin, dass er oder sie das Notwendige für die Geheimhaltung veranlasst hat,
d) detaillierte Hinweise zu den unterrichtlichen Voraussetzungen für die Lösung der jeweiligen Aufgabe,
e) eine konkrete Beschreibung der zu erwartenden Schülerleistung (➪ Erwartungshorizont).

Der Fachdezernent (bzw. sein Fachberater) prüft die Abiturvorschläge im Sinne der jeweils geltenden ➪ Richtlinien und ➪ Lehrpläne, veranlasst evtl. eine Änderung und genehmigt sie. Darüber hinaus können korrigierte und benotete Abituraufgaben vom Dezernenten eingefordert und nachträglich überprüft werden. All diese Maßnahmen sollen eine Vergleichbarkeit der A. garantieren helfen.

In die Abiturnote kann eine ➪ Facharbeit und / oder eine ➪ besondere Lernleistung einbezogen werden (➪ APO-GOSt, § 17).

Ablauforganisation Umfasst die Ordnung der Arbeitsprozesse in einer Schule gemäß den Anweisungen der ➪ Allgemeinen Dienstordnung (ADO); die A. erstreckt sich auf die zu erfüllenden Aufgaben im schulischen Jahreszyklus, die zeitliche und räumliche Gestaltung der Arbeitsvollzüge sowie die Zuordnung von Personen und Sachmitteln zu den einzelnen Abläufen. Zusammen mit ➪ Aufbau- und ➪ Informationsorganisation bildet die A. die funktionelle Organisation einer Schule.

Abstraktion 1) Die Befähigung zu abstraktem ➪ Denken ist eines der Hauptziele der weiterführenden Schulen, insbesondere der gymnasialen Oberstufe. Die Fähigkeit zur A. ist schon im frühesten Lebensalter angelegt und beginnt mit der Herausbildung der ersten kognitiven ➪ Schemata. Im Fachunterricht wird diese Fähigkeit systematisch gefördert durch die Herausbildung ➪ wissenschaftlicher Begriffe, durch die Bildung von fachlichen ➪ Kategorien sowie durch die Einordnung und ➪ Vernetzung der Begriffe und Kategorien in größere systematische Zusammenhänge bzw. Theorien.

2) ➪ Reflexionsebenen.

Adaption 1) Auch: Adaptation; Anpassung eines Organismus an seine Umwelt, z. B. durch ➪ Assimilation (vorhandene Strukturen werden gefestigt) als auch durch ➪ Akkommodation (vorhandene Strukturen werden verändert).

2) Umformung eines Textes in eine andere Gattung (z. B. Erzählung in dramatische Szene).

3) Sinngemäße Übersetzung einer fremdsprachlichen Textstelle, wenn z. B. eine Situation in der Zielsprache nicht üblich (verständlich) ist.

ADO Abk. für »Allgemeine Dienstordnung für Lehrer und Lehrerinnen, Schulleiter und Schulleiterinnen an öffentlichen Schulen« (➪ Allgemeine Dienstordnung).

adressatengerecht Die Auswahl von sprachlichen oder medialen Mitteln betreffend, die im Hinblick auf die möglichen Erwartungen eines konkreten Hörers oder Lesers oder einer (Lern-)Gruppe erfolgt; oft auch synonym zu ➪ schülergerecht.

affektives Lernziel Auch: emotionales Lernziel; Untergruppe der ➪ Lernziele, die bei der ➪ Dimensionierung eine Rolle spielt. „Intentionen in der emotionalen Dimension wenden sich an den Menschen, der seine Wahrnehmungen mit Lust- oder Unlustgefühlen begleiten kann, sich durch Gegenstände in Zustände versetzen läßt." (W. Schulz, 1965) Meist lassen sich a. L. (Aufmerksamkeit, Gefühle, soziales Verhalten, Werteinstellungen) nicht im Unterricht direkt beobachten, da sie längerfristig zu realisieren sind.

Beispiele: *Die Schüler und Schülerinnen sollen*
- *Bereitschaft zeigen, in der Gruppe mitzuarbeiten, und* ➪ *Teamfähigkeiten erwerben.*
- *Freude am kreativen Schreiben entwickeln und positive* ➪ *Gefühlserfahrungen machen.*

– *auf der Grundlage der bearbeiteten Materialien die soziale Situation und die Emotionen der arbeitslosen Jugendlichen verstehen und ihre ➪ Empathie in einem ➪ Rollenspiel zeigen.*

Aggression Der Terminus wird z. T. recht unterschiedlich gebraucht. In der Verhaltensforschung ist ein eher weiter Begriff von A. gebräuchlich, der jegliche zielgerichtete, offensive Aktivität umfasst, also auch Akte der Selbstbehauptung und tatkräftiges Handeln. Ein eher enger Begriff von A. bezieht sich auf affekthafte, feindselige Äußerungen und gewalttätige Handlungen, die sich gegen andere richten, um diese mental oder körperlich zu schädigen und um die eigene Macht zu erhalten oder eigene psychische Spannungen zu entladen. So spricht man von körperlicher, verbaler oder psychischer A., je nachdem, ob Personen attackiert und verletzt werden, ob Diffamierungen und Beleidigungen ausgesprochen werden oder ob andere durch Nichtbeachtung und durch Diffamierung ausgegrenzt und geschädigt werden (Mobbing).

Das Verhältnis zwischen A. und Gewalt ist nicht klar umrissen; meist (aber nicht immer) wird Gewalt als der Oberbegriff angesehen, bei dem zwischen legaler und illegaler Gewalt unterschieden wird. A. wäre dann der illegalen Gewalt zu subsummieren. So erweist sich die *strukturale Gewalt*, wie sie etwa in der feministischen Forschung diskutiert wird, als ein Bedeutungsaspekt, den der Begriff A. nicht abdecken würde.

Aggressives Verhalten von Schülern oder Schülerinnen bringt die Lehrenden oft zur Verzweiflung und macht sie hilflos; häufig verbergen sich hinter aggressivem Verhalten unterschiedliche ➪ Schulschwierigkeiten. Die Schule verfügt über eine Reihe von Maßnahmen, der A. durch ➪ Prävention zu begegnen, um diese abzuwenden oder wenigstens zu vermindern, sowie über individuelle wie kollektive Maßnahmen, die im Falle massiver ➪ Konflikte im Schulalltag ergriffen werden können.

Näheres bei: G. Bovet / V. Huwendiek (2 1998), F. Petermann / U. Petermann (2000), H. H. Erb (2001).

Handreichung für Eltern und Lehrer: F. Petermann u. a. (2001), P. Struck (2001).

Akkommodation Dt.: Angleichung, Anpassung; Terminus aus der ➪ Lernpsychologie, der vor allem bei Jean Piaget (1983) Verwendung findet. Im Verlauf seiner Entwicklung erwirbt jeder Mensch eine Reihe von kognitiven ➪ Schemata, z. B. das Schema »Fisch«. Durch ➪ Assimilation können neue Elemente oder Beziehungen in dieses bestehende Schema eingeordnet und mit ihm verknüpft werden. Lassen sich bestimmte Phänomene jedoch nicht ohne weiteres in ein Schema integrieren, so muss der Organismus entweder ein neues Schema entwickeln oder ein bestehendes umstrukturieren; und genau diesen Vorgang meint A. Die A. lässt sich demnach auffassen als Anpassung des Ich an die Umwelt und ist ein zentrales Phänomen beim ➪ Denken und ➪ Lernen.

So muss ein Kind sein Schema »Fisch« möglicherweise durch A. grundlegend umstrukturieren, wenn es »fliegende Fische« kennen lernt oder wenn es lernt, dass der »Walfisch« ein Säugetier ist.

AKO Abk. für »Ausbildungskoordinator« bzw. »Ausbildungskoordinatorin«; der AKO wird vom Schulleiter im Benehmen mit der ➪ Lehrerkonferenz bestellt (z. B. in

NRW), um die schulische Ausbildung der ➪ Referendare und Referendarinnen zu organisieren und die Kooperation zwischen Schule und ➪ Studienseminar zu koordinieren.

Akquisition Dt.: Erwerbung; Teilprozess des ➪ Modell-Lernens.

Aktionsformen (des Lehrers bzw. der Lehrerin) Ein von W. Schulz (1965) gebrauchter Terminus, der in Abgrenzung zu den ➪ Sozialformen das methodische Handeln des Lehrers bzw. der Lehrerin im Unterricht bezeichnete (z. B. die ➪ Lehrerfrage oder den ➪ Lehrervortrag) und heute durch andere Ausdrücke ersetzt wird, die eher die Interaktion im ➪ Lehr-Lern-Prozess zum Ausdruck bringen, wie z. B. der Terminus ➪ Handlungsmuster. Als Teil der ➪ Unterrichtsmethoden gehörten die A. zum so genannten »Reichweiten-Modell« (P. Heimann), einer hierarchischen Klassifikation von Unterrichtsmethoden.

aktives Zuhören Teil der ➪ Gordon-Methode für den Fall, dass der andere (der Gesprächspartner bzw. die Gesprächspartnerin) das Problem hat; beim a. Z. zeigt der Zuhörende durch seine ➪ Körpersprache, aber auch durch verbale Signale und ➪ Spiegeln, dass er Interesse und Mitgefühl hat und Sympathie seinem Gesprächspartner gegenüber empfindet. Gleichzeitig dient es dazu, die tatsächlichen Beweggründe des anderen, das, was er »eigentlich« meint, zu ermitteln, um angemessen reagieren zu können. Beispiel:

Mutter: „*Unser Uwe war schon immer sehr still; da konnte ich machen, was ich wollte.*“

Lehrer: „*Ach, Sie haben schon vieles versucht.*“ (Intention: Mutter soll Beispiele nennen.)

oder: „*Das hat Sie schon seit längerem beunruhigt.*“ (Intention: Mutter soll über ihre Gefühle reden können.)

Akzentuierung Thematische Schwerpunktsetzung in einer Unterrichtsreihe oder einer Unterrichtsstunde, die sich bei der ➪ Unterrichtsplanung z. B. in der Formulierung des Stundenziels ausdrückt. Die A. kann sich auf den Inhalt oder einen methodischen Schwerpunkt des Unterrichts beziehen, z. B. [Deutsch]:

- Ohne A.
  Die Schüler und Schülerinnen sollen das Gedicht »Der Gott der Stadt« von Georg Heym analysieren und interpretieren.
- Mit inhaltlicher A.
  Sie sollen das Gedicht ... unter besonderer Berücksichtigung seiner Epochenzugehörigkeit analysieren und interpretieren.
- Mit methodischer A.
  Sie sollen das Gedicht ... mit Hilfe der strukturalen Methode analysieren und interpretieren.

Akzeptanz Die Anerkennung des anderen in seinen individuellen Eigenheiten, mit seinen Wünschen, Ängsten u. dgl. Gegenseitige A. ist die Grundlage für ein günstiges Gesprächs- und ➪ Lernklima sowie eine auf Einvernehmen angelegte ➪ Gesprächsführung.

Algorithmus 1) Allgemein „ein eindeutiges automatisches Verfahren“ (F. von Cube), etwa in einem Fertigungsbetrieb; in diesem Sinne ist ein A. eine Verarbeitungsvorschrift, die so präzise formuliert ist, dass sie von einem mechanisch oder elektronisch arbeitenden Gerät durchgeführt werden kann.

2) Rechenverfahren, das nach einem festgelegten Schema abläuft und zur schrittweisen und immer wiederholbaren Lösung von ähnlichen Problemen und Aufgabenstellungen dient (z. B. der euklidische A. zur Berechnung des größten gemeinsamen Teilers).

3) Verfahren zur schrittweisen Umwandlung von Zeichenreihen.

Allgemeinbildung Eine Formel besagt, dass A. eine *allseitige ➪ Bildung im Medium des Allgemeinen für alle Menschen* (W. Klafki) sei. Diese Formel enthält sowohl einen Hinweis auf die ➪ Ganzheitlichkeit des ➪ Lernens als auch auf die ➪ Exemplarität des ➪ Lerngegenstands und auf das Recht einer »Bildung für alle«. Ihre Basis ist das Aufklärungspostulat, wonach sich der Mensch durch den Gebrauch seiner eigenen Vernunft aus der unnötigen Bevormundung durch andere befreien solle. In diesem Sinne zielt sie auf die Befähigung des Menschen, kritisch, sachkompetent, selbstbewusst und solidarisch zu denken und zu handeln; ein didaktische Programm, wie es z. B. in der ➪ Kritisch-konstruktiven Didaktik ausgearbeitet worden ist.

Weitere Informationen bei J. Ebert / J. Herter (1987), H. W. Heymann (1997), G. Neuner (1999), U. Jenzen (2002).

Allgemeine Dienstordnung Abk.: ADO; die Aufgaben der ADO (§ 1.1-2) sind:

- Zusammenfassung der wichtigsten Aussagen aus den Bestimmungen des Schulrechts und des öffentlichen Dienstrechts;
- Konkretisierung der Aufgaben, die im Rahmen des Bildungs- und Erziehungsauftrags der Schulen zu erfüllen sind;
- Sicherstellung einer innerdienstlichen Geschäftsordnung, die den Schulen praktische Hilfen geben soll, ihren Auftrag aufgabengerecht zu erfüllen.

Die ADO ist eine Verwaltungsverordnung, die als Erlass veröffentlicht ist. Verstöße gegen die ADO können daher disziplinarisch bzw. arbeitsrechtlich geahndet werden, weil es sich um eine innerdienstliche Weisung der obersten Schulaufsichtsbehörde handelt. Rechtsgrundlage für den Erlass der ADO ist das SchVG (»Schulverwaltungsgesetz«, § 20.5). Allerdings greift die ADO nicht in die pädagogische Arbeit der Lehrer und Lehrerinnen ein, sondern sie bildet lediglich den rechtlichen Rahmen für die ➪ Aufbau- und ➪ Ablauforganisation der Schule.

Nähere Einzelheiten im Kommentar zur ADO von H. Gampe u. a. (1993).

Allgemeine Schulordnung Abk.: ASchO; die ASchO ist eine Rechtsverordnung, die auf der Grundlage des Schulverwaltungsgesetztes mit Zustimmung des Landtages erlassen wird. Sie bestimmt die Rechtsbeziehung zwischen den am Schulleben beteiligten Gruppen und Personen und enthält grundsätzliche Festlegungen zur Umsetzung des Bildungs- und Erziehungsauftrags der Schule in der Praxis. Im Einzelnen bestimmt die ASchO Art und Dauer des Schulverhältnisses, Teilnahmepflicht am Unterricht, ➪

Erziehungs- und Ordnungsmaßnahmen, ➪ Leistungsbewertung, ➪ Versetzung, Übergänge, Abschlüsse, ➪ Unfallverhütung, ➪ Hausrecht, ➪ Haftung u. dgl. mehr.

Alternativplanung ➪ Planungsalternative.

analoge Kommunikation Bei der a.K. werden solche Zeichen eingesetzt, die nicht (vollständig) in symbolische Formen (etwa als Sprachzeichen) übersetzt sind und direkt verstanden werden können, z.B. das *Kopfschütteln* als Ausdruck der Verneinung. Im Gegensatz zur ⇔ digitalen Kommunikation dient die a.K. vornehmlich der Verständigung auf der personalen Ebene (➪ Körpersprache, Gestik, Mimik) und gehört eher zum ➪ Beziehungsaspekt der ➪ Kommunikation.

Analyse Dt.: Auflösung; im Gegensatz zur ⇔ Synthese wird ein Ganzes in seine Bestandteile zergliedert.

1) Systematische Untersuchung eines Gegenstandes oder Sachverhalts hinsichtlich seiner einzelnen, ihn konstituierenden ➪ distinktiven Elemente; z.B. bei der A. eines Textes, eines Bildes, einer Filmsequenz oder einer Konfliktsituation.

2) Ermittlung der Einzelbestandteile von zusammengesetzten Stoffen oder Stoffgemischen mit chemischen oder physikalischen Methoden.

3) ➪ didaktische Analyse.

analytisch Dt.: zergliedernd, zerlegend.

1) Die ➪ Analyse betreffend.

2) »A. Urteile« gehen von einem allgemeingültigen Satz oder einem ➪ Axiom aus und entwickeln durch logische Ableitung oder Zergliederung weitere Einzelaussagen. Sofern die allgemeinen Sätze oder Axiome nicht angezweifelt werden, sind a. Urteile stets »wahr«. Ein bekanntes Beispiel für eine a. Urteilsform stellt der ➪ Syllogismus dar.

3) Bezogen auf Wortbildung und Grammatik ist Deutsch eine a. und Latein eine ⇔ synthetische Sprache. Bei a. Sprachen herrschen Konstruktionen mit getrennten Wörtern gegenüber Ableitungen und Zusammensetzungen vor (vgl. deutsch: *er wird gelobt; durch das Wort* mit lat. *laudatur; verbo*).

4) ➪ Deduktion.

analytisch-deduktiv Bezeichnung für ➪ analytische Verfahren, die darauf gerichtet sich, den Einzelfall (durch ➪ Deduktion) aus dem Allgemeinen (z.B. Axiomen, Gesetzen, Prämissen) abzuleiten.

Anbahnung Die erste der drei ➪ Entfaltungsstufen im Lernzielbereich nach W. Schulz (1965), die sich in die drei Dimensionen: *Kenntnis* (kognitiv), *Anmutung* (affektiv) und *Fähigkeit* (psycho-motorisch) gliedert. Es handelt sich um „ein Angebot hinweisender Begriffe“, das helfen soll, bei der ➪ Unterrichtsplanung ein Gleichgewicht herzustellen zwischen intellektuellen, gefühlsmäßigen und manuellen Anteilen im ➪ Lehr-Lern-Prozess. Diese erste Stufe der A. wird z.B. bei einem Unterrichtsvorhaben dadurch erreicht, dass die Lehrperson einen ➪ informierenden Unterrichtseinstieg wählt (Kenntnis), durch geeignete Bilder oder Folien das Interesse weckt (Anmutung) und gleichzeitig die Schüler und Schülerinnen mit bestimmten Materialien – wie Karteikarten, Statistiken, Diagramme, Wandzeitung usw. – hantieren lässt (Fähigkeit).

Aneignung Auch: Aneignungsprozess; Art und Weise, in der Schüler und Schülerinnen das Lernangebot des Lehrers bzw. der Lehrerin annehmen (verstehen, verarbeiten, für sich umsetzen) sowie das Resultat der je individuellen ➪ Informationsaufnahme und ➪ Informationsverarbeitung als Kenntnis, Verständnis, Fähigkeit, Einstellung usw.

Anfangsunterricht Gemeint ist in der Regel der Unterricht in der Grundschule (➪ Primarstufe). Nach einem weit verbreiteten didaktischen Konzept ist der heutige A. in der Grundschule als ➪ Gesamtunterricht (Berthold Otto) angelegt; andere Konzeptionen fordern eine stärkere Berücksichtigung des »Fächerprinzips« sowie eine wissenschaftspropädeutischen Orientierung von Anfang an. In jedem Fall soll der Unterricht weitgehend vom Klassenlehrer bzw. der Klassenlehrerin erteilt werden.

Die Grundschule gilt als »pädagogischer Raum für Grundlegung der Bildung« (I. Lichtenstein-Rother / E. Röbe, ^{5}1991), als ein kindorientierter Lern-, Lebens- und Handlungsraum. Die übergeordneten Ziele eines solchen A. werden gesehen in Selbstbestimmung, Selbstverantwortung, ➪ Selbststeuerung sowie eigener Orientierung. Dabei ist entscheidend, dass diese ➪ Zielorientierungen bereits von Anfang an mit enthalten sein sollen, d. h. dass „Situationen der Selbststeuerung und Selbstkontrolle, der Kommunikation über Ziele und Wege von Anfang an notwendig" sind. Um diese Ziele zu realisieren, werden u. a. ➪ Freiarbeit und ➪ offener Unterricht, ➪ Ganzheitlichkeit und ➪ Projektorientierung sowie die Zusammenführung schulischer Aktivitäten mit dem Leben der Kinder gefordert. Dabei bleibt die Einführung, Festigung und Übung der ➪ Kulturtechniken, insbesondere die des Lesens und Schreibens (K. Meiers, ^{6}1998, Ch. Schenk, ^{3}2001), die zentrale Aufgabe im A.

So empfiehlt B. Dittrich (1983) eine pragmatische Organisation des A. in einem „offenen" Konzept auf der Grundlage von Lebenssituationen. Das komplexe Geschehen des A. wird bestimmt von einer Reihe von Strukturmomenten:

1. Kind, Lerngruppe und Lehrperson

Ein Grundsatz für den A. sollte sein, dass er an das vorschulische Lernen des Kindes anknüpft, damit dieses nicht entwertet, sondern im Gegenteil integriert werden kann. Hierzu gehören z. B. Symbolverständnis, Vertrautheit mit gesprochener Sprache, erste „intuitive Theorien" (H. Gardner, 1993) über sich, den Mitmenschen, die physikalische Welt u. dgl., eigenständiges Erkunden der Umwelt (➪ Neugiermotivation) und gewisse Vorerfahrungen mit Situationen, die von Erwachsenen arrangiert wurden.

Im A. lernt das Kind jedoch nicht allein, sondern es lernt in der Gemeinschaft seiner Mitschüler und Mitschülerinnen. Das Miteinander kann pädagogisch genutzt werden, etwa bei der ➪ Gruppenarbeit oder der »Schreibkonferenz«, in der die Kinder in kleinen Gruppen ihre Schreibarbeiten selbst besprechen und überarbeiten; andererseits sollte es auch die Möglichkeit für den Einzelnen geben, sich zurückzuziehen und still für sich zu arbeiten oder sich mit anregendem Material zu beschäftigen.

Die Lehrperson arrangiert die verschiedenen Lern- und Übungssituationen; sie unterrichtet und erzieht, ist Ansprechpartner der Kinder, gibt Auskünfte, Anregungen, greift Aktivitäten der Kinder auf. Um dies leisten zu können, sind fachliche und didaktisch-methodische Kenntnisse nötig, aber auch Einsichten in ➪ Lernpsychologie oder ➪ Gruppendynamik.

2. Unterrichtsfächer und Lerngegenstände

Der A. umfasst in der Regel die Fächer Sprache (hier vor allem den Lese- und Schreiblehrgang, die beide eng aufeinander zu beziehen sind), den Unterricht in Mathematik (Grundrechenarten, Eroberung des Zahlenraums, Entwicklung räumlicher Vorstellungen), Heimatkunde / Sachunterricht, Kunst / Textilgestalten, Musik, Religionslehre und Sport. Weitere Angebote sind der ➪ Förderunterricht, eine erste Begegnung mit anderen Sprachen (meist Englisch) sowie Deutschunterricht für Schüler und Schülerinnen, deren Muttersprache nicht Deutsch ist. Die Gesamtunterrichtszeit geht von etwa 20 Stunden in Klasse 1 bis zu 25 Stunden in Klasse 4.

3. Ziele

Der A. strebt ➪ Lernziele in kognitiven (Wissen und Kenntnisse), emotionalen (➪ Motivation und Freude am Lernen) sowie psycho-motorischen (Fertigkeiten) Dimensionen an. Der Bildungs- und Erziehungsauftrag richtet sich darauf, alle Schüler und Schülerinnen unter Berücksichtigung ihrer individuellen Voraussetzungen in ihrer Persönlichkeitsentwicklung in den sozialen Verhaltensweisen sowie in ihren musischen und praktischen Fähigkeiten gleichermaßen umfassend zu fördern.

4. Methoden

Der Streit um die »richtige« Methode im A. ist mittlerweile beigelegt; die unterschiedlichen theoretischen Konzepte favorisierten entweder eine ➪ analytische oder eine ➪ synthetische Vorgehensweise, während andere sich wiederum für die ➪ Ganzheitsmethode einsetzten. Statt dessen wird heute weitgehend eine Methodenintegration (H. Brügelmann, 1983) praktiziert. So wird etwa für den Lese- und Schreiblehrgang empfohlen, die Kinder ihren eigenen Weg zum Verständnis des Leseprozesses finden zu lassen (Spracherfahrungsansatz) und einen Lehrgang »Lesen durch Schreiben« (J. Reichen) zu konzipieren. Der A. ist insbesondere durch Maßnahmen der ➪ inneren Differenzierung so zu gestalten, dass er den Leistungsstand, die Lernmöglichkeiten, die Belastbarkeit und die Interessen der Schüler und Schülerinnen berücksichtigt. Im Normalfall wird er als ➪ fächerübergreifender Unterricht angelegt.

5. Leistungsbewertung

Die Klassen 1 und 2 bilden eine Einheit; in ihnen werden die Leistungen der Schüler und Schülerinnen ohne Verwendung von Ziffernnoten beschrieben. Dies gilt auch für die Klasse 3, wenn die ➪ Schulkonferenz einen entsprechenden Beschluss gefasst hat. In die ➪ Bewertung gehen nicht nur Ergebnisse, sondern auch Anstrengungen und Lernfortschritte ein. Nur in den Klassen 3 und 4 werden schriftliche Arbeiten in Sprache und Mathematik benotet.

6. Unterricht

Der Unterricht führt alle bisher genannten Strukturmomente zusammen; sie sind raumzeitlich und funktional bzw. intentional miteinander verbunden, und zwar als:

- Gruppen- und Raumorganisation (Gestaltung des »Lern- und Lebensraums« Klassenzimmer, z. B. durch Leseecke, Medien, Ansteckwand, Lernfries);
- Zeitplanung (großzügige Planung für selbstständiges Arbeiten und Verfolgen von Neigungen, Wechsel von offenen und mehr gelenkten Phasen);
- Ziele, die der Lehrer bzw. die Lehrerin im Ganzen verfolgt.

Geleitet wird der A. von zwei wesentlichen pädagogisch-didaktischen Prinzipien:

- Schon von Beginn an muss der A. auf ➪ Anschlusswissen hin angelegt sein (Identität von Ziel und Grundlegung der Arbeit); insofern ist er »wissenschaftspropädeutisch« und legt die Basis für die weiterführenden Bildungsgänge.
- Der ➪ Lehr-Lern-Prozess ist wesentlich auf den Eigenantrieb des Kindes angewiesen und so angelegt, dass Neugierverhalten, Selbsttätigkeit, Probehandeln und Instruktion durch die Lehrperson ineinander greifen.

Weitere Einzelheiten finden sich in der jeweiligen Ausbildungsordnung (»Verordnung über den Bildungsgang der Grundschule«) der Länder, z. B. der AO-GS vom 14.11.1996 (NRW) sowie den entsprechenden »Verwaltungsvorschriften« per RdErl. vom 19.3.1997.

Für die weiterführenden Schulen ist es äußerst wichtig, sich mit der Grundschuldidaktik und -methodik wenigstens rudimentär auseinander zu setzen; denn all zu oft bildet der Übergang in die Klasse 5 der Realschule oder des Gymnasiums für Schüler und Schülerinnen der Grundschule einen gravierenden Bruch in ihrer schulischen Sozialisation. Es ist schon viel gewonnen, wenn Lehrerinnen und Lehrer beider Schulformen, die in Klasse 4 (Primarstufe) und Klasse 5 (Sekundarstufe) unterrichten, sich anhospitieren und miteinander ins Gespräch kommen.

Weitere Einzelheiten bei H. Brügelmann / E. Brinkmann (1998), P. Hanke (2002), H. Kiper / J. Nauck (2002).

- Zur allgemeinen Didaktik: G. Faust-Siehl u. a. (1996), G. Schorch (1998),
- Zur Beobachtung von Unterricht: Landesinstitut (1997),
- Zur Differenzierung: F. Heinzel / A. Prengel (2002),
- Zur Leistungsbewertung: W. Boettcher u. a. (1999),
- Zur Lernwerkstatt, Lernen an Stationen: R. Bauer (1998), B. Groß-Ernst / M. Strelau (2001), AOL (2002),
- Zur Medienerziehung: G. Tulodziecki ([3]2000).

Anforderungsbereiche 1) Bei der Aufgabenstellung und bei der Bewertung von Klausuren und Abiturarbeiten werden drei A. unterschieden:

1. *Wiedergabe von Kenntnissen*: Gelerntes reaktivieren, Inhalte und fachbezogene Sachverhalte wiedergeben, eingeführte Fachmethoden funktional einsetzen.
2. *Anwenden von Kenntnissen*: selbstständiges Auswählen, Anordnen und Verarbeiten bekannter Sachverhalte und Übertragen des Gelernten auf vergleichbare neue

Situationen, generalisierende Aussagen konkretisieren, einzelne Ergebnisse ggf. funktional deuten.

3. *Problemlösen und Werten*: Beurteilen von Sachverhalten und Meinungen sowie von Wirkungsmöglichkeiten von Texten und Aussagen, eigenständige Folgerungen, Begründungen und Wertungen vornehmen, fachspezifische Sachverhalten erörtern und kritisch bewerten.

Die drei A. bauen sachlogisch aufeinander auf und sind in jedem Fall zu berücksichtigen, wobei dem A. drei für die gymnasiale Oberstufe eine besondere Bedeutung zukommt.

2) Das »Seminarrahmenkonzept« für die Studienseminare in NRW (1996) unterscheidet bei der Ausbildung von Lehrern und Lehrerinnen drei A.:

1. *Sachkompetenz*: Fachliche, methodische und didaktische Beherrschung des Faches sowie Fähigkeit und Bereitschaft, Phänomene und Probleme sowie Entwicklungen des Faches sach- und methodengerecht zu analysieren, zu bearbeiten und für den Unterricht fruchtbar zu machen
2. *Sozialkompetenz*: Bereitschaft und Fähigkeit, das soziale Interessen- und Beziehungsgeflecht in der Institution Schule zu verstehen und sich selbst kritisch, konstruktiv und kooperativ zugleich einzubinden, sei es durch Beteiligung in den verschiedenen Gremien, sei es durch allgemeine Interaktions- und Kommunikationsfähigkeiten (⇨ Gesprächsführung, ⇨ Empathie, Konfliktfähigkeit, Verständigungsbereitschaft)
3. *Selbstkompetenz*: Ausbildung einer Identität als Lehrer bzw. als Lehrerin sowie die bewusste Gestaltung der wahrzunehmenden ⇨ Berufsfunktionen; realistische Selbstwahrnehmung und Fähigkeit zur Reflexion und Verbesserung des eigenen unterrichtlichen Handelns

Angst Die Folgen von Überforderung und Stress in der Schule können zu Angstzuständen führen, und zwar sowohl bei Lehrern und Lehrerinnen als auch bei Schülern und Schülerinnen.

1) Nicht selten fühlen sich schon jüngere Lehrer oder Lehrerinnen in ihrem Beruf überfordert; dies kann durch Doppelbelastungen (Schule und Haushalt), durch fachliche oder methodische Defizite, unzureichendes ⇨ Zeitmanagement usw. verursacht sein. Nicht selten führt eine permanente Überbeanspruchung zum so genannten ⇨ Burnout-Syndrom. In einer solchen Situationen sollten Entlastungsmöglichkeiten (H. Gudjons, 1993), die ⇨ Kooperation mit Kollegen bzw. Kolleginnen oder aber eine professionelle Beratung (⇨ Supervision) gesucht werden.

Allgemeines zum Thema: L. Bassett (2000), D. Wolf (2001).

2) Unter lernpsychologischen Gesichtspunkten kann ein direkter Zusammenhang zwischen A. von Kindern und Jugendlichen in der Schule und ihrer intellektuellen Leistungsfähigkeit, insbesondere im Bereich problemlösender Aufgaben, bzw. ihren allgemeinen ⇨ Schulschwierigkeiten gesehen werden. Um A. abzubauen stehen der Lehrerin oder dem Lehrer verschiedene Möglichkeiten zur Verfügung, z. B.: die hinreichende

Vorbereitung einer ⇨ Klassenarbeit oder Klausur (genaue Angabe zu den Anforderungen und den ⇨ Beurteilungskriterien), vorheriges ⇨ Üben strukturgleicher Aufgaben, Herstellen eines angenehmen ⇨ Lernklimas, Beachten der ⇨ Beziehungsebene (⇨ Empathie, ⇨ Kongruenz) sowie der ⇨ Körpersprache, Kenntnis kommunikativer Techniken (z.B. ⇨ Gordon-Methode), keine Überforderung, kein Zeitdruck usw. Die Reflexion des Phänomens A. kann dazu beitragen, ⇨ Konflikte im Schulalltag besser zu durchschauen und möglicherweise bereits im Vorfeld zu vermeiden.

Was die Beurteilungsbereiche wie mündliche Mitarbeit, Hausaufgaben usw. betrifft, so sollten von Anfang an verbindliche Absprachen getroffen werden. In jedem Fall sollte ein Schüler oder eine Schülerin eine zweite Chance erhalten (z.B. Nachreichen der Hausarbeit ohne Sanktionen).

Weitere Einzelheiten bei P. Strittmatter (^{2}1997), E. Tumpold (1997), G. Bovet / V. Huwendiek (^{2}1998), R. Schwarzer (^{4}2000), M. Niederle (2002), W. Olsner / G. Lehmkuhl (2002).

Angstauslöser Im Zusammenhang mit der emotional-motivationalen ⇨ Konditionierung von Menschen kann auch ⇨ Angst »gelernt« werden; die ⇨ Lernpsychologie unterscheidet hier zwischen bedingtem sowie unbedingtem A. Für einen Schüler oder eine Schülerin sind bedingte A. möglicherweise die Ankündigung einer Klassenarbeit, das unerwartete Abfragen von Vokabeln, das rote Notizbuch des Lehrers. Ein und dasselbe Phänomen kann gleichzeitig bedingter und unbedingter A. sein, etwa das laute Brüllen eines Lehrers im Klassenraum; denn überstimulierende Sinnesreize (wie plötzliche laute Geräusche) können zu den Reizen gehören, die bei einem Menschen natürlicher Weise Angst auslösen. Gleichzeitig ist das Brüllen mit einem bedingten A. verbunden, wenn z.B. eine Bestrafung damit einhergeht bzw. vom Schüler befürchtet wird.

Näheres bei D. Wolf (2001).

Anreizfunktion Eine Funktion der ⇨ Benotung kann darin bestehen, die ⇨ Motivation und ⇨ Leistung eines Schülers oder einer Schülerin zu erhöhen; der »Anreiz« besteht dann in der Aussicht auf Belohnung durch eine gute Note. Dies erfordert jedoch eine gewisse ⇨ Leistungsmotivation.

Anreizstruktur Auch: emotionale Valenz; Bezeichnung aus der ⇨ Lernpsychologie für solche Umweltreize (Eigenschaften von Gegenständen oder Themen), die geeignet sind, latente ⇨ Motive bei Menschen, insbesondere bei Schülern und Schülerinnen, zu aktivieren, so dass eine ⇨ intrinsische Motivation zur Auseinandersetzung mit bestimmten Gegenständen oder Themen entstehen kann. So ist im Allgemeinen die A. eines Dias oder einer Folie höher als das bloße Wort oder ein Tafelanschrieb.

Anschlusswissen Sprachliches ⇨ Lernen ist dann besonders effektiv, wenn die Lerninhalte zweifelsfrei mit vorhandenen Wissensbeständen verknüpft werden können. Hierzu gehört auch, dass der Aufbau einer Terminologie im Fach eindeutig ist und dass sie mit derjenigen anderer Fächer kompatibel ist; zumindest ihr nicht widerspricht.

Wenn z. B. in der Grundschule vom »Tuwort« oder »Tätigkeitswort« die Rede ist, so kann leicht die Vorstellung entstehen, dass Verben »Wörter« sind, die (nur) Tätigkeiten bezeichnen, was inhaltlich nicht zutrifft. Im Sinne von geeignetem A. könnte hier von »Tätigkeitsverben« (Klasse der Verben, die Tätigkeiten bezeichnen, wobei offen bleibt, dass es noch andere Klassen gibt) gesprochen werden.

Anspruchsniveau Das A. beim schulischen Lernen sollte stets ein wenig höher sein als die Leistungsfähigkeit der Schülerinnen und Schüler, ohne sie allerdings zu entmutigen. Durch geeignete Hilfen werden sie befähigt, bestehende ⇨ Lernprobleme (2) selbstständig zu überwinden. Die so gewonnene Freude am Erfolg ist eine grundlegende Voraussetzung für ⇨ Leistungsmotivation.

Besonders in der gymnasialen Oberstufe soll das A. des Unterrichts so sein, dass dieser auf die erfolgreiche Bewältigung der Abituraufgaben vorbereitet. Oberstufengemäßer Unterricht ist daher so komplex und variationsreich anzulegen, dass die Schüler und Schülerinnen insbesondere im dritten ⇨ Anforderungsbereich (1) hinreichende Kompetenzen erwerben können.

anthropogen Menschlich bedingt, durch den Menschen (das Menschsein) beeinflusst oder verursacht.

anthropogene Voraussetzungen Gehören zu den ⇨ Eingangsvoraussetzungen des Unterrichts; gemeint sind im Wesentlichen die lernpsychologischen Gegebenheiten bezogen auf eine bestimmte Altersgruppe wie: Stand der ⇨ Begriffsbildung und der ⇨ moralischen Entwicklung, erreichtes kognitives Stadium (⇨ Stadienlehre).

Antithese Dt.: Gegenbehauptung; Teil einer ⇨ Argumentation, der ⇨ These entgegengesetzte Behauptung.

Anwendungsphase Im ⇨ Verlaufsplan einer Unterrichtsstunde der Teil, in dem die Schüler und Schülerinnen ihre zuvor erworbenen Kenntnisse, Fähigkeiten und Fertigkeiten anwenden, z. B. indem sie zuvor aufgestellte ⇨ Lösungshypothesen in einem Schülerexperiment zu belegen oder zu entkräften suchen oder indem sie eine kennen gelernte Methode auf einen neuen Sachverhalt anwenden.

In der Hierarchie der ⇨ Lernziele, geordnet nach dem Grad der Komplexität, nimmt die *Anwendung* eine mittlere Stellung ein: 1. Kenntnis, 2. Verständnis, 3. Anwendung, 4. Analyse, 5. Synthese, 6. Beurteilung (nach B. S. Bloom).

AO-GS Abk. für »Verordnung über den Bildungsgang in der Grundschule«. In ihr stehen z. B. die Ziele des Bildungsgangs, seine Dauer und Gliederung, Aufnahmeverfahren, Stundentafel, Grundsätze der Leistungsbewertung, Versetzung und Übergänge, Hinweise zu den Zeugnissen.

AO-SI Abk. für »Verordnung über die Ausbildung in der Sekundarstufe I« (kurz: »Ausbildungsordnung Sekundarstufe I«). In ihr stehen z. B. die Ziele des Bildungsgangs, seine Dauer und Gliederung, Aufnahmeverfahren, Stundentafel, Grundsätze der Leistungsbewertung, Versetzung und Übergänge, Hinweise zu den Zeugnissen.

Die AO-SI ist gegliedert nach: allgemeine Bestimmungen, Erprobungsstufe, besondere Bestimmungen für die Haupt- und Realschule, das Gymnasium sowie die Gesamtschule einschließlich entsprechender Versetzungsbestimmungen, Erwerb von Schulabschlüssen und Berechtigungen usw.

APO-GOSt Abk. für »**A**usbildungs- und **P**rüfungs-**O**rdnung – **G**ymnasiale **O**ber**st**ufe«, offizieller Titel: *Verordnung über die Bildungsgänge und die Abiturprüfung in der gymnasialen Oberstufe*. Die Rechtsvorschrift regelt in mehreren Kapiteln den Bildungsgang in der gymnasialen Oberstufe (z. B. Aufgabenfelder, Einrichtung von Kursen, Leistungsbewertung), die Ordnung der ➪ Abiturprüfung (z. B. Bildung der Prüfungsausschüsse, Anrechnung von Kursen), die Zulassung und den Ablauf sowie den Abschluss der Abiturprüfung (z. B. Verfahren für die Zulassung, schriftlicher und mündlicher Teil, Errechnung der Gesamtnote, Nichtbestehen).

Für die gymnasiale Oberstufe an bestimmten Zweigen der Berufsschule gelten ergänzende besondere Bestimmungen.

Appell Dt.: Aufruf, Aufforderung; in seinem Modell zwischenmenschlicher Kommunikation und der ➪ Gesprächsführung spricht Schulz von Thun (1996, Band 1) von den vier Aspekten einer Nachricht: Selbstoffenbarung, Beziehung, Sachinhalt und A. Ein offensichtlicher A. liegt in jedem Befehls- oder Wunschsatz: *Hör auf, so lange zu telefonieren!* Daneben gibt es mehr oder weniger versteckte A., z. B.: *Hier ist es recht kühl.* (→ Schließe bitte das Fenster! oder → Stell bitte die Heißung größer!) *Schon fertig?* (→ Du solltest dir mehr Zeit lassen! usw.) „Was zwischenmenschliche Kommunikation so kompliziert macht ist: Der Empfänger hat prinzipiell die freie Auswahl, auf welche Seite der Nachricht er reagieren will."

Äquilibration Dt.: ins Gleichgewicht bringen; bei J. Piaget (1983) bedeutet Ä. *Ausgleichung durch Selbstregulierung*. Piaget begreift die von ihm beschriebene ➪ Stadienlehre in der geistigen Entwicklung des Menschen als ein natürliches Ablaufschema mit einer immanenten »Entfaltungslogik«, die auf jeder höheren Organisationsstufe stets ein neues Gleichgewicht anstrebt. Diese Entwicklung des Kindes als selbstkonstruktiver Prozess (➪ Konstruktivismus) ist als Interaktion zwischen Subjekt und Umwelt konzipiert, wobei die Formen der Interaktion je nach Entwicklungsstand verschieden sind.

In diesem Zusammenhang haben ➪ kognitive Konflikte ihre besondere Bedeutung: Das Konzept der Ä. im Sinne einer Auflösung von Widersprüchen und Störungen durch Umstrukturierung und Neuaufbau von kognitiven Strukturen wird durch die Herbeiführung von kognitiven Konflikten herausgefordert und gefördert, womit gleichzeitig die geistige Entwicklung des Kindes insgesamt gefördert wird.

Arbeitsauftrag Ein A. kann sich auf eine zu erbringende mündliche oder schriftliche Leistung beziehen. Besondere Aufmerksamkeit verlangt allerdings der schriftliche A.; er kann einfach formuliert sein nach dem Muster »Berechnen Sie ...« oder weitgehender spezifiziert sein. Hierbei lassen sich folgende Möglichkeiten unterscheiden:

1. Besondere Akzentuierung
   Inhaltlich: *Analysieren und interpretieren Sie Shakespeares »Sonett X« unter besonderer Berücksichtigung der Bildsprache.*
   Methodisch: *Suchen Sie im Mikroskop bei etwa 400facher Vergrößerung charakteristische Mitosestadien. Identifizieren und zeichnen Sie diese Stadien.*
2. Weiterführender Untersuchungsaspekt
   Interpretieren Sie das vorliegende Gedicht »Es ist alles eitel« und ordnen Sie es anschließend begründet einer literarischen Epoche zu.
   Werten Sie das vorliegende Quellenmaterial aus und nehmen Sie kritisch Stellung.
3. Weiterführender Schreibauftrag
   Verschriftlichen Sie die Bilderfolge »Alla Stazione« und entwerfen Sie im Anschluss daran einen kurzen Dialog zwischen Luisa und dem Kofferträger.
4. Operationalisierung

Analysieren Sie den Romananfang »Effi Briest« von Th. Fontane:
- *Gehen Sie besonders auf die Darstellung des Herrenhauses und seiner Umgebung ein.*
- *Erläutern Sie auf der Grundlage Ihrer Textkenntnis sichtbar werdende Motive und verwendete Symbole.*
- *Stellen Sie dar, wie die Figuren eingeführt werden, und erläutern Sie, welche Charakteristika für das weitere Verständnis von besonderer Bedeutung sind.*
- *Gehen Sie auf die Erzählperspektive ein und klären Sie, welche Möglichkeiten diese dem Autor bietet.*
- *Beantworten Sie zusammenfassend, wie der Erzähler zu Beginn des Romans die Aufmerksamkeit des Lesers bzw. der Leserin zu gewinnen versucht.*

Vorsicht ist geboten, wenn Arbeitsaufträge mit »*indem*« angeschlossen werden; hier muss geprüft werden, ob die Spezifikation genau das sagt, was gemeint ist. Also nicht: „*Analysieren Sie die Rede, indem Sie ihren Aufbau wiedergeben.*“, sondern: „*Analysieren Sie die Rede, indem Sie dabei auch / besonders auf ihren Aufbau eingehen.*“

Unerlässlich ist, dass die Form des A. den Schülern und Schülerinnen vertraut ist, dass Sie wissen, welche einzelnen Arbeitsschritte mit Anweisungen wie „*Analysiere*“, „ *Werte aus*“ oder „ *Vergleiche*“ konkret verbunden sind, und dass sie zuvor gleiche Aufgabenarten bereits bearbeitet und besprochen haben.

Arbeitsblatt Ein A. ist in der Regel ein vom Lehrer oder der Lehrerin selbst erstelltes Arbeitsmittel, das unterschiedliche Funktionen erfüllen kann:
- Es kann Materialien (z. B. Fotokopien) mit ➪ Arbeitsaufträgen enthalten und dient so als Vorbereitung oder als Vertiefung im Hinblick auf das konkrete Unterrichtsthema.
- Es kann offene Tabellen, unbeschriftete Flussdiagramme u. dgl. enthalten, die während des Unterrichts ausgefüllt oder ergänzt werden; es dient dann der Ergebnissicherung.
- Es kann Definitionen, Termini, systematische Zusammenfassungen enthalten, die das Gelernte über einen gewissen Zeitraum in wesentlichen Aspekten wiedergeben; in dieser Form dient es der Nachbereitung und Wiederholung.

Arbeitsmappe 1) Die Anlage einer A. durch den Schüler bzw. die Schülerin dient dazu, alle schriftlichen Aufzeichnungen, Skizzen, Bilder u. dgl. zu sammeln, die er oder sie im Laufe eines Unterrichtsvorhabens angefertigt hat. Meist bietet sich ein Ringbuch an, das mit einem Inhaltsverzeichnis und einem Sachregister zur besseren Orientierung versehen werden kann. Die A. enthält keine Hausaufgaben, sondern nur die im Unterricht angefertigten und benutzten Materialien; sie dient dazu, bei einer ➪ Gruppenarbeit oder einem größeren Unterrichtsvorhaben (z. B. ➪ Projektunterricht) den Anteil des oder der Einzelnen am Gesamtergebnis zu dokumentieren.

2) ➪ Portfolio.

Arbeitspapier Im Gegensatz zu ➪ Arbeitsblättern, welche die Arbeit im Unterricht ergänzen, strukturieren oder sichern, werden A. als Lernmittel eingesetzt. Sie enthalten den zu lernenden Stoff, z. B. die gegliederte Darstellung einer Unterrichtssequenz, die Grundlagen einer neu zu erwerbenden Methode oder wesentliche Informationen über eine Region oder eine Epoche.

Arbeitsrückschau Am Ende einer Unterrichtsstunde, Sequenz oder Reihe kann eine A. angebracht sein, die den Schülern und Schülerinnen zusammenfassend vor Augen führt, was gelernt worden ist (inhaltlicher Aspekt) und welchen Weg sie dabei eingeschlagen haben (methodischer Aspekt). Die A. dient sowohl der ➪ Inhaltssicherung als auch der ➪ Methodenreflexion. Sie sollte auf jeden Fall eingeführt und gründlich geübt sein. Zu Beginn kann ein Schema gewisse Sicherheit vermitteln, z. B.:

- Thema
  In der heutigen Stunde haben wir uns mit der Quelle »Ein arischer Kaufmann beschwert sich« von 1938 beschäftigt.
- Zusammenhang
  Sie steht im Zusammenhang mit der Verschärfung der Diktatur Hitlers im Zweiten Weltkrieg, insbesondere …
- Vorgehen
  Zunächst haben wir die zentralen Aussagen, die Beschwerden und die Beschwerdegründe herausgearbeitet … kommentiert … bewertet …
- Ergebnisse
  Dabei fanden wir heraus, dass …
- Ausblick
  In der nächsten Stunde wollen wir die Glaubwürdigkeit der Quelle genauer betrachten, indem wir …

Arbeitstechniken Die Schüler und Schülerinnen benötigen zur Bewältigung der im Unterricht relevanten Aufgaben und Vorhaben bestimmte methodische Kenntnisse und Fähigkeiten, unter denen die A. (neben Lerntugenden und ➪ Lerntechniken) eine wichtige Voraussetzung für ein erfolgreiches und selbstständiges Arbeiten sind. Diese A. betreffen alle ➪ Lernbereiche und Sachgebiete eines Faches, insbesondere die ➪ Fachmethoden. Obgleich jedes Fach seine eigenen Arbeitstechniken herausgebildet hat, sind einige Fähigkeiten und Fertigkeiten übergreifend relevant, z. B.:

- Informationsbeschaffung, ➪ Informationsaufnahme, Auswahl relevanter Information, ➪ Informationsverarbeitung und ➪ Präsentation von Ergebnissen;
- Literatur beschaffen, Kenntnis von Bibliotheken und Katalogsystemen, ➪ Bibliografieren, ➪ Lesetechniken, ➪ Exzerpieren, ➪ Paraphrasieren, ➪ Zitieren;
- Umgang mit dem ➪ Internet, Kenntnis von geeigneten Suchmaschinen und ➪ Internetadressen, Bewertung von Internet-Sites (➪ Lehrmittelkritik), Einsatz von ➪ Multimedia;
- Vortragstechniken, ➪ Stichwortzettel, ➪ Thesenpapier, ➪ Statement, ➪ Schülerreferat;
- Verfügen über Arbeitsformen: Ablauf einer ➪ Gruppenarbeit, ➪ Arbeitsrückschau usw.

Die A. sind bei ihrer Einführung, Wiederholung und Festigung selbst Lerngegenstände, im weiteren Verlauf des Unterrichts fungieren sie eher medial zur Erreichung bestimmter Ziele, d. h. sie sind funktional abhängig insbesondere von den Intentionen des Lehrers bzw. der Lerngruppe.

Der pädagogische Grundsatz, dass nicht geprüft werden sollte, was nicht zuvor im Unterricht erarbeitet, besprochen und geübt worden ist, muss auch auf die A. angewendet werden. Hat man diesen Grundsatz einmal akzeptiert, dann kann kein Schüler eine schlechte Note in der »mündlichen Mitarbeit« erhalten, wenn nicht vor der Beurteilung ➪ Argumentation (2), ➪ Diskussion oder ➪ Gesprächsgestaltung im Unterricht behandelt und geübt worden sind. Hier bietet sich auch die Kooperation und Arbeitsteilung der Fächer untereinander an.

Weitere Informationen (auch zur Abfassung wissenschaftlicher Manuskripte) bei: U. Eco (^{7}1998), E. Meyer-Krentler (^{8}1999), E. Standop / M. Meyer (^{15}1998), M. Hertlein (2001), U. Paetzel (2001).

Argument 1) Beweismittel, Beweisgrund; z. B. in dem alltagssprachlichen Sinn von „*Das ist doch kein Argument*“ (= Das lässt sich doch so nicht sagen / das besagt hier nichts).

2) In der Rhetorik stellt ein A. eine Aussage zur Begründung einer ➪ These dar. Wird es angezweifelt, so muss sich derjenige, der das A. vorgebracht hat, in einer ➪ Argumentation (2) rechtfertigen.

3) In der Logik bezeichnet man mit A. die Leerstellen eines Prädikats: *rot (x)*, gelesen: *Dem A. (x) wird die Eigenschaft zugeschrieben, rot zu sein.*

4) In der Mathematik ist das A. die unabhängige Veränderliche in einer Funktion: f (x).

Argumentation 1) Beweisführung; in der formalen Logik besteht die A. in einer strukturierten Folge von Sätzen, die nach festgelegten Schlussregeln miteinander verbunden sind. Als Prototyp gilt hier der aristotelische ➪ Syllogismus, in dem die Schlussfolgerung zwingend (➪ analytisch) aus der sprachlichen Form und der Wahrheit der Prämissen (Argumente) folgt.

2) In der rhetorischen (oder topischen) Argumentation geht es nicht so sehr darum, aus wahren Sätzen (wie dem Obersatz im Syllogismus), sondern aus nur wahrscheinlichen Sätzen Schlüsse zu ziehen. Im Mittelpunkt einer solchen A. steht die Begründung eines Ereignisses oder die Rechtfertigung einer Handlung. Während sich die Erklärung von Ereignissen, die in der Regel nicht vom Argumentierenden verursacht wurden, im Bereich des theoretischen Wissens vollzieht, sind Rechtfertigungen immer auf das praktische Handeln des Menschen bezogen.

Wird in diesem Zusammenhang ein ➪ Argument (2) angezweifelt, muss es vom Sprecher begründet werden; dies kann dadurch geschehen, dass er Tatsachen oder Daten beibringt. Stellt sein Gegner auch diese in Frage, kann der Sprecher auf allgemeine Aussagen oder Schlussregeln (*Immer wenn, …*) verweisen. Diese rechtfertigen die Tatsache, dass von den Daten auf die Behauptung geschlossen werden kann. Gilt die Behauptung nicht allgemein, so muss sie durch modale Partikeln (*teilweise, vielleicht, vermutlich*) eingeschränkt werden oder es müssen explizite Ausnahmebedingungen (*sofern / wenn nicht*) angegeben werden. Zusätzlich können absichernde Tatsachen – wie Gesetze oder Normen – genannt werden, die das Argument stützen.

Weitere Informationen bei J.A. Alt (1994), H. Bußhoff (1997), M. Kusch / H. Schröder (1998), J. Maiwald / A. Schick (2001), K.H. Adolph (2002), A. Dörpinghaus / K. Helmer (2002), A. Roeder / M. Hallberg (2002).

Artikulation Auch: Phasierung; Gliederung einer Unterrichtsstunde, die im Allgemeinen dem ➪ Artikulationsschema: a) ➪ Einstiegsphase, b) ➪ Erarbeitungsphase und c) ➪ Sicherungsphase zugeordnet werden kann. Die Phasen a), b) und c) können – je nach dem Unterrichtsgegenstand, dem Stundenziel, den Lehr- und Lernformen usw. – unterschiedlich differenziert und gefüllt sein. Die A. einer Unterrichtsstunde ist wesentlicher Bestandteil der ➪ Unterrichtsplanung.

Artikulationsschema Schematische Darstellung eines geplanten Stundenverlaufs in Form einer Tabelle; den einzelnen ➪ Unterrichtsphasen (Unterrichts- bzw. Lernschritten) des A. können z. B. die entsprechenden Themen und Inhalte sowie die Angaben zur Methode (➪ Sozialformen, ➪ Handlungsmuster) und zu den vorgesehenen ➪ Unterrichtsmedien zugeordnet werden. Im Laufe der Geschichte hat es eine Unzahl von A. gegeben, die je nach dem pädagogischen Ansatz, den Zielsetzungen und den lerntheoretischen Annahmen recht unterschiedlich ausgefallen sind.

Eines der ersten A. stammt von J. F. Herbart (1806). Er gliedert den Unterricht in die vier Formalstufen: (1) Klarheit (Anknüpfen an Bekanntes), (2) Assoziation (Aufnahme neuer Information), (3) System (systematische Einordnung des neuen in das bereits bekannte Wissen) und (4) Methode (Einübung und Anwendung). Dieses System hat die nachfolgenden Überlegungen zur effektiven Gliederung von Unterricht bis heute stark beeinflusst.

Neuere bekannte Schemata stammen von W. Correll und H. Roth:

CORRELL (1964 und 1972)

1. Motivierung
2. Problemfindung

3. Spontane Verarbeitung
4. Logische Verarbeitung
5. Verifizierung

ROTH (1957, [15]1976)

1. Stufe der Motivierung
2. Stufe der Schwierigkeiten
3. Stufe der Lösung
4. Stufe des Tuns und Ausführens
5. Stufe des Einübens
6. Stufe des Bereitstellens, der Übertragung, Integration

Ein allgemeines A. für einen problemorientierten Unterricht (➪ Problemorientierung) könnte etwa so lauten:

- Sachkonfrontation,
- Sammeln von ersten Beobachtungen und Meinungen,
- Erarbeiten einer sach- oder texterschließenden Frage bzw. einer ➪ Problemfrage,
- Sammeln von Lösungsansätzen bzw. Aufstellen von ➪ Lösungshypothesen,
- Planungsgespräch,
- systematische Erarbeitung,
- Ergebnisformulierung,
- Überprüfung,
- Beurteilung bzw. Wertung durch Integration in Sach- und Sinnzusammenhänge,
- Arbeitsrückschau, einschließlich der Bewusstmachung und Einüben der fachspezifischen Lösungsmethoden (evtl. Aufweisen ihrer Grenzen),
- Problematisierung, Entdeckung eines Folgeproblems.

Im Ganzen gesehen sind A. probate Mittel, um den Unterrichtsablauf im Bewusstsein des planenden Lehrers oder der planenden Lehrerin im Hinblick auf die konkrete Lerngruppe und deren Bedürfnisse sowie im Hinblick auf die Angemessenheit der Sachvermittlung zu gliedern und zu rechtfertigen. Bei der ➪ Unterrichtsplanung leisten „Stufen- und Phasenschemata [...] eine Reduzierung der Komplexität des Unterrichtsprozesses im Bewußtsein des Lehrers." (H. Meyer, Band 1, [8]1999)

ASchO Abk. für ➪ »Allgemeine Schulordnung«.

Aspektanalyse Ein von L. Klingenberg ([3]1986) in die (dialektisch orientierte) ➪ Didaktik eingebrachter Terminus, der auf die Vielfalt und Komplexität des unterrichtlichen Geschehens abzielt. „Die Aspektanalyse hat die Aufgabe, dem Lehrer die *Formenvielfalt*, den inhaltlichen *Reichtum* und die komplexen *Voraussetzungen* und *Konsequenzen* des Unterrichts bewußt zu machen." (W. Jank / H. Meyer, [5]1996) Einige dieser »Aspekte« sind z. B.: *Unterricht und Weltanschauung, Unterricht und Geschichte, Unterricht und Erkenntnis, Unterricht und Ästhetik, Unterricht und Sprache.* In der A. werden derartige »Aspekte« in all ihren Erscheinungsformen untersucht und reflektiert; dies betrifft etwa ihren Anteil in den einzelnen Fächern, bei den ➪ Sozialformen und ➪ Handlungsmustern oder im ➪ Lehr-Lern-Prozess.

Die A. trägt dazu bei, den Sinn von Unterrichtsprozessen zu erfassen und deren Folgen abzuschätzen. Insofern leistet die A. bei Klingenberg in etwa das, was die ➪ Bedingungsprüfung bei W. Schulz ([3]1981) leistet.

Assimilation Dt.: Angleichung, Anpassung; lerntheoretisch bedeutet A. die Integration neuer Eindrücke in bereits bestehende ➪ kognitive Schemata (J. Piaget, 1983). Sie ist ein grundlegendes Phänomen beim ➪ Denken und ➪ Lernen. So lernt ein kleines Kind z. B., dass ein bestimmtes Tier mit vier Beinen »Wau-wau« heißt. Sieht es nun eine Ziege, so versucht es zunächst, diesen neuen Eindruck unter das alte Schema (Tier, Fell, vier Beine) zu assimilieren und nennt es ebenfalls »Wau-wau«, bis es zu diskriminieren weiß (z. B. Hörner) und einen neuen Namen lernt, der für ein verändertes bzw. differenziertes kognitives Schema (⇔ Akkommodation) steht.

Assoziation Dt.: Vereinigung, Zusammenschluss.

1) Verknüpfung von Vorstellungen, von denen die eine die andere hervorgerufen hat.

2) In der ➪ Lernpsychologie bedeutet A. die kumulative Anhäufung bedingter Reize nach Kriterien wie Ähnlichkeit, räumlicher oder zeitlicher Nähe.

assoziatives Lernen In der klassischen ➪ Lerntheorie werden zwei Richtungen des a. L. unterschieden:

1) Die direkte assoziative Verknüpfung von Bewusstseinsinhalten; sie wird seit der Antike (Aristoteles) diskutiert und kennt drei Gesetze, nach denen Gedächtnisinhalte auf Grund ihrer Ähnlichkeit, des Kontrasts oder einer zeitlichen bzw. räumlichen Nähe (Kontiguität) miteinander assoziativ verknüpft werden. Lernen, das auf dieser Basis geschieht, ist als ➪ mechanisches Lernen bekannt: Paarassoziationen (Blitz – Donner), sprachliche Ketten (sechs mal sechs ist sechsunddreißig), auswendig Gelerntes (Merksätze, Regeln) oder der simple Knoten im Taschentuch.

2) Bei der klassischen ➪ Konditionierung, die erstmals von I. P. Pawlow zu Beginn der 20er-Jahre beschrieben wurde, geht es um eine bewusstseinsunabhängige Verknüpfung von Reiz und Reaktion (Reizsubstitution), bei der ein Ereignis in der Vergangenheit über einen sekundären Reiz assoziiert wird: Ein plötzlicher schriller Ton löst Erschrecken, erhöhte Herzfrequenz, Schweißausbruch usw. aus. Lernen nach diesem Muster geschieht als ➪ Reiz-Reaktions-Lernen.

asymmetrische Kommunikation ➪ Kommunikation zwischen ungleichen Partnern (⇔ symmetrische Kommunikation).

Attribution Dt.: Zuschreibung; lernpsychologischer Begriff, der die Einstellung von Personen beschreibt, Erfolge oder Misserfolge nicht nur zur Kenntnis zu nehmen, sondern für sie Ursachen zu suchen. „Untersuchungen zeigen eine Tendenz, Erfolge eher der eigenen Person und Mißerfolge eher widrigen Umständen der Situation zuzuschreiben." (W. Edelmann, [3]1993) Hierdurch lassen sich manche Missverständnisse erklären, die z. B. bei der ➪ Beratung oder in ➪ Prüfungsgesprächen auftreten: Der Beobachter sieht die Ursachen für ein Problem oder ein Versagen eher in der Person dessen, der beurteilt wird (er oder sie hat zu wenig gelernt, ist zu nervös, kann sich nicht richtig ausdrücken o. ä.); der Beobachtete sieht die Ursachen eher in den Besonderheiten der Situation (Zeitdruck, veraltete Materialien oder Medien, Erwartungen anderer, ungünstige Umstände). Hierdurch ist es dem Beobachteten möglich, sein Selbstwertgefühl zu wahren.

Neben den relativ stabilen A. wie »Fähigkeit« (internal) und »Schwierigkeit« (external) treten die variablen A. »Anstrengung« (internal) und »Zufall« (external). So sind z. B. ➪ misserfolgsorientierte Schüler oder Schülerinnen eher geneigt, eine gute Leistung dem Zufall zuzuschreiben, während erfolgsorientierte Schüler und Schülerinnen dies eher auf die eigene Anstrengung zurückführen.

Aufbauorganisation Umfasst die Arbeitsteilung und die hierarchisch abgestuften formalen Weisungsbefugnisse gemäß der ➪ Allgemeinen Dienstordnung (ADO). Intendiert ist eine Aufgabenbeschreibung und eine möglichst klare Aufzählung der Rechte und Pflichten der Schulleiter und Lehrer, um die Aufgabenerfüllung der Schule zu erleichtern und einheitliche Verfahrensweisen sicherzustellen. Zusammen mit ➪ Ablauf- und ➪ Informationsorganisation bildet die A. die funktionelle Organisation einer Schule.

Aufforderungscharakter Auch: emotionale Valenz; die anreiztheoretische Auffassung von ➪ Motivation basiert auf der Annahme, dass unterschiedliche Faktoren in einer dynamischen Gesamtsituation wirksam sind und sich gegenseitig beeinflussen. Neben den latenten ➪ Motiven in einer Person ist es vor allem der A. des Gegenstandes bzw. der Situation, der zur aktuellen Motivation führen kann. Die Reaktion auf einen derartigen A. ist oft erlernt und kann über ➪ Reiz-Reaktions-Lernen erklärt werden, z. B.: Die Lehrerin wirft über den Tageslichtprojektor ein farbiges Bild an die Frontwand im Klassenraum. Folge: Die Schüler und Schülerinnen verstummen, richten sich nach vorn aus, schauen zum Bild, die ersten Meldungen erfolgen usw.

Aufgabenfelder Zusammenfassung bestimmter Fächer in den Richtlinien der gymnasialen Oberstufe, die auf bildungstheoretischen, didaktischen und pragmatischen Überlegungen basiert; die A. bündeln und steuern das Unterrichtsangebot. Die drei A. sind:

- das sprachlich-literarisch-künstlerische A.
- das gesellschaftswissenschaftliche A.
- das mathematisch-naturwissenschaftlich-technische A.

Die Fächer Sport und Religion werden in den Richtlinien außerhalb der A. geführt.

Aufmerksamkeit Oberbegriff für verschiedene kognitive Funktionen und Aktivitäten auf der Wahrnehmungs- und Verhaltensebene: a) erhöhte Bereitschaft zur ➪ Informationsaufnahme und dadurch zielgerichtete Hinwendung auf innere oder äußere Reize; b) stabile Fähigkeit, eine bestimmte Tätigkeit über einen längeren Zeitraum planvoll und konzentriert auszuführen. Störungen der A. werden als ➪ Lernproblem (1) wahrgenommen und können zu ➪ Schulschwierigkeiten führen; insofern ist es wichtig, durch pädagogische Maßnahmen die Aufmerksamkeitsfähigkeit von Schülern und Schülerinnen zu verbessern und zu festigen. Dies kann durch ein positives ➪ Lernklima, durch eine Verbesserung der ➪ Motivation, durch positive ➪ Verstärkung, den funktionalen Einsatz geeigneter ➪ Unterrichtsmedien, ➪ Methodenvielfalt, ➪ ganzheitliches Lernen und anderes mehr erreicht werden.

Aufsicht 1) Die Aufsichtspflicht der Schule ergibt sich aus der ➪ ADO (§ 9.2) und aus § 12 der ➪ ASchO: „Schüler, die sich auf dem Schulgrundstück aufhalten, sind während einer angemessenen Zeit vor Beginn und nach Beendigung des Unterricht oder von sonstigen Schulveranstaltung sowie Pausen und Freistunden zu beaufsichtigen." Dies besagt, dass sich die Aufsichtspflicht nicht auf den Weg von zu Hause zur Schule und zurück erstreckt; allerdings sind Schulwege zu anderen Unterrichtsorten in die Aufsichtspflicht einbezogen. Die Aufsichtspflicht obliegt den Lehrkräften der Schule, die entsprechend einem (von der ➪ Lehrerkonferenz aufgestellten) Aufsichtsplan vom Schulleiter bzw. von der Schulleiterin für die Aufsicht eingesetzt werden.

Besondere Bestimmungen gelten für die A. während des Sport- und Schwimmunterrichts sowie bei Schulwanderungen (➪ Wandererlass).

2) ➪ Schulaufsicht.

Aufsichtsbeschwerde ➪ Beschwerde.

Ausbildung ➪ Lehrerausbildung.

Ausgangsbedingungen Auch: ➪ Eingangsvoraussetzungen; Teil der ➪ Bedingungsanalyse im ➪ Perspektivschema zur Unterrichtsplanung (W. Klafki, 1985). Bei der Reflexion unterrichtlicher Faktoren umfassen die A. alles, was sich auf die konkrete Lerngruppe, den Lehrenden und die institutionellen Bedingungen des Unterrichts bezieht.

Ausgangslage In der allgemeinen Didaktik von W. Schulz, dem so genannten ➪ Hamburger Modell (1980), werden mit dem Terminus A. die ➪ anthropogenen und ➪ soziokulturellen Voraussetzungen der Schüler und Schülerinnen sowie die entsprechende A. der Lehrenden zusammengefasst. Die A. stellt neben den Unterrichtszielen, den Vermittlungsvariablen (Methoden, Medien u. dgl.) sowie der Erfolgskontrolle eines der vier Felder des didaktischen Zusammenhangs für den Unterricht dar; sie ist damit ein wesentlicher Bestandteil der ➪ Unterrichtsplanung, insbesondere was die Erfassung der ➪ Eingangsvoraussetzungen des Unterrichts betrifft.

Ausgewogenheit Auch: Balance; im Rahmen der ➪ Themenzentrierte Interaktion bedeutet A. die Balance zwischen den Ansprüchen von *Ich* (Personenbezug), *Wir* (Gruppenbezug) und *Es* (Sachbezug).

Außenseiter Die Gründe, warum jemand in einer sozialen Gruppe (z. B. in einem Klassenverband) zum A. wird, können vielfältig sein; meist handelt es sich um ein merkwürdiges Aussehen, um auffälliges Verhalten, starke Introvertiertheit o. ä. Nicht selten sind A. das Ziel von Mobbing (Nichtbeachtung, Isolation, Beschimpfung). Für den Lehrer oder die Lehrerin ergibt sich die pädagogische Aufgabe, allen Beteiligten klar zu machen, wie sie sich verhalten und welche Ursachen das Verhalten haben kann. Hierzu geeignet sind ➪ Rollenspiele mit Rollentausch, die Verbalisierung von ➪ Gefühlen, evtl. im ➪ Psychodrama (Schattenperson). Darüber hinaus bietet sich eine Vielfalt von literarischen Texten (Romane, Erzählungen) an, die das Thema A. verarbeiten.

Weitere Einzelheiten bei Karl E. Dambach (1998).

Außensteuerung Eine verhaltenstheoretische Konzeption der Psychologie geht davon aus, dass der Organismus lernt, indem er sich an die Umwelt anpasst; er wird sozusagen von außen gesteuert. Dieses Konzept liegt z.B. dem ➪ Reiz-Reaktions-Lernen sowie dem ➪ instrumentellen Lernen zu Grunde.

Auswertungsphase Bei der A. handelt es sich um den Teil einer Unterrichtsstunde, in dem das, was zuvor geplant und erarbeitet wurde, auf seine Relevanz für die Lösung eines Problems oder einer Aufgabe geprüft, reflektiert und zusammengefasst (integriert) wird. So können in dieser Phase beispielsweise die Arbeitsergebnisse einer ➪ Gruppenarbeit im Klassenplenum vorgestellt, vorgespielt, erprobt oder ggf. zur Überarbeitung an die Gruppe zurückgegeben werden.

Authentizität Dt.: Echtheit, Zuverlässigkeit, Glaubwürdigkeit (➪ Kongruenz); menschlich positive Eigenschaft einer Lehrperson als Voraussetzung für ➪ Autorität und Anerkennung durch andere.

Zu einer recht verstandenen A. gehört auch, dass die Darstellung von persönlichen Eindrücken, Gefühlen oder Bedürfnissen an bestimmte situative Faktoren (Ort und Zeit, Adressaten, Intentionen) gebunden bleiben sollte; man spricht hier von »selektiver Authentizität«, womit gemeint ist, dass Echtheit und Glaubwürdigkeit nicht zu einer übertriebenen und unangemessenen Selbstoffenbarung führen müssen.

Autonomie Auch: Selbstbestimmungsfähigkeit; neben ➪ Kompetenz (1) und ➪ Solidarität eines der ➪ Bildungsziele der unterrichtlichen Arbeit; es ist hergeleitet aus dem Aufklärungspostulat des 19. Jh. und kann umschrieben werden mit der „Erziehung zur größtmöglichen Verfügung aller über sich selbst" (W. Schulz). Verknüpft ist dieses Ziel im Unterricht mit der Ermöglichung von ➪ Gefühls- oder Ich-Erfahrung. Gegengewichte erhält das Streben nach A. durch die beiden anderen Ziele: Solidarität mit anderen (➪ Sozialerfahrung) und fachliche Kompetenz (➪ Sacherfahrung).

Autorität Dt.: Würde, Ansehen, Geltung; in diesem Sinne können sowohl Personen als auch Institutionen (Symbole, Bräuche, Einrichtungen) A. besitzen, die ihnen auf Grund eines inneren Wertes, ihrer Leistung oder aus Tradition zuerkannt wird. Nicht selten werden Lehrerfolge und Lernleistungen auf die A. der Lehrperson zurückgeführt; hierbei ist allerdings zu unterscheiden:

- Die Lehrperson besitzt eine Art »innerer Autorität«, z.B. durch Rollenattribution (Vater- oder Mutterrolle), durch ihre Ausstrahlung, menschliche Wärme (➪ Empathie), ➪ Authentizität, ➪ Kongruenz u. dgl.
- Sie besitzt eine fachliche A., sichtbar in der Fülle des Wissens, aber auch in der Art der Vermittlung dieses Wissens.
- Die A. ist mit dem äußeren Auftreten (mit Stimmführung, Stimmvolumen, ➪ Körpersprache, sicherem und selbstbewusstem Auftreten) und den methodischen

Fähigkeiten (➪ Gliederung des Unterrichts, Zeitmanagement, Vorbereitung von Klassenarbeiten, Einhalten von Vereinbarungen) verbunden.

- Die Lehrperson erlangt A. vornehmlich durch die ihr verliehenen Machtbefugnisse (➪ Benotung, ➪ Sonderaufgaben (1), ➪ Ordnungsmaßnahmen).

Mangel an A. oder Autoritätsverlust kann zu erheblichen ➪ Konflikten im Umgang mit einer Lerngruppe führen.

Weitere Einzelheiten bei W. Bergmann (2001).

AVO-SI Abk. für »Verordnung über die Abschlüsse und die Versetzung in der Sekundarstufe I«; wird jetzt als ➪ AO-SI (»Ausbildungsordnung Sekundarstufe I«) geführt.

Axiom 1) Als gültig bzw. »wahr« anerkannte Aussage, die keines Beweises bedarf, weil sie uns »selbstevident« (B. Pascal) erscheint; z.B.: *Eine Aussage kann nicht wahr und gleichzeitig falsch sein.*

2) Nicht abgeleitete (➪ analytische) Aussage im Zusammenhang einer Theorie oder eines wissenschaftlichen Teilgebiets, aus der andere Aussagen abgeleitet werden (➪ Deduktion). Hierbei geht es weniger darum, dass das A. einsichtig ist, sondern darum, dass die Theorie widerspruchsfrei bleibt bzw. dass die wissenschaftlichen Ergebnisse in der Praxis »funktionieren«. In diesem Sinne sind A. rein formale Anfangssätze; sie werden willkürlich »gesetzt« (D. Hilbert). Als Beispiel mögen die so genannten »Peano Axiome« gelten:

1. Null ist eine natürliche Zahl.
2. Ist x eine natürliche Zahl, so auch der Nachfolger von x.
3. Null ist nicht Nachfolger einer natürlichen Zahl.
4. Natürliche Zahlen mit gleichen Nachfolgern sind gleich.

usw.

3) ➪ pragmatisches Axiom.

✻ ✻ ✻

Balance Auch: ➪ Ausgewogenheit; ➪ Themenzentrierte Interaktion.

BASS Abk. für ➪ »Bereinigte Amtliche Sammlung der Schulvorschriften« (NRW).

BdU Abk. für ➪ »Bedarfsdeckender Unterricht«.

Bedarfsdeckender Unterricht Abk.: BdU; der BdU ist ein selbstständiger Unterricht, der von ➪ Referendaren und Referendarinnen bzw. von ➪ Lehramtsanwärtern und Lehramtsanwärterinnen im ➪ Vorbereitungsdienst erteilt wird bzw. erteilt werden muss. Die ➪ OVP unterscheidet zwei Modelle:

a) Von den durchschnittlich zwölf Wochenstunden Ausbildungsunterricht entfallen im zweiten, dritten und vierten Ausbildungshalbjahr durchschnittlich sechs Wochenstunden auf den selbstständigen Unterricht (BdU). Im ersten Ausbildungshalbjahr wird demnach kein BdU erteilt.

b) Selbstständiger Unterricht (BdU) findet ausschließlich im zweiten und dritten Ausbildungshalbjahr mit durchschnittlich neun Wochenstunden statt.

Von den insgesamt zu erteilenden 18 Wochenstunden BdU erhält die Ausbildungsschule das Äquivalent von drei Wochenstunden als Anrechnungsstunden. Der selbstständige Unterricht wird vom Schulleiter bzw. von der Schulleiterin (im Benehmen mit der Leitung des Studienseminars) zugewiesen. „Dabei sind die Wünsche der Lehramtsanwärterinnen und Lehramtsanwärter angemessen zu berücksichtigen.“ (OVP, § 11.6)

Bedeutung Lernpsychologisch gesehen werden Umweltsachverhalte im ➪ Gedächtnis begrifflich bzw. konzeptuell repräsentiert und mit Sprachzeichen assoziiert. So ist z. B. das Wort »Baum« ein Sprachzeichen, das mit dem ➪ Begriff (bzw. Konzept) von BAUM assoziiert ist und über diesen auf reale Bäume (Buchen, Birken, Eichen usw.) verweisen kann. Gespeichert werden B. im ➪ Langzeitgedächtnis als ➪ Propositionen, ➪ Schemata, ➪ Skripte oder semantische Netze (➪ Vernetzung). Vermehrung, Modifikation und Veränderung von Begriffen sind durch ➪ Lernen möglich, z. B. durch ➪ Assimilation oder durch ➪ Akkommodation.

Bedingungsanalyse In der ➪ Kritisch-konstruktiven Didaktik von W. Klafki (1985) ist die B. Teil des »vorläufigen« ➪ Perspektivschemas zur Unterrichtsplanung. Sie umfasst

- die Analyse der Ausgangsbedingungen einer konkreten Lerngruppe (Klasse / Kurs) wie Alter, lernpsychologische Situation, ➪ soziokulturelle Determinanten, geschlechtsspezifische Zusammensetzung, ➪ Gruppendynamik (Außenseiter, Rivalitäten), Leistungsbereitschaft, Leistungsvermögen und ➪ sachstrukturelle Voraussetzungen wie spezielles Vorwissen über Gegenstände, Terminologie oder Methoden. (➪ Eingangsvoraussetzungen);
- die institutionellen Bedingungen des Unterrichts (räumliche Besonderheiten, Lage der Stunde im Stundenplan, vorausgegangene Aktivitäten, evtl. anstehende Klausur in einem anderen Fach), einschließlich möglicher oder vorhersehbarer Schwierigkeiten, Störungen;
- die Voraussetzungen des Lehrers bzw. der Lehrerin (besondere Affinität zum Gegenstand, spezielle Kenntnisse aus dem Studium oder der Weiterbildung, Unterricht in der Klasse in einem anderen Fach).

Die B. ist wesentlicher Teil der ➪ Unterrichtsplanung und steht in einem Wechselverhältnis zu den Schwerpunkten der ➪ didaktischen Analyse: zum Begründungszusammenhang, zur thematische Strukturierung, zu den Zugangs- und Darstellungsmöglichkeiten sowie zur methodischen Strukturierung.

Bedingungsfelder In der Lehrtheoretischen Didaktik (P. Heimann / G. Otto / W. Schulz, 1965), der sogenannten ➪ Berliner Didaktik, sind die B. Teil der Strukturanalyse des Unterrichts; neben den vier ➪ Entscheidungsfeldern gibt es die beiden B.: (1) die ➪ anthropogenen sowie (2) die ➪ soziokulturellen Voraussetzungen der Lerngruppe. Letztere sind in die ➪ Bildungstheoretische Didaktik von W. Klafki (1985) als Teil der ➪ Bedingungsanalyse eingegangen.

Begabung „Leistungsbereitschaft, die in der Hinordnung auf ein bestimmtes Betätigungsfeld selbst erst strukturiert worden ist und ihrerseits wieder durch die Ausformung und Spezifizierung der Antriebe, Interessen und Motive die Persönlichkeit verändert" (Deutscher Bildungsrat, 1970). Mit B. sind in der Psychologie und Soziologie die subjektiven Voraussetzungen eines Menschen gemeint, die ihn befähigen, bestimmte Tätigkeiten zu erlernen und auszuüben. B. ist eine Disposition zu bestimmten Leistungen allgemein (Gedächtnis, Fantasie, Vitalität) oder bezogen auf kulturelle, aber auch soziale Teilbereiche (Musikalität, sprachliches Denken, kommunikative oder kooperative Fähigkeiten). Es handelt sich um einen sehr allgemeinen, aber keineswegs eindeutigen Begriff für die menschliche Fähigkeit, Leistungen in einem bestimmten Ausmaß, d. h. nach einem persönlichen Leistungsgrad, zu erbringen.

B. wurde zunächst als dem Menschen durch Vererbung oder andere äußere Bedingungen (z.B. Nationalität) mitgegebene Voraussetzung angesehen. Neuere, von der Sozialisationsforschung beeinflusste Theorien sehen B. nur zum Teil als natürlich gegeben an, beziehen aber vor allem die von der sozialen Umwelt geprägten Einflüsse (Milieu, Schichtzugehörigkeit, Erziehung) mit ein. Die Frage, wie hoch die jeweiligen Anteile von Erb- und Umweltfaktoren sind, ist bis heute offen; sicher scheint, dass die angeborenen Fähigkeiten einen gewissen Entwicklungsspielraum offen lassen. Sie können durch planmäßige ⇨ Übung und ⇨ Erziehung bis zu einer oberen Leistungsgrenze gesteigert werden, bei Vernachlässigung jedoch verkümmern. Die B. ist individuell sehr unterschiedlich, und zwar sowohl hinsichtlich ihrer potenziellen Höhe als auch ihrer speziellen Richtung, die in enger Beziehung zur Persönlichkeitsstruktur steht. Darüber hinaus lässt sich B. mit ⇨ Intelligenz in Verbindung bringen.

Weitere Einzelheiten bei G. Hager / K. Pohlheimer (2000), Ch. Perleth u. a. (2001).
Zur Begabungsdiagnostik: K. A. Heller (2000).

Begriff Bei der ⇨ Begriffsbildung unterscheidet die Theorie zwei Arten von B.:

1. Eigenschaftsbegriffe

1.1 Nach der *klassischen Theorie*, welche die logische Struktur der B. betont, entstehen Eigenschaftsbegriffe durch Zuordnung einzelner Objekte, Ereignisse oder Personen zu ⇨ Kategorien (Klassen oder Oberbegriffe), und zwar auf Grund kritischer Attribute, die für die Klassenzugehörigkeit kennzeichnend sind. Sie unterliegen in der Regel bestimmten Akzeptierungsgrenzen und machen in ihrer Gesamtheit den Inhalt des B., seine ⇨ Intension, aus. Die Gesamtheit der Gegenstände, die er bezeichnet, nennt man seinen Umfang, seine ⇨ Extension. Hierbei gilt: Je vielfältiger der Inhalt, desto geringer der Umfang eines B.

1.2 Nach der *Prototypentheorie* erfolgen Bildung und Erkennen von Eigenschaftsbegriffen im Wesentlichen dadurch, dass ein Prototyp eine ganze Klasse in exemplarischer Weise vertritt: bei »*Vogel*« denken viele eher an »*Spatz*« oder »*Adler*«, weniger an »*Kormoran*«. Die Prototypentheorie berücksichtigt vor allem die beiden Eigenschaften von Alltagsbegriffen: ihre Vagheit und ihre Kontextabhängigkeit. So ist z. B. bei einem Umzug ein „Klavier" weniger ein Musikinstrument als vielmehr ein »*schweres Möbelstück*«.

2. Erklärungsbegriffe
   Erklärungsbegriffe beinhalten eine Kategorie und zusätzlich eine Erklärung, d. h. eine Theorie im weitesten Sinne. Im Gegensatz zu den deskriptiven Konstrukten (den Eigenschaftsbegriffen) handelt es sich hier um explikative oder hypothetische Konstrukte, die sich nicht auf die Beschreibung empirischer Sachverhalte beziehen, sondern der Erklärung von beobachteten Sachverhalten dienen. Sie unterstellen damit eine Abhängigkeit zwischen zwei oder mehr Ereignissen.
   - *Eigenschaftsbegriffe* beschreiben einen empirischen Sachverhalt: z. B. kann »Erziehungsmaßnahme« als Lohn oder Strafe kategorisiert werden.
   - *Erklärungsbegriffe* erklären einen empirischen Sachverhalt: z. B. kann der Begriff »Leistungsunterschied« durch unterschiedliche Intelligenz oder unterschiedlichen Fleiß erklärt werden.

   Nicht jeder Begriffsname ist eindeutig zuzuordnen. So kann z. B. »Erziehungsstil« einen Eigenschaftsbegriff benennen, der eine bestimmte Art des Umgangs mit Kindern beschreibt; das gleiche Wort kann aber auch einen Erklärungsbegriff benennen, der elterliche Erziehungsmaßnahmen als Bedingung für spezifische kindliche Verhaltensweisen erklärt.

Begriffsanalyse Verfahren der fachsprachlichen Bedeutungsfestlegung; im Gegensatz zur klassischen ➪ Definition wird bei der B. nicht der nächst höhere Klassenbegriff genannt, sondern das, was es zu definieren gilt, wird lediglich durch einen ähnlichen Ausdruck ersetzt, dessen Bedeutung dann durch Merkmalangaben spezifiziert wird, z. B.: *Ein Satz ist eine Redeeinheit, die hinsichtlich des Inhalts, der grammatischen Struktur und der Intonation abgeschlossen und relativ selbstständig ist.*

Begriffsbildung Grundlegendes Phänomen beim ➪ Denken und ➪ Lernen. Von B. spricht man, wenn Objekte, Ereignisse oder Personen zu einer subjektiv neuen Kategorie (Klasse) zusammengefasst werden. Begriffe sind das Ergebnis subjektiver kognitiver Strukturierungsvorgänge, denen ein Wort unserer Sprache zugeordnet ist. Den Vorgang, einen Gegenstand als Element einer bereits vorhandenen Kategorie zu erkennen, nennt man Begriffsidentifikation. B. in Form des Aufbaus neuer alltäglicher Bewusstseinsinhalte und die Begriffsidentifikation spielen im Kindesalter eine große Rolle (*Was ist ein »Quadrat«? – Ach so, das da nennt man ein »Quadrat«!).*

Eine bestimmte Art der B. kann nahegelegt sein durch den kognitiven Stil eines Lernenden, die interne Struktur des Begriffs selbst oder durch einen bestimmten Verwendungszusammenhang. Aus diesem Grunde sind etwa bei den Eigenschaftsbegriffen (➪ Begriff) grundsätzlich zwei verschiedene Begriffssysteme zu unterscheiden: ein logisches System und ein Prototypen-System.

Da die B. auf Grund der individuellen ➪ Informationsverarbeitung zu einer subjektiven kognitiven Struktur führt, ist sie relativ willkürlich. So können gleiche Objekte durch die Verwendung verschiedener Klassifikationsregeln, bezogen auf die kritischen Attribute, ganz unterschiedlichen Kategorien zugeordnet werden, zumal die Affekte bei der B. eine erhebliche Rolle spielen können. Lernt ein Kind einen Apfel kennen, so sind z. B. folgende Gruppierungen möglich:

a) nach affektiven Kategorien (Wohlgefallen beim Anblick des Apfels),
b) nach funktionalen Kategorien (Apfel als Nahrungsmittel),
c) nach formalen Kategorien (Apfel wird als »Frucht« eingeordnet).

In zahlreichen Fällen dominiert die Ich-Beteiligung bei der B. und überlagert eine logische Sicht der Dinge, insbesondere bei Wertbegriffen wie *Ehre, Freiheit, Hilfsbereitschaft* usw. Hier kommen neben den denotativen (sachlich-logischen) vor allem die konnotativen (emotional-assoziativen) Bedeutungsanteile ins Spiel. B. ist ein aktiver Vorgang; denn Begriffe sind nicht eine abstrahierte Abbildung der Realität, sondern Strukturen des je individuellen Denkens, d. h. sie dienen der Konstruktion von Wirklichkeit durch Aufnahme, Verarbeitung und Vernetzung sinnlicher Daten (➪ Konstruktivismus). Kulturelle Faktoren, etwa bestimmte Anforderungen in Familie, Schule oder Beruf, können die B. fördern oder hemmen.

Die Aufgabe der Schule auf dem Gebiet der B. besteht vor allem darin, subjektive und häufig unklare Begriffe in intersubjektive, die logische Struktur oder den Prototyp bzw. den Theoriebezug klar erfassende Begriffe zu verändern. Hierbei ist von altersspezifischen und gruppen- bzw. schichtspezifischen Voraussetzungen auszugehen und darauf zu achten, dass nicht durch allzu frühzeitige Begriffsfestlegungen selbstständiges und kreatives Denken und Problemlösen unterdrückt werden. Förderung der B. in der Schule ist sprachliche Sozialisation, die die Originalität der individuellen kognitiven Organisation in gewissem Rahmen tolerieren sollte.

Begriffsexplikation Verfahren zur Erklärung einer fachsprachlichen Bedeutung; z. B.: *Ein »Stammbaum« ist die zeichnerische Darstellung einer allgemeinen Struktur, die Relationen (Kanten) und Kategoriensymbole (Knoten) aufweist.* Im Gegensatz zur ➪ Begriffsanalyse wird hier die Bedeutung des auch gemeinsprachlichen Ausdrucks »Stammbaum« für bestimmte Anwendungsfälle (z. B. für eine dynamische Datenstruktur) präzisiert, die der gemeinsprachliche Wortsinn nicht erfüllen würde.

Wo immer möglich, sollte man solche Fälle umgehen, indem man andere, eindeutig fachsprachliche Termini verwendet; hier z. B. *Stemma* oder (*gerichteter*) *Graph*.

Begriffsinhalt ➪ Intension.

Begriffsumfang ➪ Extension.

Behalten Wesentliche Intention von ➪ Denken und ➪ Lernen; Vorgang und Ergebnis der Speicherung von Information im ➪ Gedächtnis sowie der Reproduktion bestimmter Informationseinheiten zu einem bestimmten Zeitpunkt. Gelingt dies nicht, sprechen wir von ⇔ Vergessen. Die Behaltensleistung ist u. a. abhängig

- von den Bedingungen beim Erwerb der Gedächtnisinhalte (z. B. Umfang des Lernmaterials, Anzahl der Wiederholungen, Verteilung der Lerneinheiten auf die Zeit);
- von der Beschaffenheit des Lernmaterials (Sinnhaftigkeit, Assoziierbarkeit, Differenziertheit, Kategorisierbarkeit, Position innerhalb einer Lernreihe);
- vom physischen und motivationalen Zustand des Lerners (➪ Begabung, Gesundheitszustand, Ermüdungsgrad, Einstellung zum Lerninhalt, ➪ Motivation).

Wesentlich erleichtert wird das B. durch eine ➪ multiple Repräsentation der Lerninhalte, und zwar auf einer handlungsmäßigen, einer bildhaften und einer symbolischen Ebene. Hierdurch wird die Interaktion der beiden Gehirnhälften (➪ Hemisphären) befördert, so dass Informationseinheiten leichter erinnert werden können. Weitere Maßnahmen, die das B. von Lerninhalten befördern, sind z. B. ➪ Leistungsmotivation bei den Lernenden, ➪ Ganzheitlichkeit des Lernens, ➪ Selbststeuerung im Lernprozess und ➪ Vernetzung der Lerninhalte.

Behaviorismus Verhaltenstheoretisch fundierte Psychologie, die (neben kognitiver und handlungstheoretischer Psychologie) eine der drei bedeutenden Richtungen der psychologischen Lernforschung repräsentiert. Von J. B. Watson 1913 – angeregt durch die ➪ Reiz-Reaktions-Experimente des russischen Physiologen Pawlow – begründet, wurde der B. vor allem in Amerika eine sehr einflussreiche Wissenschaftsauffassung. Sie lässt sich folgendermaßen kennzeichnen:

- Gegenstand ist das mit experimentellen Methoden erfassbare äußere Verhalten von Organismen.
- Da die Methode der Selbstbeobachtung nicht zugelassen wird, sind Erleben und Bewusstsein für die Forschung nicht zugänglich.
- Es sollen die Voraussetzungen für eine effektive Beeinflussung (Verhaltenskontrolle) bei Tier und Mensch geschaffen werden.
- Das Menschenbild dieser »objektiven« Naturwissenschaft kann als mechanistisch und deterministisch bezeichnet werden.

Standen in den 20er und 30er Jahren zunächst nur die direkt beobachtbaren Reiz-Reaktions-Verbindungen der klassischen ➪ Konditionierung (1) im Vordergrund, so richtete sich das Interesse in der Folgezeit auf die Vorwegnahme zukünftiger Handlungen beim Akt des ➪ Lernens, etwa durch die Aussicht auf Belohnung oder die Angst vor Bestrafung. Man spricht hier auch von ➪ instrumentellem Lernen.

Benotung Die B. in Form von Schulzensuren ist relativ jung; sie stammt aus dem 19. Jh. und wurde zunächst nur dann vorgenommen, wenn ein Schüler einen Leistungsnachweis für ein Stipendium oder einen Freiplatz benötigte. Erst im Laufe der Zeit wurde aus diesem formlosen ein amtliches Schreiben, mit dem ganz allgemein die schulischen Leistungen z. B. gegenüber einem Arbeitgeber nachgewiesen werden konnten. Die veränderten gesellschaftlichen Verhältnisse im Preußen des 18. Jh. ließen es als notwendig erscheinen, dass auch begabte Bürgersöhne in Positionen aufsteigen konnten, die bis dahin dem privilegierten Adel vorbehalten waren, zumal aus dieser Schicht nicht mehr genügend Führungskräfte zu rekrutieren waren. Damit erhielt die B. so etwas wie eine »Berechtigungsfunktion« und sie wurde vom liberalen Bürgertum als ein Instrument der Emanzipation aus den engen Standesschranken angesehen. Nicht mehr die Geburt allein legte den sozialen Status fest; von nun an konnte die individuelle Leistung den sozialen Aufstieg befördern. Das Leistungsprinzip wurde zu einer demokratischen Leitidee des liberalen Bürgertums.

Heute herrscht neben der Berechtigungsfunktion noch eine Reihe anderer Aufgaben der B. vor:

- die Selektionsfunktion durch Versetzung oder Zuweisung auf eine bestimmte Schulform
- die Rückmeldefunktion über erreichte Ziele an den Lehrer oder die Lehrerin sowie über erworbene Kenntnisse und Fertigkeiten an Schüler und Schülerinnen
- Berichtsfunktion über die schulischen Leistungen der Kinder und Jugendlichen an Eltern und Dienstherrn
- Sozialisierungsfunktion durch Leistungsanforderung und Erfüllung von ➪ Standards
- Anreizfunktion im Hinblick auf bestimmte Berechtigungen in Beruf oder Studium

Die Disziplinierungsfunktion, die der B. ebenfalls zugeschrieben wird, ist sehr mit Vorsicht zu betrachten; denn schlechte Noten sind kein pädagogisch geeignetes Mittel zur Disziplinierung einzelner Schüler bzw. Schülergruppen. Allerdings trifft zu, dass durch bestimmte Leistungsanforderungen zur Erreichung guter Noten eine gewisse Disziplinierung erreicht wird, wenn die Erbringung der Leistung mit geduldigem Arbeiten, Nachdenken und verständigem Diskurs verbunden ist.

Der B. können unterschiedliche Bezugsnormen zu Grunde liegen:

a) *Soziale Bezugsnorm*: Vergleich des Einzelnen mit der Referenzgruppe
Dieses Verfahren kann in Unterstufenklassen, die aus verschiedenen Grundschulen und Milieus zusammengesetzt sind, angewendet werden. So bilden etwa bei einem Diktat die gemachten Fehler in einer Klasse den Bezugsrahmen für die Notengebung jedes einzelnen Schülers und jeder einzelnen Schülerin.

b) *Individuelle Bezugsnorm*: Gemessen wird die Leistung nur »an sich selbst«
Es dürfte sehr schwierig sein, diese Bezugsnorm bei der B. im Klassenverband durchzuhalten; sie ist aber im Einzelfall durchaus sinnvoll. Gemessen wird dabei eher der Lern- und Leistungsfortschritt eines Schülers oder einer Schülerin, ohne dass der Lehrer einen Standard an die Schülerarbeit heranträgt. Dies ist z. B. bei Einzelreferaten üblich; aber auch ➪ Gruppenarbeiten können nach dieser Bezugsnorm benotet werden.

c) *Kriterienorientierte Bezugsnorm*: Vorrangig festgelegte Ziele und Standards, genau festgelegter ➪ Erwartungshorizont des Lehrers oder der Lehrerin
In höheren Klassen ist dieses Verfahren das übliche; entscheidend sollte allerdings sein, dass den Schülern und Schülerinnen die ➪ Beurteilungskriterien vor Erbringung der Leistung bekannt gegeben und erläutert worden sind.

Die aus der wissenschaftlichen Anlage von Tests und Statistiken übernommenen ➪ Gütekriterien lassen sich ebenfalls im Bereich der pädagogischen Leistungsmessung einsetzen.

Probleme bei der B. ergeben sich aus der Skalenqualität der ➪ Zensuren 1 bis 6, die eine gleichmäßige Verteilung suggeriert. Aber zwischen den Noten 2 und 3 liegt ein anderer Abstand als zwischen 4 und 5; denn die Note 5 (mangelhaft) kann eine ➪ Nichtversetzung zur Folge haben. Darüber hinaus ist die B. durch ➪ subjektive Theorien bzw. Fehlerquellen auf Seiten derjenigen, die die ➪ Klassenarbeit oder ➪ Klausur korrigieren, belastet; z.B.:

- Voreingenommenheit durch Vor- und Zusatzinformationen zu einzelnen Schülern und Schülerinnen
- Einfluss von Sympathie bzw. Antipathie und Geschlecht
- unreflektiertes ➪ Überzeugungswissen
- unzulängliche Analogieschlüsse (z.B. saubere Handschrift → inhaltliche Qualität)
- eingefahrene Beurteilungstendenzen (keine 1 oder 6, Tendenz zur mittleren B.)
- Reihenfolge-Effekt (die erste Arbeit setzt den Standard, bei längeren Korrekturzeiten können sich die Maßstäbe verändern)

Um solche Einflüsse bei der B. zu vermeiden bzw. abzumildern bieten sich die Überprüfung der eigenen Maßstäbe, der Austausch von korrigierten Arbeiten (➪ Vergleichsarbeit) sowie die generelle ➪ Kooperation mit Kollegen und Kolleginnen an.

In der Praxis richtet sich die B. insbesondere nach den Bestimmungen der ASchO (§§ 21, 22, 25), in denen u.a. die Notenstufen definiert sind. Allerdings haben Lehrer und Lehrerinnen durchaus einen »Beurteilungsspielraum«, da die Notenstufen (➪ Notenskala) nur formal, nicht aber inhaltlich bis ins Detail festgelegt sein können. Die Angabe von Notentendenzen ist zulässig; üblich sind Kennzeichnungen wie »+« und »–«, »Voll ...«, »Im Ganzen ...« oder »Noch ...«. Die Note steht jeweils unter der Schülerarbeit (bzw. dem Lehrerkommentar) in einer gesonderten Zeile; sie ist mit Datum und Namenskürzel zu versehen. Ein Notensprung um mehr als zwei oder mehr Stufen in aufeinander folgenden Zeugnissen ist möglich, muss aber ggf. begründet werden.

Die Bildung von Quartals- und Halbjahres- bzw. Abschlussnoten (➪ Notenbildung) setzt sich stets aus den Leistungen des Schülers bzw. der Schülerin im mündlichen und im schriftlichen Bereich zusammen. Die Regelung, dass in der Oberstufe die Bereiche ➪ Sonstige Mitarbeit und der Klausurenbereich je zur Hälfte in die B. eingehen, wird normaler Weise für die Sekundarstufe I so nicht übernommen. Die ASchO schreibt jedoch vor, dass die mündlichen Leistungen bei der Mitarbeit im Unterricht „ebenso zu berücksichtigen [sind] wie die übrigen Leistungen" (§ 21, 4). Dies bedeutet nicht, dass das arithmetische Mittel zu bilden sei, sondern „die Lehrkraft kann im Rahmen ihrer pädagogischen Freiheit generell oder beschränkt auf den Einzelfall andere Gewichtungen festlegen" (H. Pöttgen u.a., ^{17}1999).

Weitere Einzelheiten bei R.S. Jäger / U. Lissmann (2002).

Benotungsskala ➪ Notenskala.

Beobachter-Effekt Auch: Akteur-Beobachter-Effekt; Zuschreibung der Ursachen für ein Versagen beim Schüler durch den Lehrer bzw. die Lehrerin oder durch den Schüler selbst. Versuche haben gezeigt, dass in der Mehrzahl der Fälle ein Versagen vom Akteur, also dem Schüler selbst, auf äußere Bedingungen zurückgeführt wird (schlechte Arbeitsbedingungen, Lärm auf dem Flur, zu wenig Zeit zur Vorbereitung, Zeitdruck u. dgl.), während der Beobachter die Ursachen für ein Versagen weit eher in der Person des Akteurs sieht (Faulheit, kein Engagement, Unkonzentriertheit u. dgl.).

Diese Form der ➪ Kausalattribution hat den Status einer psychologischen »Gesetzmäßigkeit«:

Wenn ein Beobachter das (Fehl-)Verhalten eines Akteurs beobachtet, so führt er die Gründe für dessen Aktivitäten eher auf dessen persönliche Eigenschaften oder Fähigkeiten zurück. Dagegen schreibt der Akteur dieselben Verhaltensweisen bei sich selbst eher äußeren Faktoren zu.

Dies sollte insbesondere beim ➪ Beurteilen oder bei der ➪ Benotung von Schülerleistungen stets mitbedacht werden:

Beobachtung 1) Ausgangspunkt für ein geläufiges Ablaufschema im naturkundlichen Unterricht:

- Ein Phänomen wird beobachtet, das von der Lerngruppe (noch) nicht erklärt werden kann.
- Wesentlich für die mündliche oder schriftliche Wiedergabe der B. ist der Gebrauch einer wertneutralen Beschreibungssprache, die so weit wie möglich keine Deutung und keinen Kommentar enthält.
- Aus der präzisen Darstellung der B. können dann in einem weiteren Schritt ➪ Hypothesen zur Erklärung der B. aufgestellt und
- ein ➪ Experiment zur Verifizierung oder Falsifizierung der Hypothesen (Versuchsaufbau, Kontrollverfahren usw.) ausgedacht werden.
- Auch bei der Durchführung des Experiments wird zunächst wiederum die B. akzentuiert; erst danach findet
- die Ausdeutung und der Vergleich mit den Hypothesen statt.

2) Konzentrierte B. ist in zahlreichen Formen der ➪ Handlungsorientierung im Unterricht gefragt, z.B. beim ➪ Rollenspiel. Hier ist es unerlässlich, das Plenum als »Beobachter« einzubeziehen. Diese geben ihre B. der verschiedenen im Spiel deutlich gewordenen Ansichten, Charaktere oder Lösungsvorschläge zunächst ohne persönlichen Kommentar wieder und sorgen dafür, dass diese Standpunkte in der anschließenden Diskussion auch zum Tragen kommen. Außerdem beurteilen sie das Verhalten und ggf. die Lösungsmöglichkeiten, die durch die einzelnen Spieler angeboten worden sind, und zwar ohne deren »schauspielerischen« Leistungen zu kommentieren. Nachdem die Spieler Gelegenheit hatten, selbst Stellung zu nehmen, können die Urteile der Beobachter als Einstieg in die Diskussions- und Reflexionsphase genutzt werden.

3) Auch: B. von Unterricht; gerade zu Beginn der ➪ Lehrerausbildung ist es üblich, im Unterricht anderer zu hospitieren (➪ Hospitation). Dies kann zunächst ganz unvoreingenommen geschehen, sollte jedoch im Laufe der Zeit immer mehr von Beobachtungskriterien geleitet sein; z.B.:

Thema und Lernziele

- Wodurch wird den Schülern und Schülerinnen (und dem Beobachter) deutlich, um welches ➪ Thema (2) es in der Stunde geht und welche ➪ Lernziele intendiert sind?
- Wodurch wird erkennbar, ob das Thema bei den Schülern und Schülerinnen auf Interesse stößt (➪ Motivation)?

- Welche erwarteten (bzw. uncrwarteten) ➪ Probleme ergeben sich bei der Behandlung des Themas? Wodurch fallen sie dem Beobachter auf?
- Welche ➪ Unterrichtsmedien und welche ➪ Lernmittel werden eingesetzt? Wird ihre Funktion erkennbar?
- Werden Lernergebnisse bewusst gemacht (➪ Transparenz) und gesichert (➪ Ergebnissicherung)?

Unterrichtsverlauf

- Lassen sich deutlich abgrenzbare ➪ Unterrichtsphasen unterscheiden? Wie werden sie miteinander verbunden?
- Wird den Schülern und Schülerinnen der Lernweg bewusst gemacht (➪ Methodenreflexion)?
- Welche Funktion kommt dem ➪ Tafelanschrieb im Unterrichtsverlauf zu?
- Wie wird die ➪ Hausaufgabe zur Stunde eingebunden? Wie ergibt sich die Hausaufgabe zur nächsten Stunde aus dem Unterricht?

Interaktion, ➪ Lehr-Lern-Prozess

- Welche Formen der Aktivität bei Schülern (➪ Handlungsmuster) und Lehrer bzw. Lehrerin (➪ Aktionsform) lassen sich unterscheiden?
- Lassen sich bestimmte Formen des ➪ Unterrichtsgesprächs unterscheiden?
- Wie hoch sind die Sprechanteile in den einzelnen Gesprächsphasen? Gibt es Schüler-Schüler-Gespräche?
- Treten ➪ Unterrichtsstörungen oder ➪ Konflikte auf? Lässt sich ggf. eine Ursache ermitteln? Wie geht der Lehrer bzw. die Lehrerin damit um?

Beobachtungslernen ➪ Modell-Lernen.

Beratung Beraten ist eine der ➪ Berufsfunktionen von Lehrerinnen und Lehrern; und in der Schule gibt es eine Reihe von Beratungsanlässen:

- *Schullaufbahnberatung*: Hier bieten meist Lehrkräfte mit einer besonderen Funktion (z. B. Stufenleiter) Entscheidungshilfen für Schüler und Schülerinnen sowie deren Eltern.
- *Psycho-soziale B.*: Tritt z. B. ein bei ➪ Schulschwierigkeiten oder ➪ Lernproblemen von Schülern oder Schülerinnen, bei sozialen ➪ Konflikten und psychischen Störungen. Auch hier sollte der Lehrer oder die Lehrerin in besonderen Fällen auf Fachpersonal verweisen können.
- *Systemberatung*: Beauftragung schulexterner Fachleute bzw. Institute.
- *Nachbesprechung von Unterricht*: B. im Rahmen der Ausbildung von Referendaren und Referendarinnen im ➪ Vorbereitungsdienst.

Da der beratende Lehrer bzw. die beratende Lehrerin in der Regel nicht von außen kommt, sondern in das Geschehen und meist in den Beratungsanlass involviert ist, kann B. nicht aufgefasst werden als eine soziale Interaktion zwischen Ratsuchendem und Berater mit dem Ziel, dem Ratsuchenden eine professionelle Entscheidungshilfe zur Bewältigung seines Problems zu geben. Es kann bei den allermeisten Beratungsanlässen in der Schule nur darum gehen, dass beide – Ratsuchender und Berater – gemeinsam einen Weg zu finden suchen, wie aufgetretene Probleme entschärft, vermieden oder überwunden werden können. Dies bedeutet: „Beratung ist eine soziale Interaktion zwischen Ratsuchenden mit dem Ziel, im Beratungsprozess Entscheidungshilfen zur Bewältigung von aktuellen Problemen gemeinsam zu erarbeiten." (G. Bovet / V. Huwendiek, [2]1998)

Um dies leisten zu können, sollte der Lehrer bzw. die Lehrerin einige kommunikative Qualifikationen besitzen, wie z. B. die Fähigkeit zu ➪ aktivem Zuhören und zu ➪ Empathie, Senden von ➪ Ich-Botschaften und Ausdruck eigener ➪ Gefühle (selektive ➪ Authentizität), reflektiertes Zuhören und ➪ »Spiegeln«, Verstehen von ➪ nonverbaler Kommunikation und von verschlüsselten verbalen Botschaften (Inhalt einer Mitteilung paraphrasieren und verstandene Gefühle verbalisieren). Insbesondere das aktive Zuhören ermöglicht dem Ratsuchenden die »Selbstexploration«: der Berater ist ein Wegbegleiter, der den Ratsuchenden dazu führt, dass er oder sie eigene Handlungsalternativen erkennt; denn allzu leicht werden »professionelle« Ratschläge als Bevormundung aufgefasst und abgelehnt.

Einen wichtigen Anteil der B. nehmen Elterngespräche ein, z. B. an Elternsprechtagen. Hier gilt es, einige Anhaltspunkte zu beachten:

- *Vorbereitung*: Sammeln von Informationen (z. B. Gespräche mit Kollegen, die den Schüler bzw. die Schülerin auch unterrichten, Einsicht in die Schülerakte), Arbeitsproben bereithalten, typische Situationen mit dem Schüler bzw. der Schülerin erinnern und notieren.
- *Ort der B.*: Wichtig ist ein ruhiger und ansprechender Raum; sollte die B. in einem Klassenraum stattfinden, so ist eine kleine Gesprächsecke (ohne das Lehrerpult) einzurichten. Die Lehrperson sollte genügend Zeit mitbringen und vorhersehbare Störungen abstellen.
- *Durchführung*: In einer 1. Phase (Exploration) geht es darum, das Problem kennen zu lernen, ein Klima des Vertrauens zu schaffen und „Entscheidungshilfen zur Bewältigung von aktuellen Problemen gemeinsam zu erarbeiten". Am Ende dieser Phase (z. B. wenn sich Gesagtes wiederholt) leitet der oder die Beratende über zur 2. Phase (Handlungsplanung), in der es darum geht festzulegen, was in Zukunft getan werden kann. Hierzu sollte im Idealfall das herangezogen werden, was die Eltern in der 1. Phase – wenn auch nur umrisshaft - selbst angesprochen haben.
- *Abschluss*: Am Ende der B. steht im Normalfall eine feste Vereinbarung; um den Erfolg der Maßnahmen zu prüfen, sollte ein neuer Gesprächstermin abgesprochen werden.

Da nicht alle Beratungsgespräche ideal ablaufen, müssen Lehrer und Lehrerinnen auch mit ➪ Konflikten umgehen können. Auch hier sollte die Maxime gelten, dass Konflikte, wo immer dies möglich ist, bereits im Vorfeld vermieden bzw. abgebaut werden (➪ Konfliktvermeidung). Auch hierzu sind bestimmte Kenntnisse der ➪ Gesprächsführung hilfreich, z. B. die Beachtung der vier Seiten einer Nachricht oder »mit vier Ohren hören« (Schulz von Thun, Band 1, 1996).

Weitere Einzelheiten bei K. Sander (1999), G. U. Heuer (2001), S. Bachmair u.a. ([8]2001), Landesinstitut (2001), S. Culley (2002).

Zum pädagogischen Gesprächstraining: W. Pallasch / D. Kölln (2002).

Bereinigte Amtliche Sammlung der Schulvorschriften Abk.: BASS; in der BASS sind die Verfügungen und Erlasse nach Stichworten geordnet. Sie erscheint einmal im Jahr und wird regelmäßig aktualisiert.

Bereitschaftsdienst Der Schulleiter oder die Schulleiterin kann eine Lehrkraft im Einzelfall verpflichten, sich für die Wahrnehmung von Aufgaben, insbesondere für einen kurzfristig zu übernehmenden Vertretungsunterricht (⇨ Vertretung), bereitzuhalten. In der Regel muss sich die Lehrkraft während der bezeichneten Zeit in der Schule aufhalten, um bei Bedarf zur Dienstleistung herangezogen werden zu können. (⇨ ADO, § 11.3)

Berichtigung Teil der Nachbearbeitung einer ⇨ Klassenarbeit oder ⇨ Klausur. In der S I sollen die Schüler und Schülerinnen anhand der ⇨ Korrekturen am Rand ihrer Arbeiten die B. vornehmen. Hierzu sind alle für die B. relevanten ⇨ Korrekturzeichen mit einer Ziffer zu versehen, die bei der Berichtigung wiederholt wird, so dass eine eindeutige und rasche Identifizierung möglich ist. Die Korrektur erfolgt im Kontext und in größeren gedanklichen Zusammenhängen. Darüber hinaus kann vereinbart werden, dass einige weitere Beispiele der gleichen Art benannt werden.

Es ist nicht erforderlich, dass jeder einzelne Fehler berichtigt wird; in jedem Fall sollte die B. in der ⇨ Nachbesprechung (1) vorbereitet werden. Hierzu empfiehlt es sich, dass der Lehrer oder die Lehrerin nach der Korrektur der Arbeiten diese noch einmal querliest und alle relevanten Fehler nach Fehlertypen geordnet herauszieht, um diese mit der Lerngruppe zu besprechen. Dabei kann der Schwerpunkt jeweils auf einem bestimmten Thema (z.B. Groß- und Kleinschreibung [Deutsch], das Kürzen von Brüchen [Mathematik] usw.) liegen. Die B. wird vor der nächsten Klassenarbeit durchgesehen und kurz kommentiert, aber in der Regel nicht bewertet.

In der S II sollte sich die B. auf ein bis drei Korrekturschwerpunkte konzentrieren; dies können typische formale oder methodische Probleme sein, aber auch inhaltliche Korrekturen, wie z.B.:

- *Schreiben Sie eine Einleitung zu ihrer Darstellung, die den Leser in Thematik und Intention einführt.* [Deutsch, Fremdsprachen]
- *Formulieren Sie zu Aufgabe 3 einen ausführlichen Lösungsweg* [Mathematik]
- *Vervollständigen Sie Ihre Skizze zum »Galvanischen Element« und tragen Sie alle Symbole der beteiligten Ionen, Atome und Moleküle ein* [Chemie]

Es sollte sich von selbst verstehen, dass den Schülern in der Nachbesprechung hinreichend Hilfen zur Überarbeitung bzw. zur (besseren) Lösung ihrer Aufgabe genannt oder angeboten worden sind. Die so erbrachte Leistung bei der Bearbeitung der Korrekturschwerpunkte wird benotet und in den Bereich ⇨ Sonstige Mitarbeit eingebracht. Um die Verbindung von Klausur und B. zu gewährleisten, ist es erforderlich, dass die Schüler ein Heft benutzen oder eine Klausurmappe anlegen.

Berliner Didaktik Auch: Lehrtheoretische Didaktik; die B.D. ist in den 60er-Jahren von P. Heimann, G. Otto und W. Schulz begründet worden. Ihr Kernstück ist die ➪ Strukturanalyse des Unterrichts, die als Raster zur Beobachtung und Planung von Unterricht gedacht war, und zwar als eine „zeitlose und konstante formale Struktur". Sie ist folgendermaßen aufgebaut:

A *Entscheidungsfelder*

1. Intentionalität
   Mit welcher Absicht unterrichte ich etwas?
2. Thematik
   Was bringe ich in den Horizont der Lerngruppe?
3. Methodik
   Wie unterrichte ich?
4. Medienwahl
   Mit welchen Mitteln verwirkliche ich den Unterricht?

B *Bedingungsfelder*

5. anthropogene Voraussetzungen
   An wen vermittele ich den Unterrichtsstoff?
6. soziokulturelle Voraussetzungen
   In welcher Situation findet mein Unterricht statt?

Gegen die These, dass diese sechs Strukturmomente in strenger ➪ Interdependenz zueinander stünden, ist schon recht früh Kritik laut geworden, weil die Art der Wechselbeziehung zu wenig erfasst worden sei und weil diese These keine Hilfe bei der konkreten Unterrichtsvorbereitung biete. Es ist lediglich angemerkt worden, dass die Intentionen den Gegenstand als Lerngegenstand konstituieren (Heimann) und dass die Ziele die Zweckmäßigkeit unterrichtlicher Entscheidungen regulieren (Schulz).

Erst bei der Annäherung der B.D. an die ➪ Bildungstheoretische Didaktik Mitte der 70er-Jahre des vorigen Jh. einigten sich die Vertreter beider Richtungen auf die Formel, dass die „allgemeine Zielorientierung" alle Momente der ➪ Unterrichtsplanung und alle Aspekte des ➪ Lehr-Lern-Prozesses dominiere.

Neben der als »wertfrei« angesehenen Strukturanalyse (➪ Wertfreiheit) steht die ideologiekritische ➪ Bedingungsanalyse (auch: Faktorenanalyse). Während die Strukturanalyse ermittelt, über welche grundlegenden Strukturmomente prinzipiell entschieden werden muss, geht es bei der Bedingungsanalyse um die Frage, wodurch diese Entscheidungen prinzipiell beeinflusst werden. Im Einzelnen sind dies:

1. *Normenkritik*
   Prüfung der unterrichtlichen Setzungen, ihrer Herkunft und der hinter ihnen stehenden Intentionen sowie ihrer Folgen

2. *Faktenbeurteilung*
   Überprüfung von Aussagen zum Unterricht (z. B. im Lehrplan), die sich auf Fakten beziehen

3. *Formenanalyse*
   Reflexion des Wandels von Unterrichtsprozessen, historische Relativierung und Wechselwirkung zu kulturellen Nachbarbereichen

Das Modell der B.D. soll zur Erhellung der Voraussetzungen der Unterrichtsplanung (Ziel-, Inhalts-, Methoden- und Medienentscheidungen) beitragen, wobei eine wechselseitige Korrektur von Theorie und Praxis vorgesehen ist, um „theoretisch kontrolliertes Praktizieren" zu ermöglichen. W. Schulz (1980) hat die Konzeption der B.D. im sogenannten ⇨ Hamburger Modell weiterentwickelt.

Berufsanfänger bzw. Berufsanfängerin; wer im ⇨ Referendariat oder als B. an eine neue Schule kommt, sollte zunächst möglichst viele Informationen sammeln und »Tipps« beherzigen:

- Jede Schule hat eine typische ⇨ Ablauf-, ⇨ Aufbau- und ⇨ Informationsstruktur; hier gilt es, die »normalen« Abläufe und Kompetenzen, die Aufteilung der Aufgaben und die Zuständigkeiten kennen zu lernen. Insbesondere sind von Anfang an die Mitteilungen am »Schwarzen Brett« bzw. im Mitteilungsbuch (täglich und vollständig) zu beachten.
- Namen sind wichtig und geben Orientierung: Wer sind und wie heißen der Stellvertreter des Schulleiters bzw. der Schulleiterin, der Stundenplaner, der zuständige Kollege für Aufsichts- und Vertretungspläne und die Klausurtermine, der Fachvorsitzende für die eigenen Fächer, die Stufenleiter, der Beratungslehrer, der ⇨ Lehrerrat, der Hausmeister?
- Von Beginn an sind die ⇨ Dienstpflichten zu kennen und zu beachten, insbesondere ⇨ Pflichtstunden, ⇨ Vertretung, ⇨ Bereitschaftsdienst, ⇨ Aufsicht, Teilnahme an den Konferenzen, Verpflichtung zur Verschwiegenheit; unerlässlich sind ferner Kenntnis und Beachtung der amtlichen ⇨ Lehrpläne und ⇨ Richtlinien für die eigenen Fächer usw.
- Besorgen Sie sich die schuleigenen Lehrpläne sowie die eingeführten Lehrbücher und Lernmittel für ihre Klassen und Kurse. Informieren Sie sich über das Angebot an Lehrerhandbüchern, über Preisnachlässe und Ansichtsexemplare.
- Um sich in der Dienststelle »einzurichten«, braucht jeder die erforderlichen Dienstschlüssel (es empfiehlt sich, eine Dienstschlüssel-Versicherung abzuschließen!), ein Postfach, ein Fach für persönliche Dinge sowie für Unterlagen, die weggeschlossen werden müssen.
- Denken Sie auch an einen Lageplan für Klassen- und Fachräume! Gibt es eine Schüler-, Fach- oder Lehrerbücherei in ihrer Schule?
- Beachten Sie rechtzeitig den Terminplan der Schule für das Schuljahr bzw. für das anstehende Halbjahr, damit Überschneidungen mit privaten Terminen vermieden werden.
- Die ⇨ Kooperation mit den Kollegen und Kolleginnen sowie das kollegiale Gespräch können das Leben an der Schule erleichtern: Beachtung der ⇨ Schultradition; Einsicht in das ⇨ Schulcurriculum und die Protokolle der ⇨ Fachkonferenz; Gespräche

mit den Fachlehrern, die die Klassen und Jahrgangsstufen zuvor unterrichtet haben; Information über das Entschuldigungsverfahren für die Schüler und Schülerinnen der S I und S II.

- Nach einer gewissen Zeit der Eingewöhnung können dann weitere Initiativen ergriffen werden: Mitarbeit am ⇨ Schulprogramm, Übernahme von ⇨ Sonderaufgaben, Nutzung von Maßnahmen der ⇨ Lehrerfortbildung u. dgl.

berufliche Qualifikation ⇨ Berufsvorbereitung.

Berufsfunktionen Das ⇨ Seminarrahmenkonzept für die ⇨ Lehrerausbildung in NRW (1996) nennt sechs B. des Lehrers bzw. der Lehrerin: (1) ⇨ Unterrichten, (2) ⇨ Erziehen, (3) ⇨ Beurteilen und ⇨ Bewerten, (4) ⇨ Beraten, (5) ⇨ Organisieren und Verwalten und (6) ⇨ Innovieren. Die ersten beiden gelten als Leitfunktionen. Gekoppelt mit den drei ⇨ Anforderungsbereichen (Sach-, Sozial- und Selbstkompetenz) ergeben sich so 18 Teilziele für die Lehrerausbildung.

Berufssozialisation Eine wesentliche Etappe in der allgemeinen ⇨ Sozialisation im Erwachsenenalter ist die B. Im Wesentlichen wird die B. des Lehrers bzw. der Lehrerin durch die Erwartungen gesteuert, welche die am pädagogischen Geschehen Beteiligten (Schulleitung, Kollegium, Schülerschaft, Eltern) an die Lehrperson stellen; hinzu kommen (z. T. recht unkritische) gesellschaftliche Vorstellungen vom »guten Lehrer«, welche die B. auch außerhalb der Institution Schule beeinflussen.

Die ⇨ Lehrerrolle lässt sich demnach beschreiben als ein Bündel von Verhaltenserwartungen, die von anderen an die Lehrperson herangetragen und mehr oder weniger stark von ihr verinnerlicht werden und die schließlich ihr Verhalten, ihre Einstellungen, Urteile und ⇨ subjektiven Theorien (bezogen auf Vorgesetzte, Schüler, ⇨ Unterrichtsrezepte, ⇨ Konfliktlösungsstrategien im Schulalltag u. dgl.) prägen. Da derartige Erwartungen jedoch nicht homogen sind, sondern erheblich differieren können, bleibt ein beträchtlicher Spielraum für individuelle Präferenzen und Entscheidungen. Allerdings können unterschiedliche Anforderungen an eine Lehrerrolle auch zur »Rollendiffusion« führen, insbesondere wenn die Lehrperson *alle* Erwartungen erfüllen will. Um hier der Überforderung, der ⇨ Angst (2) und schließlich dem ⇨ Burnout-Syndrom zu entgehen, gehört zur B. auch das Erlernen von Maßnahmen zur ⇨ Entlastung, von ⇨ Rollendistanz, selektiver ⇨ Authentizität, von ⇨ Kooperation und ⇨ Organisieren; und nicht immer bin ich (allein) für ein Problem zuständig.

Eine wesentliche Rolle für die B. spielt die Art der ⇨ Lehrerausbildung sowie die Wahrnehmung der unterschiedlichen Formen der ⇨ Lehrerfortbildung.

Berufsvorbereitung 1) Was das berufliche Schulwesen bzw. die Berufskollegs immer schon als eine ihrer Hauptaufgaben angesehen haben, nämlich die ⇨ Allgemeinbildung mit einer gezielten B. zu verbinden, sollte in analoger Weise auch von den Gymnasien wahrgenommen werden, zumal immer mehr Schüler der Oberstufe direkt in eine Lehre wechseln. Lernprozesse, gleichgültig in welcher Schulform, sollen den jungen Menschen mit *Qualifikationen* zur „Bewältigung von Lebenssituationen“ ausstatten (S.B.

Robinsohn, 1971). Geht man von exemplarischen Lebensbereichen aus und ordnet ihnen bestimmte Bildungsprozesse (wie sie z. B. im Deutschunterricht und/oder in den berufsspezifischen Fächern realisiert werden) zu, die ihrerseits zu bestimmten Kompetenzen beitragen, so führt dies zu einem Schema der folgenden Art:

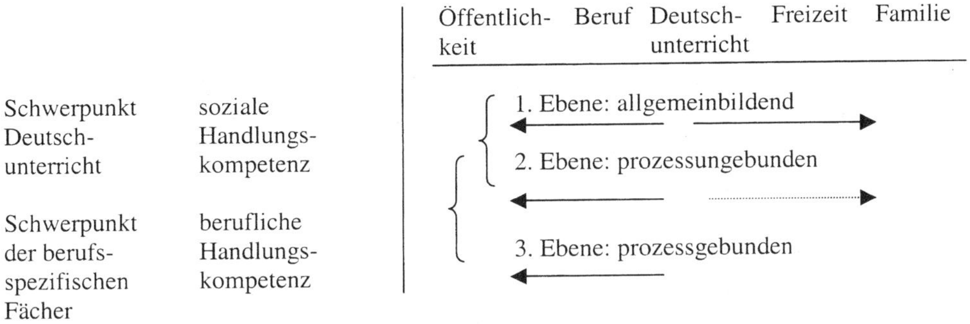

Auf der 1. Ebene vermittelt der Deutschunterricht – ähnlich wie die anderen Lebensbereiche, lediglich in viel stärkerer Organisation und Reflexion – allgemeine Qualifikationen zu einer sozialen Handlungskompetenz für alle wesentlichen Gebiete der Lebenswirklichkeit der Schüler und Schülerinnen. Sie ist den anderen Qualifikationsebenen übergeordnet.

Auf der 2. Ebene vermittelt der Deutschunterricht Qualifikationen spezieller Art; so sollen z. B. die Gymnasien vornehmlich eine wissenschaftspropädeutische Qualifikation, die Berufskollegs eher die berufliche Handlungskompetenz fördern. Diese Art der B. zielt auf die Fähigkeit, sich am Arbeitsplatz sach- und personenbezogen, auch sprachlich angemessen zu verhalten, soziale bzw. arbeitsorganisatorische Auswirkungen von Strukturwandel aktiv zu bewältigen, und das heißt auch: die eigene Situation im Arbeitsprozess angemessen einschätzen und beurteilen können. Es ist einsichtig, dass diese Art von Lernen auf die allgemeine soziale ➪ Handlungskompetenz zurückwirkt und diese – im Sinne von gesellschaftlicher Teilhabe – fördern oder hemmen kann und dass sie im Deutschunterricht aller Schulformen Sinn macht.

Auf der 3. Ebene vermitteln die Berufskollegs Kenntnisse und Fertigkeiten, die die Schüler und Schülerinnen unmittelbar am Arbeitsplatz brauchen und einsetzen können müssen. Diese sogenannten »prozessgebundenen Qualifikationen« sind – anders als die prozessungebundenen Qualifikationen der 2. Ebene – genuine B. der Berufskollegs bzw. des berufsbildenden Schulwesens.

2) In der Regel beschränkt sich die B. in den öffentlichen Schulen auf die vorgeschriebenen Berufspraktika sowie auf die Einübung der so genannten ➪ Zweckformen am Ende der Sekundarstufe I.

Beschwerde Auch: Aufsichtsbeschwerde; die Erziehungsberechtigten oder der erwachsene Schüler bzw. die erwachsene Schülerin haben das Recht, sich schriftlich über einen vermeintlichen Missstand oder ein vermeintliches Fehlverhalten von Lehrern zu beschweren, sofern es sich nicht um einen Verwaltungsakt handelt und sofern eine mündliche Aussprache zu keinem Ergebnis geführt hat. Die B. ist fristlos und formlos (jedoch schriftlich abgefasst) zu erheben; sie hat keine aufschiebende Wirkung. Es wird unterschieden zwischen

- *Fachaufsichtsbeschwerde*: sie ist sachbezogen und wendet sich gegen Sachentscheidungen (z. B. die Benotung einer Klassenarbeit) und
- *Dienstaufsichtsbeschwerde*: tadelt das persönlich-dienstliche Verhalten eines Lehrers oder einer Lehrerin mit dem Ziel, dass dies für die Zukunft korrigiert wird.

Kann der Schulleiter oder die Schulleiterin der B. nicht abhelfen, so legt er oder sie diese der Schulaufsichtsbehörde zur Stellungnahme vor. Die Entscheidung des zuständigen Dezernenten ist für die Schule bindend. So kann z. B. gegen die ➪ Korrektur (1) und / oder ➪ Benotung (z. B. »mangelhaft«) einer Klassenarbeit B. eingelegt werden. Setzt die Schulaufsichtsbehörde nach Prüfung des Sachverhalts die Note anders fest (z. B. »ausreichend«), so ist die Note der Klassenarbeit entsprechend zu ändern. Möglicherweise wird – je nach Fall – die betreffende Lehrperson ermahnt, bei der Korrektur bestimmte Normen einzuhalten oder persönlich herabsetzende Bemerkungen zu unterlassen.

Um eine solche B. prüfen zu können, braucht die ➪ Schulaufsicht bestimmte Unterlagen, z. B.:

- eine Darstellung des Falls durch den Schulleiter,
- eine Stellungnahme des betreffenden Lehrers bzw. der betreffenden Lehrerin zum Gegenstand der B.,
- eine Übersicht über den Ausfall der Klassenarbeit,
- einige Vergleichsarbeiten mit gleicher und mit unterschiedlicher Benotung.

Gegen schulische Entscheidungen, die einen ➪ Verwaltungsakt begründet, kann ➪ Widerspruch eingelegt werden.

Bei B. von Lehrkräften oder Referendaren ist in der Regel der ➪ Dienstweg einzuhalten, es sei denn, die B. richtet sich gegen den direkten Vorgesetzten bzw. die direkte Vorgesetzte.

besondere Lernleitung In § 17 der ➪ APO-GOSt vom 05.10.1998 (zuletzt geändert 07.02.2001) wird festgelegt: „(1) Im Rahmen der für die Abiturprüfung vorgesehenen Punktzahl (§ 29) kann Schülerinnen und Schülern eine besondere Lernleistung angerechnet werden, die im Rahmen oder Umfang eines mindestens zwei Halbjahre umfassenden Kurses erbracht wird. Als besondere Lernleistung können ein umfassender Beitrag aus einem von den Ländern geförderten Wettbewerb oder die Ergebnisse eines umfassenden fachlichen oder fachübergreifenden Projekts gelten." Folgende weiteren Regelungen gelten:

- Antrag spätestens am Ende der Jahrgangsstufe 12.2
- Zulassung des Antrags durch die Schulleitung in Abstimmung mit der Lehrkraft, die als Korrektor vorgesehen ist,

- Korrektur und Bewertung nach den Maßstäben und dem Verfahren der Abiturprüfung (§ 29)
- der Prüfling stellt in einem Kolloquium die Ergebnisse der b. L. dar und beantwortet Fragen
- die Endnote wird auf der Grundlage der in der b. L. und im Kolloquium erbrachten Leistung gebildet
- für die b. L. sind maximal 15 Punkte erreichbar, die vierfach gewertet werden
- bei Arbeiten, an denen mehrere Schülerinnen und Schüler beteiligt waren, muss die individuelle Prüfungsleistung erkennbar und gesondert bewertbar sein

Aufgabenbeispiel: »Die soziale Integration von Ausländern durch lokale Sportangebote« (Bestandsaufnahme, Erarbeitung einer Palette von Sportangeboten unter Berücksichtigung verschiedener kultureller Aspekte, Kontakte mit Vereinsführungen zwecks Diskussion und Realisierung solcher Angebote)

Weitere Hinweise: Landesinstitut (2001a).

Bestrafung 1) Lernpsychologisch betrachtet gehört die B. zum Bereich des ➪ instrumentellen Lernens: Dem Verhalten folgt ein unangenehmes Ereignis, dem das Kind oder der Jugendliche in Zukunft (durch Verhaltensänderung) ausweichen wird. Die B. kann entweder in der Darbietung eines aversiven Reizes (z. B. Schimpfen) bestehen oder im Entzug eines positiven Reizes, was ebenfalls aversiv erlebt wird. Damit trägt die B. zu einer Schwächung oder Unterdrückung des unerwünschten Verhaltens bei. In diesem Sinne kann für ein Kleinkind auch der Griff auf eine heiße Herdplatte eine B. sein, die sein zukünftiges Verhalten beeinflusst.

2) Der pädagogische Begriff der B. ist enger gefasst als der psychologische, hat dafür aber eine zusätzliche Komponente, nämlich die erzieherische Absicht dessen, der die B. vornimmt. Eine B. ist dann besonders wirksam, wenn
- das unerwünschte Verhalten noch nicht besonders stabil ist,
- die besondere Motivation zu seiner Ausführung vermindert wird oder entfällt,
- die Strafe möglichst sofort, möglichst stark und in jedem Fall konsequent durchgeführt wird,
- alternatives Verhalten angeboten werden kann und eine positive ➪ Verstärkung folgt.

Allerdings müssen auch die Gefahren der B. gesehen werden, z. B.: Beeinträchtigung der zwischenmenschlichen Beziehung, Provozieren von Flucht- und Vermeidungsverhalten, ➪ Modell-Lernen, keine grundsätzliche ➪ Konfliktlösung. Gelegentlich wird Fehlverhalten gezeigt, um in einer Art ➪ Ränkespiel die B. als pervertierte Zuwendung zu erleben.

3) ➪ Erziehungs- und Ordnungsmaßnahmen.

Beurteilen Eine der ➪ Berufsfunktionen des Lehrers bzw. der Lehrerin, die sich sowohl auf eine allgemeine Beurteilung der Schulfähigkeit (Einschulung, Wechsel der Schulform) als auch auf eine konkrete ➪ Leistungsmessung beziehen kann. Insofern ist die Beurteilung einer Schülerleistung umfassender und allgemeiner als deren ➪ Bewertung. Die Beurteilung muss nicht in einer ➪ Benotung zusammengefasst werden, sie kann auch informell oder immanent (etwa bei der Besprechung von Hausaufgaben) erfolgen.

Die Überprüfungspraxis bezieht sich im Allgemeinen auf die ⇨ mündliche Mitarbeit, auf ⇨ Hausaufgaben, schriftliche ⇨ Tests bzw. kurze schriftliche Übungen, ⇨ Protokolle sowie ⇨ Klassen- und Kursarbeiten, wobei es in der Regel um eine Tatsachenfeststellungsprüfung geht, die an fachlichen ⇨ Standards, an (vereinbarten) ⇨ Beurteilungskriterien und am ⇨ Erwartungshorizont des Lehrers bzw. der Lehrerin orientiert ist.

Daneben sollten jedoch auch Formen der ⇨ prozessbegleitenden Bewertung eingeführt und erprobt werden, die am jeweils subjektiven Lernprozess ausgerichtet sind.

Weitere Einzelheiten bei G.U. Heuer (2001), C. Solzbacher / Ch. Freitag (2001).

Zu »neuen Formen« der Leistungsbeurteilung: H.-U. Grunder / T. Bohl (2001).

Beurteilungskriterien Das ⇨ Beurteilen zählt zu den Berufsfunktionen des Lehrers bzw. der Lehrerin. Für die ⇨ Erfolgskontrolle und die ⇨ Leistungsmessung sind B. erforderlich, die vor dem Zeitpunkt, zu dem die Leistung erbracht bzw. kontrolliert wird, allen Beteiligten klar sein sollten. Die rechtliche Grundlage für die Leistungsbewertung und deren pädagogische Zielsetzung ergeben sich aus der ⇨ ASchO (§§ 21–23 und 25).

Insbesondere sollte die Bewertung von ⇨ Klassenarbeiten und Klausuren den ⇨ Gütekriterien entsprechen, wie sie für wissenschaftliche Tests gelten: sie sollen objektiv, valide und reliabel sein.

Eine besondere Schwierigkeit bieten B. für kreative Leistungen; genannt werden hier z.B.:

- Glaubwürdigkeit des Dargestellten
- Verständlichkeit im Sinne von Lesersteuerung
- Anschaulichkeit (z.B. durch Einfügen von Gedanken, Reflexionen, Beispielen)
- Thema und »zündende Idee«
- Darstellung (lebendig – langweilig, überraschend – vorhersehbar, originell – klischeehaft usw.)
- sprachlich-stilistische Richtigkeit

Gerade bei Unstimmigkeiten zwischen Schreiber und Beurteiler kann ein Kommentar für mehr Klarheit und Transparenz sogen. Der Schreiber sorgt auf diese Weise selbst für B. in seinem Sinne, wenn er äußern darf, warum er gerade diese Lösung gewählt hat und für richtig hält. Ein solcher Kommentar kann zusätzlich zur Aufgabenstellung, aber auch nachträglich als ⇨ Korrekturschwerpunkt bei der ⇨ Berichtigung eingebracht werden.

Bei ⇨ Gruppenarbeiten, ⇨ Projektunterricht, der Anlage von ⇨ Arbeitsmappen (1) u.ä. kann es erforderlich werden, eher den Arbeits- und Lernprozess zu bewerten als eine bestimmte punktuelle Leistung. Hier ist es denkbar, dass die Schüler und Schülerinnen während der Arbeit, in der ⇨ Auswertungsphase, bei der ⇨ Überarbeitung und im gemeinsamen Gespräch miteinander und mit dem Lehrer oder der Lehrerin die B. für ihre Produkte erst entwickeln.

Weitere Einzelheiten: allgemein bei R. Sanner (^{2}1988), E. Jürgens (1998); zu kreativen Leistungen bei H. Müller-Michaels (1993), D. Homberger (1997).

Bewegte Schule Auch: »Schule in Bewegung«; über Strömungen der ➪ Humanistischen Pädagogik (➪ Edu-Kinestetik) sowie Initiativen der Sportpädagogik mehrten sich Mitte bis Ende der 90-er Jahre des vorigen Jh. Veröffentlichungen, welche die Bedeutung von Bewegung im Unterrichtsalltag der Schüler und Schülerinnen herausstellten. So kam z. B. auf Initiative der ➪ GUV und der AOK (NRW) 1996 die Schrift »Mehr Bewegung in die Schule. 45 Ideen für einen bewegungsfreudigen Schulalltag« heraus; auch Zeitschriften griffen das Thema immer wieder in ihren Themenheften auf, z. B.:

»Bewegte Schule« (Sportpädagogik 1995, Heft 6)
»Bewegte Schule« (sportunterricht 1995, Heft 6)
»Schule in Bewegung« (Sportpädagogik 2001, Heft 2)

Im Wesentlichen geht es darum, die Lernleistung und Lernfreude der Schüler und Schülerinnen dadurch zu fördern,

- dass die sture Sitzhaltung über 45 Minuten hin aufgegeben wird; dies geschieht u. a. durch eine Veränderung der Sitzposition oder Sitzordnung, Wechsel der ➪ Sozialform, schüleraktive ➪ Handlungsmuster und ➪ Schülerorientierung, ➪ Handlungsorientierung;
- dass Pausen die ➪ Konzentration stärken; denn es ist erwiesen, dass sich Schüler und Schülerinnen der Sekundarstufe I im Durchschnitt nur 20 bis 25 Minuten intensiv mit einem Thema beschäftigen können;
- dass geeignete ➪ Unterrichtsmethoden für Bewegung im Klassenzimmer sorgen.

Neben der Bewegung, den Pausen und einer erhöhten Sauerstoffzufuhr durch das regelmäßige Öffnen der Fenster kann die ➪ Pausenhofgestaltung dem natürlichen Bewegungsdrang von Kindern und Jugendlichen entgegenkommen.

Weitere Einzelheiten bei C. Anrich (2000).

Bewertung Auch: ➪ Erfolgskontrolle; bei der B. von Schülerleistungen „muss der Eigenart der Schulform und des Faches sowie dem Alter des Schülers Rechnung getragen werden" (Erläuterungen zur ASchO § 25 von H. Pöttgen u. a., ^{17}1999). Die B. kann in recht unterschiedlichen unterrichtlichen Zusammenhängen erfolgen:

- positive Verstärkung im ➪ Unterrichtsgespräch
- explizite Rückmeldung zu einem Schülerbeitrag durch den Lehrer oder die Lehrerin
- ➪ Lehrerkommentar (2) unter schriftlichen Arbeiten (z. B. Übungen, Hausaufgaben) ohne Note
- schriftliche ➪ Benotung bei ➪ Klassenarbeiten und ➪ Klausuren

In zahlreichen Fächern, in denen die Schülerarbeiten Kommentare, Deutungen oder Stellungnahmen erfordern, erfolgt die B. in der Regel als »Einschätzungsurteil«; sie sollte stets die Schwächen wie auch die Vorzüge einer Leistung benennen. Dem Lehrer bzw. der Lehrerin wird ausdrücklich ein »Bewertungsspielraum« zugestanden. Eine gewisse Transparenz und Gleichmäßigkeit bei der B. kann erreicht werden, wenn man

u. a. die ➪ Gütekriterien für schriftliche Aufgaben in Klassenarbeiten und Klausuren beachtet, wenn man ferner für klare ➪ Beurteilungskriterien sorgt sowie die Vorschriften zur Leistungsmessung und Benotung beachtet. Die konkreten Anforderungen und Grundkenntnisse, die für die B. von Schülerleistungen grundlegend sind, ergeben sich aus den ➪ Lehrplänen der entsprechenden ➪ Schulstufe bzw. ➪ Schulform.

Besondere Probleme bereitet die B. von ➪ offenem Unterricht oder von Großformen (wie ➪ Gruppenarbeit, ➪ fächerverbindender oder ➪ Projektunterricht); hier sollten Techniken der ➪ prozessbegleitendenden Bewertung vereinbart und angewendet werden.

Zu Leistung- und Bewertungsfragen allgemein: E. Jürgens (1998); zur Leistungsbewertung in offenen Phasen: B. Breuer u. a. (2000); zu neuen Formen der Leistungsbeurteilung: H.-U. Grunder / T. Bohl (2001).

Beziehungsaspekt 1) Das zweite ➪ pragmatische Axiom von P. Watzlawick u. a. (^{5}1980) besagt, dass jede Kommunikation einen Inhalts- und einen B. hat, derart dass letzterer den ersteren bestimmt und daher eine ➪ Metakommunikation (1) ist. Der B. wird geregelt durch das äußere Erscheinungsbild eines Sprechers / Hörers: Kleidung, Alter, Aussehen, Gestik, Mimik, Zeichen der ➪ Empathie, ➪ Körpersprache usw. Ebenso kommt alles Sprachliche zum Tragen, das nicht zum ⇔ Inhaltsaspekt zu rechnen ist, wie z. B. Stimmführung, Lautstärke, Wohlklang, Satzbau, Wortwahl usw.

2) Bei Schulz von Thun (Band 1, 1996) ist der B. (neben Appell, Selbstoffenbarung und Sachinhalt) eine der vier Seiten einer Nachricht. Die Beachtung des B. ist ein wesentliches Element der ➪ Gesprächsführung und trägt entscheidend dazu bei, dass Gespräche – auch ➪ Unterrichtsgespräche – gelingen. Darüber hinaus nimmt die Beachtung des B. in allen Sparten der ➪ Humanistischen Pädagogik, wie z. B. der ➪ Gestaltpädagogik, eine ganz zentrale Position ein.

Bezugsnorm Bekannt sind drei B. für die ➪ Benotung von Schülerleistungen: die individuelle, die soziale und die kriterienorientierte B.

Bezugswissen Erworbenes, aktives ➪ Wissen, auf das sich Schüler und Lehrer im ➪ Lehr-Lern-Prozess beziehen können und an das neues Wissen angekoppelt werden kann. Wissen ist dann nutzlos, wenn es als zufällige Information abgespeichert und nicht zufallsfrei auf Vorwissen bezogen wird.

Bezugswissenschaft Diejenige Wissenschaft, welche die Inhalte und Methoden für ein Fach bzw. für einen Unterrichtsinhalt liefert. So ist in der Regel die Anglistik die B. für das Fach »Englisch«; für bestimmte Inhalte kann dies jedoch auch die Soziologie, Philosophie, Geschichts- oder Theaterwissenschaft sein.

Das Verhältnis zwischen B. und Schulfach ist kompliziert; will man keine reine ➪ Abbilddidaktik praktizieren, so bedürfen Inhalte und Methoden der B. einer gründlichen ➪ Didaktisierung, bevor sie in den ➪ Lehr-Lern-Prozess eingehen. Dennoch muss die B. als eine Art »Kontrollinstanz« für die sachliche und methodische Korrektheit der Lerninhalte fungieren; dies gilt insbesondere für die Realisierung der ➪ Wissenschaftspropädeutik in der gymnasialen Oberstufe.

Bibliografie Bücherverzeichnis; Zusammenstellung von Büchern und Zeitschriften zu einem bestimmten Zweck (Veröffentlichungen eines Autors, Darstellung eines Fachgebiets, Beleg für eine wissenschaftliche Arbeit o. ä.) nach bestimmten Kriterien des ⇨ Bibliografierens.

Bibliografieren Eine ⇨ Bibliografie bzw. ein ⇨ Literaturverzeichnis nach bestimmten Kriterien anlegen; im Allgemeinen sind dies: 1. Autorname, 2. Vorname, 3. evtl. Anzahl der Auflagen, 4. Erscheinungsjahr, 5. Titel, 6. evtl. Bandzahl, 7. Erscheinungsort, 8. Verlag. Das richtige B. gehört mit zu den ⇨ Arbeitstechniken, die im Deutschunterricht zu vermitteln sind.

Reihenfolge, Zeichensetzung oder Abkürzungen können von Fall zu Fall anders aussehen. Beispiel:

1. Buch mit mehreren Herausgebern (Hg.) in der 3. Auflage
   Bovet, Gislinde / Huwendiek, Volker (Hg.), ^{3}2000: Leitfaden Schulpraxis, Berlin: Cornelsen
2. Beitrag aus einem Sammelband
   Glaserfeld, Ernst von, ^{9}1997: Einführung in den radikalen Konstruktivismus. In: Watzlawick, Paul (Hg.): Die erfundene Wirklichkeit, München und Zürich: Piper, S. 16–38
3. Zeitschriftenartikel:
   Hoberg, Rudolf, 1983: Kann ein Bäcker ohne Grammatikkenntnisse gute Brötchen backen und glücklich sein? In: Sprache und Beruf 3, 13–20

Neben dieser »amerikanischen« Zitierweise, die vor allem in den Naturwissenschaften und in den Sozialwissenschaften üblich ist, gibt es die in den Geisteswissenschaften gebräuchliche:

1. Einzelnes Werk oder Monografie
   Dittfurth, Hoimar von: Der Geist fiel nicht vom Himmel, München: dtv, ^{12}1991 (Hamburg, 1976)
   Pusch, Luise F.: Alle Menschen werden Schwestern, Frankfurt/Main: Suhrkamp, 1990
2. Aus einer Anthologie
   Hücker, Franz-Josef: Neurolinguistisches Programmieren (NLP). In: Buddrus, V. (Hg.): Humanistische Pädagogik, Bad Heilbrunn: Klinkhardt, 1995, S. 117–132
3. Zeitschriftenartikel
   Bastian, Johannes: Offener Unterricht. In: Pädagogik (1995), Heft 12, S. 6–11

Die Entwicklung geht dahin, dass die amerikanische Zitierweise auch in den übrigen Wissenschaften übernommen wird.

Weitere Einzelheiten bei E. Standop / M. Meyer, (^{15}1998), U. Eco (^{7}1998), E. Meyer-Krentler (^{8}1999).

Bildung 1) Heute wird B. im Allgemeinen auf dreierlei Weise verstanden als: a) der Vorgang einer Entfaltung menschlicher Kräfte im geistig-intellektuellen Bereich, b)

Grad der inneren Geprägtheit und Verarbeitungstiefe der anerkannten Bildungsgüter, c) als das Bewirken dieser Entfaltung durch die beiden grundlegenden Berufsfunktionen des Lehrers bzw. der Lehrerin ➪ Erziehen und ➪ Unterrichten.

2) Seit der Antike ist B. bekannt als eine bestimmte geistige Formung des Menschen innerhalb einer Kulturgemeinschaft, bezogen auf die ➪ Normen (1), ➪ Werte und ➪ Standards – meist der tragenden sozialen Schicht – dieser Gemeinschaft. Man nannte sie im antiken Griechenland *Arete*, verstanden als eine bestimmte körperliche Tüchtigkeit und geistige Vortrefflichkeit, dann auch *Enkyklios Paideia* als die Ausprägung einer »gewöhnlichen Bildung« der Freien. Neben der Vorstellung, dass B. ein Zustand des Menschen sei, steht die Meinung, dass sie einen Prozess darstellt, der gebunden ist an das Durchlaufen eines bestimmten Lehr- und Erziehungsplans, wie er in den *Septem Artes liberales* niedergelegt war. Seit Platon basiert B. auf den mathematischen und sprachlichen Fächern, und so wie sich die *Artes* immer wieder als Grundlage für ein schulisches ➪ Curriculum durchgesetzt haben, blieb das Durchlaufen dieses Curriculums die Grundlage für B. schlechthin. In diesem Sinne konnte auch Luther eine einheitliche B. für alle geistigen Berufe fordern.

Der Neuhumanismus Mitte des 18. Jh. (➪ Humanismus) legte den Grundstein für die sogenannte humanistische B., indem er B. an die griechisch-römischen Kulturwerte band und diese gleichzeitig als überzeitlich gültig und als die höchste Form der Menschlichkeit ausgab. Doch diese Art von B. war nur einer kleinen sozial mächtigen Schicht vorbehalten. Dagegen stehen Bestrebungen, allen Menschen eine „allgemeine Emporbildung [der] inneren Kräfte der Menschennatur" (Pestalozzi) zu ermöglichen.

Seit der Aufklärung ist der Begriff B. immer stärker mit einer inneren Formung des Menschen, mit Entfaltung der individuellen geistigen Kräfte im Sinne einer autonomen Persönlichkeit (➪ Autonomie) assoziiert worden. Am Ausgang der Ständegesellschaft konnte eine gediegene B. dem gehobenen Bürgertum so als Legitimation für den Eintritt in die bis dahin dem Adel vorbehaltenen Berufe dienen.

Seit dem frühen 19. Jh. haben sich zwei Arten von Bildungstheorien entwickelt und bis weit in unser Jahrhundert hinein erhalten:

a) *Materiale Bildungstheorien*: Ausgangspunkt sind die Inhalte, die in einem Kulturkreis für so wichtig und wertvoll erachtet werden, dass sie Gegenstand von Unterricht und Ausbildung sein sollen. Im Mittelpunkt steht das (klassische) geordnete Wissen.

b) *Formale Bildungstheorien*: Ausgangspunkt sind die tatsächlichen bzw. die vermuteten Bedürfnisse der Schülerinnen und Schüler in Gegenwart und Zukunft. Dies zielt eher auf eine funktionale, methodische Bildung nach dem Muster »das Lernen lernen«.

Der ➪ Bildungstheoretischen Didaktik (W. Klafki, 1957) erst ist es gelungen, diese beiden Ansätze im Begriff der ➪ kategorialen B. zu versöhnen.

3) Oft wird B. im Sinne von ➪ Allgemeinbildung verstanden, die dann einer Berufs- oder Spezialausbildung gegenüber gestellt wird. Folgende Merkmale sind ihr zugeschrieben worden:

a) Allgemeinbildung ist Bildung für alle ohne Unterschied der Herkunft, des Geschlechts oder des Vermögens.

b) Sie ist allseitige Bildung, die jeden Einzelnen möglichst vielseitig (ganzheitlich) fördert und nicht nur auf einen Beruf vorbereitet.

c) Sie ist ferner B. in den allgemeinen Fächern, die den Gesamtzusammenhang unserer gesellschaftlichen Wirklichkeit spiegeln.

Dies ergibt die Formel: *Allgemeinbildung ist allseitige Bildung für alle im Medium des Allgemeinen* (W. Klafki). Im Sinne der neueren Didaktiken bezeichnet sie die gleichermaßen gewichtige Ausbildung von Autonomie (Selbstbestimmung, Identität), Kompetenz (Sach- und Methodenwissen) und Solidarität (Mitbestimmung, Kooperation) eines Menschen, und sie ist gerichtet auf die Fähigkeit, selbstbewusst, sachkompetent, kritisch, gleichzeitig aber auch konstruktiv und solidarisch zu denken und zu handeln.

Weitere Einzelheiten bei J. Ebert / J. Herter (1987), H. von Hentig (2001).

Lesenswert in diesem Zusammenhang:

- Schwanitz, Dietrich: Bildung. Alles, was man wissen muß, Frankfurt/M. 1999 (München 2002)
- Fischer, Ernst Peter: Die andere Bildung. Was man von den Naturwissenschaften wissen sollte, München 2002
- Fuhrmann, Manfred. Bildung – Europas kulturelle Identität, Ditzingen 2002

Bildungsgehalt Auch: Bildungswert; ein von W. Klafki (1963) eingeführter Terminus: Der B. eines Gegenstands wird in der ➪ didaktischen Analyse dadurch gewonnen, dass der ➪ Bildungsinhalt im Hinblick auf bestimmte ➪ Intentionen und eine konkrete Lerngruppe aufbereitet wird. „Es charakterisiert einen Bildungsinhalt, daß er als einzelner Inhalt immer stellvertretend für viele Kulturinhalte steht; immer soll ein Bildungsinhalt Grundprobleme, Grundverhältnisse, Grundmöglichkeiten, allgemeine Prinzipien, Gesetze, Werte, Methoden sichtbar machen. Jene Momente nun, die solche Erschließung des Allgemeinen im Besonderen oder am Besonderen bewirken, meint der Begriff des Bildungsgehalts." (W. Klafki, 1963) So kann z.B. der Roman »Effi Briest« von T. Fontane als Bildungsinhalt angesehen werden, wie er etwa im Lehrplan oder Schulcurriculum auftaucht. Der Lehrer bzw. die Lehrerin wird (ggf. mit der Lerngruppe gemeinsam) den B. dieses Romans ermitteln, z.B. im Hinblick auf das Verhältnis von Individuum und Gesellschaft im Roman des literarischen Realismus oder im Hinblick auf die Darstellung der Frauenrolle im Roman des 19. Jh. Die leitende Frage zur Ermittlung eines B. besteht darin, ob der gefundene Aspekt geeignet ist, etwas Allgemeines (z.B. hier „Verhältnis von Individuum und Gesellschaft" bzw. „Darstellung der Frauenrolle") am Besonderen (hier: einem bestimmten Roman) sichtbar und verstehbar zu machen. Es wird deutlich, dass die Freilegung des B. eine interpretatorische Leistung voraussetzt.

Bildungsinhalt Ein von W. Klafki (1963) eingeführter Terminus: Der B. entspricht dem ➪ Unterrichtsgegenstand, wie er z.B. durch den Lehrplan vorgegeben ist; allgemein handelt es sich um eine kulturelle Einheit, von der angenommen wird, dass sie zur ➪ Bildung der Kinder und Jugendlichen beitragen kann bzw. sogar unerlässlich (obligatorisch) ist. Die B. müssen so beschaffen sein, dass an ihnen allgemeine Prinzipien sichtbar gemacht werden können; Voraussetzung dafür ist ihre ➪ Exemplarität sowie die Freilegung des jeweiligen ➪ Bildungsgehalts.

Bildungstheoretische Didaktik Konzept zur ➪ Unterrichtsplanung und -analyse, das auf einer Theorie der ➪ Bildung aufbaut; ein von W. Klafki und W. Kramp Anfang der 60er-Jahre publiziertes Modell der ➪ didaktischen Analyse, das seit Mitte der 80er-Jahre von Klafki zur ➪ Kritisch-konstruktiven Didaktik weiter entwickelt worden ist.

Der Kern der B.D. besteht in der Frage, wie aus einem ➪ Bildungsinhalt ein ➪ Bildungsgehalt für eine Unterrichtsstunde oder -reihe werden kann. Dabei handelte es sich nicht um die Weitergabe von Rezeptwissen, sondern um die Reflexion grundlegender Strukturmomente von Unterricht, die zur Beantwortung dieser zentralen Frage dienlich sein können. Im Rahmen der B.D. hat Klafki hierzu fünf Leitfragen aufgestellt:

1. *Exemplarität*: Welchen größeren bzw. welchen allgemeinen Sinn- oder Sachzusammenhang vertritt und erschließt ein besonderer ➪ Unterrichtsgegenstand?
2. *Gegenwartsbedeutung*: Welche Bedeutung hat der Gegenstand bereits für die Schüler und Schülerinnen dieser Lerngruppe bzw. welchen »Sitz im Leben« könnte oder sollte er haben?
3. *Zukunftsbedeutung*: Welche Bedeutung hat der Gegenstand in der Zukunft und für die Zukunft der Schüler und Schülerinnen?
4. *Inhaltsstruktur*: Welches ist die ➪ thematische Struktur des durch die Fragen 1 bis 3 ermittelten und in eine spezifische pädagogische Sicht gerückten Gegenstands bzw. ➪ Themas (2)?
5. *Zugänglichkeit*: Mit welchen unterrichtlichen Mitteln kann die Lehrperson den Kindern oder Jugendlichen einer bestimmten Lerngruppe die (in 4 ermittelte) Struktur des Gegenstandes zugänglich, interessant, fragwürdig, anschaulich machen?

Um die Ansprüche der Sache mit den Ansprüchen des Kindes in Einklang zu bringen, hat W. Klafki sein Konzept der ➪ kategorialen Bildung entwickelt, das als eines der wesentlichen Bestandteile der B.D. gelten kann.

Klafki formulierte (1985) folgende immanente Leitfrage der B.D. in kritisch-konstruktivem Sinne: „Mit welchen Inhalten und Gegenständen müssen sich junge Menschen auseinandersetzen, um zu einem selbstbestimmten und vernunftgeleiteten Leben in Menschlichkeit, in gegenseitiger Anerkennung und Gerechtigkeit, in Freiheit, Glück und Selbsterfüllung zu kommen?"

Der Nutzen der sogenannten »großen Didaktiken« für das unterrichtspraktische Planen und Handeln ist ein viel diskutiertes Problem, das insbesondere das Theorie-Praxis-Problem und den Stellenwert von ➪ Theoriewissen berührt.

Bildungszentrum ➪ Schulverbund.

Bildungsziel Oberstes Lehr- und Lernziel; Zielformulierung auf sehr hohem Abstraktionsniveau, z. B. für die gymnasiale Oberstufe: *die Schüler und Schülerinnen sollen zu einer wissenschaftspropädeutischen Ausbildung geführt werden; sie sollen Hilfen zur persönlichen Entfaltung in sozialer Verantwortung erhalten* u. ä.

B. können von unterschiedlichen ideologischen Strömungen jeweils für sich reklamiert werden, je nachdem, wie die einzelnen Begriffe mit Inhalt gefüllt werden („soziale Verantwortung": Wem gegenüber und in welchem Umfang?).

Binnendifferenzierung ➪ Differenzierung.

Biogenetik Die B. beschreibt einen Weg, „die Persönlichkeit vom Körper und seinen energetischen Prozessen her zu verstehen" (A. Lowen, 1988). Leben wird als Erregungsprozess verstanden und die wesentlichen Momente zu seiner Regulierung sind Atmung, Muskeltätigkeit und Gefühl. Biogenetische Übungen können Blockaden aufheben und auf diesem Wege zu besseren schulischen Leistungen führen; sie bestehen im Wesentlichen darin, das Körpererleben zu intensivieren und die Körperwahrnehmung zu differenzieren. Sie sollen zu persönlichem Körperausdruck ermutigen und den »persönlichen Körper« bewusst machen (➪ Edu-Kinestetik). Damit dienen sie dem Prinzip der ➪ Ganzheitlichkeit in einer »neuen« ➪ Lernkultur.

Black Box Ähnlich wie man beim schwarzen Kasten eines Zauberers nicht sieht, was im Innern dieses Kastens vor sich geht, will auch der behavioristisch orientierte Wissenschaftler (➪ Behaviorismus) nur das, was tatsächlich zu beobachten ist, für seine Zwecke nutzen. Das Black Box-Verfahren soll dazu dienen, unbekannte Systeme zu erforschen, indem von den beobachtbaren Eingangs- und Ausgangsdaten auf die nicht beobachtbare innere Struktur (dieser Daten) geschlossen wird.

Übertragen wurde das aus der ➪ Kybernetik stammende Modell auf zahlreiche andere Bereiche, z. B. auf die Erforschung der menschlichen Sprache, wobei sprachliche Produkte einerseits und ausgelöstes Verhalten andererseits die beobachtbaren Eingangs- und Ausgangsdaten und das neurophysiologische Verarbeitungssystem unseres Gehirns die B. B. darstellen.

Blitzlicht Methode zur raschen Erhebung von Meinungen in einer (Lern-)Gruppe. Die Gesprächsteilnehmer, die in einer Runde sitzen sollten, werden gebeten, reihum jeweils einen Satz zu einem bestimmten Thema oder zu einer bestimmten Frage zu äußern. Niemand wird unterbrochen, Zwischenbemerkungen oder -fragen sind nicht erlaubt. Das B. eignet sich besonders dazu, alle Teilnehmer zu einer Äußerung zu bewegen und – aufs Ganze gesehen – ein Meinungsspektrum zu erhalten, das zur Weiterarbeit genutzt werden kann. Etwas aufwändigere Varianten sind das ➪ Schreibgespräch oder die ➪ Kartenabfrage.

BR Abk. für »Bezirksregierung«; Sitz des Regierungspräsidenten bzw. der Regierungspräsidentin sowie der ➪ Schulaufsicht als der vorgesetzten Dienstbehörde der öffentlichen Schulen.

Brainstorming Im Bereich der Wirtschaft entwickelte kreative Technik. Mit ihrer Hilfe wird die beste Lösung für ein Problem angestrebt oder es werden neuartige Ideen zu einem Thema gesammelt, wobei Kritik oder Wertung untersagt sind. Das Problem oder Thema wird in den Mittelpunkt der Gruppenaufmerksamkeit gestellt und jedes Mitglied assoziiert frei möglichst zahlreiche Ideen und Vorschläge im Anschluss an die Beiträge seiner Vorredner. Alle Äußerungen werden schließlich ausgewertet und auf ihre Tragfähigkeit bzw. Nützlichkeit geprüft.

Für diese kreative Übung im Schulunterricht sollte gelten: Nicht mehr als sieben Personen äußern sich 15 bis 30 Minuten intensiv zu einem Thema oder einem Problem. Dabei geht Quantität vor Qualität. Die Beiträge, an denen keine Kritik geübt wird und die nicht kommentiert werden, sind von einem Protokollführer festzuhalten. Die Erfahrung lehrt, dass im Durchschnitt 3–6 % der Ideen brauchbar sind.

Burnout-Syndrom Anzeichen des »Ausgebrannt-Seins« im und durch den Beruf und seine Belastungen; bei Lehrern und Lehrerinnen zeigt sich das B.-S. unter anderem daran, dass sie einen körperlichen und geistigen Leistungsabfall an sich beobachten, dass sie lustlos und mutlos sind, keine Freude am ⇨ Unterrichten haben, sich überfordert fühlen, gelegentlich ⇨ Angst (2) empfinden und nach Fluchtwegen suchen.

Helfen kann hier bedingt das kollegiale Gespräch, die ⇨ Kooperation mit anderen, ein besseres ⇨ Zeitmanagement, ⇨ Entlastung von (vermeidbaren) Anstrengungen und Stressfaktoren, Aufsuchen neuer Perspektiven; in schwierigen Fällen wahrscheinlich nur professioneller bzw. ärztlicher Rat.

Hinweise und Ratschläge bei H. Gudjons (1993), C. Hennig / G. Keller (1998), E. Meyer (1991), R. Miller (1993), D. Spanhel / H.-G. Hüber (1995), K. Ulrich (1996).

✳ ✳ ✳

Chancengleichheit Terminus im Zusammenhang mit soziolinguistischen Forschungen und davon abgeleiteten sozialpolitischen Forderungen; der Ruf nach Ch. wurde Ende der 60er-Jahre laut, als man feststellte, dass das weiterführende Schulsystem vor allem Kinder gehobener Schichten förderte, während unterprivilegierte Kinder weniger Chancen erhielten, was man vor allem der geringen sprachlichen und kognitiven Entwicklung durch Elternhaus und sozialer Umgebung dieser Kinder zuschrieb. Deren ⇨ restringierter Sprachgebrauch sollte durch ⇨ kompensatorischen Unterricht »verbessert« werden, damit sich ihre Chancen auf den weiterführenden Schulen erhöhten.

„Das Recht auf schulische Bildung ist dann verwirklicht, wenn Gleichheit der Bildungschancen besteht und jeder Heranwachsende so weit gefördert wird, daß er die Voraussetzungen besitzt, die Chancen tatsächlich wahrzunehmen. [...] Die Chancengleichheit soll nicht durch eine Nivellierung der Anforderungen angestrebt werden. Die Aufgabe ist vielmehr, frühzeitig die Chancenunterschiede der Kinder auszugleichen und später das Bildungsangebot so zu differenzieren, daß die Lernenden ihren Lerninteressen und Lernmöglichkeiten entsprechend gefördert werden und entsprechende Angebote weiterführender Bildung antreffen." (Deutscher Bildungsrat: »Begabung und Lernen«, 1970)

Weitere Informationen bei M. Kampshoff / B. Luma (2002).

Civilität Ein von H. von Hentig (1993) verwendeter Terminus, der auf die gr. *civitas* bzw. *civilitas* zurückgeht und auf Vernunft und Gesittung, den Mitteln der »bürgerlichen Ordnung«, aufbaut. Hentig nennt drei Merkmale der C.: (1) das Bewusstsein von *Verantwortung* für das Gemeinwohl, (2) die Gewohnheit und Notwendigkeit einer fortgesetzten *Verständigung* über die Maßstäbe (über das Verhältnis des Vorteilhaften zum Guten) und (3) eine Übung der Bürger im *Vertrauen* mit seinen beiden Aspekten: der *Glaubwürdigkeit* und dem *Zutrauen*. Mit seinem Konzept der C. verbindet von Hentig die Hoffnung auf eine Erziehung der Menschen zu einem „maßvolle(n) und selbstbestimmte(n) Leben als Bürger".

Cluster(ing) Dt.: Bündel, Anhäufung.

1) Ungeordnete Menge semantischer Merkmale eines ⇨ Begriffs.

2) Verfahren zur Sammlung und Darstellung von Aussagen, Ideen und Assoziationen eines Einzelnen (für sich) oder einer Lerngruppe (im Plenum) zu einem problematischen oder thematischen Ausdruck, einer Frage oder einem Projekt. Dabei geht man folgendermaßen vor:

- In die Mitte (eines Blattes, einer Folie oder der Tafel) schreibt man den thematischen Ausdruck und kreist ihn ein.
- Um diesen zentralen Ausdruck herum notiert man in Stichworten alles, was einem dazu einfällt. Dabei geht man nicht logisch planend, sondern assoziativ vor; man lässt seinen Gedanken sozusagen freien Lauf. Jede Notiz wird eingerahmt und mit dem Kern durch eine Linie verbunden.
- Die ersten Einfälle regen zu neuen Assoziationen an; diese werden hinzugefügt, eingekreist und mit anderen Einheiten, die irgendwie dazu passen, verbunden. Man sammelt so lange weiter, bis das Gebilde wie eine Traube aussieht und das Blatt oder die Tafel gut ausgefüllt ist.

Das fertige C. kann dazu dienen, neue Einsichten zu gewinnen, kreative Einfälle zu produzieren, eine Diskussion vorzubereiten oder zu kreativem Schreiben anzuregen. Eine Weiterführung des C. stellt das ⇨ Mindmapping dar.

Collage 1) Allgemein: Gegenstand, der aus unterschiedlichen Materialen oder aus Dingen unterschiedlichen Ursprungs bzw. unterschiedlicher Stilrichtungen zusammengesetzt ist (meist mit künstlerischem Anspruch).

2) Aus der bildenden Kunst in die Literatur übernommenes Verfahren, Textteile oder Zitate unterschiedlichen Ursprungs (wie ein »Material«), ggf. mit anderen Materialien, miteinander zu verbinden. In diesem Sinne wird C. synonym zu ⇨ Montage gebraucht. Dann auch Bezeichnung für das fertige Produkt. So finden sich Textelemente z. B. in kubistischen Bildcollagen. Die C. stellt eines der wesentlichen Mittel moderner künstlerischer Gestaltung (in Malerei, Film, Dichtung) dar und bietet sich z. B. für ⇨ fächerverbindenden Unterricht an.

Curriculum Dt.: Lehrplan.

1) Theorie über den richtigen bzw. besten Ablauf des ➪ Lehr-Lern-Prozesses. Der „erste Versuch einer bewussten Lehrplantheorie“ findet sich nach J. Dolch (»Lehrplan des Abendlandes«, 1965) bereits bei Platon.

2) Die schriftliche Fixierung der Lehrplantheorie in einem Lehrprogramm (z. B. als Schulcurriculum) oder in einem offiziellen ➪ Lehrplan (als Erlass einer Kultusbehörde). Zur Curriculum-Entwicklung schreibt Saul B. Robinsohn (1971): „Da nun a) das allgemeine Erziehungsziel ist, den einzelnen zur Bewältigung von Lebenssituationen auszustatten, und b) eine solche Ausstattung durch den Erwerb von Qualifikationen und Dispositionen erfolgt, und c) diese Qualifikationen wiederum durch die verschiedenen Elemente des Curriculum vermittelt werden, kann ein rational geplantes Curriculum nur auf der Basis einer mit optimaler Genauigkeit und ➪ Objektivität (2) ermittelten Bestimmung jener Situationen, Qualifikationen und Curriculum-Elemente entwickelt werden.“

✸ ✸ ✸

Darbieten Eine Art von ➪ Modell-Lernen; das D. gehört zu den ➪ Fachmethoden: Der Lehrer oder die Lehrerin oder auch ein Schüler bzw. eine Schülerin macht etwas vor, was die Lerngruppe nicht oder noch nicht gut genug kann, mit der Intention, durch die Beobachtung einen Lerneffekt zu erreichen. Das D. gilt vorzugsweise zur Erreichung von psychomotorischen ➪ Lernzielen, die jedoch nicht ohne kognitive Durchdringung zu erlangen sind. Dabei ist zu beachten, dass man nicht unreflektiert »vormachen« kann, sondern dass man genau wissen muss, was im Zentrum der Aufmerksamkeit stehen soll. Oft ist es erforderlich, die Darbietung durch kurze Erläuterungen zu unterstützen oder den darzubietenden Vorgang in Teilschritte zu gliedern. Unerlässlich ist die vorhergehende Vermittlung von Beobachtungskriterien; dies garantiert dann auch eine zielfunktionale Auswertung der Darbietung durch die Lerngruppe (➪ Auswertungsphase).

Darstellbarkeit Kriterium bei der ➪ Unterrichtsplanung; gefragt wird, in welchen ➪ Medien der ➪ Unterrichtsgegenstand präsentiert werden kann, um die intendierten ➪ Lernziele optimal zu erreichen.

Darstellen Motorisches ➪ Handlungsmuster; D. und ➪ Spielen werden oft zusammen genannt, da es sich um verwandte Formen des motorischen, kognitiven und zugleich affektiven Lernens handelt. Beim szenischen D. geht es z. B. darum, unter Einsatz des Körpers sowie der gestischen und mimischen Möglichkeiten der Schüler und Schülerinnen eine symbolisch vermittelte Wirklichkeit zu aktualisieren. Dies kann im Rahmen des traditionellen Schultheaters (z. B. in einer Arbeitsgemeinschaft) als eigens einstudierte Theateraufführung geschehen.

Andererseits stellt das D. ein besonderes Handlungsmuster im Deutsch- oder im Fremdsprachenunterricht dar, z. B. wenn Ausschnitte literarischer Werke oder sozialer

Wirklichkeit szenisch dargestellt und – ausgehend von dieser Darstellung – besprochen und interpretiert werden. Sein Wert liegt in der Veranschaulichung; darüber hinaus können die Schüler und Schülerinnen für die Wahrnehmung von ➪ Körpersprache sensibilisiert und zum Ausdruck der eigenen Gefühle und Fantasien befähigt und motiviert werden.

Einzelheiten bei I. Scheller (1998).

Darstellungsleistung Die Leistungsanforderungen bei Klausuren oder im Abitur gliedern sich in eine ➪ Verstehensleistung und eine D. Letztere kann wie folgt beschrieben werden:

- zweckmäßige, an der Eigenart der Aufgabenstellung und ggf. des Textes orientierte Anordnung von Teilergebnissen des Lösungsvorgangs
- reflektierte und strukturierte Anwendung fachspezifischer Verfahren im Umgang mit Texten, Vorlagen, Materialien usw.
- folgerichtige Entwicklung von Gedankengängen und Lösungsschritten
- ggf. funktionsgerechte Wahl der dem Verwendungszweck bzw. der Adressatengruppe angemessenen Stilebene
- normengerechte, präzise, einfache und fachgerechte Formulierung der Teilergebnisse und ihre Absicherung durch funktionsgerechtes Verweisen und ➪ Zitieren
- logisch stringente Verknüpfung der Teilergebnisse
- methodisch korrekte Verwendung von beschreibenden, deutenden und wertenden Sätzen, die strikt aufeinander bezogen bleiben und sich gegenseitig absichern

Je nach Aufgabenart und Aufgabenschwerpunkt sind diese Aspekte unterschiedlich zu gewichten. Mängel bei der sprachnormgerechten Darstellung sollten die Gesamtnote nicht gravierend, wohl aber mit deutlichem Punktabzug (bis zu einer Notenstufe) beeinflussen.

Datenschutz Der Ausdruck D. bezeichnet den Schutz von Personen vor einem bestimmten Umgang mit ihren persönlichen Daten; gemeint ist damit also der Schutz eines Persönlichkeitsrechts (und nicht der Schutz von Daten!). Allerdings kann dieses Recht eines Einzelnen nicht uneingeschränkt gelten; denn zahlreiche Daten müssen einfach weitergegeben werden, wenn unserer Gesellschaft funktionieren soll. Daher sind bestimmte Grundsätze beim Umgang mit persönlichen Daten zu beachten, die ebenfalls für den Bereich der Schule gelten (nach H. Gampe u. a., 1993):

1. *Verbot mit Erlaubnisvorbehalt*: Es ist im Bereich des D. alles verboten, was nicht im Einverständnis des Betroffenen geschieht oder gesetzlich erlaubt ist.
2. *Zweckbindungsprinzip*: Daten dürfen nur erhoben werden, wenn dies einem gesetzlichen Zweck dient und sie nur zu diesem Zweck verwendet werden. Soll davon abgewichen werden, bedarf es präziser Regeln oder der Einwilligung des Betroffenen.
3. *Prinzip der Nachvollziehbarkeit*: Die von Datenerhebung oder Datenverarbeitung Betroffenen müssen nachvollziehen können, was mit ihren Angaben geschieht, wenn sie in deren Verwendung einwilligen.

4. *Prinzip der Erforderlichkeit*: Daten dürfen nur erhoben oder gesammelt werden, wenn dies zur rechtmäßigen Aufgabenerfüllung der erhebenden Stelle erforderlich ist.
5. *Recht auf Aufklärung, Auskunft und Kontrolle der Daten*: Die Betroffenen müssen die Möglichkeit haben zu erfahren, was mit ihren Daten geschieht, um Missbrauch ihrer Daten verhindern zu können.
6. *Kontrolle durch Datenschutzbeauftragte*: Die Datenverarbeiter müssen in ihrer Arbeit von unabhängigen Institutionen kontrolliert werden, die jederzeit Zugang zu den Daten haben.

Die Schule legt für jeden Schüler und jede Schülerin ein »Schülerstammblatt« an (⇨ ASchO, § 5,4); personenbezogene Daten dürfen jedoch nur erhoben werden, sofern die Kenntnis dieser Daten zur rechtmäßigen Erfüllung der Aufgaben der Schule erforderlich sind. Auch der Kreis derer, die Einsicht in das Schülerstammblatt nehmen dürfen, die Art der Aufbewahrung und die Weitergabe von personenbezogenen Daten, die Verantwortlichkeiten u. dgl. sind im »Schulverwaltungsgesetz« (§ 19), in der »Allgemeinen Dienstordnung« (§ 24.5) sowie in der »Verordnung über die zur Verarbeitung zugelassenen Daten von Schülerinnen, Schülern und Erziehungsberechtigten« (VO-DV I) vom 24. März 1995 geregelt. Weitere Einzelheiten regeln landeseigene Gesetze, Verordnung und Runderlasse.

Da ⇨ Klassenbücher nicht stets verschlossen werden, sollten personenbezogene Daten nicht aufgenommen werden. Bei strenger Auslegung der Vorschriften ist auch eine Bekanntgabe der Noten im Plenum bedenklich; auch wenn dies in der Praxis oft anders gehandhabt wird.

Debatte Bestimmtes ⇨ Handlungsmuster im Unterricht, dessen Form an der parlamentarische D. angelehnt ist: Regelgeleitete Aussprache, die zu einem festgelegten Thema geführt wird und bei der es eine Rednerliste sowie vereinbarte Redezeiten gibt, deren Einhaltung von einem »Leiter« überwacht werden. Zur Vorbereitung einer D. sollte die Form des kurzen ⇨ Statements geübt werden. Unerlässlich ist die Auswertung der D. nach der Aussprache, z.B. durch Abstimmung im Plenum, so dass ein Ergebnis (etwa als Handlungsentscheidung) sichtbar wird.

Deduktion 1) Ableitung von Aussagen aus anderen Aussagen mittels logischer Ableitungsregeln, z. B. im ⇨ Syllogismus.

2) Methodisches Vorgehen, bei dem das Besondere und Einzelne vom Allgemeinen (z.B. von einer Gesetzmäßigkeit, einem systematischen Ganzen) abgeleitet wird. Als unterrichtliches Verfahren sollte – wo immer dies möglich ist – die ⇔ Induktion der D. vorgezogen werden, obgleich deduktive Verfahren nicht von vornherein negativ zu bewerten sind. So kann es aus zeitökonomischen oder lerntheoretischen Gründen notwendig sein, den Schülern und Schülerinnen bestimmte Tatbestände (etwa im ⇨ Lehrervortrag oder ⇨ Schülerreferat) mitzuteilen, so dass sie – davon ausgehend – selbstständig Schlüsse ziehen und weiterarbeiten können. Ein Unterricht, der vorwiegend auf D. beruht, verarbeitet zwar mehr Lernstoff, vernachlässigt aber so wichtige

Unterrichtsziele wie die Befähigung zu ➪ Selbstorganisation (2), ➪ Selbsttätigkeit, eigenem ➪ Problemlösen und ➪ Methodenbewusstsein.

Definition Verfahren zur fachsprachlichen Festlegung einer ➪ Referenz; z. B.: *Der Pazifik ist ein Weltmeer, das sich zwischen Amerika, Asien und Australien erstreckt.* Diese Form der klassischen D. geht auf Aristoteles zurück: Ein einstelliger Begriff F (hier: Pazifik) wird definiert durch Angabe des nächst höheren Klassenbegriffs G (Weltmeer) sowie eines spezifischen Merkmals M (hier: die geografische Lage). M zeichnet F vor anderen Unterbegriffen von G (z. B.: Atlantik) aus.

Daneben gibt es die D. in Form einer Handlungsanweisung, mit deren Hilfe das Phänomen erfahren bzw. hergestellt werden kann, z. B.: *Goldener Schnitt. Es sei T ein Punkt der Strecke AB, er teile diese Strecke so, dass sich die Länger der ganzen Strecke zu der des größeren Teilabschnitts verhält wie die Länge des größeren zu der des kleineren Teilabschnitts.*

Große Ähnlichkeit mit der D. haben ➪ Begriffsanalyse und ➪ Begriffsexplikation.

Denkanstoß Eine der ➪ Aktionsformen des Lehrers, die zwischen ➪ Impuls und ➪ Lehrerfrage liegt; der D. gibt nicht so viel vor wie eine direkte Frage und lässt den Schülerinnen und Schülern mehr Raum für eigene Denkanstrengungen; z. B.:

- Lehrerfrage
  Wie heißt die dritte binomische Formel?
- Denkanstoß
  Es gibt verschiedene Möglichkeiten, mathematische Ausdrücke zu vereinfachen.
  oder:
  Es gibt einen recht eleganten Weg, den vorliegenden Term zu vereinfachen.

Denken Oberbegriff für komplexe kognitive Vorgänge im menschlichen ➪ Gehirn, die an das ➪ Gedächtnis gebunden sind und unterschiedliche Formen von ➪ Informationsverarbeitung darstellen. Diese reichen von anschaulichem D., bei dem z. B. Handlungsabläufe bildhaft vorgestellt werden, bis hin zu abstraktem Denken unter Verwendung von Symbolen und Formeln wie in der Mathematik oder Logik. Wesentliche Merkmale des D. sind die Fähigkeit zur Verallgemeinerung und zur Abstraktion, zur Schlussfolgerung und zur Erarbeitung von ➪ Problemlösungsstrategien.

Eine besondere Stellung nimmt das intuitive D. (gegenüber dem diskursiven D.) ein: Das intuitive D. scheint eher bildhaft und konkret zu sein, es geht von einzelnen Erfahrungen aus und zielt auf die Erfassung eines Problems in seiner Gesamtheit; es ermöglicht neuartige Lösungen und ist relativ einfallsreich und mitunter sprunghaft. Im Sinne der ➪ Ganzheitlichkeit muss es ein wesentliches Ziel des Fachunterrichts sein, beide Denkweisen bei den Kindern und Jugendlichen zu fördern und womöglich miteinander zu verbinden.

Bei der Gestaltung von Unterricht werden vielfältige Denkformen gefordert und gefördert; hier haben sich u. a. folgende Bezeichnungen durchgesetzt:

- *Divergierendes D.*: Die Schüler und Schülerinnen können (meist zu Beginn einer Sequenz) zu einer offenen Frage oder einem Thema recht unterschiedliche Antworten geben oder Ansichten äußern.
- *Konvergierendes D.*: Sie sollen (meist am Ende einer Sequenz) Schlüsse ziehen oder Ergebnisse zusammenfassen.
- *Induktives (synthetisches) D.*: Sie ziehen aus Einzelfällen Folgerungen, finden Regeln oder Gesetzmäßigkeiten.
- *Deduktives (analytisches) D.*: Sie gehen von Regeln oder Gesetzmäßigkeiten aus und wenden diese auf Einzelfälle an.
- *Konkretes D.*: Vor allem in den unteren Klassen wollen Schüler und Schülerinnen sich beim D. konkrete Dinge oder Vorgänge vorstellen können (Stadium der ➪ konkreten Operationen).
- *Abstraktes D.*: Ältere Schüler und Schülerinnen sind in der Lage, Hypothesen zu bilden und zu prüfen.
- *Reproduktives D.*: Gelerntes wird erinnert, wiederholt und z. T. neu arrangiert.
- *Produktives D.*: Neue Zusammenhänge werden entdeckt, Gelerntes wird auf ein neues Problem angewendet (➪ Transfer).
- *Wissenschaftliches D.*: Ist verknüpft mit der Einsicht in die Theorieabhängigkeit der wissenschaftlichen Begriffe und der Fähigkeit, aus bloß möglichen Wahrheiten die notwendigen Folgerungen zu ziehen.

Einzelheiten bei W. Edelmann (⁶2000), M. Spitzer (2000), G. Roth (2001), A. Scheunpflug (2001), W. H. Calvin (2002).

Grundlegend: F. Vester (²⁵2001).

DESI Abk. für »Deutsch-Englisch-Schülerleistungen-International«; bundesweites Projekt, durch das sprachliche Leistungen im Deutschen als Muttersprache und im Englischen als Fremdsprache erfasst werden. Es steht im Zusammenhang mit der Forderung der ➪ Kultusministerkonferenz nach verbindlichen Lernstandards und kontinuierlicher Überprüfung der Lernleistungen von Schülern und Schülerinnen in ausgewählten Klassenstufen. Mittel hierzu sind z. B. Kernlehrpläne, gemeinsame Aufgabenpools sowie ➪ Parallelarbeiten.

deskriptiv Dt.: beschreibend; eine wissenschaftliche Tätigkeit ist d., wenn im Sinne einer ➪ empirisch-positivistischen Konzeption lediglich Daten erhoben, Erscheinungen beschrieben und katalogisiert, Einzelelemente kategorisiert werden, ohne diese zu interpretieren oder sie in einem bestimmten Sinne für verbindlich und allgemein gültig zu erklären (⇔ präskriptiv).

Deutungsmuster D. und ➪ Handlungsmuster verdichten sich zu bestimmten ➪ Haltungen einer Person; sie gründen auf ➪ Erfahrungen, die in einem komplexen Aneignungsprozess (➪ Informationsaufnahme, ➪ Informationsverarbeitung, ➪ Repräsentation von Wissen) auf Grund von Wahrnehmungen und Erlebnissen gewonnen werden. Häufig – insbesondere im Unterricht – werden Wahrnehmungen und Erlebnisse über symbolische Formen (➪ Inszenierungsmuster) vermittelt. Die D. sind den ➪ subjektiven Theorien einer Person sehr ähnlich; sie werden häufig auf gleiche Weise erklärt.

So kann z. B. eine Lehrperson der subjektiven Überzeugung sein, dass Menschen von Natur aus den bequemeren Weg gehen und von daher zur Arbeit und Leistung mehr oder weniger gezwungen werden müssen (bzw. wollen). Zeigen Schüler nun schlechte Leistungen im Unterricht, so greift das D.: *Die Betreffenden lernen, arbeiten, üben zu wenig; sie sind abgelenkt durch eine Flut von Freizeitangeboten; sie erhalten vom Elternhaus keinen Druck, keine Aufsicht oder Kontrolle* usw. Um derartige D., die im Laufe der Zeit recht hartnäckig sein können, zu differenzieren, sollte sich die Lehrperson fragen: *Welche konkreten Anhaltspunkte habe ich, um anzunehmen, dass die schlechten Leistungen gerade auf diese Fakten zurückzuführen sind*?

Deutungsperspektive Bei allen Sinnbildungsprozessen spielt das Vorverständnis eine entscheidende Rolle; es lenkt unsere Blickrichtung sowie die Art unserer Fragestellung. Je nachdem, welche Fragen wir an einen Gegenstand oder ein Thema stellen, kann die D. wechseln, z. B.: a) *Bestimmung musikalischer Parameter bei Kirchenliedern.* b) *Funktion des Kirchenlieds in bestimmten historisch-gesellschaftlichen Zusammenhängen.* c) *Bedeutung des Kirchenlieds für Jugendliche heute.*

Der Wechsel der D. (struktural, historisch-hermeneutisch, problemorientiert o. ä.) ergibt keine konträren, sondern sich ergänzende Aspekte des betreffenden Gegenstands bzw. Themas. Allerdings ist es unterlässlich, bei der Bewertung bestimmter Ergebnisse die D. stets mitzubedenken.

Dezentrierung Terminus bei J. Piaget (1983), der sich auf die ➪ Stadienlehre bezieht; beim Übergang in das voroperative Stadium (ca. 1;6 bis 2;0 Lebensjahre) überwindet das Kind allmählich seine ⇔ Egozentrik. Es lernt, dass es neben seinem Ich andere autonome Subjekte gibt, dass objektive Beziehungen (wie B liegt zwischen A und C; B liegt gleichzeitig rechts von A und links von C usw.) gelten, dass es unterschiedliche Perspektiven ein und derselben Sache gibt; kurz: es lernt, dass eine von seinen Sinnen und seinem Wollen unabhängige Wirklichkeit existiert. Insofern sind die Prozesse der D. „notwendige Bedingung von Objektivität überhaupt" (J. Piaget).

Diagnosekompetenz Dt.: Befähigung zu unterscheidender Beurteilung; meist im ärztlichen, aber auch im pädagogischen Bereich geforderte Fähigkeit, auf Grund genauerer Beobachtungen, Untersuchungen bzw. Prüfungen eine begründete Feststellung über den Zustand einer Person – das schließt Fähigkeiten, Fertigkeiten und Dispositionen ein – abzugeben. Die Diagnosefähigkeit von Lehrern und Lehrerinnen ist besonders gefordert im Bereich der Sonderpädagogik sowie am Ende des 4. Schuljahrs der Grundschule (Übergangsempfehlung für die weiterführenden Schulen) und am Ende der Jahrgangsstufe 6 (Empfehlung für eine andere Schulform).

Die D. von Lehrern und Lehrerinnen zielt darauf ab, unterrichtliche Anforderungen und individuelle ➪ Leistungsfähigkeit von Schülern und Schülerinnen aufeinander abzustimmen. Hierbei geht es vor allem um zweierlei:

- Lehrer und Lehrerinnen sollen dahingehend ausgebildet sein, dass sie unterschiedliche Leistungsfähigkeiten von Schülern und Schülerinnen wahrnehmen, einordnen und fördern (➪ Fördern) bzw. fordern (➪ hochbegabt) können. Hierzu gehören u. a. folgende Teilkompetenzen: Befähigung zu ➪ Lerngruppenanalyse, ➪ Beobachtung von Unterricht, zu innerer ➪ Differenzierung, zu ➪ dualer Kodierung, zu schülerorientierter ➪ Lernorganisation und gezielter Lernförderung (etwa durch eine differenzierte Vermittlung von ➪ Arbeits- und ➪ Lerntechniken), professioneller Umgang mit unterschiedlichen ➪ Lerntypen, ➪ erfolgs- und ➪ misserfolgsorientierten Schülern und Schülerinnen, Kenntnis unterschiedlicher ➪ Anforderungsbereiche und ➪ Inszenierungsmuster.
- Insbesondere sollen Lehrer und Lehrerinnen befähigt sein, mögliche Lernschwierigkeiten bei der ➪ Unterrichtsplanung zu antizipieren und im Hinblick auf die unterschiedlichen Leistungsniveaus zu beseitigen (➪ Lernhilfen) bzw. zu glätten (➪ Vorentlastung). Hierzu gehören u. a. die Teilkompetenzen: Kenntnis der wesentlichen Faktoren der ➪ didaktischen Analyse (hier vor allem der ➪ thematischen Struktur des Gegenstands und der ➪ Zugänglichkeit im Hinblick auf die konkrete Lerngruppe), ➪ Differenzierungskompetenz, Fehleranalyse (z. B. bei ➪ Legasthenie), Kenntnis und kritische Verarbeitung der eigenen ➪ subjektiven Theorien, des eigenen Sprachgebrauchs sowohl im ➪ Unterrichtsgespräch (➪ Unterrichtssprache, ➪ elaboriert versus ➪ restringiert, ➪ nonverbale Kommunikation) als auch bei der Aufgabenstellung (➪ Arbeitsauftrag), Beseitigung von Lernblockaden (➪ Angst, ➪ Verstehenswiderstand, ➪ Schulschwierigkeiten).

Darüber hinaus erscheint es unerlässlich, dass Lehrer und Lehrerinnen grundlegende Kenntnisse in ➪ Lerntheorie und Lernpsychologie besitzen, etwa in den Bereichen ➪ Gedächtnis, ➪ Lernen, ➪ Verstehen und ➪ Verständnis, ➪ Begriffsbildung, ➪ Behalten und ➪ Vergessen, ➪ Modell-Lernen, ➪ Ganzheitlichkeit, ➪ Vernetzung, ➪ Themenzentrierte Interaktion u. a. m., und dass sie in der Lage sind, auf unterschiedlichen Niveaus ➪ Arbeits- und ➪ Lerntechniken zu vermitteln.

Allgemein: K. A. Heller (2000).

Für Grund- und Sonderschule: G. U. Heuer (1997), Landesinstitut (²1998).

Diagnosebögen und -skalen: G. Bahle u. a. (1998), K. Barth (1998), R. Kretschmann / K.-H. Arnold (1999).

Didaktik Auch: allgemeine D.; Lehre von dem, was in Schule und Ausbildung gelehrt und gelernt werden soll und wie dies geschehen soll. Letzteres wird auch als ➪ Methodik bezeichnet, sofern D. im engeren Sinne verstanden wird. Im weiteren Sinne meint D. beide Momente; sie umfasst als Unterrichtswissenschaft die theoretische Entfaltung, Reflexion und Darstellung der Bildungsinhalte sowie grundlegender Strukturmomente von Unterricht. Auf dieser obersten Ebene kann die Allgemeine D. keine ➪ Unterrichtsrezepte liefern, doch kann sie als Legitimation von Planungsentscheidungen dienen sowie die Analyse von konkretem Unterricht leiten. Fachbezogene Aspekte für den Unterricht liefern die einzelnen ➪ Fachdidaktiken.

Die Allgemeine D. erfüllt im Wesentlichen zwei Aufgaben:

1. Als empirische Wissenschaft stellt sie fest, wie die Unterrichtswirklichkeit beschaffen ist.
Es ist leicht nachzuvollziehen, dass ein derart komplexes Geschehen wie ⇨ Unterrichten nicht in all seinen Einzelheiten erforscht und abgebildet werden kann. Aus diesem Grund muss die D. – wie jede empirische Wissenschaft – die Komplexität ihres Gegenstandes reduzieren. Sie wird daher – entsprechend ihrem Vorverständnis und ihren Forschungsinteressen – Schwerpunkte setzen und durch die Wahl ihrer Methoden den Untersuchungsbereich »Unterricht« in gewissem Sinne mit konstituieren.
2. Als theoretische Wissenschaft entwirft sie Modelle für besseren Unterricht.
Im Mittelpunkt aller didaktischen Überlegungen steht die Frage, welches ⇨ Menschenbild zu Grunde gelegt werden soll oder, anders gewendet: Mit welchem Ziel und zu welchem Zweck sollen junge Menschen unterrichtet und erzogen werden? Eine unmittelbare Antwort auf diese Frage ist durch die empirische Beschreibung von Unterrichtswirklichkeit (s. 1) nicht zu erwarten. Insofern bleibt die ⇨ Normproblematik der D. ungelöst; sie kann wohl nur im praktischen Diskurs (J. Habermas) reflektiert und auf einer persönlichen Ebene entschieden werden, und das impliziert die Übernahme von Verantwortung für das, was öffentlich behauptet und was letztlich im konkreten Unterrichtsprozess verwirklicht wird. So resümieren W. Jank / H. Meyer ([5]1996): „Die einzig vernünftige übergeordnete Norm, an der didaktische Modelle und unterrichtspraktisches Handeln von LehrerInnen und SchülerInnen zu messen sind, ist die Verpflichtung zur Aufklärung und Mündigkeit.“

Diesem Postulat sehen sich mittlerweile alle großen D. der allgemeinen Pädagogik verpflichtet, sei es die ⇨ Lehrtheoretische D. im so genannten ⇨ Hamburger-Modell von W. Schulz ([3]1981), sei es die ⇨ Bildungstheoretische D. von W. Klafki (1963), die er Mitte der 80er-Jahre zur ⇨ Kritisch-konstruktiven D. (1985) weiterentwickelt hat. Ihre Bedeutung für die Praxis ist nicht unumstritten, was direkt auf das Theorie-Praxis-Problem und den praktischen Nutzen von ⇨ Theoriewissen verweist.

Didaktik für das Gymnasium: M. A. Meyer (2000).

didaktische Akzentuierung Schwerpunktsetzung im Unterricht; ⇨ Akzentuierung.

didaktische Analyse Teil der ⇨ Unterrichtsplanung, in dem zu klären ist, welcher ⇨ Bildungsgehalt anhand eines bestimmten Unterrichtsinhalts auf welche Weise einer konkreten Lerngruppe zu vermitteln ist. Bekannt geworden sind die fünf Grundfragen im Zusammenhang der ⇨ Bildungstheoretischen Didaktik (W. Klafki, 1957 und 1963):

1. Wofür soll das geplante Thema exemplarisch, repräsentativ, typisch sein?
2. Welche Bedeutung hat der betreffende Inhalt bereits im Leben der Schüler und Schülerinnen bzw. welche Bedeutung sollte er – vom pädagogischen Gesichtspunkt aus gesehen – darin haben?

3. Worin liegt die Bedeutung des Themas für die Zukunft der Schüler und Schülerinnen?
4. Welches ist die Struktur des (durch die Fragen 1 bis 3 in die spezifisch pädagogische Sicht gerückten) Inhalts?
5. Mit welchen Mitteln kann die Struktur des jeweiligen Inhalts der konkreten Lerngruppe interessant, fragwürdig, zugänglich gemacht werden?

In einer späteren Fassung (1985), dem so genannten ➪ Perspektivschema zur Unterrichtsplanung, hat Klafki sieben Fragen zur d. A. formuliert, die sich z. T. mit den älteren fünf decken. Sie betreffen: (1) die Gegenwartsbedeutung, (2) die Zukunftsbedeutung, (3) exemplarische Bedeutung, (4) thematische Struktur, (5) Erweisbarkeit und Überprüfbarkeit, (6) Zugänglichkeit bzw. Darstellbarkeit (u. a. durch bzw. in Medien), (7) die Lehr-Lern-Prozessstruktur.

Im Zusammenhang mit der ➪ Lehrtheoretischen Didaktik hat P. Heimann (1976) sechs eng miteinander verknüpfte Fragen zur d. A. formuliert:

- *Intention*: In welcher Absicht tue ich etwas?
- *Thematik*: Was bringe ich in den Horizont der Kinder?
- *Methodik*: Wie tue ich das?
- *Medienwahl*: Mit welchen Mitteln verwirkliche ich das?
- *Anthropogene Voraussetzungen:* An wen vermittele ich das?
- *Soziokulturelle Voraussetzungen:* In welcher Situation vermittle ich das?

Während die Punkte (1) bis (4) grundlegend sind und so auch bei W. Klafki vorkommen, nehmen die Fragen (5) und (6) die konkrete Lerngruppe genauer in den Blick. Diese Punkte sind bei W. Klafki als ➪ Bedingungsanalyse in das Perspektivschema eingegangen und werden der eigentlichen d. A. vorgeschaltet.

In der Weiterentwicklung der Lehrtheoretischen Didaktik durch W. Schulz (1980) im so genannten ➪ Hamburger Modell werden vier ➪ Planungsebenen unterschieden, von denen die erste (➪ Perspektivplanung) den Unterricht über einen längeren Zeitraum organisiert und die zweite (➪ Umrissplanung) die Strukturierung einzelner Unterrichtseinheiten leisten soll. Was die d. A. betrifft, so geht es im einen Fall um die übergeordneten Intentionen (Sach-, Sozial- und Gefühlserfahrung) und Themen (Sach-, Gruppen- und Personenbezug); im anderen Fall um (1) die konkreten Unterrichtsziele, (2) die Erfassung der Ausgangslage des Unterrichts (z. B. die Lernvoraussetzungen der Schüler und Schülerinnen), (3) die Vermittlungsvariablen (Methoden und Medien) sowie (4) die Erfolgskontrolle. Die methodische Organisation erfolgt analog zur ➪ Themenzentrierten Interaktion (TZI). Schulz äußert sich auch zur Funktion der d. A. auf der Ebene der Perspektiv- und Umrissplanung. Sie ermöglicht

- die Begründung von Leitgedanken,
- die Erarbeitung eines professionellen Standorts,
- eine handlungserleichternde Reduktion bei gleichzeitiger Bewahrung der notwendigen Komplexität,
- die Verknüpfung der Planungsmomente,

- die Herstellung eines dynamischen Gleichgewichts, wodurch Einseitigkeiten vermieden werden,
- eine emanzipatorische Perspektive im Rahmen der TZI.

didaktische Progression »Fortschreiten« im Unterrichtsverlauf (einer Stunde oder einer Reihe) hinsichtlich der ➪ Lernprogression: Die Stunde bzw. Reihe soll etwas für die Schüler und Schülerinnen erbringen, und dieses »Etwas« ist sowohl inhaltlich zu bestimmen (➪ Gegenwarts- und Zukunftsbedeutung) als auch methodisch sinnvoll zu präsentieren. Hierbei gelten Prinzipien wie »Vom Einfachen zum Komplexen«, »Vom Leichten zum Schwierigen« oder »Vom Konkreten zum Abstrakten«. Die ➪ thematische Struktur einer Sequenz oder Reihe hat dies auszuweisen.

didaktische Reduktion ➪ Didaktisierung.

didaktische Transformation ➪ Didaktisierung.

didaktischer Schwerpunkt ➪ Akzentuierung.

didaktisches Handeln Umfasst Planung, Durchführung und Reflexion von Unterricht und ist von zahlreichen schulischen wie außerschulischen Einflussfaktoren abhängig, wie folgendes Schaubild zeigen kann:

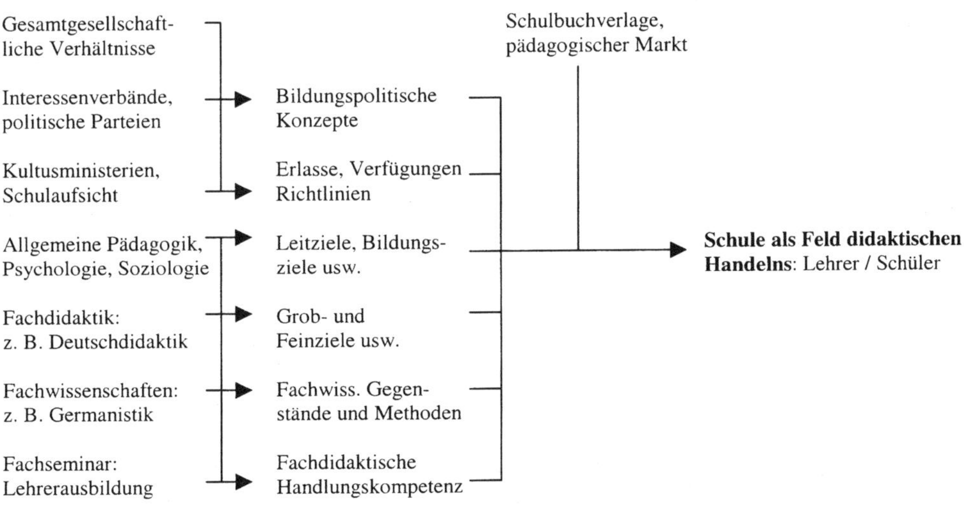

didaktisches Handlungsfeld 1) Bereich, auf den sich Entscheidungen bzw. Begründungen der ➪ didaktischen Analyse oder des ➪ didaktischen Handelns allgemein beziehen.

2) Im ➪ Hamburger-Modell von W. Schulz (1980) gibt es vier Handlungsmomente oder -felder, welche die formalen Bausteine der ➪ Unterrichtsplanung benennen, ohne inhaltliche Entscheidungen vorwegzunehmen: (1) Unterrichtsziele, (2) Ausgangslage

der Lerngruppe, (3) Vermittlungsvariablen (wie Methoden und Medien) sowie (4) Erfolgskontrolle.

Didaktisierung Sammelbegriff für Überlegungen und Vorkehrungen, die geeignet erscheinen, die Gegenstände oder Methoden der Fachwissenschaft für den Bereich von Ausbildung und Unterricht aufzubereiten. Im Wesentlichen lassen sich zwei Formen der D. unterschieden:

1. *Didaktische Reduktion*

Der Ausdruck »didaktische Reduktion« ist kein fest umrissener Terminus, sondern er benennt eine zentrale Aufgabe von ➪ Didaktik überhaupt. Es geht bei der d. R. um die Rückführung komplexer Sachverhalte auf ihre wesentlichen Elemente, um sie für Lernende überschaubar und begreifbar zu machen. Diese Komplexitätsreduktion in didaktischer Absicht spielt in unterschiedlichen didaktischen Argumentationskontexten eine Rolle und bekommt dort jeweils unterschiedliche Bedeutung. Im allgemeinen Sinne ist d. R. überall dort zu leisten, wo ein umfangreicher und differenzierter Bestand an Wissen für Lehr- und Lernzwecke aufbereitet wird. Beispiele für didaktische Reduktion sind die vereinfachende Veranschaulichung eines Sachzusammenhangs im Tafelbild, die Ausarbeitung von Modellvorstellungen für komplizierte Textstrukturen oder grammatische Systeme, die Festlegung nur bestimmter Untersuchungsaspekte bei einem ➪ Experiment, die ➪ Operationalisierung von Aufgaben im Hinblick auf ein bestimmtes Bearbeitungsniveau. Hierbei ist zu beachten, dass zwar Vereinfachungen anzustreben sind, nicht aber Verfälschungen; denn dies würde ein ➪ Anschlusswissen erschweren oder gar verhindern.

2. *Didaktische Transformation*

Mit dem Ausdruck »didaktische Transformation« ist ein Sachverhalt gemeint, der vornehmlich in den geisteswissenschaftlichen Fächern eine Rolle spielt: Wissenschaftliche Ergebnisse und Verfahren sollen das Bezugswissen abgeben für die didaktische Transformation, d. h., sie sollen nicht selbst zum verständlichen Gegenstand des Unterrichts reduziert werden, wie dies bei der didaktischen Reduktion der Fall wäre. Zwar kann z. B. die Arbeit mit eigenen und fremden Texten auf die Kenntnisse sprachlicher Strukturen angewiesen sein, doch sind diese Kenntnisse nicht um ihrer selbst Willen Lerngegenstand (Faktenwissen), sondern dienen vor allem als Hilfsmittel für Analyse und Reflexion. Beispiele für eine didaktische Transformation sind z. B.: das Einüben von Konfliktverarbeitung im Rollenspiel oder die sprachliche Argumentation auf dem Hintergrund von Rollentheorie, Sprechakttheorie, Konversationsanalyse und Argumentationslehre (ohne dass diese Theorien selbst oder auch nur Teile ihrer Terminologie im Unterricht explizit vorzukommen brauchen).

Dienstanweisung Auch: dienstliche Weisung, Anordnung; hat ein Beamter Bedenken gegen die Rechtmäßigkeit einer D., ist er verpflichtet, seine Bedenken unverzüglich bei seinem unmittelbaren Vorgesetzten schriftlich oder mündlich geltend zu machen. Bestätigt der Vorgesetzte die Anordnung, hat der Beamte diese auszuführen. Sind die Bedenken jedoch nicht ausgeräumt, kann der Beamte sich auf dem Dienstweg an den nächst höheren Vorgesetzten wenden. Bestätigt auch dieser die D., so ist der Beamte zur Ausführung der Anordnung verpflichtet und von der eigenen Verantwortung befreit, sofern das Aufgetragene nicht strafbar oder ordnungswidrig (und als solches für den Beamten erkennbar) ist oder sofern es die Würde des Menschen verletzt (➪ ADO, § 14).

Weitere Einzelheiten bei H. Gampe u. a. (1993).

Dienstbesprechung Eine D. kann vom Schulleiter bzw. von der Schulleiterin ohne Einschaltung der Gremien der ➪ Schulmitwirkung angeordnet werden; die betroffenen Lehrer und Lehrerinnen sind zur Teilnahme verpflichtet. Allerdings ist es unzulässig, die den Konferenzen zugewiesenen Angelegenheiten im Rahmen von D. zu beraten oder darüber zu entscheiden; eine D. dient im Wesentlichen der Weitergabe von dienstlichen Informationen sowie der Erteilung von ➪ Dienstanweisungen. Je nach der Dringlichkeit ist eine kurzfristige Einberufung zulässig.

Dienstpflichten Die D. des Lehrers bzw. der Lehrerin ergeben sich u. a. aus dem »Landesbeamtengesetz« (Allgemeine Rechte und Pflichten des Beamten), z. B.:

- unparteiische und gerechte Führung des Amtes
- Einsatz für die freiheitlich demokratische Grundordnung
- Mäßigung bei der politischen Betätigung
- amtangemessenes Verhalten
- Remonstration bei bedenklichen ➪ Dienstanweisungen
- Teilnahme an Konferenzen und ➪ Dienstbesprechungen
- Wahrung der Verschwiegenheit über dienstliche Angelegenheiten

Ferner ergeben sich D. aus der ➪ ADO; insbesondere die Unterrichts- und Erziehungsarbeit unter Beachtung der Unterrichtsvorgaben und rechtlichen Vorschriften (§ 5), die umfassende pädagogische Förderung der Schüler und Schülerinnen im Sinne von ➪ Selbstständigkeit und ➪ Selbstbestimmung sowie die Verpflichtung, auf die Fähigkeiten und Neigungen der Lernenden (im Sinne von § 7) einzugehen; sie umfassen ferner besondere dem Beamten übertragene Koordinierungsaufgaben oder Verpflichtungen aus einer ➪ Funktionsstelle (§ 31).

Dienstweg Bei allen Eingaben (Anträge und Beschwerden) eines Lehrers oder einer Lehrerin an die ➪ Schulaufsicht ist der D. einzuhalten; er läuft stets über den unmittelbaren Vorgesetzten (den Schulleiter bzw. die Schulleiterin, bei Referendaren den Seminarleiter bzw. die Seminarleiterin) und anschließend über den nächst höheren Vorgesetzten. Beschwerden über den unmittelbaren Vorgesetzen können allerdings direkt beim nächst höheren Vorgesetzten eingereicht werden.

Ausgenommen vom D. sind Bewerbungen um ein höheres Dienstamt sowie die unmittelbare Eingabe an den Landtag (Petitionsrecht) oder den ➪ Personalrat.

Differenzierung Zweck der D. an einer Schule ist es, die Schüler und Schülerinnen individuell zu fördern und sie gleichzeitig zur Kooperation zu befähigen und zu motivieren. Im Allgemeinen werden zwei Formen der D. unterschieden:

1. *Äußere D.*
Maßnahmen der äußeren D. betreffen vor allem die Bildung von Klassen sowie von ⇨ Grund- und ⇨ Leistungskursen an einer Schule, aber auch z. B. die Einrichtung von Arbeitsgemeinschaften, Lehrgängen oder Groß- und Kleingruppen für bestimmte Zwecke und einen bestimmten Zeitraum.

2. *Innere D.*
Je größer das Maß an äußerer D. ist, desto geringer kann die innere D. in einer Lerngruppe ausfallen. Dennoch kann es angezeigt sein, die Kommunikationsstruktur des Unterrichts so anzulegen, dass sie bestimmte Formen zulässt oder verhindert. Dies kann z. B. durch eine bestimmte Sitzordnung geschehen, durch arbeitsteilige ⇨ Gruppenarbeit (Trennung oder Mischung von leistungsstarken und leistungsschwachen Schülern und Schülerinnen), durch unterschiedlich gestaltete ⇨ Arbeitsblätter oder Formen des ⇨ offenen Unterrichts. Differenzierungsmaßnahmen können so die äußere oder innere Seite der ⇨ Sozialformen des Unterrichts mitbestimmen. Ein probates Mittel, auch schwächere Schüler in den Klassenunterricht einzubeziehen, besteht darin, ihnen weniger anspruchsvolle Aufgaben zu übertragen – wie z. B. Hausaufgaben vorzutragen, Gedankengänge mit eigenen Worten zu wiederholen, Ergebnisse zusammenzufassen – mit dem (längerfristigen) Ziel, ihre ⇨ Leistungsmotivation zu stärken. Maßnahmen der inneren D. stellen hohe Anforderungen an die Professionalität des Lehrers bzw. der Lehrerin, insbesondere was die Berufsfunktionen ⇨ Unterrichten und ⇨ Erziehen betrifft.

Probleme können sich u. a. bei der ⇨ Benotung ergeben, denn bei zahlreichen Maßnahmen der i. D. wäre nur die individuelle ⇨ Bezugsnorm angemessen.

Weitere Einzelheiten bei L. Paradies / H. J. Linser (2000).

Differenzierungskompetenz Fähigkeit eines Lehrers oder einer Lehrerin, ein und denselben ⇨ Bildungsinhalt je nach den Voraussetzungen keiner konkreten Lerngruppe auf seinen ⇨ Bildungsgehalt hin zu prüfen, ihn für diese Lerngruppe zugänglich zu machen und im Unterricht darzustellen. Die D. manifestiert sich in einer entsprechenden ⇨ Bedingungs- und ⇨ didaktischen Analyse, letztlich jedoch im tatsächlichen Vollzug des Unterrichts. So sollte es möglich sein, ein und dieselbe Kafka-Parabel sowohl in Klasse 6, in Klasse 9, im Leistungskurs 12 des Gymnasiums oder in einer Klasse des Berufskollegs zu behandeln.

digitale Kommunikation Art der Verständigung, die auf willkürlich vereinbarten ⇨ Zeichen beruht, wie dies bei der gesprochenen oder geschriebenen Sprache (weitgehend) der Fall ist. Die d. K. dient in ersten Linie der Darstellung von Gegebenheiten, Handlungen und Vorgängen (⇨ Sachaspekt der ⇨ Kommunikation). Wenn ich z. B. zu einer Gesprächspartnerin das Wort »*Katze*« benutze, so hat die Abfolge dieser fünf Buchstaben nichts Katzenhaftes an sich; es handelt sich um d. K.

Wenn ich dagegen wie eine Katze schnurre, so begebe ich mich auf das Feld der ⇔ analogen Kommunikation. Das vierte ⇨ pragmatische Axiom bei P. Watzlawick u. a. ([5]1980) besagt, dass sich die menschliche Kommunikation sowohl digitaler als auch analoger Modalitäten bedient. „Digitale Kommunikationen haben eine komplexe und vielseitige logische Syntax, aber eine auf dem Gebiet der Beziehungen unzulängliche Semantik.“

Dilemmageschichte Geschichte, die eine Entscheidung herausfordert; das Besondere an D. besteht darin, dass die Alternativen, die angeboten werden, in jedem Fall negative Folgen haben. Vor allem L. Kohlberg (dt. 1974) hat moralische Dilemmata dazu benutzt, um die Entwicklung von normativen Urteilen bei Kindern und Heranwachsenden sowie die Orientierungen, die diese Urteile leiten, zu erforschen. Idealtypisch stellte er drei Niveaus mit je zwei Stufen fest, die als Stufen der ⇨ moralischen Entwicklung bzw. Entwicklungsstadien moralbezogener Argumentation bekannt geworden sind.

Solche Dilemmata sind in fast allen Lebensbereichen zu finden, z. B. die Aufdeckung oder Vertuschung der Straftat einer nahe stehenden Person, Gewährung oder Verweigerung von Sterbehilfe bei unerträglichen Schmerzen, Wahrung oder Bruch einer beruflichen Schweigepflicht angesichts einer Gefahr u. dgl. Sie können im Fachunterricht eingesetzt werden mit dem Ziel, die Schüler und Schülerinnen zu befähigen und zu motivieren, über moralische Fragen zu urteilen. Dabei interessieren letztlich nicht die getroffenen Entscheidungen, sondern es geht darum, den Schülern und Schülerinnen überhaupt erst ein Vokabular zur Formulierung solcher Urteile zu vermitteln und ihr moralisches Bewusstsein zu schulen und zu stärken. Damit erfüllen D. im Unterricht eine wichtige Funktion bei der Erfüllung des Erziehungsauftrags (⇨ Erziehen) der Schule.

Dimensionen des Lernens ⇨ Dimensionierung.

Dimensionierung Auch: Lernzieldimensionierung; Versuch, ⇨ Lernziele nach formalen Kriterien bestimmten Bereichen zuzuordnen. In den 50er-Jahren in den USA entwickelt, hat sich die D. von Lernzielen auch in der allgemeinen Didaktik (z. B. W. Schulz, 1980) durchgesetzt. Unterschieden werden im Allgemeinen drei Dimensionen:

DIMENSION	BEZOGEN AUF …	BEISPIEL
Kognitive Lernziele	Denken, Wissen, Kenntnisse, allgemeine intellektuelle Fähigkeiten	Das Verhalten von Lipiden in wässriger Lösung beschreiben und erklären können.
Affektive Lernziele	Erleben, Gesinnung, Werthaltungen, Bereitschaft etwas zu tun oder zu denken	Interesse an der Beschäftigung mit chemischen Vorgängen entwickeln bzw. zeigen.
Psychomotorische Lernziele	Motorik, manipulative Fertigkeiten, Arbeitstechniken, Gewohnheiten	Einen Schülerversuch zur Membranbildung von Lipiden sachgerecht nach Anweisung durchführen können.

In Verbindung mit den drei ⇨ Entfaltungsstufen im Lernzielbereich ergeben sich drei mal drei Untergruppen der D. Ihre Kenntnis kann helfen, dass bei der ⇨ Unterrichtsplanung kein wesentlicher Lernzielbereich vernachlässigt wird.

Diskurs Normalerweise tauschen wir im Gespräch Informationen (Meinungen, Behauptungen, Deutungen, Rechtfertigungen usw.) aus, wie sie zu jeder einvernehmlichen ➪ Kommunikation gehören. Erst wenn solche persönlichen Meinungen oder die damit verbundenen ➪ Normen (1) bezweifelt bzw. problematisiert werden, dient der D. dazu, die Geltungsansprüche zu begründen. J. Habermas (1971) vertritt in seiner Theorie herrschaftsfreier Kommunikation die Meinung, dass „zurechnungsfähige Subjekte jederzeit aus einem problematisierten Handlungszusammenhang heraustreten und einen Diskurs aufnehmen" könnten und dass diesem D. wechselseitig „eine ideale Sprechsituation" zu Grunde zu liegen habe. Ideal nennt er eine Sprechsituation, wenn für alle Beteiligten die Bedingungen einer ➪ symmetrischen Kommunikation gelten.

Im Einzelnen lassen sich fünf Fälle unterscheiden:

- der Normalfall eines D. zur Begründung problematisierter Geltungsansprüche (z. B. die wissenschaftliche Diskussion)
- der D. als Mittel kommunikativen Handelns (informatives Lehrgespräch, gerichtlich organisiertes Streitgespräch)
- kommunikatives Handeln als verfälschter D. (alle Formen ideologischer Rechtfertigung)
- der therapeutische D. zur Förderung der Selbstreflexion (psychoanalytisches Gespräch)
- der innovatorisch gezielte D. (Lernen durch D., z. B. freie Seminardiskussion)

Für den Bereich von Unterricht und Erziehung erscheint der herrschaftsfreie D. als „grundlegende Zielkategorie der Unterrichtsführung gut geeignet" (W. Jank / H. Meyer, ^{5}1996).

Diskussion Aussprache, Meinungsaustausch; Form des ➪ offenen Unterrichtsgesprächs. Die D. ist ein Schülergespräch und bestimmten ➪ Diskussionsregeln unterworfen; allerdings nicht so streng reglementiert wie etwa die ➪ Pro-und-Kontra-Diskussion oder die ➪ Debatte. Grundlegend sind Einführung und Übung von ➪ Redestrategien.

Folgende Punkte sollten bei einer D. im Unterricht beachtet werden:

- die Sitzordnung ist so zu wählen, dass alle Beteiligten Blickkontakt haben (Sitzkreis),
- der Lehrer bzw. die Lehrerin organisiert die Lernsituation, nicht den inhaltlichen Verlauf,
- allen Beteiligten sind die Diskussionsregeln bekannt und sie haben ➪ Redestrategien geübt,
- es gibt einen Diskussionsleiter (nur am Anfang sollte dies die Lehrperson sein), der auf die Einhaltung der Regeln achtet, die Meldeliste führt, das Wort erteilt und ggf. die Ergebnisse sichert,
- die Schüler und Schülerinnen müssen mit dem Gesprächsthema etwas anfangen können (Grundlegung von Wissen im Vorfeld),
- allen sollte die Zielperspektive der D. klar sein (➪ Transparenz),
- es muss deutlich sein, dass es tatsächlich etwas zu klären gibt (Relevanz), und zwar am besten in der Form der angestrebten D. (Methodenbewusstsein),

- die D. sollte sach- und nicht personenorientiert geführt werden (Vermeidung jeglicher Art von Polemik); sie setzt ein vertrauensvolles ⇨ Lernklima voraus,
- die Lehrperson verzichtet darauf, die persönlichen Meinungen der Schüler und Schülerinnen zu zensieren oder zu bewerten,
- der Lehrer bzw. die Lehrerin kümmert sich um die Ergebnissicherung (Handnotizen oder ⇨ Protokoll).

Im Zusammenhang mit »vernünftiger Argumentation«: J. A. Alt (1994).

Diskussionsregeln Die ⇨ Diskussion als Form des Schülergesprächs unterliegt einer Reihe von Regeln, damit sie effektiv und zielfunktional ablaufen kann:

1. Das Thema ist allen Diskussionsteilnehmern bekannt, alle sind mit der Materie vertraut.
2. Die Teilnehmer wählen einen Diskussionsleiter (am Anfang sollte diese Funktion die Lehrperson übernehmen).
3. Der Diskussionsleiter eröffnet die D. (ohne Partei zu ergreifen), er führt eine Rednerliste, ruft die Teilnehmer der Reihe nach auf und hält das Schlusswort; insgesamt achtet er darauf, dass die D. fair und ohne Polemik verläuft und dass die Teilnehmer ergebnisorientiert reden (nicht abschweifen).
4. Die Teilnehmer sollen aufeinander Bezug nehmen (⇨ Redestrategie) und nicht vom Thema abschweifen.
5. Die D. wird in der Regel nicht zeitlich begrenzt (doch sollte genügend Zeit am Ende einer Unterrichtsstunde bleiben, um die wesentlichen Ergebnisse in einem Schlusswort zusammenzufassen).
6. Die Ergebnisse werden festgehalten (z. B. ⇨ Protokoll), damit sie im Sinne der Zielperspektive der D. umgesetzt oder angewendet werden können.

Disposition 1) Als psychologische Kategorie meint D. die Anlage zu einer immer wieder beobachtbaren Eigenschaft oder zu einem typischen Verhalten einer Person.

2) Im lerntheoretischen Kontext ist darauf hingewiesen worden, dass eine D. nicht direkt zu beobachten bzw. zu kontrollieren ist. Es handelt sich vielmehr um eine Fähigkeit, Gelerntes auch in nicht eindeutig voraussehbaren Situationen sinngemäß richtig zu beherrschen. Darüber hinaus kann die individuelle D. eines Schülers oder einer Schülerin darin bestehen, dass in ihm oder ihr ein latentes ⇨ Motiv ausgebildet ist, das – angeregt durch die ⇨ Anreizstruktur des Unterrichtsgegenstandes – zur ⇨ Motivation im Lehr-Lern-Prozess führen kann (aber nicht muss).

distinktiv Dt.: unterscheidend; ein d. Merkmal unterscheidet eine Menge von Elementen von einer anderen. Eingeführt wurde der Terminus in der Lautlehre (Phonologie) zur Abgrenzung der einzelnen Laute (Phoneme) voneinander. So enthält ein »Nasal« das d. Merkmal: *Senkung des Gaumensegels.* Dieses Merkmal bewirkt, dass der Luftstrom die Mund- und Nasenhöhle als Resonanzräume bei der Lautproduktion einbezieht; und es unterscheidet damit einen Nasal von allen anderen Lauten im Deutschen.

Disziplin 1) Zweig bzw. Spezialgebiet einer Wissenschaft oder Teilbereich einer Sportart.

2) Auf Ordnung bzw. Unterordnung bedachtes Verhalten. Im Bereich von Schule und Ausbildung lässt sich D. nicht erzwingen; es sei denn auf Kosten des sozial-emotionalen Klimas in einer Klasse. Sie sollte eher funktional in den Zusammenhang mit dem ⇨ Lehr-Lern-Prozess gestellt werden (im Sinne von »produktiver Unruhe«); geht dies bei gravierenden ⇨ Unterrichtsstörungen nicht, so kommen eher Maßnahmen der ⇨ Prävention oder ⇨ Konfliktlösungsstrategien oder die in der ASchO vorgesehenen ⇨ Erziehungs- und Ordnungsmaßnahmen ins Spiel.

Weitere Einzelheiten bei A. Wenger-Hadwig (2000), S. Balke (2001), J. Rüedi (2002).

divergierendes Denken Dt.: auseinander strebendes Denken; in einer offenen ⇨ Unterrichtsphase erhalten die Schüler und Schülerinnen Gelegenheit, ohne Lenkung durch die Lehrperson ihre ersten, noch ungeordneten Gedanken und Ideen zu einem Thema, einer Frage oder einem Vorhaben zu äußern. Das d. D. ist eine Voraussetzung dafür, dass die Lernenden zu eigenen Lösungsansätzen, Vermutungen oder Deutungsansätzen finden.

Wichtig erscheint die Feststellung, dass nach einer Phase des d. D. der Lehrer oder die Lehrerin nicht sagt, wie es weitergehen soll, sondern dass gemeinsam aus dieser Phase heraus das ⇨ Thema der Stunde, die ⇨ Problemfrage, das weitere Vorgehen u. dgl. abgeleitet wird. Erst dadurch erhält das d. D. seine Funktion im Stundenaufbau.

Sollen wichtige Schülerbeiträge nicht vergessen werden, so kann der Lehrer bzw. die Lehrerin Stichworte auf einem Zettel notieren, um in der Phase des ⇔ konvergierenden Denkens steuernd eingreifen zu können. Gelegentlich wird die Phase des d. D. durch ⇨ Clustering visualisiert, wenngleich dadurch die Spontaneität der Beiträge gebremst wird (Wirkung des Schreibprozesses und des geschriebenen Wortes selbst).

Doppelfrage Frageform, die zwei unterschiedliche Sachverhalte erfragt, z.B.: *Was beinhaltet diese Textpassage – Was sagen die sprachlichen Bilder aus?* Die D. ist für den Angesprochenen schwer zu durchschauen, weil er meist nicht genau weiß, worauf er zunächst antworten soll und wie beide Inhalte miteinander zusammenhängen. Im Unterricht sind derartige Fragen zu vermeiden, um die Schüler und Schülerinnen nicht zu verunsichern. Diese Form der ⇨ Lehrerfrage zeugt nicht selten von zu wenig ⇨ Transparenz in der Unterrichtsführung.

Dramadreieck Mittel zur ⇨ Transaktionsanalyse bei mehreren Gesprächspartnern, insbesondere bei ⇨ Ränkespielen. In einer Dreierbeziehung z.B. stehen sich „Verfolger", „Opfer" und „Retter" gegenüber. Die Gefühle sind unterschiedlich verteilt:

O = ich bin nicht o.k. / du bist o.k. → das O. lässt sich vom V. angreifen und jammert.
V = Ich bin o.k. / du bist nicht o.k. → der V. greift das O. an.
R = ich bin o.k. / du bist nicht o.k. → der R. hilft dem O. und verurteilt den V.

Das Opfer im Dramadreieck speichert so genannte »Groll-Rabattmarken«, bis es sich berechtigt fühlt, sein »Rabattmarkenheft« einzulösen und zurückzuschlagen. Dadurch erfolgt das »Umkippen« vom Opfer zum Verfolger. Der Verfolger speichert so genannte »Schuld-Rabattmarken«, bis er bereit ist, dafür zu büßen, dass er für seine eigenen Zwecke anderen Menschen Schaden zugefügt hat. Dadurch erfolgt das »Umkippen« vom Verfolger zum Opfer.

Nur der Retter kann in seiner Position bleiben. Er wendet sich jetzt helfend dem neuen Opfer (also dem ehemaligen Verfolger) zu und verurteilt jetzt den neuen Verfolger; z. B.:

Sven: „*Meine Federtasche ist weg!*"
Lehrerin (sachlich): „*Wer war das?*"
Katja: „*Das war bestimmt Peter, der ärgert Sven immer!*"
Lehrerin (streng): „*Peter, gib sie sofort zurück! Es ist immer dasselbe mit dir!*"
Peter (klagend): „*Aber ich hab doch gar nichts gemacht.*"
Sonja: „*Immer soll es Peter gewesen sein! Das finde ich ungerecht.*"
Peter (anklagend): „*Genau, immer ich!*" (...)

In solchen Situationen empfiehlt es sich, erst gar nicht auf das Ränkespiel einzugehen, z. B.:

Lehrerin (sachlich): „*Das kann passieren. Das klären wir nach dem Unterricht.*"
Sven (klagend): „*Aber ich brauche mein Radiergummi jetzt!*"
Lehrerin: „*Ich helfe dir so lange aus. Hier hast du mein Radiergummi.*" o. ä.

(Natürlich muss die Sache dann wirklich nach dem Unterricht geklärt werden.)

duale Kodierung Unter lerntheoretischen Aspekten bedeutet ⇨ Kodierung jede Art der Bearbeitung von Material für Lernvorgänge bzw. während des ⇨ Lernens. Als günstig für die Behaltensleistung hat sich eine d. K., eine Abspeicherung in Form von Sprache und Bild, erwiesen. Das ⇨ Gedächtnis ist kein passiver Informationsspeicher, sondern die Aneignung der Inhalte ist im Gegenteil ein höchst aktiver Vorgang, bei dem linke und rechte Gehirnhälfte (⇨ Hemisphäre) auf vielfältige Weise miteinander interagieren. Durch die so genannte horizontale Integration von aussagenartiger (digitaler) Kodierung in der linken und bildlicher (analoger) Kodierung in der rechten Hirnhälfte wird das Lernen gefördert, ⇨ Behalten gestärkt und ⇨ Erinnern erleichtert. Werden mehr als zwei Kanäle angesprochen (z. B. verbal, bildlich und handlungsmäßig), so spricht man auch von »multipler Kodierung«.

Nahezu jeder Lerninhalt lässt sich unterschiedlich kodieren, z. B. im Fach Biologie »Aufbau und Funktion des Herzens«: einführender Text, naturgetreue Abbildung des Herzens im Ganzen oder in Teilen, Schemazeichnung, Dias, Filmsequenz einer Operation am offenen Herzen, Untersuchung eines (Rinder-)Herzens unter Anleitung, Arbeitsbögen usw.

dynamisches Tafelbild ⇨ Tafelbild.

✳ ✳ ✳

Edu-Kinestetik Spezialgebiet der angewandten Kinesiologie (Bewegungslehre), das sich auf den pädagogischen Bereich (Edu > lat. *educare*) bezieht. Begründet wurde die E-K. von P. Dennison (»Befreite Bahnen«, 1984); sie stellt für ihn keine Methode, sondern „eher ein Werkzeug (dar), das jedes Lernsystem verbessert". Die Grundannahme Dennisons besteht darin, dass Körper und Geist eine Einheit darstellen und dass der Lernende eine einzigartige, unverwechselbare Person ist, die sich positiv entwickeln und lernen will. Die Aufgabe der E-K. besteht im Wesentlichen darin, die Blockaden zu beseitigen, die diese positive Selbstentfaltung der Person behindern; und der Weg dazu ist die den Lernvorgang vorbereitende und begleitende therapeutische Bewegung. Hierbei spielen fernöstliche Traditionen, Energie-Übungen, die Kenntnis der Meridiane und Akupunkturpunkte u. dgl. eine wesentliche Rolle.

Die E-K. kann helfen, Lernstörungen genauer zu diagnostizieren und zu therapieren und das ➪ Lernen zu erleichtern. Ein Reflex auf diese Lehre stellt das Programm ➪ Bewegte Schule dar.

Weitere Hinweise: Institut für Angewandte Kinesiologie Freiburg, Zasiusstr. 67, 79102 Freiburg.

Einprägen ➪ Behalten.

Einspruch ➪ Beschwerde.

effizientes Handeln Das e. H. ist ein planvolles ➪ Handeln mit folgenden Merkmalen:

a) *realistisch*: Die sachlichen Ziele werden in allen Aspekten voll erfasst; es ist klar, dass sie voraussichtlich erreicht werden können; der Handlungsplan berücksichtigt alle Teilschritte und die relevanten Bedingungen.

b) *stabil-flexibel*: Die Abgleichung von erreichten und noch zu erzielenden Ergebnissen führt im Sinne einer Selbstkorrektur zu ständiger Anpassung an neue Gegebenheiten (Flexibilität), ohne das eigentliche Ziel des Handelns (Stabilität) aus den Augen zu verlieren.

c) *organisiert*: Die hierarchisch-sequenzielle Organisation ist voll ausgebildet; Routinearbeiten sind automatisiert, so dass der oder die Handelnde von »niederen« Detailaufgaben entlastet ist und sich auf wesentliche Aspekte konzentrieren kann, wie z. B. darauf, Leitlinien zu setzen, längerfristige Zielperspektiven zu erstellen, konstruktiv-kreative Vorgänge zu initiieren oder übergeordnete Ziele zu realisieren.

Das e. H. ist stets auf ➪ Problemlösen hin angelegt.

Egozentrik Zu Beginn seiner Entwicklung ist das Kind ganz auf seinen Körper und sein Tun zentriert; es wird beherrscht von einer totalen, ihrer selbst unbewussten E. Sein Universum besteht in diesem Stadium (➪ Stadienlehre) aus beweglichen, unbeständigen »Bildern«, es hat noch kein Ich-Bewusstsein und seine Reaktionen sind eher durch »Ansteckung« als durch Kommunikation geprägt. Erst mit 1;6 bis 2;0 Jahren beginnt die affektive und soziale ⇔ Dezentrierung, die J. Piaget (1983) auch die „kopernikanische Wende“ im Leben eines Kindes bezeichnet hat.

Eigenschaftsbegriff ⇨ Begriff.

Eigenverantwortung Zentraler Begriff einer Pädagogik, die vom Lernenden ausgeht und die die Entwicklung als einen selbstkonstruktiven Prozess versteht, der als Interaktion zwischen Subjekt und Umwelt konzipiert ist. Hier gilt es zu bedenken, dass die Formen der Interaktion je nach dem Entwicklungsstand des oder der Lernenden verschieden sind; dies bedeutet insbesondere, dass E. allmählich und in dosierten Schritten erworben und gelebt wird. Das so genannte pädagogische Paradox „Lerne Eigenverantwortung!“ löst sich auf, wenn man den Lern- und Erziehungsprozess dynamisch interpretiert in dem Sinne, dass der Lehrer bzw. die Lehrerin allmählich immer mehr Rechte und Entscheidungsfreiheiten in die Verantwortlichkeit der Lernenden übergibt, und zwar dann, wenn diese durch ihre emotionale und kognitive Entwicklung sowie durch die im Unterricht erworbenen Kompetenzen dazu in der Lage sind. Dieser Prozess sollte mit dem Ende der Oberstufe abgeschlossen sein.

Ziele auf dem Weg zur E. hin sind u. a.: Erwerb von und aktiver Umgang mit differenziertem und fundiertem Fachwissen, Entwicklung von ⇨ Problembewusstsein, Kenntnis und Beherrschung verschiedener ⇨ Fachmethoden, Fähigkeit zu ⇨ effizientem Handeln und ⇨ Problemlösen.

Einfühlung ⇨ Empathie.

Eingangsvoraussetzungen Die E. des Unterrichts umfassen drei wesentliche Faktoren:

a) *Voraussetzungen der Lerngruppe* (bei W. Schulz »Anthropogene Voraussetzungen« und bei W. Klafki »Ausgangsbedingungen«):

Bei der Planung von Unterricht ist die Ermittlung und Berücksichtigung der E. der konkreten Lerngruppe von entscheidender Bedeutung. Hierzu zählen u. a.:
- Anzahl, Alter und geschlechtsspezifische Zusammensetzung (⇨ Koedukation)
- lernpsychologische Determinanten (⇨ anthropogene Voraussetzungen, ⇨ Stadienlehre)
- soziale Determinanten (⇨ soziokulturelle Voraussetzungen; soziales Umfeld der Schule)
- gruppendynamische Prozesse (z. B. ⇨ Außenseiter, feste Freundschaften, Rivalitäten)
- Leistungsfähigkeit und Leistungsbereitschaft (z. B. Verteilung von leistungsstarken und leistungsschwachen Schülern und Schülerinnen in der Lerngruppe, auch im Vergleich zu anderen Klassen bzw. Kursen an der Schule)
- Unterschiede zwischen schriftlichen (⇨ Klassenarbeit, ⇨ Klausur) und mündlichen Leistungen (⇨ Mitarbeit)
- sachstrukturelle Voraussetzungen (spezielle Vorerfahrungen der Lerngruppe bezogen auf fachliches ⇨ Wissen und auf ⇨ Fachmethoden; ⇨ Spiralcurriculum)

b) *Institutionelle Voraussetzungen*:

Keine Lerngruppe ist zu jeder Zeit und in jeder Situation gleich leistungsstark, auch wenn es sich um die gleichen Schüler und Schülerinnen handelt; die institutionellen Voraussetzungen beeinflussen die E. des Unterrichts nicht unerheblich, z. B.:

- räumliche (z. B. wenig Platz im Klassenraum, kein Blickkontakt) und zeitliche Besonderheiten (z. B. Unterricht nach einer Sportstunde, vor einer Klausur)
- Besonderheiten des Stundenplans (z. B. Nachmittagsunterricht)
- Ausstattung mit ➪ Unterrichtsmedien und ➪ Lernmitteln sowie deren Verfügbarkeit
- Vorgaben des ➪ Lehrplans (Obligatorik) und des ➪ Schulcurriculums

c) *Voraussetzungen des Lehrers bzw. der Lehrerin*

Bei diesem Aspekt der E. handelt es sich eher um die Aufforderung zur ➪ Metareflexion, etwa um Fragen der folgenden Art:

- Welche besonderen Kenntnisse habe ich bezüglich des Unterrichtsgegenstandes? Sind diese Kenntnisse ausreichend im Hinblick auf die intendierten Ziele und im Hinblick auf die konkrete Lerngruppe? Wie lassen sie sich vertiefen?
- Warum habe ich gerade diesen Unterrichtsgegenstand ausgewählt? Habe ich das Thema bereits in früherer Zeit auf die gleiche Weise unterrichtet? Ist das Thema bzw. sind meine Vorbereitungen noch aktuell?
- Wie stehe ich zu dem Unterrichtsinhalt? Lässt er mich gleichgültig oder bin ich selbst interessiert? Wie ernst nehme ich von daher die ➪ Motivation der Lerngruppe? usw.

Einstellung In der Psychologie und ➪ Lerntheorie meint E. die individuelle ➪ Disposition, aus der heraus jemand Dinge wahrnimmt, bewertet und einordnet. Diese Disposition lässt sich erklären als das Nachwirken früherer Erfahrungen auf das aktuelle Erleben und Verhalten, insbesondere auf die Wahrnehmung aktueller Gegebenheiten; sie ist somit das Ergebnis einer Art von ➪ Modell-Lernen. Sinnlich-ganzheitliche Erlebnisse werden in einem komplexen mentalen Integrationsprozess angeeignet, verarbeitet, (intern) bewertet und – je nach dem Ergebnis dieser Bewertung (z. B. Hoffnung auf Erfolg) – als E. verfestigt bzw. als ➪ Handlungsmuster relevant.

Einstiegsphase Auch: Unterrichtseinstieg; ➪ Unterrichtsphase zu Beginn einer Unterrichtsstunde oder -sequenz, in der besonders die emotional-motivationalen Aspekte (➪ Motivation) eine Rolle spielen: Die E. soll die Schüler und Schülerinnen für das Thema »aufschließen«, d. h. interessieren, und gleichzeitig ihnen das Thema »erschließen«, d. h. in seinen Grundzügen verständlich machen. Diese Grundfunktion des Erschließens lässt sich in eine Reihe von Teilaspekten gliedern: Die E. soll

- bei den Lernenden eine Fragehaltung provozieren und sie neugierig machen,
- die Aufmerksamkeit auf das neue Thema, das zu lösenden Problem oder die zu erwerbende Qualifikation lenken (➪ Ziel-Zug-Spannung),
- die Lerngruppe über den geplanten Unterrichtsverlauf informieren (➪ Transparenz),
- Vorkenntnisse und Vorerfahrungen in Erinnerung rufen, um so das Bekannte mit dem zu Erwerbenden zu verknüpfen (➪ Assimilation, ➪ Akkommodation),
- den Schülern und Schülerinnen die Chance geben bzw. sie ermuntern, mitzuplanen und mitzureden.

Als Möglichkeiten zur Gestaltung der E. bieten sich ganz unterschiedliche Verfahrensweisen an:

a) Einsatz von ➪ Medien (1): Comics, Catoon, Karikatur, Lehrfilm
b) ➪ Reorganisation: übende Wiederholung, Hausaufgabenkontrolle, Vorkenntnisse abfragen (z. B. durch ➪ Kartenabfrage)
c) Aktion der Lehrperson: ➪ informierender Unterrichtseinstieg, vorführendes ➪ Experiment, ➪ Programmvorschau, ➪ thematische Landkarte, ➪ Themenbörse, das Thema verrätseln, verfremden, die Lerngruppe provozieren, einen Widerspruch konstruieren
d) Interaktionsformen: ➪ Schreibgespräch, ➪ Mindmapping, ➪ Interview, Reportage

Wesentlich bei all diesen unterschiedlichen Formen der E. ist die Erfüllung ihrer zentralen Aufgaben, einen Orientierungsrahmen für die Schüler und Schülerinnen zu schaffen, in die wichtigsten Aspekte des neuen Themas einzuführen, an das Vorverständnis anzuknüpfen und im Resultat eine positive Arbeitshaltung (➪ Leistungsmotivation) aufzubauen.

Einzelarbeit Auch: Stillarbeit; eine der ➪ Sozialformen des Unterrichts. Die E. „ist immer dann angemessen, wenn es um die Sicherung des sog. Minimalwissens und -könnens geht, über welches jeder einzelne Schüler für nachfolgende Lernaufgaben (auch Prüfungen) verfügen muss" (P. Köck, 1991). Sie kann z. B. der Wiederholung, der Zusammenfassung oder Anwendung des Gelernten dienen und erfüllt dann die Funktion der Festigung und Vertiefung der im Unterricht gewonnenen Erkenntnisse. Die E. kann den Schüler und die Schülerin aber auch mit neuen Sachverhalten, Problemen usw. konfrontieren, die ihm oder ihr produktives Denken, also in besonderem Maße selbstständiges Arbeiten und ➪ selbstverantwortetes Lernen abverlangen.

Die E. ermöglicht dem Schüler individuelle Lernprozesse; dem Lehrer bietet sie die Möglichkeit individueller Lernhilfen. Der Ausdruck »Stillarbeit« für E. sollte nicht in der Weise verstanden werden, dass die Schüler nicht auch hier und da ein Wort miteinander wechseln; dies sollte immer möglich sein, wenn es der Sache dient. Auch die E. muss vorbereitet und ausgewertet werden; sie hat im Gefüge der Stunde eine bestimmte Funktion und darf nicht nur der Beschäftigung der Lerngruppe dienen. Andererseits kann eine vernünftig geplante Stillarbeit dem Lehrer bzw. der Lehrerin einige Minuten der Besinnung auf das Gesamtgefüge und das Ziel der Stunde verschaffen.

H. Gudjons u. a. (³1991) fassen die E. unter die „Methode der zweipoligen Interaktion".

Weitere Einzelheiten bei G. Rolke (1986).

elaboriert Dt.: (sorgfältig) ausgearbeitet; in der Soziolinguistik Bezeichnung für die Sprechweise oder den ➪ Kode (1) der mittleren bzw. gehobenen sozialen Schichten; im Gegensatz zum ⇔ restringierten Kode ist der e. Kode durch Ausdrucksvielfalt, komplexere Satzstrukturen u. dgl. gekennzeichnet und im Zusammenhang mit dem Thema »Sprachbarrieren« erforscht worden.

elementar Ein Unterrichtsinhalt ist dann e., wenn er den Schülern und Schülerinnen im Einzelfall etwas Allgemeines erfahrbar werden lässt. Der Ausdruck findet sich vor allem in der ➪ Bildungstheoretischen Didaktik (W. Klafki, 1957 u. ö.) im Zusammenhang mit der Bestimmung des ➪ Exemplarischen.

Elementarisierung Aufbereitung eines ➪ Unterrichtsinhalts im Hinblick auf eine bestimmte Lerngruppe und bestimmte ➪ Unterrichtsziele; ➪ Didaktisierung ➪ elementar.

Elterngespräch Neben dem offiziellen Elternsprechtag (➪ Beratung) sollte das E. jederzeit möglich und erwünscht sein; denn die Verantwortung für ➪ Erziehung und ➪ Bildung der Kinder und der nicht erwachsenen Jugendlichen tragen Eltern und Schule gemeinsam. Es sollte nicht so sein, dass ein E. nur dann geführt wird, wenn die Versetzung des Schülers oder der Schülerin gefährdet ist. Die wöchentliche Sprechstunde für Eltern und erwachsene Schüler und Schülerinnen sollte dazu genutzt werden, Erziehungsprobleme zu besprechen, individuelle Entwicklungsmöglichkeiten aufzuzeigen und zu unterstützen oder die Eltern zur Beteiligung an schulischen und außerschulischen Aktivitäten ihrer Kinder zu gewinnen. Dabei sollten Lehrer und Lehrerinnen „eher offene Fragen und noch ungelöste Probleme sehen als fertige Antworten bereits im Kopf haben“ (G. Bovet / V. Huwendiek, ^{2}1998).

Elternsprechtag ➪ Beratung.

Emanzipation Dt.: »Freilassung«; Befreiung aus einem Zustand der Abhängigkeit, Bewusstwerden des eigenen Werts und der eigenen Fähigkeiten, Entwicklung innerer Wachstumskräfte und Eigenverantwortung. Fragen der E. haben eine ganz eigene Dynamik seit den Bestrebungen einer gesetzlichen Gleichstellung von Männern und Frauen erhalten.

Seit dem 18. Jh. stellt die persönliche und gesellschaftliche Befreiung von überflüssig gewordener gesellschaftlicher Herrschaft und von »selbst verschuldeter Unmündigkeit« (I. Kant) eine Grundforderung im aufklärerischen Gedankengut dar. Erneuert wurde die Forderung nach einer Überwindung überflüssiger, von Menschen verschuldeter Herrschaft und Fremdbestimmung im Begriff des »emanzipatorischen Erkenntnisinteresses« (J. Habermas). Derartige Bestrebungen zielen letztlich darauf, die Freiheit des Einzelnen zu vergrößern und die Chancen für seine Selbstverwirklichung (in sozialer Verantwortung) zu verbessern.

Die Rezeption der »Kritischen Theorie« durch die allgemeine Didaktik brachte es mit sich, dass der Begriff der E. eng mit dem der ➪ Bildung verknüpft wurde, z. B. in der ➪ Kritisch-konstruktiven Didaktik W. Klafkis (1985). So ist auch im Bereich von Schule und Ausbildung die E. des Einzelnen zum zentralen ➪ Bildungsziel geworden; es wird u. a. beschrieben mit Zielvorstellungen wie ➪ Autonomie, ➪ Methoden- und ➪ Problembewusstsein, ➪ Selbstständigkeit, ➪ Selbststeuerung oder ➪ Selbstverwirklichung.

Emotionalität Auch ➪ Gefühl; Emotionen können als eigenständiges Orientierungssystem aufgefasst werden und sind an der unmittelbaren individuellen Bewertung aller wesentlichen Person-Umwelt-Bezüge beteiligt. Da vielfältige Zusammenhänge zwischen Gefühlen mit kognitiven Komponenten der ➪ Informationsverarbeitung angenommen werden können, haben sie für Lernvorgänge wichtige motivationale Funktionen (➪ Motivation).

Bei dem Versuch, E. zu beschreiben (D. Ulrich, 1982), sind zehn Bestimmungsmerkmale genannt worden: Zustandsbewusstsein, Selbstbetroffenheit, Spontaneität, Passivität, Erregung, Einzigartigkeit, Kontinuität und Identität, Selbstzweck, nichtverbale Kommunikation und interpersonale Beziehung. Sie alle weisen auf die Platzierung der E. in der rechten Gehirnhälfte hin (➪ Gehirn, ➪ Hemisphäre).

Die E. fügt der sachlichen Information eine subjektive Bedeutung hinzu und wirkt, zusammen mit der Motivation, bei der Informationsaufnahme und -verarbeitung als selektiver Filter. Intensive Emotionen bei der Informationsaufnahme werden in besonderem Maße für eine hohe Behaltensleistung verantwortlich gemacht. Sie können nicht nur im Rahmen der Informationsaufnahme und -verarbeitung als interpretatives und selektives System gesehen werden, sondern sie dienen auch der Aktivierung bzw. Hemmung solcher Prozesse, d. h. Bedürfnisse sind von Emotionen begleitet und Emotionen können selbst motivierend wirken.

Hierzu auch G. Roth (2001).

Empathie Dt.: Einfühlung; Bereitschaft und Fähigkeit, sich in andere (ihre Gefühlslage, ihre Wünsche, Ängste, Intentionen) einzufühlen. E. spielt bei Vorgängen wie ➪ Beratung, Umgang mit ➪ Lernproblemen (1) Maßnahmen zur ➪ Konfliktvermeidung u. dgl. eine Rolle. Schon die Formulierung einer Aussage kann E. ausdrücken: *Ich gebe dir das Buch.* versus *Du erhältst das Buch von mir.*

Empirie Erfahrungswissen; Wissen, dass auf Grund von wissenschaftlicher Beobachtung oder theoriegeleitetem ➪ Experiment gewonnen worden ist. Anhand zahlreicher Beispiele und Auswertungen wird durch ➪ Induktion auf Sätze von allgemeiner Gültigkeit geschlossen. Beherrschend ist hier die ➪ empirisch-positivistische Methode.

Es hat viele Versuche gegeben, auch die ➪ Fachdidaktik als eine empirische Wissenschaft zu konzipieren, etwa als »Fachunterrichtswissenschaft« (H. Ivo, 1977). In Ergänzung zum ➪ Theoriewissen müsste es darum gehen, die Unterrichtswirklichkeit zu erforschen und zu beschreiben, ohne sogleich Rezepte vorzulegen oder theoretische Entwürfe anzubieten.

empirisch-analytische Methode Eine Mischmethode aus Anteilen von ➪ Induktion und ➪ Deduktion. Bei der Anwendung dieser Methode geht man zunächst empirisch-induktiv vor, erhebt dann die gewonnenen Einsichten jedoch zu normativen Sätzen, die im Sinne der ➪ analytisch-deduktiven Methode weiter genutzt werden. Dies geschieht z. B. dann, wenn ein induktives wissenschaftliches Modell im Fachunterricht normativ eingesetzt wird.

empirisch-positivistische Methode Seit A. Comtes »Cours de philosophie positive« (1830 ff.) Bezeichnung für diejenige Richtung in Philosophie und Wissenschaft, die vom *Positiven* als dem Gegebenen und Tatsächlichen ausgeht. Der Positivismus fühlt sich dem Weltbild und den Methoden der Naturwissenschaften verpflichtet. Insofern ist er empirisch, d. h., er arbeitet mit wissenschaftlichen Verfahren, die Erkenntnisse primär oder vornehmlich aus der sinnlichen Beobachtung, aus überprüfbarer Erfahrung und kontrolliertem Experiment ziehen (➪ Empirie), um diese durch ➪ Induktion zu ➪ Hypothesen und ➪ Theorien zu verdichten.

entdeckendes Lernen Eine Form des induktiven Lernens (➪ Induktion), die Anfang der 70er-Jahre in die didaktische Diskussion (wieder) eingeführt worden ist. Da es unmöglich sei, den jungen Menschen auf alle Probleme, die ihm möglicherweise im Leben begegnen könnten, unmittelbar und direkt vorzubereiten, solle er Problemlösen üben, um ➪ Problemlösungsstrategien zu erwerben. „Das Ziel, das wir uns als Lehrer stellen, ist, dem Schüler nach besten Kräften ein fundiertes Verständnis des Gegenstandes zu vermitteln und ihn so gut wir können zu einem selbständigen und spontanen Denker zu machen, daß er am Ende der Schulzeit allein weiterkommen wird." (J. S. Bruner, 1971)

Um später zur Anwendung von bereits Gelerntem und zu neuem Lernen fähig zu sein, soll sich der Lernende die grundlegenden Zusammenhänge und Gesetzmäßigkeiten in einem Prozess des e. L. aneignen. Hierbei werden Techniken der Problemlösung entwickelt und gleichzeitig eine positive Einstellung gegenüber dem e. L. aufgebaut. Nach diesen Überlegungen hat der Unterricht dem „Erlernen der heuristischen Methode des Entdeckens" bessere Beachtung zu schenken. Dies bedeutet, dass sich die Schüler bzw. die Schülerinnen in den Methoden der Entdeckung üben müssen: *Sie sollen lernen, wie man lernt.*

Nach D. P. Ausubel (1974) besteht das wichtigste Merkmal von »sinnvollem« Lernen in der Interaktion von bereits vorhandenen kognitiven Strukturen mit dem neuen Lernstoff, was den lernpsychologischen Phänomenen ➪ Assimilation und ➪ Akkommodation entspricht. »Sinnvoll« ist Lernen demnach nur, wenn es inhaltlich, d. h. nicht wortwörtlich geschieht, und wenn der neue Lernstoff zufallsfrei auf bisheriges Wissen bezogen werden kann.

Ein wesentliche Merkmal des e. L. ist die Tatsache, dass der Hauptinhalt dessen, was gelernt werden soll, nicht gegeben ist, sondern vom Schüler bzw. der Schülerin entdeckt werden muss. Der Begriff »entdeckend« beinhaltet nur, dass das Lernmaterial nicht in fertiger Form dargeboten wird.

Beispiele für die beiden Grundformen des »sinnvollen« Lernens:

1. *Sinnvoll rezeptives Lernen*: Ein Lehrer bespricht die indirekte Rede; die Schüler ordnen den neuen Unterrichtsinhalt in die zuvor gelernten Regeln über den Konjunktiv I und II ein.
2. *Sinnvoll entdeckendes Lernen*: Die Schüler erhalten (oder besorgen sich) Texte mit indirekter Rede, übertragen sie in direkte Rede, prüfen die Unterschiede, tragen die Ergebnisse in Tabellen ein und ergänzen diese. Sie entdecken die Regel, dass dann, wenn der Konjunktiv I mit dem Indikativ übereinstimmt, der Konjunktiv II gewählt wird. Sie diskutieren Fälle, in denen dies nicht geschieht, weil die Aussage im Kon-

text widerspruchsfrei ist oder weil in der Umgangssprache eher der Indikativ vorkommt (z. B.: *Sie sagte, dass sie morgen nicht kommen kann.*) usw.

Beide Grundformen des Lernens erfüllen (nach Ausubel) unterschiedliche Funktionen: Grosse Stoffgebiete werden vorwiegend durch rezeptives Lernen erworben und die Probleme, die auf alltägliche Erfahrungen zurückgeführt werden sollen, werden eher durch entdeckendes Lernen gelöst. Beim Erwerb von Sachwissen steht demnach das rezeptive Lernen im Vordergrund; denn Wissensvermittlung vorwiegend durch e. L. ist eine relativ zeitaufwändige Angelegenheit.

Weitere Einzelheiten bei U. Zocher (2000).

Entfaltung Die mittlere der drei ➪ Entfaltungsstufen im Lernzielbereich nach W. Schulz (1980), die sich in die drei Dimensionen: *Erkenntnis* (kognitiv), *Erlebnis* (affektiv) und *Fertigkeit* (psycho-motorisch) gliedert. Hierbei handelt es um „ein Angebot hinweisender Begriffe", die helfen sollen, bei der Planung von Unterricht ein Gleichgewicht herzustellen zwischen intellektuellen, gefühlsmäßigen und manuellen Anteilen im ➪ Lehr-Lern-Prozess. Die Stufe der E. wird bei einem Unterrichtsvorhaben z. B. dadurch erreicht, dass die Lehrperson, ausgehend von bereits Gelerntem, einen ➪ kognitiven Konflikt herbeiführt, der die Schüler und Schülerinnen zu ➪ entdeckendem Lernen auffordert (Erkenntnis), der ihre ➪ intrinsische Motivation fördert (Erlebnis) und sie nötigt, erworbene ➪ Fachmethoden anzuwenden (Fertigkeit).

Entfaltungsstufen W. Schulz (1980) unterscheidet drei E.: *Anbahnung*, *Entfaltung* sowie *Habitualisierung*. Bezogen auf die drei Lernzieldimensionen (➪ Dimensionierung) ergeben sich neun Kategorien im Lernzielbereich:

ENTFALTUNGSSTUFEN	*DIMENSIONEN* kognitiv	affektiv	psycho-motorisch
1. Anbahnung	Kenntnis	Anmutung	Fähigkeit
2. Entfaltung	Erkenntnis	Erlebnis	Fertigkeit
3. Habitualisierung	Überzeugung	Gesinnung	Gewohnheit

Die Beachtung der E. erweist sich als nützlich bei der Formulierung von ➪ Lernzielen im Zuge der ➪ Unterrichtsplanung.

Entfremdung Komplexer Begriff, der in zahlreichen Kontexten recht unterschiedlich verwendet wird:

- in der *Theologie* als E. der Menschheit von Gott auf Grund ihrer sündigen Natur (Augustinus);
- in der *Psychologie* und *Psychiatrie* als E. des Menschen »von sich selbst«, z. B. durch die Blockade persönlicher Gefühle;
- in der *Psychoanalyse* S. Freuds bedeutet »Selbstentfremdung« die Folgen aus der Kluft zwischen bewussten und unbewussten Teilen der Seele;

- in der *Philosophie* gibt es die E. mitunter als eine »ganz normale« Erscheinung im Leben des Menschen, sie wird geradezu als sein »Schicksal« angesehen und kann bis zur Erkenntnis der Absurdität dieser Welt führen (z. B. in der Existenzphilosophie von Sartre oder Camus);
- in der *marxistischen Sozialökonomie* ist mit E. im Wesentlichen »entfremdete Arbeit« gemeint; die Trennung von Eigentum und Produktionsmitteln führt dazu, dass den Arbeitnehmern weder die Kontrolle noch die Übersicht über Ziele und Methoden des Arbeitsprozesses gewährt wird;
- in *neueren Soziallehren* (z. B. E. Durkheimer) bedeutet E. vor allem den Verlust gesellschaftlicher und religiöser Traditionen; dies ist auch zur Erklärung z. B. für bestimmte Erscheinungen von ➪ Aggression und Zerstörungswut bei Jugendlichen herangezogen worden.

Auch schulisches ➪ Lernen ist als entfremdetes Lernen kritisiert worden (z. B. I. Scheller, 1981): bei den meisten Unterrichtsthemen fehlen den Schülern und Schülerinnen eigene, sinnliche Erfahrungen; Lernen erfolgt im Wesentlichen sprachlich und kognitiv sowie unter dem Primat ritualisierter Gesprächsformen. Entsprechend ritualisiert erscheinen auch die sozialen Beziehungen und ➪ Rollenzuweisungen, die äußeren Lernbedingungen entsprechen in keiner Weise einem annehmbar gestalteten Lebensraum, formale Prozesse (Zerstückelung des Unterrichts, curriculare Vorgaben, Prüfungen) steuern das Handeln und lassen nur wenig Spielraum für ➪ selbstbestimmtes Lernen. Alle neueren Didaktiken versuchen, diese Erscheinungsformen der E. einzugrenzen, abzubauen und zu überwinden; wesentliche Schritte in diese Richtung gibt die ➪ Humanistische Pädagogik vor, insbesondere mit ihrem Anspruch auf ➪ Ganzheitlichkeit, einer stärkeren Betonung des ➪ Beziehungsaspekts sowie der Forderung nach ➪ Selbstverwirklichung.

Entlastung 1) Auch: Pflichtstundenermäßigung; für bestimmte Schulformen (z. B. Kollegschule, Schulen für Behinderte), für bestimmte schulische (Schulleitung, Funktionsstellen) und außerschulische Funktionen (z. B. Fachleitung, Fachberatung, Mitglied einer Richtlinienkommission) oder bei einer Schwerbehinderung (mindestens 50%) wird den betreffenden Lehrern und Lehrerinnen eine E. von ihrer Pflichtstundenzahl gewährt. Die Höhe der E. wird im Allgemeinen durch spezielle Erlasse und Verordnungen geregelt.

2) Es gibt eine Reihe von Faktoren, die im schulischen Alltag zur E. beitragen können, z. B. eine reflektierte ➪ Routine, ➪ Kooperation mit Kollegen und Kolleginnen, Kenntnis effektiver Methoden der ➪ Konfliktvermeidung und ➪ Gesprächsführung sowie ein geeignetes ➪ Zeitmagement.

Näheres zu Möglichkeiten der Entlastung und Stressbewältigung im Schulalltag bei H. Gudjons (1993), C: Hennig / G. Keller (1998), E. Meyer (1991), K. Ulrich (1996).

Entscheidungsfelder In der Lehrtheoretischen Didaktik (P. Heimann / G. Otto / W. Schulz), der so genannten ➪ Berliner Didaktik, sind die E. Teil der ➪ Strukturanalyse des Unterrichts; neben den beiden ➪ Bedingungsfeldern gibt des die vier E.: *Intentionalität, Thematik, Methodik* und *Medienwahl.*

Entschleunigung Für die Schule der Zukunft ist eine „Verlangsamung der Lernprozesse“ (W. Jank / H. Meyer, [5]1996) aus vielerlei Gründen geboten. Angeführt werden eine veränderte ➪ Kindheit, schwieriger gewordene Lebensplanung (➪ Jugendkultur), neue gesellschaftliche Herausforderungen in Form der ➪ Schlüsselprobleme unserer Gegenwart und Zukunft, zeitgenössische Entwicklungen und Forderungen der Pädagogik (➪ Humanistische Pädagogik, ➪ Öffnung von Schule) u.a.m. Die Menge des verfügbaren Wissens nimmt rasant zu und die Halbwertzeit für seinen Verfall nimmt entsprechend rasch ab; dies bedeutet, dass die Schüler und Schülerinnen nicht ständig mehr in kürzeren Zeitspannen lernen können, sondern dass sie »das Lernen lernen« müssen. Hierzu sind vor allem Qualifikationen wie ➪ Problembewusstsein, ➪ Methodenkompetenz oder ➪ Vernetzung von Wissen notwendig.

Allerdings erfordern schüleraktive Unterrichtsformen (z.B. ➪ Handlungs- und ➪ Produktorientierung) und ➪ Schülerorientierung oder die Berücksichtigung von Großformen wie ➪ fächerverbindender und ➪ Projektunterricht ihre Zeit. Sie scheint jedoch sinnvoll investiert zu sein, wenn nicht nur ➪ Faktenwissen angehäuft, sondern wenn auch Wert auf die »Bildung« von ➪ Autonomie und ➪ Solidarität gelegt und die ➪ Ganzheitlichkeit des Lernprozesses angestrebt wird.

Näheres bei H. Rumpf (1981 und 1986).

Entspannung Ein entspanntes ➪ Lernklima wirkt sich günstig auf den ➪ Lehr-Lern-Prozess aus; es übt einen positiven Einfluss auf die emotional-motivationalen Prozesse (➪ Motivation) und auf die Lernleistung und das ➪ Behalten ganz allgemein aus. Darüber hinaus ist die gezielte E. Teil einiger Lernverfahren wie der ➪ Edu-Kinestetik oder der ➪ Suggestopädie; sie liegt auch dem Programm der ➪ Bewegten Schule zu Grunde.

Entwurf ➪ Unterrichtsentwurf.

epistemische Neugier Terminus aus der ➪ Lernpsychologie, mit dem ein bestimmtes Verhalten von Menschen benannt wird: dem Organismus wohnt ein Drang nach neuer Information inne, der auch als Explorationstrieb oder als ➪ Neugierverhalten bezeichnet worden ist. Dieses Aktivwerden dient letztlich der Sinnfindung; denn etwas, das wir nicht verstehen, das wir weder durch ➪ Assimilation noch durch ➪ Akkommodation mit bereits bestehenden Wissensbeständen verknüpfen können, fordert unsere Aktivität (Denken, Diskutieren, Handeln – oder auch »Flucht«) heraus. In einem solchen ➪ kognitiven Konflikt wird das Denken zu einem Fragen und schließlich zu einem bohrenden Interesse, zur e.N. (D.E. Berlyne, 1974).

Für schülerorientierte Lernprozesse (➪ Schülerorientierung) hat die Nutzung der e.N. einen hohen Stellenwert im Sinne der ➪ Motivation.

Epochalunterricht Auch: Epochenunterricht; Form des Kursunterrichts. Beim E. wird ein zusammenhängender Stoff in mehreren aufeinander folgenden Blockstunden behandelt, etwa für die Dauer von zwei bis vier Wochen. Als unterrichtliche Großform sollte E. als ➪ fächerverbindender Unterricht konzipiert werden, z.B. im ➪ Projektunterricht.

Erarbeitungsphase Der Ausdruck »Erarbeitung« ist ein Sammelbegriff für verschiedene Aktivitäten in der mittleren Phase des Unterrichtsprozesses. Nach der ⇨ Einstiegsphase sollen sich die Schüler und Schülerinnen in der E. unter mehr oder weniger direkter Anleitung und Kontrolle in die gestellte Lernaufgabe einarbeiten, Kenntnisse erwerben bzw. Fähigkeiten und Fertigkeiten entwickeln, die sie dazu qualifizieren, solche oder ähnliche Aufgaben in Zukunft ohne fremde Hilfe zügig zu erledigen.

Nach dem Bewusstwerden der Aufgabe, z. B. durch die Entwicklung einer Leitfrage (⇨ Problem- oder Themafrage), kann die E. etwa in folgenden Schritten ablaufen:

1. Planung des Arbeitsvorhabens / Hypothesenbildung / Klärung von ersten Eindrücken oder Vorgabe für die Erarbeitung (z. B. Lehrervortrag, Arbeitsanweisung)
2. Begriffs- bzw. Situationsklärung / Verständnisfragen
3. Arbeit der Lerngruppe in bestimmten ⇨ Sozialformen und im ⇨ Unterrichtsgespräch
4. Zusammentragen der Ergebnisse / Darbietung / Aussprache
5. Beantwortung der Leitfrage

Idealtypisch endet die Stunde (oder Sequenz) mit einer ⇨ Sicherungsphase.

Erfahrung 1) Wahrnehmungen und Erlebnisse werden vom Einzelnen in einem komplexen Aneignungsprozess (⇨ Informationsaufnahme, ⇨ Informationsverarbeitung, ⇨ Speicherung von Information) zu E. verarbeitet; oft werden sie durch symbolische Formen, z. B. die schulischen ⇨ Inszenierungsmuster, vermittelt. In diesem Sinne spricht man von leib-sinnlichen, sozialen, gesellschaftlichen oder schulischen E.

2) Eine oft wiederholte Kritik am herkömmlichen Unterricht besagt, dass er erfahrungsarm sei und damit der ⇨ Entfremdung Vorschub leiste. Konzepte gegen das entfremdete Lernen sind u. a. ⇨ Handlungs- und ⇨ Produktorientierung, die ⇨ Öffnung von Schule sowie der ⇨ erfahrungsorientierte bzw. »erfahrungsbezogene Unterricht« (I. Scheller).

erfahrungsbezogener Unterricht ⇨ erfahrungsorientiert.

Erfahrungslernen Im allgemeinen Verständnis wird ⇨ Lernen auf den relativ eng begrenzten Bereich des Erwerbs von schulischem Wissen bezogen. Menschen lernen jedoch, wie alle anderen Lebewesen, ständig in ihrer alltäglichen Lebenspraxis; zu ihr gehört selbstverständlich auch der »Lebensraum Schule«. Unter psychologischen Gesichtspunkten erwerben die Kinder und Jugendlichen in bestimmten Situationen und Zusammenhängen nicht nur Sachwissen und methodische Fertigkeiten, sondern z. B. auch Angst, Zuversicht, ausweichendes Verhalten oder Zutrauen und planvolles Handeln. In jedem Fall ist das Ergebnis eines Lernprozesses die Bildung von ⇨ Erfahrungen. „Dies bedeutet, daß der Lerner nach Abschluß des Lernprozesses sich anders verhalten, anders denken, anders wollen, anders handeln *kann*." (W. Edelmann, ³1993) Ob er jedoch diese potentielle ⇨ Disposition in seinem Verhalten auch zeigt, ist eine andere Frage, die von zahlreichen Faktoren abhängt, wie der Erfahrung in ähnlichen Situationen, der gegenwärtigen Gefühlslage, der ⇨ Motivation usw.

Die Einbeziehung psychologischer Erwägung in den Lernbegriff hat zur Folge, dass den Schülern und Schülerinnen neben der kognitiven Dimension auch die anderen Dimensionen der Erfahrungsbildung, wie ➪ Handlungsorientierung oder ➪ Emotionalität, erschlossen werden.

erfahrungsorientiert Auch: erfahrungsbezogen; e. Unterricht ist ein gegen die ➪ Entfremdung schulischen Lernens gerichtetes pädagogisches Konzept, das die kognitiven mit den körperlichen, sinnlichen und sozialen Erfahrungen der Schüler und Lehrer in Einklang zu bringen sucht sowie deren Gefühle und Haltungen gegenüber dem Unterrichtsinhalt thematisiert und ernst nimmt. Einer der Protagonisten des e. U., Ingo Scheller (1981, 1998), setzt bei den Haltungen der Lehrer und Lehrerinnen an, die er durch Aktivierung von Erfahrungsmöglichkeiten zu beeinflussen sucht; etwa durch Beobachtung und Einsatz von ➪ Körpersprache oder durch szenisches ➪ Spielen (3). Der erste Schritt zum e. Unterricht ist somit die Arbeit an den Haltungen der Lehrenden selbst. So werden sie in die Lage versetzt, den e. Unterricht zu planen, seine Wirkung auf die Schüler und Schülerinnen einzuschätzen und vorschnelle Resignation zu vermeiden.

Der e. Unterricht verläuft in den drei Schritten:

1. *Aneignung* (die Schüler und Schülerinnen aktivieren frühere Erlebnisse und subjektive Erfahrungen zum Thema, auch Phantasien und innovative Ideen)
2. *Verarbeitung* (Konfrontation mit neuen Perspektiven oder mit unerwarteten Erklärungen, Einnehmen einer anderen Sicht)
3. *Veröffentlichung* (Darstellung der neuen Sichtweise, der veränderten Haltung)

Die These Schellers, die dahinter steht, besagt, dass im Spiel verfestigte Haltungen wieder »flüssig« gemacht werden können, was durchaus die Gewinnung eines neuen Standpunkts oder eine Befreiung von Vorurteilen sein kann. Dabei gilt: „Eine Haltung ist das Gesamt an privaten, sozialen und politischen Vorstellungen und Interessen einerseits, an sprachlichen, handlungsbezogenen und körperlichen Ausdrucksmöglichkeiten andererseits." (W. Jank / H. Meyer, ^{5}1996)

Erfahrungswissen Die ➪ Schultradition und eine langjährige Unterrichtspraxis liefern jedem Lehrer und jeder Lehrerin ein gediegenes E., das ungeachtet vom ➪ Theoriewissen in der alltäglichen Unterrichtspraxis handlungsleitend wirkt. Hierzu gehören u. a. eine allmählich sich herausbildende ➪ Routine, bewährte ➪ Unterrichtsrezepte, die Lehrerfunktion ➪ Organisieren und Verwalten sowie weitere Aspekte der ➪ Berufssozialisation.

Das E. bildet die Grundlage jeglichen unterrichtspraktischen Handelns; auf einer höheren ➪ Reflexionsebene muss es jedoch kontrolliert werden durch wissenschaftlich fundierte Unterrichtskonzepte und systematische Gesamtentwürfe didaktisch-methodischen Handelns.

Erfolgskontrolle Auch: Überprüfbarkeit (W. Klafki); Aspekt der ➪ Unterrichtsplanung sowie des Unterrichts selbst, der zur Lehrerfunktion ➪ Beurteilen gehört. Die E.

soll erweisen, ob die Lerninhalte von den Schülern und Schülerinnen in der intendierten Weise verstanden und gelernt worden sind und so auch reproduziert werden können. Dieser letzte Punkt macht darauf aufmerksam, dass ein Inhalt von einem einzelnen Schüler bzw. einer einzelnen Schülerin durchaus verstanden worden sein kann, dass er oder sie zur E. diesen Inhalt möglicherweise nicht adäquat wiedergeben kann und will. Andererseits gibt die E. ein Feedback für den Lehrer bzw. die Lehrerin im Hinblick auf die Effektivität seines bzw. ihres Unterrichts.

Die E. kann immanent oder explizit erfolgen:

- Immanent werden Lernergebnisse kontrolliert, wenn z. B. die ➪ Hausaufgabe nicht direkt abgefragt bzw. vom Schüler vorgetragen wird, sondern wenn sie als Voraussetzung für die Lösung einer Aufgabe im Unterricht dient und in diese Unterrichtsarbeit einfließt. Ebenso kann die Lehrperson während einer ➪ Sicherungsphase im Gespräch den Lernerfolg einzelner Schüler bzw. Schülerinnen immanent kontrollieren.
- Eine explizite Erfolgskontrolle für mündliche Leistungen ist im laufenden Unterricht nicht zu empfehlen, da durch die Kontrollsituation kaum mit ➪ Motivation oder Freude am Lernen gerechnet werden kann. Allerdings sind Ausnahmen denkbar (etwa bei Schülern oder Schülerinnen, die sich längere Zeit unentschuldigt dem Unterricht entzogen haben); ein derartiges Prüfungsgespräch sollte in der Regel zuvor angekündigt werden.

Eine E. im engeren Sinne ist die ➪ Leistungsmessung und ➪ Benotung.

Weitere Einzelheiten bei G. O. Kanter / F. Masendorf (1998).

erfolgsorientiert Unter lernpsychologischen Gesichtspunkten können e. und ⇔ misserfolgsorientierte Schüler bzw. Schülerinnen unterschieden werden. Der e. Schüler zeichnet sich dadurch aus, dass er eher aus Freude am Erfolg lernt und weniger aus Furcht vor Misserfolg; er ist eher ➪ intrinsisch motiviert, lernt aus eigenem Antrieb und aus ➪ Leistungsmotivation. Sollte dennoch eine Leistung schlechter ausfallen als erwartet, so dient dieses Ereignis eher der Motivationssteigerung und einer Erhöhung des Lerneifers.

Ergebnisgespräch Form des ➪ Unterrichtsgesprächs, das eher offen oder eher gebunden sein kann:

a) Wenn das E. begleitend oder gegen Ende einer ➪ offenen Phase eingesetzt wird, tendiert es eher zum ➪ Sammelgespräch; die Ergebnisse dieser Gesprächsphase müssen dann erst noch sortiert und kategorisiert werden, bevor Konsequenzen für den weiteren Unterrichtsverlauf daraus gezogen bzw. eine ➪ Problem- oder Themafrage entwickelt werden kann.
b) Wenn das E. im Anschluss an eine Gruppenarbeit – etwa nach der Vorstellung der Arbeitsergebnisse aller Gruppen – eingesetzt wird, tendiert es eher zum ➪ gebundenen Unterrichtsgespräch, bei dem die ➪ Integration und die ➪ Ergebnissicherung im Vordergrund stehen.

ergebnisorientiert 1) Oft im Gegensatz zu ⇔ prozessbegleitend gebraucht; so ist eine ➪ Leistungsmessung e., wenn das Endprodukt einer Aufgabenstellung (Hausaufgaben, Klassenarbeiten, Tests, Referat, Unterrichtsbeitrag u. dgl.) unmittelbar vom Lehrer oder der Lehrerin bewertet wird. Dies kann durch ➪ Benotung oder durch eine explizite Rückmeldung geschehen, sei es mündlich (➪ Verstärkung) oder schriftlich (➪ Lehrerkommentar unter einer Arbeit). Hierbei wird nicht so sehr der individuelle Lernstand oder die subjektive Anstrengung des Schülers bewertet, sondern das fertige Produkt.

2) Vom gesamten Unterrichtsverlauf (oder einer ganzen Sequenz) sagt man, sie sei e., wenn die Lehrperson zielstrebig, zeitökonomisch und effektiv auf ein Lernergebnis hinsteuert; meist steht der Ausdruck e. dann im Gegensatz zu ⇔ Schülerorientierung.

Ergebnisprotokoll ➪ Protokoll.

Ergebnissicherung Wichtiges Moment der ➪ Unterrichtsplanung und -durchführung. Die letzte der drei großen Phasen des Unterrichts (neben ➪ Einstiegs- und ➪ Erarbeitungsphase) hat folgende Aufgaben:

- Die greifbaren Ergebnisse des Unterrichts werden als ➪ Tafelanschrieb protokolliert oder auf andere Art und Weise – z. B. als Plakat, Wandzeitung, Eintragung ins Heft – dokumentiert. Hierdurch wird ihre Verbindlichkeit unterstrichen. Nicht gesichert werden können in der Regel längerfristige Unterrichtsziele, wie etwa die ➪ affektiven Lernziele.
- Das Gelernte wird durch Wiederholung, Arbeitsrückschau geübt und gefestigt, in größere Zusammenhänge gestellt (➪ Integration) oder vertieft (➪ Methodenreflexion, ➪ Transfer). Hierdurch können fachliche wie sprachliche Kompetenzen gefördert, aber auch soziale Fähigkeiten (ein Ergebnis für alle verständlich zusammenfassen) geschult werden.
- Die Lerngruppe kann ihre Ergebnisse abschließend kritisch bewerten und sich über subjektive Einschätzungen des Erfolgs austauschen. Verbesserungsmöglichkeiten können erwogen und weitere Arbeitsschritte geplant werden (Arbeitsvorschau). So nehmen die Schüler und Schülerinnen an einem demokratischen Prozess der Meinungsbildung teil.

Einige Möglichkeiten für die E. im Unterricht:

- Schriftliche Zusammenfassung durch Tafeltext oder Lehrerdiktat; hierbei ist zumindest die gelegentliche Kontrolle der Haushefte und ggf. das Aufgreifen von Missverständnissen u. dgl. dringend erforderlich.
- Protokollieren durch Schüler; wichtig hierbei ist die inhaltliche und formale Korrektur durch den Lehrer bzw. die Lehrerin, eine erneute Reinschrift und das Sammeln der Protokolle in einer Mappe zum Nachlesen für die Lerngruppe.
- Simultan-Protokoll: Auf einer ➪ Wandzeitung wird der Unterrichtsverlauf über mehrere Stunden hinweg protokolliert, z. B. bei arbeitsteiliger Gruppenarbeit, projekt- oder umfangreicheren handlungsorientierten Unterrichtseinheiten. Ferner:

- Anfertigung eines Schülerbuchs, Schülerlexikons oder einer Klassenzeitung im ➪ Projektunterricht;
- Wandzeitung, Fries oder ➪ Zeitleiste;
- ➪ Streitgespräch, ➪ Diskussion oder »Gerichtsverhandlung«;
- ➪ Rollen- oder ➪ Planspiel;
- Feste und Feiern, z. B. ein »Balladenabend« für Eltern;
- Ausstellung oder Dokumentation, z. B. auf Stellwänden.

Weniger empfehlenswert bzw. problematisch sind einige andere Formen der E.:

- Mündliche Zusammenfassung am Stundenschluss ist wenig effektiv; insbesondere der ➪ Lehrerkommentar, der alles noch einmal und »deutlicher« vermitteln will.
- Das gelenkte ➪ Unterrichtsgespräch ist problematisch; denn meist beteiligen sich nur die stärkeren Schüler oder Schülerinnen, schwächere Schüler machen oft Fehler, was nicht selten zur Ausweitung und zu einer erneuten »Erarbeitung« führen kann.
- Abfragen und Verhören sind wenig empfehlenswert, wenn den Schülern nur vor Augen geführt werden soll, dass sie mehr üben müssten.
- Hausaufgaben erweisen sich dann als problematisch, wenn die Schüler und Schülerinnen etwas leisten müssen, wofür im Unterricht nicht die notwendigen Voraussetzungen geschaffen worden sind.

Ein besonderes Ziel der E. besteht darin, das Erarbeitete allen Schülern und Schülerinnen verfügbar zu machen, damit sie in den folgenden Stunden erfolgreich weiterarbeiten können. Hierzu ist – wegen ihrer Wiederverwendbarkeit – oft eine Folie besser geeignet als der Tafelanschrieb.

Erinnern Das Wiederfinden von Informationen bzw. Lernstoff im ➪ Gedächtnis ist eine Leistung, die eng mit der vorhergegangenen Darbietungsweise, der ➪ Repräsentation des Materials sowie mit der Verarbeitungstiefe und -art zusammenhängt. Blockiert wird das E. durch ➪ Vergessen, das heute auf zweierlei Weisen erklärt wird:

a) nervliche Bahnen lösen sich allmählich auf, wenn sie nicht genutzt werden (Spurenzerfallstheorie),

b) Gedächtnisinhalte werden durch nachfolgende oder vorausgehende Lernprozesse gehemmt (Interferenztheorie).

Da Wiedererkennen wesentlich leichter fällt als aktive Reproduktion, kann die Ähnlichkeit zwischen Lern- und Abrufsituation eine große Hilfe für das E. sein.

Die Fähigkeit, sich etwas merken zu können (➪ Behalten), ist im ➪ Gehirn nicht eindeutig lokalisiert; vielmehr geht man heute davon aus, dass jede Gedächtniseinheit in komplexen Synapsenverbindungen verschiedener Neuronen abgelegt wird. „Erinnern im Sinne des Wiederaufrufens des immer Gleichen gibt es nicht. Da Erinnern im Wiederaufnehmen einer bestandenen Verbindung besteht, werden Dinge quasi nicht wieder 'aus dem Regal geholt', sondern immer wieder in neuen Kontexten aktiviert. Jede Erinnerung verändert das Behaltene durch das Implizieren eines neuen Kontextes." (A. Scheunpflug, 2/2000 und 2001)

Einzelheiten bei H. J. Markowitsch (2002).
Grundlegend: F. Vester ([25]2001).

Erkenntnis Bei W. Schulz (1980) zweite ⇨ Entfaltungsstufe des Lernzielbereichs in der kognitiven Dimension. Inhaltlich beziehen sich E. auf die ⇨ Assimilation neuer Information in die bestehenden Wissensbestände oder auf die ⇨ Akkommodation, d.h. die Veränderung derselben. Da bei Erkenntnisakten mehrere kognitive Einheiten miteinander verknüpft oder in Beziehung gesetzt werden, beeinflussen sie die ⇨ Vernetzung von Wissen im Langzeitgedächtnis. Methodisch gesehen können E. (durch die Lehrperson, durch ein Lehrbuch usw.) vermittelt oder aktiv (durch die Lernenden) erworben werden.

Erkenntnisinteresse Gegen die These von der ⇨ Wertfreiheit in der Wissenschaft setzte die so genannte «Frankfurter Schule« (T. W. Adorno, M. Horkheimer, J. Habermas) in den 60er- und 70er-Jahren des vorigen Jh. ihr Diktum, dass wissenschaftliche Erkenntnis immer auch einem bestimmten E. folgt. Hierbei wurden drei Formen unterschieden (J. Habermas »Erkenntnis und Interesse«, 1968):

- *zweckrationales, technisches E.*: richtet sich darauf, mit Hilfe ⇨ empirisch-positivistischer Verfahren die immer komplexer werdenden technischen und gesellschaftlichen Prozesse zu beherrschen, wissenschaftlich kontrollierte Prognosen zu stellen und eine auf wirtschaftliches Wachstum hin angelegte Technologie zu entwickeln.
- *praktisches E.*: richtet sich darauf, diejenigen Sinn produzierenden und Sinn tradierenden Strukturen in einer Gesellschaft offen zu legen, die dem Handeln der Menschen zu Grunde liegen; methodisch ist dieses E. im Wesentlichen der ⇨ Hermeneutik verpflichtet.
- *emanzipatorisches E.*: richtet sich darauf, überflüssige Herrschaft und Machtausübung zu überwinden und die Menschen aus einer »selbst verschuldeten« Unmündigkeit zu führen.

Somit ist die Forderung nach Wertfreiheit, wie sie z. B. in der frühen Konzeption der ⇨ Lehrtheoretischen Didaktik oder für einen ⇨ Lernzielorientierten Unterricht postuliert worden ist, selbst nicht frei von einem zweckrationalen E.

Erklären Einer der wichtigsten Teilaspekte der Lehrerfunktion des ⇨ Unterrichtens; Schüler und Schülerinnen erwarten von ihrem Lehrer bzw. ihrer Lehrerin, dass er oder sie gut erklären kann, d. h. im Wesentlichen, dass sie die von der Lehrperson dargebotenen Informationen verstehen und behalten können (⇨ Verstehen, ⇨ Behalten).

Eine erprobte Methode, das E. zu üben und zu verbessern, bietet das ⇨ Microteaching: gerade der Berufsanfänger kann vor einer kleineren Lerngruppe über zehn bis fünfzehn Minuten eine begrenzte Aufgabe ausführen und z. B. Techniken des E. ausprobieren:

- Die Schüler und Schülerinnen sind zuvor mit dem Verfahren vertraut zu machen.
- Während die Lehrperson erklärt, sollen sie sich nicht äußern; denn eine E. muss auch ohne Nachfragen verständlich sein.

- Im Anschluss an das E. sollen sie fähig sein, den betreffenden Begriff oder Sachverhalt ihrerseits mündlich oder schriftlich darzulegen, ein eigenes Beispiel zu nennen oder in einer Anwendung ihr Verständnis zu demonstrieren.

Für das E. eignen sich solche Themen, die der Lerngruppe weitestgehend unbekannt sind, aber dennoch in einen unterrichtlichen Zusammenhang (der betreffenden Klassen- oder Jahrgangsstufe) passen könnten, z. B.: *Wie bei einem Gewitter der Blitz entsteht. – Der Verlauf der »Mitose« in einer Zelle. – Warum benötigen Pflanzen das Sonnenlicht? – Was bedeutet »Double-Bind-Situation«?* u. dgl.

Nützlich für ein methodisch geleitetes E. kann sich eine Art Ablaufschema erweisen:

- Benennung des zu erklärenden Begriffs oder Sachverhalts, auch als Tafel- oder Folienanschrieb,
- Einordnen des jeweiligen Begriffs oder Sachverhalts in ein Stoffgebiet, einen Handlungszusammenhang, ein Unterrichtsthema o. ä.,
- Begründung und Zielangabe für die Erklärung,
- Provokative oder problematisierende Fragestellung,
- Darstellung eines »Falls«, Darbietung einer Geschichte oder einer humorvollen Schilderung, Verbindung mit Bekanntem,
- Aufzählen von Merkmalen oder Kennzeichen, Angabe einer Definition,
- Anführen von anschaulichen Beispielen, Vergleichen, Analogien,
- Anwenden der Definition auf eines der Beispiele,
- Zusammenfassung des Wesentlichen und Wiederholung wichtiger Einzelheiten,
- Integration in einen systematischen Zusammenhang und Herstellen einer schematischen Übersicht,
- Ergänzung des Tafel- oder Folienanschriebs durch Stichwörter, Merksätze, Definition,
- Unterstützung der Erklärung durch Bilder, Modelle, Skizzen,
- Lenkung und Aufrechterhaltung der Aufmerksamkeit durch sprachliche Mittel (rhetorische Frage, Wiederholung, Steigerung, witzige Bemerkung).

Nach der Erklärung durch die Lehrperson schreiben die Schüler und Schülerinnen auf, was sie verstanden haben, und zwar in einem eigenen Erklärungsversuch desselben Begriffs oder Sachverhalts. Auf diese Weise erhält die Lehrperson eine Art Rückmeldung zur Qualität der eigenen Fähigkeiten beim E.

Soll das Verständnis der Lerngruppe in einem größeren Zusammenhang überprüft werden, so bietet sich ein ➪ Test an. (Vgl. das Beispiel zum Stichwort »ökologische Nische« bei J. Grell, [15]1994.)

Erklärungsbegriff ➪ Begriff.

Erkundung ➪ Exkursion.

Erlass Anordnungen und Vorschriften der Landesregierung, die für ihren jeweiligen Zuständigkeitsbereich bindend sind; für den Bereich Schule und Ausbildung ist dies das Kultus- oder Schulministerium (oder entsprechend andere Bezeichnungen wie: Ministerium für Schule und Weiterbildung des Landes NRW). Ein E. führt ein Gesetz aus und setzt es in die Praxis um; so werden etwa Lehrpläne für Schulen oder Rahmenpläne für bestimmte Institutionen durch Einführungserlass bindend.

Erlebnis Im weiteren Sinne der in der Begegnung mit der Welt bewusst werdende Lebensvollzug; im engeren Sinne ein zeitlich begrenzter Abschnitt dieses Lebensvollzugs, der unter starker Beteiligung von ⇨ Gefühlen als persönlich bedeutsam im Bewusstsein gegenwärtig ist bzw. bleibt. Die sinnlich-ganzheitlichen E. eines Menschen bilden die Grundlage für seine längerfristigen ⇨ Erfahrungen.

Angeregt durch die Erlebnispsychologie und die Arbeiten W. Diltheys (»Das Erlebnis und die Dichtung«, 1905) hat sich um 1910 die so genannte »Erlebnispädagogik« entwickelt, die entgegen einer nur kognitiven Vermittlung von Wissen eine größere Beachtung der Gefühlsebene sowie eine emotionale Beteiligung der Schüler und Schülerinnen bei der Wissensvermittlung und -aufnahme forderte (W Lehmann, W. Neubert). Der Lehrer bzw. die Lehrerin soll überall dort von E. ausgehen, wo dies sachlich möglich und angebracht ist; dies bedeutet im Wesentlichen, dass der Unterricht an solche Gegenstände und Themen anknüpft, zu denen die Kinder und Jugendlichen eine gefühlsmäßige Beziehung haben. Ein solcher »Erlebnisunterricht« ist zugleich bemüht, die Unterrichtsgegenstände zu veranschaulichen, zu verlebendigen und sie den Schülern und Schülerinnen durch eigene Anschauung zugänglich zu machen, um so ihre emotionale Beteiligung zu stärken und längerfristige ⇨ Motivation zu wecken.

Ganz vereinfacht gesprochen hat diese Richtung der Pädagogik bereits einige wichtige Elemente neuerer Konzeptionen wie der ⇨ Humanistischen Pädagogik oder der ⇨ Handlungsorientierung vorweg genommen.

Erlebnispädagogik ⇨ Erlebnis.

Ermutigung Ein wichtiges pädagogisches Mittel der ⇨ positiven Verstärkung, das jedoch nicht übertrieben angewendet werden sollte.

Ernstfalldidaktik Im Gefolge der ⇨ kommunikativen Wende Anfang der 70er-Jahre des vorigen Jh. entwickeltes fachdidaktisches Konzept, das situationsorientiertes Lernen favorisierte. Die Schüler und Schülerinnen sollten jedoch nicht anhand von simulierten Situationen (nach dem Muster: *Stellt euch vor* ...) lernen, sondern in realen Handlungszusammenhängen. Dieser Ansatz findet sich z.B. realisiert in der Aufsatzdidaktik; Schreiben im Rahmen der E. zeichnet sich wie folgt aus:

- Der Schreibanlass ist ein reales Anliegen der Lerngruppe (z.B. Schreiben an die Schulleitung für einen schallgeschützten Übungsraum der Heavy-Metal-Gruppe oder Schreiben an die Stadtverwaltung für einen Spielplatz im Stadtviertel).
- Die Intentionen des Schreibers und die antizipierten Erwartungen des Empfängers steuern die Auswahl der Textsorte und der sprachlich-stilistischen Mittel.
- Der Empfänger oder Adressat des Schreibens ist eine reale Person (oder Institution); das an ihn gerichtete Schreiben enthält eine relevante Botschaft, die zur Antwort nötigt.

– Die tatsächliche Reaktion des Empfängers ist Maßstab für die Beurteilung des Erfolgs, d. h. für die Wirksamkeit des Schreibens.

Kritisiert wurde die E. wegen der relativ geringen Anzahl tatsächlicher (und notwendiger) Schreibanlässe sowie wegen der Unwägbarkeiten der »Beurteilung«; denn die fehlende Reaktion des Adressaten kann viele Gründe haben, die nicht unbedingt in der unzureichenden Auswahl der sprachlichen Mittel zu liegen brauchen. Allgemein hat die E. den ➪ Projektunterricht favorisiert.

Erprobungsstufe ➪ Orientierungsstufe.

Ersatzschule Vom Staat genehmigte oder vorläufig erlaubte Schulen in privater Trägerschaft, die in allen wesentlichen Belangen (Fachunterricht, Prüfungswesen, Ausbildung der Lehrkräfte) den öffentlichen Schulen als gleichwertig anerkannt sind. Träger von E. können auch juristische Personen des öffentlichen Rechts sein, also Bistümer oder evangelische Landeskirchen. Die Gleichwertigkeit von E. mit entsprechenden öffentlichen Schulen bedeutet u. a., dass für sie die ➪ ASchO Anwendung findet.

Erstbegegnung Ausdruck bei W. Kramp (1962), der damit eine besondere ➪ Einstiegsphase bezeichnet hat; sie war fest verbunden mit einer bestimmten »Unterrichtsart«, dem ➪ Frontalunterricht. Durch diese grundsätzliche Koppelung hat er andere Zugänge (z. B. spontane Äußerungen in einer ➪ offenen Phase) verbaut.

Diese Einseitigkeit konnte H. Roth mit seinem Begriff der ➪ originalen Begegnung oder W. Klafki mit seiner »kategorialen Bildung« vermeiden.

Erwartungshorizont Auflistung der wesentlichen Anforderungen, die ein Lehrer oder eine Lehrerin an eine Schülerleistung stellt. Die Verschriftlichung des E. basiert auf einer umfassenden ➪ Sachanalyse, allerdings nicht im fachwissenschaftlichen, sondern vielmehr im didaktischen Sinne, d. h. der E. ist immer im Hinblick auf die zu erwartenden Schülerleistungen zu formulieren. Dies setzt eine genaue ➪ Bedingungsanalyse, insbesondere was die ➪ Eingangsvoraussetzungen der konkreten Lerngruppe betrifft, voraus.

Erweisbarkeit ➪ Überprüfbarkeit.

Erziehen Eine der zentralen ➪ Berufsfunktionen des Lehrers bzw. der Lehrerin. Grundsätzlich sollte man die Einforderung der »Sekundärtugenden« (wie Fleiß, Disziplin, Höflichkeit, Pünktlichkeit, Ordnung und Sauberkeit) trennen von der eigentlichen Erziehungsaufgabe, der Hinführung des jungen Menschen zu *Allgemeinbildung*, verstanden als „Fähigkeit eines Menschen, kritisch, sachkompetent, selbstbewusst und solidarisch zu denken und zu handeln“, und zu *Mündigkeit*, einer zentralen Forderung der deutschen Aufklärung seit dem 18. Jh. (W. Klafki, 1985). Worum es geht ist demnach, die »unverzichtbaren Grundwerte« unserer Gesellschaft im Unterricht zu thematisieren und mit den Schülern und Schülerinnen zu reflektieren, um die Bedeutsamkeit dieser Grundwerte zu klären und zu verstehen. H. von Hentig (1988) nennt eine Reihe solcher Grundwerte wie *Freiheit, Gerechtigkeit, Friede, Unversehrtheit des Leibes,*

Wohlversorgtheit, Wahrheit, Würde der Person, Sicherheit, Mobilität, Identität und Streben nach Glück. Eine sinnvolle Reflexion dieser ➪ Grundwerte kann im Rahmen der Thematisierung von »Schlüsselproblemen unserer Lebenswelt« erfolgen, z. B.: *Der Frieden als individuelle und globale Aufgabe / Die Erhaltung der natürlichen Lebensgrundlagen* usw.; sie bieten sich insbesondere für ➪ Projektunterricht sowie für ➪ fächerverbindenden Unterricht an.

In der älteren Literatur finden sich zwei Richtungen der Pädagogik, die auf »zwei Grundverständnisse« von E. zurückzuführen sind. Sie haben sich in zwei Metaphern verdichtet:

a) *Steinmetz-Metapher*: Erziehen als ein herstellendes Machen, analog zur handwerklichen Produktion eines Gegenstandes; der Erzieher gleicht einem Handwerker, der einen angestrebten Zweck mit Hilfe bestimmter Mittel und Methoden handelnd anstrebt.

b) *Gärtner-Metapher*: Das Kind entfaltet sich auf eine mehr oder weniger natürliche Art selbst, analog zum organischen Wachstum, wie eine Pflanze; Erziehen heißt hier begleitendes Wachsenlassen. Der Erzieher gleicht dem Gärtner, der pflegend und schützend bei einem Entwicklungsprozess hilft, der – als ein natürlicher – von selbst geschieht.

Die heutige Pädagogik geht davon aus, dass beide Metaphern einen Teil der Wahrheit darstellen; allerdings wehrt sie sich, griffige Definitionen anzubieten für einen derart komplexen Begriff wie E. Gelegentlich (J. Oelkers, 1991) ist versucht worden, den Terminus E. durch »Bildung« zu ersetzen, da E. mit „zuviel Erblast" (➪ Schwarze Pädagogik) behaftet sei. Andere (H. Gudjons, 1994) haben versucht, erzieherisches Handeln durch eine Reihe von Bestimmungsmerkmalen zu kennzeichnen:

1. E. ist intentional, sie sucht Ziele, Normen und Werte zu verwirklichen. Das Erziehungsgeschehen ist von seiner intentionalen Struktur her letztlich darauf gerichtet, sich selbst aufzuheben.
   Erziehung ohne Ziele und Bewusstsein gibt es nicht.
2. Das Erziehungsgeschehen ist ein Interaktionsprozess, in dem sich Sinndeutungen und Handlungen des einen am Tun des andern ausrichten. Erzieher und zu Erziehender treten sich dabei in Rollen gegenüber, deren Charakter von der gesellschaftlichen Art und Weise der Institutionalisierung von Erziehung abhängt. In der Regel impliziert dies ein Kompetenzgefälle, das zur »Symmetrisierung« auffordert. Aber:
   Erziehung ohne wechselseitige Beeinflussung gibt es nicht.
3. Die dabei auftretenden Prozesse sind vielfältig methodisch organisiert und auf die Lernbedingungen des Adressaten ausgerichtet, der aber letztlich zur Selbst-Tätigkeit aufgefordert bleibt.
   Erziehung als »Machen« gibt es nicht.
4. Erziehung ist – einschließlich der Ziele und Interaktionsprozesse – eingebunden in einen umfassenden historisch-gesellschaftlichen Kontext, der Wandlungsprozessen unterliegt.
   »Die« Erziehung gibt es nicht.

5. Erziehung erfolgt in Auseinandersetzung mit Inhalten, Gegenständen, Themen etc., welche die kognitive Ebene (z.B. Wissen, Einsichten), die affektive Ebene (z.B. Einstellungen) oder die Handlungsebene (z.B. Fertigkeiten) in wechselseitigem Zusammenhang betreffen. Auch das nichtverbale Stirnrunzeln der Mutter bezieht sich auf ein »Thema«.
   Erziehung im inhaltsfreien Raum gibt es nicht.

Die Umsetzung des Erziehungsauftrags im Fachunterricht – insbesondere im Oberstufenunterricht – fällt nicht immer leicht. Bewährt haben sich hier so genannte ➪ Dilemmageschichten, die bereits recht früh in der Unterstufe eingesetzt werden können und die dazu beitragen sollen, dass die Schüler und Schülerinnen zunächst ein Vokabular erwerben, mit dessen Hilfe sie Wertfragen diskutieren, moralische Urteile formulieren und eigene Ansichten vortragen können. Diese Kenntnisse und Fähigkeiten sind dann nutzbringend bei der Arbeit an den »Schlüsselproblemen unserer Lebenswelt« einzusetzen.

Weitere Einzelheiten bei Ch. Meves (2000), W. Bergmann (2001), R. Dreikurs / V. Soltz (^{9}2001), D. Feiks / E. Krauß (2001), M. Käßmann (2001), W. Rotthaus (^{3}2002).

Erziehungsmaßnahmen „Die Anwendung von Ordnungsmaßnahmen kommt erst in Betracht, wenn andere erzieherische Einwirkungen nicht ausreichen" (ASchO, § 13,1). Zu diesen E. zählen das Gespräch, die Ermahnung, die ➪ Beratung, ➪ Rüge und ➪ Tadel. Außerdem kommt zugleich oder gesondert eine entsprechende Eintragung in das Klassenbuch in Betracht; diese darf jedoch nur den Tatbestand benennen, nicht jedoch die Art der E.

Als wirksame E. kann die Auflage an den betreffenden Schüler oder die betreffende Schülerin angesehen werden, einen angerichteten Schaden wieder gutzumachen oder sich zu entschuldigen. Zwar sind so genannte ➪ Strafarbeiten untersagt, die Nacharbeitung von versäumtem Stoff unter Aufsicht zu einer festgesetzten Zeit (etwa am Nachmittag) ist dagegen erlaubt. Allerdings sollte von dieser E. nur sparsam Gebrauch gemacht werden; denn alle Arbeiten, die auch zu Hause erledigt werden können, sind davon ausgenommen. Außerdem sind die Eltern rechtzeitig zu benachrichtigen.

Der Ausschluss eines Schülers oder einer Schülerin aus dem laufenden Unterricht durch den Fachlehrer oder die Fachlehrerin ist als E. aus mehreren Gründen problematisch: a) diese E. darf nur angewendet werden, wenn dies zur Aufrechterhaltung eines störungsfreien Unterrichts tatsächlich notwendig ist; b) ggf. muss für eine Aufsicht gesorgt werden (was nur über die Lehrerkonferenz unter Mitwirkung der Schulleitung zu realisieren sein dürfte). Der Ausschluss von zu spät kommenden Schülern oder Schülerinnen durch Verschließen der Klassentür ist unzulässig.

Falls sich das Fehlverhalten eines Schüler oder einer Schülerin häuft, muss die Frage nach den Ursachen – möglichst kollegial – untersucht und es müssen weitergehende Maßnahmen getroffen werden.

Erziehungs- und Ordnungsmaßnahmen Die ➪ ASchO stellt in § 13 (1) ausdrücklich fest, dass die Anwendung von Ordnungsmaßnahmen erst in Betracht kommt, „wenn andere erzieherische Einwirkungen nicht ausreichen", wobei sie sich auf das Schulverwaltungs-Gesetz (§ 26a, Abs. 2, Satz 1) beruft. Allerdings ist nicht näher geregelt, was unter »erzieherischer Einwirkung« verstanden werden soll. Die Kommentare führen folgende Möglichkeiten der erzieherischen Einwirkung an:

- das Gespräch, die Ermahnung, die ⇨ Beratung;
- der Eintrag ins Klassenbuch, ⇨ Rüge, ⇨ Tadel;
- die Entschuldigung für ein Fehlverhalten, die Wiedergutmachung (allerdings nur im Rahmen des Zumutbaren);
- die Nacharbeit von versäumtem Unterrichtsstoff a) zu Hause oder b) in der Schule unter Aufsicht (bei vorheriger Benachrichtigung der Eltern). Diese Arbeiten dürfen nur wirklich Versäumtes aufarbeiten und höchstens zwei Schulstunden dauern.
- Ausschluss eines Schülers oder einer Schülerin von der laufenden Unterrichtsstunde durch den Fachlehrer oder die Fachlehrerin. Diese Maßnahme darf nur in äußersten Ausnahmefällen angewendet werden; außerdem muss im Regelfall eine Beaufsichtigung des Schülers außerhalb des Klassenraums sichergestellt sein. Hier sind Regelungen durch die Lehrerkonferenz bzw. die Schulleitung gefragt.

„Die Ordnungsmaßnahmen dienen der Gewährleistung einer geordneten Unterrichts- und Erziehungsarbeit der Schule sowie dem Schultz von beteiligten Personen und Sachen" (ASchO, § 14), und sie unterliegen bestimmten Verfahrensgrundsätzen (§ 15). Vorgesehen sind:

ORDNUNGSMAẞNAHME (§§ 16–20)	*ZUSTÄNDIGES BESCHLUSSORGAN*
Schriftlicher Verweis (§ 16)	Klassenkonferenz bzw. ein Ausschuss der Jahrgangsstufenkonferenz
Überweisung in eine parallele Klasse oder Lerngruppe (§ 17)	Lehrerkonferenz
Vorübergehender Ausschluss vom Unterricht von einem Tag bis zu einer Woche (§ 18)	Klassenkonferenz bzw. ein Ausschuss der Jahrgangsstufenkonferenz (in dringenden Fällen der Schulleiter)
Androhung der Entlassung von der Schule (§ 19, 1)	Lehrerkonferenz
Entlassung von der Schule (§ 19)	Lehrerkonferenz (bei schulpflichtigen Schülern Bestätigung durch die Schulaufsichtsbehörde)
Androhung der Verweisung von allen öffentlichen Schulen des Landes (§ 20, 1)	Schulaufsichtsbehörde (auf Antrag der Schule und auf Beschluss der Lehrerkonferenz)
Verweisung von allen öffentlichen Schulen des Landes (§ 20)	Schulaufsichtsbehörde (mit Bestätigung durch den Kultusminister)

Evaluation Dt.: Bewertung; im pädagogischen Bereich die Erprobung und Beurteilung von Lehrplänen, Curricula, Schulprogrammen u. dgl. Je nach der Personengruppe, welche die E. durchführt, ergeben sich zwei grundlegende Varianten:

- die *Selbstevaluation* oder *interne E.*: die Beteiligten entwickeln selbstständig ein Instrumentarium, mit dem sie ihre gemeinsame Arbeit bewerten und verbessern können.
- die *externe E.*: ein unabhängiges (meist kommerzielles) Unternehmen durchleuchtet Strukturen, Arbeitsabläufe und Ergebnisse einer Institution und stellt in einem Gutachten Aufwand und Erträge gegenüber, erteilt Hinweise zu Verbesserungen (meist Einsparungen) sowie Vorgaben für die weitere Arbeit.

Betrachtet man die zeitliche Dimension, so lassen sich ebenfalls zwei Grundmuster unterscheiden:

- die *prozessbegleitende E.*: die beteiligten Gruppen vereinbaren gemeinsame Sitzungen oder Beratungsgespräche, in denen sie sich regelmäßig über den Stand der Arbeiten informieren, Ansprüche artikulieren, beratend tätig werden und Ziele wie auch Kriterien vereinbaren (Rückkopplungsgespräche, ➪ Feedback).
- die *ergebnisorientierte E.*: am Ende einer Arbeitsphase oder Ausbildungsperiode werden im Hinblick auf den erreichten Stand bzw. die erbrachten Abschlüsse entsprechende Daten erhoben und ausgewertet mit dem Ziel, die Abläufe und Ausbildungsergebnisse zu optimieren.

Wichtige Themen, die im Zuge einer E. geklärt sein sollten, betreffen a) die beteiligten Personengruppen, b) die leitenden Interessen der E., c) die relevanten Grundlagen, d) den Adressaten der Ergebnisse, e) spezifische Bedingungen des Evaluationsbereichs, f) den Zeitpunkt der E. und g) die anzuwendenden Methoden (z. B. Beratungsgespräche, Metakommunikation, Kartenabfrage, Podiumsdiskussion, Fragebögen).

Weitere Einzelheiten: Landesinstitut (1999 b) sowie im Themenheft »Praxishilfen Evaluation« der Zs. Pädagogik (2001), Heft 11.

Examen Für den Lehrerberuf ist ein erstes (fachwissenschaftliches) und ein zweites (pädagogisches) E. abzulegen; zwischen beiden liegt in der Regel ein zweijähriger ➪ Vorbereitungsdienst. Das zweite E. umfasst neben einer schriftlichen Hausarbeit die Darbietung zweier Unterrichtsproben (eine in jedem Fach) sowie eine mündliche Prüfung (Kolloquium) vor einem Prüfungsausschuss. Nähere Einzelheiten sind als Rechtsverordnung (➪ OVP) niedergelegt oder über die Prüfungsämter der jeweiligen Schulform bzw. -stufe zu erfahren.

exemplarische Bedeutung ➪ Exemplarität.

Exemplarität Pädagogische Kategorie, die vor allem von der ➪ Bildungstheoretischen Didaktik (W. Klafki) eingefordert worden ist. In der ➪ didaktischen Analyse soll der ➪ Unterrichtsinhalt auf seine exemplarische Bedeutung hin befragt werden: Welche „allgemeinen Zusammenhänge, Beziehungen, Gesetzmäßigkeiten, Strukturen, Widersprüche, Handlungsmöglichkeiten" lassen sich am potentiellen Thema der Stunde erarbeiten? Formuliert wird die so ermittelte E. als Intention in den allgemeinen ➪ Lernzielen einer Unterrichtseinheit, eines Projekts oder einer Lehrgangssequenz.

Pädagogisch *exemplarisch* ist ein Unterrichtsinhalt dann, wenn er den Schülern und Schülerinnen das Fundamentale und Elementare zu erschließen vermag, wobei gilt:

- *elementar* ist ein Unterrichtsinhalt dann, wenn er im Einzelfall das Allgemeine (eine allgemeine Gesetzmäßigkeit) erfahrbar macht;
- *fundamental* ist er dann, wenn er schlagartig den Lernenden „eine neue Welt entdekken" lässt, wenn er Grunderfahrungen für die Lernenden eröffnen kann.

Je nach der ➪ Akzentuierung, die der Lehrer bzw. die Lehrerin vornimmt, kann die E. eines Gegenstandes unterschiedlich bestimmt werden. So ist z. B. T. Fontanes Roman »Effi Briest« exemplarisch

- für den *bürgerlichen Realismus*, wenn der Akzent der Reihe auf der Erschließung unterschiedlicher literarischer Epochen liegt;
- für das *Verhältnis von Mann und Frau im 19. Jh.*, wenn der Akzent auf der Personenkonstellation und dem besonderen Schicksal der Protagonisten (Effi und Innstetten) liegt;
- für die *Technik des Leitmotivs*, wenn der Akzent auf einer sprachlich-formalen Untersuchung des Roman liegt usw.

Exkursion Auch: Erkundung oder Unterrichtsgang; meist wird eine E. zu Themen aus dem Erdkunde- oder dem Biologieunterricht unternommen, aber auch andere Fächer können im Sinne der ➪ Öffnung von Schule fachliche Kenntnisse oder Fertigkeiten außerhalb des Schulgebäudes sammeln. Die E. dient dazu, konkret-sinnliche Erfahrungen zu machen, historische Stätten zu besuchen, Pflanzen oder Tieren in ihrem natürlichen Lebensraum und »im Original« zu begegnen, bestimmte Berufe (Handwerker, Schauspieler, Regisseure, Musiker usw.) zu erkunden oder mit Experten ins Gespräch zu kommen.

Eine E. verläuft in mindestens drei Schritten:

1. *Planung*

Meist muss eine E. vom Lehrer bzw. von der Lehrerin längerfristig vorbereitet werden; hierzu gehören u. a. die Verknüpfung mit einem Unterrichtsvorhaben, d. h. eine konkrete fachliche oder methodische Zielsetzung; die zeitliche Terminierung; Vorüberlegungen zur Einbeziehung der Lerngruppe in Planung und Durchführung; genaue Recherche über die örtlichen Begebenheiten, die Verfügbarkeit der Experten usw. Darüber hinaus muss die Lehrperson sich – je nach ihrem Fach und den angestrebten ➪ Lernzielen – Gedanken machen über die notwendige Ausrüstung der Schüler und Schülerinnen, über geeignete Hilfsmittel zur Sammlung von Pflanzen und Gegenständen, zur Sicherung von Informationen usw.; sie muss Kosten kalkulieren, gesetzliche Bestimmungen (auch Sicherheitsbestimmungen) kennen, Möglichkeiten der Auswertung abschätzen usw.

Zur Planung gehört ebenfalls die Information und Einbeziehung der Lerngruppe; sie sollte thematisch motiviert, fachlich kompetent und methodisch geschult sein, damit sie möglichst selbstständig agieren kann. Je nach ihrem Alter, ihren Kenntnissen und Fähigkeiten kann die Lerngruppe mithelfen, die E. vorbereiten.

2. *Durchführung*

Jeder Schüler und jede Schülerin hat ein »Programm« der E., das im Groben den zeitlichen und inhaltlich-fachlichen Rahmen liefert. Allerdings sollte das Programm nicht allzu dicht sein, sondern auch Gelegenheit zum Verweilen (bei jüngeren Schülern zum Spielen), zum Gespräch und zu Aktivitäten »am Rande« lassen. Die Lehrperson achtet darauf, dass alle Schüler und Schülerinnen mitmachen, dass die Sicherheit und der Naturschutz gewährleistet sind, dass die gesammelten Stücke bzw. die festgehaltenen Informationen als hinreichend für die sich anschließende Auswertung angesehen werden können.

3. *Auswertung*

Die E. muss je nach ihrem Stellenwert in der Unterrichtsreihe ausgewertet werden:

a) Steht sie zu Beginn, um einen Unterrichtsgegenstand in einer »originalen Begegnung« kennen zu lernen, so lassen sich aus den gewonnen Erfahrungen und Informationen unterrichtliche Schwerpunkte, Teilthemen oder Problemfragen ableiten, die den weiteren Unterrichtsverlauf strukturieren.
b) Steht die E. in der Mitte einer Reihe, etwa zur Festigung und Veranschaulichung des Gelernten, so können die Erfahrungen im Unterrichtsgespräch aufgegriffen und verarbeitet werden, sie können in größere systematische Zusammenhänge gestellt werden oder zur Sicherung des Gelernten verschriftlicht werden.
c) Wenn die E. eine Unterrichtsreihe beschließt, so bietet sich eine Dokumentation an, z.B. als Artikel in der Schülerzeitung, als Gestaltung einer Stellwand (Fotos, Artikel, Reportagen) oder als Ausstellung (z.B. in einer Vitrine) für andere Klassen.

Neben den fachlichen Zielen kann eine E. vielfältige methodische und soziale Lernziele verfolgen; die Schüler und Schülerinnen müssen miteinander kooperieren, sie müssen Rücksichten nehmen, sie müssen sich an zeitliche und inhaltliche Absprachen halten, sie müssen Verantwortung übernehmen u. dgl. mehr.

Experiment Der theoretisch geleitete und methodisch durchdachte »Versuch« ist eines der wichtigsten Instrumente im naturkundlichen Unterricht, um Erkenntnisse zu gewinnen, ➪ Hypothesen zu verifizieren oder zu falsifizieren und Gesetzmäßigkeiten zu bestätigen. Da es mit technischen Mitteln durchgeführt wird, ist es wiederholbar und unterliegt in den gesteckten Grenzen unserer Kontrolle. Darüber hinaus haben E. einen eigenen pädagogischen Wert: sie wecken Neugier, schulen die Beobachtungsfähigkeit und geben erste Einblicke in naturwissenschaftliches Denken und Arbeiten (➪ Wissenschaftspropädeutik). Hierbei ist auch die ethische Dimension zu beachten, etwa Fragen nach den historischen (gesellschaftlichen und politischen) Bedingungen sowie nach den möglichen Folgen von wissenschaftlicher Forschung.

Im wissenschaftlichen Experiment werden bestimmte Merkmale des Untersuchungsgegenstandes planmäßig manipuliert. Mindestens eine dieser Variablen, die *unabhängige Variable,* wird im Verlauf des Experiments nach einem vorher festgelegten Plan verändert, um den Einfluss dieser Veränderung auf die *abhängige(n) Variable(n)* festzustellen. Allerdings müssen hierbei Störfaktoren weitestgehend ausgeschlossen bzw. genau kalkulierbar sein, damit das Ergebnis nicht verfälscht wird (➪ Validität). Um dies zu gewährleisten, werden E. häufig im Labor durchgeführt. Um die Ergebnisse zu bestätigen (➪ Objektivität 2) sind »Kontrollexperimente« unterlässlich, bei denen andere Experimentatoren unter den gleichen experimentellen Gegebenheiten zu (weitgehend) gleichen Ergebnissen kommen.

Im Fachunterricht sind das Lehrer- und das Schülerexperiment üblich; je mehr Wert der Lehrer bzw. die Lehrerin auf ➪ Problem- und ➪ Methodenbewusstsein, auf ➪ Selbstständigkeit und ➪ Handlungsorientierung legt, desto öfter und intensiver wird er oder sie die Schüler und Schülerinnen zur eigenständigen Planung, Durchführung und Auswertung von E. anleiten.

Im Allgemeinen haben E. folgendes Ablaufschema nach ➪ Unterrichtsphasen (das Beispiel stammt aus einer Biologiestunde in einer 8. Klasse):

TEIL-SCHRITT	FUNKTION	BEISPIEL
Beobachtung	Ein Sachverhalt wird gezielt oder zufällig beobachtet	*Besenheide* und *Große Klette* wachsen in dem gleichen Gebiet, aber nicht zusammen an einem Standort
Frage	Der Sachverhalt kann nicht sogleich erklärt bzw. verstanden werden; es entsteht ein ➪ kognitiver Konflikt	Wie ist es zu erklären, dass die Pflanzenarten Besenheide und Große Klette an zwei unterschiedlichen Standorten wachsen?
Hypothesen	Vermutungen sollen den Sachverhalt plausibel und damit für das weitere Nachdenken verfügbarer machen	a) Die Pflanzen brauchen unterschiedliche Bodenfeuchtigkeit. b) Sie brauchen einen bestimmten Boden zum Wachsen. c) Sie benötigen bestimmte Licht- oder Temperaturverhältnisse. [...]
Planung	Eine (im Klassenraum machbare) Situation wird mit Hilfe technischer Mittel simuliert	Untersuchung von Bodenproben auf ihre Beschaffenheit hin; hier: Untersuchung des pH-Werts der Bodenproben bei Besenheide und Großer Klette.
Durchführung	Eine der Hypothesen soll verifiziert oder ausgeschlossen werden.	Die Bodenproben werden ca. 2 cm hoch in ein Reagenzglas gegeben, mit demineralisiertem Wasser bis ca. 4 cm unter dem Rand aufgefüllt, gut geschüttelt und ca. 1 Minute abgesetzt. Ein pH-Teststreifen wird in die Suspension gehalten und ca. 2 Minuten an der Luft getrocknet. Danach wird er mit einer vorgefertigten Farbskala (von 1 bis 14) verglichen. Die Werte werden in eine Tabelle eingetragen.
Beschreibung	Das Beobachtbare wird möglichst objektiv wiedergegeben (Mengen, Farben, Bewegungen, Gerüche usw.)	Die Schüler und Schülerinnen geben möglichst neutral wieder, wie sie vorgegangen sind, was sie beobachtet haben und welche (numerischen) Ergebnisse sie festgestellt haben: Die Bodenproben für Besenheide haben alle einen pH-Wert von 4 (stark sauer), die der Großen Klette von 6,5 (schwach sauer bis neutral).
Deutung	Eine der Vermutungen wird als (wahrscheinlich) richtig erkannt und die aufgeworfene Frage kann (vorläufig) beantwortet werden.	Die beiden Pflanzenarten wachsen deswegen an zwei unterschiedlichen Standorten, weil sie jeweils einen Boden mit stark unterschiedlichem pH-Wert benötigen. Einführung des Begriffs »Zeigerwert«.

Exploration Dt.: Nachforschung, Untersuchung, Befragung; wesentlicher Teil eines Beratungsgesprächs, bei dem ⇨ Beratung nicht einseitig als »einen Rat erteilen« verstanden wird. Die Phase der E., die am Beginn eines Beratungsgesprächs steht, hat die Funktion zu klären, was die Gesprächspartner im Hinblick auf den Gegenstand bzw. das Thema der Beratung denken, fühlen, hoffen oder fürchten. Hierbei ist es wichtig, dass den Ratsuchenden nicht ein »Experte« gegenüber sitzt, der für alles eine Lösung parat hat, sondern dass die Beteiligten gemeinsam bemüht sind, sich Klarheit zu verschaffen. Hierbei gilt für den Beratenden: „Offenheit für Neues, für Gefühle, Eindrücke, Stimmungen, für Fragen, auch für Ratlosigkeit. Nach und nach ergibt sich eine Art Landkarte.“ (G. Bovet / V. Huwendiek, ^{2}1998) Hilfreich in dieser Phase sind Elemente der ⇨ Gordon-Methode wie das ⇨ Spiegeln von Äußerungen oder das ⇨ aktive Zuhören, aber auch die Beachtung der ⇨ Körpersprache oder die Verbalisierung eigener Gefühle.

Nach Beendigung der E. kann der Beratende zur Phase der ⇨ Handlungsplanung überleiten.

Explorationstrieb ⇨ Neugierverhalten.

Extension Dt.: Begriffsumfang; mit E. bezeichnet man die Menge der Elemente, die ein ⇨ Begriff umfasst. So lässt sich die E. des Begriffs *Eltern* dadurch angeben, dass man seine Elemente [Vater, Mutter] aufzählt. ⇔ Intension

extrinsisch Dt.: von außen her angeregt; lernpsychologisch spricht man von e. ⇨ Motivation, wenn Lernen nicht aus innerem Antrieb (⇔ intrinsisch) erfolgt, sondern auf ⇨ Konditionierung (Reiz-Reaktions-Lernen) oder ⇨ Instrumentellem Lernen beruht.

Exzerpieren Dt.: auslesen, »herausklauben«; beim E. werden Textpassagen wörtlich abgeschrieben, um sie z. B. in einer Hausarbeit oder in einem wissenschaftlichen Werk zu benutzen. Das Anfertigen eines ⇨ Exzerpts sollte geübt werden, da allzu leicht die Übersicht verloren geht, zu viel exzerpiert wird oder die genaue Fundstelle fehlt.

Eine sorgfältige Registrierung gilt insbesondere bei elektronischen Texten, die über die Kopierfunktion exzerpiert werden.

Exzerpt Schriftlicher Auszug oder elektronische Kopie aus einem Werk; ein E. sollte nicht zu lang sein (da sich dann eine Fotokopie anböte); es sollte folgende Merkmale aufweisen:

- Wörtlich abschreiben, Kontroll-Lesen, Auslassungen durch »[...]« kennzeichnen;
- Quelle notieren, mehrere Quellentexten durchnummerieren, so dass auf dem E. nur die Nummer der Quelle zu wiederholen ist;
- Seitenzahl notieren, z. B. 8/134 (= Quelle Nr. 8, Seite 134);
- Bibliografie kontrollieren, alle bibliografischen Daten überprüfen, bevor die entliehenen Quellentexte zurückgegeben werden müssen;
- Zuordnung vornehmen: Bei größeren E.-Sammlungen empfiehlt sich eine direkte Zuordnung des E. zu einem inhaltlichen Gliederungspunkt der Arbeit.

Anmerkungen und Erläuterungen sollten gleich beim ➪ Exzerpieren angefügt werden, was ein erneutes Lesen einspart.

EZU Abk. für »Erziehungsurlaub«.

* * *

Facharbeit In einigen Bundesländern ist in den Kursen der Oberstufe zusätzlich bzw. anstelle einer ➪ Klausur (meist in der Jahrgangsstufe 12) eine F. vorgesehen; sie soll in besonderer Weise das selbstständige Arbeiten fördern und zeigen, inwieweit im Rahmen eines Kursthemas oder eines Projekts eine vertiefte Problemstellung bearbeitet und sprachlich angemessen schriftlich dargestellt werden kann. In der Vorbereitungsphase kommt der Beratung durch den Fachlehrer oder die Fachlehrerin eine besondere Bedeutung zu:

- Beratung bei der Themenwahl, der Auswahl und Beschaffung von Quellen und Materialien,
- Verdeutlichung der Leistungsanforderungen und ➪ Beurteilungskriterien,
- Unterstützung bei der Planung des individuellen Arbeitsprozesses,
- Beobachtung des Fortgangs der Erarbeitung und Kontrolle der Selbstständigkeit,
- Gespräche über Zwischenergebnisse.

Der betreuende Lehrer bzw. die Lehrerin sollte bei grundsätzlichen Schwierigkeiten eingreifen, z. B. wenn der Erfolg der Arbeit gefährdet erscheint; dies kann etwa durch eine gezielte Anleitung zur Überarbeitung geschehen.

Weitere Informationen bei Landesamt (1999a), H. Biermann / B. Schurf (2002).

Fachberater bzw. Fachberaterin; die Schulaufsichtsbehörde kann Lehrkräfte als F. zur Unterstützung der schulfachlichen Aufsicht heranziehen (➪ SchVG, § 14,6). Die F. nehmen die Aufgaben im Rahmen ihres Hauptamtes wahr. Im Wesentlichen werden sie eingesetzt, um gemeinsam mit dem Dezernenten bzw. der Dezernentin Abiturvorschläge und Abiturarbeiten (in einem Fach) zu überprüfen, Widersprüche zu bearbeiten oder Fachkonferenzen zu beraten.

Fachdidaktik Allgemein Theorie der Ziele, Inhalte und Methoden des Unterrichts in einem Schulfach im Hinblick auf die jeweilige Fachwissenschaft und die von der allgemeinen ➪ Didaktik erforschten Teilgebiete. Somit stellt die F. einen wissenschaftlichen Bereich zwischen der Fachwissenschaft einerseits und den Erziehungs- und Sozialwissenschaften andererseits dar; ihr Forschungsbereich ist das jeweilige Schulfach, seine Gegenstände, Systematik, Ziele, Methoden u. dgl.

Das Verhältnis zwischen F. und Fachwissenschaft ist im Laufe der Zeit unterschiedlich ausgelegt worden:

- F. als Anhang der Fachwissenschaft und direkte Übernahme der Inhalte und Methoden aus der Fachwissenschaft (➪ Abbilddidaktik)

- Emanzipation der F. von der Fachwissenschaft und kritische Distanz zu den jeweils vorherrschenden Trends in der Fachwissenschaft, z. T. eigene Erhebungen u. dgl.
- Ableitung der F. aus der allgemeinen Didaktik, d.h. Begründung der F. als erziehungswissenschaftliche Disziplin
- F. als Synthese aus Fachwissenschaft sowie Erziehungs- und Sozialwissenschaften, d. h. F. als Integrations-, Relations- bzw. Vermittlungswissenschaft
- F. als »angewandte Fachwissenschaft« unter der Prämisse, dass die Fachwissenschaft selbst stärker praxisorientiert arbeitet, und zwar unter ausdrücklicher Einbeziehung von Aspekten der Nachbardisziplinen

Neuere Untersuchungen sehen das Problem der Zuordnung von F. und Fachwissenschaft in vierfacher Weise gegeben: als Ausbildungsproblem im Lehrerstudium, als bildungs- und gesellschaftspolitisches Problem, als ein bildungstheoretisches Problem und schließlich als ein wissenschaftstheoretisches und -organisatorisches Problem. Es geht darum, die F. als »Fachunterrichtswissenschaft« (H. Ivo) zu etablieren, da sie ihrer Rolle weder als Reflexions- noch als Steuerungswissenschaft, auch nicht als Vermittlungs- oder als Integrationswissenschaft gerecht werden könne. Diese Konzeption schließt handlungsorientierte, gegenstandsorientierte und wertorientierte Fragerichtungen ein, wobei es unerlässlich erscheint, die theoretischen wie die wertenden Aussagen so weit wie möglich empirisch zu fundieren. Die F. wird dann im Wesentlichen gesehen als ein Integrationspunkt zwischen theoretisch wissenschaftlichen und empirisch wissenschaftlichen Disziplinen; das sind die Fachwissenschaften auf der einen sowie Unterrichtsforschung und Bildungswissenschaft auf der anderen Seite.

Fächerkanon Auch: Fächerung; äußere Gliederung des Unterrichts. Der F., wie wir ihn heute kennen, hat sich aus den antiken »Septem Artes liberales« entwickelt: a) dem Trivium (den Artes sermonicales) = Grammatik, Dialektik und Rhetorik; b) dem Quadrivium (den Artes reales) = Arithmetik, Geometrie, Astronomie und Musik. Sie waren allein bestimmend auch für die mittelalterliche Bildung der Klosterschulen wie des humanistischen Gymnasiums bis ins 17. Jh. hinein.

Neben den Lateinschulen, die zunächst nur auf das Theologiestudium, dann auch auf die höheren Berufe vorbereiteten, entwickelten sich gegen Ende des Mittelalters so genannte deutsche Schreibschulen, welche die Interessen der Handwerker und Kaufleute an den pragmatischen Fertigkeiten wie Lesen, Schreiben und Rechnen bedienten. Hinzu kam seit dem 16. Jh. die von M. Luther initiierte Katechismusschule auf dem Lande, die vor allem das Lesen der heiligen Schriften in der Muttersprache beförderte.

Mit W. Ratkes Denkschrift an den Reichstag zu Frankfurt (1612) setzte sich die Auffassung durch, dass die Muttersprache die Anfangssprache auch am Gymnasium sein müsse, und man etablierte eine Deutsche Schule, an der die Artes deutsch unterrichtet wurden, als Grundschule für alle vor dem Eintritt ins Gymnasium. Im weiteren Verlauf des 17. Jh. erhielten die Realienfächer mit dem Aufschwung der Naturwissenschaften eine immer größere Bedeutung, was schließlich zur Fächerung, zum Fachlehrerprinzip und zu einer besonderen Lehrerausbildung führte. Die Realschulgründungen im 18. Jh.

berücksichtigten das pragmatische Bedürfnis des Bürgertums für eine mittlere mathematisch-naturwissenschaftliche Ausbildung. Ins Zeitalter der Aufklärung fallen auch die ersten Vorlesungen auf Deutsch, die Hereinnahme zeitgenössischer Literatur in den Unterricht sowie eine Abwendung von den Mustern der lateinischen Sprache und Grammatik. Die Vorliebe für eine »galante« Bildung und der Druck von Privatschulen (Ritterakademien) führte dazu, dass sich auch das Gymnasium den neuen Sprachen öffnete. Die Ausweitung des F. hat schließlich zu einer Differenzierung des Schulsystems selbst geführt. So haben sich um 1920 neben der Volks- und Realschule drei höhere Schulformen etabliert: (1) Das Gymnasium mit Schwerpunkt auf den alten Sprachen, (2) das Realgymnasium mit reduziertem Lateinangebot und einem Schwerpunkt auf den mathematisch-naturwissenschaftlichen Fächern, (3) die Ober-Realschule mit Schwerpunkt auf den neueren Sprachen.

In neuerer Zeit wird das Spektrum des F. formal eingeteilt in die drei ⇨ Aufgabenfelder, denen die Fächer im Einzelnen zugeordnet sind (APO-GOSt § 7.1):

1. das sprachlich-literarisch-künstlerisches Aufgabenfeld (Fremdsprachen, Deutsch, Kunst, Musik)
2. das gesellschaftswissenschaftliches Aufgabenfeld (Geschichte, Erdkunde, Philosophie, Sozialwissenschaften, Rechtskunde, Erziehungswissenschaft, Psychologie)
3. das mathematisch-naturwissenschaftlich-technisches Aufgabenfeld (Mathematik, Physik, Biologie, Chemie, Hauswirtschaftslehre, Informatik, Technik)

Hinzu kommen die Unterrichtsfächer Religionslehre und Sport, die keinem Aufgabenfeld zugeordnet sind.

Die immer größer werdende Vielgestaltigkeit des F. suchte man des öfteren durch Konzentration und Querverbindungen zu reduzieren; ⇨ Projektunterricht und ⇨ fächerverbindender Unterricht geben heute Zeugnis davon. Der Versuch einer völligen Beseitigung des F. im ⇨ Gesamtunterricht hat allerdings nur im ⇨ Anfangsunterricht einige Erfolge erzielt.

fächerübergreifender Unterricht Auch: fachübergreifender Unterricht; nicht einheitlich gebrauchter Ausdruck, der im Allgemeinen einen ⇨ Unterricht bezeichnet, in dem ein Thema unter dem Aspekt verschiedener (meist zweier) Fächer betrachtet wird und in dem eine Lehrperson (die meist genau diese beiden Fächer vertritt) eine Lerngruppe unterrichtet. Der f. U. findet im Fach selbst statt und stellt eine Vertiefung der thematischen Arbeit in Form von Quellentexten, Exkursen, Referaten, Vorträgen oder von Schülerexperimenten, Modellierung u. dgl. dar.

So bieten sich z. B. bei der Lektüre von Lessings »Nathan der Weise« folgende übergreifenden (historischen oder philosophischen) Themen an: *Wie war die historische Situation in Jerusalem im 12. Jh.? – Wer war der historischen Salah-ed-Din (Saladin)? – Was heißt »Aufklärung«? – Welche Bedeutung hatte Lessings Streit mit dem Hauptpastor Goeze für die Entstehung des Dramas* usw.

Im naturkundlichen Unterricht kommt man heute ohne f. U. kaum mehr aus; denn die fachlichen Beziehungen zwischen Biologie – Chemie oder Physik – Mathematik sind geradezu konstitutiv.

Weitere Einzelheiten bei H. Gudjons (1997), L. Dunker / W. Popp (1998), H. Brinkmöller-Becker (2000).

fächerverbindender Unterricht Nicht einheitlich gebrauchter Ausdruck, der im Allgemeinen einen ⇨ Unterricht bezeichnet, in dem zwei oder mehr Lehrpersonen themen- oder problembezogen kooperieren und in dem ein Thema oder eine wissenschaftliche Fragestellung im Schnittpunkt unterschiedlicher Fächer behandelt wird. Planung und Durchführung sind recht aufwändig und erfordern viel Kooperation und Koordinationsarbeit. Ziel eines f. U. ist es, dass die Schüler und Schülerinnen komplexe Phänomene und überfachliche Probleme in ihren spezifischen Kontexten zusammenschauend begreifen und mehrperspektivisch reflektieren.

Der f. U. kann parallel oder zeitversetzt in unterschiedlichen Kursen, er kann aber auch in einem Kurs von mehreren Lehrpersonen (⇨ Teamteaching) erteilt werden. Er ist offen nach innen (⇨ Öffnung von Unterricht), bevorzugt interdisziplinäre und interaktiv-kommunikative Lernformen sowie die ⇨ Vernetzung von Denkinhalten. Nicht selten wird der f. U. im Zusammenhang mit ⇨ Projektunterricht organisiert (Projekttage, Projektwoche); andere Organisationsformen sind Exkursionen zu außerschulischen Lernorten oder themenorientierte Kursfahrten, aber auch Veranstaltungen im Zusammenhang mit der ⇨ Öffnung von Schule.

Einige Beispiele können die Möglichkeiten zu f. U. zeigen:

BETEILIGTE	THEMA
Biologie, Physik, Chemie, Sport	Der Energiebegriff am Beispiel des menschlichen Organismus
Physik, Musik	Gemeinsame Grundlagen und kulturelle Differenzen in musikalischen Tonlagen
Deutsch, Englisch, Religionslehre	Stars und Idole
Biologie, Chemie	Bestimmung der Wasserqualität (eines heimatlichen Gewässers)
Erziehungswissenschaft, Latein, Religionslehre	Die Erschaffung der Welt im Spiegel römischer und alttestamentarischer Texte
Mathematik, Informatik	Datenschutz am Beispiel der Ver- und Entschlüsseldung monoalphabetisch kodierter Texte

Weitere Einzelheiten bei: Landesinstitut (1999), R. Golecki (1999), W. H. Peterßen (2000), Landesinstitut ([2]2001).

Fachhochschulreife 1) Die gymnasiale Oberstufe von Gymnasium und Gesamtschule vermittelt nur den schulischen Teil der F; Schülerinnen und Schüler dieser Schulformen müssen zusätzlich den Nachweis über eine abgeschlossene Berufsausbildung oder ein einjähriges (Ausnahme NRW und Niedersachsen s. u.) gelenktes Praktikum erbringen.

Der Abschluss der gymnasialen Oberstufe am Gymnasium, an der Gesamtschule oder den entsprechenden Bildungsgängen des Berufskollegs vermittelt die uneingeschränkte Hochschulreife.

Der schulische Teil der F. kann nach der Jahrgangsstufe 11 oder 12 zuerkannt werden (APO-GOSt, § 40):

- Schülerinnen und Schülern, die in Jahrgangsstufe 12 versetzt wurden und die gymnasiale Oberstufe verlassen, kann der schulische Teil der F. bescheinigt werden. In Verbindung mit einer mindestens zweijährigen Berufsausbildung gilt dieses Abgangszeugnis (in NRW und Niedersachsen) als Nachweis der F.
- Schülerinnen und Schüler, die die gymnasiale Oberstufe verlassen, kann der schulische Teil der F. bescheinigt werden, wenn in der Jahrgangsstufe 12 eine Reihe von Bedingungen erfüllt ist, u. a. müssen in den beiden Leistungsfächern je zwei Kurse belegt und insgesamt mindestens 40 Punkte der zweifachen Wertung erreicht sein; es müssen elf Grundkurse belegt und insgesamt mindestens 55 Punkte der einfachen Wertung erreicht sein; in zwei der vier anzurechnenden Leistungskurse und in sieben der elf anzurechnenden Grundkurse müssen jeweils fünf Punkte der einfachen Wertung erreicht sein.

2) Das Berufskolleg vermittelt in einem differenzierten Unterrichtssystem in einfach- und doppelt qualifizierenden Bildungsgängen eine berufliche Qualifikation und ermöglicht den Erwerb der F., der fachgebundenen Hochschulreife und der allgemeinen Hochschulreife (ASchO, § 32,1).

3) Besondere Einrichtungen des Zweiten Bildungsweges wie das Abendgymnasium oder das Kolleg vermitteln vor Abschluss durch das Abitur diverse andere Abschlüsse, u. a. auch die F. (ASchO, § 34,2).

4) Nach Abschluss einer mindestens zweijährigen Fachschule, die eine vertiefende Fachbildung und eine erweiterte Allgemeinbildung vermittelt, erwirbt der Schüler (in NRW) die F. und kann die vorgesehene Berufsbezeichnung führen (ASchO, § 34,3).

Fachkonferenz Die Schulkonferenz hat F. einzurichten, wenn mindestens zwei Lehrer die Lehrbefähigung für das entsprechende Fach besitzen oder darin unterrichten (SchMG, § 7). Diese Lehrer und Lehrerinnen sowie je zwei Vertreter der Erziehungsberechtigten und der Schüler sind Mitglieder der F.; Eltern- und Schülervertreter haben allerdings nur beratende Stimmen, können aber Anträge stellen.

Die F. entscheidet in ihrem Fach insbesondere über:

- Grundsätze zur fachmethodischen und zur fachdidaktischen Arbeit sowie zur Leistungsbewertung,
- Anregungen an die ⇨ Lehrerkonferenz zur Einführung von Lernmitteln und Anschaffung von Lehrmitteln,
- Vorschläge für den Aufbau von Sammlungen sowie für die Einrichtung von Fachräumen und Werkstätten.

Lediglich der erste Punkt fällt ganz in die Entscheidungsbefugnis der F., wobei der Ausdruck »*Grundsätze*« meint, dass „Ausnahmen durch den jeweils Handelnden zulässig“

sein müssen; denn Grundsätze dürfen eine Einzelfallentscheidung nicht vorwegnehmen, „vielmehr muss ein Ermessensspielraum des Entscheidungszuständigen verbleiben". Dies heißt konkret, dass die Beschlüsse der F. für den einzelnen Lehrer oder die einzelne Lehrerin nur insofern zwingend verbindlich sind, als Rechtsvorschriften (z. B. die obligatorischen Inhalte des Lehrplans oder die Sicherung der Ausbildungsgänge in der Oberstufe) tangiert werden.

Fachleiter 1) ⇨ Funktionsstelle an Gymnasien zur Koordinierung schulfachlicher Aufgaben.

2) Funktionsstelle an einem ⇨ Studienseminar für die Ausbildung der Lehrer und Lehrerinnen im ⇨ Vorbereitungsdienst, und zwar für Primarstufe, Sekundarstufe I und II, berufsbildendes Schulwesen / Berufskolleg oder Sonderpädagogik. Der F. ist im Rahmen der ⇨ OVP zuständig für die fachdidaktische und schulfachliche Ausbildung der Referendare und Referendarinnen; er besucht sie im Unterricht, berät sie in unterrichtsnahen Gesprächen, hält ⇨ Fachseminare ab, beurteilt sie in einem abschließenden Gutachten und nimmt als Mitglied des staatlichen Prüfungsamtes an den Zweite Staatsprüfungen teil (Begutachtung der Staatsarbeiten, Mitglied in Prüfungsausschüssen). Neben den Aufgaben, die unmittelbar mit der Ausbildung zu tun haben, treten weitere wie z. B. die ständige fachliche und didaktisch-methodische Weiterbildung oder die Kooperation mit den Ausbildungsschulen.

In der Regel arbeiten F. gleichzeitig als Lehrer an einer Schule, an der sie ein bestimmtes Kontingent unterrichten und die für sie der Dienstort ist.

Fachmethode Der Ausdruck »Methode« leidet im Bereich von Unterricht und Ausbildung sehr an Unschärfe sowie an der teilweisen Überschneidung mit dem Ausdruck ⇨ Methodik, der seinerseits nicht einheitlich gebraucht wird. Einig ist sich die Theorie lediglich über einen recht abstrakten Begriff von ⇨ Unterrichtsmethoden.

Da Unterricht in der Regel in einzelnen Fächern organisiert ist, die in engem Zusammenhang mit ihrer Bezugswissenschaft gesehen werden wollen, werden die allgemein gehaltenen Unterrichtsmethoden in der Praxis fachspezifisch entfaltet, differenziert oder auch ergänzt. So gibt es spezifische F. für den Fremdsprachenerwerb, für den Erstleseunterricht, zur Rezeption und Analyse von Literatur oder zur Erarbeitung physikalischer bzw. chemischer Inhalte mit Hilfe von Experimenten oder eigene F. zum Erwerb besonderer Fertigkeiten beim Barrenturnen usw. Derartig auf die Erfordernisse des jeweiligen Faches zugeschnittene F. leiten sich im Wesentlichen aus den Methoden der Bezugswissenschaft her und haben einen hohen Stellenwert beim Erwerb von ⇨ Methodenbewusstsein, d. h. bei der Verfolgung wissenschaftspropädeutischer Ziele (⇨ Wissenschaftspropädeutik). Bekannte F. sind z. B.: ⇨ Induktion, ⇨ Deduktion, ⇨ empirisch-positivistische und ⇨ analytische Methode, ⇨ Hermeneutik und ⇨ Interpretation.

Problematisch für die Bewertung von F. erweist sich der Umstand, dass z. B. das ⇨ Experiment im Physikunterricht sowohl eine Hinführung zu einer zentralen wissenschaftlichen Methode der Erkenntnisgewinnung als auch ein Handlungsmuster darstellt. Dies besagt, dass es – je nach Blickwinkel – als F. oder Unterrichtsmethode klassifiziert werden kann. Das Experiment als F. im Unterricht erfüllt andere Aufgaben als das wissenschaftliche Forschungsexperiment; schließlich sind die Ergebnisse (dem Lehrer) bekannt und sollen (von den Schülern) lediglich noch einmal »entdeckt« werden.

Daneben sind besondere F. für einzelne relativ geschlossene Teilbereiche eines Faches angezeigt (z. B. »Feldspiele« im Fach Sport oder »Romanlektüre« in den sprachlichen Fächern). Da sie alle eingebunden sind in den Unterrichtszusammenhang (⇨ Unterrichtsplanung, ⇨ Zielorientierung, zu vermittelnde ⇨ Inhalte, ⇨ Sozialformen, ⇨ Handlungsmuster, ⇨ Unterrichtsphasen, ⇨ Eingangsvoraussetzungen des Unterrichts) und darüber hinaus vom Lehrgeschick des Unterrichtenden sowie den Voraussetzungen der Lerngruppe abhängen, können sie im konkreten Fall sehr unterschiedlich ausfallen, etwa durch Mischung der einzelnen F., durch Verkürzungen im Detail oder durch unzureichende Ausführung bei Zeitmangel, Demotivation u. dgl. (W. Vollstädt, 2000).

Fachoberschulreife Alle Schüler und Schülerinnen, die an Hauptschule, Realschule, Gymnasium oder Gesamtschule die Klasse 10 erfolgreich abgeschlossen haben, erwerben den Sekundarabschluss I als »Hauptschulabschluss nach Klasse 10«; bzw., bei entsprechenden Leistungen, den Sekundarabschluss I als »Fachoberschulreife«. Die F. an einem Gymnasium wird nur dann auf dem Zeugnis vermerkt, wenn der Schüler oder die Schülerin die Schule verlässt. Zum Besuch der gymnasialen Oberstufe ist eine weitergehende Qualifikation erforderlich (⇨ AO-SI, § 32).

Die besonderen Leistungen, die zum Erwerb der F. erbracht werden müssen, richten sich nach der Ausbildungs- und Prüfungsordnung der Sekundarstufe I; in der Regel, wenn die Versetzungsbedingungen erfüllt sind und wenn in den Hauptfächern Deutsch, Mathematik, Englisch im Schnitt befriedigende Leistungen erzielt wurden. (AO-S I, §§ 25, 28, 31)

Die F. kann auch an anderen Schulformen erworben werden, z. B. an Abendgymnasien und Abendrealschulen, an Berufsschulen bzw. Berufskollegs oder Fachschulen.

Fachseminar Die Ausbildung von Referendaren und Referendarinnen im ⇨ Vorbereitungsdienst findet an ⇨ Studienseminaren statt; sie ist in ⇨ Haupt- und Fachseminaren organisiert. Die F. werden von ⇨ Fachleitern bzw. Fachleiterinnen geleitet, sollen jedoch Raum für erwachsenengemäße Formen des Lernens und damit für ⇨ selbstverantwortetes Lernen, ⇨ Selbststeuerung und ⇨ Eigentätigkeit, ⇨ Problem- und ⇨ Handlungsorientierung bieten. Die Ausbildung bezieht sich im Wesentlichen auf die ⇨ Berufsfunktionen der Lehrer bzw. Lehrerinnen mit den Anforderungsbereichen: Sach-, Sozial- und Selbstkompetenz. Dabei stehen ⇨ Unterrichten und ⇨ Erziehen als die beiden Leitfunktionen im Mittelpunkt.

Die Inhalte des F. (⇨ Fachdidaktik, ⇨ Fachmethoden, ⇨ Unterrichtsmethoden, ⇨ Unterrichtsplanung u. dgl.) sollen dergestalt dargeboten bzw. verarbeitet werden, dass gleichzeitig – wo immer dies möglich ist – die notwendige unterrichtspraktische ⇨ Handlungskompetenz erworben werden kann; dies bedeutet, dass im F. Methoden angewendet werden, die unmittelbar für den eigenen Unterricht relevant sind und auf diesen übertragen werden können.

Fachsprache Besondere Teile von Subsprachen, die dazu geeignet sind, neue Erkenntnisse in einem Wissensgebiet zu artikulieren sowie gegenständliche und gedankliche Systeme zu organisieren und zu präzisieren. Geht man von einer Sprache (z.B. dem Deutschen) aus, so lassen sich verschiedene »Subsprachen« unterscheiden: die natürlichen Sprachen sowie die Kunstsprachen, die sich jeweils weiter untergliedern und an denen die F. jeweils einen besonderen Anteil hat, wie folgendes Schema verdeutlicht:

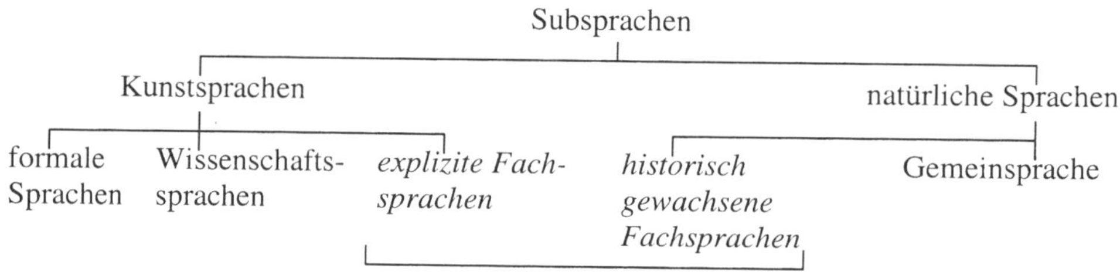

Zu den natürlichen Sprachen gehören die *historisch gewachsenen F.*, die im alltäglichen Arbeitsprozess entstanden sind und tradiert werden. Diese Arten der F. wie auch die *expliziten F.*, die nach mehr oder weniger strengen Regeln eingeführt und kodifiziert sind, werden insbesondere durch ihren Wortschatz, aber auch durch andere texttypologische sowie pragmatische Mittel der von ihnen geprägten Interaktionen gekennzeichnet (von Hahn, [2]1980; H.-R. Fluck, [5]1996). Diese Mittel sind selbst einem versierten Sprecher von Alltags- oder Bildungssprache nicht geläufig, wenn er sich nicht mit dem entsprechenden Sachgebiet und den typischen Interaktionsformen – etwa im Rahmen eines Studiums, einer Berufsausbildung oder eines Hobbys – vertraut gemacht hat.

fachübergreifender Unterricht ⇨ fächerübergreifender Unterricht.

Fachwort Die Ausdrücke F. und ⇨ Terminus werden gelegentlich synonym gebraucht; man versteht dann darunter spezialisierte Ausdrücke, die in einem Fach oder Sachgebiet eindeutig bestimmbare Gegenstände oder Vorgänge bezeichnen. In einer expliziten ⇨ Fachsprache wird der Ausdruck »Terminus« jedoch in einer mehr eingeschränkten Bedeutung verwendet.

- Alltagssprache
  Jetzt sag ich keine Silbe mehr.
- Fachwort
  Eine Silbe ist der kleinste Bestandteil eines Wortes, der sich beim langsamen Sprechen ergibt. (Grammatik-Duden, [4]1984)
- Terminus
  Silbe – In der Phonetik und der Phonologie theorieabhängig unterschiedlich definierte, kleinste suprasegmentale, d.h. lautübergreifende Einheit. Unter dem Gesichtspunkt ihrer segmentalen Konstruktion unterscheidet man in der (phonologi-

schen) Silbenstruktur zwischen der (konsonantischen) Silbenschale (bestehend aus Silbenkopf und Silbenkoda) und dem (vokalischen) Silbenkern usw. (nach: Metzler-Lexikon Sprache, 1993)

Man kann festlegen, das Wort »Fachwort« auf solche Ausdrücke einer Fach- oder Wissenschaftssprache anzuwenden, deren Gebrauchsweise nicht eindeutig und einnamig festgelegt ist. So ergeben sich z. B. bei der Anwendung des F. »Silbe« in der Praxis gewisse Zweifelsfälle, die pragmatisch (z. B. über die Rechtschreibregelungen im »Duden«) geklärt werden müssen. Der Terminus »Silbe« ist dagegen in einer speziellen Theorie verankert, in der er zweifelsfrei auf eine wohl definierte Gegenstandsklasse angewendet werden kann. Im Bereich der sprachlichen Unterrichtsfächer wird man in der Regel mit F. arbeiten, während in den naturwissenschaftlichen Fächer häufiger theorieabhängige Termini eingeführt werden.

Fähigkeit Bei W. Schulz (1980) erste ➪ Entfaltungsstufe des Lernzielbereichs in der psycho-motorischen Dimension. Inhaltlich beziehen sich F. auf erlerntes und erworbenes Basiskönnen (das ABC schreiben, die Tonleiter spielen oder einen Tennisschläger richtig halten können). Die Fähigkeiten werden auf der zweiten Entfaltungsstufe zu ➪ Fertigkeiten.

Faktorenanalyse Im Rahmen der ➪ Berliner Didaktik werden ➪ Strukturanalyse und Bedingungsanalyse unterschieden; letztere wird auch F. genannt. Im Einzelnen umfasst die F.:

1. *Normenkritik*
   Prüfung der unterrichtlichen Setzungen, ihrer Herkunft und der hinter ihnen stehenden Intentionen sowie ihrer Folgen
2. *Faktenbeurteilung*
   Überprüfung von Aussagen zum Unterricht (z. B. im Lehrplan), die sich auf Fakten beziehen
3. *Formenanalyse*
   Reflexion des Wandels von Unterrichtsprozessen, historische Relativierung, Wechselwirkung zu kulturellen Nachbarbereichen

Falsifikation Widerlegung einer wissenschaftlichen ➪ Hypothese durch ein Gegenbeispiel; geistige Operation, die komplementär zur ➪ Verifikation gesehen werden kann und vor allem im »Kritischen Realismus« (K.-R. Popper: »Logik der Forschung«, 1934, ²1966) theoretisch begründet wurde. Da »wahre Erkenntnis« aus prinzipiellen Gründen nicht zu haben ist, verlegte sich die Wissenschaftstheorie auf ein pragmatisches, zweckrationales Konzept von »brauchbarer Erkenntnis«: Theorien werden entworfen, um eine Menge empirischer Tatbestände mit anderen in Beziehung zu setzen. Dabei wird die Theorie wie ein *Instrument* zur Anpassung des Menschen an seine Umwelt betrachtet; sie beschreibt nicht die Realität, zumindest intendiert sie dies nicht.

Eine Theorie als Instrument wird nicht mehr unter dem Gesichtspunkt der wahren Erkenntnis entworfen, sondern vielmehr unter dem der Nützlichkeit sowie der probaten Ergebnisse, die sie liefert. Die *Bewährung der Theorien* wird somit zu einem zentralen Kriterium ihrer Beurteilung und Auslese; und eines der wichtigsten Prüfinstrumente für Theorien ist nach Popper die F. Die Theorie wird durch viele intelligent ausgedachte Falsikationsversuche überprüft und – wenn sie diese besteht – als brauchbar für bestimmte Zwecke anerkannt. Hieraus folgt, dass wissenschaftliche Hypothesen (und damit die sie konstituierenden Theorien) so lange gelten, wie sie nicht durch F. als ungültig erkannt werden.

Feedback Dt.: »Rückfütterung«.

1) In der Alltagskommunikation Rückmeldungen des einen Gesprächspartners durch Gestik, Mimik oder Kontaktpartikeln (wie »ja«, »klar«, »och« u. dgl.), aus denen der andere Gesprächspartner schließen kann, ob und ggf. wie er bzw. seine Rede verstanden und gewertet worden ist.

2) Steuerungselement für die Weiterentwicklung von technischen, biologischen oder sozialen Systemen durch Rückmeldung der Ergebnisse zu einem bestimmten Zeitpunkt oder am Ende einer Aktion, Periode oder Phase. Die Ausgabedaten einer solchen Rückmeldung können als Eingabedaten den nächsten Turnus einer Aktion, Periode oder Phase beeinflussen. Am geläufigsten ist das F. bei technischen Geräten, die durch einen Regelkreis gesteuert werden, z. B. bei einem Thermostat an einer Heizung: Sinkt die Temperatur im Raum unter einen bestimmten Wert, so signalisiert der Thermostat der Heizung, dass mehr Wärme zugeführt werden muss, die Heizung fährt an, die Temperatur erhöht sich bis zu einem bestimmten Wert usw. Hierdurch entsteht eine Art von Selbstregulierung durch F.

3) Im Bereich von Schule und Ausbildung bedeutet F., dass z. B. die Schüler einem Lehrer Informationen darüber geben, wie sein Verhalten bei ihnen ankommt. Die Rückmeldung informiert ihn über den Ist-Wert seines Verhaltens und er kann diesen mit dem Soll-Wert – d. h. mit dem, was er sich vorgenommen hat bzw. wie er sich selbst sieht – vergleichen und daraufhin versuchen, Ist- und Soll-Wert einander anzunähern. Damit ist das F. „so etwas wie ein Spiegel, in dem wir uns objektiver sehen können als durch die Brille unserer Werte, Wünsche und Absichten" (J. Grell, [15]1994). Wesentlich ist hierbei:

- eine Atmosphäre, in der die Gesprächspartner sich trauen, frei zu reden
- kein Kommentar, keine Verteidigungsrede und kein „Zurechtrücken" durch den Betroffenen oder die Betroffene
- Mitschrift möglichst vieler Aspekte und Details
- Auswertung der Mitschrift, (zeitversetzte) Reflexion und Umsetzung

Das F. kann auch benutzt werden, um inhaltliche Daten zu erhalten oder Standards zu reflektieren: Eine Lerngruppe kann durch informelles Gespräch, ➪ Kartenabfrage, ➪ Test, Fragebogen u. dgl. über bestimmte Inhalte befragt werden (➪ Metareflexion), die im Ganzen ein Bild von der Meinung dieser Lerngruppe zu Verfahren, Methoden, Schwierigkeitsgrad usw. oder vom erreichten Lernstand vermitteln. Diese Daten werden gemeinsam oder vom Lehrer allein ausgewertet und zur Verbesserung des Unterrichts in den angesprochenen Feldern genutzt. Diese Art der ➪ Evaluation kann dazu dienen, um bestimmte ➪ Standards zu sichern, und sie ist auch ein Beitrag zur selbst lernenden Organisation.

Feinziel Auch: Teilziel; Formulierung eines ➪ Lernziels unterhalb von Stunden- bzw. ➪ Grobziel auf sehr konkretem Niveau. Bei der Überlegung, durch welche F. sich ein Stundenziel erreichen lässt, ergeben sich in der Regel sehr viel mehr Ziele, als sich im konkreten Unterricht realisieren lassen. Allerdings kann die Auswahl nicht beliebig getroffen werden; vielmehr sind die übergeordneten Ziele (➪ Bildungsziel, ➪ Reihenziel), die Komplexität des ➪ Themas, der ➪ sachstrukturelle Entwicklungsstand der Lerngruppe sowie die ➪ institutionellen Voraussetzungen bei der Auswahl und Bestimmung der sinnvollen F. zu berücksichtigen. Dieser Vorgang wird durch die didaktische Reduktion (➪ Didaktisierung) gesteuert; z. B.:

Grobziel
Die Schüler und Schülerinnen sollen die Tonerzeugung und die Tonhöhenveränderung bei Flöteninstrumenten erproben und erläutern und verschiedene Flöten am Klang erkennen können.

Feinziele
Die Schüler und Schülerinnen sollen
- herausfinden, dass man zum Erzeugen eines Tons mit einer Flasche den Luftstrom schräg auf den Flaschenrand blasen muss;
- ihre Erkenntnisse über die Tonerzeugung bei der Flasche auf die Panflöte übertragen können;
- herausfinden, dass auch bei Blockflöten der Luftstrom – indirekt – über eine Kante geblasen wird;
- die Regel »Je kürzer die schwingende Luftsäule, desto höher der entstehende Ton« finden und auf die Flasche und die Flöten anwenden können;
- die deutlich hörbaren Luftgeräusche beim Spielen einer Panflöte als ein wesentliches klangliches Unterscheidungsmerkmal beider Flötenarten benennen können;
- Freunde und Interesse beim Experimentieren mit der Tonerzeugung auf Flöten entwickeln.

Fertigkeit Bei W. Schulz (1980) zweite ➪ Entfaltungsstufe des Lernzielbereichs in der psycho-motorischen Dimension. Inhaltlich beziehen sich F. auf die Anwendung von Basiskönnen in sinnhaften Kontexten zur Realisierung bestimmter Intentionen (einen Brief an jemanden schreiben, ein Lied mit einem Instrument begleiten, einen Aufschlag beim Tennisspiel ausführen). Verfestigt werden F. auf der dritten Entfaltungsstufe zu ➪ Gewohnheiten.

Fishbowl Schüleraktives ➪ Handlungsmuster: Zur Diskussion eines Themas oder zur Klärung eines Problems wird ein innerer Stuhlkreis mit etwa sechs bis acht Diskussionsteilnehmern bzw. Diskussionsteilnehmerinnen (»Experten«) gebildet. In der Mitte bleibt ein Stuhl frei, auf dem bei Bedarf ein »Gast« Platz nehmen kann; er darf aber nur einen (knappen) Redebeitrag abgeben und muss den Platz dann wieder verlassen. Die übrigen Schüler und Schülerinnen bilden als kritische Zuhörer den äußeren

Sitzkreis; sie machen sich Notizen, die bei der Auswertung der Diskussionsrunde eingebracht werden können.

Flexibilität 1) Allgemein die Fähigkeit, sich relativ rasch wechselnden Situationen anpassen zu können.

2) Unter lernpsychologischen Aspekten ist F. ein Merkmal von ➪ effizientem Handeln; der Begriff wird dann gleichzeitig mit Stabilität genannt: Handeln ist dann »stabil-flexibel«, wenn im Handlungskonzept ein ➪ Handlungsschema repräsentiert ist, das einerseits äußeren Schwierigkeiten flexibel angepasst werden kann, das andererseits aber nicht bei jeder unerwarteten Änderung der Situation gleich aufgegeben wird. So kann sich z. B. der konkrete Verlauf einer Unterrichtsstunde auf Grund bestimmter qualifizierter Schüleräußerungen ändern, ohne dass das übergeordnete ➪ Grobziel bzw. die ➪ Zielperspektive deswegen aufgegeben wird.

Flipchart Eine Alternative zur ➪ Wandzeitung bietet die F.: Auf einem Gestell sind größere Blätter befestigt, die beschriftet, umgeblättert oder abgenommen werden können. Diese Art der ➪ Ergebnissicherung eignet sich besonders dann, wenn die Blätter zunächst in ➪ Gruppenarbeit beschriftet und die so festgehaltenen Ergebnisse anschließend im Plenum vorgestellt und diskutiert werden, um sie dann möglicherweise neben andere Gruppenergebnisse an eine Wand zu heften.

Flow Ein Flow-Erlebnis tritt z. B. auf, wenn ein Kind völlig in seinem Spiel aufgeht und sozusagen »Raum und Zeit vergisst«. Die Tätigkeit des Kindes wird ➪ intrinsisch belohnt; es ist voll auf sein Tun konzentriert, es geht darin auf und ist von äußeren oder inneren störenden Einflüssen kaum erreichbar.

Soll dieser Zustand im Unterricht erreicht werden, so ist Über- wie Unterforderung zu vermeiden und intrinsische ➪ Motivation (➪ Leistungsmotivation) anzustreben. Als wichtige Elemente des Flow-Erlebnisses werden hervorgehoben: „Verschmelzen von Handlung und Bewusstsein; Zentrierung der Aufmerksamkeit auf einen beschränkten Umweltausschnitt; Selbstvergessenheit; Ausüben von Kontrolle über Handlung und Umwelt." (G. Bovet / V. Huwendiek, [2]1998). Dies ist besonders bei kreativen Arbeiten (➪ Kreativität) gegeben, die die Schüler gerne, kompetent und freiwillig ausüben. Günstig wirken sich auch andere Faktoren aus wie die positive Gestaltung der ➪ Lernsituation, klare Anweisungen und Rückmeldungen, Möglichkeiten der ➪ Selbstorganisation und des ➪ selbstverantworteten Lernens u. dgl.

Flussdiagramm In vielen Bereichen eingesetzte Diagrammform zur Darstellung des Ablaufs von Arbeitsschritten für die Durchführung einer Aufgabe, z. B. in Herstellungsprozessen oder bei Problemlösungen. Die Standardform sieht so aus, dass es einen Anfangszustand gibt, dass zeitgleiche Arbeitsschritte nebeneinander erscheinen und ansonsten die einzelnen Schritte chronologisch untereinander stehen. Wird ein Zwischenschritt nicht erfüllt, kann eine Schleife („Gehe zurück nach …") eingebaut werden. Am Ende erscheint das Ergebnis, die Lösung o. dgl. Diese Technik kann im Unterricht auch für eine »optische Strukturanalyse« von literarischen oder von Sachtexten genutzt werden.

Folienanschrieb Oft empfiehlt sich der F. anstelle eines ➪ Tafelanschriebs; die Vorteile liegen darin, dass der Lehrer bzw. die Lehrerin die Klasse im Auge behalten kann und dass die Ergebnisse in einer der Folgestunden wieder (auf den Overhead-Projektor) aufgelegt werden können und so zur Verfügung stehen bzw. weiter vervollständigt werden können.

Um für alle lesbar zu sein, muss der F. relativ groß sein. Wenn jüngere Schüler den F. selbst erstellen, empfiehlt es sich, (dünne) Linien vorzuzeichnen. Beim Einsatz von Farbstiften gilt es zu bedenken, dass einige Farben (z. B. Orange) in der Distanz nicht gut lesbar sind. Die Folie lässt sich recht gut auch bei arbeitsteiliger ➪ Gruppenarbeit einsetzen; die einzelnen Gruppen können (während der Erarbeitung) ihre Ergebnisse (sukzessive) auf Folie schreiben und anschließend dem Plenum präsentieren. Beim so genannten »Sandwich-Verfahren« werden die Folien derart in Zonen aufgeteilt, dass sie zusammengelegt wie ein Text lesbar sind. Durch das Zerschneiden der Folie ergeben sich weitere methodische Möglichkeiten, z. B.:

- Ein literarischer Text (eine Fabel oder ein Gedicht) wird auf Folie geschrieben und vom Lehrer bzw. der Lehrerin in einzelne Teile oder Zeilen zerschnitten; die Lerngruppe erhält den Auftrag, einen sinnhaften Text nach zuvor erarbeiteten Relevanzgesichtspunkten zusammenzusetzen. Das Ziel dieser Arbeit liegt zum einen im kreativen Bereich, zum anderen können sich Überlegungen im Zusammenhang mit Produktions- und Rezeptionsprozessen anschließen.
- Im naturkundlichen Unterricht wird eine Struktur (eine komplexe chemische Formel oder ein physikalischer Versuchsaufbau) in funktionale Teile zerschnitten und der Lerngruppe in ungeordneter Form vorgelegt. Die Reorganisation der Struktur kann unterschiedliche Ziele verfolgen:
  a) Hypothesenbildung: die Bildung von ➪ Hypothesen wird durch Anschauung unterstützt,
  b) ➪ Ergebnissicherung: die Ergebnisse einer Unterrichtsstunde werden reorganisiert oder integriert,
  c) ➪ Lernerfolgskontrolle: Lerninhalte werden überprüft.

Fördern Schüler und Schülerinnen zu fördern, stellt eine der wichtigen Aufgaben des Lehrerberufs dar; dennoch scheint es gar nicht so einfach, diese Forderung konkret umzusetzen, weil die Probleme von Schülern und Schülerinnen sehr unterschiedlich sind und eine individuelle ➪ Differenzierung im Unterricht aus zeitlichen Gründen nur begrenzt in Frage kommt. Dennoch gibt es Maßnahmen, die, neben dem konkreten ➪ Förderunterricht in kleinen Gruppen, das ➪ Lernklima in normalen (und meist recht großen) Klassen verbessern und damit helfen können, emotional und motivational bedingte Lernschwierigkeiten abzufangen bzw. abzubauen. Im Folgenden sollen fünf Bereiche angesprochen werden:

1. *Sinnfrage* an Schule überhaupt: Wenn ein Schüler oder eine Schülerin nicht weiß, wozu er oder sie lernen soll, ist jede Art einer langfristigen Förderung von vornherein zum Scheitern verurteilt. Deshalb sind diese eher psychischen Ursachen von ➪ Schulschwierigkeiten im Blick zu behalten und ggf. zu thematisieren.

2. *Äußere Bedingungen*: Hierzu gehören u.a. eine angenehme und freundliche ➪ Lernsituation (Schulgebäude, Klassenraum, Anordnung der Sitze und Tische usw.) sowie günstige Voraussetzungen für Aufmerksamkeits- und Lernprozesse, u.a. durch ein sozial-emotional günstiges ➪ Lernklima.
3. *Unterrichtsqualität*: Vermittlung von solidem und brauchbarem Wissen, Einsatz von vielfältigen ➪ Unterrichts- und ➪ Fachmethoden, schüleraktive ➪ Handlungsmuster, ➪ Schülerorientierung bei Planung und Durchführung von Unterricht, ➪ Handlungs- und ➪ Produktorientierung, Beachten von Grundsätzen der ➪ Themenzentrierten Interaktion.
4. *Lehrerpersönlichkeit*: Zu erwarten sind Sachkompetenz, ➪ Ziel- und Schülerorientierung, ➪ Kongruenz in Aussagen und Auftreten, Vertrautheit mit Strategien der ➪ Konfliktvermeidung; organisiert, stabil-flexibel bei Entscheidungen, »Modell« für Verhalten und Interaktion (➪ Modell-Lernen), Fähigkeit zu ➪ aktivem Zuhören, ➪ Empathie usw.
5. *Schülerpersönlichkeit*: Gegeben sein sollten Möglichkeit und Bereitschaft, sich auf Interaktions- und Lernprozesse einzulassen bzw. einlassen zu können (Verhältnisse im Elternhaus, Freizeitverhalten), ➪ Leistungsmotivation und Erfolgsmotiv, das Vorhandensein einer subjektiven Erfolgswahrscheinlichkeit sowie ein konkreter Erfolgsanreiz; eher erfolgs- als ➪ misserfolgsorientiert, eher intrinsisch als ➪ extrinsisch motiviert, günstige Selbstattribution (➪ Attribution), z.B. durch das Erlebnis von Erfolgen im Unterricht.

Weitere Einzelheiten bei G. U. Heuer (2001), Th. Gericke u.a. (2002), K.D. Lenzen u.a. (2002), F. Müller / W. Siepe (2002).

Förderunterricht 1) Die Klassenstufen 5 und 6 sind in einigen Bundesländern (z.B. NRW) als Erprobungs- oder Förderstufe eingerichtet; in ihr sollen Unterschiede, die die Kinder aus der Grundschule mitbringen, ausgeglichen werden. Gleichzeitig dient sie der Orientierung von Eltern und Lehrern über die Eignung des einzelnen Schülers bzw. der einzelnen Schülerin für eine der weiterführenden Schulformen. Eine Versetzungsentscheidung findet hier erst am Ende der sechsten Klasse statt.

2) Die Schule kann bei Bedarf so genannte Förderklassen einrichten, sofern von einer größeren Schülergruppe bestimmte Leistungsanforderungen nicht erreicht werden bzw. angeglichen werden sollen (z.B. Seiteneinsteiger in die Jahrgangsstufe 11 der Oberstufe).

3) Eine Reihe von Schulen bietet in begrenztem Umfang in einzelnen Fächern F. an. Er erfüllt seinen Zweck dann, wenn in Kleingruppen gezielt auf Schwächen und Lücken einzelner Schüler eingegangen wird und wenn die Lehrer und Lehrerinnen, die diesen F. leiten, über spezifische Trainingsmöglichkeiten im Bereich des Arbeits- und Lernverhaltens verfügen.

Zum F. in der Grundschule vgl. die »Verordnung über den Bildungsgang in der Grundschule« (➪ SchVG – AO-GS) vom 14.11.1996 sowie die entsprechenden Verwaltungsvorschriften vom 19.3.1997, § 8 (2). Zum F. in der Sekundarstufe I haben die Länder

RdErl. herausgegeben, z. B. NRW »Förderung von Schülerinnen und Schülern bei besonderen Schwierigkeiten im Erlernen des Lesens und Rechtschreibens«, RdErl. vom 19.7.1991. Daneben gibt es Bestimmungen für Silentien, Sonderunterricht (➪ Hausunterricht), sonderpädagogische Förderung sowie für schulische und außerschulische Fördermaßnahmen für ausgesiedelte Kinder und Jugendliche.

formale Bildungstheorie Ausgangspunkt der f. B. ist die Überzeugung, dass die subjektiven wie objektiven (d. h. gesellschaftlich relevanten) Bedürfnisse der Schüler und Schülerinnen das Wesentliche in einem Bildungsgang seien. Die ➪ Didaktik kennt die Unterscheidung von f. B. und ➪ materialer Bildungstheorie bereits seit dem 18. Jh. Er wurde z. B. im Zusammenhang mit der Bewertung des Lateinunterrichts relevant, dem man durchaus eine bildende Funktion zusprach: Wenn auch die Schüler späterhin nicht Latein sprechen und schreiben würden (materialer Aspekt), so könne der Lateinunterricht dennoch das logische und geordnete Denken schulen sowie Grundlage für den weiteren Spracherwerb sein (formaler Aspekt) usw.

W. Klafki hat den Zwiespalt zwischen beiden Ansätzen durch sein Konzept der ➪ kategorialen Bildung zu überbrücken gesucht.

formale Operationen Terminus aus der ➪ Stadienlehre von J. Piaget (1983); Kinder durchleben das Stadium der f. O. zwischen 11/12 und 14/15 Jahren. In diesem Stadium löst sich der junge Mensch von den ➪ konkreten Operationen; er wird fähig, aus bloß möglichen Wahrheiten die notwendigen Folgerungen zu ziehen, was den Anfang des hypothetisch-deduktiven oder formalen Denkens darstellt. Die neuen ➪ Schemata, die er erwirbt, sind u. a. Proportion, doppelte Bezugssysteme, hydrostatisches Gleichgewicht, Wahrscheinlichkeitsbegriffe. Allerdings hängen alle Aussageoperationen von der Beherrschung der Sprache (bzw. Terminologie) ab.

„Im konkret-operativen Denken ist das Kind beschränkt auf gegebene Informationen, seien sie konkret-anschaulich oder in abstrakter Weise (etwa sprachlich) repräsentiert. Demgegenüber reicht das formal-operative Denken, das im Jugendalter die konkretoperatorischen Strukturen ergänzt, in spezifischer und systematischer Weise über vorgegebene Informationen hinaus." (Oerter / Montada, [2]1987)

Formalstufen des Unterrichts Von J. F. Herbart in seiner »Allgemeinen Pädagogik« (1806) entwickeltes System zur ➪ Artikulation von Unterricht, das auf der (heute überwundenen) Elementen- und Assoziationspsychologie beruht. Dabei geht er davon aus, dass sich ein Wissenselement (bei Herbart »Vorstellung«) an das andere füge, sich den anderen bereits vorhandenen assoziiere und so den »Gedankenkreis« aufbaue. Um dies zu erreichen, müssen beim Neuerwerb von Wissen bestimmte Stufen durchlaufen werden, die vier so genannten F. d. U.:

- *Klarheit:* Bewusstmachung und Klärung derjenigen Vorstellungselemente, die jeder Lernende bereits als Wissensbesitz mitbringt
- *Assoziation:* Aufnahme des neuen Vorstellungselements
- *System:* Systematische Einordnung der neu erworbenen Vorstellung in den bisher vorhandenen Vorstellungsbestand

- *Methode:* Einüben und Anwenden des neu assoziierten und eingeordneten Vorstellungselements

Unterricht war für Herbart immer auch ➪ Erziehen; deswegen wollte er sowohl der Oberflächlichkeit als auch der Vielwisserei entgegen wirken, und zwar in einem Fall durch das Moment der »Vertiefung« im anderen durch das Moment der »Besinnung«; beide jeweils in einer »ruhenden« und einer »fortschreitenden« Dimension. Hieraus ergibt sich folgendes Schema der F.:

Ruhende	Fortschreitende	Ruhende	Fortschreitende
Vertiefung		Besinnung	
KLARHEIT	ASSOZIATION	SYSTEM	METHODE

Dieses Schema ist vor allem durch Herbarts Nachfolger (vereinfacht) als die einzig wahre Artikulation von Unterricht, insbesondere an den Volksschulen, propagiert worden; und auch heute noch liegt es einer ganzen Reihe von Stufenschemata des Unterrichts mehr oder weniger direkt zu Grunde.

Formatierung Grafische Ausgestaltung eines Schriftstücks am Computer; die F. bezieht sich auf die Zeichen (Schriftart, Schriftgröße, Veränderungen der Schrift durch Kursiv- oder Fettdruck, durch Unterstreichung, Kapitälchen usw.), die Absätze (Zeilenabstände, Einzüge, Einrahmung und Schattierung, Ränder) oder auf das gesamte Dokument (Arbeit mit Formatvorlagen).

Fortbildung ➪ Lehrerfortbildung.

Frage ➪ Lehrerfrage.

Fragebogen Traditionelles Instrument der Sozialwissenschaften, das in unterschiedlichen Kontexten eingesetzt wird, um von Probanden Informationen zu erlangen. Die Methode der Befragung basiert auf folgenden (oft stillschweigend vorausgesetzten) Annahmen:

- der Befragte ist die ökonomischste Informationsquelle über sich selbst,
- der Befragte ist die genaueste Informationsquelle über sich selbst,
- verschiedene Befragte unterscheiden sich nicht in ihrer Fähigkeit zur Introspektion,
- für die Beantwortung der Fragen spielt es keine Rolle, ob die Prozesse, die zur Antwort führen, bekannt sind,
- Befragte deuten den Inhalt von Fragen auf gleiche Weise.

„Alle diese Vorannahmen sind bei den einzelnen Fragebogen in unterschiedlicher Weise nicht gegeben." (U. Tewes / K. Wildgrube, 1992) Solche Fragebogen-Klassen sind z. B. Fakt-, Wissens-, Einschätzungs-, Einstellungsfragebogen oder der demographische Fragebogen. Selbst bei dem als »sicher« geltenden Fakt-Fragebogen müssen kognitives Wissen, Gedächtniskapazität oder Motivation der Befragten als intervenierende Variablen berücksichtigt werden.

Um die Qualität von F. zu erhöhen, sind bestimmte Gütekriterien angelegt worden, z. B.:

- Kontrollskalen (Berücksichtigung von Motivation, Sozialbezug oder Aufmerksamkeit),
- Situatives Arrangement (Berücksichtigung der spezifischen Situation in der Frageformulierung, Uniformität der Vorgabesituation),
- Fragebogenkonstruktion und -gestaltung (z. B. Alternativantworten oder Kontinua zwischen Extremwerten).

Der Einsatz des F. sollte darüber hinaus den Bedingungen der ⇨ Objektivität (2), der ⇨ Reliabilität und der ⇨ Validität entsprechen.

fragend-entwickelnd Das f.-e. ⇨ Unterrichtsgespräch gehört zu den gebundenen Gesprächsformen im Unterricht und ist im ⇨ Frontalunterricht sehr verbreitet. In ihm versucht der Lehrer bzw. die Lehrerin mit Hilfe von Fragen (⇨ Lehrerfrage) oder ⇨ Impulsen einen Sach- oder Problemzusammenhang gemeinsam mit den Schülern und Schülerinnen zu entwickeln. Hierbei nutzt er bzw. sie deren Vorkenntnisse „und bringt sie in kleinen Schritten gleichsam spiralförmig zu einem sich erweiternden Wissens-, Erkenntnisstand oder Problembewußtsein" (B. Kroner / H. Schauer, 1997).

Das f.-e. Verfahren hat sicherlich Vor-, aber auch Nachteile. Kritisiert worden ist, dass die Lehrperson das angestrebte »Ergebnis« des Gesprächs ja schon weiß und dass sich die Schüler und Schülerinnen – von den Fragen und Impulsen gegängelt – auf dieses Ergebnis mehr oder weniger rasch zubewegen, immer darauf bedacht zu erraten, was der Lehrer oder die Lehrerin wohl »hören will«. Dieses Verfahren – so die Kritiker – unterdrückt das selbstständige Denken und verhindert echte ⇨ Schülerorientierung. Zudem werde allzu oft recht viel Zeit mit Fragen nach dem »richtigen« Ausdruck vertan, anstatt dass die Lehrperson kurz und bündig sagt, was gelernt werden soll (⇨ informierender Einstieg, ⇨ Transparenz, ⇨ Zielperspektive). Richtig angelegter f.-e. Unterricht kann gerade in den unteren Klassen zur Einführung in bestimmte ⇨ Fachmethoden dienen; er sollte dann immer stärker Schüler-Schüler-Gespräche initiieren und so zu anderen ⇨ Handlungsmustern überleiten.

fragend-reproduzierend Auch: reorganisierend; das f.-r. ⇨ Unterrichtsgespräch gehört zu den gebundenen Gesprächsformen im Unterricht. In ihm soll Gelerntes möglichst genau wiedergegeben oder in eigenständiger Weise durch die Schüler und Schülerinnen verarbeitet bzw. angeordnet werden. Eine genaue Unterscheidung zwischen Reproduktion und Reorganisation von Wissen ist dabei nicht immer möglich; sie sollte aber dort, wo sie vorgenommen werden kann und muss (genaue Reproduktion von Regeln, reorganisierende Zusammenfassung von Ergebnissen), auch erfolgen.

Fragehaltung Die Erzeugung einer F. bei Schülern und Schülerinnen ist eine wichtige Voraussetzung für ⇨ problemorientierten Unterricht. Hierzu ist es erforderlich, einen ⇨ kognitiven Konflikt zu provozieren: Die Schüler und Schülerinnen haben etwas gelernt, das sie anwenden können; sie werden im weiteren Verlauf des Unterrichts mit neuem Material konfrontiert oder in eine neue Situation geführt, die so beschaffen sind, dass ein bestimmtes Problem mit dem bisher Gelernten nicht ohne Weiteres gelöst werden kann. Die Lerngruppe merkt selbst, dass sie weitere Information oder ein anderes Instrumentarium braucht, um weiter zu kommen. Dies kann in dem Neuen bereits enthalten sein oder es muss der Lerngruppe zugänglich gemacht werden. In jedem Fall sollten die Schüler und Schülerinnen Gelegenheit haben, offene Fragen bzw. auftretende Probleme selbstständig zu formulieren, über Mittel zu ihrer Lösung nachzudenken, Lösungswege anzugeben und zu diskutieren sowie die Lösung selbst zu versuchen und die Ergebnisse zu bewerten.

Fragenkette Fehlform der ➪ Lehrerfrage; der Lehrer bzw. die Lehrerin stellt mehrere Fragen hintereinander, ohne der Lerngruppe die Chance zu lassen, die erste Frage lange genug zu bedenken und zu beantworten. Meist kommt die F. als ➪ Doppelfrage vor.

Zu beachten gilt, dass ein Schüler oder eine Schülerin bei einer Frage, die nicht nur einen Terminus oder eine Regel abfragt, Zeit braucht, um die genaue Bedeutung der Frage zu dekodieren, um die eigene Denktätigkeit auf das Problem bzw. Thema auszurichten (sich an vergangenen Unterricht zu erinnern usw.), um sprachliches Material (semantisch, syntaktisch) zu organisieren und um eine geeignete Form der Antwort zu produzieren. Deshalb sollte man nach einer Frage pädagogische Geduld aufbringen und ruhig eine gewisse Zeit abwarten können, bevor man eine engere ➪ Lehrerfrage bei gleicher Intention wählt.

Ungünstig für die Orientierung der Lerngruppe ist es allemal, wenn eine Frage nicht beantwortet wird und schon die nächste im Raum steht.

Fragetechnik ➪ Lehrerfrage.

Freiarbeit Auch: Freie Arbeit; bereits in der ➪ Reformpädagogik bekannter Baustein für einen ➪ offenen Unterricht. Nach W. Jank / H. Meyer (^{5}1996) fällt die F. nicht in die Arbeitszeit des ➪ Wochenplans; die Schüler und Schülerinnen erhalten vielmehr drei Stunden wöchentlich außerhalb dieses Plans zur freien Verfügung. Sie planen rechtzeitig, was sie inhaltlich-thematisch tun wollen, sprechen ➪ Sozialformen wie Partner- oder Gruppenarbeit ab und besorgen sich die notwendigen Materialien. Die Arbeiten werden einzeln oder gemeinsam erledigt und in der Gruppe oder im Plenum vorgestellt und besprochen. Der Lehrer bzw. die Lehrerin hält sich weitgehend zurück; er oder sie „arrangiert vielmehr lediglich die vielfältigen Lernsituationen, stellt Materialien bereit, verfolgt den individuellen Lernfortschritt und hilft bei Schwierigkeiten“ (B. Kroner / H. Schauer, 1997). In der Grundschule ist F. häufiger anzutreffen als in den weiterführenden Schulformen; dennoch kann sie auch hier als eine motivierende Ergänzung zum traditionellen Unterricht, insbesondere beim Übergang in diese Schulformen, angesehen werden.

Befürworter von F. weisen auf die positiven Effekte für die Persönlichkeitsentwicklung der Kinder hin (➪ selbstverantwortetes Lernen, Hinführung zu ➪ Selbstständigkeit, ➪ Methoden- und ➪ Problembewusstsein); Kritiker dagegen bemängeln, dass F. nicht von allen Schülern als Lernangebot ernst genommen und wertvolle Unterrichtszeit vertan werde.

freie Rede ⇨ Redestrategie; ⇨ Vortrag.

Fremdwahrnehmung Wenn Personen, die sich nicht kennen, zusammentreffen, werden sie versuchen, ihre Beziehung zueinander zu definieren. Dies geschieht primär durch Kommunikation, sekundär durch Statussymbole (Kleidung, Schmuck, Handy u. dgl., aber auch räumliche Gegebenheiten, z. B. Ausstattung eines Empfangsbüros). Der kommunikative Teil der F. läuft vor allem über den ⇨ Beziehungsaspekt der jeweiligen Mitteilung, der sowohl eine Ich- als auch eine Wir-Botschaft enthält. Wenn z. B. auf einer Party ein Mann zu einer ihm unbekannten Frau sagt: „Hier ist es ganz schön heiß, heute.", dann kann sie das so verstehen, dass er eine Konversation mit ihr wünscht – sie könnte seine Äußerung aber auch als Zumutung empfinden, wenn sie ihm zutraut bzw. unterstellt zu meinen, dass sie ja gemeinsam woanders hingehen könnten. Insofern wird die F. auch durch frühere Erfahrungen, Erwartungen, Haltungen und ⇨ subjektive Theorien gesteuert. Die F. festigt sich schließlich in einer (vorläufigen) ⇨ Rollenzuschreibung (Verhältnis von Eigen- und Fremdrolle).

Frontalunterricht Eine der vier ⇨ Sozialformen des Unterrichts; der F. macht nach empirischen Untersuchungen nahezu 90% aller Unterrichtsstunden aus, wobei seine ⇨ fragend-entwickelnde Form mit mehr als 60% dominiert. Der F. ist ein lehrerzentrierter, in der Regel straff geführter Unterricht, der vom ⇨ Lehrervortrag und vom Frage-Antwort-Betrieb geprägt ist. Seine Vorteile liegen auf der Hand: der Lehrer oder die Lehrerin kann den Unterricht nach den geplanten Zielsetzungen zeitlich ökonomisch, präzise und rasch durchführen, die Dominanz der Lehrperson garantiert eine gleichartige, kontrollierbare Informationsvermittlung und der Lehrer oder die Lehrerin kann im fragend-entwickelnden Unterricht implizit den Lernerfolg einzelner Schüler prüfen.

Damit zeigt der F. aber gleichzeitig sein anderes Gesicht: „Frontalunterricht ist besser als andere Sozialformen geeignet, einen Sach-, Sinn- oder Problemzusammenhang aus der Sicht und mit den Mitteln des Lehrers darzustellen. Er ist kaum geeignet, die Selbständigkeit des Denkens, Fühlens und Handelns der Schüler zu entfalten." (H. Meyer, Band 2, ^{9}1999) Beliebt ist F. auch deswegen, weil er eine gewisse Disziplinierung der Lerngruppe – jeder muss jederzeit auf eine Frage gefasst sein – ermöglicht. Aus diesem Grund eignet er sich auch besonders dazu, Unterrichtsrituale zu inszenieren. So lernen Schüler und Schülerinnen sehr schnell herauszufinden, was der Lehrer oder die Lehrerin hören will, wenn er oder sie so und so fragt. Diese Technik kann dann leicht verhindern, dass ein Thema tatsächlich in den Köpfen der Schüler bzw. Schülerinnen entwickelt, entfaltet und selbstständig durchdacht wird.

Dennoch kann F. auch gut gemacht sein (H. Gudjons, 1998a). Er sollte dann gemeinsam mit der Lerngruppe gestaltet werden und lässt sich realisieren im interessanten ⇨ Lehrervortrag, in einer spannenden Erzählung, einem packenden ⇨ Schülerreferat, der Diskussion zwischen Lehrer und Schülern oder im aspektreichen ⇨ Kreisgespräch. Die Praxis zeigt, dass der F. mit Abstand die wichtigste Sozialform im Unterricht ist; dennoch sollte er, wo immer dies möglich und sinnvoll ist, zu Gunsten anderer Unterrichtsformen (⇨ Handlungsorientierung, ⇨ Gruppenarbeit, ⇨ Projektunterricht, ⇨ fächerverbindender Unterricht usw.) abgelöst werden nach dem Motto: So viel F. wie nötig, so wenig F. wie möglich.

Darüber hinaus kann gelten, dass die Lehrerdominanz in unteren Klassen notwendiger ist als in höheren; denn die Hinführung zu ⇨ Selbsttätigkeit und ⇨ Problemlösen, zu ⇨ Methodenbewusstsein und ⇨ Autonomie (gerade in der Oberstufe des Gymnasiums) geht einher mit der Fähigkeit und Bereitschaft des Lehrers bzw. der Lehrerin, Verantwortung für das Gelingen des Unterrichts im Allgemeinen sowie Steuerungsaufgaben im Besonderen an die Lernenden zu delegieren.

Vgl. auch das Themenheft »Frontalunterricht – Gut gemacht« der Zs. Pädagogik (1998), H. 5.

Frustrationstoleranz Persönlichkeitsmerkmal, das für eine erfolgreiche Problemlösung wichtig wird; denn der Umgang mit komplexen Aufgaben erfordert eine gewisse Verantwortung und Stabilität beim Handeln: Zuverlässigkeit, kein Ausweichen auf unbedeutende Nebenfragen, Selbstreflexion, intellektuelle Redlichkeit sowie F. Hierbei geht es vor allem darum, dass bei Fehlschlägen auf dem Wege zu einer Lösung die ⇨ Zielorientierung (2) nicht verloren geht, sondern dass immer wieder neue Anläufe, neue gedankliche Anstrengungen unternommen werden, um Einzelprobleme zu lösen und Schwierigkeiten zu beseitigen. Um diese Eigenschaft im Unterricht zu schulen, ist es günstig, wenn (intrinsische) ⇨ Motivation, ⇨ Transparenz sowie eine deutliche ⇨ Ziel-Zug-Spannung gegeben sind.

fundamental Kategorie, die im Zusammenhang mit der ⇨ Exemplarität von Unterrichtsinhalten steht. Ein Unterrichtsinhalt ist pädagogisch exemplarisch, wenn er das Fundamentale und Elementare zu erschließen vermag: »elementar« ist er, wenn im Einzelfall das Allgemeine erfahrbar wird; »fundamental« ist er, wenn er den Schülern und Schülerinnen eine Grunderfahrung eröffnet, d. h. im Idealfall, wenn sie schlagartig „eine neue Welt entdecken" (W. Klafki, 1957; W. Jank / H. Meyer, [5]1996).

Fünfsatz Methodisches Mittel, das von H. Geißner (1968 und 1969) in die Praxis eingeführt worden ist, um den Schülern und Schülerinnen ⇨ Redestrategien an die Hand zu geben und um so ihre rhetorischen Fähigkeiten zu verbessern. Das Grundkonzept besteht in einer Einheit von fünf Sätzen, die nach verschiedenen Prinzipien organisiert sind, z. B.:

1. *Vom Allgemeinen zum Besonderen*: (1) Gemeinhin sieht man die Sache so ..., (2) Aus unserer Erfahrung aber ..., (3) Denn erstens ..., (4) Außerdem zweitens ..., (5) Folglich ...
2. *Ausklammerung einer Ansicht*: (1) Wir reden schon eine Weile über ..., (2) Bislang dreht sich alles um ..., (3) Dabei wurde übersehen, dass ..., (4) Gerade dies scheint mir aber besonders wichtig, weil ..., (5) Ich stelle daher den Antrag: ...

Der F. ist stets dreiteilig aufgebaut: REDEANSATZ – REDEPLAN – REDEZIEL mit der jeweiligen Funktion, einen Denkanreiz zu geben, die Verstehbarkeit zu garantieren und ein Fazit zu ziehen bzw. einen Handlungsanreiz zu bieten.

Derartige F. müssen nicht unbedingt vorgegeben werden, sie können auch aus einer konkreten (auf Tonträger dokumentierten) Diskussion induktiv erarbeitet werden. Ob dabei dann Redefiguren mit vier, fünf oder sieben Sätzen entstehen, ist relativ unwichtig; wesentlich ist stets die Frage, ob ein F. redewirksam ist und ein bestimmtes Redeziel realisieren hilft.

Funktion 1) Im mathematischen Sinne stellt eine Funktion eine veränderliche Größe dar, die in ihrem Wert von einem anderen abhängig ist. Es besteht eine eindeutige Zuordnung der Elemente einer Menge A zu den Elementen einer Menge B. Jedem Element von A darf höchstens ein Element von B zugeordnet sein, verschiedenen Elementen von A kann aber dasselbe Element von B zugeordnet sein. Ist f eine solche Funktion, so schreibt man »f: A → B« und man sagt: »f ist eine Funktion von A nach B«.

2) In bestimmten strukturalen Grammatikkonzeptionen gelten Größen wie »Subjekt«, »Prädikat«, »Objekt« oder »Adverbial« als syntaktische F.; sie werden nicht inhaltlich (semantisch), sondern funktional bestimmt, sichtbar etwa im ⇨ Baumdiagramm:

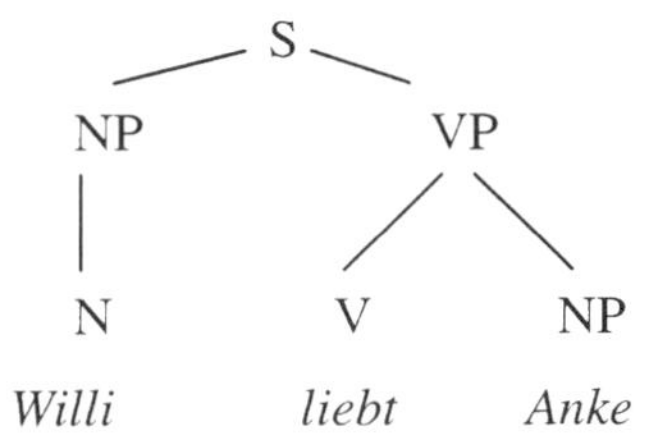

Hierbei gilt, dass (definitionsgemäß) eine von S dominierte NP »Subjekt von S« und eine von VP dominierte NP »Objekt von S« ist usw.

3) Als didaktische F. wird ein unterrichtliches Wirkungs- oder Leistungsverhältnis bezeichnet. So kann ein ⇨ Lehrervortrag die didaktische F. haben, einen Sachverhalt aus der Sicht des Lehrers darzustellen (Informationsfunktion) oder ein Problem aufzuwerfen (Problematisierungsfunktion); darüber hinaus kann er weitere F. erfüllen, z. B. die Lerngruppe auf ein Thema emotional einzustimmen. Der Lehrer bzw. die Lehrerin muss sich über die didaktische F. der einzelnen ⇨ Unterrichtsphasen im Klaren sein; denn nur so können die intendierten ⇨ Ziele der Stunde erreicht werden. Auch sollte ein Unterrichtsschritt nicht mit zu vielen F. befrachtet sein, da sonst die Gefahr besteht, dass entweder die ⇨ Transparenz für die Schüler und Schülerinnen verloren geht oder dass keine der F. in angemessener Weise erfüllt werden kann. Für die Abfolge der Unterrichtsschritte und damit der didaktischen F. gelten Gesetzmäßigkeiten der ⇨ Lernprogression (z. B. vom Einfachen zum Komplexen) und der ⇨ Lernpsychologie allgemein (Anknüpfung an Bekanntem, Sicherung der Ergebnisse, Übung und Festigung des Gelernten o. ä.).

Für die gesamte Unterrichtsstunde gilt, dass sie einen deutlichen didaktische ⇨ Akzent aufweisen soll, d. h. auch, dass sie eine übergreifende F. im Zusammenhang der Unterrichtsreihe hat.

Funktionsstelle „Unbeschadet der Gesamtverantwortung des Schulleiters oder der Schulleiterin können Lehrern oder Lehrerinnen besondere Koordinierungsaufgaben im pädagogischen, fachlichen, organisatorischen und verwaltungsmäßigen Bereich übertragen werden. Diese unterstützen die Schulleitung bei ihren Aufgaben und informieren sie über Planungen und Maßnahmen im übertragenen Aufgabenbereich." (⇨ ADO § 31.1) Die geltenden Funktionen für die einzelnen Schulformen sind in der ADO (§§ 32–38) geregelt. Folgende Aufgabenbereiche sind als F. an Gymnasien für Studiendirektoren oder Studiendirektorinnen, die als ⇨ Fachleiter (1) zur Koordinierung schulfachlicher Aufgaben tätig werden, vorgesehen:

- Koordination von Fachbereichen und Fächern (Vorsitzender bzw. Vorsitzende einer ⇨ Fachkonferenz)
- Koordination der ⇨ Orientierungsstufe bzw. Erprobungsstufe
- Koordination der Klassen 7 bis 10 (Mittelstufe)
- Koordination der gymnasialen ⇨ Oberstufe
- Koordination besonderer Arbeitsbereiche (z.B. bei besonderen Bildungsgängen oder Schwerpunkten einer Schule bzw. eines ⇨ Schulprofils)
- Koordination im Organisations- und Verwaltungsbereich (Stundenplan, Vertretungs- und Aufsichtspläne, Schulverwaltungsdatei usw.)

✳ ✳ ✳

ganzheitliches Lernen Auch: ⇨ Ganzheitlichkeit; es gibt eine Reihe divergierender Aspekte und Dimensionen, unter denen das schulische ⇨ Lernen gesehen werden kann: g.L. meint in lerntheoretischer Sicht nichts anderes, als eine Optimierung des Lernvorgangs durch zusätzliche Berücksichtigung der bis dahin nicht beachteten Aspekte und Dimensionen. Einige dieser sich ergänzenden, komplementären Dimensionen sind: *verbal / handelnd, analytisch-rational / intuitiv-imaginativ, linkshemisphärisch / rechtshemisphärisch, kognitiv / emotional, Anstrengung / Entspannung, sinnvoll / mechanisch, rezeptiv / entdeckend* usw.

Ganzheitlichkeit Im Laufe der Geschichte von Philosophie, Pädagogik und Psychologie hat sich eine Reihe von ganzheitlichen Konzepten herausgebildet (nach W. Edelmann, [3]1993):

- Der Mensch als Einheit von Leib, Geist und Seele (traditionsreiche Vorstellung vom Mittelalter über Comenius bis zur freien ⇨ Waldorfschule)
- Sittliche ⇨ Erziehung des ganzen Menschen (Menschenbildung z.B. bei Pestalozzi)
- Einsatz alternativer ⇨ Handlungsmuster: Lernen mit Kopf, Herz und Hand (Pestalozzi)
  a) durch Verbindung von geistiger und manueller Arbeit (⇨ Reformpädagogik, insbesondere »Arbeitsschulbewegung«)
  b) durch eigene Erfahrung (⇨ Projektunterricht)
- Präsentation des Lehrstoffes
  a) durch die Gliederung des Unterricht in Sacheinheiten (⇨ Gesamtunterricht in der Grundschuldidaktik, ⇨ offener Unterricht)

b) durch methodische Ausrichtung (analytische Verfahren im Lese- und Schreiblehrgang des ➪ Anfangsunterrichts)
c) durch Problemstellung im Schnittpunkt unterschiedlicher Fächer (➪ fächerverbindender Unterricht)

- Berücksichtigung divergierender Dimensionen im Lernprozess durch ➪ ganzheitliches Lernen

H. Meyer sieht den ganzheitlichen Unterricht als einen handlungsorientierten und schüleraktiven Unterricht an, „in dem die zwischen dem Lehrer und den Schülern vereinbarten Handlungsprodukte die Organisation des Unterrichtsprozesses leiten, so daß Kopf- und Handarbeit der Schüler in ein ausgewogenes Verhältnis zueinander gebracht werden können" (Band II, [9]1999). Diese Begriffsbestimmung zielt auf ➪ Handlungs- und ➪ Produktorientierung sowie Lernen in den ➪ Großformen des Unterrichts.

Im Zusammenhang mit »Kreativität« im Unterricht: R. Rabenstein ([3]1997).

gebundenes Unterrichtsgespräch Unter den gebundenen Gesprächsformen im Unterricht kommt in der Praxis dem *gelenkten Unterrichtsgespräch* mit zwei Dritteln der größte Anteil zu. Dabei handelt es sich um ein lenkendes, engschrittiges Lehrgespräch, das dem Lehrer bzw. der Lehrerin eine fortwährende direkte Rückversicherung bietet, „ob Schüler dem Unterricht aufmerksam folgen und Gedankengänge mitvollzogen haben" (B. Kroner / H. Schauer, 1997). Die Lehrperson ist die »Schaltzentrale« für alle Schülerbeiträge, sie kann unmittelbar Richtiges aufgreifen, Falsches zurückweisen, ermahnen, loben, disziplinieren und aufmuntern. Leider wird das gelenkte Unterrichtsgespräch auch dazu missbraucht, die Lerngruppe zu gängeln, fest liegende Ergebnisse pro forma herauszufragen (➪ Lehrerfrage) oder auch die mangelnde Vorbereitung zu vertuschen.

Entgegen einer verbreiteten Meinung wird gerade das, was im gelenkten Gespräch erarbeitet worden ist, von den Schülern schnell wieder vergessen; denn es ist sehr schwer, die derart vermittelten Unterrichtsinhalte emotional positiv zu besetzen. (H. Meyer, Band II, [9]1999) Und gerade ➪ Gefühl und ➪ Motivation spielen bei der ➪ Informationsaufnahme eine entscheidende Rolle. Weit mehr Erfolg versprechen hier das ⇔ offene Unterrichtsgespräch sowie andere mehr schüleraktive ➪ Handlungsmuster und eine zunehmende ➪ Schülerorientierung.

Dennoch erfüllt das gelenkte Unterrichtsgespräch neben der reinen Sachklärung eine ganze Reihe nützlicher Aufgaben, sofern es der Lehrer bzw. die Lehrerin funktional und gekonnt einsetzt, zeitlich nicht überstrapaziert und sich seiner Problematik immer bewusst bleibt:

- Zu Beginn einer Stunde kann die Lerngruppe »aufgeweckt« und motiviert werden; gerade bei jüngeren Schülern und Schülerinnen kann ein „gefühls- und körperbezogenes Einschwingen" (H. Meyer) in die Themenstellung der Stunde erwartet werden.

- Im gelenkten Gespräch können rasch die Vorkenntnisse der Lerngruppe ermittelt werden.
- Die Denkprozesse der Schüler und Schülerinnen lassen sich bequem und zielfunktional steuern.
- Faktenwissen kann wiederholt und dadurch gefestigt werden; zusätzlich können ➪ Lehrerecho und ➪ Lehrerkommentar (1) die Ergebnisse »geraderücken« und sichern.

Weitere Formen des g. U. sind das ➪ fragend-entwickelnde und das ➪ fragend-reproduzierende (reorganisierende) Unterrichtsgespräch sowie das ➪ impulsgesteuerte Verfahren.

Gedächtnis Die materielle Basis des menschlichen Geistes, seines Denkvermögens und seiner Vorstellungskraft ist das ➪ Gehirn. Als G. wird der Informationsspeicher bezeichnet, aus dem Mensch und Tier Nachrichten über vergangene Ereignisse abrufen können. Diese Behaltensleistung ist abhängig von verschiedenen Faktoren, z. B.:

- den Bedingungen beim Erwerb der Gedächtnisinhalte (Umfang des Lernmaterials, Anzahl der Wiederholungen, Verteilung der Lerneinheiten auf die Zeit)
- der Beschaffenheit des Lernmaterials (Sinnhaftigkeit, Assoziierbarkeit, Differenziertheit, Kategorisierbarkeit, Position innerhalb einer Lernreihe)
- dem physischen und motivationalen Zustand des Lerners (Begabung, Gesundheitszustand, Ermüdungsgrad, Einstellung zum Lerninhalt, Motivation)

Die traditionelle ➪ Lernpsychologie geht davon aus, dass es drei Teilsysteme des menschlichen G. gibt, die beständig interagieren. Die Vorgänge, die sich zwischen der Großhirnrinde und dem limbischen System abspielen werden im so genannten »Mehrspeichermodell« erklärt (W. Edelmann, [3]1993):

1. Im *sensorischen G.* bleiben die Sinneseindrücke weniger als eine Sekunde lang gespeichert, solange wie sie für die unmittelbare Wahrnehmung von Bedeutung sind (Aufmerksamkeit, Mustererkennung). Es enthält ein detailreiches Abbild der vorausgegangenen Wahrnehmung.
2. Im *Kurzzeitgedächtnis* wird die Information vornehmlich akustisch entschlüsselt, wenngleich auch andere ➪ Kodierungen, wie die visuelle, benutzt werden können. Das Kurzzeitgedächtnis wird als bio-elektrischer Prozess verstanden, in Form eines geschlossenen, in sich zurückkehrenden Neuronenkreises. Er ist dementsprechend recht störanfällig. Das Kurzzeitgedächtnis kann bei einmaliger Darbietung nur etwa sieben Einheiten (Buchstaben, Silben, Zahlen, unzusammenhängende Wörter) aufnehmen; in ihm überdauern die Inhalte ungefähr 15 Sekunden. Es wird auch als »Arbeitsspeicher« bezeichnet und enthält bereits bearbeitetes Material sowie solches Wissen, das gerade genutzt wird. Dem ➪ Vergessen im Kurzzeitgedächtnis kann durch stetes Wiederholen und ➪ Übung entgegengewirkt werden, und die Aufnahmekapazität kann durch Herstellen von Kontexten, d. h. durch Verwendung von Zusatzinformationen aus dem Langzeitgedächtnis (3), vergrößert werden; denn die Begrenzung auf sieben Einheiten bezieht sich nur auf die Zahl, nicht auf die Kom-

plexität dieser Einheiten. So sichert auch die aktive Bearbeitung des Materials eine größere Verarbeitungsstiefe und damit ein besseres ➪ Behalten durch ➪ Verständnis.

3. Das *Langzeitgedächtnis* weist eine sehr große Kapazität auf und die Inhalte können dauerhaft behalten werden. Im Langzeitgedächtnis werden die Gedächtnisinhalte nach heutiger Auffassung wesentlich nach Bedeutung und Sinn kodiert. Das Behalten kann durch zusätzliche Sinngabe (z. B. durch ➪ Vernetzung) verbessert werden. Das Wiederfinden bzw. ➪ Erinnern von Gedächtnisinhalten hängt eng mit der Verarbeitungstiefe und der ➪ Repräsentation der Inhalte zusammen, außerdem spielt die Ähnlichkeit zwischen Lern- und Abrufsituation eine gewisse Rolle.

Das G. ist kein passiver Informationsspeicher; die Aneignung der Inhalte, das ➪ Lernen, ist im Gegenteil ein höchst aktiver Vorgang. Neuere Untersuchungen legen nahe, dass das G. kein lokalisierbares Feld im Gehirn ist, vergleichbar mit einem Kasten oder Eimer, in den man Lernstoff ablegt oder hineinstopft. „Zwar gibt es ein Sprachzentrum mit der generellen Fähigkeit des Sprechenkönnens, nicht aber eine Lokalisierung einzelner Vokabeln. Vielmehr geht man davon aus, dass jede Erinnerung in komplexen Synapsenverbindungen verschiedener Neuronen abgelegt wird. Werden Verbindungen sehr oft von Aktionspotentialen durchlaufen, werden sie in dem Sinne durchlässiger als die Verbindungen schneller werden und sich stabilisieren. Verbindungen, die nicht benutzt werden, sind nur mühsam wieder zu aktivieren oder verschwinden ganz. Gleichzeitig ist es auch möglich, dass Verbindungen aufgebaut werden, die andere hemmen." (A. Scheunpflug, 2/2000 und 2001) Vor diesem Hintergrund wird verständlich, warum das Üben im Unterricht eine wichtige Voraussetzung für Lernen und Behalten ist.

Dieser Ansatz macht auch deutlich, dass jede Gedächtnisleistung eine neue Aktion darstellt. Es ist nicht so, dass etwas Gelerntes immer wieder, quasi in einer identischen Form, abgerufen werden könnte; vielmehr ist es so, dass die Neuronenverbindung immer wieder neu aufgebaut und in neuen Kontexten aktiviert werden muss. Dies bedeutet andererseits, dass jede Erinnerung das Gelernte im Sinne dieses neuen Kontextes auch verändert. Jedes Lernangebot wird auf individuell höchst unterschiedliche Weise verarbeitet; dies vor allem, weil das Gehirn ein kognitiv geschlossenes System darstellt und semantisch wie funktional selbstreferenziell ist (➪ Konstruktivismus). „Wahrnehmung ist also eine Bedeutungszuweisung zu neuronalen Prozessen, sie ist Interpretation von Nervenimpulsen und damit Konstruktion von 'Realität'." (E. Kösel, ²1995)

Weitere Einzelheiten bei E. Pöppel (⁴2000), M. Spitzer (2000), G. Roth (2001), H. J. Markowitsch (2002), F. J. Schermer (2002).

Lesenswert F. Vester (²⁵2001) sowie das Sonderheft »Spektrum« 1 (2002).

Gefühl Auch: ➪ Emotionalität; G. können als eigenständiges Orientierungssystem aufgefasst werden. Sie stellen eine unmittelbare individuelle Bewertung wesentlicher Person-Umwelt-Bezüge dar. Da vielfältige Zusammenhänge zwischen Gefühlen und kognitiven Komponenten der ➪ Informationsverarbeitung angenommen werden können, haben sie für Lernvorgänge wichtige motivationale Funktion (➪ Motivation).

Menschliche Informationsverarbeitung schließt kognitive Daten im engeren Sinne (Wissen um Objekte und Vorgänge) sowie emotionale Daten (persönliche Bewertungen) ein. Die Emotion fügt der sachlichen Information eine subjektive Bedeutung hinzu. Emotionale und motivationale Faktoren wirken bei der Informationsverarbeitung als »selektive Filter«; diese sind durchlässig für Material, das mit der Stimmung des Wahrnehmenden übereinstimmt, nicht aber für inkongruentes Material. Die häufigsten Erklärungskonzepte für ➪ Behalten weisen auf ein intensives G. bei der ➪ Informationsaufnahme und einen hohen Grad an Besonderheit auf Seiten des Materials (seine ➪ Anreizstruktur) hin. Unsere G. können nicht nur im Rahmen der Informationsverarbeitung als Teil des (kognitiv-emotionalen) interpretativen Systems gesehen werden, sondern dienen auch der Aktivierung bzw. Hemmung solcher Prozesse, d. h. Bedürfnisse sind von G. begleitet und G. können selbst motivierend wirken.

Weitere Einzelheiten bei D. Ulrich (1982), G. Roth (2001).

Gefühlserfahrung Auch: ➪ Gefühl; ausgehend von den grundlegenden Annahmen der ➪ Themenzentrierten Interaktion, sprechen die führenden Didaktiker heute davon, dass der Unterricht drei wesentliche ➪ Bildungsziele zu verfolgen habe, und zwar die Befähigung und Motivation der Schüler und Schülerinnen zu fachlicher ➪ Kompetenz, zu ➪ Autonomie und ➪ Solidarität. W. Schulz (^{3}1981) hat diese Intentionen mit den drei Erfahrungsaspekten bzw. Themen »Sozialerfahrung, Sacherfahrung und Gefühlserfahrung« in Beziehung gesetzt, was ihn zu einer heuristischen Matrix mit neun Feldern zur Bestimmung von Richtzielen führt. Hierbei kommt dem Aspekt G. die Aufgabe zu, den Schülern und Schülerinnen Hilfen zu geben „zur persönlichen Entfaltung in sozialer Verantwortung" (Oberstufen-Richtlinien NRW, 1999). Diese persönliche Entfaltung soll die Autonomie des Einzelnen stärken und ihn zu Selbstbestimmung befähigen.

Gegenstand ➪ Unterrichtsgegenstand.

Gegenwartsbedeutung Eine der Kategorien im ➪ Perspektivschema zur Unterrichtsplanung bei W. Klafki (1985); die G. erfasst im Wesentlichen das, was in der ➪ Berliner Didaktik (W. Schulz) die ➪ Bedingungsanalyse genannt wird. Klafki bestimmt die G. eines Unterrichtsgegenstands „als Frage nach den von Kindern und Jugendlichen erfahrenen und praktizierten Sinnbeziehungen und Bedeutungssetzungen in ihrer Alltagswelt". Da die Sozialisationsfaktoren (Familienstruktur, Wertungen und Normen, Ängste und Vorurteile, Konfession, Stadt- oder Landleben usw.) sehr stark variieren können, kann auch die G. eines Ziel- oder Themenzusammenhangs im Einzelfall „sehr unterschiedlich sein".

In der Praxis der ➪ Unterrichtsplanung wird es bei dieser Frage darum gehen zu ermitteln, was das Thema bzw. die Zielsetzung einer Unterrichtsreihe oder -einheit zur Bewältigung von Gegenwartsproblemen der Lerngruppe (bzw. eines größeren Teils von ihr) beitragen kann und/oder welche ➪ Schlüsselprobleme unserer Gegenwart und Zukunft berührt werden.

Gehalt ➪ Bildungsgehalt.

Gehirn Materielle Basis des menschlichen Geistes, seines ➪ Gedächtnisses und seiner Vorstellungskraft; ein aus Eiweiß, Wasser, Kohlenhydrat und Fett bestehendes Körperteil, das zwei Grundfunktionen erfüllt:

1. die Steuerung der Interaktion zwischen Organismus und Umwelt (Wärme- und Sauerstoffhaushalt, kommunikative und kognitive Leistungen),
2. die Kontrolle des physiologischen Gleichgewichts im Körperinnern (einschließlich der ➪ Gefühle).

All diese Leistungen lassen sich zurückführen auf die Tätigkeit von kleineren und größeren Neuronenverbänden (Verbänden von Nervenzellen), von denen jeder Mensch etwa einhundert Milliarden besitzt. Neuronen gibt es in unterschiedlichen Varianten und Formen, deren Funktionen zum Teil noch nicht hinreichend erforscht sind; verbunden sind Neuronen über Synapsen, und zwar kann ein Neuron Kontakte mit über zehntausend anderen Neuronen haben. Diese Verbindungen werden über schwachen elektrischen Strom aktiviert oder ausgeschaltet. Die ➪ Informationsverarbeitung beim Menschen lässt sich somit beschreiben als die Art der Verknüpfung zwischen den Nervenzellen, d.h. vor allem als der zeitlich-räumliche Ablauf dieser Erregung. Die enorme Leistungsfähigkeit des G. wird dadurch erreicht, dass zu einem bestimmten Zeitpunkt viele unterschiedliche neuronale ➪ Netzwerke gleichzeitig aktiviert werden können, miteinander interagieren und sich in aufeinander folgenden »Arbeitsschritten« koordinieren lassen. Durch diese parallel verteilte ➪ Informationsverarbeitung wird die Bearbeitung komplexer Sachverhalte überhaupt erst ermöglicht. (A. Scheunpflug, 2/2000 und 2001)

In der neueren Linguistik gibt es Vertreter, die unser Gehirn mit einem Computer vergleichen: Während das G. die »Hardware« darstellt, ist der Geist die »Software«, die auf diesem »Computer« läuft. Die wichtigsten Hirnzentren, die jeweils eine differenzierte Binnenstruktur aufweisen, sind: die Großhirnrinde (Cortex), das limbische System, das Zwischen-, Mittel-, Hinter-, und Nachhirn sowie das Rückenmark. Dem Cortex kommt die Aufgabe zu, Sinneseindrücke zu verarbeiten sowie Bewegungsabläufe zu steuern. Die Mehrzahl der sensorischen und motorischen Bereiche ist symmetrisch angeordnet, d. h. sie finden sich auf beiden Hirnhälften und sind für die jeweils gegenüber liegenden Körperhälften zuständig. Einige Funktionen sind dagegen asymmetrisch nur einer Hirnhälfte (➪ Hemisphäre) zugeordnet, z.B. das Sprachzentrum.

Eine besondere Bedeutung hat das limbische System, das mit dem Cortex zusammen das Großhirn bildet. Es ist die neuronale Grundlage für ➪ Gefühl und ➪ Motivation. Außerdem ist dieser Teil zuständig für den Aufbau von Gedächtnisspuren und für den Übergang der Inhalte vom ➪ Kurzzeit- in das ➪ Langzeitgedächtnis, d.h. für das ➪ Behalten solcher Inhalte.

Zur Entstehung der Gedanken im G.: W.H. Calvin (2002).

Geisteswissenschaft ➪ Hermeneutik, ➪ Wissenschaft.

Gelegenheitsunterricht Erwerb von Wissen und Fertigkeiten bei »passenden Gelegenheiten« meist über die Fächergrenzen hinweg. So lässt sich z. B. das Globalziel »Lernen

lernen« nur sehr begrenzt in einem systematischen Kurs vermitteln, sondern vielmehr über die gesamte Schulzeit in ganz unterschiedlichen Fächern (Bibliografieren, ein Exzerpt anfertigen, Vokabeln effektiv lernen, Daten und Fakten auswerten, eine historische Quelle beschreiben, eine Textaufgaben angehen, ➪ Problemlösungsstrategien anwenden usw.). Optimal wäre es, wenn die Fachlehrer und Fachlehrerinnen einer Lerngruppe ihre Bemühungen koordinieren könnten, etwa im ➪ fächerverbindenden Unterricht oder in anderen Kooperationsformen.

Gelenkstelle Übergang von einer ➪ Unterrichtsphase zur nächsten; solche G. sind von besonderer Wichtigkeit, weil die Lerngruppe entweder neu orientiert werden oder eigenständig die Ergebnisse der einen Phase für die Gestaltung der nächsten Phase nutzen muss. Gerade Berufsanfänger sollten für derartige G. nützliche und weiterführende ➪ Lehrerfragen oder motivierende ➪ Impulse planen (sich notieren), so dass die ➪ Funktion (3) der neuen Phase deutlich zur Geltung kommen kann. Liegt eine ➪ offene Planung vor, so können alternative Planungen zu den G. hilfreich sein, mehr als nur einen Lernweg für die Lerngruppe offen zu halten.

gelenktes Unterrichtsgespräch ➪ gebundenes Unterrichtsgespräch.

genetisch Die Entwicklung (der Lebewesen) betreffend; allgemein für »entwicklungsgeschichtlich«. In der Philologie bezeichnet »genetische Sprachforschung« diejenige Epoche (etwa seit J. Grimm), die sich mit der Entstehung und Entwicklung einer einzelnen Sprache aus älteren, verwandten Sprachformen und Sprachstufen befasst. Es handelt es sich hier um historisch-vergleichende Sprachforschung, sofern die Zielsetzung eine Beschreibung von Sprachfamilien umfasst.

Gesamtunterricht Terminologisch wenig fest umrissener pädagogischer Ausdruck, der im Allgemeinen einen nicht nach Fächern gegliederten Unterricht meint. Der G. konzentriert sich eher auf Sachzusammenhänge, wie sie in der Wirklichkeit gegeben sind; die einzelnen Lerninhalte sind dann Teile eines »lebendigen Beziehungsgefüges«, das es sprachlich, rechnerisch, handwerklich zu erforschen und zu verstehen gilt.

Historisch gehen die Wurzeln des G. zurück auf J. A. Comenius (1592–1670), der sich für eine Verknüpfung von Realien- und Sprachunterricht einsetzte. Dieses Konzept einer Integration der Lehrinhalte unterschiedlicher Fachrichtungen wurde im Laufe der Geschichte bekämpft (Fachlehrerprinzip) und gefördert (Integration der Fachinhalte). Vor allem die fachdidaktischen Konzeptionen des ➪ Anfangsunterrichts in der Grundschule haben gute Gründe dafür vorgebracht, die Lerninhalte der einzelnen Fächer thematisch und methodisch zu verbinden (z. B. im »heimatkundlichen Anschauungsunterricht«). Von da aus ist die Forderung nach der Integration der einzelnen Lernbereiche eines Faches (z. B. Lese-, Schreib- und Sprachunterricht im Fach Deutsch) auch in die Lehrpläne der weiterführenden Schulen gelangt. Aber auch über die Fachgrenzen hinaus wird der G. in neuerer Zeit z. B. im ➪ fächerverbindenden oder im ➪ Projektunterricht zu realisieren gesucht.

Weitere Einzelheiten bei I. Lichtenstein-Rother / E. Röbe, ^{5}1991.

Gesetz Im Allgemeinen eine schriftlich von einer Autorität verfasste Aussage, die einen Sachverhalt mit einem bestimmten Geltungsanspruch festhält.

1) Philosophisch betrachtet ist ein G. a) eine von staatlicher oder behördlicher Seite erlassene Anordnung (Rechtsgesetz), die von der Allgemeinheit (unter Androhung von Strafe) befolgt werden muss, oder b) eine von einer moralischen Instanz geäußerte Forderung (Sittengesetz), der die Allgemeinheit z. B. aus Tradition oder aus Vernunftgründen folgen soll.

2) Im naturwissenschaftlichen Sinne ergibt sich ein G. als methodisch kontrollierte Verallgemeinerung von Einzelbeobachtungen oder Messungen (⇨ Experiment) zu einem Phänomen. Derartige durch ⇨ Induktion gewonnene G. sind so lange gültig, wie sie brauchbare Ergebnisse liefern oder widerlegt werden.

3) Logisch-mathematische Aussagen, die einen allgemein geltenden Inhalt wiedergeben, werden meist als »Sätze« bezeichnet; als ⇨ analytisch-deduktive Urteile gehen sie aus ⇨ Axiomen hervor und gelten in einem genau bezeichneten bzw. wohl definierten systematisch-theoretischen Zusammenhang. In diesem Sinne spricht man wohl auch von »Rechengesetzen«.

Gesinnung Eine von W. Schulz und P. Heimann in die allgemeine ⇨ Didaktik eingeführte affektive Dimension im Lernzielbereich (⇨ Dimensionierung) auf der ⇨ Entfaltungsstufe der Habitualisierung. „Die Haltung, die aus Erlebnissen gegenüber den Erlebnisbereichen entsteht, soll als Gesinnung bezeichnet werden. In diesem Sinne hängt es von den Erlebnissen der Schulzeit ab, wie man gegenüber der Schule gesinnt ist." (W. Schulz, 1965)

An späterer Stelle wird G. im Richtzielkatalog ersetzt durch andere Kategorien, und zwar durch das Thema »Gefühlserfahrung« im Zielbereich »Autonomie« und »Solidarität«. (W. Schulz, [3]1981, Kapitel C.3)

Gesprächsform 1) ⇨ Unterrichtsgespräch.

2) verbales ⇨ Handlungsmuster.

Gespräch Recht unspezifischer Ausdruck für alle möglichen Formen der zwischenmenschlichen Kommunikation; im pädagogischen Bereich lassen sich unterscheiden:

a) das ⇨ offene Unterrichtsgespräch, z. B. das Schüler-, Kreis- oder Streitgespräch,

b) das ⇨ gebundene Unterrichtsgespräch, insbesondere das ⇨ fragend-entwickelnde Verfahren,

c) das Beratungsgespräch als Schülergespräch oder am Elternsprechtag (⇨ Beraten, ⇨ Gesprächsgestaltung 2),

d) das Konfliktgespräch (⇨ Konflikt, ⇨ Konfliktlösungsstrategie).

Um derartige Gesprächssituationen bewältigen zu können, sollten Lehrer und Lehrerinnen mit den Grundlagen der ⇨ Gesprächsführung sowie mit den wesentlichen Prinzipien der ⇨ Humanistischen Pädagogik vertraut sein.

Weitere Einzelheiten bei Schulz von Thun (1996), C. Blickham (2000).

Gesprächsführung Die Führung von ⇨ Gesprächen ist eine der grundlegenden zwischenmenschlichen Angelegenheiten sowohl im Alltag als auch im Beruf; dabei werden an die G. gerade im pädagogischen Bereich recht hohe Anforderungen gestellt.

1) Bezogen auf Gesprächsformen im Unterricht lassen sich ⇨ offene und ⇨ gebundene Unterrichtsgespräche unterschieden, die jeweils funktional im Hinblick auf den ⇨ Unterrichtsgegenstand, das ⇨ Unterrichtsthema sowie die angestrebten ⇨ Lernziele eingesetzt werden.

2) Daneben gibt es eher praxisorientierte Aspekte der G., die der ⇨ Unterrichtssteuerung im Allgemeinen dienlich sein können:

- Die Lehrperson fungiert gerade im Gespräch mit Schülern und Schülerinnen als Vorbild im Sinne des ⇨ Modell-Lernens.
- Die Lehrersprache sollte gut verständlich, klar moduliert und akzentuiert sowie frei von regionalen Nachlässigkeiten (Soziolekt) sein. Andererseits sollte die Lehrersprache nicht zu komplex sein, sowohl was die Syntax als auch was den Gebrauch von unbekannten (nicht funktionalen) Fremdwörtern betrifft.
- Ein Lehrer oder eine Lehrerin »brüllt« nicht; statt dessen sich ⇨ Rituale angesagt, die der Lerngruppe vertraut sind und bei ⇨ Unterrichtsstörungen eingesetzt werden können.
- Unfunktionale Füllwörter und Floskeln sind zu vermeiden. Vor allem der stereotype Einsatz solcher Versatzstücke kann zu ungewollten negativen Nebenwirkungen führen. Insbesondere sind Füllwörter wie „Gut", „Ja" oder „Genau!", die eine positive ⇨ Verstärkung signalisieren, zu vermeiden, wenn es gar nichts positiv zu verstärken gibt.
- Satzfragmente und Satzbrüche sollten bei sich und bei den Schülern nicht toleriert werden; jedes Unterrichtsfach soll zu einer gehobenen Umgangssprache befähigen und erziehen. Hierzu gehört auch die strikte Zurückweisung von Schimpfwörtern, unflätigen oder anzüglichen Bemerkungen und allgemein von »unpassenden« sprachlichen Entgleisungen bei den Schülern oder Schülerinnen.
- Die Redeanteile des Lehrers oder der Lehrerin sind der Unterrichtssituation und den fachbezogenen Intentionen anzupassen nach dem Motto: So viel Lehreransprache wie nötig, und so wenig Lehreransprache wie möglich. Wo immer es sich anbietet und von der Sache her möglich ist, sollte dem ⇨ offenen Unterrichtsgespräch und den schülerzentrierten ⇨ Handlungsmustern der Vorrang gegeben werden.
- Die eingeführte ⇨ Fachsprache sollte stets präsent sein und vom Lehrer so oft wie möglich benutzt sowie von den Schülern und Schülerinnen eingefordert werden.
- Bei der G. ist darauf zu achten, dass sich niemand (auch nicht die Lehrperson) in Nebensächlichkeiten verliert. Man kann Schülerbeiträge, die gerade nicht passen, zurückstellen. Allerdings muss man sie dann auch an späterer Stelle wieder aufgreifen!
- Die ⇨ Lehrerfrage ist mit Bedacht zu wählen; auf ihre Beantwortung sollte insistiert werden. Es geht nicht an, dass eine Lehrerfrage im Raum stehen bleibt, nur weil ein

Schüler oder eine Schülerin vom Thema abschweift oder andere Antworten provoziert. Dies kann vermieden werden, wenn der Lerngruppe von vornherein klar ist, worum es in dem Unterrichtsgespräch gehen soll (⇨ Transparenz), was zu klären ist (⇨ Problem- oder Themafrage der Stunde) und wo der eigentliche Schwerpunkt der Bemühungen (⇨ Akzentuierung) und damit auch die gesuchte Lösung liegen.

- Das so genannte ⇨ Lehrer-Echo ist nur in seltenen Fällen berechtigt; problematisch ist ferner der ⇨ Lehrerkommentar (1) sowie die Angewohnheit der Lehrperson (vor allem beim ⇨ Tafelanschrieb), Schülerantworten »auf den Begriff« bringen zu wollen.
- Falsche Schülerantworten sind in jedem Fall kenntlich zu machen, und zwar so, das der Schüler oder die Schülerin einsehen kann, warum die Antwort nicht passt oder inakzeptabel ist. In jedem Fall erweist es sich als günstig, die Beurteilung einer Schülerantwort durch die Lerngruppe selbst vornehmen zu lassen, nach dem Motto: *„Was sagt ihr dazu?“ – „Findet ihr das auch?“ – „Das kann so nicht stehen bleiben.“* u. dgl.
- Die Rückmeldung durch den Lehrer oder die Lehrerin sollte so beschaffen sein, dass der Schüler oder die Schülerin die Qualität seines bzw. ihres Gesprächsbeitrags abschätzen kann; die Skala kann von *»Hervorragend – das bringt uns ein ganzes Stück weiter«* bis *»Das ist falsch – sieh bitte auf Seite … nach«* o. ä. reichen. Dies erhöht dann auch die Transparenz der Notengebung für die ⇨ mündliche Mitarbeit.
- Bei einer richtigen und brauchbaren Antwort sollte der Lehrer bzw. die Lehrerin nicht sofort »zugreifen«, sondern das Gespräch – je nach Situation mit positiver Verstärkung oder ganz neutral – weiterführen. Dies macht es möglich, dass auch schwächere Schüler Gelegenheit erhalten nachzudenken, dass sie nicht einfach abschalten (weil »Lehrers Liebling« ja immer die richtige Antwort weiß), sondern sich beteiligen, so dass ggf. bestehende Verständnisschwierigkeiten beseitigt werden können.

Das Unterrichtsgespräch ist kein »unverbindlicher Plausch« und darf auch nicht der unreflektierten Reproduktion von Klischees und Vorurteilen dienen, was immer dann leicht geschieht, wenn die Lehrperson nicht vorbereitet ist oder wenn die Lerngruppe kein differenziertes Grundlagenwissen zum Thema hat. Deshalb hängt eine gelungene G. entscheidend von diesen beiden Faktoren ab. „Es ist bekannt, daß Schüler testen, wie weit ein Lehrer ‘anfällig’ fürs ‘Labern’ ist.“ (B. Kroner / H. Schauer, 1997)

Gesprächsgestaltung 1) Je nach Gesprächsanlass ist eine z. T. recht unterschiedliche G. erforderlich. In alltäglichen Situationen denken wir nur selten im Vorhinein über eine differenzierte und gegliederte G. nach; vielmehr lassen wir uns von mehr oder weniger bewussten ⇨ Redestrategien leiten.

2) Wichtiger wird eine bewusste G. eher bei offiziellen oder für uns sehr wichtigen Anlässen. In der Schule gibt es solche Anlässe z. B. beim ⇨ Unterrichtsgespräch oder der ⇨ Beratung von Schülern bzw. Eltern.

Ein solches Beratungsgespräch (z. B. am Elternsprechtag) kann wie folgt vorbereitet und durchgeführt werden:

1. *Eigene Qualifikationen*: Kenntnis der ➪ Gordon-Methode; Fähigkeit und Bereitschaft zur Artikulation eigener ➪ Gefühle, zu einfühlendem Verstehen und ➪ Empathie sowie zu ➪ aktivem Zuhören und ➪ Spiegeln. Kenntnisse wichtiger Formen der ➪ Gesprächsführung und der zwischenmenschlichen ➪ Kommunikation (Schulz von Thun, 1996).
2. *Vorbereitung*: Gespräche mit Kollegen und Kolleginnen, die zum Gesprächsanlass etwas wissen; Informationen aus verschiedenen Quellen sammeln und festhalten; ggf. Arbeitsstichproben mitbringen, typische Situationen erinnern und präparieren.
3. *Gesprächsmaximen*: (1) Nicht jemanden beraten wollen, sondern »sich beraten«, d.h. nicht vorschnell Lösungen parat halten, sondern zunächst hinhören, wie der Gesprächspartner die Dinge sieht, was er erhofft und was er befürchtet, und dann gemeinsam nach Lösungen suchen. (2) Die Gesprächspartner müssen erkennen lassen, dass sie sich und ihre Meinungen gegenseitig akzeptieren. Die Haltung dem anderen gegenüber sollte Wertschätzung und Anteilnahme erkennen lassen. (3) Denken und Handeln der Lehrperson sollen geprägt sein von Echtheit und ➪ Kongruenz; man soll ihr »abnehmen«, was sie sagt und wie sie handelt. (4) Es darf keine ➪ Konfliktvermeidung um jeden Preis geben; auch sollten einschneidende Entscheidungen nicht plötzlich und ad hoc getroffen werden.
4. *Gesprächsstrukturierung*
   Phase A – Exploration: Herstellen eines Klimas des Vertrauens, z.B. durch aktives Zuhören, Spiegeln und Ich-Botschaften (Gordon-Methode), eigene Gefühle ausdrücken bei selektiver ➪ Authentizität, auf nonverbale Signale und verschlüsselte Botschaften achten, »Selbstexploration« der Gesprächspartner ermöglichen mit dem Ziel, eigene Handlungsalternativen zu erkennen.
   Phase B – Handlungsplanung: Der Übergang von A nach B muss (zumindest verbal) vorbereitet sein; er wird dann eingeleitet, wenn sich Aussagen, Argumente u. dgl. wiederholen. Ideal wäre es, wenn in Phase B nur das angegangen würde, was in Phase A von den Gesprächspartnern (z.B. den Eltern) selbst angesprochen wurde. Der Lehrer oder die Lehrerin sollte nicht den Eindruck erwecken, als habe er oder sie die Patentlösung parat bzw. schon immer gewusst. Statt dessen sollte er oder sie z.B. den gemeinsamen Erziehungs- und Bildungsauftrag betonen, bereits erprobte Verfahren nennen, Hilfen anbieten (aber keine pauschalen, unverbindlichen Ratschläge erteilen). Am Ende steht eine Handlungsalternative sowie ggf. ein neuer Gesprächstermin, um Erfolg oder Misserfolg der Maßnahme gemeinsam zu besprechen.

Gesprächskultur Neben einem statischen Aspekt von »Sprachkultur«, der sich auf einen kulturell anerkannten Standard sowie auf dessen Tradierung und Weiterentwicklung bezieht, lässt sich ein dynamischer Aspekt unterscheiden, der als kommunikationsbezogene Kritik an bestimmten Sprachnormen (➪ Norm 2) auf die Kultivierung des Sprachgebrauch bzw. zur Verbesserung der G. im Sinne derjenigen, die diese Kritik vorbringen, abzielt. Solche sprachkulturellen Verbesserungen lassen sich dreifach akzentuieren: Sie betreffen auf der Objektebene die Seite der *Sprachproduzenten* und die Seite der *Sprachrezipienten* sowie auf der Metaebene die Analyse und Behandlung von *Kommunikationskonflikten*.

1. Eine Verbesserung der G. kann auf der Seite der Sprachproduzenten darin gesehen werden, dass sie informativ, wahrhaftig, sach- und adressatenbezogen sowie situationsangemessen schreiben und sprechen.
2. Auf der Seite der Sprachrezipienten kann dies dadurch geschehen, dass sie ihre ➪ Verstehensdisposition erweitern, sensibel für Sprachprobleme – auch Sprachprobleme anderer – werden und selbstkritisch gegenüber dem eigenen Sprachgebrauch und der eigenen Fixierung auf Deutungsmuster.
3. Was die sprachkritische Behandlung von Kommunikationskonflikten betrifft, so kann hier als übergreifende Zielvorstellung gelten, möglichst viele Sprecher und Sprecherinnen zu einem reflektierten Sprachgebrauch zu befähigen und zu motivieren. Damit ist gleichzeitig die pädagogisch-didaktische Aufgabe benannt, die sich für eine Verbesserung der G. immer auch stellt.

Die Bestrebungen etwa der »feministischen Linguistik« können als ein aktuelles Beispiel für einen Sprachnormkonflikt gelten, in dem bestimmte Ansprüche (hier die sprachlich-grammatische sowie die pragmatisch-kommunikative Gleichstellung von Männern und Frauen) geltend gemacht worden sind mit dem Ziel, eine (im Sinne der Vertreterinnen dieser linguistischen Richtung) Verbesserung der G. zu erreichen.

Gestaltpädagogik Richtung der ➪ Humanistischen Pädagogik, die sich auf grundlegende Konzepte der Gestalttherapie (G.I. Brown / H. Petzold, 1977) sowie der Humanistischen Psychologie (Humanistische Wertorientierung, Personenzentrierung, Betonung der Wachstumspotenzen des Individuums) stützt und auf diese Weise zur Entwicklung neuer, ganzheitlicher, integrativer Formen und Inhalte des Umgangs mit sich, mit der Gruppe und dem Thema im Rahmen von pädagogischen Veranstaltungen innerhalb und außerhalb von Institutionen beitragen möchte. (O.-A. Burow / H. Gudjons, 1994) Die G. ist damit eine sehr bewusste und reflektierte Art, pädagogische Situationen und Aufgaben zu sehen und sich ihnen vorbehaltlos zu stellen. Der besondere Akzent liegt dabei auf der Beachtung des ➪ Beziehungsaspekts – zwischen den Menschen untereinander wie zwischen den Menschen und den Themen und Aufgaben – und in der Bewertung der Bedeutung dieses Aspekts für das ➪ Lernen wie für den ➪ Lehr-Lern-Prozess. (J. Bürmann, 1992)

Im Mittelpunkt des Interesses steht das Ziel einer ganzheitlichen Beachtung der erlebenden Person und der Versuch, die Ebenen Denken, Fühlen und Handeln integrativ zu berücksichtigen, d. h. sie durch geeignete Strukturierung unterrichtlicher Situationen in angemessener Weise zu ihrem Recht kommen zu lassen. Weiterhin geht es um die Beachtung und Förderung persönlich bedeutsamer Lehr- und Lernprozesse, die sich durch das Beteiligtsein der »ganzen« Person, durch Engagement und Interesse auszeichnen. Insofern handelt es sich um eine ➪ Personenorientierte Didaktik, die davon ausgeht, dass Inhalte erst vor dem Hintergrund ihrer persönlichen Bezüge und Bedeutungen für die erlebende Person sinnvoll vermittelt werden können. (E. Kösel, ²1995)

Persönlich bedeutsames Lehren und Lernen in der Schulklasse ist unter dem Gesichtspunkt gelingender oder scheiternder Kontaktprozesse erst dann möglich, wenn eine Balance zwischen den Bedürfnissen auf den Ebenen Ich (der Einzelne), Wir (die Gruppe), Es (das Thema) und Globe (das soziale und ökologische Umfeld) angezielt wird, wie es die ➪ Themenzentrierte Interaktion empfiehlt und wie es die übergeordneten Unterrichtsziele Autonomie, Solidarität und Kompetenz (z.B. W. Klafki, 1985) anstreben.

G. ist zunächst eine Pädagogik vom Lehrer aus; sie unterstützt einen Selbstfindungsprozess des einzelnen Pädagogen, indem sie auf Bewusstheit, ➪ Akzeptanz, ➪ Kongruenz, ➪ Empathie und Integration abzielt. Nicht das, was sein soll, sondern das, was ist, wird auf diese Weise zum Ausgangspunkt von Veränderungsprozessen.

Der Prozess der dialogischen, personenzentrierten Kompetenzförderung, in dem der Lehrer die Rolle eines Prozessbegleiters – unter Verwendung kreativer ➪ Medien und ➪ Unterrichtsmethoden – einnimmt, beschreibt den Kern, der die spezifische Originalität der G. ausmacht. Es leuchtet ein, dass die leitenden Prinzipien der ➪ Selbstorganisation (2) und der ➪ Prozessorientierung (1) den Anspruch, ein in sich geschlossenes System zu entwickeln, ausschließen.

Gewalt 1) Der soziologische Begriff G. weist eine Reihe von Bedeutungsvarianten auf:

- *Personale G.*: Einsatz physischer Kraft gegen andere (meist schwächere) Menschen, aber auch »verbale Gewalt« (nicht ausreden lassen, das Wort abschneiden, Gesprächsthemen bestimmen, durch Lautstärke dominieren usw.)
- *Psychische G.*: Jemanden psychisch unter Druck setzen (z.B. Schuldgefühle erzeugen, an Gehorsam oder Pflicht appellieren, Liebesentzug durch Schweigen oder Nichtbeachtung, Mobbing)
- *Sublime G.*: Nicht offen oder bewusst eingesetzte G., die erst in der Reflexion und Analyse deutlich wird (z.B. Dominanz der Jungen- bzw. Männerrolle in gemischtgeschlechtlichen Gruppen, ➪ asymmetrische Kommunikation im Unterrichtsgespräch auf Grund der latenten Prüfsituation)
- *Strukturale G.*: Durch gesellschaftliche Institutionen und soziale Determinanten bewirkter Verhaltensdruck, der in seinen Auswirkungen als G. interpretiert werden kann (z.B. Schulpflicht, schichtspezifische Sprech- und Denkgewohnheiten, elterliche Erziehungsstile)

Die Abgrenzung von G. gegenüber »Macht«, »Herrschaft« und ähnlichen Begriffen ist nicht immer eindeutig und einheitlich. Daher werden zur Präzisierung oft Zusätze gebraucht wie: legale – illegale G., G. gegenüber Sachen – gegenüber Personen, physische – psychische G., offene – sublime G., individuelle – strukturale G. (auch: Systemgewalt). Eine Besonderheit in diesem Zusammenhang stellt die Rede von »progressiver Gewalt« (S. Papke) dar, die ihre Legitimation aus einer Theorie des sozialen Widerstands herleitet; G. entsteht hiernach durch den Widerstand von gesellschaftlich benachteiligten Gruppen und richtet sich gegen die retardierende G. „in den Händen von politischen Eliten“ sowie gegen ihre „Organisationsherrschaft“.

Unter gesellschafts-politischen Aspekten wird G. im Allgemeinen gesehen als ein spezifisches Mittel einer politischen, sozialen oder kulturellen Gruppe, ihre eigenen Interessen gegen den Willen entgegen stehender Gruppen durchzusetzen. Legale Gewalt lässt sich dann unter den Begriff »Herrschaft« subsummieren, während »Macht« diejenigen Kräfte und Mittel bezeichnet, die zur Anwendung von G. anderen gegenüber zur Verfügung stehen bzw. von denen angenommen wird, dass sie gegebenenfalls Anwendung finden können.

2) Gewalt in der Schule; ➪ Aggression, ➪ Macht, ➪ Konflikt, ➪ Konfliktvermeidung, ➪ Mediation, ➪ Prävention.

Einzelheiten bei H. G. Holtappel u. a. ([2]1999), K. Hurrelmann u. a. ([2]1999), L. R. Martin (1999); zur »Schüler-Lehrer-Konferenz« bei T. Gordon ([15]2001), zur »Mediation« bei Ch. Besemer ([8]2001).

Übungsbuch zur Gewalt-Vorbeugung: U. W. Kliebisch / P. A. Schmitz (2001).

Gewohnheit 1) Die ersten G. werden sehr früh ausgebildet und sind ein Mittel des Organismus zur Anpassung an seine Umwelt. Lernpsychologisch gesehen entsteht eine G., wenn aus einem (angeborenen) Bedürfnis, z. B. dem Saug- oder dem Greifreflex, durch Wiederholung ein Übungseffekt eintritt, dessen Folge die Verfestigung zu einem ➪ Schema sowie die ➪ Assimilation an die Umwelt ist. Eine Handlung, die zu einem angenehmen Ergebnis führt, wird wiederholt, und die Ausbildung des Assimilationsschemas stabilisiert die bedingten Reflexe und wird so zu einer G. (Saugen an der Mutterbrust, Saugen am Schnuller, Saugen am Daumen usw.).

Habituation oder G. kann als einfachste Form des Lernens durch ➪ Konditionierung aufgefasst werden, „die dann einsetzt, wenn Reize keine neuen Informationen mehr bieten". (Tewes / Wildgrube, 1992)

2) Bei W. Schulz (1980) bedeutet G. die dritte ➪ Entfaltungsstufe des Lernzielbereichs in der psycho-motorischen Dimension. Inhaltlich bezieht sich G. auf die willentliche und wiederholte Ausübung von ➪ Fertigkeiten (im Briefwechsel mit jemandem stehen, Hausmusik ausüben, einen Garten bepflanzen und pflegen).

Gliederung G. einer Unterrichtsstunde: ➪ Unterrichtsphasen.

Globalziel In manchen ➪ Didaktiken Bezeichnung für ein übergeordnetes ➪ Lernziel. In der Lernzielhierarchie nimmt das G. eine mittlere Position ein: es ist nicht so abstrakt formuliert wie ein ➪ Bildungsziel oder Richtziel, aber weniger konkret als das Ziel einer Unterrichtseinheit bzw. -reihe. Das folgende Beispiel mag den Unterschied erläutern, wenngleich immer mitbedacht werden muss, dass Lernziele in einem konkreten unterrichtlichen Zusammenhang stehen.

- Richtziel
  Erweiterung der Sprachhandlungskompetenz der Schüler und Schülerinnen
- Globalziel
  Die Schülerinnen und Schüler sollen befähigt werden, eigene und fremde Sprachhandlungen zu beschreiben und zu untersuchen.

– Reihenziel
Die Schüler und Schülerinnen sollen wesentliche sprachliche Mechanismen in ➪ asymmetrischer Kommunikation kennen lernen, analysieren und bewerten.

Gordon-Methode Konflikte sind in der Schule wie anderswo nicht immer zu vermeiden, und die Fähigkeit zur Konfliktbewältigung – noch besser zur ➪ Konfliktvermeidung – sollte bei jedem Lehrer und jeder Lehrerin ausgebildet sein. Die G.-M. (T. Gordon, [15]2001) kann hierzu Hilfen anbieten. Einige ihrer wichtigsten Aspekte lassen sich wie folgt skizzieren:

1. Treten Schwierigkeiten in der Schule oder problematische Situationen im Unterricht auf, die mich als Lehrer oder als Lehrerin bedrücken, ärgern, zornig machen und frustrieren, so sollte ich mir als erstes die Frage stellen: *Wer hat das Problem*? Denn nicht alles, was auf mich eindringt oder einstürzt, muss ich als meine Angelegenheit akzeptieren – da gibt es offizielle Gremien (Klassenkonferenz, Elternpflegschaft, Lehrerkonferenz usw.) und Verantwortliche (Stufen- und Schulleiter, Pflegschaftsvorsitzende usw.); für anderes bin ich möglicherweise nicht kompetent (soziale Aufgaben, psychische Betreuung, ärztliche Hilfe) und wieder anderes brauche ich nicht zu akzeptieren (etwa die Rolle als Mutter- oder Vaterersatz).
2. Erkenne ich oder akzeptiere ich den Fall als »mein Problem«, dann sollte ich in der Lage sein, ➪ Ich-Botschaften zu senden. Sie enthalten jeweils drei Bestandteile: (1) eine wertungsfreie Beschreibung des störenden Verhaltens, (2) die konkreten Folgen für mich, die sich aus diesem Verhalten ergeben, (3) eine Schilderung des Gefühls, das bei mir ausgelöst wird, z. B.: „*Wenn ihr den Text nicht vorbereitet, könnt ihr euch nicht am Unterrichtsgespräch beteiligen, und das empfinde ich als Zumutung für mich und die anderen; denn schließlich haben wir uns gemeinsam Ziele gesetzt und einen bestimmten Zeitplan festgelegt, und beides können wir so nicht realisieren.*“ o. ä. Weniger geeignet erscheint eine Ansprache wie: „*Wenn ihr faulenzen wollt, dann aber nicht auf unsere Kosten. Ihr werdet schon sehen, was ihr davon habt*“ usw.; denn hierbei handelt es sich um eine Du-Botschaft mit nur halb verdeckter Drohung, die wenig geeignet ist, mein Problem zu lösen.
3. Erkenne ich, dass es »dein Problem« ist, dann sollte ich in der Lage sein, aktiv zuzuhören (➪ aktives Zuhören). Da wir unsere Gefühle nicht direkt übermitteln können, sondern analog (mittels Zeichen und Symbolen) kodieren müssen, ist es sehr schwer zu verstehen, was der Gesprächspartner wirklich meint und was er fühlt, wenn er etwas sagt. Oft können Meinen und Sagen sich widersprechen. „Um zu erkennen, ob ich die Botschaft meines Gesprächspartners richtig verstanden habe, kann ich ihm eine Rückmeldung geben, welche die zwei bedeutsamen Elemente dieser Botschaft widerspiegelt: die Worte und die zugrundeliegenden Gefühle.“ (G. Bovet / V. Huwendiek, [2]1998) Das ➪ Spiegeln ist ein wichtiges Mittel, um zu erfahren, was mein Gegenüber »eigentlich« meint, z. B.
   - Schüler: „*Schreiben wir die nächste Arbeit schon bald?*“ –
   - Lehrer: „*Du machst dir Sorgen, weil du Probleme bei der Vorbereitung für die nächste Arbeit hast.*“

Falls die Vermutung richtig ist, wird der Schüler – möglicherweise – über seine Sorgen reden können; wenn sie nicht zutrifft, kann der Schüler seine Botschaft modifizieren, bis er sicher sein kann, dass er richtig verstanden worden ist.

Lösen weder Ich-Botschaften noch aktives Zuhören ein Problem, kommt es zum ➪ Konflikt; aber auch in einem solchen Fall sollte man als Lehrperson über ➪ Konfliktlösungsstrategien verfügen, die eine Bewältigung der Angelegenheit ohne Sieger und ohne Verlierer ermöglicht (➪ Methode III); denn nur so kann die Arbeit mit einer Lerngruppe in einer guten Atmosphäre weitergehen.

Grobziel 1) Auch: Hauptziel, Stundenziel; Ziel einer Unterrichtsstunde, das in ➪ Feinziele differenziert wird, z. B.:

a) Grobziel
Die Schülerinnen und Schüler sollen ein Chanson in der Zielsprache inhaltlich und formal erfassen und aktiv verarbeiten.

b) Feinziele
Sie sollen
- an Hand einer Zeichnung ihr Vokabular zum Thema »Nachbarn« und »nachbarschaftliche Konflikte« reorganisieren
- neu eingeführtes Vokabular aktiv und passiv anwenden können
- das Kernproblem des Chansons »Les voisins« von Axelle Red hörend erfassen (Globalverständnis)
- hörend die Lücken des Chansontextes komplettieren (Detailverständnis)
- den Text nach mehrmaligem Hören nahezu fehlerfrei vorlesen
- Global- und Detailfragen beantworten können

2) Gelegentlich wird der Ausdruck G. benutzt, um ein dem ➪ Stundenziel übergeordnetes Ziel einer Unterrichtsreihe, -sequenz oder -einheit zu bezeichnen.

Großform 1) Zu den G. des Unterrichts zählen u. a. ➪ Lehrgang, ➪ Kurs, ➪ Projektunterricht, ➪ fächerübergreifender und ➪ fächerverbindender Unterricht sowie Veranstaltungen außerhalb der Schule wie Klassenfahrt, Exkursion und Praktikum. „Methodische Großformen des Unterrichts sind komplexe, historisch gewachsene und institutionell verankerte feste Strukturen der zielbezogenen Organisation thematisch zusammenhängender schulischer Aufgabenkomplexe.“ (H. Meyer, Band 1, ^{8}1999)

2) Als epische G. gelten der Roman sowie die Novelle.

Grundkurs Im Zuge der Vereinbarung der ständigen ➪ Kultusministerkonferenz vom 7.7.1972 (»Vereinbarung zur Neugestaltung der gymnasialen Oberstufe in der Sekundarstufe II«) sind Grund- und ➪ Leistungskurse eingerichtet worden; G. sind in der Regel 3-stündig und repräsentieren das Niveau der gymnasialen Oberstufe unter dem Aspekt einer gemeinsamen wissenschaftspropädeutischen Ausbildung (➪ Wissenschaftspropädeutik) für alle Schüler und Schülerinnen.

In den Lehrplänen wird deutlich gemacht, dass das generelle Niveau beider Kursarten nicht unterschiedlich sein kann, dass jedoch im G. keine »vertiefte« wissenschaftspropädeutische Ausbildung angestrebt wird. Dies bedeutet, dass im Einzelnen Bereiche ausgeblendet oder durch andere Formen ersetzt werden: So kann z.B. im G. für das Fach Deutsch die Literatur vor 1700 fehlen oder es kann die Lektüre eines Romans bzw. eines Dramas durch eine Literaturverfilmung ersetzt werden. Generell lässt sich sagen, dass im G. gegenüber einem Leistungskurs weniger ➪ Unterrichtsreihen bzw. Unterrichtsvorhaben durchgeführt werden und dass die Vielfalt der eingeübten ➪ Fachmethoden eingeschränkt ist.

Grundschule ➪ Anfangsunterricht, ➪ Primarstufe.

Grundwerte Nach H. von Hentig (1988, [3]1994) ist die Zahl der unverzichtbaren G. gering und innerhalb einer Kultur so gut wie konstant; er nennt z.B. *Freiheit, Gerechtigkeit, Friede, Unversehrtheit des Leibes, Wohlversorgtheit, Wahrheit, Würde der Person, Sicherheit, Mobilität, Identität oder Streben nach Glück.* Er hält die Rede von einer »Sinnkrise« für ungenau; denn diese sei eher eine Struktur- und Verteilungskrise, d.h. eine Gesellschaftskrise. Darüber hinaus gelte, dass die Massenkultur Sinndefizite gleichzeitig verdeckt und verstärkt.

Der Doppelauftrag der Schule, ➪ Unterrichten und ➪ Erziehen, beinhaltet die Förderung der ➪ moralischen Entwicklung aller Schüler und Schülerinnen sowie die Auseinandersetzung mit G., Wertsystemen und Orientierungsmustern, etwa unter folgenden Zielsetzungen:

- eigene Werthaltungen und Werturteile bewusst machen
- zu einer fundierten und differenzierten ➪ Wertediskussion fähig sein
- G. im Kontext von Wert- und Normensystemen (➪ Norm 1) verstehen und Begründungszusammenhänge für Werturteile erfassen
- eigene Wertvorstellungen in der Auseinandersetzung mit konkurrierenden Meinungen, Überzeugungen, Ideologien entwickeln und begründen
- zur Stellungnahme in Wert- und Normkonflikten fähig und bereit sein
- Respekt gegenüber den Wertvorstellungen und den auf ihnen beruhenden Entscheidungen anderer Personen und Personengruppen entwickeln

Weitere Einzelheiten bei H. von Hentig (2001a).

Gruppenansprüche 1) Im Zusammenhang mit der ➪ Themenzentrierten Interaktion, bei der es u.a. um eine Ausbalancierung von Sach-, Personen- und Gruppenbezügen geht, soll jedes Mitglied der Lerngruppe einsehen und spüren, dass die Gruppe ein Beziehungsgeflecht ist, das jeden Einzelnen trägt und mit den übrigen Teilnehmern und Teilnehmerinnen verbindet. Die G. artikulieren sich z.B. darin, dass jeder und jede aufgerufen ist, sich selbst in Auseinandersetzung mit der Sache „als Helfer wie Hilfsbedürftiger den übrigen gegenüber" zu sehen (W. Schulz, [3]1981). Ein gutes sozial-emotionales Klima ermutigt die Gruppenmitglieder, eigene Bedürfnisse und ➪ Gefühle auszudrücken sowie die Bedürfnisse und Gefühle der anderen wahrzunehmen und auf sie zu reagieren.

2) Die weiter gehenden sozialen Bezüge von G. werden in der ➪ Gruppendynamik dargestellt und diskutiert.

Gruppenarbeit Eine der ➪ Sozialformen des Unterrichts, die prinzipiell in allen Schulstufen und Unterrichtsfächern eingesetzt werden kann. Die G. stellt hohe Anforderungen an die Fähigkeiten der Lehrer und Schüler und ist – vielleicht deswegen – relativ selten im Unterricht anzutreffen. In der Literatur wird auf den besonderen Wert von G. hingewiesen; sie fördert die Selbstständigkeit und individuelle Lernfähigkeit der Schüler und Schülerinnen, schult sie in der Anwendung sachgemäßer Arbeitsmethoden und fördert ihre Fähigkeiten zur Kooperation.

Man unterscheidet arbeitsgleiche G. mit gleichen Aufgaben und arbeitsteilige G. mit unterschiedlichen Aufgaben für die Gruppen. Manchmal wird auch eine Mischform praktiziert. Was die Gruppenzusammensetzung betrifft, so können Leistungs- oder Neigungsgruppen gebildet werden. Werden Leistungsgruppen gebildet, so müsste zuvor geklärt sein, ob jeweils leistungsstarke bzw. leistungsschwache Lernende in einer Gruppe zusammengefasst werden (dies ermöglicht z. B. eine ➪ Binnendifferenzierung nach dem Schwierigkeitsgrad der gestellten bzw. zu übernehmenden Aufgaben) oder ob stärkere Schüler und Schülerinnen mit schwächeren in einer Gruppe zusammen arbeiten sollen, was den Aspekt des gegenseitigen Helfens und Kooperierens verstärken könnte.

Ein wesentliches Element der Planung ist die zur Verfügung stehende Unterrichtszeit; denn G. ist sehr zeitintensiv. Zum einen dauert es, bis die Sitzordnung eingenommen, die Aufgaben verteilt, besprochen und verstanden worden sind, zum anderen lebt die Arbeit in den Gruppen von der Kommunikation untereinander, und schließlich ist für die Präsentation der Ergebnisse - und jede Gruppe will und soll gehört werden – ein beachtlicher Zeitrahmen vorzusehen, zumal wenn die Ergebnisse auch noch diskutiert und evtl. überarbeitet werden sollen.

Die G. gliedert sich idealtypisch in drei Phasen, die wiederum selbst noch differenziert sein können:

1. *Arbeitsvorbereitung*

In der Phase der Arbeitsvorbereitung ist neben der Bildung der Kleingruppen auf folgende Punkte zu achten: Bekanntgabe und Erläuterung des Themas bzw. der Themen, ggf. Erarbeitung von Fragestellungen, Erläuterungen zu den Materialien, zu den Arbeitsanweisungen und zur Zeitdauer.

2. *Arbeitsphase*

In der Phase der eigentlichen G. arbeiten mehrere Gruppen von Schülern und Schülerinnen (Idealgröße 4 bis 5) entweder arbeitsgleich oder arbeitsteilig. Jede Gruppe wählt einen Protokollanten (oder ermittelt ihn durch Losverfahren), der die Ergebnisse festhält und später vorträgt. Dies sollte gleich zu Anfang geschehen, damit nachher keine Auseinandersetzung beginnt. Bei längerer G. empfiehlt es sich, einen Koordinator zu bestimmen, der sich über den Arbeitsstand der Gruppen informiert, den Zeitplan überwacht und Querverbindungen zwischen den Gruppen ermöglicht.

Der Lehrer beobachtet die Arbeit der einzelnen Gruppen und gibt bei Bedarf Hilfen; evtl. hat er Nachschlagewerke, ➪ Multimedia o. dgl. bereitgestellt. Bei längerer. G. sind nach bestimmten Zeitintervallen Reflexionsphasen angebracht, in denen

Zwischenergebnisse vorgetragen sowie aufgetretene Probleme diskutiert werden können; sie werden im Zeitplan zuvor festgelegt. Am Ende der Arbeitsphase steht das Ergebnis der Gruppenarbeit: der Gruppenbericht bzw. das vereinbarte Produkt.

3. *Auswertung*

- Vorstellen der Ergebnisse: entweder Referatmethode (bei arbeitsteiliger G.) oder Ergänzungsmethode (arbeitsgleiche G.). Alle Schüler und Schülerinnen machen sich für die anschließende Diskussion Notizen. Der Lehrer bzw. die Lehrerin hält sich weitgehend zurück.
- Diskussion, Korrektur, Ergänzung der Ergebnisse: Auch hier agiert die Lerngruppe selbstständig; die Lehrperson greift lediglich ein, wenn offensichtliche Fehlurteile im Raume stehen, wenn Aspekte fehlen oder wenn Teile disfunktional sind.
- Ordnung und Bewertung der Ergebnisse: (1) Bei einer längerfristigen bzw. umfangreichen G. bildet die Zusammenfassung der Teilergebnisse bzw. die Zusammenstellung des Gesamtergebnisses (Stellwand, Plakate zu einem übergeordneten Thema, Reader usw.) den Abschluss zu einem festgesetzten Termin; ihm kann die Präsentation im Klassenraum bzw. vor einem bestimmten Publikum außerhalb der Klasse folgen. (2) Bei kürzerer G. im Rahmen einer Unterrichtseinheit dienen die Gruppenergebnisse meist dazu, die übrigen Schüler und Schülerinnen so zu informieren, dass sie mit dem neuen Kenntnisstand erfolgreich an einem Thema weiterarbeiten können.

Folgende Punkte sollten bei G. besonders beachtet werden:

- Die Vorbereitung muss stimmen (Auswahl des Themas und der Materialien in Hinblick auf die Lerngruppe und die Zielperspektive, Einbindung der Schüler und Schülerinnen in die Planung, Beachtung der methodischen und ⇨ sachstrukturellen Voraussetzungen der Lerngruppe).
- Räumliche und zeitliche (organisatorische) Voraussetzungen müssen bedacht werden.
- Es muss ⇨ Transparenz bezüglich der übergreifenden Fragestellung sowie der Aufgaben und Teilaufgaben für jedes Gruppenmitglied bestehen sowie klare Vorstellungen über den Zeitrahmen und über die Zielsetzung.
- Bei der Integration müssen die Bezüge zwischen den einzelnen Gruppenergebnissen hergestellt und auch die übergreifende Zielsetzung der durchgeführten G. aufgegriffen und gesichert werden (⇨ Ergebnissicherung).

Zur Bewertung von G.:

Schwierig sind ⇨ Beurteilen und ⇨ Benotung von G., sofern die Anteile der Einzelnen nicht ohne weiteres deutlich gemacht werden können. Hier bieten sich einige Verfahren der ⇨ prozessbegleitenden Bewertung an, die bereits in der Vorbereitungsphase deutlich bekannt gegeben und vereinbart werden müssen: der Lehrer oder die Lehrerin informiert sich im Gespräch mit Einzelnen über den Stand der G. während des Arbeitsprozesses, jedes Gruppenmitglied führt ein individuelles Arbeitsprotokoll oder legt eine ⇨ Arbeitsmappe (1) mit seinen bzw. ihren Beiträgen an, aus denen die Genese und der Fortschritt der Arbeiten ersichtlich werden.

Weitere Informationen bei H. Meyer ([9]1999, Band II, Lektion 11), M. Affeldt (1994), A. Metzinger (1999).

Gruppendynamik In jeder Gruppe, die für längere Zeit feste Kontakte pflegt, ergeben sich bestimmte Umgangsweisen und Kommunikationsformen, zudem erfolgen Rollenfestlegungen bezüglich der Eigen- und der jeweiligen Fremdrolle. Die G. bewirkt, dass in bestimmten Phasen die Machtverhältnisse und persönlichen Beziehungen innerhalb der Gruppe in Frage gestellt und ggf. neu geregelt werden. Dies gilt allerdings für Gruppen, die freiwillig und relativ kontinuierlich zusammen agieren, was für den Bereich von Schule und Ausbildung nicht in dieser Weise gegeben ist. Wichtig für das Funktionieren gruppendynamischer Prozesse ist die gefühlsmäßige Bindung des Einzelnen an die Gruppe als Voraussetzung für solidarisches Handeln. Probleme auf der personalen Ebene sind – im Sinne der ➪ Themenzentrierten Interaktion – vorrangig zu besprechen; ein Aspekt, der angesichts großer Klassen, überfrachteter Lehrpläne und Zeitdruck (Klausuren, Abitur) in der Schulwirklichkeit kaum realisierbar ist.

Dennoch erscheint es geraten, der G. auch und gerade in Lerngruppen Raum zu geben und Zeit zu gewähren. Eine wichtige Voraussetzung für den Erfolg solcher Prozesse ist die Befähigung und Bereitschaft des Einzelnen zur ➪ Metakommunikation (2) im Allgemeinen sowie zur Kultivierung des Sprachgebrauchs (➪ Gesprächskultur) im Besonderen.

Weitere Informationen bei P. R. Wellhöfer (1993), W. Rechtien (1999).

Gruppenunterricht ➪ Gruppenarbeit.

Gütekriterien Im Zusammenhang mit sozialwissenschaftlichen Testverfahren sind drei G. entwickelt worden, die u. a. auch auf ➪ Tests, ➪ Klassenarbeiten oder ➪ Klausuren im schulischen Bereich übertragen worden sind.

- *Objektivität*: Die Beurteilung einer Leistung muss intersubjektiv nachprüfbar sein, d. h. eine fremde Lehrperson müsste – ohne sich mit dem Fachlehrer abzusprechen – zu annähernd gleichen Ergebnissen bei der Korrektur und Bewertung kommen.
- *Reliabilität*: Die Messung einer Leistung muss genau genug sein; es reicht nicht aus, wenn ich nur einen kleinen Teilbereich oder Ausschnitt prüfe und dafür eine allgemeine Bewertung oder Benotung abgebe. Aus diesem Grund sollten Arbeiten keine Wissens-, sondern eher Verständnisfragen enthalten und darüber hinaus den Schülern und Schülerinnen Gelegenheit geben, erworbenes Wissen auf breiter Basis anzuwenden.
- *Validität*: Es sollte tatsächlich das gemessen werden, was zu messen beabsichtigt worden ist. So kann es z. B. bei einem Diktat vorkommen, dass nicht die Rechtschreibleistung eines Schülers oder einer Schülerin gemessen wird, sondern seine bzw. ihre Fähigkeit, schnell zu schreiben. Hieraus folgt, dass bei jeder ➪ Erfolgskontrolle bzw. ➪ Leistungsmessung genügend Zeit gelassen werden muss, damit kein Stress aufkommt und damit auch das gemessen wird, was gemessen werden soll.

GUV Abk. für »Gesetzliche Unfallversicherung«.

GUVV Abk. für »Gemeindeunfallversicherungsverband«.

✳ ✳ ✳

Habitualisierung Terminus bei W. Schulz, auch: »Gestaltung« (1965); die letzte der drei ➪ Entfaltungsstufen im Lernzielbereich, die sich in die drei ➪ Dimensionen: Überzeugung (kognitiv), Gesinnung (affektiv) und Gewohnheit (psycho-motorisch) gliedert. Die Stufe der H. wird meist über ➪ Transfer erreicht, wenn Schüler oder Schülerinnen das Gelernte verstanden haben und von seiner Richtigkeit dauerhaft überzeugt sind, wenn sie eine innere Einstellung auch über den Schulalltag hinaus zeigen und wenn sie eingeübte Fertigkeiten dauerhaft beherrschen und anwenden (können). Lernziele auf dieser Stufe sind naturgemäß nur langfristig und meist nicht mit den Mitteln der Schule allein zu überprüfen.

Nach W. Schulz ([3]1981) bleibt bei der Planung von Lernprozessen zu fragen, ob unterrichtliche Intentionen so angelegt sind, dass sie „letztlich eine Habitualisierung des Gelernten, eine innere Veränderung anstreben, die den Lernanlass langfristig überdauert, Merkmal der Person wird“.

Haftung 1) Verletzen Lehrer oder Lehrerinnen ihre ➪ Dienstpflichten gegenüber einem Dritten, „so trifft die Verantwortung grundsätzlich den Staat oder die Körperschaft, in deren Dienst“ sie stehen (Grundgesetz, Artikel 34). Allerdings bleibt bei Vorsatz oder grober Fahrlässigkeit der Rückgriff vorbehalten.

2) Grundsätzlich obliegt dem Schulleiter die Durchführung der Unfallverhütung im inneren Bereich der Schule. Hierzu gehört vor allem die Regelung der ➪ Aufsicht (ASchO, § 12); außerdem ist eine Reihe von Rechtsvorschriften erlassen worden (zum Umgang mit gefährlichen Stoffen, Strahlenschutzverordnung, Sicherheitsvorschriften beim Schulsport, insbesondere beim Schwimmunterricht). „Alle Schüler sind während schulischer Veranstaltungen sowie auf den Wegen von und zu diesen im Rahmen der gesetzlichen Unfallversicherung“ versichert (ASchO, § 46,5); eingeschlossen sind Schulwanderungen und Schulfahrten (➪ Wandererlass).

3) Die Haftung von Schülern, die im Namen der Schule als Schullotsen tätig werden oder die an Betriebspraktika oder an ähnlichen Schulveranstaltungen teilnehmen, wird durch eine angemessene Schüler-Unfallversicherung sowie durch eine Haftpflichtversicherung von der Behörde abgedeckt (Schulfinanzierungsgesetz, § 1,3). Andererseits haften Schüler bzw. deren Eltern „für die von Schülern verursachten Personen- und Sachschäden nach den gesetzlichen Vorschriften. Die Haftung umfaßt auch die Verpflichtung zur pfleglichen Behandlung und pünktlichen Rückgabe des dem Schüler anvertrauten Schuleigentums“. (ASchO, § 49,2). Hiernach sind Schüler oder Schülerinnen bzw. deren Eltern ersatzpflichtig, wenn von der Schule ausgeliehene Bücher verloren gehen oder in stärkerem Maße verschmutzt werden.

Halbjahresnoten Halbjährliche ➪ Notenbildung in der Oberstufe; die H. setzt sich zusammen aus den beiden ➪ Quartalsnoten, die jeweils für den Klausurenbereich und für den Bereich ➪ Sonstige Mitarbeit erteilt wurden. „Eine rechnerische Bildung der Kursabschlußnote ist unzulässig" (APO-GOSt, § 14,1); dies bedeutet, dass der Lehrer bzw. die Lehrerin nicht nur einen pädagogischen Spielraum bei der Notenbildung hat, sondern dass er oder sie diesen auch anwenden muss.

Haloeffekt Schlussfolgerung von einem hervorstechenden Merkmal oder vom ersten Eindruck einer Person auf andere, nicht beobachtete Merkmale. So kann es sein, dass eine Lehrerin oder ein Lehrer von der sauberen Heftführung oder der schönen Handschrift eines Schülers oder einer Schülerin auf dessen oder deren Intelligenz schließt (ohne sich dessen allerdings bewusst zu sein). Der H. gehört zu den ➪ subjektiven Theorien, die eine Lehrkraft verinnerlicht hat und die der Reflexion nur schwer zugänglich sind.

Ähnlich wie der H. wirkt der »logische Fehler«, die direkte (unbegründete) Ableitung einer Eigenschaft aus einer anderen; z. B.: ein Schüler, der gut in Mathematik ist, ist auch gut in Latein (und umgekehrt).

Haltung Grundlage für die Herausbildung einer H. sind Wahrnehmungen und Erlebnisse, die sich als ➪ Erfahrung im Bewusstein einer Person niedergeschlagen haben und die sich – z. B. durch Wiederholung von Erfolg und Wohlbefinden im Zusammenhang mit ihnen – zu einer H. verdichtet haben. Lerntheoretisch sind H. im weitesten Sinne Deutungs- und Handlungsmuster auf der Entfaltungsstufe der ➪ Habitualisierung, und zwar kognitiv als *Überzeugung*, affektiv als *Gesinnung* und psycho-motorisch als *Gewohnheit*.

„Eine Haltung ist das Gesamt an privaten, sozialen und politischen Vorstellungen und Interessen einerseits, an sprachlichen, handlungsbezogenen und körperlichen Ausdrucksmöglichkeiten andererseits." (I. Scheller) Da die strukturellen Anlagen für H. bereits recht früh in der Mutter-Kind-Beziehungen erworben werden und bis zum vierten Lebensjahr recht stabil als ➪ Handlungs- und Deutungsmuster ausgeprägt sind, können sie durch verbale Belehrung kaum verändert werden. Von daher sind besonders der erfahrungsbezogene Unterricht (➪ erfahrungsorientiert) sowie ➪ Handlungsorientierung und ➪ Projektunterricht geeignet, H. positiv zu verändern; letztlich gehört die Arbeit an H. in den umfassenden Bereich der ➪ Erziehung. Nach I. Scheller (1998) ist besonders das ➪ Spiel geeignet, verfestigte H. zu »verflüssigen«, d. h. der Reflexion und Kommunikation wieder zugänglich zu machen.

Hamburger Modell Weiterentwicklung der ➪ Berliner Didaktik durch W. Schulz Anfang der 80er-Jahre. Das H. M. ist in mehreren Schritten vorbereitet worden: 1972 »Zwischenbilanz« (Wegfall des Postulats von der Wertfreiheit der ➪ Strukturanalyse); 1977 »Didaktik und Praxis« (gemeinsam mit G. Otto und W. Klafki: Annäherung an die ➪ Bildungstheoretische Didaktik).

In seinem H. M. unterscheidet Schulz vier Ebenen der Unterrichtsplanung:

1. *Perspektivplanung* (Grundsatzentscheidungen)

Hierher gehört z. B. die Prüfung und Reflexion von Richtlinien und Lehrplänen, von Unterrichtsmaterialien und fachwissenschaftlichen Ergebnissen und Methoden. Der Leitgedanke der Perspektivplanung besteht in der „Erziehung zur größtmöglichen Verfügung aller Menschen über sich selbst". Realisiert und kleingearbeitet wird dieses ➪ Richtziel in drei Aspekten im Bereich »Intentionen« und drei Aspekten im Bereich »Themen«, die in einer Matrix zueinander in Beziehung gebracht werden und so neun Felder ergeben.

- Intentionen: Kompetenz (Sachbezug), Solidarität (Personenbezug) und Autonomie (Gefühlsbezug)
- Themen: Sacherfahrung, Gefühlserfahrung und Sozialerfahrung

Die Funktionen dieser Planungsebene sind: (1) Leitgedanken zu begründen, (2) einen professionellen Standard zu erarbeiten und (3) den Lehr-Lern-Prozess methodisch analog der ➪ Themenzentrierten Interaktion zu organisieren.

2. *Umrissplanung* (gemeinsame Strukturierung des ➪ Handlungsfeldes als „Kernstück der Unterrichtsplanung in der Praxis")

Diese Planungsebene beinhaltet:

a) Aufstellung der Unterrichtsziele und deren Prüfung im Hinblick auf Legalität, Legitimität, Strukturierung, ➪ Operationalisierung sowie Realisierbarkeit;
b) Prüfung der Ausgangslage: Lernvoraussetzungen von Schülern und Lehrern, ➪ soziokulturelle Voraussetzungen sowie schulorganisatorische Bedingungen;
c) Wahl und Begründung der Vermittlungsvariablen (Methoden und Medien): Auswahl der Grundformen des Lehrens (favorisiert wird ➪ Projektunterricht), ➪ Unterrichtsphasen, ➪ Sozialformen, ➪ Differenzierung sowie Berücksichtigung der institutionellen Rahmenbedingungen und der ➪ Aktionsformen; Zuordnung geeigneter ➪ Unterrichtsmedien als „Symbole der Verständigung";
d) Planung von ➪ Erfolgskontrollen, wobei der Eigenkontrolle und Selbstkorrektur soviel Raum wie möglich gegeben werden soll.

Die Funktionen dieser Planungsebene sind: (1) handlungserleichternde Reduktion bei gleichzeitiger Bewahrung notwendiger Komplexität, (2) Verknüpfung der Planungsmomente, die in einem Implikationsverhältnis zueinander stehen, (3) Vermeidung von Einseitigkeiten durch Herstellen eines Gleichgewichts zwischen den Anforderungen des Ich, des Wir und der Sache, (4) Wahrung einer emanzipativen Perspektive im Sinne der Themenzentrierten Interaktion sowie der Perspektivplanung.

3. *Prozessplanung* (Unterrichtseinheiten in zeitlicher Folge)

„Bei der Transponierung des Implikationszusammenhangs der Umrißplanung in die zeitliche Abfolge einer Prozeßplanung werden die Planungsentscheidungen und die Annahmen, auf denen sie beruhen, zunächst einmal festgeschrieben." (Schulz, 1980) Ein mögliches Schema für die Detailplanung sieht so aus:

a) Geschätzter Zeitaufwand
b) Teilziele in zeitlicher Reihenfolge

c) Bereitgestellte Lernhilfen
d) Alternativen
4. *Planungskorrektur*

Da die Beteiligung der Schüler und Schülerinnen an der Planung und Durchführung des Unterrichts integraler Bestandteil des H. M. ist, muss der Unterricht prinzipiell offen für die Wünsche der Beteiligten, für Veränderungen und Korrekturen gestaltet sein. Dies „nötigt alle Gruppenmitglieder, auch ihre spontanen Änderungswünsche diskursiv zu legitimeren".

Das H. M. integriert drei Grundprinzipien:

- *Interdependenz*: die Didaktik erscheint als „Strukturtheorie des Lehrens und Unterrichtens" und strebt eine „widerspruchsfreie Wechselwirkung der Planungsmomente" an.
- *Variabilität*: a) durch „Mitsteuerung des Unterrichtsprozesses durch die Lernenden" und b) durch „absichtsvolle Bereitstellung von Alternativen" sowie »Planungskorrektur«.
- *Kontrollierbarkeit*: als „empirische Selbstkontrolle didaktischen Denkens".

Kernstück des H. M. ist die Organisation des Unterricht sowie der „Verständigungsarbeit" innerhalb der Lehr-Lern-Gruppe analog zur Themenzentrierten Interaktion, wodurch es jedem Mitglied ermöglicht wird, „Balance zu halten zwischen der Absicht, bestimmte Themen zu bearbeiten, mit anderen Zusammenleben zu lernen und sich dabei einzubringen und zu entfalten" (W. Schulz, 1980).

„Das Hamburger Modell der Didaktik stellt höchste Ansprüche an die Konsensbereitschaft und die Methodenkompetenz der LehrerInnen und der SchülerInnen, liefert aber nur wenige konkrete Hilfestellungen zur Einlösung dieses Anspruchs"; so urteilen W. Jank / H. Meyer ([5]1996). Sie kennzeichnen das H. M. als »Feiertagsdidaktik«, aber in bestem Sinne; denn es „beschreibt die konkrete Utopie einer Schule, in der selbstbestimmtes, repressionsfreies Lehren und Lernen mit dem Ziel der Selbstverwirklichung in sozialer Verantwortung möglich ist und in gemeinsamer Arbeit von SchülerInnen, LehrerInnen und Eltern zunehmend realisiert wird".

Handeln Es gibt eine Vielzahl von Handlungstheorien, die jeweils unterschiedliche Akzente bei der Festlegung des fachsprachlichen Ausdrucks H. setzen. Einige dieser Akzente sind:

- Innensteuerung durch ein Subjekt
- Intentionalität und freie Willensentscheidung
- Entwicklung eines flexiblen Handlungskonzepts
- Betonung eines »subjektiven Sinns«
- Verantwortlichkeit für die Handlungsfolgen

W. Edelmann ([6]2000) grenzt Verhalten von H. folgendermaßen ab: „Von Verhalten soll gesprochen werden, wenn die Tätigkeit im wesentlichen von den tatsächlich auftretenden oder antizipierten Konsequenzen gesteuert wird (Außensteuerung) und von Handeln soll die Rede sein, wenn die Entwicklung eines antizipatorischen flexiblen Handlungskonzeptes im Vordergrund steht (Innensteuerung)."

Aus diesen Bemerkungen geht die Wichtigkeit von ➪ Handlungsorientierung im Unterricht hervor: Um H. zu lernen und zu erproben sind Freiräume notwendig, in denen die Schüler und Schülerinnen flexible Handlungskonzepte entwickeln und erproben können; die Zielgerichtetheit sowie das Vorhandensein eines subjektiven Sinns der Handlung sind verbunden mit der Übernahme von Verantwortung für das Gelingen bzw. für die Folgen dieser Handlung. Diese Zusammenhänge können im Ganzen gesehen die ➪ Motivation des Einzelnen gegenüber einem Unterrichtsinhalt erhöhen, gleichzeitig sind sie geeignet, seine ➪ Handlungskompetenz zu verbessern.

Handlung Akt des ➪ Handelns; Basisbegriff einer Psychologie, die von der ➪ Innensteuerung des Menschen ausgeht, und „Grundeinheit menschlicher Lebensaktivität, die durch absichtsvoll gesetzte Ziele zweckbestimmt und weitgehend bewußt abläuft" (U. Tewes / K. Wildgrube, 1992).

Handlungsalternative Bei der ➪ Beratung lassen sich im Allgemeinen zwei Phasen unterscheiden:

a) die Phase der ➪ Exploration
Zu Beginn eines Beratungsgesprächs gilt es, die Fragen, Bedürfnisse, Wünsche und Befürchtungen auszuloten, die der oder die Ratsuchende hat; der Lehrer oder die Lehrerin sollte in dieser Phase offen sein für Neues, Gefühle und Empathie zeigen und fähig zu ➪ aktivem Zuhören sein.

b) die Phase der Planung von H.
Am Ende der Explorationsphase (wenn sich Argumente oder Gesprächsteile wiederholen) sollte der oder die Beratende eine kurze Zusammenfassung geben und zur Besprechung von H. überleiten. Es soll gemeinsam ein Weg zur Beseitigung oder Minderung des problematischen Zustands, um den es geht, gesucht werden. Hierbei gilt, dass keine vorschnellen Lösungen angeboten werden, sondern dass möglichst auf das zurückgegriffen wird, was der oder die Ratsuchende in der ersten Phase bereits erwähnt hat; denn selbst gefundene Pläne werden eher akzeptiert als Lösungen von außen.

Wie eine solche H. aussehen kann, zeigt folgendes Beispiel (nach G. Bovet / V. Huwendiek, ²1998):

Eine Mutter hat in der Sprechstunde beklagt, dass ihr Kind immer so still im Unterricht ist und von daher schlechtere Noten als erwartet bekommt. Falsch wäre es, wenn der Lehrer oder die Lehrerin als »Ergebnis« die H. vorschlägt: „*Sagen Sie Claudia, dass sie sich im Unterricht unbedingt mehr melden muss.*" – Auch würde ein Hinweis der Mutter wie: „*Nehmen Sie sie ruhig öfter dran!*" nur wenig helfen. Viel mehr Erfolg verspricht die H., dass die Schülerin eine »Meldekarte« führen könnte, auf die sie selbstständig ihr Meldeverhalten im Unterricht notiert (Datum, Strich für jede Meldung, Kreuz für jedes Drankommen, Ausrufezeichen für ein Lob bei einer richtigen Antwort o. ä.) und damit kontrolliert. So kann ihr das eigene Verhalten bewusster werden und in die eigene Verantwortung übergehen.

Wird die H. akzeptiert, sollte ein weiterer Gesprächstermin vereinbart werden, zu dem die Ergebnisse erneut besprochen werden können.

Handlungsfähigkeit ⇨ Handlungskompetenz.

Handlungsfeld Terminus bei W. Schulz (1980); er spricht bei seinem ⇨ Hamburger Modell von einem »Modell des didaktischen Handlungsfeldes«, das bestimmte Leitgedanken zu realisieren versucht. Einer dieser Leitgedanken besteht darin, dass unterrichtliche Interaktionen „Verständigung zwischen prinzipiell handlungsfähigen Subjekten", und zwar über ihre Befähigung zu eigenverantwortlicher Lebensführung, darstellt. Verbunden damit ist ein permanentes Training zur Bewältigung dieser Verständigungsprozesse und zur Reflexion ihrer Voraussetzungen.

Handlungskompetenz 1) Gesamtheit der ⇨ Handlungskonzepte und ⇨ -schemata, die einer Person zur Verfügung stehen. Wer über eine umfassende H. verfügt, kann in unterschiedlichen Situationen seine Ziele auf effektive Weise erreichen (⇨ effizientes Handeln).

2) Im pädagogischen Raum bedeutet H., dass ein Lehrer oder eine Lehrerin die Fähigkeit besitzt, in immer neuen – auch in nicht genau vorhersehbaren – Unterrichtssituationen Lernprozesse zielfunktional, sach- und schülergerecht zu organisieren und durchzuführen. Eine nicht unwichtige Rolle spielt hierbei die Ausbildung einer reflektierten ⇨ Routine.

Handlungskonzept Auch: ⇨ Handlungsplan; inneres Bild von einer ⇨ Handlung oder einer Handlungsfolge, die auf ein Ziel gerichtet ist.

Handlungsmuster Auch: Unterrichtsform (W. Kramp).

1) Gelegentlich synonym zu ⇨ Handlungsschema gebraucht.

2) Teil des methodischen Handelns im Unterricht, das sich in drei Dimensionen entfaltet:

a) im zeitlichen Nacheinander als ⇨ Unterrichtsphasen,
b) als Beziehungsstruktur der am Unterricht beteiligten Personen in ⇨ Sozialformen,
c) als Handlungsstruktur in H.

Die H. können als Mittel zur »Inszenierung von Wirklichkeit« in ⇨ Lehr-Lern-Prozessen betrachtet werden; sie haben den Aufbau von ⇨ Handlungskompetenzen der Lernenden zum Ziel. Beispiele für H. sind: ⇨ Lehrervortrag, ⇨ Schülerreferat, ⇨ Darbieten, ⇨ Unterrichtsgespräch, ⇨ Tafelanschrieb, ⇨ Rollenspiel, ⇨ Exkursion, ⇨ Klassenarbeit, ⇨ Klausur, ⇨ Test u. dgl.

Einteilen lassen sich die H. in
- *verbale H.*: Unterrichtsgespräch, Streitgespräch, Debatte, Erzählung, Schülerbeitrag usw.
- *motorische H.*: Darbieten, Arbeit mit Materialien oder Geräten, Schreiben, Strukturieren, Spielen oder Darstellen.

Schüleraktive H. sind z. B. ➪ Diskussion, ➪ Fishbowl, ➪ Kartenabfrage, ➪ Podiumsdiskussion oder ➪ Streitgespräch, handelndes Lernen an ➪ Übungsstationen u. dgl.

Handlungsorientierung Bei einem handlungsorientierten Unterricht geht es darum, in übergreifenden, ganzheitlich-situativen, den Bezug zur Lebenswelt wahrenden Zusammenhängen, die von den Schülern und Schülerinnen als subjektiv bedeutsam empfunden werden, zu arbeiten und zu lernen. (H. Gudjons, 1989) Allerdings ist der Terminus H. vieldeutig und unscharf; deshalb sollten einige seiner Bedeutungsvarianten stets bedacht werden:

- Lerntheoretische Voraussetzung des Unterrichts
  Konzept des Erfahrungslernens (»learning by doing«) im Sinn der These, dass Verhaltensdispositionen primär handelnd erworben werden können.
- Verfahren im Unterricht
  Unterricht als »handelnder Umgang mit ...« im Gegensatz zu »reden über...«; diese kritische Überwindung der reinen Diskussionsformen des Fachunterrichts ist zwar durchaus berechtigt, darf aber ihrerseits nicht zum Selbstzweck werden oder einseitig das Unterrichtsgeschehen bestimmen, da dies dem Anspruch auf ➪ Ganzheitlichkeit zuwiderliefe.
- Qualifikationen, auf die der Unterricht zielt
  Befähigung der Schüler und Schülerinnen zur Handlungsfähigkeit im Hinblick auf ihre individuelle und gesellschaftliche Kompetenz (➪ Handlungskompetenz). In diesem Sinne kann bereits die Einübung eines Bewerbungsschreibens »handlungsorientiert« genannt werden.
- Transfer von Gelerntem
  Im Sinne der »Vorbildpädagogik« soll Gelerntes in die Tat umgesetzt werden. So sollen sich die Schüler und Schülerinnen, wenn sie z. B. etwas Positives zur Umwelterziehung gelesen haben, der Umwelt gegenüber in diesem positiven Sinne verhalten.

Eine Begriffsfestlegung von H., die davon ausgeht, das sie am effektivsten im ➪ Projektunterricht zu realisieren sei, ist die von W. Jank / H. Meyer ([5]1996): „Handlungsorientierter Unterricht ist ein ganzheitlicher und schüleraktiver Unterricht, in dem die zwischen dem Lehrer / der Lehrerin und den SchülerInnen vereinbarten Handlungsprodukte die Gestaltung des Unterrichtsprozesses leiten, so daß Kopf- und Handarbeit der SchülerInnen in ein ausgewogenes Verhältnis zueinander gebracht werden können." Allerdings weisen sie gleichzeitig darauf hin, dass das Konzept zum Teil utopische Züge aufweist. Nichtsdestoweniger kann H. in der Schulwirklichkeit regulativ wirken, wenn dieses Unterrichtsverfahren als Ergänzung zum ➪ Frontalunterricht angesehen wird und wenn es dosiert sowie funktional und zeitökonomisch eingesetzt wird.

Im Anlehnung an W. Jank / H. Meyer lassen sich sieben Merkmale von H. im Unterricht feststellen:

1. Ganzheitlichkeit (mit personalen, inhaltlichen und methodischen Aspekten)
2. Schülerorientierung (unter Wahrung der Dialektik von Führung und Selbsttätigkeit)
3. Handlungsprodukte (in unterschiedlichen Symbolisierungsformen)

4. Interesse (durch Wahl des Ausgangspunktes bei den subjektiven Schülerinteressen)
5. Beteiligung (in einer ➪ partizipatorischen Planung, bei der Durchführung und Auswertung des Unterrichts)
6. Öffnung (von Unterricht nach innen und von Schule nach außen)
7. Kopf- und Handarbeit (in dynamischer Wechselwirkung zueinander)

So verstanden ist handlungsorientierter Unterricht als Prozess „im Sinne einer aktiven, zielorientierten, versprachlichten und reflektierten Tätigkeit" anzulegen; er ist nicht ständige »action« mit Reizüberflutung durch den Lehrer als »Show-master« und auch nicht bloßes manuell-hantierendes Tun, „das Ausführen vorgegebener Anweisungen oder das sinnlich-anschauliche Erfahren und Erleben allein" (H. Gudjons, 1989). Von daher behalten der Klassenunterricht sowie das ➪ Unterrichtsgespräch ihre zentrale Rolle im Unterricht, allerdings mit dem Hinweis, dass ➪ Methodenvielfalt ein wesentliches Mittel der Motivation, des Lernerfolgs und der wissenschaftspropädeutischen Ausbildung darstellt.

H. Gudjons (5 1997) weist darauf hin, dass H. ein »Unterrichtsprinzip« (keine Methode im eigentlichen Sinne) mit bestimmten Merkmalen ist, das sich lernpsychologisch und sozialisationstheoretisch wohl begründen lässt. Er spricht sich dafür aus, Handlungssituationen in den Fachunterricht zu integrieren, wo immer dies möglich und vertretbar ist, z. B.: Spielen und Lernen, Erkunden und Erforschen, Herstellen und Verwenden, Erfahren und Erleben, Eingreifen und Verändern usw.

Handlungsplan Organisation von Aktivitätssequenzen in zeitlicher Abfolge; gleichzeitig Abarbeiten der Planungsschritte auf den verschiedenen Regulationsebenen (motorisch, begrifflich, evaluativ). Bei der Realisierung seines H. vergleicht der Akteur prozessbegleitend den erreichten mit dem geplanten Verlauf und passt seine Teilaktivitäten ggf. an: er verändert Planungselemente mit Blick auf das zu erreichende Handlungsziel. Abschließende Bewertungen beziehen sich auf Fragen der Effizienz (Aufwand versus Ertrag), der Qualität (Abgleichung von ➪ Handlungskonzept und tatsächlicher Handlung) und der tatsächlichen bzw. möglichen Folgen.

H. können lediglich als grober Entwurf und einfach strukturiert (Taktik) vorliegen, oder sie können bis in alle Einzelheiten durchdacht sein und mögliche Alternativen gedanklich vorwegnehmen (Strategie).

Handlungsplanung Abschließender Teil der ➪ Beratung, in dem es um die Planung von ➪ Handlungsalternativen geht.

Handlungsprodukt Materielle oder geistige Ergebnisse des Unterrichts, die veröffentlicht werden (können); zwischen Lerngruppe und Lehrperson vereinbartes, objektivierbares Ergebnis eines Arbeitsprozesses, meist im Rahmen von ➪ Projektunterricht. Typische H. werden a) inszeniert (➪ Rollenspiel, ➪ Planspiel, Aufführung eines Theaterstücks, eines Sketches, Gestaltung einer Klassenfeier) oder b) hergestellt (Text-Bild-Collagen, ➪ Klassenzeitung, Videofilm über Aktivitäten der Klasse oder als Dokumentation zu einem Thema, ➪ Modelle, ➪ Wandzeitung).

Der Ausdruck H. kann so aufgefasst werden, dass er im Sinne von ➪ ganzheitlichem Lernen Kopf- und Handarbeit einschließt.

Handlungsschema Wird die Struktur unterschiedlicher Handlungen als gleich erkannt, so spricht man von einem H. „Ein solches »Schema« stellt die kognitive Repräsentation einer Klasse von Vorgängen in handlungsmäßiger, bildhafter und symbolischer Form dar und ist als Kategorisierung zu begreifen." (W. Edelmann, ^{3}1993) Es lassen sich folgende Merkmale eines H. feststellen:

- Ein H. umfasst eine Menge von Handlungen, die eine gleichbleibende Struktur aufweisen.
- Aufgrund ihrer gleichen Struktur sind diese Handlungen wiederholbar.
- Im Allgemeinen kann eine neue Handlung mit vergleichbarer Struktur in das H. eingegliedert werden.

H. werden gelernt. So weist J. Piaget (1983) darauf hin, dass die spontane und totale Tätigkeit eines Neugeborenen als „Gesamtrhythmus des Organismus" durch Wiederholung zu einem Übungseffekt führt, dessen Folge eine Konsolidierung und damit die Ausbildung eines Schemas (als Anpassung oder ➪ Assimilation an die Umwelt) ist. So wird z. B. der Saugreflex nicht nur beim Saugen an der Mutterbrust aktiviert, sondern schließlich auch am Daumen, an einer Rassel oder einem Bauklotz usw. So erwerben wir eine Vielzahl von H. (Zähneputzen, Mahlzeit bereiten, Auto fahren usw.), die zusammengenommen unsere ➪ Handlungskompetenz ausmachen.

In diesem Sinne lässt sich das menschliche Leben als Abfolge von »Episoden« ansehen, die sich im fortlaufenden Handlungsstrom als Wiederholungen verdichtet haben und mehr oder weniger oft im Tagesablauf oder im Jahresrhythmus auftreten. (H. Aebli, 1980) Dabei stellt die Wiederholung noch kein H. dar, sondern erst die Erkenntnis, das zwei Handlungen vergleichbare Strukturen haben und unter eine Kategorie subsummiert werden können. Diese Voraussetzungen sind u. a. wichtig, wenn der ➪ Transfer von Gelerntem auf eine andere Situation gelingen soll.

Handlungssituation Zeitlich begrenzte und strukturierte Einheit im Unterricht, die vom Lehrer bzw. der Lehrerin und / oder der Lerngruppe bewusst gestaltet und als bedeutsam erkannt wird. Nicht jede Situation im Unterricht erfüllt diese Bedingungen: „Handlungssituationen haben Aufgabencharakter. Sie setzen den Unterrichtsprozeß in Gang, halten ihn in Fluß und bringen ihn zu konkreten Ergebnissen." (H. Meyer, Band 1, ^{8}1999) Die so verstandenen H. entfalten sich im Unterrichtsprozess durch das methodische Handeln von Lehrern und Schülern analog den drei Dimensionen: den ➪ Unterrichtsphasen (zeitliches Nacheinander), den ➪ Sozialformen (Beziehungsstrukturen) und den ➪ Handlungsmustern (Handlungsstrukturen).

Die pädagogisch sinnvolle Nutzung der H. gelingt nur dann, wenn Lehrende und Lernende bestimmte Voraussetzungen mitbringen wie: Ich-Stärke und Durchsetzungswillen bei gleichzeitigem pädagogischen ➪ Takt, Beherrschung eines methodischen Repertoires (➪ Fach- und ➪ Unterrichtsmethoden) sowie die Anerkennung bestimmter Regeln und ➪ Rituale im Umgang miteinander.

Handlungsstruktur Eine ⇨ Handlung hat eine bestimmte Struktur, wenn sie eine Menge von ⇨ distinktiven Merkmalen sowie bestimmte Verknüpfungsregeln dieser Merkmale aufweist derart, dass sie wiedererkannt wird, von anderen Handlungen abgrenzbar ist und wiederholt werden kann. So hat z. B. das Binden einer Krawatte eine H., die sich unterschiedlich repräsentieren lässt: als Handlung (Vormachen), als Abbildung oder als Text (⇨ Repräsentation).

Handlungstheorie Gegenstand einer H. ist die Erforschung des Zusammenhangs zwischen Kognition und Handlung; damit gehören H. im weiteren Sinne zu den ⇨ Lerntheorien. Vor diesem Hintergrund lassen sich verschiedene Ansätze beschreiben:

1. Behavioristische Theorien (⇨ Reiz-Reaktion), die eher als »Verhaltenstheorien« zu bezeichnen sind, gehen davon aus, dass nur der beobachtbare äußerliche Teil des menschlichen Tuns der wissenschaftlichen Untersuchung zugänglich sei. Allgemein ausgedrückt: der menschliche Organismus ist passiv und reagiert auf Umwelteinflüsse (Außensteuerung).
2. Die materialistische Aneignungstheorie, die auf einer bestimmten Erkenntnistheorie basiert (Widerspiegelungstheorie), sieht in der Tätigkeit des Menschen eine zentrale Kategorie der Aneignung von Welt. Aneignungsformen (wie Werkzeuggebrauch und Sprachentwicklung) sind gesellschaftlich tradierte Erfahrungen und gleichzeitig Mittel zur Reproduktion eben dieser Gesellschaftsform. Im Prozess der Arbeit (der äußeren materiellen Handlungen) erwirbt der Mensch in einem kognitiven Verarbeitungsprozess innere geistige ⇨ Begriffe. Diese stehen ihm dann wiederum zur Verfügung, um handelnd in die Welt einzugreifen.
3. Im Sinne einer kognitiv ausgerichteten Psychologie rückt die innere ⇨ Repräsentation der Umwelt in den Mittelpunkt des Interesses. ⇨ Handlungen werden durch einen Plan gesteuert, indem die einzelnen Teilschritte bewusstgehalten werden in einer Weise, dass je nach dem Fortschreiten der Handlung Variationen möglich sind, ohne das eigentliche Ziel dabei aus den Augen zu verlieren. Voraussetzung dieser Theorien ist die These, dass sich der Mensch selbst Ziele setzen kann sowie Wege kennt und Mittel beherrscht, um diese Ziele zu erreichen. Allgemein ausgedrückt: der menschliche Organismus ist aktiv und gestaltet seine Umwelt (Innensteuerung).

Weitere Einzelheiten bei H. Aebli (1980), W. Edelmann ([6]2000), H. Gudjons ([5]1997), H. Seiffert (1992) – mit Bezug auf den Unterricht: L. Kratochwil (1993).

Handlungswissen 1) Gelegentlich im Gegensatz zu ⇨ Theoriewissen gebraucht; H. erwächst aus der Praxis für die Praxis und hat viel mit ⇨ Routine und ⇨ Unterrichtsrezepten zu tun.

2) Lernpsychologisch handelt sich bei H. um ein ⇨ Wissen, das im ⇨ Gedächtnis als ⇨ Skript gespeichert ist.

Handlungsziel 1) Im Sinne der kognitiv ausgerichteten ⇨ Handlungstheorie (3) kann sich der Mensch selbst Ziele für sein ⇨ Handeln setzen oder ⇨ Problemlösungsstrategien entwickeln und verfolgen. Dabei erweist sich ⇨ effizientes Handeln als realistisch, stabil-flexibel und organisiert, d. h. dass ein Handlungsplan durchaus verändert werden kann, wenn sich die Umstände ändern, ohne dass dabei das H. aus den Augen verloren zu gehen braucht.

2) In manchen Didaktiken wird der Terminus ⇨ Lernziel problematisiert; es werden dann die H. der Schüler und Schülerinnen den ⇨ Lehrzielen des Lehrers bzw. der Lehrerin einander gegenübergestellt. In der Tat stimmen die Ziele, die sich die Lehrperson in der Planung gesetzt hat, nur in manchen Fällen mit den Zielen überein, die die Schüler und Schülerinnen je individuell im Unterricht verfolgen.

Hardware Alle technisch-physikalischen Geräte, die zur Ausstattung einer Elektronischen-Datenverarbeitungsanlage gehören, wie z. B. Rechner, Laufwerk, Monitor, Drucker, Modem usw. Die Eigenschaften der H. sind konstruktionsbedingt und können lediglich innerhalb von festgelegten Parametern konfiguriert werden. Die Verbindung zur ⇨ Software wird über so genannte Schnittstellen und passende Treiber(programme) hergestellt.

Hauptseminar Die Ausbildung in der Zweiten Phase der Lehrerausbildung wird in Kooperation von Schule und Studienseminar organisiert; im ⇨ Vorbereitungsdienst finden ⇨ Fachseminare (für jedes der beiden Fächer) sowie ein H. statt. Für die Ausbildungsaufgaben stehen insgesamt sieben Wochenstunden zur Verfügung. Näheres regeln die Ausbildungs- und Prüfungsordnungen sowie spezielle Seminarrahmenpläne der Länder.

Gegenstände des H. sind vor allem:

- Ausgewählte Themen zur Allgemeinen ⇨ Didaktik und zur ⇨ Lernpsychologie (grundlegende Modelle, neuere Konzeptionen),
- fächerübergreifende Aspekte der ⇨ Didaktischen Analyse und ⇨ Unterrichtsplanung (⇨ Lernziele, ⇨ thematischer Zusammenhang, ⇨ Phasierung des Unterrichts, ⇨ Sozialformen, ⇨ Handlungsmuster, ⇨ Unterrichtsmethoden, ⇨ Unterrichtsmedien),
- Probleme der ⇨ Motivation, ⇨ Lerntheorien (z. B. ⇨ Begriffsbildung, ⇨ ganzheitliches Lernen), ⇨ Unterrichtsstörungen und Umgang mit ⇨ Konflikten,
- zentrale Fragen im Zusammenhang mit den Berufsfunktionen ⇨ Erziehen, ⇨ Beurteilen, ⇨ Beraten, ⇨ Innovieren oder ⇨ Kooperation und ⇨ Organisieren / Verwalten; zentrale Rechtsvorschriften.

Hauptseminarleiter bzw. Hauptseminarleiterin; leitet im Rahmen der ⇨ Lehrerausbildung der Zweiten Phase ein ⇨ Hauptseminar und ist in der Regel an der Abschlussprüfung bzw. an den Teilprüfungen (Unterrichtsproben, Kolloquium) beteiligt. Der H. schreibt gegen Ende des ⇨ Vorbereitungsdienstes ein Gutachten, das die Fähigkeiten bei der Planung, Durchführung und Reflexion von Unterricht des ⇨ Referendars bzw. der Referendarin sowie deren Mitarbeit im Seminar zum Gegenstand hat und das in die Gesamtbewertung eingeht. Dabei bezieht er die Gutachten der ⇨ Fachleiter mit ein.

Hauptziel Auch: ⇨ Grobziel; übergeordnetes Lernziel, das in der Regel das Stundenziel bezeichnet; es wird durch Teilziele (⇨ Feinziele) näher präzisiert.

Hausaufgaben Die H. können recht unterschiedliche Aufgaben erfüllen; die wichtigsten sind:

Nachbereitung: die Schüler und Schülerinnen zeigen durch die Erledigung der H., dass sie den Unterrichtsstoff verstanden haben. Gleichzeitig wird eine Art Übungseffekt erwartet, der in der Fachliteratur allerdings umstritten ist. Die »Nachbereitung« darf jedoch nicht dazu missbraucht werden, dass die Schüler und Schülerinnen das, was in der Stunde nicht erarbeitet werden konnte, zu Hause erarbeiten.

Vorbereitung: die Lerngruppe bereitet einen Text oder eine bestimmte Aufgabe für die kommende Stunde vor, damit kein Leerlauf – z. B. durch Einlesen – entsteht. Allerdings muss bei diesem Verfahren darauf geachtet werden, dass die Schüler und Schülerinnen nicht überfordert werden und etwas leisten sollen, was sie gar nicht können.

Disziplinierung: Durch die regelmäßige Erledigung von H. gewöhnen sich die Schüler und Schülerinnen an gewisse Arbeitstugenden wie Zeitmanagement, Gewissenhaftigkeit, Genauigkeit und Fleiß. Will man diese Effekte erzielen, ist es unerlässlich, dass H. regelmäßig und gründlich kontrolliert werden.

Folgende Punkte sollten bei der Planung von H. bedacht werden:

- Die H. soll aus dem Unterricht erwachsen. Werden Alternativen geplant, den Unterricht an mehreren Stellen zu beenden, so sind auch entsprechend mehrere H., die dem jeweils erreichten Lernstand Rechnung tragen, zu planen.
- H. sind explizit (möglichst im Imperativ) zu stellen; in den unteren Klassen ist die Aufgabenstellung an der Tafel zu notieren oder sie wird ins Heft diktiert. Werden in der Stunde Arbeitsblätter verwendet, so sollte man die Gelegenheit nutzen und die H. darauf notieren. Hierdurch wird vermieden, dass die Stellung der H. mit dem Stundenende zusammenfällt.
- Vage Formulierungen wie „Lest ... euch durch" oder „Versucht zu ..." oder „Überlegt euch ..." sind für die meisten Schüler und Schülerinnen keine H. Soll ein Text für die kommende Stunde vorbereitet werden, so ist wenigsten eine konkrete Aufgabe zu stellen wie: „Unterstreicht die zentrale These".
- Daraus folgt, dass den Schülern und Schülerinnen der Sinn einer H. transparent sein sollte. Hierzu gehört, dass sie erfahren, welchen Beitrag ihre H. für den Lernprozess der Klasse darstellt.
- Die Lehrperson sollte die H. als Rückmeldung für ihren Lehrerfolg ansehen; gleichzeitig ermöglicht die H. eine Rückmeldung an den Schüler oder die Schülerin, entweder als (partielle) Kritik oder als Lob.

Unerlässlich ist die ⇨ Hausaufgabenkontrolle, sei es direkt oder immanent; denn ohne eine Rückmeldung durch den Lehrer oder die Lehrerin sehen die Schüler bald nicht mehr ohne Weiteres ein, warum sie überhaupt irgendwelche H. erledigen sollen.

Laut RdErl. (NRW) vom 2.3.1974 gilt für die Klassen 1 bis 10 folgende Regelung für die Gesamtzeit der zu erledigenden H.:

Klassen 1 und 2	30 Minuten
Klassen 3 und 4	60 Minuten
Klassen 5 und 6	90 Minuten
Klassen 7 bis 10	120 Minuten

Es ist die Aufgabe des ➪ Klassenlehrers oder der Klassenlehrerin dafür Sorge zu tragen, dass diese Zeiten in etwa eingehalten werden. Hierzu können Rücksprachen mit den Eltern (Elternpflegschaftssitzung), Absprachen mit den Kollegen und Kolleginnen (Klassenkonferenz) sowie Hinweise im ➪ Klassenbuch (Vermerk über die ungefähre Dauer für die Anfertigung einer H.) hilfreich sein.

Hausaufgabenkontrolle Die H. stellt immer ein gewisses Maß an zusätzlichem Arbeitsaufwand für den Lehrer oder die Lehrerin dar. In den unteren Klassen der Sekundarstufe I empfiehlt es sich, alle Hefte durch Augenschein zu prüfen, einige genauer zu lesen und eine kurze Anmerkung zu machen. Während dieser Zeit erhält die Lerngruppe eine Aufgabe in Einzelarbeit. Entscheidet man sich dafür, Hausaufgaben (HA) vorlesen zu lassen, so muss dies zuvor geübt werden. In jedem Fall sollte die Lerngruppe nach dem Vortrag einer HA aufgefordert sein, Stellung zu nehmen. Dies bedeutet, dass nicht der Lehrer oder die Lehrerin unmittelbar einen Kommentar abgibt, sondern (z. B. durch einen Impuls) die Meldungen aus dem Plenum abwartet. Um begründet Stellung nehmen zu können, müssen die Schüler und Schülerinnen angehalten werden, sich Notizen zu machen. Auch dies ist (etwa ab Klasse 7) gründlich vorzubereiten und zu üben. In den höheren Klassen der Sekundarstufe I können HA zunehmend immanent überprüft werden; doch sollten dann in regelmäßigen Abständen (mindestens zwei Mal im Halbjahr) alle Haushefte eingesammelt und zu Hause durchgesehen und kommentiert werden. Noten werden in der Sekundarstufe I für HA »in der Regel« nicht vergeben.

In der Oberstufe empfiehlt sich eine modifizierte Art der H. Die Schüler und Schülerinnen erhalten Gelegenheit, ihre HA zwei- bis dreimal (bei kleineren Gruppen auch öfter) freiwillig – d. h. zu selbst gewählten Zeitpunkten – abzugeben; die HA wird dann korrigiert, benotet und für den Bereich ➪ Sonstige Mitarbeit gewertet. Meldet sich kein Schüler freiwillig, wählt der Lehrer oder die Lehrerin drei Arbeiten aus.

Nicht gemachte HA führen nicht selten zu ➪ Konflikten im Unterricht; diese können jedoch durch klare Absprachen gemildert werden, z. B.: Wer seine HA nicht gemacht hat, meldet sich vor der Stunde und wird notiert; er oder sie bekommt Gelegenheit, die HA nachzureichen. Geschieht dies in der folgenden Stunde, bleibt der Vorfall ohne Folgen. Häufen sich die Fälle, dass nicht gemachte HA auch nicht nachgereicht werden, wird dies als Fehlleistung im Bereich »Sonstige Mitarbeit« vermerkt. Solche Vermerke sollten mit Datum erfolgen und dem oder der Betroffenen mitgeteilt werden.

Hausunterricht Der H. wird auf der Grundlage des ➪ SchVG (§ 10,10) erteilt, wenn ein Schüler oder eine Schülerin wegen Krankheit voraussichtlich länger als sechs Wochen die Schule nicht besuchen kann oder wenn er oder sie wegen bestimmter Krankheiten regelmäßig und andauernd mindestens einen Tag pro Wochen fehlen muss. Die ➪ Mehrarbeit, die Lehrpersonen durch H. über ihre Pflichtstundenzahl hinaus erteilen, wird vergütet.

Schüler und Schülerinnen, die voraussichtlich dauernd gehindert sind, am Unterricht einer Schule teilzunehmen, sind durch H. so weit zu fördern, dass sie den ihrer Leistungsfähigkeit entsprechenden Bildungsgang absolvieren können.

Hausrecht Der Schulleiter bzw. die Schulleiterin nimmt das Hausrecht an einer Schule wahr (➪ SchVG, § 20,2); dies bedeutet, dass er oder sie die Befugnis hat, über den Raum der Schule sowie über das umgrenzte Schulgelände zu bestimmen und unbefugten Personen das Betreten zu verbieten. So können etwa Schulveranstaltungen nur mit Einverständnis des Schulleiters bzw. der Schulleiterin stattfinden (ASchO, § 47,2). Eine Ausnahme von der Befugnis zur Ausübung des H. bildet die Verbreitung von Schülerzeitungen im Schulgebäude und auf dem Schulgelände, die nicht untersagt werden darf (SchVG, § 25,2).

In der ➪ ADO (§ 23,1) wird zudem festgestellt, dass jede Lehrkraft in ihrem Bereich (z. B. während der Pausenaufsicht oder im Klassenraum während des Unterrichts) den Schulleiter bzw. die Schulleiterin in der Ausübung des H. vertritt.

heimlicher Lehrplan Seit Anfang der 70er-Jahre üblicher Ausdruck zur Bezeichnung der ungewollten erzieherischen Einflüsse von Unterricht und Schule als Institution auf Schüler und Schülerinnen, z. B. im Hinblick auf hierarchische Strukturen, Konkurrenzdenken und Konformität (J. Zinnecker, 1975). „Es geht beim heimlichen Lehrplan um die lautlosen Mechanismen der Einübung in die Regeln und Rituale der Institution; es geht darum, sich an Oben und Unten, an Gutsein und Schlechtsein, an Auffälligwerden und Durchwursteln zu gewöhnen." (H. Meyer, Band 1, ^{8}1999).

Hemisphäre Ursprünglich in der Bedeutung von Erd- oder Himmelshalbkugel; in der Medizin »Seitigkeit« des menschlichen ➪ Gehirns (der Großhirnrinde). Seit den 60er-Jahren ist die unterschiedliche Funktion der beiden H. bekannt und systematisch erforscht worden. Man stellte fest, dass viele Funktionen symmetrisch angelegt, einige jedoch speziell verteilt sind:

a) Die linke H. stellt eine Verbindung zum Bewusstsein her; sie ist sprachlich, begrifflich, arithmetisch, analytisch und abstrakt spezialisiert.
b) Die rechte H. hat keine Verbindung zum Bewusstsein; sie ist musikalisch, geometrisch und räumlich spezialisiert und für die Bild- und Mustererkennung sowie für ganzheitliche (holistische) Denkvorgänge zuständig.

Die linke Hälfte der Großhirnrinde wird als dominant, die rechte als subdominant bezeichnet, was jedoch zu problematischen Vorstellung führen könnte; denn wir besitzen nur <u>ein</u> Gehirn mit zwei komplementären, hoch spezialisierten H., die ständig miteinander interagieren.

Neuere Forschungen legen nahe, dass nicht ein Thema oder ein Unterrichtsgegenstand bestimmend dafür ist, welche Hemisphäre aktiviert wird; auch Musik kann »analytisch« gehört werden. Deshalb macht das so genannte »gehirngerechte Lernen« keinen rechten Sinn. „Die wichtigste pädagogische Einsicht ist die, dass jedes Lernangebot auf individuell höchst unterschiedliche Weise verarbeitet wird." (A. Scheunpflug, 2/2000 und

2001) Deshalb ist es wichtig, vielfältige Zugänge (➪ duale Kodierung) zu einem neuen Lernstoff zu schaffen, damit es ebenso vielfältige Anschlussmöglichkeiten an bereits vorhandene Wissensbestände (➪Assimilation, ➪ Akkommodation) geben kann.

Hermeneutik Kunst der Textauslegung und des Verstehens.

1) Allgemeine philosophische Richtung, welche die Bedingungen des menschlichen Verstehens (von Werken der Kunst und der Kultur ganz allgemein) untersucht und reflektiert. Über M. Heidegger (»Sein und Zeit«, 1927) und H. G. Gadamer (»Wahrheit und Methode«, 1960) sind grundlegende Gedanken der existenzphilosophischen H. auch in die Literaturwissenschaft gelangt: die »Seinserfahrung« manifestiert sich in einem Vor-Wissen, das jedem Verstehen immer schon vorausgeht und dessen Horizont absteckt. Hierdurch kamen insbesondere Überlegungen zur »historischen Differenz« (d. h. zu geschichtlichen Vor-Urteilen und Traditionen) in das Blickfeld der H. Das Verstehen »des Anderen« wird gesehen als eine »Horizontverschmelzung«: Gadamer erklärt die Möglichkeit, einen Text zu verstehen, mit der Verschmelzung des geschichtlichen und des gegenwärtigen Verstehenshorizonts. Die „Überlieferung, aus der wir kommen", gilt ihm als Grundlage für den Wahrheitsanspruch eines Textes.

Das Grundproblem, dass wir immer schon etwas wissen müssen, um etwas Neues wissen zu können, wird im so genannten ➪ hermeneutischen Zirkel erfasst. Dem Ansatz Gadamers setzte J. Habermas (»Erkenntnis und Interesse«, 1968) ein eher ideologiekritisches Konzept entgegen.

2) Spezielle Ausprägungen der H. (theologische, juristische, philologische H.), deren Ausgangspunkt in der Antike (Auslegung der homerschen oder aristotelischen Schriften) und dem Mittelalter (Auslegung vor allem der Bibeltexte) liegt. Seit F. Schleiermacher (»Hermeneutik und Kritik«, postum 1838) gilt als hermeneutisches Verfahren die „Kunst, die Rede eines andern, vornehmlich die schriftliche, richtig zu verstehen". Hierbei liegt das Gewicht auf »richtig«; denn in der Vorstellung des 19. Jh. ging es nicht nur darum, den grammatischen (Wort-)Sinn zu verstehen, sondern darüber hinaus zu rekonstruieren, was der Autor bei der schriftlichen Formulierung seines Textes gemeint habe und psychisch-intentional ausdrücken wollte, d. h. es ging um die Rekonstruktion der Intention des Autors.

Anfang des 20. Jh. hat W. Dilthey den Ansatz Schleiermachers weitegeführt (»Die Entstehung der Hermeneutik«, 1900) und er erklärte die Kunst der H. gleichzeitig als die grundlegende Methode der Geisteswissenschaften. Seine Überlegungen richteten sich primär auf das dichterische Kunstwerk und hier vor allem auf das Werk J. W. Goethes. Diltheys Aufsatzsammlung »Das Erlebnis und die Dichtung« (1905) enthält u. a. die Beiträge »Goethe und die dichterische Phantasie« sowie »Die Einbildungskraft des Dichters«, die bereits 1877 und 1887 gesondert erschienen waren. Für Dilthey ist Dichtung immer der Ausdruck von Erlebnissen. Das persönliche Erleben wird durch die dichterische Gestaltung zum *Erlebnisausdruck*, zu etwas Geschaffenem, das so vorher noch nicht da war. Es ist gleichzeitig die künstlerische Artikulation erfahrener Lebensbezüge und damit „Deutung des Daseins" in einer allgemeingültigen Form.

hermeneutischer Zirkel 1) Erkenntnistheoretisches Grundproblem, das im Rahmen der ➪ Hermeneutik (1) diskutiert wird. Vereinfacht ausgedrückt besagt der h. Z.: Wenn ich einen neuen Terminus verstehen bzw. erklären will, benötige ich bestimmte andere Termini, die ihrerseits verstanden bzw. erklärt sein wollen usw. Ich komme in einen unendlichen Regress, der die Frage nach der letztendlichen Gewissheit prinzipiell offen lässt. Die Durchbrechung des Zirkels gelingt nur, wenn wir für bestimmte Zwecke bestimmte Vereinbarungen treffen; z. B.:

a) Wir wollen solche ➪ Termini (oder Begriffe) nicht weiter hinterfragen, die selbstevident sind, d. h. die jedermann auf Grund seines Alltagswissens versteht und die keiner weiteren Erläuterung bedürfen.

b) Wir setzen ➪ Axiome, die wir nicht weitergehend begründen, und arbeiten mit ihnen im Rahmen einer bestimmten Theorie T, solange in T keine Widersprüche produziert werden und/oder solange T brauchbare Ergebnisse (für die Praxis) liefert.

2) Phänomen der ➪ Hermeneutik (2) in den historischen und philologischen Wissenschaften, das sich nach H. Seiffert (Band 2, [12]1996) so darstellt: „Zunächst haben wir eine ganz vage Alltagsvorstellung, ein »Vorverständnis«, von unserem Gegenstand. Daraufhin lesen wir unsere erste Literatur. Unser Bild des Gegenstandes nimmt hierdurch Kontur an. Die größere Klarheit über den Gegenstand führt zu weiterer Lektüre (oder Diskussion mit Kollegen), die wiederum das Bild präzisieren. So arbeiten wir uns im ständigen Wechsel von »Entwurf« und »Kenntnisnahme« bis zur weitestmöglichen, dem gegebenen Forschungsstand entsprechenden Information über unser Problem vor." usw.

Dieser prozesshafte Wechselbezug von *Kenntnisnahme* und *Entwurf* ist prinzipiell nicht endgültig und restlos abschließbar; er macht das Wesen der historischen oder literarischen ➪ Interpretation (2) und der damit einhergehenden Verstehensleistung aus.

Heuristik 1) Methodische Anleitung zur Gewinnung neuer Erkenntnis; Lehre bzw. Wissenschaft von den Verfahren zum ➪ Problemlösen. Neben einer Wissens- und Wertestruktur (epistemische Struktur) verfügt das menschliche ➪ Denken über eine heuristische oder Problemlösungsstruktur; deren Inhalt sind Heurismen als ➪ Problemlösungsstrategien und deren Leistung besteht in der Lösung von Problemen (das sind Situationen, zu deren Bewältigung das notwendige Wissen bzw. die Regeln fehlen und erst noch gefunden werden müssen).

Das »heuristische Prinzip« als wissenschaftliche Vorgehensweise besteht darin, dass vorläufige Annahmen oder Arbeitshypothesen (➪ Hypothese) aufgestellt werden, um einen Sachverhalt besser verstehen zu können, um neue Erkenntnis zu gewinnen oder um eine Lösungsstrategie zu entwickeln.

2) Eine besondere Bedeutung erlangt die H. im Aufsatzunterricht: Das Schreiben in »heuristischer Funktion« soll dazu beitragen, dass sich Schüler und Schülerinnen im Akt des Schreibens Klarheit über Erlebnisse, Sachverhalte und Gedanken verschaffen. Indem sich Gedanken beim Schreiben einstellen, handeln sie sprachlich für sich selbst; Erkenntnis- und Verstehensprozesse werden gefördert und können so Grundlage für die Bewältigung anderer analytischer Schreibaufgaben (etwa in der Oberstufe) sein.

Hierarchisierung Durch H. kann man ⇨ Lernziele der kognitiven Dimension (⇨ Dimensionierung) nach ihrem Anspruchsniveau unterscheiden, und zwar:

- *Reproduktion*: Wiedergabe von Gelerntem, z.B. die exakte Wiedergabe eines neu gelernten Fachworts, aber auch die Wiedergabe einer anspruchsvollen Theorie.
- *Reorganisation*: Wiedergabe von Gelerntem unter verändertem Blickwinkel, veränderter Anordnung, Straffung u. dgl.
- *Transfer*: Leistungen, die nachweisen, dass Gelerntes auf veränderte, aber vergleichbare Situationen angewandt werden kann.
- *Problemlösen*: Selbstständige Leistungen, bei denen verschiedene früher erlernte Methoden und Inhalte so verfügbar sind, dass sie auf neue Aufgaben bzw. Probleme angewandt werden können, so dass eine Lösung, ggf. auch eine begründete Bewertung erreicht wird.

Eine H. kann auch bei der Stellung von Arbeitsaufträgen im Hinblick auf das Anforderungsprofil stattfinden, z.B.: a) Wiedergabe von Kenntnissen, b) Anwenden von Kenntnissen, c) Problemlösen und Werten.

Hinführung Ausdruck bei L. Klingenberg ([3]1986), der damit (neben der Arbeit am alten und am neuen Stoff sowie Kontrolle und Bewertung) eine der didaktischen Funktionen bezeichnet; sie ist gekennzeichnet durch ⇨ Lernziele (⇨ Zielperspektive), ⇨ Motivation der Lerngruppe, Sicherung des Ausgangsniveaus und Anknüpfen an die ⇨ Eingangsvoraussetzungen sowie ⇨ Methodenreflexion. Die H. als didaktische Größe bestimmt sowohl die Anlage einer Unterrichtsreihe als auch die einer Einzelstunde (⇨ Einstiegsphase); sie sollte – mit zunehmendem Alter der Lerngruppen – auf größtmögliche Transparenz angelegt sein und Möglichkeiten der Mitgestaltung durch die Schüler und Schülerinnen vorsehen.

hochbegabt Die Frage, ob ein Schüler oder eine Schülerin h. sei, ist insofern schwer zu beantworten, weil die ⇨ Begabung nicht in allen Fächern oder Sachgebieten gegeben sein muss und weil im Klassenverband der oder die Hochbegabte nur allzu oft »untergeht«. Wird eine Hochbegabung nicht erkannt und gefördert, kann der oder die Betreffende sich ständig unterfordert fühlen, an ⇨ Motivation verlieren, sich zurückziehen und nicht selten ⇨ Schulschwierigkeiten haben.

Eine aufmerksame Lehrperson erkennt einen h. Schüler bzw. eine h. Schülerin u.U. daran, dass er Fragen nach Details stellt, dass sie eine Aufgabe schnell und umfassend löst und statt einiger Notizen eine fertige Interpretation liefert, dass er sich selten meldet, aber bei Ansprache stets die richtige Antwort weiß, dass sie Feinheiten in einem Text findet, die der Lehrer bzw. die Lehrerin erst noch erläutern wollte usw.

Die Frage, ob Hochbegabte im Klassenverband integriert bleiben oder in eigenen Klassen unterrichtet werden sollen, wird gegenwärtig kontrovers diskutiert. Es spricht Vieles für das Integrationsmodell, allerdings muss der Lehrer bzw. die Lehrerin dann in der Lage sein, eine geeignete ⇨ Binnendifferenzierung vorzunehmen, um die einen zu fördern und die anderen zu fordern. Dies geschieht ggf. durch zusätzliche Arbeitsangebote, um so die ⇨ Leistungsmotivation aufrecht zu erhalten. Die zusätzlichen Arbeitsangebote sollten vor allem komplexere ➪ Problemlösungsstrategien erforderlich machen, z. B. in Form von ➪ Problemlösen durch Systemdenken oder durch ➪ Kreativität.

Darüber hinaus kann die Schule freiwillige Arbeitsgemeinschaften für h. Schüler und Schülerinnen einrichten, den Besuch von Sommerakademien fördern oder zur Teilnahme an Wettbewerben (»Jugend forscht«, »Jugend musiziert«, »Deutsche Sprache und Literatur«) motivieren.

Weitere Einzelheiten bei B. Mähler / G. Hofmann (1998), F. J. Mönks / I. H. Ypenberg (²1998), W. Thomas (²1999); s. auch das Themenheft »Begabungen fördern« der Zs. Pädagogik (2001), Heft 12.

holistisch Dt.: das Ganze betreffend; anthropologische Position, die davon ausgeht, dass alle Erscheinungen des Lebens aus einem ursprünglichen Prinzip ableitbar, d. h. nicht ⇔ modular teilbar und damit gesondert zu erforschen wären. Im Zusammenhang mit der Erforschung des menschlichen Geistes in der ➪ Kognitionswissenschaft bedeutet dies, dass der »Geist« ein unteilbares Ganzes darstellt und dass der lebendige Körper für die Organisation und Vereinheitlichung unserer Erfahrungen eine erhebliche Rolle spielen dürfte.

Horizontverschmelzung ➪ Hermeneutik (1).

Hospitation Teilnahme am Unterricht anderer. Zu Beginn ihrer Ausbildung im ➪ Vorbereitungsdienst werden Referendare oder Referendarinnen zunächst den Unterricht eines Fachlehrers oder einer Fachlehrerin besuchen und ➪ Beobachtungen (3) anstellen, die Gegenstand einer kollegialen Nachbesprechung sein können. Eine Phase der H. ist auch angesagt, bevor die auszubildenden Lehrer und Lehrerinnen eine Klasse oder einen Kurs im Ausbildungsunterricht selbst übernehmen, damit sie sich mit den ➪ Eingangsvoraussetzungen und der allgemeinen Situation in der Lerngruppe vertraut machen können.

Humanismus Bereits M. T. Cicero (106–43 v. Chr.) hat den Ausdruck »humanitas« in die philosophische und bildungstheoretische Diskussion seiner Zeit eingeführt, um die Verschmelzung von römischer Eigenart und griechischem Geist zu kennzeichnen. So heißt es bei ihm: „Wer beides erstrebt und vermöchte, sich nicht nur mit der nationalen Gesittung, sondern auch mit griechischer Geistesbildung auszurüsten, der erreicht die höchste Vollkommenheit." (Dolch, ²1965) In dieser Synthese sieht Cicero die Ausprägung des höchsten Menschentums überhaupt – die Humanität. Von ihm wird damit zum ersten Mal die für die folgenden 2000 Jahre so bedeutsame humanistische Bildungsidee begründet und formuliert.

Die Ideen des H. wurden in der Zeit vor der Renaissance vor allem in Italien wieder aufgegriffen (A. Dante, 1265–1321; F. Petrarca, 1304–1374; G. Boccaccio, 1313–1375), aber auch in anderen europäischen Ländern kultiviert. In Deutschland bildeten sich Zentren des H. in Straßburg, Basel, Augsburg und Nürnberg sowie an den neu gegründeten Universitäten, namentlich in Erfurt. Bekannte Humanisten sind J. Reuchlin

(1455–1522), D. Erasmus (1466–1536), C. Celtis (1459–1508), U. von Hutten (1488–1523).

Der europäische H. setzte ganz auf die Kräfte des Menschen sowie auf diesseits orientierte Denk- und Lebensformen; er vermied die Hinwendung des Menschen zu höheren Mächten wie auch die Unterwerfung unter menschenverachtende Zwecke. Vielmehr suchte er das Ideal der rein menschlichen Bildung aus den neu entdeckten Werken der Alten zu gewinnen. Dies bedeutete: Sichtung und Erschließung der antiken Quellen, Pflege und Beherrschung der drei Hauptsprachen (Hebräisch, Griechisch, Latein), Verständnis der in der Antike überlieferten philosophischen und rhetorischen Inhalte und Methoden, Erarbeitung neuer ästhetischer Standards sowie eines autonomen Menschenbildes.

Eine neuzeitliche Variante des H. stellt der französische Existenzialismus mit seinen Hauptvertretern J. P. Sartre (»L'existentialisme est un humanisme«, 1946) und A. Camus (»Le Mythe de Sisyphe«, 1942; »La peste«, 1947) dar.

In Deutschland geriet der H. sowohl in patriotische Zusammenhänge (Reinhaltung der deutschen Sprache, Deutsch als »vierte Hauptsprache«) wie auch in ein problematisches Verhältnis zur Reformation (Kontroverse Luther – Erasmus).

Weitere Einzelheiten bei J. Schmidt (1976), E. Fromm (1996).

Humanistische Pädagogik Auch: Integrative ➪ Pädagogik, Ganzheitliche Pädagogik; Sammelbezeichnung für eine der neueren Strömungen in der allgemeinen Pädagogik. Das pädagogische Bemühen der H. P. richtet sich auf den ganzen Menschen, auf den Menschen in seinem persönlichen Wachstumsprozess, auf die Freisetzung und Weiterentwicklung des persönlichen Potenzials. Den zahlreichen Ansätzen und Schulen der H. P. sind folgende Merkmale gemeinsam (nach V. Buddrus, 1995):

- Die pädagogischen Bemühungen zielen immer auf den ganzen Menschen und seine Individualität. Dies bedeutet die Berücksichtigung von mentalen, emotionalen, seelischen und körperlichen Bedingungen, die das Lehren und ➪ Lernen sowie alle Interaktionen begleiten.
- Schüler und Schülerinnen werden als Individuen angesehen, die sich in persönlichen Wachstumsprozessen befinden. Das Lernangebot wird von ihnen selbst aktiv mit ihrem Entwicklungsstand verknüpft (oder eben nicht).
- Die Pädagogen stellen einen Entwicklungskontext zur Verfügung sowie konkrete Situationen für bestimmte exemplarische Lernprozesse und deren reflexive Bearbeitung; darüber hinaus schaffen sie Angebote zur Strukturierung der Lernprozesse und zur Begleitung bei ➪ Lernproblemen (1). Die meisten Ansätze verfügen über wirksame Methoden, das persönliche Potenzial des Individuums freizusetzen und weiterzuentwickeln.
- Die Pädagogen nehmen an den Lernprozessen der Lernenden teil auf Grund eigener vorausgehender Erfahrungen mit dem Gegenstand sie selbst bemühen sich darum, ihre ➪ Gefühle zu zeigen, soweit dies in einer bestimmten Situation angebracht erscheint (selektive ➪ Authentizität).

- Die Qualität der Vermittlung und die Wirksamkeit der Methode wird in engem Zusammenhang mit dem persönlichen Wachstum des Pädagogen bzw. der Pädagogin gesehen: Sie lehren vornehmlich, was sie sind und was sie werden.
- Professionalität, persönliches Wachstum und ein wachsender Fundus von Methoden und Theorien ersetzen das vormals erforderliche »Charisma«, oder zumindest ergänzen sie es. H. P. wird stärker lernbar.

Diese Merkmale einer H. P. treffen auf eine Reihe von integrativen Ansätzen zu, wie z. B.: ➪ Edu-Kinestetik, ➪ Gestaltpädagogik, ➪ Neuro-Linguistisches Programmieren, ➪ Personenzentrierte Gesprächsführung, ➪ Transaktionsanalyse oder ➪ Themenzentrierte Interaktion.

Hierzu: E. Kösel, ^{2}1995; B. Krapf, ^{4}1995; R. Voß, ^{2}1997.

Hyperlink Besonderheit von elektronischen Texten, die z. B. als ➪ Multimedia auf CD-ROM oder im ➪ Internet gespeichert sind. Ein ➪ Hypertext weist an bestimmten Stellen Verbindungsknoten (Links) auf; sie sind farbig hervorgehoben und können vom Benutzer angewählt werden, wodurch er zu einer anderen Stelle bzw. Seite im Dokument, zu einem anderen Dokument oder Bild oder zu einer ganz anderen Internetadresse gelangt. Dort sollte sich ebenfalls ein H. befinden, der den Benutzer an den Ausgangspunkt seiner Recherche zurückbringt. So ergibt sich ein Netz von Verweisen.

Hypertext Auch: Hypermedia, Hyperfiktion; ein im HTML-Format (d.i. ein im ➪ Internet lesbares Datenformat, Abk. für »Hypertext Markup Language«) geschriebener Text, der über einen Browser (= Computerprogramm zur Anzeige von Dokumenten aus dem World Wide Web, kurz WWW) auf einem Monitor realisiert werden kann. Im zeichentheoretischen Sinne handelt es sich um einen Text, der nicht nur aus Sprachzeichen bestehen muss und nicht mehr nur linear verläuft. Dies bedeutet, dass im Textfluss an bestimmten Stellen ➪ Hyperlinks angezeigt werden, die der Benutzer anklicken kann, um zu einer bestimmten anderen Stelle in dem betreffenden Dokument oder auch zu einem ganz anderen H. zu gelangen.

Neuerdings finden sich im Internet literarische H., die eine zum traditionellen Lesen veränderte Rezeption ermöglichen. Der Leser oder die Leserin kann nicht nur über bestimmte Links zu unterschiedlichen Textteilen oder zu anderen Texten oder Bildern springen, sondern er oder sie kann über so genannten Nodes (= ein Balken mit zahlreichen Links) eine Auswahl treffen, wo er weiterlesen möchte. So werden ungeahnt viele Lesarten, Textvariationen und (interaktive) Konkretisationen möglich.

Der H. bringt strukturell und organisatorisch ganz neue Möglichkeiten mit sich, z. B.

- als Lernsystem
- als Leseforum zur Darstellung eigener Werke
- als Schreibwerkstatt

Seit 1996 gibt es alljährlich einen Literaturpreis für Internetliteratur als H., den DIE ZEIT sowie IBM ausgeschrieben haben.

Viele weitere Einzelbeispiele bei B. Suter (2001).

Hypothese Dt.: Unterlage, Grundlage; wohl erwogene Annahme über einen Sachverhalt oder Vorgang.
1) In den empirischen Wissenschaften werden H. aufgestellt, um lückenhafte wissenschaftliche Erkenntnisse an einer bestimmten Stelle zu schließen oder um verschiedene Ergebnisse miteinander in Verbindung zu bringen oder um nicht verstandene Erscheinungen vorläufig zu erklären. Hierbei ist zu beachten, dass erst dann eine H. aufgestellt werden darf, wenn alle verfügbaren wissenschaftlichen Erkenntnisse und Methoden herangezogen und bedacht worden sind und wenn sich die H. auf gewisse Tatsachen berufen kann; denn »hypotheses non fingo« (I. Newton: „Hypothesen erdichte ich nicht.“).

Generell sind H. nur so lange haltbar, wie sie in einem bestimmten theoretischen Zusammenhang keine Widersprüche produzieren. Sie werden durch Erfahrungstatsachen oder ➪ Experimente (vorläufig) bestätigt und gelten dann als Fakt, solange keine neuen Ergebnisse bzw. Erkenntnisse dem widersprechen. Die wesentliche Funktion der H. besteht darin, dass sie zu neuen Beobachtungen und Versuchen führt, die unsere Erkenntnis erweitern, modifizieren oder zurechtrücken können. Die H. eines begrenzten Wissensgebietes bilden zusammen mit dessen Erfahrungstatsachen, den Musterbeispielen und Gesetzen eine Theorie.

2) Im Bereich von Schule und Unterricht spricht man auch dann von Hypothesenbildung (der Lernenden), wenn die Lösung (dem Lehrenden) bekannt ist; die H. gleicht dann eher einer Lösungsvermutung und sollte als »Arbeitshypothese« o. ä. bezeichnet werden.

✳ ✳ ✳

Ich-Beteiligung ➪ Wertestruktur.

Ich-Botschaft Element der ➪ Gordon-Methode beim Umgang mit konflikthaltigen Situationen. Immer dann, wenn Probleme bei der Interaktion im Unterricht auftreten, sollte sich der Lehrer oder die Lehrerin fragen, wer das Problem hat. Ich-B. sollen gesendet werden, wenn er oder sie selbst ein Problem mit der Situation hat, z. B. wenn bestimmte Verhaltensweisen eines Schülers, einer Schülerin oder der Lerngruppe Störungen darstellen, Ärger bereiten, Ängste auslösen oder kränkend sind. Solche Botschaften enthalten drei Komponenten:

1. eine wertungsfreie Beschreibung des fraglichen Verhaltens,
2. die konkreten Folgen, die sich für mich als Betroffenen bzw. als Betroffene ergeben, und
3. einen Hinweis auf die Gefühle, die das Verhalten bei mir ausgelöst hat (soweit dies in der Situation angemessen erscheint).

Beispiel: (Ein Schüler der Klasse 5 läuft bereits zum dritten Mal nach vorne, um seinen Bleistift anzuspitzen) Lehrerin: *„Jochen, du kommst jetzt schon das dritte Mal nach vorne und spitzt deinen Bleistift an. Das unterbricht jedes Mal unseren Unterricht, weil viele zuschauen, was du da eigentlich machst. Auch ich fühle mich dadurch gestört und* deshalb ärgert es mich." Hier empfiehlt es sich, die Gepflogenheiten im ➪ Anfangsunterricht der Grundschule genauer kennen zu lernen, Verhaltensregeln mit der Klasse zu vereinbaren und im konkreten Fall dem Schüler eine Handlungsalternative (im Hinblick auf das Anspitzen von Bleistiften) anzubieten.

Wenig erzieherisch wirken sich die so genannten Du-Botschaften aus, wie z. B.: *Hör jetzt sofort auf damit!* (Befehl) *Du benimmst dich wie ein Trottel.* (Beschimpfung) *Du willst uns wohl bewusst stören.* (Unterstellung) *Warum machst du das eigentlich immer?* (Verhör) *Du bist der einzige, der hier immer herum läuft* (Isolierung) u. ä. Letztlich geht es darum, Konflikte im Vorfeld zu vermeiden (➪ Konfliktvermeidung), und nicht darum, Konflikte selbst zu provozieren.

Identität Der Ausdruck I. hat sowohl eine äußere als eine innere Bedeutung; er meint a) das unverwechselbare Erscheinen, das Individuelle von etwas, meist einer Person, b) die als „Selbst" erlebte innere Einheit einer Person.

1) In der Psychologie wurde der Ausdruck „Selbst" (engl.: self) von W. James (1842–1910) eingeführt und von G. H. Mead Mitte der 60er-Jahre des vorigen Jh. weiter entfaltet. Sozialpsychologisch ist I. nicht so sehr von Handlungen und vom Verhalten her definiert, sondern im Wesentlichen von Charakterzügen, Einstellungen, ➪ Gefühlen und ➪ Gewohnheiten einer Person, die ihr zugeschrieben werden oder die sie sich selbst zuschreibt (➪ Rollenzuschreibung). Erworben wird das Selbstkonzept bereits sehr früh in der Interaktion mit anderen, indem das Kind allmählich immer mehr ➪ Rollen zu beherrschen lernt. So verfügt jeder Mensch in fortgeschrittenem Alter über ein Bündel von Rollen sowie über die Fähigkeit, je nach Situation, Intention und Erfordernis ein bestimmtes Rollenverhalten zu aktivieren. In der Praxis kann allerdings nur über die Handlungen bzw. Äußerungen einer Person auf deren I. geschlossen werden.

2) Die positive Stärkung des Selbstbewusstsein und die Beachtung der I. von Kindern und Jugendlichen ist eine der zentralen Anforderungen an Schule, der sich insbesondere ein ➪ erfahrungsbezogener Unterricht stellt. Neuere Positionen der allgemeinen Didaktik gehen davon aus, dass richtig angelegte ➪ Handlungsorientierung im Unterricht die Schüler und Schülerinnen bei der immer schwieriger werdenden Identitätsbildung unterstützen kann (W. Jank / H. Meyer, [5]1996). In größerem Rahmen hat sich die ➪ Humanistische Pädagogik in ihren zahlreichen Ausprägungen der Stärkung des Ich und der Förderung individueller Wachstumsprozesse gewidmet (V. Buddrus, 1995).

IGLU Abk. für »Internationale Grundschul-Lese-Untersuchung«; deutsche Entsprechung zur internationalen PIRLS-Studie (Abk. für »Progress in International Reading Literacy Study«). IGLU steht im Zusammenhang mit der Forderung der ➪ Kultusministerkonferenz nach verbindlichen Lernstandards und kontinuierlicher Überprüfung der Lernleistungen von Schülern und Schülerinnen von der ➪ Primarstufe an. Mittel hierzu sind z. B. Kernlehrpläne, gemeinsame Lernstandards, Aufgabenbeispiele sowie ➪ Parallelarbeiten und Abschlussprofile. Erste Ergebnisse sind für das Frühjahr 2003 zu erwarten.

Imitation Dt.: Nachahmung.

1) Aspekt der ➪ Stadienlehre bei J. Piaget. Ein entscheidender Schritt für den Übergang zum zweiten (präoperativen) Stadium ist die Herausbildung der ➪ semiotischen Funktion im Laufe des zweiten Lebensjahres. Es beginnt damit, dass das Kind eine Handlung, z. B. eine Handbewegung, zeitlich verzögert nachahmt. Die I. stellt die senso-motorische Vorwegnahme der Vorstellung dar und ist eine Vorform der Vorstellung; sie findet ihre Fortsetzung im »inneren Bild« und schließlich im ➪ Denken.

2) Nachahmung bedeutender künstlerischer Vorbilder, insbesondere einer literarischen Vorlage, oder Nachahmung der Natur (Mimesis) in der Kunst.

immanente Kontrolle Eine Art der ➪ Erfolgskontrolle, die nicht explizit angekündigt ist und von den Schülern und Schülerinnen indirekt erbracht wird. So kann z. B. die Hausaufgabe während der Stunde immanent kontrolliert werden, indem die Lernenden die Ergebnisse der Hausarbeit für die Beteiligung am Unterrichtsgespräch oder für die Lösung einer bestimmten Aufgabe im Unterricht benötigen.

immanente Wiederholung Das ➪ Wiederholen eines bestimmten Stoffes kann explizit geschehen, z. B. zu Beginn einer Unterrichtsstunde, oder immanent in deren Verlauf. So müssen eingeführte Fachwörter so oft es sich anbietet benutzt werden, auch wenn der Gegenstandsbereich, zu dem sie gehören, nicht direkt thematisiert ist.

Im Sinne der These, dass neues Wissen immer nur an vorhandene Wissensbestände ankoppeln kann, ist durch i. W. dafür zu sorgen, dass den Schülern und Schülerinnen dieses vorhandene Wissen aktuell zur Verfügung steht, dass es reaktiviert wird, ohne daraus eine Wiederholungsstunde zu machen. So kann ich beispielsweise die Kenntnisse zum Thema »Modus« (Indikativ, Konjunktiv) in einem Deutschkurs dadurch reaktivieren, dass ich (eingebunden in eine entsprechende Sequenz) Kafkas Parabel »Auf der Galerie« behandeln lasse, in der dieses grammatische Phänomen konstitutiv ist.

Implikation Dt.: Einflechtung.

1) Einbeziehung einer Sache in eine andere, meistens in Beziehung auf Aussagen gebraucht: Die Aussage »Meine Frau arbeitet als Sekretärin« impliziert, dass der Sprecher verheiratet ist, dass seine Frau einen Beruf ausübt usw.

2) In der Logik bezeichnet I. die Wenn-dann-Beziehung: wenn p, dann q; $p \rightarrow q$.

Impuls Mittel der ➪ Unterrichtssteuerung; der I. ist weniger direkt als die ➪ Lehrerfrage und kann allein durch Gestik oder Mimik erzeugt werden. So genügt in machen Situationen eine hinweisende Geste auf den Tafelanschrieb, um den Schülern und Schülerinnen bei ihren Denkbemühungen zu helfen. In anderen Situationen kann das Hochziehen der Schultern oder ein freundliches, aufmunterndes »Prima!« einen I. setzen.

Lehrerfrage: *Was haben wir über Bismarck gelernt*?

Impuls: Der Lehrer hält ein Bild von Bismarck gut sichtbar hoch.

impulsgesteuertes Verfahren Auch: impulsgebende Steuerung; gehört zu den ➪ gebundenen Gesprächsformen im Unterricht und ist eine der beliebtesten und am meisten genutzten Interaktionsformen. Das Verfahren kann direkte ➪ Lehrerfragen einschließen, enthält aber meist ➪ Impulse und andere Formen der Aktivierung, z. B.:

- Denkanstoß: *Was haben wir gestern dazu bereits besagt? – Schau dir die Zeilen 20 und 21 noch einmal genau an!*
- Nachfragen: *Wie meinst du das? – Kannst du der Aussage von Björn zustimmen?*
- Anstöße zu Schülergesprächen: *Was meinen die anderen dazu? – Was du gerade gesagt hast, widerspricht genau der Meinung von Björn.* usw.

Grundsätzlich kann alles, was Schüler und Schülerinnen zum Nachdenken oder zum Handeln bewegt, vom Lehrer bzw. von der Lehrerin mit differenzierter Verbal- und Körpersprache zur Impulsgebung genutzt werden.

Individualisierung 1) Eine der Leitideen der allgemeinen ➪ Didaktik lautet: »Erziehung zur größtmöglichen Verfügung aller über sich selbst« (W. Schulz, [3]1981). Im Zusammenhang hiermit stehen Forderungen nach gleichen Lernchancen, nach I. der Begabungsförderung und Erziehung zur ➪ Autonomie. Als einer der zahlreichen Versuche zur I. des Lernprozesses kann das Konzept des ➪ offenen Unterrichts angesehen werden. Besonders in den ersten Klassen sowie beim Übergang in die weiterführende Schule sollte sich der Lehrer bzw. die Lehrerin im Rahmen der institutionellen Möglichkeiten auf jedes einzelne Kind hin öffnen, seine Stärken und Schwächen feststellen und Lernsituationen so gestalten, dass jedes Kind dort abgeholt wird, wo es von seiner Entwicklung her steht.

2) Von einer I. der ➪ Bezugsnorm spricht die Didaktik im Zusammenhang mit der ➪ Benotung von Schülerleistungen dann, wenn diese weder an der sozialen Bezugsnorm (Leistungsvermögen der Lerngruppe) noch an der kriterienorientierten Bezugsnorm (➪ Erwartungshorizont des Lehrers bzw. der Lehrerin) festgemacht wird, sondern wenn der Lernfortschritt eines jeden Schülers und einer jeden Schülerin individuell gemessen und beurteilt wird.

Induktion 1) ➪ Fachmethode vor allem in den empirischen Wissenschaften: Aus der (experimentellen) Beobachtung einzelner Fälle wird auf einen allgemeinen Satz bzw. auf eine Gesetzmäßigkeit (im Rahmen einer Theorie T) geschlossen. Dieses »Gesetz« gilt (in T) als gegeben, solange es keine Widersprüche (in T) produziert.

2) Der methodische Gang des Unterrichts ist dann induktiv, wenn die Lerngruppe aus Einzelheiten und konkreten Anwendungen auf etwas Allgemeines schließt. So kann ich z. B. zwei ähnliche Gespräche A und B miteinander vergleichen lassen, wobei in B die Aussagen durch bestimmte sprachliche Mittel (z. B. durch Modalverben) modifiziert sind. Die Schüler und Schülerinnen finden die sprachlichen Unterschiede, beschreiben sie funktional und formulieren einen allgemeinen Satz. Die gegenläufig Methode, die ⇔ Deduktion, geht von der grammatischen Regel (Was sind und was leisten Modalverben) aus und prüft dann das grammatische Wissen in konkreten Anwendungen.

Kritisch ist anzumerken, dass es im Unterricht keine echte I. gibt, da der Lehrer bzw. die Lehrerin immer schon weiß, wie das Ergebnis (der Lehrsatz, die Norm usw.) lautet. In Fällen der induktiven Unterrichtsmethode handelt sich eher um ➪ entdeckendes Lernen bzw. genauer um ein »entdecken lassende Verfahren«.

Information 1) Allgemein Nachricht, Auskunft, Belehrung.

2) Kommunikationstheoretisch »Beseitigung von Nichtwissen«: So enthält ein Lehrbuch aus Klasse 5 für einen Abiturienten nur sehr wenig I., also tatsächlich Neues.

3) Nachrichtentechnisch bezeichnet I. die berechenbare Größe für das Eintreten eines Ereignisses; der Inhalt der I. ist dabei irrelevant. Recheneinheit ist 1 bit (binary digit), d. h. die Entscheidung zwischen Ja – Nein bzw. 1–0.

Informationsaufnahme Die ➪ Informationen, die von den menschlichen Rezeptoren aus der Umwelt aufgenommen werden, betragen ca. 10^{10} bit/sec. Diese ungeheure Datenflut erreicht jedoch nicht unser ➪ Gedächtnis; denn der sensorische Informationsspeicher behält die Information nur für Bruchteile von Sekunden, d. h. nur so lange, wie sie für die unmittelbare Wahrnehmung von Bedeutung ist. Bedingt durch die recht langsame Signalgeschwindigkeit in unseren Nervenbahnen gelangen nur etwa 10 bis 100 bit/sec. zum Gehirn. (A. Scheunpflug, 2/2000) Da dieser kleine Rest offenbar gerade diejenigen Informationen enthält, die zum Überleben wichtig waren und sind, muss eine starke Vorverarbeitung nach Relevanzgesichtspunkten stattfinden.

Die Information, die im ➪ Kurzzeitgedächtnis (akustisch, visuell usw.) endkodiert wird, bleibt dort nur relativ kurz, es sei denn, sie ist so beschaffen, dass sie individuell bedeutsam ist, d. h. mit vorhandenen Wissensbeständen verbunden und längerfristig gespeichert werden kann.

Menschen lernen auf Grund von Informationen, und das eigentliche ➪ Lernen besteht aus zentralen Integrationsprozessen (A. Bandura, 1976). Die I. oder Aneignungsphase (Akquisition) besteht aus zwei Teilprozessen; dies sind:

1. Aufmerksamkeitsprozesse (➪ Motivation) und
2. Gedächtnisprozesse: In der Regel formt der Lernende die Informationen in leicht erinnerbare ➪ Schemata um; er klassifiziert und organisiert sie dabei nach individuellen Möglichkeiten und Bedürfnissen, um sie so besser und langfristig speichern zu können (➪ Langzeitgedächtnis).

Informationsbewertung Themen- oder interessegeleitete Auswahl von ➪ Information nach Relevanzgesichtspunkten. Der Umgang mit unterschiedlichen Informationsquellen und deren gezielte Nutzung ist ein wichtiges Lernziel in jedem Fachunterricht; ein aufbauender Lehrgang könnte etwa Folgendes berücksichtigen:

- Nachschlagewerke kennen lernen und nutzen können, erste Recherchen im ➪ Internet,
- Sachtexte zu einem Thema sichten, zusammenstellen und auswerten im ➪ Kurzreferat,
- Anwenden der Fähigkeiten zur I. im ➪ Projektunterricht.

Informationsorganisation Sichert die Weitergabe von Informationen in der Hierarchie einer Behörde bzw. einer öffentlichen Anstalt wie der Schule (vgl. ➪ ADO, § 3.6). So besteht Informationspflicht aller Lehrer und Lehrerinnen hinsichtlich der für sie maßgebenden Rechts- und Verwaltungsvorschriften (wie das Gemeinsame Amtsblatt sowie die aktuellen Runderlasse und Verfügungen der vorgesetzten Behörde); der Schulleiter bzw. die Schulleiterin hat die Kenntnisnahme im Einzelfall (z. B. durch Unterschrift) sicherzustellen. Weitere Medien für die I. sind das so genannte »Schwarze Brett« oder die Informationsmappe, das Postfach, der Vertretungsplan, der Plan für die Pausenaufsicht usw. Diese sind regelmäßig von jedem Lehrer und jeder Lehrerin einzusehen und ggf. abzuzeichnen.

Zusammen mit ➪ Ablauf- und ➪ Aufbauorganisation bildet die I. die funktionelle Organisation einer Schule

Informations- und kommunikationstechnologische Grundbildung Sammelbegriff für eine Reihe von Maßnahmen, die von der Grundschule bis zur Sekundarstufe II reichen, mit dem Ziel, allen Jugendlichen in Schule und Ausbildung ein fundiertes fachliches Grundverständnis für die »Neuen Informations- und Kommunikationstechnologien« zu vermitteln sowie eine geistige Auseinandersetzung mit dieser Technologie und ihren absehbaren und möglichen Auswirkungen auf Individuum und Gesellschaft zu ermöglichen. So hat z. B. Nordrhein-Westfalen Mitte der 80er-Jahre eine »Informations- und kommunikationstechnologische Grundbildung« in den Pflichtbereich aller Schulformen aufgenommen, und zwar integriert in verschiedene Fächer der Klasse 8 (oder in mehrere Klassen 6 bis 8). Dabei soll es nicht um Inhalte des Informatik-Unterrichts gehen, sondern um „das Lösen von schülerorientierten Fragestellungen mit Hilfe fertiger Teilprogramme“ (NRW Rahmenkonzept, 1985).

Unter Einbindung der ➪ Medienerziehung sollen folgende Hauptaspekte berücksichtigt werden:

1. Wirkungen der Neuen Technologien auf die „Vernunftnatur des Menschen“,
2. Veränderung der menschlichen Wahrnehmung und Erfahrung durch zunehmende Medialisierung,
3. Veränderung der menschlichen Kommunikation durch zunehmend indirekte Kommunikation zwischen Menschen über Kabel und andere Technologien, aber auch durch direkte Kontakte zwischen Menschen und Denkmaschinen.

Mit Blick auf die Neue Informations- und Kommunikationstechnologie ergeben sich u. a. folgende Zielsetzungen (hier: für die Sekundarstufe I):

- Reflektieren der eigenen Erfahrungen, Kenntnis der Einsatzmöglichkeiten
- Erarbeitung der Grundstrukturen der Neuen Medien (➪ Multimedia, ➪ Internet) und ihrer ➪ Vernetzung einschließlich der Anwendung von ➪ Software
- Erarbeitung der eigenständigen und verantwortungsbewussten Nutzung, Thematisierung und Bewertung der spezifischen Beschreibung, Modellierung und Konstruktion von Wirklichkeit
- Aufarbeitung und Bewertung der Chancen und Risiken

Die Initiative »Schulen ans Netz« in NRW (1999) kann als eine neuerliche Erweiterung des didaktischen Anspruchs angesehen werden, allen Schülern und Schülerinnen eine Grundbildung zum aktiven und verantwortlichen Umgang mit den Neuen Medien zu vermitteln.

Informationstheoretische Didaktik Richtung der Allgemeinen Didaktik in den 60er-Jahren, die eng mit dem Namen F. von Cube ([2]1968) verbunden ist. Kybernetische Ansätze suchen, „die technischen Wissenschaften auf den menschlichen Bereich anzuwenden, den individuellen wie den sozialen, und so die Bedingungen der Lernprozesse lückenlos verfügbar zu machen" (H. Blankertz, [6]1972). Ihr Interesse liegt vor allem darin, Lernprozesse (formal) zu beschreiben, zu steuern und zu kontrollieren. Ihre Aufgabe sieht die I. D. darin, Sollwerte (welcher Art auch immer) mit dem geringst möglichen Aufwand und der höchst möglichen Effektivität zu erreichen. Demzufolge sind die Bildungsinhalte relativ unwichtig; sie gelten als beliebig einsetzbare Variablen und können – ähnlich wie die Lernziele – mit den Mitteln der Kybernetik bzw. ⇨ Informationstheorie nicht bearbeitet, geschweige denn begründet werden. Das technische Interesse dokumentiert sich insbesondere im programmierten Lernen (⇨ Multiple-choice) und der damit verbundenen Berechenbarkeit der Lernleistung. Demzufolge ist es gerade die Frage der Erweisbarkeit und Überprüfbarkeit dessen, was die Schüler und Schülerinnen gelernt haben, was von der I.D. besonders ausgearbeitet und schließlich in andere Konzepte übernommen worden ist.
Weitere Informationen bei H. Ruprecht u. a. ([3]1976).

Informationstheorie Die I. sieht ihre zentrale Aufgabe darin, eine möglichst effizient kodierte Menge von Informationseinheiten über ein optimal eingerichtetes Medium so an einen Empfänger zu übermitteln, dass dieser die Information unverzerrt empfangen und dekodieren kann. Bei diesem Vorgang sind Kriterien wie Einfachheit, Eindeutigkeit und Ökonomie (aus Kostengründen) leitend. Der Informationsvorgang wird modellhaft so dargestellt:

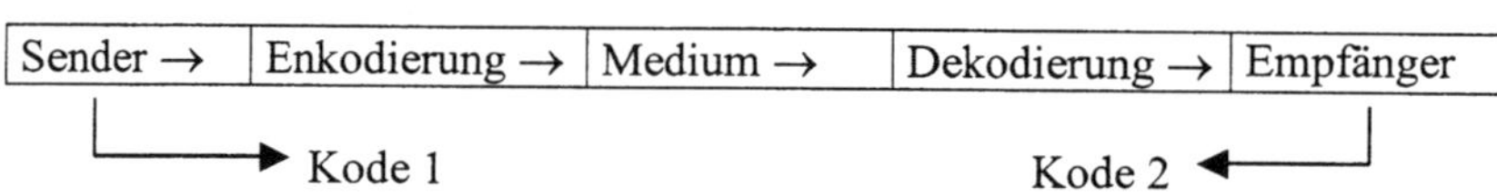

Die informationstheoretische Fragestellung lässt sich durch folgende Schwerpunkte charakterisieren:

- Die I. abstrahiert von Sinn und Zweck der übermittelten ⇨ Information (3); von daher macht sie lediglich quantitative Aussagen über die Wahrscheinlichkeit des Auftretens bestimmter Ereignisse von Binärentscheidungen.
- Die I. operiert auf einem abzählbaren und wohldefinierten Repertoire von Elementen, die lediglich auf Grund ihrer Position einen relationalen Wert haben.
- Die I. geht von eindeutigen Formations- und Transformationsregeln aus, so dass Ein- und Ausgabe der Information als regelgeleitete Operationen über einem festen Repertoire erscheinen.

Das Modell der I. ist unmittelbar auf (zunächst technische) ⇨ Kommunikationsmodelle (2) übertragen worden; die Gleichsetzung mit zwischenmenschlichen Kommunikationsvorgängen erscheint im Hinblick auf die konstitutiven Schwerpunkte der I. jedoch mehr als fraglich.

Informationsverarbeitung Unter lerntheoretischen Gesichtspunkten lassen sich drei Bereiche der menschlichen I. unterscheiden:

1. *Aneignung*: Wahrnehmung von Außenreizen als aktiver Prozess unter Beteiligung von Erfahrung, Wissen, Gefühlen und Motiven; ⇨ Informationsaufnahme, Bewertung und Selektion; ⇨ Lernen im engeren Sinne
2. *Speicherung*: Mentale ⇨ Repräsentation von Wissen im ⇨ Gedächtnis; Verknüpfung mit vorhandenen Wissensbeständen und evtl. Anpassung an vorhandene ⇨ Schemata, ⇨ Skripte und Begriffsnetze (⇨ Vernetzung) mit Rückkoppelungseffekten auf die weitere Informationsaufnahme
3. *Abruf*: Aktive Rekonstruktion von Gelerntem (⇨ Erinnern); Zeigen einer Lernleistung (mündlich oder schriftlich bzw. handelnd)

informierender Unterrichtseinstieg Stark lehrerzentrierte ⇨ Unterrichtsphase, in der den Schülern und Schülerinnen zu Beginn der Arbeit knapp und präzise mitgeteilt wird,

- was das Thema der Stunde bzw. Reihe ist,
- was sie tun und lernen sollen,
- was sie davon haben, wenn sie die gestellten Aufgaben bearbeitet und gelöst haben.

Dieses Verfahren ist einseitig kognitiv ausgerichtet und besonders für ältere und leistungsorientierte Lerngruppen geeignet. Allerdings hat es auch erhebliche Nachteile, da sowohl die Auswahl der Inhalte, die Wahl des Lernweges als auch das anvisierte Ergebnis von der Lehrperson zuvor festgeschrieben worden ist; deswegen sollte dieses Verfahren nicht überstrapaziert werden.

Weniger stark lenkend als der i. U. und dennoch informativ ist das Bereitstellen einer ⇨ thematischen Landkarte.

Inhalt 1) Bezogen auf den I. eines Begriffs: ⇨ Intension.

2) ⇨ Unterrichtsinhalt.

Inhaltsaspekt 1) Das zweite ⇨ pragmatische Axiom von P. Watzlawick u. a. ([5]1980) besagt, dass jede Kommunikation einen ⇨ Beziehungs- und einen I. hat; bei letzterem geht es um die Weitergabe von Informationen jeglicher Art (in Gesprächen, Anweisungen, Berichten und Erzählungen, in Vorlesungen oder im Unterrichtsgespräch), die allerdings durch den Beziehungsaspekt »gefärbt« und von daher mitbestimmt werden. Man kann sagen, dass etwa die Hälfte der ⇨ Informationsaufnahme von unseren ⇨ Gefühlen beeinflusst wird, und das heißt z. B., dass Schüler bzw. Schülerinnen einem beliebten Lehrer eher etwas abnehmen als einem unbeliebten, auch wenn der I. ihrer Rede der gleiche ist.

2) Bei Schulz von Thun (1996) ist der I. (= Sachinhalt) – neben Appell, Beziehung und Selbstoffenbarung – eine der vier Seiten einer Nachricht. Das einseitige Hören mit dem »Sachohr« kann zu Missverständnissen oder auch zu ⇨ Ränkespielen im Unterricht führen, z. B.:

- Lehrerin: „*Meinst du nicht, Daniel, dass du bei dem schönen Wetter deine Kappe abnehmen solltest!*“

– Schüler: „*Wieso? Mir ist es gar nicht zu warm.*“

Der Schüler reagiert (mit Absicht) nur auf den I., nicht auf den (verdeckten) Appell. Will man solchen Situationen entgehen, sollte man von derartigen indirekten Kommunikationsformen Abstand nehmen.

Inhaltssicherung ➪ Ergebnissicherung.

Inkubation ➪ Kreativität.

Innensteuerung Neuere Konzepte der Lernpsychologie gehen davon aus, dass ➪ Lernen ein aktiver Prozess ist; sie sind damit komplementär zu Konzepten, die von der ⇔ Außensteuerung ausgehen, d.h. von der bloßen Anpassung des Organismus an die Umwelt.

Geht man von der I. des Menschen aus, so lassen sich zwei Richtungen der Lerntheorie unterscheiden:

1. ➪ Kognitives Lernen: das Individuum ist aktiv am Erwerb von Sachwissen und am Aufbau kognitiver Strukturen (➪ Gedächtnis) beteiligt,
2. Lernen von ➪ planvollem Handeln und ➪ Problemlösen: das Individuum ist aktiv an der Entwicklung von ➪ Handlungsschemata und der Ausbildung von ➪ Handlungswissen (2) beteiligt.

Sowohl Außen- wie Innensteuerung sind Hauptkategorien des menschliche Lernens und beide müssen daher bei seiner Beschreibung in angemessener Weise berücksichtigt werden.

innere Differenzierung ➪ Differenzierung.

innere Schulreform ➪ Schulprogramm.

inneres Bild Aspekt der ➪ Stadienlehre bei J. Piaget. Bei der Herausbildung der ➪ semiotischen Funktion durchläuft das Kind während seines 2. Lebensjahres mehrere Stufen: die aufgeschobene Nachahmung (➪ Imitation 1), das ➪ symbolische Spiel, das Zeichenbild und schließlich das i. B. als verinnerlichte Nachahmung. Das Vorhandensein i. B. ist gleichzeitig Vorstufe für die verbale Erwähnung; denn Sprache wird in einem »Nachahmungskontext« erworben. (J. Piaget / B. Inhelder, ^{4}1991)

Innovieren Eine der ➪ Berufsfunktionen des Lehrers bzw. der Lehrerin, die sich zunächst und vor allem auf die Fähigkeit bezieht, die Schule als pädagogische Institution gemeinsam mit anderen weiterzuentwickeln und sie konzeptionell und praktisch so zu gestalten, dass sie den gesellschaftlichen Anforderungen gerecht werden kann. Hierzu gehört auch, dass Lehrer und Lehrerinnen Entwicklungskonzepte von Schule kennen, alternative Problemlösungen suchen sowie neuere Ansätze methodischer, didaktischer und curricularer Art kritisch aufnehmen, verarbeiten und verantwortlich umsetzen.

Mit Bezug auf den Fachunterricht kann die Berufsfunktion I. auf die folgenden drei Bereiche bezogen werden:

1. Zu den Rahmenbedingungen von Unterricht
   Kritische Verarbeitung der geltenden Lehrpläne und Richtlinien; eigenständige Verwertung fachwissenschaftlicher und fachdidaktischer Ansätze und Ideen; ➪ Lehrmittelkritik.
2. Zum Kernbereich von Unterricht
   Unterricht offen und unter Einbeziehung der Schüler planen; Gestaltungsräume flexibel, kreativ und für Schüler motivierend nutzen; Erkennen von Innovations- und Veränderungserfordernissen sowie Befähigung, entsprechende Alternativen zu institutionellen, pädagogischen, didaktischen Setzungen mit Blick auf die Bedürfnisse der Lerngruppe und die Erfordernisse des Gegenstandes zu entwerfen und zu begründen; Entwicklung und Anwendung von Beurteilungskriterien für individuell und alternativ gestalteten Unterricht.
3. Zur Innovationskompetenz des Lehrers allgemein
   In Alternativen denken können und offen für Alternativangebote sein; Fähigkeit zu Entdeckung und Identifizierung von Problemen, Erkennen von Widersprüchen und Infragestellen von Gewohnheiten; Befähigung zur Neuorganisation von Wissen und Erfahrungen sowie zur Revision von Erwartungen und Einstellungen; Überwindung auftretender Schwierigkeiten durch konstruktive Teil- oder Zwischenlösungen oder durch eine Neuformulierung des Problems; Fähigkeit und Bereitschaft, innovative Ideen, Lösungsansätze oder Lösungen adressatenbezogen, schlüssig und überzeugend zu formulieren.

Im Zusammenhang mit »Kreativitätstechniken«: H. Backerra u. a. (2002), M. Nöllke (^{3}2002).

Input Dt.: das Zugeführte; Eingabe von Materialien, Daten in ein Systems (Unternehmen, EDV-Anlage). Unter dem Gesichtspunkt der Effektivität werden nur das Kosten-Nutzen-Verhältnis von I. sowie der ⇔ Output betrachtet.

Aus Sicht des ➪ Behaviorismus ist z. B. das sprachliche Verhalten des Menschen in ähnlicher Weise beschrieben worden: das menschliche Bewusstsein gilt dann als ➪ Black box. Beobachtbar und beschreibbar sind für den Wissenschaftler dann lediglich Reiz und Reaktion (➪ Konditionierung) analog zu In- und Output.

institutionelle Voraussetzungen Der Teil der ➪ Eingangsvoraussetzungen des Unterrichts, der die Institution Schule betrifft; z. B. mit dem vorgeschriebenen 45-Minuten-Takt einer Stunde, mit der Lage der Stunden im Stundenplan, mit den räumlichen Bedingungen, der medialen Ausstattung u. dgl. Darüber hinaus können zu den i. V. auch die behördlichen Setzungen (Lehrpläne, Richtlinien, Runderlasse und Verfügungen) sowie die schulinternen Absprachen (Anstaltscurriculum, Beschlüsse der Schulkonferenz zu Lehrmitteln) gerechnet werden.

instrumentelles Lernen Art des Lernens, das durch ➪ Außensteuerung geschieht, und zwar immer dann, wenn Verbindungen zwischen dem Verhalten und nachfolgenden Konsequenzen aufgebaut werden. Dies ist etwa der Fall bei Androhung von ➪ Strafen oder von schlechten Noten. Während sich die Person beim ➪ Reiz-Reaktions-Lernen reaktiv verhält, verhält sie sich beim i. L. aktiv: sie lernt, um die negativen Folgen zu vermeiden.

Je nach den Konsequenzen unterscheidet man fünf Formen des i. L.:

Angenehme Konsequenzen oder Folgen

1. die Konsequenzen werden dargeboten: ➪ positive Verstärkung
2. die Konsequenzen werden vorenthalten: ➪ negative Verstärkung

Unangenehme Konsequenzen oder Folgen

3. die Konsequenzen werden dargeboten: (positive) ➪ Bestrafung
4. die Konsequenzen werden vorenthalten: ➪ negative Verstärkung

Keine Konsequenzen

5. die Handlung hat keine Konsequenzen: ➪ Löschung

Inszenierungsmuster Allgemein gesprochen dient Unterricht dazu, den Schülern und Schülerinnen »die Wirklichkeit der Welt« symbolisch zu vermitteln. Dies geschieht im Wesentlichen dadurch, dass sie vom Lehrer oder von der Lehrerin neu inszeniert wird. „Eine solche Neu-Inszenierung bietet den Schülern, wie im Theater, neue Blickwinkel und Sichtweisen auf die Inhalte. Die Schüler lernen nicht »den Inhalt als solchen«, sondern sie lernen ihn unter bestimmten Perspektiven kennen." (W. Jank / H. Meyer, ^{5}1996)

Einige der I. haben W. Jank / H. Meyer beschrieben, z. B.:

1. *Museumsbesichtigung*: museale Welten des Wissens werden vor den Lernenden ausgebreitet; der Unterricht dient der Kultivierung der Sinne (z. B. expressionistische Werke im Kunstunterricht).
2. *Lern-Werkstatt*: Es kann sich um Sprach-, Bilder- oder um Symbolwerkstätten handeln, in denen Lehrer und Schüler produzieren, experimentieren, vergleichen, organisieren; sie bauen ➪ Modelle, entwickeln ➪ Theorien und bilden ➪ Hypothesen (z. B. Schülerexperiment im Physikunterricht).
3. *Expedition*: Erkunden der natürlichen oder sozialen Umwelt, indem Lehrer und Schüler den Klassenraum verlassen und unbekanntes Terrain erkunden (➪ Öffnung von Schule, z. B. ➪ Exkursion in eine Moorlandschaft im Erdkundeunterricht).
4. *Theater*: Nachspielen von sozialer Wirklichkeit, künstlerische Gestaltung oder Umorganisation von fiktionaler Wirklichkeit (z. B. szenisches ➪ Spielen im Literaturunterricht).
5. *Gemeinde*: Gemeinsames Gespräch, Spielen und Feiern (z. B. Klassenfest).

In jedem einzelnen Fall haben Lehrer und Lehrerin eine bestimmte Funktion: sie referieren und führen vor, sie zeigen und helfen, sie knüpfen Kontakte, regen an und machen vor oder sind Ansprechpartner und Prozessbegleiter.

Integration der Lernbereiche Die Integration von Sach- und Sprachunterricht, wie sie J. A. Comenius mit seinem »Orbis pictus« (1658) noch gelang, konnte das 17. Jh. nicht überdauern. Was im Gesamtunterricht bei Comenius noch einen geschlossenen Zusammenhang bildete, löste sich in der Folgezeit des pädagogischen Realismus in eine Vielzahl von Einzelfächer (Geschichte, Erdkunde, Biologie, Physik usw.) auf. Später hat man versucht, die Einheit von Sprach- und Realienunterricht durch ➪ Großformen (1) des Unterrichts wieder herzustellen.

Fachintern wurde die I. d. L. angestrebt, wie etwa im Deutschunterricht, bei dem lange Zeit der Sprach- und der Literaturunterricht isoliert nebeneinander bestanden; doch erst 1838 wurde die I. d. L. als methodisches Prinzip (durch L. Kellner) in den Unterricht eingeführt. Er nannte es die »anlehnende Methode« und meinte damit die Verbindung von sprachlicher und literarischer Analyse von Mustertexten.

Die Idee einer I. d. L. ist also recht alt. Sie wurde dann jedoch für längere Zeit vergessen und erst im Zuge der »kommunikativen Wende« (um 1970) neu entdeckt; die »integrierte Grammatik« wurde zum fachdidaktischen Programm und hat sich in den Richtlinien und Lehrplänen der 80er-Jahre weitgehend verbindlich durchgesetzt.

Allerdings konnte sich die I. d. L. bei der Lehrerschaft nicht unwidersprochen durchsetzen, weil die zufällige Behandlung eines Phänomens bei der Lektüre die systematische Arbeit nicht ersetzen konnte. Deshalb ist in den neuen Lehrplänen die I. d. L. zu ergänzen durch ➪ systematische Lehrgänge. Diese Modifizierung erscheint lerntheoretisch im Sinne von Systembildung und ➪ Vernetzung der Lernergebnisse gerechtfertigt. Darüber hinaus unterstützen gerade die neueren unterrichtlichen Verfahren und Konzepte (wie ➪ ganzheitliches Lernen, ➪ Handlungs- und Produktorientierung, fächerverbindender und Projektunterricht) die Integration schriftlicher, mündlicher, analytischer und synthetischer, systematischer und kreativer Aktivitäten der Lerngruppen.

Integrationsphase Mögliche Abschlussphase einer Unterrichtsstunde oder -sequenz, in der die Ergebnisse gebündelt und in ihren systematischen Zusammenhang eingeordnet werden. Nach der ➪ Erarbeitungsphase und der Ergebnisformulierung kann die Überprüfung der Ergebnisse folgen sowie eine Beurteilung bzw. Wertung durch Integration in Sach- und Sinnzusammenhänge. Insofern stellt die I. eine der Möglichkeiten zur ➪ Ergebnissicherung dar.

Intension Dt.: Begriffsinhalt; die I. eines Begriffs ist die Menge der ➪ distinktiven Merkmale, durch die er charakterisiert und von allen anderen Begriffen unterscheidbar wird. Die I. des Begriffs »Junggeselle« wird z. B. angegeben durch die Merkmalmenge [+ Human, + Männlich, + Erwachsen, – Verheiratet, ...]. ⇔ Extension

Intention: Dt.: Absicht; bezieht sich auf die Frage nach dem »Was« und »Wozu«, d. h. im Allgemeinen auf die ➪ Zielperspektive wie auch die ➪ Ziele des Unterrichts.

Intentionalität Dt.: Zielgerichtetheit; im pädagogischen Bereich alle Absichten, die in die ➪ Unterrichtsplanung eingehen, den Unterrichtsprozess steuern und die Unterrichtsergebnisse bestimmen. In den neueren Konzepten der allgemeinen Pädagogik auch ➪ Zielorientierung (2) genannt, die allen Überlegungen zu den Inhalten und Methoden voraufgeht. Erst die I. macht aus einem Gegenstand einen Unterrichtsgegenstand bzw. ein ➪ Unterrichtsthema.

Interaktion 1) Allgemein: aufeinander bezogenes Handeln zweier oder mehrerer Personen; die I. wird, auch wenn es sich um ➪ Gesprächsformen handelt, weitgehend von der ➪ nonverbalen Kommunikation und der ➪ Körpersprache geprägt und bezieht sich von daher auf den ➪ Beziehungsaspekt in ➪ Lehr-Lern-Prozessen.

2) In der ➪ didaktischen Analyse (W. Klafki) wird die I. unter ➪ Methoden, d.h. Organisations- und Vollzugsformen des Lehrens und Lernens, subsummiert; denn durch diese wird die Struktur des Unterrichts weitgehend festgelegt. In systematischer Absicht haben H. Gudjons u.a. ([3]1991) die »siebzehn Unterrichtsmethoden« als zwei- bis fünfpolige I. dargestellt und kommentiert.

3) ➪ Themenzentrierte I.

Interdependenz Grundbegriff der ➪ Berliner Didaktik; bereits 1961 hat P. Heimann in einem Vortrag sechs grundlegende Fragen zur Reflexion der Grundstruktur von Unterricht formuliert:

1. In welcher Absicht tue ich etwas? (➪ Intentionen)
2. Was bringe ich in den Horizont der Kinder? (➪ Themen 2)
3. Wie tue ich das? (➪ Methoden)
4. Mit welchen Mitteln verwirkliche ist das? (➪ Medien)
5. An wen vermittele ich das? (➪ anthropogene Voraussetzungen)
6. In welcher Situation vermittele ich das? (➪ soziokulturelle Voraussetzungen)

Diese sechs Aspekte stehen nach Heimann in strenger I. zueinander. Später hat W. Schulz diese These abgeschwächt und von der Dependenz (der weniger strengen ➪ Relation) der einzelnen Faktoren gesprochen.

W. Klafki hielt dagegen an einem »Primat der Zielentscheidungen« hinsichtlich aller anderen konstitutiven Faktoren des Unterrichts fest. Erst im Zuge der Annäherung von ➪ Bildungstheoretischer Didaktik und ➪ Hamburger Modell in den 80er-Jahren einigte man sich auf die Formel, dass die allgemeine ➪ Zielorientierung (2) primär hinsichtlich der Ziele, Inhalte und Methoden des Unterrichts sei. Hierbei gilt zu beachten, dass die Zielorientierung auf einer höheren Abstraktionsebene der didaktischen Reflexion anzusiedeln ist als die konkreten Entscheidungen der ➪ Unterrichtsplanung.

interdisziplinär Die Zusammenarbeit mehrerer wissenschaftlicher Disziplinen betreffend, z. B. fachübergreifende Forschungen zwischen Soziologie und Sprachwissenschaft in der Soziolinguistik. Im Bereich von Schule und Ausbildung sollten die Schüler und Schülerinnen auf die immer wichtiger werdende Arbeitsweise vorbereitet werden; hierzu können ➪ Projektunterricht sowie ➪ fächerverbindender oder ➪ fächerübergreifender Unterricht beitragen.

Internet Abk. für engl. »International Network«; offener Verbund von miteinander vernetzten Computern, die über bestimmte Programme ➪ Informationen (3) austauschen können. Ist ein kleinerer Bestand an Computern nur zur internen Kommunikation (z. B. innerhalb einer Firma oder einer Schule) miteinander verbunden, so spricht man von einem »Intranet«.

Die Anfänge des I. liegen zu Beginn der 70er-Jahre des vorigen Jh. in Amerika, als das Verteidigungsministerium ein Projekt zur Verknüpfung von Computern angestoßen hat, das dann 1984 privaten und öffentlichen Firmen zur Weiterentwicklung überlassen wurde. 1995 bereits war der Zugang zum I. in 180 Ländern möglich. Es umfasste damals mehr als 30 Millionen Anwender; im Jahr 2000 dürften es über 100 Millionen sein.

Die Verbindungen zum I. werden im Allgemeinen mit Hilfe eines internationalen Standardprotokolls vorgenommen, dem so genannten TCP/IP (Transmission Control Protocol / Internet Protocol). Es wird von der Internet Society herausgegeben, wenn ein Kunde sich im Netzwerk registrieren lassen will. Voraussetzung für den freien Zugang zum »World Wide Web« (WWW), wie das I. auch genannt wird, ist eine eindeutige und einmalige IP-Adresse (Internet-Protocol-Address). Kunden brauchen für den Zugang einen Internet-Host, das ist ein Anbieter mit einem leistungsstarken Rechner, der Informationen abruft und weiterleitet, der E-Mail-Adressen oder den Speicherplatz für eine Homepage zur Verfügung stellt. Solche Anbieter können kommerziell arbeiten und einen eigenen Servicebereich anbieten (wie AOL oder T-Online) oder – wie etwa die Universitäten für ihre Mitarbeiter und Studierenden – lediglich einen Zugang bereitstellen. Sie verfügen über einen Domänennamen, aus dem das Heimatland (z. B. „de" für Deutschland) oder die Branche (z. B. in den USA „com" für Commercial) erkenntlich ist. Ein solcher Domänennamen lautet z. B.: http://www.ruhr-uni-bochum.de, d. h. (1) Hypertext-Protokoll, (2) Ziel: World Wide Web, (3) IP-Adresse, (4) Domäne (Deutschland).

Internetseiten werden in HTML (Hypertext Markup Language) geschrieben; diese Computersprache liegt im ASCII-Format vor und kann über einen Browser (z. B. den »Internet Explorer« oder »Netscape«) interpretiert und gelesen werden. Man spricht hier auch von ➪ Hypertexten, da sie nicht nur linear, sondern »mehrdimensional« angelegt sind. Über die jeweilige ➪ Internetadresse haben Nutzer Zugang zu einer Fülle von Angeboten, die von Informationsdiensten über Datenbanken bis hin zu Warenanbietern und Auktionen reichen.

Weitere Einzelheiten und Hinweise: M. Kerres (2000), H. Koch / H. Neckel (2001), R. Wimmers (^{3}2001), St. Münker / A. Roesler (2002).

Internetadresse Eindeutiger und einmaliger Name eines Anbieters bzw. Teilnehmers im Word Wide Web, dem ➪ Internet, z. B.: www.internet-datenbanken.de. Diese Zugangssite bietet Adressen für über 100 Datenbanken für vielfältige und sehr unterschiedliche Interessen. Nützlich sind ferner folgende Adressen:

www.ddb.de	Datenbanken der Deutschen Bibliotheken, Frankfurt/M.
www.paperball.de	Recherche und Lieferdienst für Fachbücher
www.subito-doc.de	Lieferdienst für Artikel aus Fachzeitschriften
www.dbs.schule.de	Deutscher Bildungsserver, Datenbank mit Unterrichtsmaterialien
www.Zum.de	Bildungsserver mit Verweisen zu anderen Sites

www.studref.de	Angebot an vorgefertigten Stundenentwürfen
www.lehrer-online.de	Allgemeines zum schulischen Leben und zur pädagogischen Praxis
www.GuteNoten.de	Übersicht und Beschreibung der größten Anbieter für Haus- und Facharbeiten, Diplomarbeiten, Referate usw.
www.hausarbeiten.de	Sammlung gut gemachter Hausarbeiten und Referate
www.amazon.de	Internet-Buchhandlung mit Bücherversand
www.klett.de	Verlag für Schulbücher

I. werden nach dem MLA-Standard bibliografiert: 1. Name des Autors, sofern feststellbar, 2. Titel der Seite in Anführungszeichen, 3. Titel des Gesamtwerks, kursiv oder unterstrichen, 4. Datum der Veröffentlichung bzw. der letzten Aktualisierung, 5. Web-Adresse in gewinkelten Klammern und unterstrichen, 6. Datum, an dem das Dokument im WWW besucht worden ist (in runden Klammern); z. B.: Rötzer, Florian, „Infowar gegen die USA", Telepolis, 10.12.1998, ‹http://www.heise.de/tp/deutsch/special/info/6339/1.html› (13.08.2001).

Weitere Einzelheiten bei J. Hildebrand ([6]2000).

Interpretation 1) Künstlerische Darbietung eines Musikstücks.

2) Auslegung, Erklärung oder Deutung von Kunstwerken, meist von literarischen Texten. Im Deutschunterricht auch als Aufgabentyp, der in der Regel in folgenden Schritten bearbeitet werden kann:

1. *Textaufnahme*: Text vollständig lesen und »auffällige« Stellen markieren, erste Eindrücke notieren.
2. *Texterläuterung*: schwierige Stellen paraphrasieren, Fremdwörter klären, Text gliedern und mit ➪ Randglossen versehen.
3. *Textverstehen*: Primäres Textverständnis notieren, die Textform bestimmen, historische Distanz (Entstehungszeit) klären; bei literarischen Texten auch Unterscheidung zwischen Bild- und Gegenstandsbereich sowie Detailanalyse (Textaufbau, sprachliche, rhetorische, erzählerische Mittel, Zeitgestaltung, stilistische Besonderheiten usw.).
4. *Kommunikative Situation des Textes*: Produzent – Rezipient, ggf. Erzähler – (impliziter) Leser, Reflexion der eigenen Verstehensbedingungen, Produktionsbedingungen des Textes und mediale Verbreitung.
5. *Deutung*: Methodenreflexion und Beurteilung der Textstruktur, etwa unter der Leitfrage: Auf welche Weise wird die von mir rekonstruierte Textintention durch die ermittelte Textstruktur realisiert, verdeutlicht, verstärkt?

Die I. eines Kunstwerks – allgemein jeglicher kultureller Erscheinungen – beruht auf einem objektiven (materiale Konstituenten des Kunstwerks) und einem subjektiven (Sinngebung und Bedeutungsrekonstruktion durch den Interpreten) Akt; insofern handelt es sich um einen hermeneutischen Prozess (➪ Hermeneutik). Darüber hinaus wird die I. gesteuert durch die Art der Vermittlung zwischen Werk und Rezipient sowie durch die kommunikative Situation (z. B. Klausur).

Weitere Einzelheiten bei M. Kusch / H. Schröder (1998) sowie in zahlreichen Handreichungen und Interpretationshilfen zu einzelnen Texten.

intersubjektiv Etwas, das verschiedenen Personen gemeinsam ist bzw. von verschiedenen Personen gleichermaßen nachvollzogen werden kann, gilt als i. Demnach ist ein Urteil (z. B. die ➪ Benotung einer Schülerleistung) dann i., wenn andere sachverständige und gutwillige Personen, unbeeinflusst durch Vorinformationen, zu dem gleichen oder einem vergleichbaren Urteil gelangen.

Die Forderung nach Intersubjektivität, zumindest in einer bestimmten Forschergemeinschaft, wird für alle wissenschaftlichen Erkenntnisse und Methoden erhoben; sie schließt nicht unbedingt die Übereinstimmung der Meinungen ein. Allerdings müssen Aussagen, die Intersubjektivität beanspruchen, jederzeit im ➪ Diskurs gerechtfertigt werden können. Somit schließen i. Geltungsansprüche immer auch diskursive Verständigungsprozesse ein.

Intervention Dt.: Einmischung, Dazwischentreten; durch I. werden bestimmte nicht erwünschte Entwicklungen zu verhindern versucht. Im Bereich von Schule und Ausbildung gehören die so genannten ➪ Erziehungs- und Ordnungsmaßnahmen zum intervenierenden Instrumentarium, sofern Maßnahmen der ➪ Prävention nicht mehr ausreichen.

Weitere Hinweise bei D. C. Walter (1998), L. R. Martin (1999), K. Hurrelmann u. a. (^{2}1999).

intrinsisch Dt.: von innen her; von i. ➪ Motivation spricht man im Allgemeinen, wenn Kinder aus eigenem Antrieb und aus Interesse an der Sache selbst – d. h. nicht durch ⇔ extrinsische Motivation (Angst vor Strafe oder Hoffnung auf Belohnung) – lernen.

Die ➪ Neugiermotivation ist ein spezieller Fall der i. Motivation; die von der Sache selbst ausgehenden Anreize erzeugen im Kind eine bestimmte Diskrepanz zwischen der neuen Information und den bereits vorhandenen Wissensbeständen, die als Triebfeder beim kognitiven Lernen wirken kann. Der ➪ kognitive Konflikt als Motor des Lernens wird dadurch erzeugt, dass das Neue nicht allzu schwierig, aber auch nicht allzu trivial für den Schüler oder die Schülerin ist, ferner dadurch, dass er bzw. sie erkennt, dass es sich um persönlich bedeutsames Lernen handelt.

intuitive Theorien Die ➪ Lerntheorie geht davon aus, dass Kinder bei der normalen Erforschung ihrer Umwelt auf logisch zusammenhängende Weise über Objekte, Ereignisse und Personen nachdenken. Im Alter von fünf oder sechs Jahren haben sie auf diese Weise für unterschiedliche Erfahrungsbereiche sehr stabile i. T. ausgebildet. Diese betreffen z. B. eine »Theorie der Materie«, eine »Theorie des Denkens«, eine »Theorie des Lebens«. Es ist klar, dass diese i. T. voller Trugschlüsse, Klischees und Vorurteile sind. Ein solches Klischee ist z. B. die Vorstellung der meisten Kinder, wenn sie in die weiterführende Schule kommen, dass sich Gedichte reimen müssen, woraus folgt: etwas, das sich nicht reimt, ist kein Gedicht.

Doch die i. T. sind bestimmend „und bleiben wahrscheinlich das ganze Leben über aktiv. Nur wenn diese Ideen ernst genommen, eingespannt und schließlich zurechtgestutzt oder so umgewandelt werden, daß besser entwickelte und umfassendere Auffassungen bestimmend werden – nur dann wird eine Erziehung zum Verständnis möglich" (H. Gardner, 1993) Diese Einsicht ist einer der Gründe dafür, dass wir im Unterricht die Kinder da abholen müssen, wo sie stehen. In der ➪ didaktischen Analyse nehmen die Planungsüberlegungen zu den ➪ Eingangsvoraussetzungen und zur ➪ thematischen Struktur hierauf Bezug.

inzidentelles Lernen Dt.: beiläufiges ➪ Lernen; i. L. ist nicht beabsichtigtes Lernen, das sozusagen nebenbei geschieht. Auf diese Weise lernen wir sehr viele Dinge – auch im Unterricht, was durch die Redeweise vom ➪ heimlichen Lehrplan ausgedrückt wird.

✳ ✳ ✳

Jugendkultur Im Allgemeinen wird das Alter, in dem jemand Jugendlicher ist, zwischen 14 und 29 Jahren angegeben. Die J. ist traditionell mit Merkmalen behaftet wie: lautstarke Auseinandersetzung mit der älteren Generation, Ablehnung von ➪ Normen (1) und ➪ Gewohnheiten der Erwachsenenwelt (insbesondere der Elterngeneration), Abgrenzung durch Kleidung, Haartracht, Jargon usw.

Diese Merkmale gelten heute (in den Konsumgesellschaften) nicht mehr: „Die Liberalisierung der Umgangsformen, der weitgehende Versicht auf Ge- und Verbotsstrukturen, häufig auch fehlende Grenzen gestehen Jugendlichen insgesamt mehr Freiräume zu. Sie müssen nicht kämpfen für die Durchsetzung eigener Lebensstile, sie leben sie einfach." Insofern verwischen die Grenzen zwischen den Altersgruppen zunehmend. Die Jugendlichen heute haben ganz andere Probleme: Nach der Shell-Studie (1997) steht weit oben auf der Skala der jugendlichen Sorgen die *Arbeitslosigkeit*, gefolgt von *Drogenproblemen* und *Problemen mit Personen im Nahbereich*. Dies bedeutet, dass die J. einerseits geprägt ist durch weitestgehende Freiräume und die Möglichkeit zur individuellen Lebensgestaltung, andererseits durch Orientierungsprobleme, Interaktionskonflikte und psychosoziale Krisen. Hieraus ergeben sich weitgehend die Ziele Jugendlicher: die „Integration durch Besetzung einer Position im Arbeitsprozess und Erwerb ökonomischer Unabhängigkeit" (G. Bovet / V. Huwendiek, 2 1998).

Die Zahl der J. hat in neuer Zeit enorm zugenommen; es handelt sich dabei um soziale Räume, in denen Jugendliche – angesichts fehlender allgemeinverbindlicher Normen – eigene Wertvorstellungen und Lebensstile (meist allerdings vorgeprägt durch kommerzielle Werbung und Angebote der Konsumwirtschaft) entwickeln und für kurze Zeit ausleben. „Die Jugendkultur ist ein Entwicklungsschritt auf dem Weg zur Selbstfindung, ambivalent, aber in vielen Fällen wohl die entscheidende Stütze in der allgemeinen Auflösung der bisher geltenden Welt." (M. Brater, 1997)

Für die gegenwärtige Ausprägung der J. werden vor allem folgende gesellschaftliche Veränderungen verantwortlich gemacht: Veränderung des Erziehungsstils und der Elternrolle bzw. der Familienstruktur, Verfügen über zunehmende Kaufkraft und neue Konsumgewohnheiten, Zunahme der Spiel- und Freizeitangebote, insbesondere durch die so genannten Neuen Medien und Kommunikationsmittel (Computer, Handy, Internet). Dennoch ist die J. gekennzeichnet von Widersprüchen, z. B.: Aus der Erweiterung des Erfahrungsraums durch Handy und Internet folgt ein gewisser Bewegungs- und Erfahrungsverlust; der Vielfalt der Lebensstile steht die Tendenz zur Vereinheitlichung gegenüber; der Drang, den eigenen Lebensstil durchzusetzen, stößt dort an Grenzen, wo die Angst um die Zerstörung der Umwelt wächst; die früher einsetzende und größer gewordene Kaufkraft der Jugendlichen mündet in eine länger andauernde ökonomische Abhängigkeit (oft über das 30. Lebensjahr hinaus).

Nach der Shell-Studie verdienen alle Versuche, mit diesen Widersprüchen produktiv umzugehen, sofern sie nicht selbstzerstörerisch sind, Beachtung als Beiträge zur Konstruktion gesellschaftlicher Wirklichkeit. Von hierher ergeben sich einige wesentliche Anforderungen für den Bereich von Schule und Ausbildung: Nicht gefragt sind Besserwisserei und Denkschablonen der Älteren, gefragt ist statt dessen die Bereitschaft zum Zuhören, zum Nachfragen und zum Dialog. Hieraus erwachsen dann auch die Forderungen nach einem ➪ ganzheitlichen Unterricht und einer ➪ Personenorientierten Didaktik, nach ➪ Wissenschaftspropädeutik und »Selbstverwirklichung in sozialer Verantwortung«.

Weitere Einzelheiten bei U. Beck (1997), K. Hurrelmann (1997), D. Baake (^{3}1999), M. Maas (2000), K. Farin (2001).

Vgl. ebenfalls die regelmäßig im Internet erscheinenden Shell-Studien, z. B.: www.shell-jugend2000.de/

✳ ✳ ✳

Kalkül 1) Das K.; allgemein Berechnung, Überlegung (*ins Kalkül ziehen*).

2) Der K.; ein K. im logisch-mathematischen Sinne besteht aus einer endlichen Menge von diskreten Elementen (Zahlen, Kategorialsymbole oder logischen Zeichen) sowie einer Menge von formalen Ableitungsregeln, die es gestatten, immer wiederkehrende Abläufe zu automatisieren. Ein K. muss vollständig, widerspruchsfrei und ökonomisch formuliert sein; durch den Einbau rekursiver Regeln können Ableitungen mehrfach durchlaufen werden.

Karikatur Zeichnung einer Person oder eines Vorgangs, die einige Züge übertreibt und auf komische Weise hervorhebt oder satirisch bloßstellt. Die Arbeit mit einer K. im Unterricht kann motivierend sein; vor allem als Einstieg in eine Thematik (➪ Einstiegsphase). Allerdings kann sie auch während einer Unterrichtseinheit zur ➪ Zwischensicherung oder an deren Ende zur ➪ Integration oder ➪ Ergebnissicherung eingesetzt werden.

Um die volle Wirkung zu erzielen, müssen einige Voraussetzungen gegeben sein:
- Die K. muss thematisch passen; dies gilt auch in der Hinsicht, dass sie nicht durch Nebeneffekte überlagert ist, die dem eigentlichen Unterrichtsziel wenig oder gar nicht entsprechen.
- Die Lerngruppe darf nicht zu jung sein; denn das Verständnis für eine K. ist – ähnlich wie bei der Ironie – vom Alter und der Sozialisation der Jugendlichen abhängig.
- Bevor die K. im Hinblick auf das Thema der Stunde gedeutet bzw. bewertet wird, muss der Bildbereich – das, was zu sehen ist – gründlich erarbeitet sein; dies beinhaltet eine genaue Wiedergabe des Dargestellten, Beachtung auch kleinerer Details, Benennung der hervorgehobenen bzw. übertrieben dargestellten Einzelheiten, evtl. historische oder kultur-politische Hinweise zur Kontextuierung der K.
- Der Lerngruppe muss der Stellenwert der K. im Hinblick auf das eigentliche Unterrichtsthema deutlich werden.

Karteikarten-Spiel ➪ Kartenabfrage.

Kartenabfrage Auch: Karteikarten-Spiel; schüleraktives ➪ Handlungsmuster, das der Ermittlung von Meinungen, Vorwissen oder Unterrichtswünschen der Lernenden dient. Hierbei können folgende Schritte unterschieden werden:
1. Die Schüler und Schülerinnen werden über das Verfahren sowie über die Intention der K. aufgeklärt.
2. Sie erhalten jeweils eine Karteikarte (oder ein Blatt) mit der Aufforderung, gut lesbar aufzuschreiben, was sie zu einer bestimmten Frage meinen, was sie bereits zu einem Thema wissen oder was sie zu einer Frage erfahren bzw. zu einem Thema arbeiten möchten.
3. Die beschrifteten Karten werden nach vorn gebracht und an die Tafel oder Wand geklebt.
4. Die Schüler und Schülerinnen setzen sich so, dass sie die Beschriftung gut lesen können; gemeinsam wird überlegt, welche Karten thematisch zusammengehören und unter welcher Überschrift sie gruppiert werden können.
5. Stehen die Überschriften an der Tafel und sind alle Karten zugeordnet, kann – je nach Zielsetzung – die Auswertung erfolgen: Es ergeben sich Pro- und Kontra-Meinungen zur weiteren Diskussion, es ergeben sich Wissensbereiche der Schüler und Schülerinnen, von denen aus weitergearbeitet werden kann, oder es ergeben sich Schwerpunkte für die weitere Unterrichtsgestaltung.

Die Lehrperson kann sich in dieser Phase des Unterrichts weitgehend zurücknehmen; allerdings sollte sie wesentliche fehlende Aspekte ansprechen bzw. ergänzen und dafür sorgen, dass die ➪ Zielperspektive (2) der K. nicht aus den Augen verloren wird.

katechetische Methode Ursprünglich eine die kirchliche Unterweisung betreffende Lehrmethode; seit der Einführung der Katechismusschulen durch M. Luther auch im pädagogischen Bereich üblicher Ausdruck, der die »Befragung« von Schülern und Schülerinnen bezeichnet. Diese Methode hat sich über die Jahrhunderte erhalten; im

Rahmen der k. M. zielt die ➪ Lehrerfrage jedoch nicht auf den Anstoß von Denkprozessen, sondern auf die Rekapitulation auswendig gelernten Wissens. Heute ist die k. M. im engeren Sinne von mehr schülerorientierten Verfahren – z. B. dem ➪ fragend-entwickelnden Unterricht – abgelöst worden.

kategoriale Bildung Ein von W. Klafki (1957) ausgearbeitetes und im Rahmen seiner ➪ Bildungstheoretischen Didaktik vorgetragenes Konzept, das die seit dem frühen 19. Jh. geläufige Unterscheidung von materialen Bildungstheorien (Inhalte und »Sachen« der vielfältigen Wirklichkeit stehen im Mittelpunkt) und formalen Bildungstheorien (Verhalten und Handlungsformen der Schüler und Schülerinnen stehen im Mittelpunkt) ersetzen sollte. Die Verschränkung der objektiv-materialen mit der subjektiv-formalen Seite des Bildungsbegriffs sieht Klafki (1963) so: „Bildung ist kategoriale Bildung in dem Doppelsinn, dass sich dem Menschen die Wirklichkeit »kategorial« erschlossen hat und dass eben damit er selbst – dank der selbstvollzogenen »kategorialen« Einsichten, Erfahrungen, Erlebnisse – für diese Wirklichkeit erschlossen worden ist.“ Bildung in diesem Sinne ist ein doppelseitiger Vorgang, der sich am ➪ Exemplarischen vollzieht: Die Behandlung eines exemplarischen ➪ Unterrichtsinhalts erschließt Wirklichkeit kategorial; gleichzeitig ist der Schüler bzw. die Schülerin für diese Wirklichkeit kategorial erschlossen. „Diese doppelseitige Erschließung geschieht als Sichtbarwerden von allgemeinen, kategorial erhellenden Inhalten auf der objektiven Seite und als Aufgehen allgemeiner Einsichten, Erlebnisse, Erfahrungen auf der Seite des Subjekts. Anders formuliert: Das Sichtbarwerden von »allgemeinen Inhalten«, von kategorialen Prinzipien im paradigmatischen »Stoff«, also auf der Seite der »Wirklichkeit«, ist nichts anderes als das Gewinnen von »Kategorien« auf der Seite des Subjekts.“

So geschieht beispielsweise k. B., wenn im Unterricht »Effi Briest« als exemplarischer Roman des bürgerlichen Realismus im 19. Jh. gelesen wird: Hierbei erschließen sich im Unterricht allgemeine Inhalte (Stellung der Frau in der Gesellschaft, individuelles Glück und gesellschaftlicher Aufstieg, Ehrenkodex, realistische Erzählweise, Leitmotiv usw.) und dadurch sind die Lernenden gleichzeitig für derartige Inhalte erschlossen, d. h. sie sind auf Grund der gewonnenen Einsichten und Kenntnisse in der Lage, andere Beispiele des realistischen Romans selbstständig zu erschließen (➪ Transfer).

Kategorie Dt.: Grundaussage.

1) Klasse oder Gattung, in die jemand oder etwas eingeordnet wird. So sind beispielsweise in der traditionellen Grammatik die Wortarten (Nomen, Verb, Adjektiv usw.) grammatische K.; auf einer unteren Ebenen sind auch deren grammatische Kennzeichnungen (Person, Numerus, Tempus, Modus, Kasus usw.) K. In diesen Zusammenhängen sind K. so etwas wie ➪ Oberbegriffe.

2) In der Philosophie wird der Terminus in einem strengeren Sinne verwendet: K. sind die allgemeinsten Wirklichkeits-, Aussage- und Begriffsformen, so genannte »Stammbegriffe« (I. Kant), von denen die übrigen Begriffe ableitbar sind (Erkenntnis- oder Bewusstseinskategorien), sowie die Grundformen des Seins der Erkenntnisgegenstände (Seins- oder Realkategorien). Das Verhältnis der Seins- zu den Erkenntniskategorien wird von der Erkenntnistheorie bzw. der Ontologie erforscht.

Kategorienbildung Die Bildung von ➪ Kategorien (1) geschieht dadurch, dass Elemente mit gleichen Merkmalen oder Eigenschaften zu Klassen zusammengefasst werden. So findet eine K. statt, wenn z. B. alle Zahlen, die als Quotient zweier ganzer Zahlen zu schreiben sind, wobei der Divisor von Null verschieden sein muss, als Menge der »rationalen Zahlen« zusammengefasst wird. Die rationalen Zahlen umfassen ihrerseits die Menge der Bruchzahlen sowie die Menge der ganzen Zahlen usw. Letztlich dient die K. dazu, ein umfangreiches Sachgebiet durch Aussonderung (Analyse, Segmentieren, Zerlegung) und anschließender Gruppierung (Bildung von Mengen, Klassen, Oberbegriffen) rational genauer verstehbar und kommunikativ besser verfügbar zu machen.

Insofern ist die K. im Fachunterricht eine der wichtigsten Phasen, wenn es darum geht, Ergebnisse in einen größeren Kontext zu stellen, sie zu systematisieren, zu reflektieren oder zu bewerten. Wer über Kategorien verfügt, kann das Gelernte leichter auf neue Sachverhalte übertragen (➪ Transfer).

Kausalattribution Zuschreibung bestimmter innerer oder äußerer Ursachen für eigenes und beobachtetes Verhalten, für Erfolg oder Misserfolg sowie für das Zustandekommen eines Selbst-Konzepts (➪ Identität). So kann ein Schüler seine unzureichende Leistung in einer Klassenarbeit auf »Faulheit« (zu geringe Lernleistung) zurückführen; er wird dann möglicherweise für die nächste Arbeit seine Anstrengungen verstärken und frühzeitig und intensiver lernen. Er kann die Fehlleistung aber auch auf »Unfähigkeit« (zu geringe Begabung) zurückführen; die Folge könnte dann Resignation und erhöhte ➪ Schulangst sein (➪ misserfolgsorientiert).

Für den Bereich von Schule und Ausbildung muss gelten, die Selbstattribuierung der Lernenden positiv zu beeinflussen; dies kann z. B. durch positive ➪ Verstärkung geschehen, aber vor allem durch die Schaffung von Erfolgserlebnissen in einer möglichst stressfreien ➪ Lernsituation und freundlichen ➪ Unterrichtsatmosphäre.

Kenntnisse Bei W. Schulz (^{3}1981) erste ➪ Entfaltungsstufe des Lernzielbereichs in der kognitiven Dimension. Inhaltlich können sich K. auf Fakten- oder Verfahrenswissen beziehen, die als kognitive ➪ Schemata oder als ➪ Skripte im ➪ Langzeitgedächtnis gespeichert werden. Methodisch gesehen können K. durch die Lehrperson oder ein Lehrwerk vermittelt oder aktiv durch die Lernenden erworben werden (➪ Lernen).

Kindheit Seit längerem hat die allgemeine Pädagogik eine Veränderung in K. und ➪ Jugendkultur festgestellt. Für eine veränderte K. werden u. a. folgende Faktoren genannt:

- Wandlung des Erfahrungsraums Familie (wesentlich mehr Einzelkinder und somit keine sozialen Erfahrungen mit Geschwistern; häufigere Scheidungsfälle und alleinerziehende Elternteile),
- erhöhte Anforderungen hinsichtlich des Schulerfolgs (Gymnasium als erstrebte weiterführende Schulform, Notendurchschnitt, angestrebte akademische Laufbahn),
- überbordende Flut an Konsum- und Freizeitmöglichkeiten (Kinder als potente Kunden),
- neuartige Informations- und Kommunikationsmittel (Internet, Handy).

Die »Geschichte der Kindheit« (Ph. Ariès, [14]1998) zeigt, dass K. ein sozial-geschichtliches Phänomen ist, das sich zu Beginn des 15. Jh. herausgebildet hat und – wie N. Postman es neuerdings formuliert hat – allmählich verschwindet. Er nennt in diesem Zusammenhang vor allem das Fernsehen (man könnte allgemein die Neuen Medien einbeziehen) gegenüber der früheren Lesekultur als Ursache und stellt fest, „daß das Fernsehen die Trennungslinie zwischen Kindheit und Erwachsenenalter aus drei Gründen verwischt, die alle mit seiner undifferenzierten Zugänglichkeit zusammenhängen: erstens, weil es keiner Unterweisung bedarf, um seine Form zu begreifen; zweitens, weil es weder an das Denken noch an das Verhalten komplexe Anforderungen stellt; drittens, weil es sein Publikum nicht gliedert." (N. Postman, 1987). Er resümiert, dass das Fernsehen, einschließlich der anderen elektronischen, nicht auf dem gedruckten Wort beruhenden Medien, kommunikative Verhältnisse hervorbringe, wie sie im 14. und 15. Jh. geherrscht haben. Dies liegt vor allem an dem Phänomen, dass die heutige Medienumwelt jeden gleichzeitig mit derselben Information beliefert, und dies bedeutet auch, dass es keine Geheimnisse und keine kulturelle Anstrengung mehr gibt, welche die Kindheit von der Erwachsenenwelt abgrenzt. Die Konsumgesellschaft reagiert darauf, dass die Mode für Kinder und Erwachsene kaum noch zu unterscheiden ist oder dass Kinder wie Erwachsene gleichermaßen als Konsumenten ernst genommen werden.

Im Bereich der Grundschule hat man schon recht früh auf eine veränderte K. durch veränderte Unterrichtskonzepte, insbesondere durch den ➪ offenen Unterricht und intensive ➪ Differenzierung, reagiert. „Offener Unterricht ist eine notwendige, prozeßhafte Weiterentwicklung herkömmlichen schulischen Lernens unter Einbeziehung aller Bedingungen von Unterricht. Dabei ist als zwingendste Ursache für eine gezielte Veränderung gewohnten Unterrichts sicher die in den letzten zwanzig Jahren erheblich veränderte Kindheit und das daraus erwachsene deutlich veränderte Sozial- und Lernverhalten der SchülerInnen zu betrachten." (Ch. Wopp. In: W. Jank / H. Meyer, [5]1996) Von daher ergibt sich die Forderung, Formen des offenen Unterrichts auch an den weiterführenden Schulen zu praktizieren.

Die Schule ist für zahlreiche Schüler und Schülerinnen nicht nur ein Ort des Lernens, sondern ein „Lebens- und Erfahrungsraum„ zugleich geworden. „Und wenn er Lebensort ist, dann muß man in ihm nicht nur wirklich leben können, sondern auch die wichtigsten Lebenserfahrungen machen – mit den Schwierigkeiten und Versprechungen, die unsere Gesellschaft für uns bereithält." (H. von Hentig, [3]1994) Dies bedeutet u. a., dass ein Unterricht, der die These von einer veränderten K. ernst nimmt, von der Lebenswirklichkeit der Schüler und Schülerinnen ausgeht, dass er Freiräume schafft, in denen die Lernenden schon recht früh ihre Erfahrungen und Vorstellungen artikulieren und austauschen können, in denen sie mitplanend und mitgestaltend aktiv werden können und so handelnd und reflektierend gleichermaßen ➪ Sacherfahrungen (Aufbau fachlicher Kompetenzen), ➪ Gefühlserfahrungen (Förderung der personalen Wachstumsprozesse und Autonomie) sowie Sozialerfahrungen (Befähigung zu Teamarbeit und Kooperation) machen können. Die übergeordneten Ziele eines solchen Unterrichts werden u.a. die Befähigung zu ➪ Problem- und ➪ Methodenbewusstsein, zu ➪ Selbstorganisation und ➪ Selbsttätigkeit sowie zu ➪ Empathie und ➪ Gesprächskultur sein.

Klassenarbeit Obligatorische, vom Lehrplan vorgeschriebene schriftliche Arbeit mit begrenzter Arbeitszeit, die ein für die Lerngruppe angemessenes Anspruchsniveau erreichen und inhaltlich aus dem Unterricht erwachsen sein muss. Die K. dient der schriftlichen Überprüfung der Lernergebnisse einer vorausgegangenen Unterrichtssequenz; sie ist in der Regel vorher anzukündigen. Die K. umfasst stets eine ➪ Verstehens- und eine ➪ Darstellungsleistung.

Im Zusammenhang mit einer K. lassen sich folgende Phasen unterscheiden:

1. *Vorbereitung*

Der Vorlaufunterricht ist so anzulegen, dass er zielgerichtet auf die K. vorbereitet und genügend Übungsmöglichkeiten sowohl für die inhaltlichen Kenntnisse als auch für die methodischen Fertigkeiten bietet. In den unteren Klassen sollte eine strukturgleiche Arbeit als Übung im Unterricht oder als Hausaufgabe angefertigt werden. Den Schülern und Schülerinnen sind rechtzeitig die Anforderungen sowie die Bewertungsmaßstäbe bekannt zu geben.

2. *Zusammenstellung der K.*

Es ist sicherzustellen, dass die Aufgaben ein breites Spektrum des Unterrichts abdecken, was ihre ➪ Reliabilität gewährleistet. Eine ➪ Operationalisierung der Aufgaben erhöht zwar die ➪ Objektivität (2) der K., es besteht auf der anderen Seite allerdings auch die Gefahr, dass die Schülerleistung an Selbstständigkeit verliert. Die Aufgaben sollten unterschiedliche Anforderungsniveaus ansprechen (z. B. Reorganisation von Gelerntem, Anwendung von Wissen, Problemlösen und Werten). Die Aufgaben sind eindeutig zu formulieren und sollten auch die Art der verlangten Antwort kennzeichnen (z. B. „Formuliere das Ergebnis in einem Satz ..."). Der Umfang der K. ist so zu bemessen, dass auch schwächere Schüler oder Schülerinnen ausreichend Zeit haben, was u. a. die ➪ Validität sichern hilft. Bei einer Gewichtung der Aufgaben (z. B. durch unterschiedliche Punktzahlen) ist dies vorab bekannt zu geben.

Die Texte und Aufgaben sollten mit der Maschine oder dem Computer geschrieben sein; zwischen den Zeilen und am Rand ist ausreichend Platz für Notizen u. dgl. zu lassen. Werden Parallelgruppen (A und B) eingerichtet, so muss peinlich genau auf die Vergleichbarkeit der Anforderungen geachtet werden.

3. *Durchführung*

Wenn genügend Zeit für die K. vorgesehen ist, kann alles ohne Zeitdruck ablaufen; dies baut den ohnehin vorhandenen Stress bei den Schülern und Schülerinnen ab und hilft, eine freundliche und sachliche Atmosphäre herzustellen. Fragen zum Verständnis der Aufgaben sollten zugelassen sein; wenn jedoch die Arbeitszeit beginnt, ist auf absolute Ruhe zu achten. Bei der Aufsicht sollte allerdings nicht allzu großes Misstrauen demonstriert werden.

4. *Korrektur*

Die ➪ Korrektur (1) der K. erfolgt umgehend; sie muss (spätestens) rechtzeitig vor der nächsten K. zurück gegeben sein. Die zu verwendenden standardisierten ➪ Korrekturzeichen sollten allen Schülern und Schülerinnen bekannt sein. Es empfiehlt sich, vor der ➪ Leistungsmessung (je nach der gewählten ➪ Bezugsnorm) einen ➪

Erwartungshorizont zu formulieren bzw. eine Liste mit zu erwartenden Ergebnissen anzulegen. Die Randbemerkungen sollten für den Schüler bzw. die Schülerin informativ und stets nur sachbezogen sein. Die Arbeit schließt mit einem schülergerechten Kommentar, der Schwächen und Vorzüge hervorhebt, sowie mit der ausgeschriebenen Note, Datum und Namenskürzel des Lehrers bzw. der Lehrerin. Die rechtlichen Bestimmungen der ASchO (§ 22) sind zu beachten: „Erreicht bei einer Arbeit ein Drittel der Schüler kein ausreichendes Ergebnis, so entscheidet der Schulleiter nach Anhörung des Fachlehrers, ob die Arbeit gewertet wird oder ob eine neue Arbeit zu schreiben ist.“

5. *Rückgabe*

Der Rückgabe einer K. geht die ausführliche ➪ Nachbesprechung (1) voraus; die Rückgabe selbst erfolgt durch den Lehrer, jedoch ohne die Hefte nach Notenstufen sortiert zu haben. Die ➪ Korrektur (2) der K. durch den Schüler bzw. die Schülerin ist sinnvoll zu gestalten; in der Oberstufe sollten ➪ Korrekturschwerpunkte ausgewiesen sein. Wichtig ist in diesem Zusammenhang, dass stets auch diese Korrektur korrigiert und bewertet (in der Oberstufe benotet) wird.

Die Noten der einzelnen Schüler und Schülerinnen sollten nur dann vor der Klasse genannt werden, wenn alle ausdrücklich damit einverstanden sind. Den Notenspiegel darf die Lehrperson – muss sie jedoch nicht – bekannt geben (vgl. die Erläuterungen zur ASchO, § 22, bei H. Pöttgen u. a., [17]1999).

Klassenbuch Das Führen von Unterrichtsnachweisen in Form von K. oder Kursheft gehört zu den Aufgaben jeder Lehrperson (ADO, § 9,1). Durch die Vorschriften zum ➪ Datenschutz sind auch die Einträge ins K. beschränkt worden; üblich sind:

Nachweise zum Unterricht

1. Eintragung des durchgenommenen Stoffes (in Stichworten)
2. Hinweis zu den ➪ Hausaufgaben, evtl. mit Seitenangaben und Aufgabennummern, Textgrundlage u. dgl. (sowie ggf. mit dem Vermerk zur durchschnittlichen Bearbeitungszeit)
3. Anmerkungen zum Unterrichtsausfall in einzelnen Stunden (wegen Klassenarbeit, Hitzefrei oder Fehlen der Fachlehrkraft)

Sonstige Bemerkungen

4. Eintragungen über besondere Vorkommnisse (z. B. Fehlverhalten von Schülern oder Schülerinnen, allerdings ohne eine Bewertung dieses Verhaltens!)
5. Eintrag fehlender Schüler und Schülerinnen. Auch Verspätungen sollten stets eingetragen werden; in erster Linie aus versicherungstechnischen Gründen, aber auch wegen der disziplinierenden Wirkung (Nachweis in Klassen- oder Jahrgangsstufenkonferenzen).

Die Eintragungen werden mit dem Namenskürzel abgezeichnet und vom ➪ Klassenlehrer einmal wöchentlich kontrolliert und abgezeichnet (ADO, § 16,4). Der Schulleiter kontrolliert ebenfalls die ordnungsgemäße Führung des K. in regelmäßigen Abständen durch Unterschrift. Eintragungen ins K. sollten nicht mit Tipp-Ex o. dgl. entfernt und überschrieben werden; jede Änderung ist sichtbar vorzunehmen und mit dem Namenskürzel abzuzeichnen.

Nicht erlaubt ist es, die Ergebnisse von Klassenarbeiten im K. festzuhalten; sie werden in besonderen Daten- und Zensurenlisten (DuZ-Listen) eingetragen, die unter Verschluss zu halten sind. Dies gilt nicht für Kursbücher, da diese stets im Gewahrsam des Fachlehrers oder der Fachlehrerin bleiben. In das K. ist jedoch die Anschrift bzw. die Telefonnummer der Erziehungsberechtigten (mit deren Einwilligung) aufzunehmen, damit diese z. B. bei Unfällen sofort benachrichtigt werden können. (H. Pöttgen u. a., [17]1999)

➪ Ordnungsmaßnahmen und erzieherische Einwirkungen (Rügen, Tadel u. dgl.) werden weder ins K. oder Kursheft noch ins Schülerstammblatt übernommen; sie gehören im Rahmen des »sonstigen Datenbestands« zu den »erweiterten Informationssammlungen«. Die Lehrkraft kann ein Fehlverhalten im Klassenbuch vermerken, die Bewertung jedoch in ihr privates Notenbuch notieren. Ein solcher »Eintrag besonderer Vorkommnisse« kann z. B. lauten: *Jörg hat das Arbeitsheft seines Nachbar zerrissen.* Informationen über das Fehlverhalten einzelner Schüler oder Schülerinnen sollten bei deren Schulwechsel nicht weitergegeben werden, um ihnen einen unbelasteten Neustart zu ermöglichen.

Es empfiehlt sich, zu Beginn des Schulhalbjahres im K. bzw. Kursheft zu vermerken, dass die Lerngruppe über Unterrichtsinhalte und die Leistungsbewertung informiert worden ist:

- in der Sek. I „Information lt. SchMG § 12 (4) ...“
- in der Sek. II „Information lt. APO-GOSt § 14 (2) ...“

Klassenkonferenz Das ➪ SchMG legt Mitglieder, Zweck und Verfahrensweisen von K. fest; vergleichbare Regelungen bestehen für die Jahrgangsstufenkonferenz. „Die Lehrer der Klasse bilden die Klassenkonferenz.“ Ihr Vorsitzender ist der Klassenlehrer bzw. die Klassenlehrerin oder (bei Verhinderung) deren Stellvertreter. Der Schulleiter bzw. die Schulleiterin, der oder die Vorsitzende der ➪ Klassenpflegschaft, ein weiterer Erziehungsberechtigter sowie (ab Klasse 7) der Klassensprecher und ein weiterer Schüler der Klasse nehmen (mit beratender Stimme) an der K. teil. Dies gilt nicht bei Zensuren- oder Versetzungskonferenzen.

Aufgaben der K. sind:

- sie entscheidet über die Bildungs- und Erziehungsarbeit der Klasse
- sie berät über den Leistungsstand der Schüler und Schülerinnen und trifft die Entscheidungen nach der Versetzungsordnung
- sie entscheidet in ihrem Zuständigkeitsbereich über ➪ Ordnungsmaßnahmen

Die Teilnahme an den K. gehört zu den ➪ Dienstpflichten jeder Lehrkraft. Aufgabenschwerpunkte der K. können sein: Abstimmung über ➪ Projektunterricht, Anforderungen an ➪ Klassenarbeiten und deren zeitliche Planung im Schulhalbjahr, ➪ Beurteilungskriterien, Verfahren der ➪ Leistungsmessung, Klassenfahrten und Klassenfeste, Koordination der festgelegten Gesamtdauer von ➪ Hausaufgaben.

Klassenlehrer ➪ Klassenleitung.

Klassenleitung In der ➪ ADO (§ 16) sind die Aufgaben und Pflichten eines Klassenlehrers oder einer Klassenlehrerin festgelegt. Die Klassenlehrerin bzw. der Klassenlehrer wird vom Schulleiter oder der Schulleiterin im Benehmen mit der Lehrkraft bestimmt. Die K. muss:

- in besonderem Maße auf die erzieherische und fachliche Förderung der Schüler und Schülerinnen hinwirken,
- darauf achten, dass der Umfang der ➪ Hausaufgaben (für einen Tag) sowie die Verteilung der ➪ Klassenarbeiten im Laufe des Schuljahres den Vorschriften entspricht und angemessen sind,
- die Klasse in schulischen Angelegenheiten informieren und beraten,
- den Klassensprecher bzw. die Klassensprecherin sowie deren Stellvertreter (innerhalb der ersten 14 Tage) wählen lassen; ab Klasse 7 zusätzlich einen Vertreter für die ➪ Klassenkonferenz sowie ggf. Schülervertreter für die ➪ Fachkonferenzen (Liste mit Namen, Klasse und gewünschtem Fach anlegen),
- den Vorsitz in der ➪ Klassenkonferenz führen (SchMG, § 9) und diese über Verhalten bzw. Leistungsstand der Schüler und Schülerinnen informieren,
- spätestens drei Wochen nach Schulbeginn die erste Klassenpflegschaft (➪ Pflegschaft) einberufen, ansonsten mit beratender Stimme daran teilnehmen (SchMG, § 11) und ggf. (anhand der ihr überlassenen schriftlichen Berichte) über die intendierten Inhalte und Themen der einzelnen Fächer im kommenden Halbjahr informieren,
- die erforderlichen Unterlagen der Klasse (wie Schülerstammblatt, Klassenbuch oder Kursheft, Anwesenheitsliste, Entschuldigungen, Zeugnisse) führen, kontrollieren und vervollständigen; Entschuldigungsschreiben der Eltern sollten gesondert (nicht etwa im Klassenbuch) aufbewahrt werden,
- die Lernmittel im Rahmen der Lernmittelfreiheit verwalten (sofern dies nicht zentral geschieht),
- in der Regel die Klasse bei Schulwanderungen oder Schulfahrten (➪ Wandererlass) begleiten,
- Beurlaubungen (bis zu 2 Tagen) aussprechen,
- Ärztliche Untersuchungen einleiten und Gutachten anfordern, sofern dies im Zusammenhang mit Übergangsverfahren (z. B. Sonderschulaufnahme-Verfahren) notwendig wird.

Es empfiehlt sich, einige Formalia rechtzeitig und verbindlich zu regeln; hierzu gehört z. B. den Eltern und der Klasse das Entschuldigungs- und Beurlaubungsverfahren rechtzeitig zu erläutern oder mit den Schülern und Schülerinnen eine Sitzordnung abzusprechen und verbindlich festzulegen (jedoch kein Rotationssystem, wenn man die Lerngruppe namentlich noch nicht kennt!).

Weitere Einzelheiten bei H. Gampe u. a. (1993).

Klassenpflegschaft ➪ Pflegschaft.

Klassenunterricht Eine der ➪ Sozialformen des Unterrichts, die mit Abstand am häufigsten praktiziert wird; etwa drei Viertel (W. Jank / H. Meyer, [5]1996) – in anderen Veröffentlichungen nahezu 90% – des Unterrichts an den weiterführenden Schulen ist K. Der Ausdruck K., der zunächst nur eine formale Kennzeichnung der Sozialstruktur einer Lerngruppe darstellt, wird oft ersetzt durch ➪ Frontalunterricht, wodurch die häufig vorherrschende Lehrerdominanz bei dieser Sozialform gekennzeichnet werden soll. Beim K. lassen sich zwei ➪ Aktionsformen unterscheiden:

- Darbietende Aktionsformen: der Lehrer bzw. die Lehrerin trägt etwas vor oder demonstriert etwas vor der Klasse (➪ Darbieten).
- Erarbeitende Aktionsformen: der Lehrer bzw. die Lehrerin führt mit der Klasse ein ➪ Unterrichtsgespräch, er oder sie erarbeitet ein Thema im ➪ fragend-entwickelnden oder ➪ impulsgesteuerten Verfahren.

Klassenzeitung Die Anfertigung einer K. bietet die Möglichkeit zu ➪ projektorientiertem Unterricht mit einem hohen Anteil an ➪ Handlungs- und ➪ Produktorientierung. Auslöser für eine K. sollte stets ein Thema sein, das die Schüler und Schülerinnen interessiert, das möglichst von ihnen selbst vorgeschlagen worden ist und dem sie (intellektuell) gewachsen sind. Aufgabe der Klasse ist es, themabezogene Materialien (Texte, Bilder) zu besorgen, zu sichten, zu ordnen und auszuwählen, Texte zu schreiben, ➪ Collagen anzufertigen usw. Die ➪ Formatierung der einzelnen Seiten bietet Gelegenheit zur Einführung in die Arbeit mit dem Computer, etwa im Rahmen der ➪ Informations- und kommunikationstechnologischen Grundbildung. Die einzelnen Blätter werden kopiert und geheftet. Ein »Redaktionsstab« sollte die Verantwortung für die Gesamterscheinung der K. übernehmen, die z. B. auf einem Elternabend zum Kauf angeboten werden kann.

Eine weniger aufwändige Alternative, die besonders in der Unterstufe ankommt, ist das Klassen-Tagebuch: Jeden Tag darf ein Schüler bzw. eine Schülerin in dieses Buch seine oder ihre Eindrücke aus den Unterrichtsstunden niederschreiben und ggf. bebildern.

Klassifikation Einteilung in Klassen; Zuordnung von Elementen mit gleichen ➪ distinktiven Merkmalen zu einer übergeordneten ➪ Kategorie.

Klausur Schriftliche Arbeit in der Oberstufe; im Wesentlichen gilt für K. das, was zur ➪ Klassenarbeit gesagt werden kann. Sie dienen der (schriftlichen) Überprüfung der Lernergebnisse in einem Kursabschnitt und sollen darüber Auskunft geben, inwieweit die im Unterricht gesetzten Ziele erreicht worden sind. Da die K., insbesondere in der Qualifikationsphase (ab der 12. Jahrgangsstufe), auf die Anforderungen der ➪ Abiturprüfung vorbereiten sollen, sind besondere Maßstäbe an ihre Konzeption und die Aufgabenstellung zu legen. Die ➪ Lehrpläne der Länder legen Anspruchsniveau, Aufgabenarten u. dgl. fest; Zahl und Dauer der in der gymnasialen Oberstufe zu schreibenden K. gehen aus der ➪ APO-GOSt hervor. Gegebenenfalls kann eine Klausur durch eine ➪ Facharbeit ersetzt werden.

KMK Abk. für ➪ »Kultusministerkonferenz«; offizielle Bezeichnung: *Ständige Konferenz der Kultusminister der Länder in der Bundesrepublik Deutschland.*

Kode Ursprünglich »Schlüssel« zu Geheimschriften.

1) Lernpsychologisch gesehen verfügen Menschen über einen aussagenartigen (sprachlich-inhaltlichen), einen analogen (bildhaften) sowie einen handlungsmäßigen K.; dieser entspricht jeweils einer bestimmten ⇨ Informationsverarbeitung bzw. ist deren Resultat (⇨ Repräsentation). ⇨ Informationsaufnahme ist zwangsläufig mit ⇨ Kodierung, mit einer spezifischen Organisation unserer arteigenen und individuellen Wahrnehmung, verbunden.

2) In der Nachrichtentechnik stellt der K. ein Wahrscheinlichkeitssystem dar, das über die Gleichwahrscheinlichkeit eines primären Systems gelegt wird, um dieses kommunikativ zu beherrschen. So ist z.B. bei der Messung einer Temperatur der Stand der Quecksilbersäule zu einem beliebigen Zeitpunkt „gleichwahrscheinlich", d.h. er kann überall im Glasröhrchen sein. Indem ich ein Wahrscheinlichkeitssystem darüber lege, also eine Skala von ± 40°C anlege, den Nullpunkt beim Gefrieren des Wassers festlege usw., mache ich die Messung der Temperatur kommunikativ verfügbar. Ich kann z.B. ablesen und mitteilen, dass die Temperatur + 3°C beträgt, und jemand, der die gleiche Skala benutzt – d.h. über den gleichen K. verfügt –, kann mich verstehen.

Kodierung 1) Auch ⇨ Kode (1), ⇨ Kommunikationsmodell (1); lernpsychologisch gesehen ist jede Art der Bearbeitung von Lernmaterial während des Lernens K., d.h. hier vorrangig eine bestimmte Wahrnehmungsorganisation. Bei einer ⇨ dualen K. hat ein Lernender die Wahl, die Information schwerpunktmäßig sprachlich -inhaltlich oder bildhaft-analog zu verarbeiten; in diesem Zusammenhang ist zu beobachten, dass eine Information leichter erfasst und behalten wird, wenn sie sowohl sprachlich als auch bildhaft kodiert vorliegt.

2) Informationstheoretisch ⇨ Kode (2); ⇨ Informationstheorie; ⇨ Kommunikationsmodell (2).

Koedukation Gemeinsamer Unterricht von Jungen und Mädchen; obwohl u.a. bereits von J.A. Comenius (1592–1670) gefordert, konnte sich das Prinzip der K. in Deutschland erst im Verlauf der 60er-Jahre des 20. Jh. auf breiter Front durchsetzen. Bis dahin regelte eine geschlechtsspezifische Aufteilung der Bildungsziele auch die Trennung der Fächer (»Mathematik für Jungen« und »Mathematik für Mädchen«) und der Bildungseinrichtungen (Mädchenschulen / Jungenschulen). Ziele der Koedukation heute sind u.a.:

- ungezwungener Umgang der Geschlechter im schulischen Alltag als Form des sozialen Lernens,
- Einübung von Partnerschaftlichkeit im Hinblick auf Kooperation in Ehe und Alltagswelt,
- Förderung der Gleichberechtung von Jungen und Mädchen, Männern und Frauen als Beitrag zur Emanzipation der Frauen und der Chancengleichheit in Studium und Berufswelt.

Eine Anzahl neuerer Untersuchungen hat allerdings gezeigt, dass Mädchen in den naturwissenschaftlichen Fächern (speziell Chemie, Physik) oder in Informatik bei koedukativem Unterricht in ihrer Leistungsfähigkeit gehemmt sind, in reinen Mädchenklassen oder -schulen jedoch weit bessere Ergebnisse erzielen. Manche Pädagogen halten deshalb die Trennung der Geschlechter in bestimmten Fächern und für eine bestimmte Zeit für sinnvoll.

Weitere Einzelheiten bei E. Glücks u. a. (1996), M. Horstkemper / M. Kraul (1999).

Kognitionswissenschaft Wissenschaft vom menschlichen »Geist«, wie er sich in den Prozessen ⇨ Wahrnehmung, ⇨ Denken und ⇨ Sprechen darstellt; die K. ist eine fächerübergreifende Wissenschaft, die Bereiche der Wahrnehmungspsychologie, Lerntheorie, Sprachwissenschaft und Physiologie (Neurowissenschaft) verbindet. »Kognition« gilt ihr als „Menge aller Strukturen und Prozesse menschlichen Wissens" (M. Schwarz, 1992). Anstöße zur Entwicklung dieser neuen Wissenschaft kamen um 1975 mit der Annäherung der KI-Forschung und der Psychologie; eine ihrer Leitideen ist die »Computer-Metapher« für das menschliche Bewusstsein. Allerdings kann die These einer Trennung von mentaler und neuronaler Ebene, wie sie die Computer-Metapher im Bild von »Hardware« und »Software« suggeriert, nicht aufrechterhalten werden angesichts der Tatsache, dass das mentale »Programm« in den physikalischen Mustern des Gehirns ununterscheidbar verankert ist. Unterschiedliche Forschungsansätze ergeben sich u. a. aus einer ⇨ modularen bzw. einer ⇨ holistischen Konzeption der K.

kognitive Lerntheorie Die k. Lerntheorie unterscheidet zwei Arten von Wissenserwerb:

- Erwerb von Erfahrungen durch direkte Interaktion mit der Umwelt,
- sozial vermitteltes Wissen durch verbales Lernen.

Letzteres ist stets auch ⇨ kognitives Lernen, insofern es dem Aufbau von kognitiven Strukturen dient. Die k. L. geht von der ⇨ Innensteuerung des Menschen aus; bei der ⇨ Informationsaufnahme und ⇨ Informationsverarbeitung ist der Organismus aktiv beteiligt.

kognitiver Konflikt Lernpsychologischer Terminus, der eine »Dissonanz« bezeichnet, die bei Schülern und Schülerinnen durch einen Lerngegenstand ausgelöst werden kann, und zwar unter folgenden Voraussetzungen:

- der neue Lerngegenstand knüpft (anschaulich oder begrifflich) an vorhandene Wissensbestände der Lerngruppe an,
- der Lerngegenstand enthält Elemente, die der Lerngruppe noch unbekannt sind,
- das Neue ist so beschaffen, dass es die Neugier und die Aktivität der Lerngruppe herausfordert, d. h. es ist nicht zu einfach zu durchschauen und nicht zu schwierig bzw. zu abwegig,
- die Lerngruppe hat bzw. erhält thematische und methodische Möglichkeiten, dieses ⇨ Lernproblem (2) selbstständig zu lösen – evtl. in mehreren Teilschritten.

Damit erweist sich die Erzeugung eines k. K. als ein probates Mittel, einen problemorientierten Unterricht zu inszenieren sowie ⇨ intrinsische Motivation zu wecken und zu nutzen, um beim ⇨ kognitiven Lernen ohne Belohnung und ohne Zwang auszukommen.

kognitives Lernen Im Wesentlichen bedeutet k.L. verbales Lernen, obgleich es sich darin nicht erschöpft; denn unsere Wissensbestände umfassen auch analog-bildhafte und handlungsmäßige ➪ Repräsentationen. Die Lerntheorie unterscheidet zwei Arten des k.L.:

- zum einen eine eher syntaktische Variante, wonach die Strukturen eines Sachbereichs (z.B. die Komplementarität der Farben, die Gesetze der Harmonielehre, die Grammatik einer Sprache) gelernt werden;
- zum anderen eine eher semantische Variante, wonach die Inhalte der einzelnen Sachbereiche gelernt werden, und zwar als Wissen über Sachverhalte (deklaratives Wissen) und als Wissen über Fertigkeiten (prozedurales Wissen).

Die stärkste Triebfeder beim k.L. ist die Erzeugung eines ➪ kognitiven Konflikts.

Nach D.P. Ausubel (1974) gibt es zwei unterschiedliche Dimensionen des verbalen Lernens: a) *sinnvoll* versus *mechanisch* und b) *rezeptiv* versus *entdeckend.* »Sinnvoll« ist Lernen dann, wenn es inhaltlich, d.h. nicht wortwörtlich geschieht und wenn der neue Lernstoff zufallsfrei auf bisheriges Wissen bezogen werden kann. Ein wichtiges Moment ist hierbei die Interaktion von bereits vorhandenen kognitiven Strukturen mit dem neuen Lernstoff. Wesentliches Merkmal des ➪ entdeckenden Lernens ist die Tatsache, dass der Hauptinhalt dessen, was gelernt werden soll, nicht gegeben ist, sondern vom Schüler bzw. der Schülerin weitgehend selbstständig erarbeitet werden muss.

Aus dem theoretischen Ansatz von Ausubel ergeben sich vier Grundformen des k.L.:

1. *mechanisch rezeptives Lernen*: Die Schüler und Schülerinnen versuchen, sich ein neues Fachwort einzuprägen,
2. *sinnvolles rezeptives Lernen*: Ein Lehrer behandelt den Kompass; die Schüler und Schülerinnen ordnen ihr neues Wissen in die zuvor gelernten Regeln über »Magnetismus« ein.
3. *mechanisch entdeckendes Lernen*: Ein Kind entdeckt zufällig, dass sein Kaffeelöffel an einem Eisenstab (einem Magnetstab) hängen bleibt; obwohl es dieses Phänomen nicht erklären kann, freut es sich über seine Entdeckung.
4. *sinnvolles entdeckendes Lernen*: die Schüler und Schülerinnen führen ein Experiment zum Thema »Magnetismus« durch: sie messen die magnetischen Vorgänge in einem Feld, um das ein Strom fließt, und entdecken den Satz: „Ein Strom, der eine geschlossene Bahn durchläuft (Kreisstrom), erzeugt in der eingeschlossenen Fläche ein magnetisches Moment, dessen Richtung von der Stromrichtung abhängt."

Sinnvolles rezeptives und entdeckendes Lernen (2 und 4) haben nach Ausubel verschiedene Funktion: Große Stoffgebiete werden vorwiegend durch rezeptives Lernen erworben und die alltäglichen Probleme des Lebens werden eher durch entdeckendes Lernen gelöst. Beim Erwerb von Sachwissen im Fachunterricht sollte bedacht werden, dass entdeckendes Lernen in bestimmtem Umfang notwendig erscheint, um die Selbstständigkeit und das Methodenbewusstsein der Schüler und Schülerinnen zu fördern, dass es auf der anderen Seite aber auch recht zeitaufwändig ist.

Das entdeckende Lernen dient weitgehend dazu, eine allgemeine Problemlösungsfähigkeit aufzubauen sowie spezielle ⇨ Problemlösungsstrategien zu vermitteln; letztlich zielt es darauf, die »heuristische Methode des Entdeckens« zu lernen und dies heißt: das Lernen zu lernen. (J.S. Bruner, 1973)

kognitives Lernziel Untergruppe der ⇨ Lernziele, die bei der ⇨ Dimensionierung eine Rolle spielt; dieser Lernzielbereich umfasst (nach W. Schulz, 1965) die Vermittlung von *Kenntnissen*, die Ermöglichung von *Erkenntnissen* sowie die Festigung von *Überzeugungen*; k.L. beziehen sich auf ⇨ Denken, ⇨ Wissen und ⇨ Problemlösen und sind somit der Kernbereich im Lernzielgefüge.

B.S. Bloom ([4]1974) gliedert die k. L. nach folgendender Taxonomie: (1) Kenntnisse (Fakten, Methoden), (2) Verständnis (Übertragung, Interpretation), (3) Anwendung, (4) Analyse (von Elementen, Beziehungen), (5) Synthese (Entwerfen von Plänen oder Programmen, Ableitung abstrakter Beziehungen), (5) Beurteilung (im Hinblick auf äußere Kriterien und innere Klarheit).

kognitives Schema Menschliches Wissen wird im ⇨ Gedächtnis u.a. in ⇨ Schemata und ⇨ Skripte gespeichert, und zwar als Sachwissen (deklaratives Wissen) oder als Handlungswissen (prozedurales Wissen). Die kleinsten Einheiten, aus denen Schemata und Skripte bestehen, werden ⇨ Propositionen genannt. Ein k. Sch. ist eine komplexere Wisseneinheit in Form von relativ allgemeinen ⇨ Kategorien. Vereinfacht dargestellt:

Proposition: *Frau* [+ Human, + Erwachsen, – Männlich]
k.Sch.: *Frauen leben länger als Männer.*

Eine Vielzahl von k. Schemata kann zu kognitiven Netzen verbunden sein (⇨ Vernetzung).

Kommentar ⇨ Lehrerkommentar.

Kommunikation Dt.: Mitteilung, Verständigung.

1) Im allgemeinen Sprachgebrauch bedeutet K. sowohl den mündlichen als auch schriftlichen (und digitalen) Umgang der Menschen miteinander, der auf die Übermittlung von Informationen und auf Verständigung ausgerichtet ist. In diesem Sinne wird er ähnlich wie ⇨ Gesprächsführung verstanden.

2) Im nachrichtentechnischen Sinne umfasst K. die ⇨ Kodierung (Enkodierung, Übertragung und Dekodierung) von Signalen zwischen einem Sender und einem Empfänger zwecks Übermittlung einer Botschaft. Diese Art der K. kann zwischen zwei Geräten stattfinden (Regelkreis). Eine direkte Übertragung des ⇨ Kommunikationsmodells (2) auf menschliche K. ist problematisch.

Kommunikationsbereitschaft Die Bereitschaft zur ⇨ Kommunikation hängt von vielen inneren und äußeren Faktoren ab (vom physischen und psychischen Zustand, thematischem Wissen, von fachsprachlichen Kenntnissen, Sympathie und Antipathie, Stress und Vorurteile, ⇨ Motivation u.a.m.).

Was die K. von Schülern und Schülerinnen im Unterricht betrifft, so ist eine wesentliche Bedingung, dass sie zuvor gelernt und geübt haben, wie man sich kommunikativ verhalten kann. Hierzu gehört nicht zuletzt die Einübung bestimmter verbaler Muster und Phrasen, etwa um ein Gespräch zu beginnen, sich in ein Gespräch einzuklinken, sich auf den Redebeitrag eines anderen zu beziehen, zwei Meinungen zu vergleichen, einen Vorschlag zu unterbreiten usw. Hier können z. B. Übungen zum ➪ Fünfsatz eingesetzt werden. Auf jeden Fall sollte bedacht werden, dass nur das bewertet werden kann, was zuvor gelernt und geübt worden ist; und dies gilt auch für den Bereich der ➪ mündlichen Mitarbeit.

Kommunikationsmodell Modelle der ➪ Kommunikation sind ausgerichtet auf die Sachverhalte, die sie erklären wollen, und abhängig von der Hintergrundtheorie, auf der sie basieren.

1) Menschliche K. beschäftigen sich weitgehend mit der »Welt des Sinns«; während auf der Ebene der Nachrichtentechnik nur das Signal (und seine ungestörte Übertragung) interessiert, handelt es sich bei menschlicher Kommunikation um einen bedeutungsvollen Prozess; das Signal ist in diesem Fall eine signifikante Form, die der menschliche Rezipient mit ➪ Bedeutung füllen muss. Hierbei spielen neben der Grundbedeutung (Denotation) auch Nebenbedeutungen (Konnotationen), d. h. die subjektive Beurteilung und Auslegung der Botschaft in einer konkreten Situation, eine Rolle. Die Bedingungen für die menschliche Kommunikation liegen zum Teil außerhalb des nachrichtentechnisch beschreibbaren Vorgangs; sie liegen z. B. bei sozialen (Wissen, Bildung, Elternhaus) oder psychischen Faktoren (Absichten, Erwartungen, Stress) auf der Seite von Sprecher und Hörer. Aus diesem Grund ist es nicht ratsam, technische Modelle zur Darstellung menschlicher Kommunikation heranzuziehen, die sich viel eher mit Hilfe komplexer »Sprechakte« darstellen läßt.

2) Nachrichtentechnische Modelle stellen »die Welt des Signals« dar, d. h., es sind weitgehend technisch orientierte Modelle, die einen kybernetischen Regelkreis beschreiben: Eine Quelle sendet (mit Hilfe eines Sendegeräts) ein Signal über einen Kanal zu einem Empfangsgerät, welches das Signal als Botschaft empfängt und ggf. über ein Steuergerät reagiert; Sende- und Empfangsgerät müssen dabei über den gleichen ➪ Kode (2) verfügen. So kann z. B. die Raumtemperatur als Quelle gelten, die bestimmte Zustände (Wärme / Kälte) an einen Thermostat leitet, der über einen Kode (Temperaturskala) verfügt und bei bestimmten Werten (z. B. +18 °C oder +22 °C) ein Signal (einen elektrischen Impuls) über einen elektrischen Draht an einen Regulator übermittelt; dieser kann das Signal als Botschaft deuten (z. B. Temperatur zu hoch / zu niedrig) und entsprechend reagieren, indem er die Wärmezufuhr der Heizung drosselt oder erhöht.

Kommunikative Didaktik Eine von K. Schaller und K.-H. Schäfer Anfang der 70er-Jahre vorgetragene Konzeption der allgemeinen ➪ Didaktik, die sich eng an die ➪ Bildungstheoretische Didaktik (W. Klafki) anlehnt. „Die Pädagogik der Kommunikation begreift Erziehung und Unterricht als spezifisches gesellschaftliches Handeln, wodurch die Gesellschaft der im gesellschaftlichen Kommuniqué an sich selbst gerichteten Erwartung, die im Blick auf die bestehende Gesellschaft immer deren Wandlung bedeutet, nachkommen möchte.“ Nun sind die gesellschaftlichen Erwartungen abhängig von der gesellschaftlichen Wirklichkeit (und umgekehrt). Für eine Pädagogik der Kommunikation, die das gesellschaftliche Interesse nicht blind bedienen, sondern transzendieren will, bedeutet dies, „dass sie sich nicht mit den Interessen der jeweiligen Gesellschaft verbünden darf, sondern mit dem gesamtgesellschaftlichen Kommuniqué, das über das Bestehende als Prinzip seines Wandels hinaus ist.“ (Schäfer / Schaller, 1971)

In diesem Kontext werden zwei Zielfelder der Didaktik beschreiben, a) die Unterstützung des vorhandenen Selbstinteresses der Kinder und Jugendlichen an subjektiver Selbstdarstellung, das auf Gewinn von subjektivem Können und Leisten aus ist, b) die Förderung des »kommunikativen Selbst« im Fortgang des rationalen gesellschaftlichen Prozesses.

Diesen beiden Zielen sind zwei zentrale Aufgaben von Unterricht zugeordnet: a) optimale Information, b) permanente Diskussion; und dies nicht nur in der Jugenderziehung, sondern ebenso in der Erwachsenenbildung. Das oberste Ziel, welches die K. D. hiermit verbindet, ist – ähnlich wie in den neueren Positionen der Lerntheoretischen und Bildungstheoretischen Didaktiken – die Emanzipation des Einzelnen: „Die Emanzipation des kommunikativen Interaktionsgefüges erweist sich also als die zentrale Zielvorstellung, als die pädagogische Idee der emanzipatorischen und kommunikativen Didaktik.“

Die K. D. ist als „kritisch-kommunikative Didaktik“ weiter entwickelt und zusammenfassend dargestellt worden bei R. Winkel (^{2}1988). Sie wird verstanden als „eine Theorie (das heißt eine systematische Analyse und Planung) des schulischen Lehrens und Lernens als kommunikative Prozesse mit dem Ziel, vorhandene Wirklichkeit kritisch zu reflektieren und sie in anspruchsvollere Möglichkeiten zu transformieren“ (Winkel, 1997 a). Damit ist die kritisch-kommunikative Didaktik bei Winkel ein integraler Bestandteil der ➪ Schultheorie.

kommunikative Funktion Pragmatische Dimension einer Rede oder eines (Sach-)Textes. Bei der ➪ Sachtextanalyse kommt der Einbeziehung der k. F. eine besondere Bedeutung zu; sie erschließt sich in der Untersuchung einiger relevanter Textbezüge, z. B.:

- *Adressatenbezug:* Welchen Leser / Hörer will der Text erreichen? Ist die Zielgruppe bekannt / unbekannt; homogen / heterogen? Soll eine bestimmte Beziehung hergestellt werden (durch Aufforderung, Drohung, Einschüchterung, Solidarisierung, Versprechungen u. dgl.)? Welche sprachliche Funktion herrscht vor (Ausdruck, Appell oder Darstellung)?
- *Verfasserbezug:* Sind besondere Attribute des Schreibers / Redners erkennbar (alt / jung; bekannt / nicht bekannt; Vertreter einer Gruppe / Partei / Interessenvertretung)? Welchen Standort nimmt er oder sie ein? Werden seine / ihre Interessen deutlich (verdeckt oder offen)? Vertritt er oder sie ein erkennbares Wertesystem?

- *Gegnerbezug:* Gegen wen (oder was) wendet sich der Schreiber / Redner? Setzt er sich eher auf der Inhalts- oder eher auf der Beziehungsebene mit seinen Gegnern auseinander? Nimmt er Argumente seiner Gegner vorweg?
- *Situationsbezug:* Welches sind Anlass, Ort, Zeit und ggf. besondere Umstände der Textproduktion? Welche zusätzlichen Informationen gibt es zur Klärung des Kontextes, in dem der Text / die Rede steht? Über welches Medium ist der Text verbreitet worden / in welchem Medium liegt er vor?

kommunikative Kompetenz Die Fähigkeit des Menschen, Redesituationen zu erfassen, zu strukturieren und intentional wie adressatenbezogen zu realisieren. Das von J. Habermas (1971) entwickelte Konzept der k. K. steht im Spannungsfeld zur linguistischen ⇨ Kompetenz (3) der Systemlinguistik und ist der ⇨ Pragmatik und Interaktionstheorie verpflichtet. Der Zusatz „,kommunikativ" weist auf die Bedeutungsverlagerung hin; denn menschliche ⇨ Kommunikation (1) wird entscheidend beeinflusst durch soziale, psychische und situative Faktoren. Gegenstand einer Theorie der k. K. sind die „allgemeinen Strukturen möglicher Redesituationen", die selbst durch sprachliche Akte hervorgebracht werden. Habermas denkt an eine »Universalpragmatik«, deren Aufgabe die Nachkonstruktion des Regelsystems sei, „nach dem wir Situationen möglicher Rede überhaupt hervorbringen oder generieren". Das heißt: „Eine Theorie der kommunikativen Kompetenz muß die Leistungen erklären, die Sprecher oder Hörer mit Hilfe pragmatischer Universalien vornehmen, wenn sie Sätze in Äußerungen transformieren." Solche pragmatischen Universalien sind z. B. die Personalpronomina, deiktische Ausdrücke (wie *hier, jetzt, ich*), performative Verben (wie *erklären, versprechen, warnen*); diese sprachlichen Mittel sind geeignet, bestimmte Redesituationen – unabhängig von einzelnen konkreten Sätzen – nach Sprecher / Hörer, Ort, Zeit, Modalität u. dgl. vorzustrukturieren.

So kann beispielsweise ein Satz wie „*Mir ist es hier zu laut.*" gemeint sein bzw. verstanden werden als a) Tatsachenfeststellung, b) Vorschlag, woanders hin zu gehen, c) Vorwurf, d) Aufforderung, den Lärm abzustellen. Dass wir dies ausdrücken und verstehen können, wird mit dem Begriff der k. K. erfasst.

Ausführlich bei J. Habermas (1981).

kommunikativer Handlungszusammenhang Der Ausdruck weist darauf hin, dass Sprechen stets auch bedeutet: eine komplexe Handlung in einem bestimmten Kontext ausführen. So lässt sich am Beispiel »jemanden grüßen« folgender k. H. aufzeigen:

a) *allgemeine Merkmale*: mindestens zwei Personen treffen zu einer bestimmten Zeit an einem bestimmten Ort zusammen - es entsteht eine »soziale Situation«.
b) *situative Merkmale*: bestimmte Merkmale der Situation werden von den Personen wahrgenommen und verarbeitet; sie gehen in die Tätigkeiten und das Sprechen ein und beeinflussen diese - es entsteht eine »kommunikative Situation«.
c) *soziale Merkmale*: die Personen schauen sich an, zeigen durch Gestik und Mimik, dass sie sich erkennen, dass sie erfreut / überrascht sind usw. – es liegt ein »soziales Ereignis« vor.

d) *sprachliche Merkmale*: die Personen äußern Sätze, die als konventionelle Grußformel bekannt und anerkannt sind – es liegt eine »kommunikative Handlung« vor.

Indem die Personen die Sätze äußern, grüßen sie sich; antwortet der Angeredete nicht, obwohl er den anderen sieht und erkennt, so liegt eine Verletzung der Konvention vor; d. h. der überindividuelle »institutionelle Sprechakt« (➪ kommunikative Kompetenz) ist fester Bestandteil des k. H. Ähnlich verhält es sich bei den normalen ➪ Sprechakten (wie: etwas feststellen, jemandem etwas vorwerfen, jemanden warnen), die mögliche Redesituationen strukturieren.

kommunikative Wende Die sogenannte k. W. in der ➪ Fachdidaktik, als deren erster Wortführer gelegentlich W. Schlotthaus mit seinem Aufsatz »Lehrziel: Kommunikation« (1971) genannt wird, vollzog sich im Gefolge von und im Zusammenspiel mit allgemeinen Tendenzen in den Fachwissenschaften und in der bildungspolitischen Planung. Seit 1967 wurden in Deutschland die ersten Linguistik-Lehrstühle besetzt; die sozialliberale Koalition in Hessen ebnete sodann mit ihrem Lehrplan von 1969 als erste den Weg für die Übernahme von linguistischen und kommunikationswissenschaftlichen Ergebnissen in den Sprachenunterricht. Insgesamt kann eine erhöhte Aufmerksamkeit von Politik und Gesellschaft für Bildungsfragen registriert werden, die einher ging mit Veränderungen der Curriculumforschung (offenes ➪ Curriculum und Curriculumrevision) sowie der Forderung »Bildung für alle« (Einrichtung des 10. Hauptschuljahres und der ➪ Fachoberschulreife). Die stärkere Orientierung an der Systemlinguistik, der Mengenlehre und der Zeichentheorie, an der Kommunikationswissenschaft und der ➪ Pragmatik, ließen neue fachdidaktische Ideen sowie Generationen von Lehrbüchern entstehen, die vor allem eine ➪ Integration der Lernbereiche propagierten und die isolierte Behandlung der Unterrichtsinhalte in systematischen Lehrgängen ablehnten.

Da die k. W. nahezu ohne die notwendige Einbindung der Lehrerschaft in den Entwicklungsprozess erfolgt war, konnte eine Irritation über wissenschaftsinterne »Widersprüche« oder rasch aufeinander folgende Korrekturen nicht ausbleiben. Mit den Lehrplänen der 80er Jahre ist denn auch der (z. T. recht einseitige) kommunikative Ansatz der Fachdidaktiken durch die Kultusbehörden stark eingeschränkt und relativiert worden. Dennoch kann festgestellt werden, dass seit jener Zeit den kommunikativen Abläufen beim Reden und Schreiben vermehrte Aufmerksamkeit geschenkt werden, was sich etwa in der Analyse der ➪ kommunikativen Funktion bei der ➪ Sachtextanalyse zeigt.

kompensatorischer Unterricht Dt.: ausgleichender ➪ Unterricht; der k. U. wurde programmatisch im Zusammenhang mit den Ergebnissen der Soziolinguistik (z. B. bei B. Bernstein) in den 60er- und 70er-Jahren des vorigen Jh. gefordert und erprobt. Einige Pädagogen gingen davon aus, dass zwischen Kindern der oberen und der unteren sozialen Schichten eine Art »Sprachbarriere« besteht. Sie forderten daher, dass Kinder mit ➪ restringiertem Sprachgebrauch derart sprachlich gefördert werden müssten, dass die Unterschiede zum ➪ elaborierten Sprachgebrauch ausglichen würden (Defizithypothese). Um dies zu erreichen, wurden, ausgehend von Programmen in den USA (»Head

Start«), auch in Deutschland Versuche gestartet, die sprachlichen Fähigkeiten von Kindern aus der Unterschicht zu verbessern. Diese Versuche mussten allerdings fehlschlagen, solange die sozialen und kommunikativen Verhältnisse in den Familien und den Peer-groups sich nicht veränderten.

Ein Reflex auf den k. U. kann im heutigen ➪ Förderunterricht gesehen werden, sofern er sprachliche Probleme und Defizite bei Schülern und Schülerinnen zu beheben sucht.

Kompetenz Allgemein Vermögen, Fähigkeit; in diesem Sinne wird »-kompetenz« häufig als Grundwort in Wortzusammensetzungen gebraucht.

1) Neben ➪ Autonomie und ➪ Solidarität eines der obersten Bildungsziele der allgemeinen Didaktik (➪ Hamburger Modell, ➪ Kritisch-konstruktive Didaktik); K. in diesem Sinne zielt auf die Vermittlung von Sach- und Methodenwissen im Sinne der ➪ Allgemeinbildung, der ➪ Wissenschaftspropädeutik und der beruflichen Qualifikation (➪ Berufsvorbereitung 1). Wichtig erscheint die Forderung, dass alle drei Bildungsziele in ein ausgewogenes Verhältnis zueinander gebracht werden sollen (➪ Themenzentrierte Interaktion).

2) ➪ kommunikative Kompetenz.

3) Mit »linguistischer Kompetenz« wird das sprachliche Vermögen eines idealisierten Sprechers / Hörers bezeichnet, d. h. im Wesentlichen seine Fähigkeit, mit einer begrenzten Anzahl von Elementen und Regeln eine unbegrenzte Zahl von Sätzen in seiner Muttersprache zu bilden und zu verstehen sowie über die sprachliche Richtigkeit dieser Sätze zu entscheiden.

komplementär Dt.: sich gegenseitig ergänzend; allgemein stehen zwei Größen dann in einer k. Relation zueinander, wenn das Vorhandensein der einen Größe das Vorhandensein der anderen erfordert: Eltern – Kinder, Himmel – Erde, links – rechts usw. Ein k. Verhältnis kann gleichwohl asymmetrische Strukturen aufweisen; so ist das Begriffspaar Lehrer – Schüler zwar k., aber die sozialen Rollen oder die kommunikativen Chancen können dennoch asymmetrisch sein.

Konditionierung Ausbildung bedingter Reaktionen bei Tieren oder Menschen.

1) K. kann auf dem Schema von ➪ Reiz-Reaktion aufgebaut sein, und zwar dann, wenn eine Wahrnehmung oder eine Vorstellung relativ beständig mit einer Reaktion (einer wahrnehmbaren Verhaltensweise oder einem Gefühl) verbunden ist. Der Organismus bleibt bei diesem »Lernvorgang« weitgehend reaktiv. Unterschieden werden in der Lernpsychologie zwei Formen des Reiz-Reaktions-Lernens:

- unmittelbare assoziative Verknüpfung von Bewusstseinsinhalten, z. B. der Knoten im Taschentuch als Gedächtnisstütze für irgend etwas;
- klassisches Bedingen oder K., z.B. Angst beim Anblick eines Mannes im weißen Kittel.

Das Reiz-Reaktions-Lernen lässt sich wie folgt erklären: Ein ursprünglich neutraler Reiz (z.B. ein weißer Kittel) wird verknüpft mit einem zweiten Reiz (z.B. einer schmerzhaften Untersuchung), wodurch der weiße Kittel eine Art »Signalfunktion«

erhält; es ist zu einer Reizsubstitution gekommen. Der zunächst neutrale Reiz kann nach Abschluss des Lernvorgangs die gleiche oder eine ähnliche Reaktion auslösen wie der bedingende Reiz, auch wenn gar keine Untersuchung ansteht, ja nicht einmal ein Arzt im Kittel steckt.

Da gerade auch Angstgefühle durch K. erzeugt werden können, sollte im Unterricht sorgfältig darauf geachtet werden, bestimmte Reizsubstitutionen (z. B. bei Prüfverfahren, Leistungskontrollen) zu erkennen und so weit wie möglich abzubauen.

2) Von ⇨ instrumentellem Lernen spricht man, wenn der auslösende Reiz für die K. nicht in der Vergangenheit (siehe 1), sondern in der Zukunft liegt. Dies ist z. B. dann der Fall, wenn ein Schüler oder eine Schülerin lernt, um Erfolg zu haben; etwa eine gute Note oder eine bestimmte Punktzahl im Abitur zu erzielen oder einfach nur Lob zu erfahren oder einer Bestrafung zu entgehen.

Geht es beim Reiz-Reaktions-Lernen um den Aufbau von Verbindungen zwischen Reizen und Reaktionen, so beim instrumentellen Lernen um den Aufbau von Verbindungen zwischen Verhalten und nachfolgenden Konsequenzen.

Konflikt Im Schulalltag ergibt sich eine Reihe von K., welche a) von Sachverhaltenen (z. B. Verspätungen, Notengebung) und b) eher von Personen (z. B. Antipathie, Klassenclown) ausgehen können. Darüber hinaus gilt es, Bedürfniskonflikt und Wertkonflikt auseinander zu halten.

- *Bedürfniskonflikt*: Ein Schüler macht keine Hausaufgaben; eine Schülerin macht Mathematikaufgaben im Deutschunterricht, Schüler unterhalten sich heimlich usw. Hier empfiehlt sich die Anwendung der ⇨ Gordon-Methode sowie ⇨ Metakommunikation (2).
- *Wertkonflikt*: Oft reichen Ich-Botschaften nicht aus, d. h. der Lehrer oder die Lehrerin kann dem Schüler bzw. der Schülerin nicht klar machen, warum er dies oder jenes tun oder unterlassen soll. Hier greift die Gordon-Methode meist nicht; die Ursachen können nur durch Beeinflussung im weitesten Sinne, d. h. durch ⇨ Erziehung verändert werden. Gleichzeitig ist es unerlässlich, dass die Lehrperson für sich klärt, warum dies oder jenes einen »Wert« für sie darstellt (z. B. Warum ist es mir wichtig, dass der Schüler seine Kappe im Unterricht absetzt? Warum will ich, dass niemand einen anderen verpetzt? u. dgl.).

Nicht jede Unstimmigkeit zwischen Schülern und Lehrern ist bereits ein K.; erst wenn die Mittel der Gordon-Methode, Ich-Botschaften und aktives Zuhören usw., nicht zu einem Konsens führen, liegt ein K. vor. Für Lehrpersonen unerlässlich erscheint hier die genaue Kenntnis der ⇨ Erziehungs- und Ordnungsmaßnahmen (ASchO §§ 13–20), aber vor allem die Kenntnis bestimmter ⇨ Konfliktlösungsstrategien sowie Methoden der ⇨ Konfliktvermeidung. Auch sollte er oder sie mit dem Phänomen der ⇨ Ränkespiele vertraut sein.

K. unter Schülern können in zahlreichen Fälle durch das so genannte ⇨ Streitschlichter-Programm abgehandelt werden, ohne dass stets eine Lehrkraft einbezogen werden müsste.

Hilfreich in diesem Zusammenhang sind H. Gudjons (1993), C. Hennig / G. Keller (1998), E. Meyer (1991), R. Miller (1993), D. Spanhel / H.-G. Hüber (1995), K. Ulrich (1996).

Konfliktlösungsstrategie Ein Problem, bei dem weder Ich-Botschaften noch aktives Zuhören (⇨ Gordon-Methode) weiterhilft, das also zwischen den Beteiligten ausgetragen und entschieden werden muss, wird zu einem ⇨ Konflikt. Bestimmte Verhaltensregeln und K. können helfen, derartige Konflikte besser zu bewältigen:

1. Verantwortlichkeit klären: Muss ich mich überhaupt hier einsetzen? Bin ich zuständig?.
2. Konflikte in zeitlich und persönlich direkter Auseinandersetzung angehen, d.h. nicht erst Zeit verstreichen lassen, bis sich regelrecht Wut angestaut hat, die der andere dann gar nicht mehr richtig einschätzen kann. Allerdings empfiehlt sich ein »Handlungsaufschub«, sofern man sich in einem emotionalen Erregungszustand befindet.
3. An eventuelle Abmachungen anknüpfen.
4. Möglichst nicht indirekt kommunizieren, etwa darüber, was »man« nicht gern hat, wenn »ich« es nicht gern habe.
5. Den Konfliktpartner mit der eigenen Sicht der Dinge ohne persönliche Abwertung konfrontieren.
6. Der Meinung des Konfliktpartners wirklich zuhören und ihm zeigen, dass man sein Anliegen versteht, auch wenn man seine Ausführungen nicht akzeptiert.
7. Um eine Lösung des Konflikts, die von allen Beteiligten angenommen werden kann, offen bemüht sein. Es kann hier nur um eine »Niederlagen lose Konfliktlösung« gehen (⇨ Methode III); denn gerade zwischen Schülern und Lehrern muss ein sozial-emotional erträgliches Klima auch nach Austragung des Konflikts weiterbestehen können.

Besser als Konflikte auszutragen ist allemal die vorbeugende ⇨ Konfliktvermeidung oder ⇨ Prävention; andererseits sollte man auch nicht versuchen, Konflikten um jeden Preis aus dem Wege zu gehen. Gerade wenn man emotional engagiert ist, sollte man das Problem zunächst mit nach Hause nehmen, um es in Ruhe zu analysieren:

1. Hat man selbst das Problem und ist auch zuständig, dann sollte man es schriftlich fixieren.
2. Die eigentliche Problemanalyse erfolgt Kategorien geleitet:
   - 2.1 Selbst- und Fremdwahrnehmung unterscheiden, die eigene Interpretation des Wahrgenommenen reflektieren (»Effekt des ersten Eindrucks«, ⇨ Beobachter-Effekt).
   - 2.2 Eigene Gefühle klären (spielen Erinnerungen oder Analogien eine Rolle?).
   - 2.3 Soziale und gesellschaftliche Hintergründe analysieren (verstehen heißt nicht billigen).
   - 2.4 Auslöser und Ursachen erforschen; bei gravierenden Problemen ⇨ Supervision anstreben.

3. Ursachenanalyse (ausgehend von 2.3 und 2.4) nach einzelnen Ursachenbereichen:
   3.1 Unterrichtsqualität: Zu hohes Arbeitstempo? Zu abstrakter, theoretischer Unterricht? Unterricht zu langatmig und »immer dasselbe«, zu ungeordnet, zu langweilig? Fehlen schüleraktive ➪ Handlungsformen und ➪ Schülerorientierung?
   3.2 Lehrerpersönlichkeit: Mangelt es an der nötigen Führungsbereitschaft und Durchsetzungsfähigkeit? Sind Akzeptanz, Verständnis und Gegenwärtigkeit vorhanden? Gerechtigkeit und Empathie? Zeigt sich Echtheit im verbalen und nichtverbalen Verhalten? Wird eine notwendigen Distanz (selektive ➪ Authentizität) eingehalten?
   3.3 Schülerpersönlichkeit: Ist der Schüler in der Lage, mich und meine Position zu verstehen? Habe ich ein angemessenes Verständnis für die Botschaften des Schülers? Wurde ein persönliches Gespräch unter vier Augen ermöglicht? Sind Kenntnisse der sozialen Lebensumstände und der (entwicklungs-)psychologischen Bedingungen des Schülers berücksichtigt? Bin ich mir über die Grenzen schulischer Erziehung im Klaren?
   3.4 Äußere Bedingungen: Sind Stressfaktoren wie Häufung von Prüfungssituationen, Leistungskurs-Klausuren, Rollenzuschreibung durch die Mitschüler im Spiel? Beruht der Konflikt auf ganz anderen Ursachen, als ich zunächst unterstelle (z. B. darauf, dass für den Schüler der Sinn von Schule generell in Frage steht)?

4. Handlungsplanung
   4.1 Zeitplanung: Was will ich in welcher Zeitspanne erreichen?
   4.2 Handlungsalternativen entwickeln (➪ Brainstorming).
   4.3 Folgen der Handlungsalternativen abschätzen (»Kosten-Nutzen-Rechnung«).
   4.4 Entscheidung treffen und handeln.

Konfliktvermeidung Auch: ➪ Prävention; es gibt eine Reihe von Maßnahmen, die dazu beitragen können, mögliche ➪ Konflikte mit Lerngruppen bereits im Vorfeld zu umgehen bzw. zu vermeiden. Hierzu gehören u. a.:

- Beteiligung der Schüler und Schülerinnen an der ➪ Unterrichtsplanung und -durchführung; gerade hierdurch wird ein Teil der Verantwortung für den Unterricht (und den Lernerfolg) auf die Mitglieder der Lerngruppe übertragen.
- Anwendung vielfältiger ➪ Fach- und ➪ Unterrichtsmethoden, die der Sache und dem angestrebten Unterrichtsziel gerecht werden und für mehr ➪ Motivation sorgen.
- Berücksichtigung schüleraktiver Arbeits- und Interaktionsformen bzw. ➪ Handlungsmuster (➪ Schülerorientierung); gerade ein schematischer Unterricht, der immer gleich vorgeht, ermüdet und langweilt auf die Dauer, führt zu Unkonzentriertheit und möglicherweise zu ➪ Aggressionen.
- Achten auf ➪ Ganzheitlichkeit des Unterrichts, z. B. durch Einbeziehen von ➪ Handlungsorientierung und ➪ Projektunterricht.

– Kenntnis und Umsetzung von Prinzipien der ⇨ Gestaltpädagogik und von Grundsätzen der ⇨ Themenzentrierten Interaktion.

Lässt sich ein Konflikt nicht vermeiden, müssen ⇨ Konfliktlösungsstrategien greifen oder Formen der ⇨ Intervention (⇨ Erziehungs- und Ordnungsmaßnahmen) zur Anwendung kommen. Dies gilt insbesondere bei Ausbruch von ⇨ Aggressionen oder ⇨ Gewalt in der Schule.

Weitere Einzelheiten bei C. Besemer (^{8}2001), T. Gordon (^{15}2001), H.G. Holtappel (^{2}1999), L.R. Martin (1999).

Kongruenz Der Terminus K. kommt in der Gesprächstherapie vor und bedeutet dort den Grad der Übereinstimmung zwischen der Struktur des Selbst und den Erfahrungen. Bezogen auf die zwischenmenschliche Interaktion kann man K. (vereinfacht) auffassen als ein bestimmtes Persönlichkeitsmerkmal, das sich umschreiben lässt mit Aufrichtigkeit, Ehrlichkeit, Verlässlichkeit. Bei Lehrpersonen zeigt sich K. darüber hinaus dadurch, dass sie unterrichtliche Entscheidungen transparent machen, d.h. dass sie Unterrichtsziele offen legen und begründen, dass sie ihre Bewertungsmaßstäbe und mögliche pädagogische und disziplinarische Maßnahmen bekannt geben. K. zeigt sich ebenso in der gerechten Durchsetzung solcher Prinzipien bei anderen ohne Ansehung der Person wie auch bei sich selbst sowie in der Bereitschaft, die eigenen Verhaltensweisen bei genügend großer Evidenz zur Diskussion zu stellen und zu verändern.

konkrete Operationen Terminus aus der ⇨ Stadienlehre J. Piagets (1983). Ein Kind erreicht das Stadium der k. O. etwa mit 5 bis 6 Jahren; es geht mit etwa 10 bis 11 Jahren in das Stadium der ⇨ formalen Operationen über. Die kognitiven Leistungen beziehen sich in der Phase der k.O. direkt auf das Objekt, noch nicht auf verbal formulierte Hypothesen. Wesentlich ist der Neuerwerb von reversiblen Umwandlungen: das ist zum einen die Inversion (A - A = 0), zum anderen die Reziprozität (A entspricht B und umgekehrt). Kinder in diesem Stadium sind dem so genannten »intellektuellen Realismus« verhaftet, der sich auf die Produktion von Bildern (Bewegung und Formveränderung), die Logik (Aneinanderreihung, Zuordnung, Klassifikation), den Zahl-, Raum- und Zeitbegriff sowie die Kausalität (rationale Kausalität) auswirkt. (J. Piaget, 1983; Oerter / Montada, ^{2}1987)

Was die ⇨ moralische Entwicklung der Kinder in dieser Phase betrifft, so erwerben sie mit 7 bis 8 Jahren ein Gefühl für Gerechtigkeit (Kohlberg, 1974).

konkrete Utopie Besondere Form der ⇨ Utopie, die eine Realisation bestimmter gedanklicher Entwürfe in der Zukunft zumindest im Bereich des Denkbaren für produktiv hält. So bezeichnet J. Habermas (1971) die Idee einer »idealen Sprechsituation« als einen »transzendentalen Schein«, von dem wir nicht wissen können, ob er bloße Vorspiegelung ist, oder „ob die empirischen Bedingungen für die, sei es auch annähernde, Verwirklichung der supponierten Lebensform praktisch herbeigeführt werden können“. Insofern kann die k. U. als ein (gesellschaftlich relevanter) gedanklicher Entwurf angesehen werden, der Auswirkungen auf die Gegenwart (z.B. als Handlungsnorm) haben kann.

Konsens Dt.: Zustimmung, Einwilligung, Einvernehmen; ein K. von Meinungen wird überall dort notwendig, wo Regelungen mehrheitlich getroffen, Ansichten durchgesetzt oder Ansprüche legitimiert werden sollen. Er ist somit das angestrebte Resultat eines ➪ Diskurses und setzt bestimmte Fähigkeiten (➪ Gesprächsführung, ➪ Gesprächskultur, ➪ kommunikative Kompetenz, ➪ Sach- und ➪ Sozialkompetenz, ➪ Urteilsfähigkeit u. dgl.) voraus. Insofern ist die Förderung der »Konsensfähigkeit« eine wichtige Aufgabe von Unterricht und ➪ Erziehung in der Schule.

Konstante Dt.: unveränderliche, feste Größe.

1) Der Ausdruck K. bezeichnet eine mathematische Größe, deren Wert sich (in einem bestimmten Rechenverfahren) nicht ändert.

2) Informationstheoretisch betrachtet besitzt eine K. einen eindeutig festgelegten Bezeichner (Namen), einen Datentyp (Zusammenfassung von Wertebereichen und Operationen) und einen festen Wert aus der Wertemenge des Datentyps.

3) In den Naturwissenschaften werden (experimentelle) Beobachtungen dadurch kontrolliert, dass bestimmte Werte konstant gehalten, andere als ⇔ Variablen eingesetzt werden. Hierdurch lassen sich Veränderungsprozesse systematisch und im Hinblick auf gesetzmäßiges Verhalten prüfen.

konstitutiv Dt.: bestimmend, grundlegend; k. ist etwas, das unentbehrlich für einen bestimmten Geltungsbereich ist. So sind Merkmale, die einen Bedeutungsinhalt eindeutig von einem anderen unterscheiden, k.: beispielsweise ist das Merkmal [± Rückenlehne] k. für die Unterscheidung von »Stuhl« und »Hocker«; das Merkmal [± stimmhaft] ist k. für die Unterscheidung von /b/ und /p/.

Konstruktivismus 1) Konstruktives Denken gibt es schon recht früh; es steht im Zusammenhang mit dem Problem der ➪ Deduktion, und die Grundfrage lautete stets: Wie wissen wir, was wir zu wissen glauben? Bei deduktiven Systemen hängt ➪ Verstehen von der Gewissheit ab, mit der wir sagen können, dass ein abgeleiteter Satz aus dem zugrunde liegenden Satz folgen muss. Aber wie steht es mit dem »ersten« nicht ableitbaren Satz und dem Problem des ➪ hermeneutischen Zirkels? W. Kamlah und P. Lorenzen haben bereits in den 60er-Jahren des vorigen Jh. die Überlegung angestellt, dass wir nur das verstehen, was wir selbst herstellen können. So wird etwa die Wissenschaftssprache aus den »immer schon« vorhandenen elementaren sprachlichen Gegebenheiten heraus entwickelt oder (re)konstruiert: „Wir haben rekonstruiert, was wir umgangssprachlich schon immer tun, aber nicht, was wir bildungssprachlich schon immer darüber sagen." (W. Kamlah / P. Lorenzen, 1967) Hinter unsere Umgangssprache, die wir von Klein auf sprechen, können wir allerdings nicht zurückgehen; „einen »absoluten Nullpunkt« kann es hier nicht geben" (H. Seiffert, Band 1, [12]1996).

Grundlegend hierzu: P. Lorenzen (1968).

2) Der so genannte radikale K. interpretiert unser Wissen nicht als ein irgendwie geartetes Abbild der unabhängig von uns existierenden Wirklichkeit, sondern weit eher als Schlüssel, mit dem wir uns mögliche Wege zu dieser Wirklichkeit erschließen können.

„Der radikale Konstruktivismus ist also vor allem deswegen radikal, weil er mit der Konvention bricht und eine Erkenntnistheorie entwickelt, in der die Erkenntnis nicht mehr eine »objektive«, ontologische Wirklichkeit betrifft, sondern ausschließlich die Ordnung und Organisation von Erfahrungen in der Welt unseres Erlebens.“ (E. von Glasersfeld, 9 1997) Aus diesem Grund erscheint uns »unsere« Welt relativ stabil, ist sie doch von uns selbst (mental) konstruiert. Auf eine einfache Formel gebracht: Die Welt, die wir erleben, ist so und muss so sein, wie sie ist, weil wir sie so gemacht haben.

Grundlegend hierzu: P. Watzlawick (9 1997)

3) Auf der Grundlage des radikalen K. sind in den letzten Jahren allgemein didaktische sowie vereinzelt auch fachdidaktische Konzepte entwickelt worden, die ein neues Verständnis von ➪ Lernen und Verstehen anmahnen. Dies hat dann auch Konsequenzen für ein verändertes Lehrer-Schüler-Verhältnis: „Wenn wir verstanden haben, daß wir alle ein einmaliges Universum in uns tragen, daß jeder Mensch anders wahrnimmt, denkt, fühlt, handelt und lernt, können wir nicht umhin, uns gegenseitig in unserem Universum anzuerkennen und uns zu verständigen.“ (E. Kösel, 2 1995) Von hier aus ist die Konzeption einer ➪ Personenorientierten Didaktik zu verstehen, die viel mit der ➪ Humanistischen Pädagogik und ihren Strömungen (➪ Gestaltpädagogik, ➪ Neuro-Linguistisches Programmieren, ➪ Themenzentrierte Interaktion, ➪ Psychodrama ➪ Transaktionsanalyse usw.) gemein hat. Auch ihr geht es um eine ganzheitliche Konzeption des Menschen und des Didaktischen Handelns. So ergeben sich zwei wesentliche Aspekte für eine subjektive Didaktik, die sich dem radikalen K. verpflichtet fühlt (nach E. Kösel):

1. *Ein äußerer Aspekt*
Der Pädagoge muss als Konstrukteur oder »Modellierer« eintreten für eine neue Unterrichtskultur, die passende ➪ Anreizstrukturen bietet, damit im Lehr-Lern-Prozess ➪ Autonomie und ➪ Kongruenz sowohl der Lehrenden als auch der Lernenden möglich sind und gefördert werden.

2. *Ein innerer Aspekt*
Der Pädagoge muss sich über seine ➪ subjektiven Theorien (z. B. vom Lehren und Lernen) sowie über sein ➪ Menschenbild klar sein und dies den Lernenden transparent machen; ebenso müssen auch die Lernenden Gelegenheit und Aufmunterung erfahren, ihrerseits über eigene Normvorstellungen und Wertesysteme zu sprechen, damit nicht der Fall eintritt, dass der eine den anderen zwingen will (oder muss), die fremde Wertestruktur fraglos zu akzeptieren.

Grundlegend hierzu: J. Oelkers / H.-E. Thenorth, (1987), A. Scheunpflug (3/2000 und 2001).

Unterrichtsbezogen: Zs. Pädagogik (1998) Nr. 7/8 »Anders lernen / Konstruktivismus«, Landesinstitut (1996a und 1999)

Kontakt Begriff aus der Gestalttherapie; im Zusammenhang der ➪ Gestaltpädagogik wird mit K. ein Prozess, eine Tätigkeit benannt, in der „Wahrnehmung und Verarbeitung des anderen, des Verschiedenen, des Neuen und Fremden“ (F. S. Perls, zit. nach V. Buddrus, 1995) geschieht.

kontrafaktisch Dt.: entgegen den Tatsachen; um bestimmte Ziele zu erreichen, kann es geboten sein, bestimmte Bedingungen (Normen, allgemeine Grundsätze, Ideale) anzunehmen, auch wenn die tatsächlichen Gegebenheiten dem (noch) widersprechen. Solche Annahmen können als Handlungsnormen regulative oder erzieherische Wirkung haben.

Kontrolle ➪ Lern- oder ➪ Erfolgskontrolle.

Kontrollstrategie Teil einer allgemeinen ➪ Lernstrategie. Sollen organisierende und elaborierende Strategien kontrolliert ablaufen, so beginnt dies u. a. damit, dass der Arbeitsplatz zweckmäßig gestaltet, ein Zeitplan erstellt und Pausen eingeplant werden; im Wesentlichen geht es dann um die Prüfung und Bewertung der erzielten Ergebnisse und ggf. um die Organisation der ➪ Überarbeitung dieser Ergebnisse. Somit liefern Kontrollprozesse Informationen über das WAS des eigenen Denkens beim Lernen, während Steuerprozesse das WIE des Lernvorgangs kontrollieren. Typische Stationen eines Kontrollprozesses sind:

- *Identifikation*: Worum geht es? Was liegt vor? Was soll erreicht werden?
- *Prüfung*: Habe ich die Vorgaben verstanden? Verfolge ich noch das angestrebte Ziel? Sind die eingesetzten Mittel tauglich? Wie sieht das Konsten-Nutzen-Verhältnis (materiell, zeitlich, kräftemäßig, ökonomisch) aus?
- *Bewertung*: Ist das Ziel meiner Arbeit vertretbar (moralisch, zwischenmenschlich)? Kann ich etwas verbessern (Planänderung, Wechsel der ➪ Lösungsstrategie)? Muss ich an Zwischenlösungen arbeiten? Brauche ich Hilfen?
- *Prognose*: Was ist das zu erwartende Ergebnis, wenn ich auf meinem Lösungsweg fortfahre? Entspricht das zu erwartende Ergebnis der prozessübergreifenden Zielsetzung? Wie sehen die möglichen Reaktionen des bzw. der Adressaten aus?

konvergierendes Denken Dt.: zusammenlaufendes Denken; Denken, das final auf die Beantwortung einer Frage oder auf die Lösung eines Problems gerichtet ist. Die Art des Denkens, die von den Schülern und Schülerinnen gefordert wird, ist abhängig vom Lernstand und wird angestoßen durch die ➪ Lehrerfrage. Beispielsweise sind ➪ Erarbeitungsphase, ➪ Übung oder ➪ Klassenarbeit durch k. D. der Schüler und Schülerinnen gekennzeichnet; während z. B. in der ➪ offene Phase zu Beginn einer Stunde ⇔ divergierendes D. angesagt ist.

Konzentration Dt.: Zusammenballung; geistige Anspannung, gerichtete ➪ Aufmerksamkeit.

1) Lerntheoretisch bezeichnet der Terminus K. das Phänomen, dass Menschen in der Lage sind, bestimmte kognitive oder motorische Aktivitäten über einen längeren Zeitraum zielgerichtet zu organisieren und kontinuierlich aufrecht zu erhalten. Im statistischen Durchschnitt wird die Konzentrationsfähigkeit von Kindern wie folgt angegeben:

- acht- bis zehnjährige 20 Minuten
- zehn- bis zwölfjährige 20–25 Minuten
- zwölf- bis vierzehnjährige 30 Minuten

Diese Angaben können je nach der Disposition des Kindes (z.B. Pubertät, ➪ Schulschwierigkeiten, Stress) oder dem situativen Kontext (Klassenarbeit, Lernatmosphäre) stärker variieren. Dennoch empfiehlt es sich, nach den angegebenen Zeitspannen einen Wechsel im ➪ Lehr-Lern-Prozess vorzunehmen, z.B. Wechsel von Anspannung – Entspannung, Wechsel der ➪ Sozialform, Einschub einer ➪ Stillarbeit oder einer schüleraktiven Phase (➪ Handlungsorientierung), ➪ multiple Kodierung (Wechsel von Text, Bild oder Tonquelle) u. dgl.

2) Zusammenziehen und Fokussieren von geistigen oder materiellen Mitteln; im pädagogischen Bereich verbunden mit der Forderung nach ➪ Exemplarität der Lerninhalte und ➪ Entschleunigung der Lernprozesse.

3) Gehalt einer Lösung an gelöstem Stoff (Chemie).

Konzentrationsmängel Auch: Konzentrations- bzw. Aufmerksamkeitsstörungen; im psychologischen Sinne gehören K. zu den Entwicklungsstörungen (den expansiven Verhaltensstörungen). Ihre Merkmale sind u. a. Impulsivität, Hyperaktivität und leichte Ablenkbarkeit. Die Störung beginnt in der Regel vor dem siebten Lebensjahr und beeinträchtigt sowohl die soziale Anpassung als auch die schulische Leistungsfähigkeit. Ohne entsprechende Betreuung führen K. meist zu ➪ Schulschwierigkeiten.

Längerfristige und gezielte Maßnahmen gegen K. sind z. B.:

a) *Konzentrationsförderung*
Das Lernen wird erleichtert durch eine klare Strukturierung des Unterrichts (➪ Unterrichtsphasen) sowie ein ausgewogenes Verhältnis von Phasen der Anspannung und Entspannung; durch gelegentliche Pausen, die zum lockeren ➪ Gespräch, zu Bewegungsspielen (➪ Bewegte Schule) und zum Lüften des Klassenraums genutzt werden; ferner durch den Wechsel der ➪ Sozialformen, ➪ Methodenvielfalt und ➪ Schülerorientierung. Dennoch kann die Lehrperson nicht alle Probleme allein lösen; wesentlich ist die Kooperation innerhalb des Kollegiums sowie mit den betroffenen Eltern sowie das Erkennen der eigenen Grenzen. Pädagogische Einflussnahme bei K. oder ➪ Ordnungsmaßnahmen bei Verhaltensproblemen helfen nur bedingt und kurzfristig; in gravierenden Fällen ist den Eltern die Zusammenarbeit mit professionellen Stellen anzuraten, z. B. mit dem Schulpsychologen, den örtlichen Beratungsstellen an Jugend- und Sozialämtern oder dem Psychotherapeuten.

b) *Abbau von Stress und Angst*
Es gibt durchaus positive Stresserfahrungen (Eustress), die eine Arbeit beflügeln können; negativer Stress (Distress) dagegen lähmt und bereitet ➪ Angst. Den größten Stress dürften Lernkontrollen wie ➪ Hausaufgaben oder ➪ Klassenarbeiten bereiten, sodann die Notengebung bei der ➪ mündlichen Mitarbeit sowie die Versetzungsentscheidungen. Günstig für den Abbau derartiger Ängste sind u. a.: die langfristige Planung von Unterricht, Transparenz in den Zielen, Inhalten und Methoden des Unterrichts, eindeutige Hausaufgabenstellung (rechtzeitig und explizit), rechtzeitige und genaue Bekanntgabe der Aufgabentypen für eine Klassenarbeit oder Klausur, gründliches Üben dieser Aufgabentypen, klare Absprachen über Leistungsanforderungen und

Benotungskriterien, das Angebot von Sonderaufgaben zur Verbesserung der mündlichen Note, positive ➪ Verstärkung für individuelle Leistungsfortschritte, Maßnahmen zur sozialen Integration auffälliger Schüler oder Schülerinnen (➪ Partner- oder ➪ Gruppenarbeit, Pflege des außerunterrichtlichen Schullebens, ➪ Öffnung von Schule).

Darüber hinaus kann eine Schule ➪ Förderunterricht für kleine Schülergruppen anbieten, in dem auf K. Einzelner gezielt eingegangen werden kann.

Allgemeiner Überblick zu K. und motorische Unruhe von Schülern und Schülerinnen bei G. Bovet / V. Huwendiek ([2]1998).

Weitere Einzelheiten bei

- *Lern- und Leistungsstörungen*: D. Betz / H. Breuninger ([4]1996), T. Hess (1989), G. Keller ([3]1991), U. Schmeing (1999), Zs. Pädagogik (2001) H. 1 »Bei Lernschwächen helfen«,
- *Verhaltensstörungen*: F. Petermann (1987), H. Kuppfer / U. Ziehten ([2]1992), C. Hillebrand (1999),
- *Stress und Angst*: E. Tumpold (1997), R. Schwarzer ([4]2000), P. Strittmatter ([2]1997).

Kooperation Zusammenarbeit verschiedner Partner, von denen jeder eine bestimmte Aufgabe (Funktion) erfüllt.

1) K. erweist sich als eines der wichtigsten Strukturelemente für eine sich selbst entwickelnde Schule, das Auswirkungen auf ganz unterschiedlichen Ebenen (Schüler-, Lehrer-, Elternschaft, Schulleitung, Studienseminar usw.) hat. Die Fähigkeit zur K. kann als ein zentraler Bestandteil der Berufsrolle des Lehrers bzw. der Lehrerin angesehen werden, und zwar aus verschiednen Gründen:

- gegenwärtige ➪ Bildung erfordert ein ganzheitliches Zusammenwirken unterschiedlicher Disziplinen,
- die »gute Schule« beruht auf einem möglichst hohen Konsens aller Beteiligten über ihre pädagogischen Vorstellungen, Ziele und Handlungsstrategien,
- die von der Schule geforderte Fähigkeit zur Selbstentwicklung und ➪ Evaluation verlangt von den Lehrern und Lehrerinnen Fähigkeiten, den Bildungs- und Erziehungsauftrag unter sich ändernden gesellschaftlichen, kulturellen, wirtschaftlichen und politischen Bedingungen wahrzunehmen und über die Ergebnisse ihres Wirkens Rechenschaft zu geben.

Derartige Bedingungen sind nicht mehr zu erfüllen durch eine »fragmentierte Schule« oder Lehrer als »Einzelkämpfer«. Und: Kooperieren lernt man nur durch Kooperieren! Es realisiert sich auf der Grundlage entsprechender Kenntnisse über die Schule als Organisation und über kooperative Verfahren zu ihrer Entwicklung und ➪ Evaluation in den unterschiedlichen Aufgabenfeldern.

2) Als Unterrichtsziel kann K. der Schüler und Schülerinnen untereinander durch bestimmte Sozialformen (wie ➪ Partner- oder ➪ Gruppenarbeit) oder Großformen des Unterrichts (wie ➪ fächerverbindender oder ➪ Projektunterricht) erreicht und gefördert werden. Die Fähigkeit zur Teamarbeit ist eines der oberen Bildungsziele, das für die weitere berufliche Sozialisation von großer Bedeutung sein kann.

3) Auch: ➪ Konfliktvermeidung, ➪ Prävention; mit Schülern, die ➪ Konflikte im Schulalltag provozieren, können im Rahmen von Einzel- oder Beratungsgesprächen so genannte »Kooperationsverträge« geschlossen werden, z. B. dahingehend, wie die Mitarbeit gesteigert oder wie ein bestimmtes Verhalten modifiziert bzw. abgestellt werden kann. Hier ist im Allgemeinen auch die K. zwischen Eltern und Lehrer bzw. Lehrerin angesagt.

Kooperationsformen Terminus bei L. Klingenberg ([3]1986); wird synonym gebraucht zu ➪ Sozialformen (z. B. Frontalunterricht, Stillarbeit, Gruppenarbeit usw.) und bezeichnet bei Klingenberg die „didaktische Sozialstruktur", d. h. die Organisationsformen der Arbeit des Lehrers mit der Klasse.

Körpersprache Auch: nonverbale Kommunikation; im engeren Sinne umfasst die K. Gestik und Mimik, Augenkontakt und Körperhaltung, im weiteren Sinne unsere äußere Erscheinung (Kleidung, Haartracht), Statussymbole (Schmuck, Accessoires) sowie den Körpergeruch. Die K. im Ganzen ist ein wichtiges Instrument der Verständigung; im ➪ kommunikativen Handlungszusammenhang regelt sie den ➪ Beziehungsaspekt und unterstützt oder stört die ➪ Intention des Sprechers. Ein wesentlicher Anteil unserer K. wird erlernt; ein anderer Teil gehört zur artspezifischen Ausstattung.

Was die K. im Lehrberuf betrifft, so sollten einige Grundregeln beachtet werden:

- die K. sollte zur Aussageabsicht passen und diese nicht konterkarieren,
- Gestik und Mimik sowie Körperhaltung sollten dosiert, aber deutlich eingesetzt werden, etwa bei ➪ Impulsen,
- der Blickkontakt zur Klasse darf nicht allzu lange (z. B. beim ➪ Tafelanschrieb) unterbrochen sein,
- die Haltung vor der Klasse sollte eher offen (Arme seitlich in halber Höhe), nicht geschlossen (Arme verschränkt) oder allzu nachlässig sein.

Weitere Einzelheiten bei S. Neill / S. Caswell (1996), R. Heidemann ([6]1999), S. Molcho (2001).

Korrektur 1) Die K. von ➪ Klassenarbeiten und ➪ Klausuren gehört zu den ➪ Dienstpflichten eines jeden Lehrers und einer jeden Lehrerin (ADO § 9, 1); sie umfasst im Allgemeinen folgende Punkte:

- Markierung der zu beanstandenden Stelle in der Schülerarbeit und Kennzeichnung am Rand durch ➪ Korrekturzeichen und/oder ➪ Randglossen; letztere sollen dem Schüler bzw. der Schülerin die Art des Fehlers kenntlich machen, falls es Unklarheiten geben könnte.
- Kommentar am Ende der Schülerarbeit, der die ➪ Bewertung transparent macht und Schwächen wie Vorzüge hervorhebt. (Dieser Kommentar ist in der ➪ ASchO zwar nicht vorgeschrieben, er wird jedoch in den Erläuterungen „je nach Jahrgangsstufe und Schulform sowie der Bedeutung der Arbeit für die Schülerin oder den Schüler bei der Bildung der Zeugnisnote" als erforderlich angesehen.)

- Note entsprechend den Notendefinitionen (ASchO § 25) unter dem Kommentar in einer separaten Zeile; ggf. mit Tendenz.
- Datum der Korrektur und Namenskürzel des Lehrers bzw. der Lehrerin.

Um eine Vergleichbarkeit der K. und ➪ Benotung (zumindest in einem Fach) zu erreichen, sind in einigen Bundesländern so genannte »Vergleichsarbeiten« sowie der Austausch von Arbeiten im Rahmen der ➪ Kooperation der Lehrkräfte vorgesehen.

Für lese- und rechtschreibschwache Kinder (➪ Legasthenie) gelten in den Klassen 5 und 6 gesonderte Regelungen für die Korrektur von Arbeiten.

2) Jede Arbeit sollte von den Schülern und Schülerinnen im Anschluss an eine ➪ Nachbesprechung (1) korrigiert (überarbeitet) werden. „Die Korrektur einer Arbeit ist rechtlich einer Hausaufgabe gleichzusetzen." (H. Pöttgen u. a., [17]1999) Dies bedeutet, dass die K. in der Sekundarstufe I in der Regel nicht, in der Sekundarstufe II sehr wohl benotet werden kann; diese Note geht dann in den Bereich ➪ Sonstige Mitarbeit ein.

Sinnvoll ist eine K. dann, wenn keine isolierten Daten reproduziert werden, sondern wenn sie im Kontext bzw. in Beispielsätzen erfolgt. Die zu korrigierenden Fehler sind vom Schüler am Rand der Arbeit zu nummerieren, so dass die Nummern in der K. wiederholt werden können, um eine Überprüfung zu erleichtern. Die korrigierte Stelle ist zu unterstreichen.

In der Oberstufe empfiehlt es sich, (bis zu drei) Korrekturschwerpunkte festzulegen und als Aufgabe unter der Note der Arbeit anzugeben, z. B.

- Gib die Regelungen für die neue ß-Schreibung (Rechtschreib-Duden, R 120) an und formuliere Beispielsätze.
- Überarbeite deinen Text (Seite X, Zeile Y–Z) stilistisch. Beachte die Randkorrekturen!
- Formuliere auf Grund der Nachbesprechung den Rechenweg zu Aufgabe XY neu.
- Erläutere, welche Bedeutung das Entstehungsjahr für die Beurteilung der Quelle hat.

Die Schüler und Schülerinnen sollten Klassenarbeiten und Klausuren stets in DIN-A-4 Hefte (nicht auf »fliegenden Blättern«) schreiben; dies erleichtert die Überprüfung und ggf. Benotung der Schülerkorrekturen.

Korrekturzeichen Bei der ➪ Korrektur von ➪ Klassenarbeiten und ➪ Klausuren sollen eindeutige und allen Schülern und Schülerinnen bekannte K. verwendet werden. Darüber hinaus empfiehlt es sich, die K. in der Fachkonferenz einheitlich zu vereinbaren. Das K. kann einen kennzeichnenden Zusatz erhalten, z. B.:

1. *Sachlichen Aussage*

Sa = sachlicher Fehler (Zusatz: *unzutreffend, verzerrt, undifferenziert*)
D = Denkfehler (Zusatz: *Gedankensprung, Widerspruch, Folgerung fehlt*)

2. *Syntaktische Norm*

T = Tempusfehler
M = Modusfehler
Bz = Beziehungsfehler (*unklar, doppeldeutig, falscher Bezug*)

Sb = Satzbaufehler (*falscher Anschluss, unvollständig, Bruch der Konstruktion*)
St = Stellungsfehler; das Falschstehende ist mit der Klammer [...] zu kennzeichnen
Gr = Grammatikfehler (*Flexion, Kongruenz*)
[–] = Überflüssiges, zu Streichendes (Sb [–], Gr [–])
√‾ = Einschub von Fehlendem
Die letzten beiden Zeichen gelten auch für 3. »Semantische Normen«.

3. *Semantische Norm*
W = falsche Wortwahl (*falscher Terminus, ungenau, unklar, nicht zutreffend, unangemessen*)
A = Ausdruck; sollte nur mit Bedacht gewählt werden; meist ist »W« der Sache angemessener (in jedem Fall eine *Variante in Klammern* [...] angeben)

4. *Verschriftlichung*
R = Rechtschreibfehler
Fl = Flüchtigkeitsfehler; wird nicht gewertet
Z = Interpunktion
∫ = fehlender Absatz (*neue Zeile*)
St = Stil (*Stilbruch, unangemessene Stilebene, zu umständlich, zu monoton*)

Kreativität Allgemeiner Ausdruck für eine bestimmte Art des ➪ Problemlösens sowie für Denkvorgänge, die durch besonderen Einfallsreichtum, Innovation, Flexibilität und »Flüssigkeit« (des Denkens) gekennzeichnet sind. Es kann hilfreich sein, den kreativen Prozess vom kreativen Produkt zu unterscheiden:

Zum *kreative Prozess* lässt sich u. a. Folgendes anmerken:
- Kreativität hat wenig mit Genie und Inspiration zu tun; es handelt sich vielmehr um Fähigkeiten, die in uns allen angelegt sind,
- Kreativität entspringt oft einer problemhaltigen Situation; die Lösung ist überraschend,
- der kreative Prozess ist ganzheitlich, er spricht „Kopf, Herz und Hand" des Menschen an,
- kreatives Tun erfordert Sachkenntnisse (➪ Kompetenz 1),
- kreatives Tun macht Freude, und es stärkt das Ich- und Wir-Gefühl (➪ Autonomie- und ➪ Solidarität).

Das *kreative Produkt* hat u. a. folgende Merkmale:
- es ist neu und anders als das Übliche,
- es ist überraschend und steht im Widerspruch zu den Erwartungen,
- es ist zugleich für andere bedeutsam; ihm wird von Sachkundigen ein besonderer Wert beigemessen.

In der ➪ Lernpsychologie wird zur Beschreibung des kreativen Denkens eine Reihe von Eigenschaften angegeben, die diesen Prozess begünstigen. Neben einem umfangreichen Wissen und einer Reihe von ➪ Problemlösungsstrategien sind es vor allem acht Faktoren, die das kreative Denken und Handeln ausmachen (nach W. Edelmann, ^{3}1993):

1. *Erkenntnis*: Widersprüche oder Lücken im Wissen entdecken und gewohnte Denk- und Verfahrensweisen in Frage stellen,
2. *Frustrationstoleranz*: innerer Spannungen aushalten durch eine hohe Frustrationsgrenze,
3. *Assoziation*: spielerisch eine Vielzahl von Einfällen (Assoziationen, Symbole) zum anstehenden Problem produzieren,
4. *Flexibilität*: Wissen und Erfahrungen flexibel gebrauchen und gezielt verändern bzw. neu gruppieren und verknüpfen,
5. *Ausdauer*: Misserfolge positiv verarbeiten, sich immer wieder neu einer Herausforderung stellen und, wenn nicht anders möglich, erst einmal an Teillösungen arbeiten,
6. *Urteilsfähigkeit*: Schwierigkeiten, aber auch geeignete Lösungsmöglichkeiten identifizieren, sicher beurteilen und bewerten,
7. *Kenntnisse*: Wissen auf hohem Niveau anwenden und aus innerer Motivation bereit sein, neue Information aufzunehmen und zu verarbeiten,
8. *Kommunikationsbereitschaft*: Problemlösungen anderen verständlich machen und damit kommunikativ verfügbar halten.

Jede dieser Eigenschaften sollte und kann gezielt im Fachunterricht gefördert werden; die Praxis sieht jedoch meist so aus, dass nur ganz bestimmte Fähigkeiten bewusst in die unterrichtliche Zielsetzung eingehen, wie etwa die Wissensvermittlung. Der ➪ fächerverbindende oder der ➪ Projektunterricht könnten hier eine viel komplexere und differenziertere Ausbildung kreativer Persönlichkeiten leisten.

Allerdings leiden alle Überlegungen zur Förderung von Kreativität unter einem impliziten Widerspruch; denn unter den Bedingungen von Schule und Ausbildung oder gar von Bewertung und Zensuren bleibt das Wesentliche des kreativen Verhaltens und Problemlösens auf der Strecke, nämlich das Unvorhersehbare und Originelle der gedanklichen oder praktischen Lösungsidee. Dies sollte Lehrer und Lehrerinnen jedoch nicht davon abhalten, zielgerichtet und unter den Bedingungen der Schule K. zuzulassen und zu fördern, wo immer dies möglich wird und sinnvoll ist.

Weitere Einzelheiten bei R. Rabenstein u. a. ([3]1997), G. Böttger / A. Reich (2000), D. Braun (2002), H. Backerra u. a. (2002), M. Nöllke ([3]2002).

Kreisgespräch 1) Auch: Rundgespräch; Form des ➪ offenen Unterrichtsgesprächs. Alle Teilnehmer müssen sich der Reihe nach zu einem Thema oder einer Frage äußern, sei es durch einen eigenen neuen Gesichtspunkt oder durch eine Stellungnahme zu den schon vorgetragenen Meinungen. Jeder, der sich schon geäußert hat, darf sich weiterhin zu Wort melden, um Missverständnisse zu korrigieren oder Ergänzungen vorzutragen. Sinnvoll ist diese Gesprächsform eher in kleinen Lerngruppen; außerdem muss sichergestellt sein, dass der Redezwang nicht kontraproduktiv wirkt.

2) Gelegentlich synonym zu ➪ Schülergespräch verwendet. Die Abgrenzung im Einzelnen ist schwierig und bei unterschiedlichen Autoren nicht einheitlich.

Kritisch-kommunikative Didaktik ➪ Kommunikative Didaktik.

Kritisch-konstruktive Didaktik Neuere Version der ➪ Bildungstheoretischen Didaktik, die W. Klafki etwa seit 1985 in mehreren Aufsätzen ausgearbeitet hat. »Kritisch« nennt Klafki das in seiner Position zum Ausdruck kommende Erkenntnisinteresse deswegen, weil sich die Didaktik an der Befähigung aller Lernenden „zu wachsender Selbstbestimmungs-, Mitbestimmungs- und Solidaritätsfähigkeit in allen Lebensdimensionen" orientiert. Dabei berücksichtigt sie durchaus die Tatsache, dass die schulische und gesellschaftliche Wirklichkeit zahlreiche Widerstände bietet, die es einerseits zu berücksichtigen und zu reflektieren, andererseits aber auch zu überwinden gilt. Insofern lehnt sie sich an das Theoriepotenzial der so genannten »Kritischen Theorie« der Frankfurter Schule (T. W. Adorno, J. Habermas) an. Die Bestimmung »konstruktiv« weist „auf den durchgehenden Praxisbezug, auf das Handlungs-, Gestaltungs-, Veränderungsinteresse hin", das für diese Didaktik konstitutiv ist. Dies schließt »Vorgriffe der Theorie«, »Modellentwürfe für mögliche Praxis« sowie begründete Konzepte für eine »veränderte Praxis« mit ein. Die K.-k.D. setzt sich damit für „eine humanere und demokratischere Schule und einen entsprechenden Unterricht ein und zugleich für neue Formen der Kooperation von *Praxis* und *Theorie*" (Klafki, 1985).

Neben dieser neuen Kursbestimmung ergeben sich einige weitere Änderungen gegenüber der älteren Theoriekonzeption:

a) die Forderung nach einer Integration der Forschungsmethoden, insbesondere des historisch-hermeneutischen, des erfahrungswissenschaftlichen und des gesellschaftlich-ideologiekritischen Ansatzes;

b) die Übernahme eines erweiterten Didaktikbegriffs, d. h. Didaktik als Reflexion der Ziel- und Inhaltsentscheidungen einschließlich der Methodenfragen;

c) Annäherung an die ➪ Berliner Didaktik, insbesondere durch die Betonung der wechselseitigen Abhängigkeit aller Strukturmomente der ➪ didaktischen Analyse, allerdings unter Beibehaltung des »Primats der Zielentscheidungen«.

Die Neukonzeption der K.-k.D. lässt sich recht gut am ➪ Perspektivschema zur Unterrichtsplanung ablesen.

Kulturtechniken Grundfertigkeiten im Sprechen, Lesen, Schreiben und Rechnen, wie sie die Kinder aus dem ➪ Anfangsunterricht der Grundschule in die weiterführenden Schulen mitbringen; zu den K. werden ferner die Beherrschung der Rechtschreibung und Zeichensetzung sowie das grammatisch korrekte und intentional angemessene Sprechen und Schreiben gezählt.

In neueren Publikationen wird gelegentlich darauf hingewiesen, dass eine gewisse ➪ Medienkompetenz (1) mit zu den K. gehören sollte.

Im Zusammenhang mit dem Internet: St. Münker / A. Roesler (2002).

Kultusministerkonferenz Abk.: KMK; offizielle Bezeichnung: *Ständige Konferenz der Kultusminister der Länder in der Bundesrepublik Deutschland.* Die KMK wurde 1948 gegründet; sie ging aus der »Konferenz der deutschen Erziehungsminister« hervor und unterhält seit ihrer Gründung ein ständiges Sekretariat. Nach der Wiedervereinigung traten die neuen Bundesländer am 7. Dezember 1990 der KMK bei.

Die Aufgabe der KMK besteht darin, die in die Kulturhoheit der einzelnen Bundesländer fallende Bildungspolitik zu koordinieren und zu harmonisieren; ihre Beschlüsse haben allerdings nur den Charakter von Empfehlungen, die von den einzelnen Ministerien der Länder umgesetzt werden können oder auch nicht. Im Einzelnen geht es bei der Arbeit der KMK um folgende Bereiche:

- Vereinbarungen über die Vergleichbarkeit von Zeugnissen und Abschlüssen,
- Sicherung von Qualitätsstandards für Schule, Hochschule und berufliche Bildung,
- Förderung und Koordination der Aktivitäten in Bildung, Wissenschaft und Kultur,
- Vertretung der Länderinteressen gegenüber dem Bund und der Europäischen Union,
- Zusammenarbeit mit dem Bund in der auswärtigen Kulturpolitik.

Die Vereinbarungen und Staatsabkommen, die aus den Empfehlungen der KMK hervorgehen, sollen vielfältige Detailregelungen und eine Zersplitterung der kulturellen Landschaft vermeiden helfen und statt dessen eine Bündelung der Anstrengungen und Intentionen bewirken; allerdings sollen kulturelle Identität und Vielfalt erhalten bleiben, was Experimente und Innovationen in einzelnen Bereichen nicht ausschließt.

Kurs Der Oberstufenunterricht ist spätestens ab der Jahrgangsstufe 12 in Kursen organisiert, und zwar in dreistündige ➪ Grund- und fünfstündige ➪ Leistungskursen. Die Belegungsgrenzen (Höchst- und Mindestfrequenzen) sowie die Pflicht- und Wahlbereiche werden durch die ➪ APO-GOSt geregelt; inhaltliche Aussagen zur Gestaltung der K. trifft der ➪ Lehrplan für das jeweilige Fach.

Kennzeichnend für die Anlage der K. in der gymnasialen Oberstufe sind im Allgemeinen folgende Punkte:

- Gliederung des Faches in Lernbereiche; z. B. Deutsch: a) Sprechen und Schreiben, b) Umgang mit Texten und Medien, c) Reflexion über Sprache;
- Verbindung von fachlichem und fachübergreifendem Arbeiten;
- Organisation der Halbjahre in Unterrichtsvorhaben, die jeweils durch ein Thema benannt sind;
- Mitarbeit der Schüler und Schülerinnen bei der Auswahl der Gegenstände sowie der zeitlichen Planung der Unterrichtsvorhaben;
- Planung der Halbjahreskurse (und deren thematischer Reihen) in einer Sequenz, die Progression in einem erkennbaren Lernzusammenhang und eine für die Lernenden transparente Verknüpfung aufweist;
- Beachtung und Einarbeitung der ➪ Obligatorik in die Halbjahreskurse;
- Methodenschulung: sowohl ➪ Fach- als auch ➪ Arbeitsmethoden;
- Einbeziehung der »Probleme der Lebenswelt«, insbesondere im ➪ fächerverbindenden und im ➪ Projektunterricht;
- Berücksichtigung des ➪ Schulcurriculums sowie des ➪ Schulprogramms.

Kursheft Für die Gestaltung des K. gelten ähnliche Vorschriften und Regelungen wie für das ➪ Klassenbuch. Da das K. jedoch stets in der Obhut des Fachlehrers bzw. der Fachlehrerin bleibt, können (anders als im Klassenbuch) die Leistungen der Schüler und Schülerinnen dort eingetragen werden.
Nähres bei H. Pöttgen u. a. ([17]1999).

Kurzreferat Vorbereiteter Vortrag von etwa drei bis zehn Minuten Dauer, der nicht abgelesen werden soll; als Gedächtnisstütze kann eine Karteikarte mit Stichwörtern bzw. ein ➪ Stichwortkonzept dienen. Den Zuhörern sollte zuvor ein ➪ Thesenpapier ausgehändigt werden. Folgende Punkte sind für den Vortrag zu beachten:

- Den Text des K. einüben, möglichst in Anwesenheit eines anderen oder mit Hilfe eines Kassettenrecorders überprüfen.
- Falls ein Stichwortkonzept benutzt wird, sollten farbige Markierungen wesentliche Details optisch hervorheben.
- Beim Vortrag nur gelegentlich auf das Konzept schauen; ansonsten den Kontakt mit den Zuhörern durch Hochschauen suchen.
- Laut und deutlich artikuliert sprechen.
- Unnötige Fremdwörter meiden; erforderliche Fachbegriffe benutzen und ggf. erläutern.
- Auf eine nachvollziehbare Gliederung und auf markante gedankliche Einschnitte achten.
- Weniger abstrakt reden; dafür z. B. mehr anschauliche Beispiele liefern.
- Auf mögliche Reaktionen der Hörer achten; spontane Rückfragen zulassen.
- Der Vortrag sollte einen erkennbaren Schluss haben, etwa in Form einer knappen Zusammenfassung des Wesentlichen, einer Integration der Ergebnisse oder der Zuspitzung des Gesagten.

Der Referent sollte stets beachten, das auch ein K. einen dialogischen Charakter hat; deshalb sollte es genau die Informationsbedürfnisse der Zuhörer treffen, der Referent sollte den Kontakt zu den Hörern suchen, auf Zwischenfragen reagieren und die Ergebnisse für alle verständlich herausstellen. In jedem Fall sollten die ➪ Redestrategien zuvor eingeführt und geübt worden sein.

Kurzzeitgedächtnis Teil des ➪ Gedächtnisses mit geringer Verarbeitungstiefe; das K. enthält bereits bearbeitetes Material, das – ähnlich wie beim Arbeitsspeicher eines Computers – gerade gebraucht wird. Die Daten verbleiben im K. ungefähr 15 Sekunden; durch absichtliches Wiederholen kann diese Zeitspanne verlängert werden. Ferner können bei einmaliger Darbietung nur etwa sieben Einheiten ins K. aufgenommen werden; dies können einzelne Zeichen (Ziffern, Buchstaben), aber auch Wörter oder Sätze sein. Soll die Kapazität erhöht werden, ist die Bildung eines Kontextes (z. B. einer kleinen Geschichte, in der die zu behaltenden Wörter oder Zeichen vorkommen) sehr hilfreich.

Da die Information im K. einer aktiven Bearbeitung unterzogen werden kann, sollte diese Fähigkeit in Lernprozessen genutzt werden. Deshalb ist die Aufbereitung und Darbietung des Lernmaterials, insbesondere eine ➪ duale Kodierung, sehr bedeutsam für das ➪ Behalten und für den Übergang des Gelernten ins ➪ Langzeitgedächtnis.

Kybernetik Dt.: »Steuermannskunst«; wissenschaftliche Disziplin, die sich mit der Untersuchung von Steuerungs- und Regelungsvorgängen vor allem in der Technik und Biologie beschäftigt. Der K. geht es im Wesentlichen um die modellhafte Darstellung und Nutzung aller Vorgänge, die mit der Umwandlung und Verarbeitung von Informationen zu tun haben, etwa in rückkoppelnden Regelkreisen von der durch Thermostat gesteuerten Heizung bis hin zur EDV-Anlage.

Kybernetische Modellvorstellungen sind auch in die Psychologie, Soziologie und Pädagogik eingedrungen, z. B. in (ältere) Motivationstheorien: Menschen neigen zu Ausgleich und Harmonisierung zwischen Trieben oder Gemütszuständen (Homöostase); kommt es zu einem Ungleichgewicht (z. B. durch Hunger oder Langeweile), so werden sie motiviert, dieses auszugleichen bzw. zu verringern (z. B. durch Nahrungsaufnahme oder durch Zerstreuung). In ähnlicher Weise lässt sich der ➪ kognitive Konflikt im Unterricht als Herbeiführung eines Ungleichgewichts, einer Dissonanz erklären, die so beschaffen ist, dass Schüler und Schülerinnen sie zu überwinden trachten, indem sie das darin enthaltene ➪ Lernproblem (2) lösen und so ihr »kognitives Gleichgewicht« wieder herstellen.

Als Einführung: H.-J. Flechtner (1984), R. Lohberg / Th. Lutz (1990).

✳ ✳ ✳

LAA Abk. für ➪ »Lehramtsanwärter« oder »Lehramtsanwärterin«.

LABG Abk. für »Lehrerausbildungsgesetz« (= Gesetz über die Ausbildung für Lehrämter an öffentlichen Schulen). Das LABG enthält u. a. Hinweise und Bestimmungen zu Studium und Vorbereitungsdienst, den Zulassungsbeschränkungen sowie den einzelnen Lehrämtern.

Langzeitgedächtnis Teil des ➪ Gedächtnisses mit sehr großer Kapazität und hoher Verarbeitungstiefe; die aufgenommenen Wissensbestände können sehr lange behalten werden. Nicht ganz geklärt ist das Phänomen des ➪ Vergessens, das nach neuerer Auffassung eher ein Problem des (Wieder-)Findens von Gedächtnisinhalten ist.

Unklar ist auch, ob man überhaupt von »Teilen« des Gedächtnisses (➪ sensorisches, ➪ Kurzzeit- und Langzeitgedächtnis) reden kann; wahrscheinlicher ist, dass es sich um Modalitäten unseres Gehirns handelt, die sich in der Verarbeitungstiefe (und nicht durch ihre Verortung) unterscheiden. Außerdem sind unterschiedliche Verarbeitungsmodi anzunehmen, die die Arbeit der linken und rechten ➪ Hemisphäre charakterisieren; allerdings muss auch hier angenommen werden, dass eine ständige Interaktion beider Hirnhälften stattfindet, so dass wir es immer mit der Leistung unseres einen Gehirns zu tun haben. Die Einsichten in die Arbeitsweise unseres Gedächtnisses ist grundlegend für die Theorie des ⇨ Lernens und damit eben auch für die Gestaltung von Unterrichtsprozessen.

Näheres bei A. Scheunpflug (2001).

Lateralität Vorherrschen einer Körperseite (z. B. der rechten gegenüber der linken) oder einer ⇨ Hemisphäre (z. B. der linken gegenüber der rechten Gehirnhälfte).

Laufbahnberatung Für die L. von Schülern und Schülerinnen sind in der Regel Lehrpersonen mit besonderer Funktion (Beratungslehrer, Unter-, Mittel-, Oberstufenkoordinator) zuständig. Die ⇨ Beratung stellt hier schwerpunktmäßig eine Entscheidungshilfe für Eltern oder Schüler und Schülerinnen dar, ob zu einer anderen Schulform gewechselt werden soll, ob bestimmte Fächer gewählt oder kombiniert werden können, welche Bedingungen der Ausbildungsordnung erfüllt sein müssen usw.

LBG Abk. für »Landesbeamtengesetz«.

LdL Abk. für ⇨ »Lernen durch Lehren«.

Lebenswirklichkeit Eine der populären didaktischen Forderungen lautet, dass als Unterrichtsinhalt nur das wirklich etwas taugt, was in der L. der Schüler und Schülerinnen auch tatsächlich vorkommt; etwas abgemildert: dass Unterricht an die L. der Schüler und Schülerinnen anknüpfen muss. Was diese L. jedoch sein soll, bleibt dabei meist unklar; denn dieser Ausdruck wird von allzu vielen und z. T. widersprüchlichen Bedeutungsaspekten bestimmt:

Sozialisation und Enkulturation im Allgemeinen

- kulturelle Zugehörigkeit, kulturspezifische ⇨ Normen (1) und Wertvorstellungen
- religiöse Haltungen, Gebote, Ängste, Hoffnungen, Glaubensvorstellungen
- soziale Schichtzugehörigkeit und daraus erwachsende Normen und »Lebensregeln«, schichtspezifische Sprech- und Hörgewohnheiten (De- und Endkodierungsgewohnheiten)
- ein durch die Enkulturation verfestigtes ⇨ Menschen- und ⇨ Weltbild

Individuelle Ausprägungen

- geistige Reife, Begabung, Vorlieben auf Grund von besonderen Fähigkeiten und Fertigkeiten
- persönliche Leistungsvorstellungen, ⇨ Leistungsvermögen, ⇨ Leistungsbereitschaft, ⇨ Motivation)
- erworbenes ⇨ Orientierungs- und Weltwissen, ⇨ subjektive Theorien
- soziale Bindungen an Familie, Peer-group, Meinungsführer
- grundlegende Einstellung zu Schule, Bildung, Zukunftsgestaltung

usw. usf.

Diese vielfältige und kaum zu überblickende Bedeutungsvielfalt, aus der sich der Begriff L. konstituiert, lässt ihn als wenig brauchbar für die Planung oder Reflexion von Unterricht erscheinen; es sei denn, man bemüht sich in konstruktivistischem Sinne (⇨

Konstruktivismus) um eine ➪ Personenorientierte Didaktik, um strikte ➪ Differenzierung und eine individuelle ➪ Bezugsnorm.

In der Praxis dürfte die Einbeziehung der L. jeden Schülers und jeder Schülerin eine Utopie bleiben. Was bei der ➪ Unterrichtsplanung möglich erscheint, ist die Einbeziehung von ➪ Gegenwartsbedeutung, ➪ Zugänglichkeit oder ➪ thematischer Struktur des Gegenstandes im Hinblick auf eine bestimmte Lerngruppe, wie es in der ➪ Didaktischen Analyse oder im ➪ Perspektivschema der ➪ Kritisch-konstruktiven Didaktik beschrieben wird. Hier geht es dann allerdings um eine vom Lehrer bzw. von der Lehrerin antizipierte L. der Mehrzahl der Schüler und Schülerinnen in einer bestimmten Klasse oder in einem bestimmten Kurs, wobei eigene Sozialisationsprozesse sowie eigene Norm- und Wertvorstellung eine intervenierende Größe darstellen dürften.

Die Situation, in der sich Lehrer und Lehrerinnen bei der Einschätzung der L. ihrer Schüler und Schülerinnen befinden, lässt sich nur bedingt positiv beeinflussen, etwa durch

- Gespräche im Unterricht und ➪ Metakommunikation (2),
- Befragungen zu Aspekten eines ➪ Unterrichtsinhalts, z. B. über Medienerfahrungen,
- Ermittlung von Einstellungen, Vorerfahrungen zu einem Thema, z.B. mittels ➪ Blitzlicht, ➪ Kartenabfrage, ➪ Schreibgespräch o. Ä.,
- Beobachtungen bei Schülerdarbietungen während eines ➪ Rollenspiels oder ➪ Streitgesprächs,
- Kontakte bei Exkursionen und Klassenfahrten,
- Elterngespräche (➪ Beraten).

Legasthenie Dt.: Lese- und Rechtschreibschwäche (auch: Dysgraphie, Dyslexie), Abk.: LRS; Sammelbezeichnung für unterschiedliche Störungen beim Erwerb der ➪ Kulturtechniken des Lesens, Schreibens und der Rechtschreibung bei Kindern mit mindestens durchschnittlicher Intelligenz (meist ab IQ 90 festgelegt). Die L.-Forschung boomte seit den 70er-Jahren, doch konnte über all die Jahre keine einheitliche Linie zur Beschreibung, Definition und Diagnose der L. gefunden werden; die Kultusminister einigten sich 1978 auf »Grundsätze zur Förderung von Schülern mit besonderen Schwierigkeiten beim Erlernen des Lesens und Rechtschreibens«. Diese Richtlinie wurde von den Ländern ganz unterschiedlich umgesetzt, und als schließlich die Art der Förderung in die Entscheidung der Schulen selbst gelegt und aus Kostengründen die Förderstunden dem Kontingent der Verfügungsstunden abgezogen wurden, hieß es bei einigen Praktikern sehr schnell, die L. sei »abgeschafft« worden (K. Stirch: »Der Unfug mit der Legasthenie«, Stuttgart, 1975; G. Spitta »Legasthenie gibt es nicht ... Was nun?«, Kronberg/Ts., 1977).

Dennoch gibt es immer wieder Kinder, die bei normaler oder überdurchschnittlicher Intelligenz schwache Leistungen im Lesen und Schreiben aufweisen. So lassen sich z. B. Wahrnehmungsfehler als Verstöße gegen das phonematische Prinzip der Orthografie feststellen, wie z. B.:

1. *Wahrnehmungsdurchgliederungsfehler* als Auslassung, Hinzufügung oder Verdrehung der die jeweiligen Phoneme repräsentierenden Grapheme: *Staße, Staraße, Starße* statt »*Straße*«.
2. *Wahrnehmungstrennschärfe* als fälschliche Ersetzung bestimmter Grapheme durch andere: *fährend* statt »*während*«.

Die Ursachen der L. können recht unterschiedlich sein: Retardierung in der Entwicklung, Entwicklungsstörungen im kognitiven, artikulatorischen, visuellen oder feinmotorischen Bereich, hierzu gehören auch Hör- und Sehfehler bzw. -schwächen; Verhaltensstörungen (z. B. Probleme mit der ⇨ Konzentration) oder psychische Störungen (⇨ Schulschwierigkeiten), die mit der sozialen Herkunft und Familiensituation des Kindes zusammenhängen können. Auf Grund der Komplexität des Phänomens sollte in jedem Fall die Untersuchung durch einen Spezialisten empfohlen werden. Im Zweifelsfall können sich Eltern über das Internet informieren, z. B.:

- www.legasthenie-online.de
- www.lernfoerderung.de
- www.legasthenie-therapie.de

Für Kinder, bei denen L. diagnostiziert wurde, sind Fördermaßnahmen vorzusehen. Unterschieden wird hier zwischen allgemeinen Fördermaßnahmen (im Rahmen des Unterrichts) sowie zusätzlichen Fördermaßnahmen, die über die Stundentafel hinausgehen. Diese kommen in Betracht bei Kindern der Klassen 3 bis 6, „deren Leistungen im Lesen oder Rechtschreiben über einen Zeitraum von mindestens drei Monaten den Anforderungen nicht entsprechen". Förderkurse sollen in der Regel sechs bis zehn Schüler und Schülerinnen umfassen und für einen Zeitraum von mindestens einem halben Schuljahr eingerichtet werden; sie umfassen je nach Bedarf bis zu drei Wochenstunden. Die Rechtschreibleistungen dieser Schüler und Schülerinnen werden nicht in die Beurteilung der schriftlichen Arbeiten und Übungen in den schriftlichen Fächern einbezogen; sie sind bei der Bildung der Note z. B. im Fach Deutsch „zurückhaltend zu gewichten" und dürfen bei Entscheidungen über die Versetzung „nicht den Ausschlag geben" (RdErl. des KM NRW vom 19.7.1991).

Weitere Einzelheiten bei M. Firnhaber (1996), K. Kleinmann (1999), E.-M. Soremba (2000), G. Schulte-Körne (2001).

Legitimation 1) Im Bereich der allgemeinen Didaktik meint L. die Rechtfertigung des didaktisch-methodischen Handelns von Lehrern und Lehrerinnen gegenüber sich selbst und gegenüber anderen (Schülern, Eltern, Vorgesetzten). Wichtiges Mittel der L. sind Hinweise auf Lehrpläne, Richtlinien und Konferenzbeschlüsse; darüber hinaus ist eine argumentative L. gefordert, die der pädagogischen Verantwortung jeder Lehrperson für ihren Unterricht angemessen ist. Diese Art der L. erfolgt auf dem Hintergrund allgemein pädagogischer Modellbildungen (z. B. ⇨ Bildungstheoretische Didaktik, ⇨ Kritisch-konstruktive Didaktik, ⇨ Berliner Didaktik, ⇨ Hamburger Modell).

2) Unterrichtsinhalte finden ihre L. entweder durch Hinweis auf ihre ⇨ Exemplarität, sei es hinsichtlich ihrer kulturellen, fachlichen oder bildungstheoretischen Ausnahme-

stellung, sei es hinsichtlich ihrer für ein größeres Sach- oder Wissensgebiet erschließenden Kraft. In der Regel erfolgt die Auswahl und L. der Inhalte unter dem Primat einer bestimmten ➪ Zielperspektive des Unterrichts. In neueren Konzeptionen (z.B. Ingo Scheller) obliegt die Verantwortung für Auswahl und L. der Unterrichtsinhalte den am Unterrichtsprozess Beteiligten; es müssen allerdings solche Themen gewählt werden, „die die Aufarbeitung der eigenen Erlebnisse und Erfahrungen gestatten und zugleich die kritische Distanzierung und Reflexion durch Vergleich mit den Erfahrungen anderer ermöglichen" (W. Jank / H. Meier, [5]1996).

3) Die L. von ➪ Lernzielen (Intentionen, Unterrichts- oder Lehrzielen) kann auf unterschiedlichen Ebenen erfolgen:

a) geltende Rechtsvorschriften (Lehrpläne, Richtlinien, Erlasse und Verfügungen),
b) fachwissenschaftliche Ergebnisse und Verfahren sowie deren ➪ Didaktisierung,
c) bestimmte Gesellschafts- und ➪ Menschenbilder.

Nimmt man als Lehrperson die Forderung nach einer fundierten Beteiligung der Schüler und Schülerinnen an der Planung und Durchführung des Unterricht ernst, so wird die L. auch immer diskursiv erfolgen müssen; dies scheint auch im Sinne einer höheren ➪ Transparenz des Unterrichts und einer besseren ➪ Motivation der Lernenden zu sein.

Lehramtsanwärter bzw. Lehramtswärterin; der Ausdruck L. bezieht sich auf die auszubildenden Lehrer und Lehrerinnen im ➪ Vorbereitungsdienst für den Primarbereich, die Sekundarstufe I sowie Sonderpädagogik; für die Sekundarstufe II (auch kombiniert SII und SI) heißt die Dienstbezeichnung ➪ Referendar bzw. Referendarin.

Lehrerausbildung In der Bundesrepublik ist die L. gegenwärtig gegliedert in eine Erste Phase, die die fachwissenschaftliche Ausbildung an einer Hochschule umfasst und mit dem Ersten Staatsexamen abschließt, sowie in eine Zweite Phase, die an einem ➪ Studienseminar in enger Kooperation mit einer Ausbildungsschule durchgeführt wird und mit einer Zweiten (pädagogischen) Staatsprüfung abschließt. „Die Ausbildung gliedert sich in Studium und Vorbereitungsdienst". (LABG, § 1) Die Staatsprüfungen werden durch Staatliche Prüfungsämter der einzelnen Schulformen organisiert und durchgeführt.

Einzelheiten der L. ergeben sich aus den Rechtsverordnungen der Länder:

1. Die »Ordnung der Ersten Staatsprüfung für Lehrämter an Schulen« (LPO), die das wissenschaftliche Studium und dessen Abschlüsse auf der Grundlage des ➪ LABG regelt. Das Studium umfasst am Ausbildungsziel orientiere erziehungswissenschaftliche und fachwissenschaftliche Studien; fachdidaktische und schulpraktische Studien sind hierin einzubeziehen. Studienordnungen für die einzelnen Studiengänge, welche die Fachinhalte sowie die Organisation des Studiums umfassen, werden von den Selbstverwaltungsgremien der jeweiligen Hochschule auf der Grundlage des »Gesetzes über die Hochschulen« sowie europäischer Standards (z.B. Modularisierung und »Credit Points«) erarbeitet.

2. Die »Ordnung des Vorbereitungsdienstes und der Zweiten Staatsprüfung für Lehrämter an Schulen« (OVP) der Länder. Ziel der Ausbildung ist „die Befähigung, ein Lehramt an öffentlichen Schulen selbstständig auszuüben". Die Mitwirkung an Studienseminaren ist in einer »Konferenzordnung« geregelt. Des Weiteren richtet sich die L. im ➪ Vorbereitungsdienst an den ➪ Richtlinien und ➪ Lehrplänen für die Schule sowie an den Rahmenvorgaben für die Seminararbeit (z.B. am »Seminarrahmenkonzept«) aus.

Näheres bei E. Terhard (2001), H.-M. Barthold (2001) sowie über entsprechende Internetseiten der Kultusministerien, z.B.: www.learn-line.nrw.de für NRW.

Lehrerbild ➪ Lehrerrolle.

Lehrerdominanz Vorherrschen des Lehrers bzw. der Lehrerin im ➪ Lehr-Lern-Prozess, z.B. im ➪ Frontalunterricht. Die L. drückt sich z.B. aus im lehrerzentrierten ➪ Unterrichtsgespräch, bei dem die Lehrperson das Thema vorgibt, die Fragen stellt, Schülerantworten annimmt und einfordert und so als alleinige »Schaltstelle« fungiert. Hinzu kommen unangemessene ➪ Lehrerkommentare (1), ➪ Lehrerecho, unnötige ➪ Vorgaben, die das eigenständige Denken der Schüler und Schülerinnen unterbinden und weder ihr ➪ Problem- noch ihr ➪ Methodenbewusstsein fördern. Dies bedeutet nicht, dass in allen Unterrichtssituationen eine L. zu vermeiden sei; denn ein gut gemachter ➪ Lehrervortrag kann z.B. sehr ertragreich sein für einen zügigen und fundierten Lernfortschritt. Diese besonderen ➪ Aktionsformen des Lehrers sollten jedoch dosiert und funktional in den Gesamtprozess eingebunden und begründet sein.

Der Abbau von L. kann allerdings nur allmählich vorgenommen werden und muss dem Alter der jeweiligen Lerngruppe angepasst sein; so brauchen Unterstufenschüler einen stärker gelenkten Unterricht (➪ Unterrichtssteuerung) als Oberstufenschüler, die allmählich gelernt haben sollten, Probleme selbstständig zu entdecken, ➪ Lösungshypothesen zu bilden, Aufgaben weitgehend allein zu bearbeiten und im Sinne von mehr ➪ Schülerorientierung miteinander zu kooperieren. Stationen auf dem Weg dorthin können sein:

- Schaffung von ➪ Transparenz über die Ziele und Wege der gemeinsamen Arbeit an einem Thema,
- Einbeziehung der Lerngruppe in Planung und Durchführung von Unterricht,
- Befähigung der Lerngruppe, aus dem Unterrichtsverlauf bzw. dem vorgelegten Material eine leitende ➪ Thema- oder Untersuchungsfrage abzuleiten, eine ➪ Problemfrage zu entwickeln sowie Vermutungen über den Lösungsweg bzw. die Lösungswege anzustellen,
- Förderung von Eigenständigkeit und Selbstvertrauen, indem die Schüler und Schülerinnen immer besser lernen, eigene Ergebnisse oder Meinungen strukturiert vorzutragen, an Gesprächen teilzunehmen, Ergebnisse zusammenzufassen, Methoden zu reflektieren u. dgl. mehr,
- Einbeziehung von schüleraktiven ➪ Handlungsmustern und Verfahren (z.B. ➪ Handlungsorientierung, ➪ Lernen durch Lehren).

Lehrer-Echo Wiederholung einer Schüleräußerung durch den Lehrer bzw. die Lehrerin; das L. hat nur in wenigen Fällen eine begründbare Funktion, meist ist es überflüssig bis kontraproduktiv.

a) Es gibt eine Reihe von Fällen, in denen das L. funktional begründet ist:
   - Der Lehrer hat Zweifel an einer Antwort und wiederholt ein Wort oder eine Wendung in fragendem Ton.
   - Der Schüler hat einen falschen Kasus oder ein Wort fehlerhaft gebraucht und die Lehrerin wiederholt den Satz beiläufig mit dem richtigen Kasus bzw. dem genaueren Wortgebrauch, ohne den Schüler vor der Klasse direkt zu korrigieren. (Dieses Verfahren ist vor allem im Fremdsprachenunterricht geläufig.)

b) In zahlreichen Fällen ist das L. jedoch überflüssig bzw. pädagogisch schädlich:
   - Der Lehrer bzw. die Lehrerin wiederholt mechanisch nahezu jede Schülerantwort.
   - Er oder sie signalisieren mit dem L. Zustimmung oder Ablehnung, so dass die Lerngruppe stets auf das Signal „richtig“ oder „falsch“ wartet, wodurch in der Regel Schülergespräche unterbunden werden.

Lehrerfortbildung Die L. beginnt idealer Weise bereits während oder nach dem ➪ Vorbereitungsdienst; sie wird zwischen Schulaufsichtsbehörden, den Hauptpersonalräten und dem Landesinstitut für Schule und Weiterbildung sowie den Schulämtern abgestimmt und in einem Kooperationsverbund regional sowie lokal durchgeführt. In der Regel leiten zwei kompetente Lehrpersonen als Moderatoren die jeweilige Veranstaltung.

Als Themen der L. werden in den einschlägigen RdErl. genannt:

- Unterricht für ausländische Schülerinnen und Schüler
- Schwerpunkte schulischer Erziehungsarbeit und Schulberatung
- Neue Informations- und Kommunikationstechnologien
- Medienerziehung
- Möglichkeiten und Grenzen der Differenzierung sowie Probleme der Leistungsbeurteilung
- Sonderpädagogik
- Friedenserziehung
- Qualifikationserweiterung von Lehrkräften ohne Lehrbefähigung in Mangelfächern
- Berufliche Bildung in der Schule
- Inhaltliche und organisatorische Aufgaben der Schulverwaltung bzw. Schulleitung
- Fortbildung der Lehrerausbilder in Studienseminaren
- Gewalt in der Schule im Kontext außerschulischer Gewaltursachen und -erscheinungen
- Rechtsradikalismus im Zusammenhang mit Gewalt, Fremdenfeindlichkeit, Nationalismus und Extremismus

u. a. m.

Die Teilnahme an einer L. ist eine Tätigkeit im Hauptamt; Lehrkräfte werden zur Teilnahme abgeordnet. In der Regel wird einmal jährlich eine Broschüre veröffentlicht, aus der die Angebote der L. sowie Dauer und Umfang ersichtlich sind.

Im Rahmen der landesweiten Fortbildungsmaßnahmen bieten die Moderatorinnen und Moderatoren der Bezirksregierungen auf Anfrage schulinterne Fortbildungsveranstaltungen an. Dabei orientieren sie sich an den Wünschen und Bedürfnissen der einzelnen Schule, der Fachkonferenz, eines Teilkollegiums, einer Initiativgruppe u. a. und beraten und moderieren in je unterschiedlichem Umfang Fortbildungsveranstaltungen. Diese Fortbildungen haben zum Ziel, Schulentwicklungsprozesse im Kontext einer Bildung für nachhaltige Entwicklung anzustoßen und Problemlösungs- und Handlungskompetenz zu entwickeln

Lehrerfrage Der ➪ Frontalunterricht war und ist immer noch die am meisten praktizierte Unterrichtsform; in ihm dominiert das ➪ fragend-entwickelnde Verfahren oder eben die L. Sie lässt sich auf unterschiedlichen Anforderungsniveaus – bezogen auf die erwarteten Schülerantworten – beziehen:

- Wiedergabe von Kenntnissen (Fakten, Fachbegriffe, Methoden, Modelle usw.)
- Anwendung von Kenntnissen (selbstständige Auswahl und Verknüpfung von Gelerntem)
- Problemlösen und Werten (Problemerörterung, Wertung und Beurteilung)

Dabei kann die L. intentional auf bestimmte Antworttypen abzielen:

FRAGETYP (nach J. Grell, [15]1994)	FRAGEINTENTION (Antworttyp)	BEISPIEL
kognitive Gedächtnisfrage	zielt auf die Wiedergabe oder Reorganisation von Faktenwissen	*Welches sind die wesentlichen Merkmale einer literarischen Parabel?*
konvergente Frage	regt zum Nachdenken an; erwartet nur eine richtige bzw. angemessene Antwort	*Welches ist die zentrale Aussage in Nathans Ringparabel?*
divergente Frage	regt kreatives Denken an; erwartet eine Vielzahl von Antworten	*Wie hätte der Patriarch wohl auf Nathans Ringparabel als „Verteidigungsrede" reagiert?*
evaluative Frage	zielt auf Werturteile und Begründungen	*Ist die Lehre der Ringparabel auch heute noch aktuell?*

Eine weitere Unterscheidung ist die zwischen *weiten* und *engen* L., was vor allem die ➪ Unterrichtssteuerung betrifft. Eine erfahrene Lehrperson wird zunächst versuchen, der Denktätigkeit der Schüler und Schülerinnen durch eine weite L. möglichst viel Spielraum zu lassen, und erst wenn keine (brauchbare) Antwort erfolgt, wird er oder sie eine engere Fragestellung wählen, ohne die eigentliche Frageintention aufzugeben, z. B. (im Fach Kunst):

Weite F.: *Welche symbolische Bedeutung haben die Farben in der (präsentierten) Collage?*

Engere F.: *Wie wirkt die Farbe Rot auf dich in der (präsentierten) Collage?*

Die Engführung kann mit einem ➪ Dankanstoß verbunden werden, z.B.: *Denke daran, was wir am Ende der letzten Stunde erarbeitet haben.* oder: *Schau / Lies noch einmal auf S. xy nach, was du dort zur Farbe Rot entnehmen kannst.* o.ä.

Neben diesen Kategorisierungen gibt es andere, z.T. recht aufwändige, und ein Lehrer, der erreichen möchte, dass seine Schüler und Schülerinnen denken und nicht nur gelernte Fakten wiedergaben, wird bestimmte Fragetypen bevorzugen. Darüber hinaus wird er überlegen müssen, welche anderen Wege der Informationsvermittlung er nutzen und welche anderen Formen der Unterrichtsgestaltung er wählen kann, wenn er erreichen möchte, dass die Schüler und Schülerinnen im Sinne von mehr ➪ Schülerorientierung auch miteinander sprechen, statt nur über die »Schaltstelle« des Lehrers bzw. der Lehrerin zu kommunizieren.

Praktische Hinweise zur L. im Unterricht sowie zu Fehlformen finden sich u.a. bei B. Kroner / H. Schauer (1997).

Lehrerkommentar 1) Mündliche Zusammenfassung von Schüleräußerungen oder von Lernergebnissen einer Unterrichtssequenz durch den Lehrer bzw. die Lehrerin; nicht zu verwechseln mit dem ➪ Lehrervortrag. Der L. kann in den unteren Klassen aus verschiedenen Gründen (Modellbildung, Ergebnissicherung) wichtig sein; in oberen Klassen wird es zunehmend wichtiger, die Lernenden zu befähigen und zu ermuntern, Ergebnisse selbstständig zusammenzufassen, den Lernstand zu vergegenwärtigen oder Äußerungen anderer Schüler und Schülerinnen zu kommentieren und zu werten. Spätestens am Ende der Sekundarstufe I sollte auch die ➪ Methodenrückschau geübt werden. Im Allgemeinen ergibt sich so eine mehrschrittige Zusammenfassung, die über folgenden Fragen abgearbeitet werden kann:

- Ausgangslage
  Von welcher Frage bzw. von welchem Problem sind wir ausgegangen?
- Ergebnis
  Was haben wir in dieser Stunde erreicht?
- Methode
  Wie sind wir dabei vorgegangen?
- Ausblick
  Was bleibt noch zu tun übrig?

Sind die Schüler und Schülerinnen in diesem Sinne richtig eingeführt und geübt, erübrigt sich durchweg der L. am Ende einer Stunde.

2) Schriftliche Zusammenfassung durch den Lehrer oder die Lehrerin am Ende einer ➪ Klassenarbeit oder ➪ Klausur, in der die Schwächen und Vorzüge der Arbeit deutlich gemacht werden. Ein solcher L. ist rechtlich zwar nicht vorgeschrieben, wird aber in den Kommentaren zur ➪ ASchO (§ 22) dringend empfohlen. Beachtet werden muss, dass der L. die ➪ Benotung für die Schüler und Schülerinnen (und deren Eltern) einsichtig machen soll.

Lehrerkonferenz Aufgaben und Zusammensetzung der L. sind im SchMG (§ 6) geregelt. Mitglieder der L. sind alle hauptamtlich und hauptberuflich, nebenamtlich und nebenberuflich tätigen Lehrer und Lehrerinnen einer Schule; Lehramtsanwärter sind stimmberechtigt, wenn sie selbstständigen Unterricht erteilen. Der Schulleiter bzw. die Schulleiterin hat den Vorsitz in der L. „Die Lehrerkonferenz berät über die fachliche und pädagogische Gestaltung der Bildungs- und Erziehungsarbeit der Schule; sie fördert die Zusammenarbeit der Lehrer bei der Gestaltung und Durchführung des Unterrichts und unterstützt den einzelnen Lehrer und den Schulleiter bei der Erfüllung des Bildungs- und Erziehungsauftrags der schule." (SchMG, § 6,3)

Die L. entscheidet über folgende Angelegenheiten: Grundsätze für die Unterrichtsverteilung und die Aufstellung von Stunden- und Aufsichtsplänen, Richtlinien für die Vertretung von Lehrern, Verteilung von Sonderaufgaben an Lehrer nach Anhörung der Betroffenen, Angelegenheiten der ➪ Lehrerfortbildung, Einräumung individueller Pflichtstundenermäßigungen im Rahmen der geltenden Bestimmungen, Vorschläge zur Einführung sowie zur Ausleihe und Übereignung von Lernmitteln, bestimmte ➪ Ordnungsmaßnahmen sowie weitere Angelegenheiten, die ausschließlich oder überwiegend unmittelbar die Lehrer und Lehrerinnen der Schule betreffen.
Näheres bei B. Petermann ([14]1997).

Lehrerqualifikationen Auch: Berufsfunktionen des Lehrers bzw. der Lehrerin; die fachliche Qualifikation erwirbt der Lehrer bzw. die Lehrerin mit der Ersten (wissenschaftlichen) Staatsprüfung. Die Zweite (pädagogische) Staatsprüfung vermittelt die L. im engeren Sinne, und zwar (1) ➪ Unterrichten und (2) ➪ Erziehen als die beiden »Leitfunktionen«, (3) ➪ Beurteilen, (4) ➪ Beraten, (5) ➪ Organisieren (Verwalten) sowie (6) ➪ Innovieren. Diese L. sind im ➪ Seminarrahmenkonzept (NRW) näher gekennzeichnet.

Weitere L. sind z.B. die Fähigkeit zur ➪ Kooperation in Auseinandersetzung mit Sachen oder die Fähigkeit zur ➪ Differenzierung der Unterrichtsinhalte nach ➪ Schulstufen, ➪ Schulformen und ggf. nach ➪ Schultypen (➪ Diagnosekompetenz). Ausgebildet werden diese L. in den beiden Lernorten Schule und ➪ Studienseminar, wobei in neueren Konzeptionen erwachsenengemäße Methoden der Ausbildung (selbstbestimmtes Lernen, Selbststeuerung, Eigentätigkeit usw.) im Vordergrund stehen.

Lehrerrat An Schulen bis zu acht hauptamtlichen bzw. hauptberuflichen Lehrpersonen kann, bei mindestens neun Lehrpersonen muss die ➪ Lehrerkonferenz einen L. wählen (➪ SchMG, § 8,1), der aus drei bis fünf Lehrpersonen der Schule besteht und auf die Dauer von einem Jahr seine Arbeit verrichtet. In erster Linie ist der L. als Mittelorgan zwischen Schulleitung und Lehrerschaft gedacht. Der L. berät den Schulleiter bzw. die Schulleiterin in Angelegenheiten der Lehrerschaft und vermittelt auf Wunsch in dienstlichen Angelegenheiten der Lehrer und in Angelegenheiten der Schüler. Der L. hat das Recht, kurzfristig vom Schulleiter bzw. von der Schulleiterin gehört zu werden (SchMG, § 8,3).

Lehrerrolle Auch: Lehrerbild; in der pädagogischen Tradition sind zwei L. bekannt:

a) der Lehrer als *Steinmetz*: Unterrichten und Erziehen als ein herstellendes Machen, analog der Arbeit eines Bildhauers, der mit Hilfe bestimmter Werkzeuge aus einem Marmorblock die »gute Form« herausholt.

b) der Lehrer als *Gärtner*: Unterrichten und Erziehen als wohlwollende Begleitung eines Wachstums- und Reifungsprozesses beim Kind, analog der hegenden und pflegenden Arbeit eines Gärtners.

In einer Reihe von Studien sind seit den 60er-Jahren L. entworfen und untersucht worden, die im Großen und Ganzen auf das traditionelle Muster zurückgeführt werden können, z. B.:

a) der »autoritär-autokratische« Typ – „dominiert durch straffe Lenkung des Unterrichts, durch ein Übermaß an Fragen, durch häufiges Tadeln und wenig Schülerakzeptanz“;

b) der »sozial-integrative« Typ – setzt „auf hohe Schülerbeteiligung, Autonomie, positive emotionale Zuwendung“ (G. Bovet / V. Huwendiek, ^{2}1998).

Immer zielen derartige Klassifikationen auf die Frage „Was ist ein guter Lehrer?“, die so pauschal gar nicht zu beantworten ist; denn die Antwort ist immer auch abhängig von den Interessen der Fragenden, von Zeitströmungen u. dgl.

In neuerer Zeit wird daher die Frage nach der L. anders formuliert, etwa „Was macht erfolgreichen Unterricht aus?“ – und zwar in einem bestimmten Fach und im Hinblick auf eine bestimmte Schulform und Klassenstufe bzw. Lerngruppe. Hierzu lässt sich eine Reihe von Kriterien angeben, die ihrerseits die Rolle des erfolgreichen Lehrers bzw. der erfolgreichen Lehrerin sichtbar werden lassen:

- klare Gliederung der Reihe sowie der einzelnen Unterrichtsstunde,
- Verständlichkeit der Inhalte und ➪ Transparenz der Zielsetzung des Unterrichts,
- optimales Zeitmanagement (Pünktlichkeit, keine »Laberstunde«),
- effiziente Klassenführung (verbindliche Verhaltensregelns, ➪ Rituale, wenig Unterrichtsstörungen),
- individuelle Lernförderung in ausreichenden Übungsphasen,
- persönliche ➪ Kongruenz und ➪ Empathiefähigkeit.

Die Reihe der positiven Aspekte ließe sich fortsetzen; dennoch kommen auch andere Faktoren ins Spiel, die dem ehrlichen Bemühen eines Lehrers bzw. einer Lehrerin Grenzen setzen, wie z. B. die Einflüsse Dritter (Fachkollegen, Eltern, Dienstherrn), die Leistungsfähigkeit und -bereitschaft der Lerngruppe, die eigene Konstitution u. a. m.

Einen instruktiven Einblick in historische L. bieten H. Schiffler / R. Winkeler (^{3}1991).

Lehrervortrag Gehört zu den direkten ➪ Aktionsformen des Lehrens; in den 70er- und 80-er Jahren des vorigen Jh. wurde der L. von zahlreichen Didaktikern aus dem Unterricht verbannt, weil er – wie der ➪ Frontalunterricht insgesamt – die Eigenständigkeit der Lerngruppe verhindere. Doch ein gelungener L. kann – ähnlich wie guter Frontalunterricht – sehr effizient sein, die Lerngruppe motivieren und gezielt in eine Thematik einführen. Folgende Punkte sollten beim L. berücksichtigt werden:

- der L. wird – höchstens mit einem Stichwortzettel – frei gesprochen,
- er sollte nicht mehr als zehn Minuten in Anspruch nehmen,
- der L. kann je nach seiner Funktion ohne Vorankündigung oder im Zusammenhang mit einem ⇨ informierenden Einstieg gehalten werden; je nachdem folgt dann ein eher offenes oder ein eher gebundenes ⇨ Unterrichtsgespräch,
- es herrscht eine entspannte Atmosphäre, die Schüler und Schülerinnen hören ruhig zu,
- in der Regel sollte die Lerngruppe einen Hörauftrag erhalten,
- der L. kann auch durch Folien, Dias u. dgl. begleitet sein,
- die Ergebnisse des L. sollten in irgend einer Form gesichert werden, entweder durch Leitfragen, Arbeitsbogen, implizit im weiteren Unterrichtsverlauf o. ä.

Neben dem reinen Sachvortrag kann der L. auch die Form einer Erzählung, eines Berichts oder einer Beschreibung annehmen; gerade in den unteren Klassen entfaltet der »geschichtenerzählende« Erlebnisbericht eine sozial-emotional positive Wirkung.

Lehrgang Auch: systematischer Lehrgang; im Zusammenhang mit der ⇨ kommunikativen Wende Anfang der 70er-Jahre war der L., insbesondere der L. im Grammatikunterricht, verpönt; alle Phänomene sollten nur integrativ und eingebettet in einen ⇨ kommunikativen Handlungszusammenhang erarbeitet und gelernt werden. Dieser Ansatz einer konsequenten ⇨ Integration der Lernbereiche hat sich in der Praxis nie so recht durchsetzen können und er wurde Mitte der 80er-Jahre auch in der Fachdidaktik und den Richtlinien nicht mehr ohne Einschränkungen aufrecht erhalten.

Neuere Untersuchungen zu den Phänomenen des ⇨ Lernens und ⇨ Behaltens legen nahe, dass die ⇨ Vernetzung einer Information und die Verortung in ihrem systematischen Zusammenhang, ⇨ Kategorienbildung und ausgiebige ⇨ Übung die Lernleistungen erhöhen und die Lernergebnisse längerfristig festigen.

Lehr-Lern-Prozess Komplexes unterrichtliches Geschehen (⇨ Interaktion) zwischen Lehrperson und Lerngruppe, das zu unterschiedlichen Zeiten unterschiedlich akzentuiert und erklärt worden ist, z. B. mit Hilfe der »Steinmetz-Metapher« oder der »Gärtner-Metapher«. Meist wird das interaktive Geschehen aus einer bestimmten Perspektive, vom Schüler (⇨ Lernen) oder vom Lehrer aus, gesehen und beurteilt (J. Grell, ^{15}1994).

1) Bei W. Klafki (1985) wird die »Lehr-Lern-Prozessstruktur« verstanden „als variables Konzept notwendiger oder möglicher Organisations- und Vollzugsformen des Lernens (einschl. sukzessiver Abfolgen) und entspr. Lehrhilfen, zugleich als *Interaktionsstruktur* und *Medium sozialer Lernprozesse*“. Die »methodische Strukturierung« ist in den älteren Konzeptionen der ⇨ Bildungstheoretischen Didaktik „aufgrund der Eingrenzung auf den Zusammenhang von Zielsetzungen und thematischer Strukturierung nicht enthalten“. Es geht bei der Frage nach einer angemessenen Strukturierung des L-L-P. darum, wie all die übrigen Entscheidungsmomente der ⇨ Didaktischen Analyse bzw. des ⇨ Perspektivschemas zur ⇨ Unterrichtsplanung „in eine *sukzessive Abfolge*“ bzw. in „*alternative Möglichkeiten solcher Abfolgen* übersetzt werden können“. Klafki

nennt, bezogen auf die Zielsetzungen der ➪ Kritisch-konstruktiven Didaktik, als besonders geeignete Lernprozess-Typen das ➪ entdeckende Lernen sowie das »nachvollziehend-verstehende Lernen« (➪ sinnvolles Lernen).

2) Im Zusammenhang mit einer ➪ Personenorientierten Didaktik wird dieser Prozess neu gedeutet: Die didaktische Hauptaufgabe des Lehrers bzw. der Lehrerin besteht darin, im Unterricht eine ➪ Balance herzustellen zwischen den Ansprüchen von Ich, Wir und Sache (➪ Themenzentrierte Interaktion) sowie auf Grund bestimmter ➪ Prinzipien des Lehrens und Lernens »Lernwelten« zu modellieren, die genügend ➪ Anreizstrukturen für den einzelnen Schüler bzw. die einzelne Schülerin enthalten, um zur ➪ Motivation beizutragen. Hierbei ist die Rolle des Lehrenden neu definiert als ➪ Moderator.

Eine Personenorientierte Didaktik geht davon aus, dass der Lernende bestimmte kognitive Programme ererbt bzw. entwickelt hat, die er oder sie zum Überleben benötigt (➪ Handlungsschema, ➪ kognitives Schema, ➪ Skript, ➪ Informationsverarbeitung). Als Mitglied einer konkreten Lerngruppe hat der Einzelne bestimmte soziale Gegebenheiten, Normen und Regeln verinnerlicht (➪ Lehrerrolle, ➪ Gruppendynamik, ➪ Lebenswirklichkeit, ➪ Menschen- und ➪ Weltbild). Schließlich wird das Verhalten des Lernenden wie des Lehrenden von bestimmten Gewohnheiten geprägt, vornehmlich von solchen, mit deren Hilfe er bereits Erfolge erzielt hat (➪ Handlungsmuster, ➪ Fach- und ➪ Unterrichtsmethoden, ➪ Problemlösungsstrategien).

Wenn es nun gelingt, dass die im Unterricht realisierten Anreizstrukturen des Gegenstandes oder Themas auf die »passenden« ➪ Dispositionen des Lernenden treffen, verläuft der Lehr-Lern-Prozess erfolgreich; andernfalls bleiben Defizite, treten Störungen auf, müssen Umwege begangen werden u. dgl.

Näheres bei E. Kösel ([2]1995).

Lehr-Lern-Prozessstruktur ➪ Lehr-Lern-Prozess (1).

Lehrmittel Meist synonym zu ➪ Lernmittel gebraucht; im eigentlichen Sinne umfassen die L. (auch) all jene Handreichungen, Interpretationshilfen, Unterrichtsmodelle, Folien u. dgl., die der Lehrer bzw. die Lehrerin zur Vorbereitung und Durchführung des Unterrichts liest und heranzieht.

Lehrmittelkritik Vor der Einführung eines Lehrwerks muss die ➪ Fachkonferenz verschiedene Konkurrenzwerke prüfen und beurteilen; dies setzt die Fähigkeit zur L. voraus. Aber auch bereits eingeführte Schulbücher sollten auf ihre Tauglichkeit geprüft werden, z. B. wenn ein Lehrer oder eine Lehrerin eine Jahrgangsstufe neu unterrichtet und mit einem bestimmten Werk arbeiten soll. Allerdings muss kritisch gesehen werden, dass viele Schulen mit veralteten Schulbuchbeständen arbeiten müssen, weil kein Geld für Neuanschaffungen vorhanden ist. In solchen Fällen kann die L., wenn sie negativ ausfällt, nur dazu führen, dass die Lehrkraft ohne Lehrbuch, sondern – soweit dies möglich ist – mit selbst angefertigten ➪ Arbeitspapieren und ➪ Arbeitsblättern unterrichtet.

Folgende Aspekte können bei der Beurteilung eines Lehrwerks relevant sein:

- Allgemeiner Eindruck des Lehrbuchs: Einband (handlich, benutzerfreundlich, farbig), Preis, Umfang (Gewicht);
- Aufbau im Ganzen: Inhaltsverzeichnis (für Schüler oder nur für Lehrer? Optische / graphische Signale; Anhang mit Zusammenfassungen, Information- oder Registerteil);
- Lektionen: Aufbau im Einzelnen (Gliederung der Lektionen, Übungsmöglichkeiten, Zusatzangebote); thematische Progression (vom Leichten zum Schwierigen, vom Einfachen zum Zusammengesetzten);
- Inhalte: Wissenschaftlich korrekt und gleichzeitig schülergerecht (➪ didaktische Reduktion); richtlinienkonform; motivierend und altersgemäß (lernpsychologische Erfordernisse);
- Methoden: ➪ induktiv / deduktiv; ➪ sinnvolles / ➪ entdeckendes Lernen, kreatives Arbeiten; Lehrgangsangebote (Systematik); wechselnde ➪ Sozialformen;
- Bilder: nur schmückend oder funktional, farbig, witzig / überzogen / realistisch, Wechsel der Stilart, ➪ duale Kodierung von Wissen;
- Lernbereiche: integriert oder nur scheinbar integriert? Anteil der einzelnen ➪ Lernbereiche am Gesamtumfang; ➪ Spiralcurriculum.

Im weiteren Sinne umfasst die L. auch die Analyse und Bewertung von Schulsoftware und Web-Sites:

a) Die Bewertung von ➪ Software und ➪ Multimedia sollte sich nach einem anerkannten Kriterienkatalog richten, z. B. unter www.sodis.de. Solche Kataloge sind in der Regel nach drei großen Sachbereichen gegliedert:
   1. *Medientechnische Aspekte*: Installation und Betriebnahme, Bedienung und Komfort, Sicherheit
   2. *Fachliche und fachdidaktische Aspekte*: Inhalte und Ziele, Didaktik und Methodik
   3. *Mediendidaktische Aspekte*: Unterstützung von (eigenen) Lernprozessen, Reflexionsmöglichkeiten, Vorteile gegenüber den anderen (herkömmlichen) Medien

b) Die Bewertung von Web-Sites sollte Folgendes umfassen:
   1. *Inhalt*: Informationswert und formale Gestaltung; Menge, Art und Qualität der Informationen sowie der angebotenen Links
   2. *Form*: sprachliche Qualität, Layout, Zugriff auf Informationen (Inhaltsverzeichnis, Orientierung, Dimensionierung der Texte), Funktionsfähigkeit
   3. *Aktualität*: Zeitpunkt der Erstellung, Letzte Aktualisierung, Links
   4. *Quelle*: Anbieter, Autor, E-Mail-Adresse und Kontakt

Weitere Einzelheiten bei J. Hildebrand (^{6}2000).

Alternativer Kriterienkatalog bei W. Gräber: »EPA-Soft. Instrument zur Bewertung von pädagogischer Software«. In: Computer und Unterricht (1992), Heft 7.

Lehrplan Die Ausdrücke L. und ➪ Richtlinien werden nicht immer einheitlich gebraucht; in der Regel sind Richtlinien allgemeiner abgefasst (sie beinhalten z. B. die »Aufgaben und Ziele des Gymnasiums in der Sekundarstufe I«), während der L. konkretere Hinweise zu einem Fach, z. B. in der Sekundarstufe I des Gymnasium, der Gesamtschule oder der Oberstufe an einem Berufskolleg (einer Berufsschule), enthält. In den 70er-Jahren ist für die wissenschaftsgeleitete Erforschung und Darstellung des L. bzw. Lehrprogramms auch der Ausdruck ➪ Curriculum verwendet worden.

Richtlinien und L. beschreiben insgesamt den Erziehungs- und Bildungsauftrag der einzelnen ➪ Schulform und ➪ Schulstufe. Sie sichern damit eine breite, auf das Wesentliche konzentrierte ➪ Bildung, stecken den Rahmen der Arbeit in den Fächern ab, geben Hinweise auf eine verstärkte Kooperation der Unterrichtsfächer, um ganzheitliches Lernen zu fördern u. dgl. mehr. Dabei lassen sie den Lehrern und Lehrerinnen die erforderlichen Freiräume, um den besonderen pädagogischen Bedingungen in ihrer besonderen schulischen Situation gerecht werden zu können.

Die wesentlichen Bereiche, die ein L. abdeckt, sind z. B. für die S I: Bereiche und Inhalte des Faches, Grundsätze zur Unterrichtsgestaltung, Leistungsanforderungen und Leistungsbewertung. Für die SII kommen Hinweise für die Abiturprüfung hinzu.

Eine umfassende Darstellung der historischen Entwicklung des abendländischen Lehrplans bietet J. Dolch (²1965).

Lehrtheoretische Didaktik In den 60er-Jahren als „Lerntheoretische Didaktik" von P. Heimann (1901–1967) begründet, wurde die L. D. in einer Publikation von P. Heimann / G. Otto / W. Schulz (1965) weiten Kreisen als ➪ Berliner Didaktik bekannt. Später ist die L. D. von W. Schulz in seinem ➪ Hamburger Modell (1980) entscheidend weiter entwickelt worden.

Lehrziel Ziel, das der Lehrer bzw. die Lehrerin für eine Unterrichtseinheit im Hinblick auf eine bestimmte Lerngruppe und einen konkreten Unterrichtsinhalt setzt und realisieren möchte. Somit beschreiben L. eher einen Soll-Zustand; denn auch die Schüler und Schülerinnen verfolgen Ziele, die sich mit denen der Lehrperson decken können – oder auch nicht.

Gewöhnlich wird jedoch ganz allgemein von ➪ Lernziel gesprochen, insofern nicht zwischen den Intentionen des Lehrers bzw. der Lehrerin und den Intentionen der Schüler und Schülerinnen unterschieden wird. Will man diese Unterscheidung jedoch treffen, so sollte man (nach W. Jank / H. Meyer, ⁵1996) von L. oder ⇔ Handlungsziel (2) sprechen.

Leistung 1) Im Modell menschlicher ➪ Informationsverarbeitung erscheint L. bzw. ➪ Performanz neutral als »Output«:

Input (Reiz)	⟷	Informations-verarbeitung	Informations-speicherung	⟷	Output (Leistung)
	Aneigung		Speicherung		Abruf

Während ⇨ Lernen durch eine relativ überdauernde Veränderung im Organismus gekennzeichnet ist, unterliegt das Erbringen von L. momentanen Bedingungen wie ⇨ Motivation, Müdigkeit, Ablenkung u. dgl. In diesem Sinne ist jede Schüleräußerung, die mit zuvor Gelerntem zusammenhängt und die sich in den Unterrichtsverlauf einpasst, eine L.

2) Im engeren Sinne ist L. abhängig von einem bestimmten ⇨ Standard, der erreicht oder verfehlt werden kann. Voraussetzung für den Leistungsbegriff ist demnach ein Maßstab für Gelingen oder Misslingen. Dieser Gütemaßstab kann durch andere (z. B. durch die Lehrperson in einer Prüfung) oder durch das Individuum selbst gesetzt werden; in letzterem Fall spielt die ⇨ Leistungsmotivation eine entscheidende Rolle.

Der Gütemaßstab, an dem eine Schülerleistung gemessen wird, basiert in der Regel auf einem Kriterienkatalog, der durch den Lehrplan vorgegeben oder durch den Fachlehrer bzw. die Fachlehrerin zuvor im ⇨ Erwartungshorizont festgelegt worden ist; er stellt gleichzeitig die Grundlage für die ⇨ Bewertung und schließlich die ⇨ Benotung der L. dar. Insofern L. immer auch mit Bewertung zu tun hat, ist sie begleitet von Gefühlen; und gerade die Vorwegnahme von Stolz und Befriedigung bei Erfolg ist ein wesentlicher Impuls zum Leistungshandeln.

Weitere Einzelheiten bei K. D. Lenzen u. a. (2002).

Leistungsbereitschaft Nicht immer wird eine erwartbare ⇨ Leistung vom Schüler oder der Schülerin erbracht; dies kann daran liegen, dass unzureichend oder falsch gelernt worden ist, das kann aber auch an mangelnder L. liegen. Ursachen hierfür können Desinteresse, fehlende ⇨ Motivation oder eine negative psychische ⇨ Disposition sein. Eine solche Disposition kann aus früher gemachten schlechten Erfahrungen resultieren, etwa als Furcht vor Misserfolg; oder sie kann durch äußeren Druck aus der Lerngruppe heraus entstehen, wenn (z. B. unter Androhung von physischer Gewalt oder anderen Repressalien) das Leistungsniveau niedrig gehalten werden soll. In einem solchen Kontext werden Schüler oder Schülerinnen, die L. zeigen, als »Streber« verteufelt und schikaniert. Für die Lehrperson, die derartige Machenschaften durchschaut, ist es dennoch sehr schwer, allein für Abhilfe zu sorgen. Hier sollte das Gespräch mit den Eltern (⇨ Pflegschaft) und den Kollegen und Kolleginnen (⇨ Klassenkonferenz) gesucht werden, um zu einer fairen, aber einheitlichen ⇨ Konfliktlösungsstrategie zu kommen.

Besondere pädagogische Aufmerksamkeit erfordern die so genannten ⇨ misserfolgsorientierten Schüler und Schülerinnen, da die fehlende L. oft mit mangelnder Leistungsfähigkeit gleichgesetzt wird.

Leistungsbeurteilung ⇨ Beurteilen; ⇨ Beurteilungskriterien.

Leistungsbewertung ⇨ Bewerten; ⇨ Gütekriterien.

Leistungsfähigkeit 1) In der Regel wird die L. einzelner Schüler bzw. Schülerinnen oder ganzer Lerngruppen an Hand der erbrachten Noten in den Klassenarbeiten und im mündlichen Bereich (für die Sekundarstufe I) bzw. im Klausurbereich und in Sonstiger Mitarbeit (für die Sekundarstufe II) ermittelt.

2) Im Einzelfall ist es schwierig, verlässliche Aussagen über die L. von Schülern oder Schülerinnen zu machen, insbesondere da die Objektivierung der L. stark an die ➪ Leistungsbereitschaft gekoppelt ist. Erworbenes Wissen kann aus unterschiedlichen Gründen nicht gezeigt bzw. erbracht werden. Ein besonderes Problem stellen in diesem Zusammenhang die so genannten ➪ misserfolgsorientierten Schüler und Schülerinnen dar.

Leistungskurs Im Zuge der Vereinbarung der ständigen Konferenz der Kultusminister vom 7.7.1972 (»Vereinbarung zur Neugestaltung der gymnasialen Oberstufe in der Sekundarstufe II«) sind ➪ Grundkurse und L. eingerichtet worden. Die L. werden (seit 1999) ab der Jahrgangsstufe 12.1 eingerichtet; sie sind 5-stündig und repräsentieren das Niveau der gymnasialen Oberstufe unter dem Aspekt einer exemplarisch vertieften wissenschaftspropädeutischen Ausbildung (➪ Wissenschaftspropädeutik).

In den ➪ Richtlinien wird deutlich gemacht, dass das generelle Niveau beider Kursarten nicht unterschiedlich sein kann, dass jedoch im L. auch „speziellere wissenschaftliche Verfahrens- und Erkenntnisweisen" anzustreben sind. Der wichtigste Unterschied zwischen den beiden Kursarten liegt in der unterrichtlichen Behandlung des Theoriebezugs und dem Rückgriff auf die Bezugswissenschaft des Faches, d. h. der L. ist auf eine systematischere, umfassendere und komplexere Darstellung der Fachinhalte und -methoden ausgerichtet.

Weitere Einzelheiten für die Arbeit in den Kursen sind im ➪ Lehrplan für das jeweilige Fach geregelt.

Leistungsmessung ➪ Lernkontrolle; ➪ Benotung.

Leistungsmotivation Ob ein Schüler oder eine Schülerin Leistung zeigt oder vermeidet, liegt im Wesentlichen daran, ob die »Hoffnung auf Erfolg« und die damit verbundene Belohnung (in Form von Stolz, Anerkennung u. dgl.) die »Furcht vor Misserfolg« überwiegt. Die L. kann aus einer ➪ intrinsischen und einer ➪ extrinsischen Komponente bestehen (nach W. Edelmann, [3]1993):

L. = *Hoffnung auf Erfolg* minus *Furcht vor Misserfolg* plus *Belohnung* oder *Zwang*.

Um bei den Lernenden eine längerfristige ➪ Motivation zu erzeugen, muss man ihnen hinreichend Erfolgserlebnisse ermöglichen; problematisch ist dieses Mittel allerdings bei ➪ misserfolgsorientierten Schülern oder Schülerinnen.

Folgende Aspekte können L. positiv unterstützen und fördern:

- ein Erfolgsmotiv (etwas, wofür es sich lohnt, sich anzustrengen),
- eine subjektive Erfolgswahrscheinlichkeit (geeignetes ➪ Anspruchsniveau),
- ein Erfolgsanreiz, ein latentes individuelles ➪ Motiv,
- intrinsische Motivation (Hoffnung auf Erfolg / Furcht vor Misserfolg) und extrinsische Motivation (➪ positive Verstärkung),
- eine realistische ➪ Attribution (Selbst- und Fremdeinschätzung).

Leistungsstand Die ➪ ASchO (§ 21,5) regelt, dass ein Schüler auf Wunsch „jederzeit über seinen Leistungsstand zu unterrichten" ist. Der L. ergibt sich auf Grund aller Leistungen, die der Schüler bzw. die Schülerin im Unterricht erbracht hat, insbesondere aus der ⇨ Benotung im schriftlichen und mündlichen Bereich (bzw. in ⇨ Sonstiger Mitarbeit). »Jederzeit« heißt hier:

- während des ganzen Schuljahres in der Schule (also nicht am Feierabend und nicht in den Ferien),
- die Auskunft über den L. darf nicht den laufenden Unterricht stören oder unterbrechen,
- keine in kurzen Abständen erbetenen Auskünfte ohne zwischenzeitlich neue und beurteilbare Leistungsnachweise,
- keine Verpflichtung zu einer schriftlichen Mitteilung über den L.

Im übrigen steht das Recht auf jederzeitige Unterrichtung auch den Erziehungsberechtigten zu. Darüber hinaus kann erwartet werden, „dass die Lehrkraft auch ihre Bewertung für Einzelleistungen auf Anfrage mitteilt“ (H. Pöttgen u. a., [17]1999).

Leitfrage Auch: Themafrage; zentrale Fragestellung, unter der ein Unterrichtsinhalt behandelt werden soll. In den Klassen 5 und 6 wird die L. in der Regel vom Lehrer oder von der Lehrerin vorgegeben; allerdings sollte schon recht früh damit begonnen werden, die L. im ⇨ Unterrichtsgespräch mit der Lerngruppe gemeinsam zu entwickeln. Die L. sollte recht früh geklärt und an zentraler Stelle sichtbar notiert sein; sie hat die Funktion, das Unterrichtsgeschehen für alle Schüler und Schülerinnen stets transparent zu halten und einen Zielpunkt zu markieren, auf den hin die Stunde angelegt ist. Im Idealfall wird eine ⇨ Ziel-Zug-Spannung geschaffen.

Am Ende der Stunde sollte die L. beantwortet sein; ist dies nicht der Fall, empfiehlt sich nach einer ⇨ Sicherungsphase (Was haben wir bisher erreicht / geklärt?) ein Ausblick (Was bleibt uns noch zu tun, um die L. zu beantworten / zu klären?).

Leitfunktion Bei den ⇨ Berufsfunktionen von Lehrern und Lehrerinnen gelten ⇨ Unterrichten und ⇨ Erziehen als die beiden L.

Leitziel Auch: Richtziel; pädagogische Zielsetzung auf hohem Abstraktionsniveau zwischen ⇨ Bildungsziel und ⇨ Globalziel, z. B.:

- Bildungsziel
  Emanzipation von Schülern und Schülerinnen
- Leitziel
  Erweiterung der Sprachhandlungskompetenz (in einer Fremdsprache)
- Globalziel
  Befähigung dazu, einen Dialog in der Zielsprache ohne schriftliche Vorlage zu führen

Lernanreiz Die Frage nach dem L. zielt darauf, wie *erfolgreiches Lehren und Lernen* zu bewerkstelligen sei. Neben der Schaffung optimaler ⇨ Lernbedingungen und eines sozial-emotional positiven ⇨ Lernklimas sind es vor allem folgende Aspekte, die L. bieten können:

- Einbeziehung der Lerngruppe in Planung und Durchführung des Unterrichts und damit Übernahme von Verantwortung für das Gelingen der einzelnen Unterrichtsvorhaben durch die Schüler und Schülerinnen,

- Inhalte und Themen, die ➪ sinnvolles, ➪ entdeckendes Lernen ermöglichen,
- klare Strukturierung von Unterrichtsreihen und -stunden,
- sachorientierte Gespräche sowie zielfunktionales und zeitökonomisches Arbeiten,
- Schaffung von ➪ kognitiven Konflikten und Bereitstellen von ➪ Lernhilfen, die weitgehend eigenständiges Arbeiten und ➪ selbstverantwortetes Lernen ermöglichen,
- ➪ Transparenz in der Anlage, Durchführung und Zielsetzung des Unterrichts sowie bei den ➪ Beurteilungskriterien für Schülerleistungen,
- Vielfalt der ➪ Fach- sowie der ➪ Unterrichtsmethoden unter Beachtung der ➪ Ganzheitlichkeit des Lernens,
- funktionaler Einsatz auch moderner ➪ Medien (1),
- ➪ Öffnung von Unterricht und Einbeziehung von ➪ fächerverbindendem und ➪ Projektunterricht.

Lernbedingungen Meist versteht man unter L. die räumlichen und zeitlichen Umstände, unter denen das ➪ Lernen in der Schule erfolgt; sie gehen in die ➪ Eingangsvoraussetzungen des Unterrichts ein.

Lernberatung Wichtiger Teil der Lehrerqualifikation ➪ Beratung; die L. darf nicht darin bestehen, immer »mehr vom Gleichen« anzubieten, etwa nach dem Motto: *Du musst halt mehr lernen / fleißiger sein* usw. Wichtig erscheinen hier folgende Punkte:
- Einplanung von genügend Zeit und Ruhe,
- Vorbereitung auf das Gespräch (Situation des Schülers / der Schülerin, ➪ Leistungsstand, mögliche Perspektiven, rechtlicher Rahmen, Lernhilfen),
- Fähigkeit und Bereitschaft zu einer professionellen ➪ Gesprächsführung,
- Eingehen auf den individuellen Fall und Besprechung von ➪ Handlungsalternativen,
- Vereinbarung eines weiteren Gesprächstermins zur ➪ Evaluation.

Beispiel: Eine Schülerin der Klasse 6 oder 7 ist sehr still im Unterricht und meldet sich nie von allein; der Lehrer bestellt sie zu einer L. Es brächte nicht viel, wenn er ihr nur Vorhaltungen machte und ihr anraten würde, sich häufiger zu melden. Erfolg versprechender könnte es sein, mit ihr zu vereinbaren, eine »Meldekarte« zu führen; das ist eine Karteikarte, auf der die Schülerin jedes Mal, wenn sie sich meldet, einen Strich macht; und jedes Mal, wenn sie einen mündlichen Beitrag leistet, macht sie ein Kreuz, und wenn sie für ihren Beitrag gelobt wird, ein Sternchen. Nach einem Monat wird in einer erneuten L. der Erfolg oder Misserfolg dieser Maßnahme besprochen.

Lernbereich L. sind Tätigkeitsfelder als Teilkomplexe, die sich aus dem übergeordneten Funktionszusammenhang unter dem Aspekt didaktischer Planung und Strukturierung des Fachunterrichts ausgliedern lassen. Sie stellen somit die Binnengliederung des Faches dar.

Lernbereichsziel Oberes ➪ Lernziel, das für einen ganzen ➪ Lernbereich gültig ist; solche L. sind in der Regel sehr abstrakt und können inhaltlich recht unterschiedlich gefüllt werden, z. B. für den Lernbereich »Sprechen und Schreiben«: *Die Schüler und Schülerinnen sollen befähigt und motiviert werden, Situationen in ihrer alltäglichen Umwelt sprachlich und schriftlich angemessen zu bewältigen.*

Lernen 1) Wie alle Lebewesen kommen auch wir Menschen mit angeborenen Reflexen auf die Welt, etwa dem Saug- oder dem Greifreflex. Sie sind Teil der spontanen und totalen Tätigkeit des Organismus und führen durch Wiederholung zu einem Übungseffekt, der dazu beiträgt, dass sich die einzelnen Aktionen zu bestimmten ⇨ Handlungsschemata verfestigen (Saugen an der Brust, am Lutscher, am Daumen). Die Psychologie spricht hier von ⇨ Assimilation: Eine neue Beziehung (Saugen: Lutscher) wird in ein bereits bestehendes Schema (Saugen: Brust) integriert.

Aus dieser kurzen Betrachtung lassen sich bereits zwei wesentliche Folgerungen ziehen:

a) der menschliche Organismus lernt aus einem (inhärenten) Bedürfnis heraus,
b) der Organismus des Menschen tritt als aktiver Teil zwischen Reiz (Lutscher) und Reaktion (Saugen).

Die Handlung, die zu einem angenehmen Ergebnis geführt hat, wird wiederholt. Auf diese Weise bildet sich ein Handlungsschema heraus, das die bedingten Reflexe stabilisiert und so zu einer ⇨ Gewohnheit wird. Die Koordination von Saugen und Greifen oder von Sehen und Greifen führt schließlich zu immer komplexeren Schemata, die dann auch auf neue Situationen angewendet werden können (ein Bauklotz wird ergriffen, betrachtet, angesaugt, geschüttelt). Dadurch, dass das Kind aktiv experimentiert, vermag es erworbene Handlungsschemata zu differenzieren oder neue zu entdecken. Schließlich gelangt es an einen Punkt, an dem der Kreis der senso-mototorischen Schemata durchbrochen wird und ein qualitativ neues Stadium beginnt (⇨ Stadienlehre): Das Kind nimmt das Ergebnis einer Handlung in seiner Vorstellung vorweg; es findet neue Mittel durch „innere Kombination" (J. Piaget / B. Inhelder [4]1991).

Die Ordnungs- und Verbindungsstrukturen, die in der frühen Kindheit erworben werden, lassen sich als eine Art »Logik des Tuns« verstehen und bilden die Basis für künftige Denkakte. Der entscheidende Schritt hierzu wird geleistet durch die Herausbildung der ⇨ semiotischen Funktion, insbesondere der Sprache im Laufe des zweiten Lebensjahres. Dies aber bedeutet nichts anderes, als dass das Denken im Kontext von Handlungsschemata ausgebildet wird. Dieser entwicklungspsychologische Tatbestand gibt ein gutes Argument dafür ab, dass L. immer auch eine gewisse ⇨ Handlungsorientierung braucht.

Terminologisch wird L. häufig als »*Oberbegriff für alle Verhaltensänderungen auf Grund von Erfahrungen*« festgelegt. Doch greift diese Vorstellung vom Lernen aus zwei Gründen zu kurz:

1. Sie erfasst nur die sichtbaren, also die messbaren äußeren Veränderungen des Individuums, nicht aber die möglicherweise durch Lernen veränderte innere Einstellung oder moralische Haltung.
2. Sie berücksichtigt nicht, dass – aus welchen Gründen auch immer – gelerntes Verhalten oder Wissen in bestimmten Situationen nicht gezeigt bzw. nicht verbalisiert wird.

Hieraus folgt, dass der Lernbegriff über das Sicht- und Messbare hinaus erweitert werden muss; er umfasst ebenso die Verinnerlichung von Abneigungen und Vorlieben, von Angst oder Sicherheit. Gemeinsames Merkmal all dieser Lernprozesse ist die *Erfahrungsbildung*.

Auf diese Weise haben sich Kinder bis etwa zum fünften oder sechsten Lebensjahr vereinfachte Theorien – sei es über die Welt, das Leben, ihr eigenes und das Denken anderer Menschen oder über sich als Person – angeeignet (H. Gardner, 1993). Diese ➪ intuitiven Theorien sind zum Teil unangemessen; sie weisen Klischees oder Vereinfachungen auf. Dennoch sind sie sehr robust und zeichnen sich durch eine große Widerstandsfähigkeit, auch gegenüber schulischem Lernen, aus. Nur wenn es Lehrern bzw. Lehrerinnen gelingt, an diese kindlichen Wissensbestände und Überzeugungen anzuknüpfen, können sie erwarten, ➪ Verständnis zu erzeugen. Hierzu müssen die Lehrpersonen Wege finden, die Klischees umzuwandeln und die Vereinfachungen in angemesseneres und komplexeres Wissen zu überführen.

Im weiteren Verlauf seiner Entwicklung lernt das Kind dadurch, dass es bereits vorhandene Schemata und Konzepte differenziert oder unverbundene (auch neue) Elemente zu einem größeren Ganzen assimiliert. Die Formulierung macht deutlich, dass das Individuum beim Lernprozess aktiv mitwirkt; L. wird so als Interaktion zwischen Subjekt und Umwelt verstehbar. Die Formulierung macht ebenfalls deutlich, dass eine ➪ Assimilation oder ➪ Akkommodation von neuen Erfahrungen mit vorhandenen Wissensbeständen (Schemata, Konzepten) nur gelingen kann, wenn der Einzelne Mittel und Wege sieht, das Neue an das Vorhandene anzukoppeln; er oder sie konstruiert auf der Basis und mit Hilfe der vorhandenen Wissensbestände das Neue selbst (➪ Konstruktivismus, ➪ Personenorientierte Didaktik). ➪ Informationsverarbeitung heißt demnach: aktive Organisation der Information zu einer subjektiven kognitiven Struktur.

Sofern diese Ankoppelung nicht gelingt, liegt weniger L. als eher eine Art von Dressur vor. ➪ Sinnvolles L. meint immer auch Verständnis, und das wichtigste Merkmal des sinnvollen Lernens ist die Interaktion von bereits vorhandenen kognitiven Strukturen mit dem neuen Lernstoff. Diese Auffassung grenzt sich von anderen ab, die das L. als ➪ Konditionierung ansehen, die allein von außen angestoßen und gesteuert wird, sie grenzt sich aber auch von »radikal« konstruktivistischen Ansichten ab, wonach das Gehirn ein kognitiv geschlossenes System sei und alles, was wir erleben und erkennen, notwendigerweise von uns selbst konstruiert wird. Gäbe es nicht spezifische ➪ Anreizstrukturen der Außenwelt, die bestimmte, latente Strebungen in uns aktivierten, so sähe es schlecht aus um das organisierte, schulische L.

Eine Modellvorstellung von L. muss mindestens vier Komponenten einbeziehen:

1. die Beschaffenheit der »Außenwelt«, insbesondere die der Lernumgebung und der Lerngegenstände; diese Außenwelt hält vorgeprägte eigene Strukturen und ein vielfältiges »Sinnangebot« bereit;
2. das »Subjekt«, das mit seinen Sinnen die Außenwelt aufnimmt und je nach seinem inneren Zustand (Entwicklungsstand, kognitive Fähigkeiten, Gefühlslage, ➪ Motivation) aus dem Informationsangebot auswählt;

3. das »Umfeld« mit all seinen Randbedingungen, in dem die Begegnung von Subjekt und Objekt, also in unserem Zusammenhang von Schüler und Lerngegenstand, stattfindet (Schule, außerschulische Lernorte);
4. den »Verarbeitungsprozess« im ➪ Gehirn des Lernenden, der aufgrund subjektiver Eigenarten (individueller Wissensstand, Erinnerungsleistung, Verknüpfung des neuen Lerngegenstandes mit vorhandenen Wissensbeständen) abläuft.

Nicht zu unterschätzen sind einige weitere Faktoren, wie z. B. die Fähigkeit, das neu Gelernte zu zeigen. Gerade bei schulischem Lernen kann ein Mangel an kommunikativen Fähigkeiten mit fehlendem Verständnis gleichgesetzt werden, was so nicht zutreffen muss.

Auch gilt zu bedenken, dass L. Zeit erfordert: Immer dann, wenn Kinder oder Jugendliche auf einen neuen Begriff stoßen, setzt ein oft längerer Entwicklungsprozess ein; dies gilt insbesondere für die ➪ formalen Operationen und ➪ wissenschaftlichen Begriffe. Ist im Unterricht ein solcher wissenschaftlicher Begriff vermittelt und angeeignet worden, so ist die Entwicklung dieses Begriffs beim Lernenden keineswegs abgeschlossen, sondern sie beginnt erst (Wygotski, 1971). Dass der Unterricht hierbei der Entwicklung des Lernenden vorauseilt, kann unter lernpsychologischen Gesichtspunkten den positiven Sinn haben, dass er diese Entwicklung geradezu herausfordert – wenn er zum rechten Zeitpunkt einsetzt und die geeigneten Grundlagen bereitstellt. ➪ Übung, ➪ immanente Wiederholung und ➪ Spiralcurriculum stellen sich in diesem Kontext als probate Mittel dar, den kognitiven Aneignungsprozess wissenschaftlicher Begriffe zu unterstützen und zu fördern.

2) Unter systematischen Gesichtspunkten lassen sich idealtypisch vier Grundformen des L. unterscheiden (nach W. Edelmann, ^{3}1993):

I. REAKTION UND VERHALTEN (verhaltenstheoretische Psychologie)

Beim L. spielt die »Außensteuerung durch Reize« eine entscheidende Rolle: Anpassung des Organismus an die Umwelt.

I.1 *Reiz-Reaktions-Lernen*
Aufbau von Verbindungen zwischen Reizen und Reaktionen; besonders emotional motivationale Reaktionen und Reizsubstitutionen; Organismus verhält sich reaktiv

I.2 *Instrumentelles Lernen*
Aufbau von Verbindungen zwischen Verhalten und nachfolgenden Konsequenzen; besonders gewohnheitsmäßiges, motiviertes Verhalten; Organismus verhält sich aktiv

II. WISSEN UND HANDELN (kognitive Psychologie)

Beim L. spielt die »Innensteuerung durch kognitive Strukturierungsprozesse« im Individuum selbst die entscheidende Rolle: Gestaltung der Umwelt durch die Person.

II.1 *Kognitives Lernen*
Aufbau von Verbindungen zwischen den Elementen einer kognitiven Struktur; ➪ Informationsaufnahme und ➪ Informationsverarbeitung; die Person ist aktiv

II.2 *Lernen von planvollem Handeln und ➪ Problemlösen*
Aufbau von Verbindungen zwischen Wissen und Aktivität; Aufbau und Aktivierung von ➪ Handlungskonzepten; Handlungssteuerung und ➪ Vernetzung der Handlungskonzepte (Handlungskompetenz); die Person ist aktiv

Unter methodischen und anwendungsbezogenen Gesichtspunkten ist das ➪ kognitive L. z. B. nach den Kategorien mechanisches / sinnvolles und rezeptives / entdeckendes L. (Ausubel, 1974) differenziert worden.

Weitere Einzelheiten bei M. Spitzer (2000), F. J. Schermer (2002).

Allgemein zum Thema L.: F. Vester ([25]2001), A. Scheunpflug (2001).

Lernen durch Lehren Abk.: LdL; Verfahren zur schüleraktiven Unterrichtsgestaltung vor allem im Fremdsprachenunterricht. Entwickelt wurde LdL in den 80er-Jahren des vorigen Jahrhunderts durch Jean-Pol Martin, Privatdozent für Didaktik der französischen Sprache und Literatur. Ihm war aufgefallen, dass Tutoren durch ihre Lehrtätigkeit einen individuellen Lerneffekt für sich selbst erzielten; und diese Erkenntnis hat er für den (Fremdsprachen-)Unterricht genutzt. Die Übertragung von Lehrerfunktionen auf die Schüler geschieht allerdings sukzessive: Angefangen bei Leitungen von kleineren Aufgaben wie einer Leseübung in der Fremdsprache, über anspruchsvollere Themen (z. B. die Einführung eines neuen grammatischen Phänomens) bis hin zur Leitung eines offenen ➪ Unterrichtsgesprächs.

Folgende Schritte sind bei der Anwendung von LdL im Unterricht zu beachten:

- Schaffung von Transparenz: Die Lehrperson erläutert der Lerngruppe das Verfahren LdL, gibt Rahmenbedingungen vor, stellt die Zielsetzung des Verfahrens dar und gibt Hinweise für eine (mögliche) ➪ Bewertung.
- Intensive Vorbereitung mit dem Schüler, der LdL durchführen möchte (hier sollte der Lehrer bzw. die Lehrerin zunächst nur auf freiwillige Meldungen zurückgreifen); insbesondere Sicherstellung eines klaren Verständnisses sowie der Beherrschung einer angemessenen ➪ Fachmethode.
- Durchführung des LdL durch den Schüler bzw. die Schülerin in der Lerngruppe nach gründlicher häuslicher Vorbereitung (die Lehrperson ist anwesend, greift nicht ein, macht sich aber Notizen).
- Reflexion des Verfahrens sowie der Ergebnisse mit der Lerngruppe (in der Regel wird LdL nicht bewertet; sollte dies jedoch vorgesehen sein, muss die Lehrperson ihre ➪ Bewertungskriterien zuvor bekannt gemacht haben).

Die dem Verfahren LdL zu Grunde liegenden Prinzipien wie ➪ Schülerorientierung, ➪ Selbstorganisation (2), ➪ selbstverantwortetes Lernen, die Schaffung von ➪ Problembewusstsein, von ➪ Handlungs- und ➪ Methodenkompetenz haben eine lange Tradition, die bis auf die Arbeitsschulbewegung (Georg Kerschensteiner um 1910/1920) zurückgeht und z. B. im ➪ Projektunterricht integriert ist. Grundlegend für das Verfahren ist die pädagogische Maxime, im Verlaufe der Ausbildung – insbesondere dann in der gymnasialen Oberstufe – die Lehrerdominanz verantwortungsbewusst abzubauen und gleichzeitig die Schülerautonomie auszubilden und zu stärken.

Weitere Einzelheiten bei R. Graef / R. D. Preller (1994), J.-P. Martin (1998), J.-P. Martin / R. Kelchner (1998).

Internetadresse: www.ldl.de

Lernformen 1) Auch: Grundformen des Lernens; ➪ Lernen (2).

2) Gelegentlich synonym zu Wahrnehmungs- bzw. ➪ Lerntypen gebraucht; z. B. visuelle, auditive oder kinästhetische Formen der Informationsaufnahme bzw. L.

Lerngegenstand ➪ Unterrichtsgegenstand.

Lerngruppenanalyse Teil der ➪ Ausgangsbedingungen bzw. ➪ Eingangsvoraussetzungen (a) von Unterricht. Wesentlicher Teil der L. sind die Ermittlung der ➪ anthropogenen sowie der ➪ soziokulturellen Voraussetzungen sowie eine Erhebung über den ➪ sachstrukturellen Entwicklungsstand der Lerngruppe, wobei zwischen eigentlichem und tatsächlichem Kenntnisstand unterschieden werden sollte. Nicht immer erinnern sich Schüler und Schülerinnen an bereits übermittelte Lerninhalte, wenn sie lediglich ein Stichwort erhalten; viel effektiver ist die Ermittlung von Vorwissen in Kontexten: durch Beispiele, Bilder, Gespräch, Lehrfilm, Modell, Spiel u. ä.

Lernhilfen Alle Mittel, die eine Lernleistung der Schüler und Schülerinnen ermöglichen, fördern und festigen, insbesondere die Vermittlung von ➪ Arbeits- und ➪ Lerntechniken. Im weiteren Sinne können als L. angesehen werden:

- Arbeitsmaterialien wie Schulbücher, Übungshefte, Grammatiken, Tabellen, Übersichten, Karteikarten, ➪ Arbeitsblätter,
- Medien wie ➪ Tafelanschrieb oder Folienaufschrift, Film- und Rundfunkbeiträge, Bilder, Dias, Computer-Software, ➪ Multimedia
- Aktionsformen des Lehrers bzw. der Lehrerin wie ➪ Lehrervortrag oder ➪ Lehrerfrage,
- Einsatz bestimmter Methoden und Unterrichtsformen wie Maßnahmen zur ➪ Differenzierung, zur ➪ Schülerorientierung oder zu ➪ entdeckendem Lernen.

Lernklima Der Ausdruck bezieht sich im Wesentlichen auf die Beschaffenheit des ➪ Beziehungsaspekts (1) in der Lehr-Lern-Interaktion; allerdings können auch räumliche und zeitliche Faktoren bei der positiven Gestaltung des L. eine Rolle spielen. Einige Faktoren, die ein angenehmes sozial-emotionales Klima schaffen können, sind: Sach- und Methodenkompetenz der Lehrperson (die jedoch nicht unnötig zur Schau gestellt werden), sowie ➪ Kongruenz, ➪ Empathiefähigkeit und Freude am Unterrichten (die durchaus sichtbar werden sollte); Durchsetzungsfähigkeit bei gleichzeitiger Fähigkeit zur ➪ Konfliktvermeidung; Absprachen über Verhaltensregeln und Umgangsformen; deutliche Lehrersprache und klare Anweisungen; bewusst eingesetzte positive ➪ Körpersprache; Eingehen auf individuelle ➪ Lernprobleme (1); ➪ Transparenz bei der Planung und Durchführung des Unterricht sowie bei den ➪ Bewertungskriterien für Schülerleistungen.

Lernkontrolle Auch: Erfolgskontrolle; unter L. werden Aktivitäten wie ➪ Beurteilen, ➪ Bewerten und ➪ Benotung zusammengefasst. Die L. kann implizit erfolgen, etwa bei der ➪ immanenten Kontrolle, oder explizit bei mündlichen Prüfungen, ➪ Tests, ➪ Klassenarbeiten u. dgl. Diese sind in der Regel punktuell in der Art von Tatsachenfeststellungs-Prüfungen angelegt.

Eine andere Form der L. stellt die ➪ prozessbegleitende Bewertung von Schülerleistungen dar, etwa bei den Großformen des Unterricht wie ➪ Projektunterricht.

Lernkultur Bezeichnung für neuere pädagogische und allgemein didaktische Intentionen, der Schule eine zeitgemäße – meist im Sinne der ➪ Postmoderne – Bestimmung zu geben und Konzepte für die alternative Gestaltung von Unterricht zu entwerfen, und zwar im Hinblick auf eine zu entwickelnde »neue Schule«.

Die Redeweise von einer neuen L. steht meist im Zusammenhang mit konstruktivistischen Ansätzen in der Pädagogik (J. Oelkers / H.-E. Thenorth, 1987), mit Konzepten der ➪ Humanistischen Pädagogik (V. Buddrus, 1995) und der ➪ Gestaltpädagogik (O.-A. Burow / H. Gudjons, 1994) oder mit der Ausarbeitung einer ➪ Personenorientierten Didaktik (E. Kösel, [2]1995). Für derartige Ansätze sind bestimmten Denkfiguren konstitutiv wie: Modellierung von Lernwelten, ➪ selbstverantwortliches Lernen, ➪ Selbststeuerung und ➪ Eigenverantwortung, individuelle Konstruktion von Wissen (➪ Konstruktivismus), Ausschöpfung kognitiver Ressourcen (➪ Suggestopädie), ➪ sinnvolles Lernen, ➪ Ganzheitlichkeit usw.

Im Zusammenhang mit einer neuen L. wird gelegentlich die Kurzbezeichnung SOL (Selbstorganisiertes Lernen) gebraucht, womit ➪ Kooperation, ➪ Methodenvielfalt, ➪ Schülerorientierung u. dgl. gemeint ist (M. Herold / B. Landherr, 2001).

Weitere Einzelheiten bei B. Krapf ([4]1995), H. Klippert (1999), G. Hager / K. Pohlheimer (2000).

Lernmittel Meist synonym zu ➪ Lehrmittel gebraucht; Sammelbezeichnung für Schulbücher, Übungshefte, fachspezifische Anleitungen, Modelle u. dgl., die der Schüler bzw. die Schülerin zum Lernen brauchen.

Lernmittelkritik ➪ Lehrmittelkritik.

Lernorganisation Im ➪ Lernzielorientierten Unterricht werden drei Phasen bei der ➪ Unterrichtsplanung unterschieden:
- *Lernplanung*: Planung des Lern-Soll-Verhaltens,
- *Lernorganisation*: Planung eines optimalen Versuchs, das Lern-Soll-Verhalten zu erreichen,
- *Lernkontrolle*: Planung eines lernzielorientierten Messinstruments, das feststellen soll, ob das geplante Lern-Soll-Verhalten mit dem tatsächlichen Lern-Ist-Verhalten übereinstimmt.

Die L. umfasst damit den Bereich der Methodenplanung (➪ Aktions- und ➪ Sozialformen, ➪ Handlungsmuster) sowie den Einsatz von ➪ Unterrichtsmedien und ➪ Lernhilfen.

Lernposter Optische Lernhilfe als weitere Kodierungsform (neben der verbalen), die vor allem das visuelle Gedächtnis anspricht. Im Sinne einer ➪ dualen Kodierung sollen dadurch mehrere Lernwege eröffnet werden. Im Gegensatz zum üblichen ➪ Tafelanschrieb kann ein L. längerfristig im Klassenraum hängen bleiben, wodurch explizite Verweise immer wieder möglich werden, aber auch ➪ peripheres Lernen begünstigt wird. Hierin gleicht es der ➪ Wandzeitung.

Ein L. wird in der Regel von Schülern (bei jüngeren Klassen unter Anleitung der Lehrperson) angefertigt; es soll witzig (z. B. durch eine Comic-Figur oder Zeichnungen), farbig, einprägsam und strukturbildend sein. So kann ein L. für grammatischen Stoff, für chemische Elemente, Formeln oder historische wie geografische Zusammenhänge angefertigt werden. Nach der betreffenden Unterrichtseinheit sollte das L. entfernt werden.

Lernproblem 1) Auch: ➪ Schulschwierigkeiten, Schulversagen; recht unterschiedliche Ursachen können zu L. führen, z. B.: a) Entwicklungsprobleme (R. Oerter / L. Montada, [2]1987, Kapitel 19) und ➪ Legasthenie, b) mangelnde ➪ Konzentration und motorische ➪ Unruhe, c) Stress und ➪ Angst in der Schule, d) motivationale (➪ Motivation) oder emotionale (➪ misserfolgsorientiert) Sperren, e) Zweifel am Sinn von Schule generell.

Was die Behebung bzw. Behandlung der meisten dieser Probleme beim ➪ Lernen betrifft, so sind die Lehrer und Lehrerinnen hier weitgehend überfordert; in diesen Fällen sollten Beratungsgespräche mit den betroffenen Eltern geführt und professionelle Hilfe empfohlen werden.

Einiges lässt sich jedoch im Fachunterricht erreichen, wenn es um Abbau von Stress und Angst, um Motivation oder Konzentrationsübungen geht: deutliche ➪ Unterrichtsphasen, ➪ Transparenz in den Zielen und ➪ Beurteilungskriterien, klare Regeln und Vereinbarungen, ➪ Kongruenz und ➪ Empathie der Lehrperson, Wechsel von Anspannung und Entspannung (dazu gehört auch reichlich Sauerstoffzufuhr), ➪ Handlungsorientierung, ➪ Methodenvielfalt und ➪ Methodenwechsel und alles, was zur Verwirklichung einer ➪ Humanistischen Pädagogik beiträgt.

2) Im problemorientierten Unterricht (➪ Problemorientierung) ist ein »Problem« stets ein L., das immer dann auftritt, wenn die Schüler und Schülerinnen mit dem bis dahin erworbenen Wissen und den eingeübten Verfahren nicht mehr weiter kommen oder sich in einem ➪ kognitiven Konflikt befinden. Dies bedeutet, dass ein L. kein allgemein gesellschaftliches und auch kein fachwissenschaftliches Problem darstellen muss; es ist vielmehr eine Schwierigkeit, eine neuartige Situation, eine Verunsicherung bisheriger Verstehens- und Denkweisen, die vom Lernenden nicht oder nicht ohne Weiteres mit den vorhandenen Kenntnissen, Fähigkeiten und Fertigkeiten verarbeitet werden können. Lernen nach diesem Prinzip ist geprägt von einer bewussten Fragehaltung, die sich sowohl auf die inhaltlichen Aspekte des Unterrichtsthemas als auch auf die methodischen Aspekte des Untersuchungsprozesses beziehen kann. Insofern steht das problemorientierte Lernen dem ➪ entdeckenden Lernen sehr nahe.

Aufgabe des Lehrers bzw. der Lehrerin ist es, das L. so zu gestalten, dass es keine Überforderung darstellt; es muss von der Lerngruppe mit den bereitgestellten ➪ Lernhilfen weitgehend selbstständig gelöst werden können (➪ Akkommodation). Ein weiterer Schritt besteht darin, dass die Schüler und Schülerinnen selbst Vorschläge machen, welche Hilfen sie zur Lösung des L. heranziehen können, die Hilfsmittel eigenständig besorgen, auswerten usw. Auf diese Weise erwerben sie im Laufe der Zeit ein ➪ Problembewusstsein, das ihnen ermöglicht, selbstständig Probleme zu entdecken (➪ Problemfindung) und zu fixieren (➪ Problemdefinition).

Einzelheiten im Themenheft »Bei Lernschwächen helfen« der Zs. Pädagogik (2001) Heft 1.

Lernprogression Methodisch kontrolliertes Fortschreiten im ➪ Lernprozess, z. B. im Rahmen einer Unterrichtsreihe oder -stunde; die L. geht stets vom Einfachen zum Komplexen, vom Konkreten zum Abstrakten, vom Entdecken eines Problems über eine klare ➪ Problemdefinition und ➪ Lösungshypothesen zur Problemlösung oder vom subjektiven Vorverständnis zur objektivierbaren ➪ Interpretation.

Im ➪ thematischen Zusammenhang eines Unterrichtsvorhabens etwa lässt sich die L. daran ablesen, dass a) von Sequenz zu Sequenz bzw. von Stunde zu Stunde ein Lernzuwachs feststellbar ist und dass b) begründbar wird, auf welche Weise der Übergang vom Thema der ersten zum Thema der zweiten, zum Thema der dritten Stunde usw. im Hinblick auf das übergeordnete ➪ Reihenziel gerechtfertigt ist. Diese Progression muss auch den Schülern und Schülerinnen transparent werden.

Lernprozess Im Allgemeinen versteht man unter L. die planmäßige, institutionalisierte, zielgerichtete und kontinuierliche Aneignung von Wissen. Je nach der Betrachtungsweise ergeben sich speziellere Aspekte dieses Vorgangs.

1) ➪ Lerntheorie und ➪ Lernpsychologie beschreiben den L. als ➪ Begriffsbildung, als ➪ Informationsverarbeitung (Informationsaufnahme, -speicherung und -abruf) oder – wie bei J. Piagets ➪ Stadienlehre – als Stufenmodell des ➪ Lernens.

2) Auf der Ebene der ➪ Unterrichtsplanung wird der L. gesteuert durch die Wahl der ➪ Lernziele und ➪ Unterrichtsinhalte, durch die ➪ Unterrichtsphasen, den gewählten ➪ Lehr-Lern-Prozess sowie den Einsatz von ➪ Lernmitteln und ➪ Unterrichtsmedien. Optimieren lässt sich der L. durch ein sozial-emotional günstiges ➪ Lernklima, die Beteiligung der Schüler und Schülerinnen an der Planung und Durchführung des Unterricht sowie durch ➪ Handlungs- und ➪ Problemorientierung.

lernprozessbegleitend 1) Der Lehrer bzw. die Lehrerin setzt l. bestimmte ➪ Lernhilfen ein, die den einzelnen Schüler bzw. die einzelne Schülerin individuell fördern oder die der gesamten Lerngruppe helfen, ein ➪ Lernproblem (2) zu lösen.

2) Bei den Großformen des Unterrichts, wie z. B. dem ➪ Projektunterricht oder der über mehrere Stunden gehenden ➪ Gruppenarbeit, kann die ➪ Benotung zu einem Problem werden, vor allem dann, wenn sich bei der Präsentation der Produkte nicht mehr genau auseinander dividieren lässt, welchen Anteil der oder die Einzelne am

Ergebnis der Gruppe hat. Um hier dennoch zu einer verlässlichen Beurteilung zu kommen, bietet sich die l. ➪ Bewertung der Schülerleistung an. Hierzu können eingesetzt werden:

- das auf den Arbeitsprozess bezogene Gespräch mit dem bzw. der Einzelnen (auch ➪ Prüfungsgespräch),
- das ➪ Kurzreferat von Einzelnen zum Zwischenstand der Arbeiten,
- die Benotung einer ➪ Arbeitsmappe (1) des einzelnen Schülers bzw. der einzelnen Schülerin,
- die Einbeziehung von Gruppen-Arbeitsprotokollen, in denen die Anteile der einzelnen Gruppenmitglieder zum Gesamtergebnis festgehalten sind.

In der Summe ergeben diese Leistungsnachweise ein hinreichend begründetes Bild von der individuellen Leistung des einzelnen Schülers oder der einzelnen Schülerin bezogen auf die gemeinsame Arbeit der Gruppe.

Lernpsychologie Auch: Gedächtnispsychologie; Teilgebiet der allgemeinen Psychologie, das sich mit den Phänomenen wie ➪ Begriffsbildung und Wissenserwerb (➪ Lernen) beschäftigt. Einige Richtungen der L. sind:

- Die *Assoziationspsychologie* (H. Ebbinghaus, G. E. Müller), die eine lange Tradition hat und um 1900 aktuell war, nimmt die Verbindung der Elemente des Bewusstseins durch Assoziation als wichtigstes Erklärungsprinzip aller psychischen Prozesse an. Sie ist heute weitgehend von anderen Ansätzen verdrängt worden.
- Die *Gestaltpsychologie* (M. Wertheimer, K. Duncker), die in den 20er- und 30-er Jahren entwickelt wurde, setzt bei dem Phänomen an, dass bei der Wahrnehmung immer auch eine Reihe von Ordnungsprinzipien eine Rolle spielt, deren wichtigstes das »Prägnanzgesetz« oder das »Gesetz der guten Gestalt« ist. „Unser Wahrnehmungsfeld organisiert sich in Richtung Regelmäßigkeit, Einfachheit, Geschlossenheit usw. Dies bedeutet, dass wir die Tendenz haben, 'gute Gestalten' oder 'klare Strukturen' wahrzunehmen." (W. Edelmann, [3]1993) Die Gestaltgesetzte der Wahrnehmung sind auf das ➪ Problemlösen übertragen worden und haben von daher Relevanz für die Pädagogik: Ein Problem weist eine schlechte Gestalt auf, die im Individuum eine Spannung erzeugt, die – ähnlich dem ➪ kognitiven Konflikt – nach Auflösung drängt, etwa durch die Umstrukturierung der Problemsituation (➪ Problemlösungsstrategie).
- Die *Humanistische Psychologie* (A. H. Maslow, C. R. Rogers) kam Ende der 60-er Jahre des vorigen Jh. auf; sie wollte sich sowohl gegen die experimentelle Psychologie als auch gegen die Psychoanalyse abgrenzen und stellte das Streben des Menschen nach ➪ Selbstverwirklichung in den Vordergrund. Ihre zentralen Themen sind: humanistische Wertorientierung, Personenzentrierung sowie die Betonung der Wachstumsprozesse des Individuums. Sie hat entscheidenden Einfluss auf die ➪ Humanistische Pädagogik gehabt, die vor allem die Beachtung und Förderung persönlich bedeutsamer Lehr- und Lernprozesse einfordert.

Idealtypisch lassen sich zwei große Richtungen der L. unterscheiden:

1. die *verhaltenstheoretische Position*, welche die Determination der Lernvorgänge durch äußere Reize, Konditionierung und positive Verstärkung erklärt,
2. die *kognitive Position*, die Lernen schwerpunktmäßig als von der Person selbst initiiert und gesteuert beschreibt.

Als Einführung: R. Seebauer (1990) oder R. Fortmüller (1991), G.R. Lefrancois ([3]1998), P. Bednorz / M. Schuster (2000).

Lernräume Gestaltung der schulischen ➪ Lernsituation in einem pädagogisch durchdachten Gesamtkonzept, z. B. nach bestimmten ➪ Inszenierungsmustern.

Lernschritt Angabe der Funktion eines ➪ Unterrichtsschritts, z. B.:

- *Unterrichtsschritt*: ➪ Einstiegsphase
- *Lernschritt* (= Funktion der Einstiegsphase): a) Anknüpfen an bisher Gelerntes oder b) Schaffung notwendiger Voraussetzungen für die Behandlung eines neuen Themas oder c) Konfrontation mit einem neuen Sachverhalt usw.

Es wird deutlich, dass ein Unterrichtsschritt je nach ➪ Zielorientierung (2) und geplanter ➪ Unterrichtsorganisation ganz unterschiedliche Funktionen als L. haben kann.

Lernsituation Lehren und ➪ Lernen sind zwei Seiten ein und derselben Sache, des Unterrichtsprozesses. Dieser wird zwar von der Lehrperson geplant, er muss aber von den Lernenden angenommen und zielfunktional umgesetzt werden. Hierzu ist es erforderlich, dass der intendierte Lernvorgang in einer adäquaten L. realisiert wird. So ist z. B. die L. im ➪ Frontalunterricht eine andere als im ➪ Projektunterricht, in der ➪ Gruppenarbeit oder im ➪ Werkstattunterricht. Worauf es ankommt ist, dass die L. funktional auf die ➪ Lernziele hin konzipiert wird. So werden Eigenständigkeit und ➪ Kreativität der Schüler und Schülerinnen weniger im ➪ Frontalunterricht, sondern eher durch ➪ Handlungs- und ➪ Produktorientierung gefördert usw.

Lernstrategie Metawissen, das zur Steigerung der Lernleistung (➪ Lernen, ➪ Behalten) beitragen kann; im Allgemeinen werden folgende Arten von Lern- und Gedächtnisstrategien unterschieden:

1. Primärstrategien – hierzu zählen

- *Organisation*: Reduzieren der Information auf das, was dem Einzelnen als wichtig erscheint, sowie Herausarbeiten eines strukturierten Konzepts, ggf. unter Verwendung farbiger Stifte. Anwendung von ➪ Arbeitstechniken wie Unterstreichen wichtiger Textstellen und Termini, ➪ Randglossen, Überschriften, Zusammenfassungen, ➪ Exzerpte usw.
- *Elaboration*: Ankoppelung des Neuen an vorhandene Wissensbeständen und Anreicherung mit Vorwissen, z. B. Parallelen und Ähnlichkeiten suchen, Assoziationen und Vergleiche anstellen, Erlebnisse und Erfahrungen aktivieren, Sprichwörter und Metaphern heranziehen, eigene Beispiele formulieren.

- *Wiederholen*: Primäres Memorieren (Auswendiglernen für einen kurzen Zeitraum) durch sekundäres Lernen dauerhafter machen, z. B. erstes Wiederholen unmittelbar nach Aufnahme des neuen Stoffs, nach einem Tag und nach einer Woche, bis er ins ⇨ Langzeitgedächtnis überführt ist; dabei Nutzung mehrerer Lernwege wie Lesen, lautes Sprechen, Schreiben, einem anderen Vorsagen. Das herausgearbeitete strukturierte Konzept kann dabei nochmals komprimiert werden auf zentrale Stichwörter und Passagen.
- *Abrufen*: Strategien zum Auffinden von Daten (⇨ Erinnern), die schwer zu behalten sind, z. B. durch so genannte Eselsbrücken, durch Merkverse oder die Verbindung des Lernstoffs mit einer kleinen Geschichte.

2. Stützstrategien – dies sind im Wesentlichen Strategien der Selbstmotivation und Konzentration: Hilfreich sind hier u. a. ein günstiges ⇨ Lernklima, positives Denken (auch durch Selbstbeeinflussung), zeitökonomisches Arbeiten, Einlegen von Pausen, Belohnungen beim Erreichen von Teilzielen.
3. Kontrollstrategien – hierunter fallen Strategien der Planung und Überwachung des Lernens sowie Prüfstrategien gegenüber dem eigenen Tun: Im Wesentlichen gehören hierher Strategien zur selbstständigen Organisation des Arbeitsprozesses, zur optimalen Gestaltung des Arbeitsplatzes, Einplanung von Pausen sowie zur Überprüfung und Bewertung des eignen Lernerfolgs. Dabei führen Kontrollprozesse zu Informationen über die Inhalte des eigenen Denkens beim Lernen und Steuerungsprozesse zu Modifikationen des Lernablaufs.

L. können auf unterschiedlichen Wegen erworben werden, zum einen dadurch, dass sie direkt als Unterrichtsthema gesetzt und eingeübt werden, zum anderen dadurch, dass der Lehrer bzw. die Lehrerin selbst L. im Unterricht darbieten (⇨ Modell-Lernen) oder der Unterricht implizit L. erforderlich macht, die dann eingeführt und angewendet werden. Der Erwerb von Lern- und Gedächtnisstrategien ist ein länger währender Prozess, der die Lernenden in Form des ⇨ Spiralcurriculums von der Eingangs- bis zur Oberstufe begleiten sollte. Denn das bloße Theoriewissen über L. hilft den Schülern und Schülerinnen wenig, sie müssen auch emotional zur Anwendung von L. motiviert werden; hierzu tragen u. a. der Abbau von Stress und ⇨ Angst sowie der Aufbau eines angenehmen ⇨ Lernklimas bei.

Näheres bei G. Keller (1998), S. Kroll (1998 und 1999), K. Konrad / A. Wagner (1999).

Lerntechnik 1) Im weiteren Sinne umfasst der Ausdruck L. auch die ⇨ Lernstrategie; oft werden beide Termini synonym verwendet.

2) Im engeren Sinne versteht man unter L. die ⇨ Arbeitstechniken, die für ein bestimmtes Unterrichtsfach typisch sind; von daher gehören sie zwar nicht zu dem zu vermittelnden Wissensstoff, sie fördern jedoch das individuelle ⇨ Lernen und das selbstständige Arbeiten und führen in der Summe zu größerer Eigenverantwortung für das eigene Lernen. Nach Klippert (1994) lassen sich L. wie folgt im Unterricht thematisieren:

- *Nachdenken über das Lernen*: Ermittlung des individuellen Lerntyps durch Befragung, Test oder Lernspiel, Feststellung der vorhandenen methodischen Kompetenzen, Einsichten in den Lernvorgang (auf dem Niveau der entsprechenden Lerngruppe), Einsicht in die Vorteile von L.
- *Methoden der Informationsbeschaffung und -erfassung*: Übungen im Rahmen fachspezifischer Unterrichtsvorhaben, z. B.: ➪ Lesetechniken, Markieren, Zusammenfassen, Strukturieren, ➪ Exzerpieren, Arbeiten mit Nachschlagewerken, Benutzen einer Bibliothek und elektronischer Kataloge, Recherche im ➪ Internet.
- *Methoden der Informationsverarbeitung und -aufbereitung*: Arbeitsmittel und ➪ Lernhilfen kennen lernen, Gestaltung des Arbeits- und Haushefts üben, Arten der Visualisierung erproben (Diagramme, Tabellen, Skizzen), Methoden des schriftlichen Arbeitens (für sich selbst), ➪ Paraphrasieren, Kommentieren, Gliedern, Einführung in das wissenschaftliche Arbeiten (➪ Bibliografieren, Inhaltsverzeichnis, Anmerkungen, ➪ Literaturverzeichnis), Auswerten von Materialien (Quellen, Statistiken, Sachtexte, Karten) und von experimentell ermittelten Daten, Bewerten und Zusammenstellen von Informationen nach bestimmten Kriterien.
- *Methoden der Arbeits-, Zeit- und Lernplanung*: Zeitplanung (z. B. bei umfangreicher Lektüre, bei ➪ Klassenarbeiten oder ➪ Klausuren), Arbeitsplanung (Benutzen von Kalender, festgesetzten Arbeitszeiten und Pausen), planvolle Prüfungsvorbereitung, Kennenlernen von ➪ Problemlösungsstrategien.

Ein Beispiele soll den Einsatz von L. verdeutlichen: *Ränder sind wichtig!*

a) Führen eines Arbeitshefts:
   - Oberer Rand: Überschrift (z. B. das Thema der Stunde)
   - Außenrand: Zentrale Begriffe (zur schnellen Orientierung) und Querverweise
   - Unterer Rand: Erklärung schwieriger Ausdrücke, Definitionen, Strukturskizzen (Veranschaulichung von Abhängigkeiten)

b) Arbeit mit einer Lektüre:
   - Oberer Rand: Thematischer Zusammenhang der Seite (bzw. mehrerer Seiten)
   - Innenrand: Querverweise
   - Außenrand: ➪ Randglossen und Lesezeichen
   - Unterer Rand: Zusammenfassungen, Strukturskizzen (Veranschaulichung von Abhängigkeiten oder Abläufen)

Weitere Einzelheiten zu L. und Lerntipps: H. F. Friedrich / H. Mandl (1992), W. K. Kugemann (1994), W. Endres (1996), G. Gölz / P. Simon (1996), Th. Perrez (1998).

Lerntheorie Eine L. macht Aussagen über die theoretisch angenommen Prozesse des ➪ Lernens; hierbei greift sie zurück auf Annahmen und Methoden einer bestimmten Richtung der ➪ Lernpsychologie. Die moderne psychologische Lernforschung arbeitet seit etwa 100 Jahren; in dieser Zeit haben sich drei größere Richtungen entwickelt (nach W. Edelmann, [3]1993):

- *Verhaltenstheorien* (ab 1910) beschreiben Lernen als Herstellen von ➪ Reiz-Reaktions-Verbindungen; unter bestimmten Umweltbedingen werden Reaktionen ausgelöst oder durch vorweg genommene positive (Belohnung, Stolz) bzw. negative Konsequenzen (Bestrafung, Enttäuschung) gesteuert.

- *Kognitive L.* (ab 1960) konzentrieren sich auf die innere Repräsentation der Umwelt und auf das Mitwirken des Organismus beim Lernen. Sie beschreiben Lernen im Wesentlichen als ➪ Informationsverarbeitung, d.h. als einen Prozess, bei dem das Individuum aktiv beteiligt ist und dessen Ergebnis eine kognitive Struktur (nicht nur eine einfache Verbindung zwischen Reiz und Reaktion) darstellt. Zentrale Aspekte sind z.B. die Theorie des ➪ entdeckenden Lernens oder die Theorie des ➪ sinnvollen Lernens.
- *Handlungstheorien* sind zwar auch kognitive L., befassen sich aber in besonderer Weise mit dem Zusammenhang von Kognition und Handeln und mit der internen Handlungssteuerung. Der Mensch wird als Subjekt gesehen, das sich selbst Ziele setzen kann und Mittel plant und findet, die zur Erreichung dieser Ziele beitragen, etwa als ➪ Handlungsplan oder ➪ Lösungsstrategie.

Weitere Einzelheiten bei F. Baumgart (1998).

Lerntheoretische Didaktik Auch: Lehrtheoretische Didaktik, ➪ Berliner Didaktik.

Lerntypen H. Gardner (1993) geht davon aus, dass „Schüler verschiedene Typen von Intelligenzen besitzen und deshalb auf unterschiedliche Art lernen“. Er unterschiedet sieben ➪ Intelligenzen, mit denen jeder Mensch die Welt erfahren kann:

1. Einsatz von Sprache,
2. logisch-mathematisches Denken,
3. räumliche Vorstellung,
4. musikalisches Denken,
5. Einsatz des Körpers bei der Lösung von Problemen oder der Herstellung von Gegenständen,
6. Verstehen anderer Menschen und
7. Verständnis für uns selbst.

Die Unterschiede der Menschen beim Gebrauch »ihrer« Intelligenz bestehen vorwiegend darin, dass die einzelnen Arten von Intelligenz bei ihnen unterschiedlich ausgeprägt und kombiniert sind, um unterschiedliche Aufgaben auszuführen, Probleme zu lösen und zu lernen.

Hieraus ergibt sich für die Pädagogik die Konsequenz, dass sich unterschiedliche L. ergeben, je nachdem, welche Art von Intelligenz beim ➪ Lernen bzw. beim Lösen bestimmter Aufgaben bevorzugt wird. „Schüler lernen auf deutlich unterschiedliche Arten. Den meisten Schülern – und vielleicht auch der gesamten Gesellschaft – wäre besser gedient, wenn Fächer auf unterschiedliche Arten dargeboten würden und Lernen durch mehrere Methoden erreicht werden könnte.“ Erreicht werden kann diese Forderung durch ➪ Methodenvielfalt in den Fächern sowie durch unterschiedliche ➪ Kodierung des Lernstoffs, wodurch eine ➪ multiple Repräsentation im Gedächtnis der Lernenden erreicht werden kann.

Wenn auch in den einzelnen Fächern nicht immer alle Arten von Intelligenz bedient werden können, so sollte eine einseitig sprachliche Vermittlung jedoch vermieden werden; es bieten sich in jedem Fachunterricht auch auditive, visuelle und handlungsorientierte Verfahren an, die sicherstellen, dass möglichst viele L. erreicht und der Lernerfolg optimiert werden kann.

Lernumfeld ➪ Lernsituation.

Lernvoraussetzungen ➪ Eingangsvoraussetzungen.

Lernwerkstatt Die L. ist eines der ➪ Inszenierungsmuster von Unterricht; wird der Unterrichtsinhalt in einer L. erarbeitet, dann herrschen Lernformen wie ➪ Handlungs- und ➪ Produktorientierung, ➪ Experiment, Organisieren und Vergleichen vor. Als Einstieg in die Werkstattarbeit eigenen sich ➪ Themenbörse, ➪ Programmvorschau oder der ➪ informierende Unterrichtseinstieg, bei dem die Lerngruppe Ziele und Methoden des Unterrichtsvorhabens erfährt, Material vorgelegt bekommt oder selbst besorgt, dieses sichtet, im Hinblick auf das Thema auswählt, zusammenstellt, auswertet, beurteilt usw. Eine geeignete Unterrichtsform hierfür ist der ➪ Projektunterricht.

Im Grundschulbereich: B. Groß-Ernst / M. Strelau (2001), AOL (2002).

Lernziel Meist synonym zu ➪ Lehrziel gebraucht, wenn keine explizite Unterscheidung zwischen den Zielen der Lehrperson sowie den ➪ Handlungszielen der Schüler und Schülerinnen beabsichtigt ist. Ein L. ist die versprachlichte Form von fachlichen wie pädagogischen Intentionen, die eine Lehrperson mit ihrem Unterricht zu realisieren versucht. Es enthält in der Regel drei Angaben: 1) den Unterrichtsgegenstand, 2) eine bestimmte Intention sowie 3) den Verhaltensaspekt der Lerngruppe; z. B.:

Die Schüler und Schülerinnen sollen (3) *induktiv* (2) *die Funktion des Passato Prossimo im Italienischen* (1) *erkennen* (3).

Die Schüler und Schülerinnen erarbeiten in Gruppen (3) *erste Ansätze* (2) *der Abstandsberechnung paralleler Ebenen* (1) *unter Zuhilfenahme von Anschauungsmaterial und einer Anleitung* (2).

Durch eine möglichst transparente und präzise Festlegung der im Unterricht anzustrebenden L. soll eine Verbesserung der zweckrationalen Steuerung von Unterrichtsabläufen erreicht werden (➪ Lernzielorientierter Unterricht), wobei die geeignete und kontrollierte Zuordnung von ➪ Unterrichtsinhalten, ➪ Methoden und ➪ Unterrichtsmedien eine wesentliche Rolle bei der konkreten Umsetzung spielt.

Über das, was L. bewirken sollen, gibt es unterschiedliche Auffassungen; danach sind L. gerichtet

a) auf die durch den Unterricht »zu bewirkende *beobachtbare Verhaltensänderung* der Schüler und Schülerinnen«, was den Vorteil hat, dass solche L. direkt kontrollierbar wären; ein Nachteil besteht allerdings darin, dass die Schüler und Schülerinnen das Gelernte nicht in jedem Fall zeigen, so dass es zu ungerechten ➪ Beurteilungen kommen kann,

b) auf die durch den Unterricht »zu bewirkende *gewünschte Verhaltensdisposition* der Schüler und Schülerinnen«, was den Vorteil hat, dass auch nicht direkt beobachtbare Lernerfolge (insbesondere im Bereich der ⇨ affektiven L.) erfasst wären; ein Nachteil besteht bei dieser Festlegung darin, dass Dispositionen dann nicht kontrollierbar sind, wenn sie – aus welchem Grund auch immer – nicht gezeigt werden und damit nicht beobachtbar sind.

Je nachdem, ob sich L. auf den allgemeinen Auftrag der Schule beziehen (⇨ Bildungsziel), auf eine Unterrichtsreihe (⇨ Leitziel), eine Stunde (⇨ Hauptziel) oder auf Teilschritte einer Stunde (⇨ Teilziel), sind sie mehr oder weniger abstrakt formuliert. Darüber hinaus können sie unterschiedliche ⇨ Anforderungsbereiche abdecken. Durch didaktische ⇨ Akzentuierung lässt sich bei der Formulierung des Hauptziels ein Schwerpunkt für die konkrete Unterrichtsstunde angeben; und da nicht alle Aspekte eines Gegenstands im Hinblick auf die konkrete Lerngruppe behandelt werden können (und sollen), wird eine didaktische Reduktion (⇨ Didaktisierung) bei der Aufstellung der Teilziele erforderlich.

L. werden gesetzt oder angestrebt; insofern bezeichnen sie einen Soll-Zustand des Unterrichts. Der Ist-Zustand wird durch eine Reihe anderer Faktoren mit beeinflusst, z. B. durch die ⇨ Eingangsvoraussetzung, das ⇨ Leistungsvermögen und die ⇨ Leistungsbereitschaft der Lerngruppe, das fachliche und methodische Können und Wollen der Lehrperson.

Durch ⇨ Hierarchisierung, ⇨ Dimensionierung und ⇨ Operationalisierung können L. kategorial und funktional genauer geplant und umgesetzt werden.

Lernzieldimension ⇨ Dimensionierung.

Lernzielhierarchie Auch: Lernzieltaxonomie; L. sind vor allem im Zusammenhang mit dem ⇨ Lernzielorientierten Unterricht erstellt worden. Die ⇨ Hierarchisierung von ⇨ Lernzielen bedeutet, dass diese nach ihrem Schwierigkeitsgrad geordnet werden. Eine der geläufigsten L. stammt von B. S. Bloom und Mitarbeitern ([4]1974); sie besteht aus sechs Stufen, die nach dem Grad ihrer Komplexität (von 1 bis 6) aufeinander folgen. Es handelt sich um ein formales Instrument, das es gestattet, beliebige Lernziele auf einer Skala von Schwierigkeits- und Komplexitätsgraden einzuordnen. Zum besseren Verständnis werden sie hier mit bestimmten Verben gekennzeichnet, die jeweils den Verhaltensaspekt der Schüler und Schülerinnen in der Lernzielformulierung markieren sollen:

- Stufe 1: *Kenntnisse*
  kennen lernen, wahrnehmen, beobachten, kennen, verfügen über, erkennen
- Stufe 2: *Verständnis*
  einsehen, induktiv erarbeiten, prüfen, verifizieren
- Stufe 3: *Anwendung*
  können, üben, einordnen, übertragen auf, durchführen
- Stufe 4: *Analyse*
  etwas belegen, selbstständig herausarbeiten, formale / inhaltliche / methodische Elemente in ihrer Funktion bestimmen

- Stufe 5: *Synthese*
  etwas einordnen, zusammenfassen, rekonstruieren, in den systematischen Zusammenhang / Kontext stellen
- Stufe 6: *Beurteilung*
  auswerten, deuten, Stellung nehmen, Folgerungen ziehen

Die einzelnen Stufen sind bei Bloom in eine Reihe von Unterstufen gegliedert, z. B. »Kenntnisse« in: (a) Kenntnis konkreter Einzelheiten, (b) Kenntnis von Wegen und Mitteln für den Umgang mit konkreten Einzelheiten, (c) Kenntnis der Universalien und Abstraktionen eines Gebietes usw. Dieser Lernzieltaxonomie liegt die These zu Grunde, dass komplexere Ziele erst angestrebt werden können, wenn die Ziele aller vorhergehenden Stufen erreicht worden sind. Eine solche enge Auslegung der L. wird seit einiger Zeit bereits als problematisch angesehen, da sie einen Ableitungsmechanismus suggeriert, der so nicht gegeben ist. Insofern bietet die L. keine Hilfe bei der konkreten ⇨ Unterrichtsplanung; sie stellt jedoch ein Instrument bereit, dass zur Reflexion von Unterricht, zur ⇨ Lehrmittelkritik oder zur kritischen Prüfung von ⇨ Richtlinien eingesetzt werden kann.

Lernzielorientierter Unterricht Ausgehend von einem empirisch-analytischen Wissenschaftsverständnis versucht der L. U. der 60er- und 70er-Jahre Unterrichtsabläufe „über eine empirisch kontrollierte Zweck-Mittel-Programmierung“ durchschaubar und planbar zu machen (W. Jank / H. Meyer, ^{5}1996). Damit ist ein Konzept bezeichnet, das ⇨ Lernen im Unterricht als einen lückenlos und präzise zu planenden und ablaufenden kybernetischen Regelkreis ansieht (R. F. Mager, Ch. Möller, W. H. Peterßen):

1. *Lernplanung* (Soll-Zustand),
2. *Lernorganisation* mit den verschiedenen aufeinander folgenden Lernschritten,
3. *Lernkontrolle* (Ist-Zustand).

Ansatzpunkt für einen L. U. ist die gründliche Reflexion und Formulierung der für den Unterricht relevanten ⇨ Lernziele sowie deren ⇨ Operationalisierung, ⇨ Dimensionierung und ⇨ Hierarchisierung (⇨ Lernzielhierarchie). Ihnen werden – möglichst in einem empirisch kontrollierten Verfahren - bestimmte ⇨ Unterrichtsinhalte, ⇨ Unterrichtsmethoden und ⇨ Unterrichtsmedien zugeordnet, die zur Erreichung der festgesetzten Lernziele geeignet erscheinen und die die Unterrichtsabläufe zweckmäßig und rational zu steuern gestatten. Am sinnfälligsten realisiert diese Unterrichtsform ein ⇨ programmierter Unterricht, der am ehesten objektivierbare Lernkontrollen gestattet.

Bereits zur Zeit seiner Entstehung ist der L. U. kritisiert worden; denn seine theoretischen Grundlagen wie auch die anzuwendenden Methoden folgen einem »technischen Erkenntnisinteresse«. Auch hat sich der Wunsch nach einer lückenlosen Ableitung der unteren aus den oberen Lernzielen als illusorisch erwiesen. Letztlich ist es weder möglich noch wünschenswert, dass alle Unterrichtsabläufe von den Intentionen über die Lehr-Lern-Prozessstruktur bis hin zu den Ergebnissen kontrolliert und vollständig vorgeplant werden.

Weitere Einzelheiten bei H. Blankertz (1982).

Lernzielstufe Ebene der Lernzielbeschreibung, die in einer ➪ Lernzielhierarchie einen bestimmten Grad an Komplexität aufweist.

Lernzieltaxonomie ➪ Lernzielhierarchie.

Lernzielüberprüfung Auch: Lernzielkontrolle, Überprüfbarkeit, Erweisbarkeit (W. Klafki); der Lehrer bzw. die Lehrerin stellt sich bei der ➪ Unterrichtsplanung bereits die Frage, an welchen erworbenen Fähigkeiten und Fertigkeiten, welchen Kenntnissen und Kompetenzen, welchen (sichtbaren) Leistungen der Schüler und Schülerinnen sich zeigen soll, ob und in welchem Maße die intendierten ➪ Lernziele erreicht bzw. die angestrebten Lernprozesse als erfolgreich abgeschlossen gelten können. In gewisser Weise handelt es sich bei der geplanten L. um die Frage nach der geeigneten ➪ Operationalisierung von Lernzielen.

Phasen und Maßnahmen im Unterricht, die eine L. ermöglichen, sind: die Einforderung der ➪ Hausaufgabe, die implizite Lernkontrolle im ➪ Unterrichtsgespräch, der ➪ Test, die ➪ Klassenarbeit oder ➪ Klausur sowie alle Formen einer ➪ prozessbegleitenden Bewertung.

Weitere Einzelheiten bei W. Boettcher u.a. (1999), B. Breuer u.a. (2000), H.-U. Grunder / Th. Bohl (2001).

Lese- und Rechtschreibschwäche Abk.: LRS; ➪ Legasthenie.

Lesetechniken Fähigkeiten und Fertigkeiten, mit deren Hilfe das Erfassen von strukturellen und inhaltlichen Einzelheiten sowie das Verständnis für den Gesamtzusammenhang beim Erfassen von Textinhalten verbessert werden kann. Die einzelnen Teilaktivitäten sollten recht früh eingeführt, im Sinne eines ➪ Spiralcurriculums fortgeführt und immer wieder geübt werden; zu Beginn der Oberstufe ist eine zusammenfassende Wiederholung erforderlich, z. B. im Zusammenhang mit der Anfertigung eines ➪ Referats. Im Einzelnen handelt es sich um folgende Techniken:

- Gewinnung eines Überblicks über einen Text (z.B. hinsichtlich seiner generellen Brauchbarkeit für ein bestimmtes Thema), ggf. ➪ Bibliografieren und einen ersten Eindruck schriftlich festhalten (z.B. Inhaltsverzeichnis, Klappentext, Resümee lesen),
- Markieren von Textstellen am äußeren Rand unter Verwendung von ➪ Randglossen bzw. eigener Zeichen und Symbole,
- Benutzen der drei anderen Ränder: a) oberer Rand für thematische Zusammenhänge, b) unterer Rand für Zusammenfassungen und Strukturskizzen, c) innerer Rand für Querverweise zu anderen Textstellen, bzw. Texten,
- Anfertigung eines ➪ Exzerpts von wichtigen Stellen mit eigener sinngemäßer Textwiedergabe und ➪ Zitaten, (Seiten- und evtl. Zeilenangaben für wörtliches Zitieren festhalten),
- zentrale Aussagen und Stichworte auflisten, um die Textstruktur übersichtlich abzubilden,

- Unterstreichen wichtiger Textstellen (zentrale Thesen und Argumente, sprachlich auffällige Stellen, Schlagwörter, Leitmotive, Widerspruch provozierende Aussagen u. dgl.),
- Anfertigung eines »Leseprotokolls«, in das jeweils zu einem Zeichen bzw. Symbol (vom äußeren Rand) die jeweiligen Seitenzahlen notiert werden, so dass eine Sammlung relevanter Seiten zu einem Stichwort oder Thema entsteht,
- Festlegung des täglichen Lesepensums im Rahmen eines Arbeitsplans bei einer umfangreichen Lektüre.

Die L. sind Teil der allgemeinen ⇨ Lern- und ⇨ Arbeitstechniken.

Literaturangabe ⇨ Literaturverzeichnis, ⇨ Zitiertechnik.

Literaturverzeichnis Spätestens wenn die Schüler und Schülerinnen gehalten sind, ein ausführliches ⇨ Schülerreferat oder eine ⇨ Facharbeit zu schreiben, müssen sie in die Anlage eines L. eingeführt werden. Alle zitierten Titel sind alphabetisch nach Autorennamen und je Autor nach dem Erscheinungsjahr geordnet in einem gesonderten Anhang unter der Überschrift »Literatur« aufzuführen. Die Liste muss vollständig sein und alle im Text zitierten Titel enthalten; sie sollte jedoch keine Titel aufführen, die gar nicht benutzt worden sind. Der Verlagsname kann (abgekürzt) genannt werden. Folgende Angaben sind erforderlich:

1. Name des Autor oder der Autorin, 2. Vorname (evtl. Abkürzung), 3. Titel, 4. Erscheinungsort, 5. Verlag, 6. Erscheinungsjahr (bei gleichem Erscheinungsjahr sortiert nach a, b, c usw.), 7. Fundstelle und Seitenzahl (nur bei Aufsätzen und Sammelschriften); ggf. Auflage (als hochgestellte Ziffer vor dem Erscheinungsjahr) und Bandzahl (bei Reihen). Ein Beispiel für ein L. findet sich am Ende dieses Lexikons.

Als Variante gibt es die Reihenfolge: 1. Autorname, 2. Vorname, 3. Jahreszahl usw. Also:

- Variante A (eher in den Geisteswissenschaften)
  Edelmann, Walter: Lernpsychologie, 3. Auflage, Weinheim: Psychologie-Verlg.-Union, 1993
- Variante B (amerikanische Zitierweise, eher in den Natur- und Sozialwissenschaften)
  Edelmann, W., ^{3}1993: Lernpsychologie. Weinheim: Psychologie-Verlg.-Union

Weitere Einzelheiten bei: E. Standop / M. Meyer, (^{15}1998), J. Niederhauser (2000).

Löschung Form des ⇨ instrumentellen Lernens: aus einem Verhalten erwachsen weder angenehme, noch unangenehme Konsequenzen. Beispielsweise liegt dann L. vor, wenn einem kindlichen Fehlverhalten keine Reaktion der Eltern (oder des Lehrers) folgt in der Erwartung, dass dieses Fehlverhalten uninteressant und damit »gelöscht« wird. Allerdings sind die Übergänge zur ⇨ Bestrafung fließend; denn auch der Entzug positiver Reaktionen (wie z. B. elterliche Zuwendung, die ja auch bei tadelnden Worten indirekt gegeben ist) kann als Bestrafung aufgefasst werden. Das entscheidende Kriterium besteht bei der L. darin, dass keinerlei Hinweise (wie etwa das Abwenden vom Kind) den Entzug positiver Konsequenzen signalisieren.

Lösungshypothese Vermutungen der Schüler und Schülerinnen hinsichtlich möglicher Lösungen zu einem ➪ Lernproblem (2) oder einer Aufgabe. Das Verfahren, vor der eigentlichen Erarbeitung (z.B. einem Experiment) L. aufzustellen, stammt aus dem naturwissenschaftlichen Unterricht; es kann aber auch im sprachlich-literarischen Unterricht in manchen Fällen von Nutzen sein, insbesondere wenn die Lernenden auf einen ➪ kognitiven Konflikt stoßen. Die idealtypische ➪ Artikulation eines solchen Unterrichts nach H. Roth ([7]1963) sieht so aus:

1. ➪ *Motivation* oder: Anknüpfen an bisher Erarbeitetes, Eingabe neuen Materials und spontane Äußerungen und Fragen zum Material,
2. *Schwierigkeiten*: Erarbeitung des Unterrichtsthemas bzw. einer leitenden Fragestellung oder Artikulation des Lernproblems,
3. *Lösungsversuche*: Aufstellen von L.,
4. *Tun und Ausführen*: Bearbeitung von konkreten Aufgaben, Verifizierung oder Modifikation der L. usw.,
5. *Behalten und Einüben*: Sichern und Festigen des Gelernten,
6. *Bereitstellen*: Übertragen, Integration des Gelernten.

Die Schüler und Schülerinnen sollten erfahren, dass eine L. ein »Suchinstrument« ist; sie muss in einem methodisch kontrollierten Verfahren überprüft und ggf. modifiziert oder verworfen werden. Im Sinne eines ➪ induktiven Vorgehens (➪ entdeckendes Lernen) sollte es möglich sein, dass (gelegentlich) auch einer falschen L. gefolgt wird, was ebenfalls zu Einsichten, zu Neuansätzen und erhöhter Aufmerksamkeit führen kann. Allerdings ist ein solches Vorgehen recht zeitaufwändig, da erneut nach einer besseren L. gesucht und der Vorgang erneut durchlaufen werden muss. Insofern wird die Lehrperson bei der Auswahl der L. in der Regel »lenkend« eingreifen bzw. durch »Vorüberlegungen« bestimmte irrige L. im gemeinsamen ➪ Unterrichtsgespräch auszuschließen trachten. Solche »Vorüberlegungen« können genutzt werden, um vorhandenes Wissen der Schüler und Schülerinnen zu aktivieren und in den Lernprozess einzubinden.

LRS Abk. für »Lese- und Rechtschreibschwäche«; ➪ Legasthenie.

LRSD Abk. für »Leitender Regierungsschuldirektor«; ➪ Schulaufsicht.

LZA Abk. für »Lehrer zur Anstellung«.

* * *

Macht 1) Als soziologischer Terminus steht M. im Spannungsverhältnis zwischen *Herrschaft* und *Gewalt*. Während »legale« M. etwa mit legitimierter Herrschaft korrespondiert, nähert sich »illegale« M. eher der Bedeutung von Gewalt und ➪ Aggression. Weitere Differenzierungen betreffen körperlich verletzende Gewaltsamkeit und nicht verletzenden Zwang, physische und psychische Gewaltanwendung oder Gewalt gegen Sachen und Gewalt gegen Personen.

2) In psychologischen Zusammenhängen wird davon gesprochen, dass unser Leben ein steter Kampf um mehr M., um M. über den bzw. die anderen sei. Dies hat seine Bedeutung für alle Interaktionsformen im Bereich von Schule und Ausbildung; denn jedem Lehrer und jeder Lehrerin sollte ihre potentielle (und tatsächliche) M. über vieles, was die Schullaufbahn und das schulische Leben der Schüler und Schülerinnen betrifft, bewusst sein. Diesem Aspekt der ➪ Lehrerrolle korrespondiert in entsprechender Weise die Ohnmacht des Schülers und der Schülerin. Die ➪ Humanistische Pädagogik versucht, diesen Zustand durch eine stärkere Beachtung des ➪ Beziehungsaspekts in Lehr-Lern-Situationen abzumildern; so lautet etwa das »pädagogische Credo« der ➪ Gordon-Methode: „Wenn Konflikte unsere Beziehungen trüben, so wollen wir uns verpflichten, derartige Konflikte zu bewältigen, ohne zu Macht Zuflucht zu nehmen, um auf Kosten des anderen zu siegen.“ (T. Gordon, [15]2001) Das Bemühen um eine ➪ symmetrische Kommunikation sowie um eine niederlagenlose ➪ Konfliktbewältigung (➪ Methode III) kommt einem bewussten Machtverzicht auf der personalen Ebene nahe; allerdings bleibt die institutionelle M. im Hinblick auf die ➪ Beurteilung und die Vergabe von ➪ Zensuren davon weitgehend unberührt.

Makroprozess Grobplanung von Unterrichtsvorhaben, bei denen es um didaktische ➪ Reduktion bzw. Transformation geht; Ausgangspunkte des M. sind die Schüler, das übergeordnete Ziel sowie die Bezugswissenschaft. Die Ergebnisse des M. sind Entscheidungen über den Unterrichtsgegenstand und die Form der Unterrichtsorganisation sowie Festlegungen zu den Themen und Medien. All dies ist Grundlage für den ⇔ Mikroprozess der ➪ Unterrichtsplanung.

Materialbasis Ein Grundsatz der Aufgabenstellung im Unterricht sollte sein, dass von den Schülern und Schülerinnen nur das verlangt wird, was zuvor im Unterricht vermittelt worden ist bzw. worüber sie sich hinreichend (bezogen auf den ➪ Erwartungshorizont der Lehrperson) informiert haben oder informieren können. Deshalb ist es notwendig, bei Aufgaben, die einen ➪ Transfer erfordern, die notwendige M. bereitzustellen. Ähnliches gilt für ➪ Argumentation, ➪ Diskussion und ➪ Erörterung. Hier empfiehlt sich der Dreischritt:

1. Materialeingabe und -auswertung im Hinblick auf die zu bewältigende Aufgabe,
2. schriftliche oder mündliche Lösung der Aufgabe,
3. Rückblick (z.B. ➪ Methodenreflexion) und Bewertung der Lösung sowie der verwendeten M.

materiale Bildungstheorie Ausgangspunkt der m.B. ist die Überzeugung, dass fachliche Inhalte (Faktenwissen) das Wesentliche in einem Bildungsgang sind. Die ➪ Didaktik kennt die Unterscheidung von m.B. und ⇔ formaler Bildungstheorie bereits seit dem 18. Jh. Sie wurde z.B. im Zusammenhang mit der Bewertung des Lateinunterrichts relevant, dem man durchaus eine bildende Funktion zusprach: Wenn auch die Schüler späterhin nicht Latein sprechen und schreiben würden (materialer Aspekt), so könne es dennoch das logische und geordnete Denken schulen (formaler Aspekt) usw.

W. Klafki hat den Zwiespalt zwischen beiden Ansätzen durch sein Konzept der ➪ kategorialen Bildung zu überbrücken gesucht.

mechanisches Lernen Nach D. P. Ausubel (1974) gibt es zwei Formen des m. L.:

a) *mechanisch-rezeptives Lernen*: Die Schüler und Schülerinnen lernen Namen oder Daten auswendig, sie prägen sich ein Fremdwort und seine Bedeutung ein usw.

b) *mechanisch-entdeckendes Lernen*: Ein Kind entdeckt zufällig, dass beim Streichen über den Rand eines Wasserglases ein Ton entsteht. Obgleich es sich dieses Phänomen nicht erklären kann, erfreut es sich daran.

Mediation Dt.: Vermittlung; Aufgaben der M. werden in zahlreichen Anlässen der ➪ Beratung wahrgenommen. Manchmal ist es sinnvoll, etwa bei ➪ Konflikten zwischen Lehrperson und Lerngruppe, einen Dritten (einen Beratungs- oder Vertrauenslehrer) einschalten, der das Konfliktgespräch moderiert und mögliche Lösungswege abklärt.

Weitere Einzelheiten bei Ch. Besemer ([8]2001).

Medien ➪ Medium.

Mediendidaktik Teilaspekt der ➪ Medienpädagogik, der sich mit den ➪ Medien (1) als Gegenständen von Unterricht und ➪ Erziehung beschäftigt.

Unter historischer Perspektive lässt sich eine Reihe von mediendidaktischen Positionen unterscheiden:

a) *Der kulturkritisch-literaturdidaktische Ansatz*
Unterweisung im rechten Gebrauch der Medien (meist beschränkt auf Film, Fernsehen, Zeitung und Zeitschrift) sowie im angemessenen Verstehen visueller Informationen durch ein Repertoire von Analysetechniken; dadurch Bewusstmachung der medialen Wirkungsweisen und Erweiterung der »kritischen Kommunikationsfähigkeit«.

b) *Der ideologiekritische Ansatz*
Aufdeckung des »gesellschaftlich notwendigen Scheins« (T. W. Adorno) der Massenmedien und ihrer ideologischen Verzerrungen der transportierten Inhalte; Aufklärung über die gesellschaftliche Funktion der Kulturindustrie und ihrer Medien – allerdings eher mit Erkenntniszielen im sozialwissenschaftlichen Bereich.

c) *Der gesellschaftskritisch-materialistische Ansatz*
Vermittlung von Basiswissen und Institutionenkunde im Bereich der Massenmedien; Analyse der politisch-ökonomischen Produktionsbedingungen des massenmedialen Marktes und seiner Waren; Entwicklung von Strategien der Einflussnahme.

d) *Der zeichentheoretische Ansatz*
Einbeziehung von Eigentätigkeit und Selbsterfahrung der Schüler und Schülerinnen bei der Bewusstmachung von Hör- und Sehgewohnheiten; Einsatz von Film- und Szenenprotokollen, strukturalistische Verfahren der Bildanalyse (R. Barthes); audio-visueller Textbegriff, Text als Superzeichen.

e) *Der kreative Ansatz*
Bewusstmachen und Veränderung von Rezeptionsweisen durch sinnliche Erfah-

rung, durch Eigentätigkeit und ➪ Produktorientierung; Zurücktreten gesellschafts- oder ideologiekritischer Aspekte.

Die M. umfasst heute nahezu alle Fächer, insofern sie sich mit Massenmedien beschäftigen oder Neue Medien (➪ Multimedia, ➪ Internet) in den Unterricht einbeziehen. Ziele der Beschäftigung mit Medien sind u. a.:

- eine grundlegende Bekanntschaft mit der technischen Handhabung und Möglichkeiten der diversen (technischen) Medien,
- ein bewusster Umgang mit Massenmedien und deren Sprache,
- eine reflektierte Nutzung neuer Technologien,
- exemplarisches Arbeiten an Medienprodukten und ➪ Medienerziehung.

Weitere Einzelheiten bei D. Baake (1997), G. Lange u. a. (Band 1, [6]1998), W. Maier (1998), J. Runkehl (1998), P. Huber (2000), W. Hendricks (2000), I. von Martial / V. Ladenthin (2002).

Medienerziehung Teilaufgabe des Umgangs mit ➪ Medien (1) sowie der ➪ Mediendidaktik in unterschiedlichen Fächern. Im Allgemeinen gilt, dass M. das exemplarische Arbeiten an Medienprodukten unterschiedlicher Art verlangt; dies reicht vom spielerischen Umgang bis zur Reflexion der mit neuen Technologien und Medien verbundenen ethischen und kulturellen Herausforderungen. M. verfolgt das Hauptziel, Schüler und Schülerinnen zu einem bewussten, reflektierten, kritischen, d. h. sozial erwünschten Umgang mit Medien anzuleiten und auf diesem Weg zu begleiten.

Hinweise und Anregungen bei G. Tulodziecki (1989), H. Brinkmöller-Becker (1997), H.-D. Erlinger u. a. (1999), P. Lambertz (1996), J. Wermke (1997).

Grundlegend: »Medienerziehung in der Schule. Orientierungsrahmen«, hg. von der Bund-Länder-Kommission für Bildungsplanung und Forschungsförderung, Heft 44, Bonn, 1995.

Medienkompetenz Nicht einheitlich gebrauchter Ausdruck.

1) In einer engen Bedeutungsfestlegung umfasst M. (auch: Medienkunde) die Fähigkeiten und Fertigkeiten, welche die Schüler und Schülerinnen aus eigener Erfahrungen mitbringen oder im Unterricht erwerben, und zwar im Hinblick auf Medien selbst und ihre technische Handhabung: vom Anschließen und Einschalten der Geräte bis hin zur Konfiguration der ➪ Hardware und zur Installation der ➪ Software.

Weitere Einzelheiten bei M. Pohlschmidt (2001), I. Hamm (2001).

2) In einer weit gefassten Bedeutung schließt der Ausdruck M. auch die Themen und Ziele der ➪ Medienerziehung ein, und zwar als erworbene oder zu erwerbende Einstellungen und Orientierungen hinsichtlich der Nutzung und Benutzung von Medien (➪ Medium 1).

Medienkunde Unterweisung in Aufbau, Funktion und Handhabung der Medien; ➪ Medienkompetenz (1).

Medienpädagogik Teilbereich der allgemeinen Pädagogik; umfasst alle Bereiche, in denen ➪ Medien (1) für die Entwicklung des Menschen, die Erziehung sowie die Aus-

und Weiterbildung pädagogische Relevanz haben. „Es erscheint deshalb sinnvoll, den Begriff 'Medienpädagogik' als übergeordnete Bezeichnung für alle pädagogisch orientierten Beschäftigungen mit Medien in Theorie und Praxis zu verstehen und einzelne Aspekte der Medienpädagogik näher zu spezifizieren". Diese Aspekte beziehen sich z. B. auf ⇨ Mediendidaktik, ⇨ Medienerziehung oder ⇨ Medienkompetenz (1) bzw. Medienkunde.

Weitere Einzelheiten bei L. J. Issing (1987), G. Tulodziecki (1989), W. Maier (1998), W. Hendricks (2000), H. Moser ([3]2000), H. Kleber (2000).

Meditation 1) In allgemeinen unterrichtlichen Zusammenhängen Mittel der Entspannung oder Einstimmung, z. B. in Form einer ⇨ Traumreise.

2) Die ⇨ Suggestopädie kennt in der (dritten) Phase des Lernprozesses, dem passiven Lernkonzert, eine Art M., bei der die Lernenden in einem entspannten Zustand und mit geschlossenen Augen dem Textvortrag zuhören. Sie können ihre Aufmerksamkeit dabei zwischen der Barock-Musik und den Worten hin- und herschweifen und innere Bilder entstehen lassen.

Medium Pl. Medien; Informationsträger im weitesten Sinne zur Verbreitung von Informationen und Meinungen sowie Darstellungen von allgemeinem Interesse.

1) Meist im Plural verwendet im Sinne von ⇨ Massenmedien oder Werbeträger (Zeitung, Zeitschrift, Rundfunk, Film, Plakat, Bild), einschließlich der so genannten Neuen Medien (Software-Programme, ⇨ Multimedia, ⇨ Internet).

2) ⇨ Unterrichtsmedien.

3) Die Unterscheidung zwischen einem Text als »Medium« oder als »Gegenstand« wird besonders in Fächern relevant, die mit Text- oder Quellenmaterial zu tun haben, da hier beide Funktionen Bedeutung gewinnen:

- *Text als Medium*: Dem Text werden vorrangig Informationen entnommen, die für das eigentliche Thema der Stunde relevant sind.
- *Text als Gegenstand*: Der Text selbst wird im Unterricht thematisiert und inhaltlich wie formal analysiert und interpretiert.

Mehrarbeit Die Zahl der wöchentlichen Pflichtstunden einer Lehrkraft kann (etwa für den Vertretungsunterricht) um bis zu drei Unterrichtsstunden überschritten werden; eine Überschreitung um mehr als zwei Stunden bedarf der Zustimmung der Lehrkraft, wenn sie über zwei Wochen hinaus andauert. (⇨ ADO, § 11,2) Nur im Falle eines genehmigten Unterrichts im Hauptamt mit vier (und mehr) Stunden über die Pflichtstundenzahl hinaus (z. B. ⇨ Hausunterricht) wird die M. vergütet; ansonsten werden zuviel erteilte Stunden im folgenden Halbjahr verrechnet.

Von der M. unberührt sind der gelegentliche Vertretungsunterricht (⇨ Vertretung), der ⇨ Bereitschaftsdienst sowie die Beauftragung einer Lehrkraft mit außerunterrichtlichen schulischen Aufgaben durch den Schulleiter oder die Schulleiterin. (ADO, § 11,3)

Menschenbild Jeder hat mehr oder weniger bewusst ein bestimmtes M. verinnerlicht, das sich an seinen religiösen, weltanschaulichen, politischen oder sozialen Ansichten und Überzeugungen, seinen Leitbildern, seiner eigenen ➪ Sozialisation und familiären wie beruflichen Situation orientiert. Besonders für Lehrer und Lehrerinnen ist es wichtig, sich über das eigene M. klar zu sein; denn im Zentrum aller pädagogischen Bemühungen steht die Frage, nach welchen Leitvorstellungen junge Menschen unterrichtet und erzogen werden sollen. Eine traditionelle Unterscheidung vergleicht den Bildungsprozess a) mit der Arbeit eines Bildhauers, der aus dem Marmorblock die gewünschte und erdachte Form haut, oder b) mit der Arbeit eines Gärtners, der die heranwachsende Pflanze pflegt, beobachtet und stützt, sie ansonsten aber ihre eigene Gestalt finden lässt. Hiermit sind zwei grundsätzlich divergierende M. umrissen, denen zwei entsprechende ➪ Lehrerrollen korrespondieren, woraus ersichtlich werden kann, wie eng das pädagogische Handeln mit dem verinnerlichten M. verbunden ist.

R. Cohn ([7]1986) hat in ihren Überlegungen zur ➪ Themenzentrierte Interaktion einige Basisaussagen (Axiome) aufgestellt, die ein positives M. zeichnen: „Der Mensch ist eine psycho-biologische Einheit. Er ist auch Teil des Universums. Er ist darum autonom und interdependent. Autonomie (Eigenständigkeit) wächst mit dem Bewußtsein der Interdependenz (Allverbundenheit)“ und: „Freie Entscheidung geschieht innerhalb bedingender innerer und äußerer Grenzen. Erweiterung dieser Grenzen ist möglich.“

Die Frage nach dem M. hängt eng mit der ➪ Normproblematik der Didaktik zusammen; alle neueren Konzeptionen einer ➪ Allgemeinen Didaktik setzen sich mit ihr mehr oder weniger intensiv auseinander. So formulieren W. Jank / H. Meyer ([5]1996) in fünf Sätzen das Welt- und Menschenbild, das sie im Hinblick auf ihr Konzept des handlungsorientierten Unterrichts (➪ Handlungsorientierung) favorisieren:

- Handlungsorientierter Unterricht geht davon aus, dass der Mensch zur Vernunft und Freiheit, aber auch zur Selbstzerstörung befähigt ist.
- Er geht ferner davon aus, dass Lernen grundsätzlich ganzheitlich, also mit Kopf, Herz, Händen und allen Sinnen abläuft (➪ Ganzheitlichkeit).
- Er baut darauf, dass junge Menschen neugierig sind, dass sie fragen und staunen können, dass sie ihre Umwelt erfahren und experimentierend erobern wollen (➪ Neugiermotivation).
- Er rechnet damit, dass weder die Lehrer noch die Schüler perfekte Wesen sind, sondern Fehler machen und versagen, dass sie aber aus Fehlern lernen können (➪ Konfliktvermeidung).
- Er berücksichtigt, dass ein nicht-entfremdetes Leben und Lernen in der Schule nur ansatzweise und widersprüchlich möglich ist.

Metakommunikation 1) Über die verbale ➪ Kommunikation hinausgehende Verständigung mittels Gestik und Mimik oder ➪ Körpersprache allgemein; dazu gerechnet werden können auch bestimmte situative Faktoren (Rollenverteilung in einem Prüfungsgespräch) oder Statussymbole, die die Kommunikation beeinflussen.

2) Kommunikation über die Kommunikation: a) Im Lernbereich »Reflexion über Sprache« liegt immer dann M. vor, wenn über sprachliche Phänomene gesprochen wird. b) Ein weiteres Feld sind problematisch gewordene Gesprächssituationen, die im ➪

Diskurs geklärt werden. In diesem Sinne kommt M. auch als ⇨ Konfliktlösungsstrategie in schulischen Zusammenhängen vor, z. B. wenn der ⇨ Beziehungsaspekt zwischen Lehrperson und Lerngruppe zur Sprache gebracht wird.

Metareflexion Eine ⇨ Reflexion über Reflexionsprozesse liegt immer dann vor, wenn Methoden, Vorgehensweisen, Lernwege u. dgl. kritisch überdacht oder geprüft werden. So kann der Lehrer oder die Lehrerin die Lerngruppe nach der Reflexion etwa über ein literarisches Werk, eine historische Quelle oder ein Sachthema anregen, in einer ⇨ Methodenrückschau darzustellen, wie man in der Stunde vorgegangen ist.

Metasprache Zweite Aussagestufe; die Unterscheidung zwischen einer Objekt- und einer Metaebene ist nützlich, um bestimmte sprachliche Vorgänge besser zu erklären. Demnach ist »sprachlich« all das, was z. B. in der direkten Kommunikation vorkommt; werden Ausdrücke oder Sätze dieser ⇨ Objektsprache ihrerseits zur Sprache gebracht, so handelt es sich um M.

- Objektsprache: *Mir ist es hier zu laut.*
- Metasprache: *Der Satz „Mir ist es hier zu laut." ist ein Aussagehauptsatz.*

Metawissen Wissen über eigenes Wissen; M. bezieht sich vor allem auf die Aneignung und den Umgang, aber auch die Bewertung und den günstigen Einsatz des eigenen Wissens, d. h. ⇨ Denken und ⇨ Lernen im Allgemeinen sowie auf ⇨ Informationsaufnahme und ⇨ -verarbeitung, ⇨ Lern- und ⇨ Lösungsstrategien sowie ⇨ Methodenbewusstsein im Besonderen. Je umfassender und je flexibler ein Schüler oder eine Schülerin über solches M. verfügt, desto eher kann er oder sie selbstverantwortlich lernen, die eigenen Lernprozesse organisieren und Wissen intentional und effektiv einsetzen; er oder sie ist in der Regel ⇨ intrinsisch motiviert und fähig zu ⇨ Metakommunikation (2) und zu ⇨ effizientem Handeln.

Methode 1) Im engeren Sinne stellt eine M. ein planmäßiges Vorgehen dar, um theoretische und praktische Ziele in Wissenschaft und Forschung bestmöglich zu erreichen. Was jedoch in diesem Zusammenhang »bestmöglich« bedeutet, können nur die Mitglieder einer Wissenschaftlergemeinschaft selbst entscheiden, so dass durchaus mit konkurrierenden M. in einem Fach – und demzufolge mit unterschiedlichen wissenschaftlichen Aussagen zu einem Gegenstand – gerechnet werden muss. Voraussetzung für die Gültigkeit theoretischer Erkenntnisse (z. B. in der Philosophie) oder praxisrelevanter Forschungsergebnisse (z. B. in den Sozialwissenschaften) ist stets eine methodische, d. h. logisch begründete und konsequent verfolgte Vorgehensweise beim Beweisen von ⇨ Hypothesen bzw. bei der Begründung von ⇨ Argumenten.

2) M. im weiteren Sinne sind ⇨ Problemlösungsstrategien sowie ⇨ Handlungsschemata; sie werden auch zur Bewältigung von Alltagssituationen oder in beruflichen wie schulischen Zusammenhängen als ⇨ Fach- oder ⇨ Unterrichtsmethoden angewendet.

Methode III Zentrale Kategorie einer ⇨ Konfliktlösungsstrategie, bei der sich weder der Lehrer auf Kosten der Schüler und Schülerinnen (Methode I), noch die Schüler auf Kosten des Lehrers oder der Lehrerin (Methode II) durchsetzen, sondern die auf eine

»niederlagenlosen Konfliktbewältigung« abzielt, wie dies etwa bei der ⇨ Gordon-Methode intendiert ist.

Methode 635 Schüleraktives ⇨ Handlungsmuster zur Sammlung und Auswertung von Ideen: Es werden Gruppen zu »6« Schülern und Schülerinnen gebildet, jeder bzw. jede schreibt »3« Ideen bzw. Vorschläge zur Problemlösung auf, wofür jeweils »5« Minuten zur Verfügung stehen. Nach dieser Zeit wechseln die Blätter jeweils zum Nachbarn, bis sie einmal die Runde gemacht haben. Die Blätter werden danach in der Gruppe ausgewertet und als Gruppenergebnis in den Unterrichtsverlauf eingebracht.

Methodenbewusstsein Ein zentrales Anliegen ⇨ formaler Bildungstheorien besteht darin, die Schüler und Schülerinnen mit M. auszustatten, d. h., dass sie zum einen in die ⇨ Fachmethoden eingeführt werden (⇨ Wissenschaftspropädeutik) und zum anderen über ⇨ Unterrichtsmethoden reflektieren (⇨ Methodenreflexion). Brauchen die Lernenden in der Unterstufe noch eine stärkere Lenkung durch den Lehrer bzw. die Lehrerin, so sollen sie im Verlaufe der Sekundarstufe I immer mehr dazu angeleitet werden, über das methodische Vorgehen im Unterricht zu reflektieren und Methoden bewusst und kritisch anzuwenden.

In der Oberstufe sollen sie mindestens eine zweite Fachmethode kennenlernen und aktiv anwenden können sowie über deren Vorzüge und Grenzen reflektieren, und sie sollten immer mehr in die Lage versetzt werden, sowohl Fach- als auch Unterrichtsmethoden im Hinblick auf die jeweiligen Unterrichtsgegenstände bzw. Themen selbstständig auszuwählen und zielgerichtet anzuwenden. Neben Sachwissen und sozialer Kompetenz ist der Grad an M. der Lernenden ein Maßstab für die Qualität des Oberstufenunterrichts überhaupt.

Methodenkompetenz Passive Ausprägung und aktive Verfügbarkeit des im Unterricht erworbenen ⇨ Methodenbewusstseins; Fähigkeit, den eigenen Arbeits- und Lernprozess problembewusst, zielorientiert und ökonomisch zu gestalten. Im Einzelnen handelt es sich beim ⇨ Unterrichten um:

a) ⇨ *Fachmethoden* wie Induktion und Deduktion, empirisch-positivistische oder analytische Methode, historisch-hermeneutische Methode und Interpretationswissenschaft;

b) ⇨ *Unterrichtsmethoden* wie Frontalunterricht, Partner- oder Gruppenarbeit, Einzelarbeit, Vortragen, Darbieten, Diskutieren usw.

Im weiteren Sinne gehören auch ⇨ Problemlösungsstrategien zur M.

Weitere Einzelheiten bei G. Keller / W. Hitzler (2001).

Methodenkonzeption Teil des so genannten »Reichweiten-Modells« bei W. Schulz (1980), der die unterrichtsmethodischen Entscheidungen in fünf Bereichen oder auf fünf Ebenen von P. Heimann (1965) übernommen hat. Die Betonung der M. in der ⇨ Bildungstheoretischen Didaktik hat dazu geführt, dass man heute von der »Interdependenz der unterrichtsstrukturellen Momente« (Intentionalität, Thematik, Unterrichtsmethodik und Medienwahl) spricht.

Bei W. Schulz rangiert die Ebene der M. an oberster Stelle: 1. Methodenkonzeptionen, 2. ➪ Artikulationsschemata, 3. ➪ Sozialformen, 4. ➪ Aktionsformen und 5. Urteilsformen (z. B. Lob und Tadel durch den Lehrer, ➪ Verstärkung). Bei der Reflexion grundlegender Strukturmomente von Unterricht sind Entscheidungen über die M. von grundsätzlicherer Natur als die übrigen Punkte; darüber hinaus wird die M. seltener gewechselt.

Als »methodische Großformen« sind u.a. folgende M. geläufig: ➪ Lehrgang, ➪ Projektunterricht, ➪ Kurs, Lektion, Trainingsprogramm, Workshop.

Methodenlehre Zeitlich begrenztes Unterrichtsvorhaben, das die Beschäftigung mit ➪ Fachmethoden explizit zum Gegenstand hat. In geringerem Umfang werden auch ➪ Unterrichtsmethoden zum Gegenstand einer M., wenn z. B. die Lerngruppe in den Ablauf von ➪ Gruppenarbeit eingeführt wird (Ablaufschema, Funktion der einzelnen Stufen, gruppeninterne Absprachen, Ergebnispräsentation usw.).

Methodenrückschau Eine der ➪ Unterrichtsphasen, die vor allem in höheren Klassen immer mehr Gewicht erhält und in der Oberstufe obligatorisch sein sollte. Die M. dient dem kontinuierlichen Aufbau einer umfassenden ➪ Methodenkompetenz der Schüler und Schülerinnen; sie findet in der Regel gegen Ende einer Unterrichteinheit statt, wenn es darum geht, die Ergebnisse zu sichern (durch Wiederholung, Kontrollfrage, Integration, ➪ Transfer). Hierbei ist es in den meisten Fällen angebracht, auch den Weg der Erkenntnisgewinnung zu rekonstruieren und zu reflektieren.

Methodenvielfalt Eine Forderung an einen modernen Fachunterricht besteht darin, vielfältige ➪ Fach- und ➪ Unterrichtsmethoden einzusetzen sowie bei den Lernenden ein fundiertes ➪ Methodenbewusstsein zu erzeugen. Insofern hat der Ausdruck M. zwei Aspekte:

1. *Vielfalt der Unterrichtsmethoden*
   Es sollte nicht darum gehen, die eine gegen die andere Unterrichtsmethode auszuspielen, etwa den ➪ Frontalunterricht gegen die ➪ Gruppenarbeit; denn es gibt guten Frontalunterricht ebenso wie schlechten (bzw. dysfunktionalen), und bei der Gruppenarbeit ist es ebenso. Worum es geht ist die Forderung nach ➪ ganzheitlichem Lernen: Nur Frontalunterricht mit ➪ fragend-entwickelndem Vorgehen ohne schülerzentrierte Phasen (➪ Schülerorientierung) bringt unweigerlich Monotonie und Langeweile, manchmal auch Gewöhnung und Anpassung mit sich; und nur Gruppen- oder ➪ Projektunterricht lässt möglicherweise die Fachsystematik weitgehend außen vor. So meint M. hier vor allem: wohl dosierten und funktional wie lernpsychologisch begründeten ➪ Methodenwechsel.
   Weitere Einzelheiten bei W. Jank / H. Meyer ([5]1996).
2. *Vielfalt der Fachmethoden*
   Die Schüler und Schülerinnen sollten bis zum Ende der Sekundarstufe I mit einer der gängigen Fachmethoden vertraut sein. Dies ist z. B. im Literaturunterricht in der Regel die werkimmanente Methode (➪ Hermeneutik). In der Oberstufe muss es darum gehen, dass die Schüler und Schülerinnen mindestens eine (Grundkurs) oder

zwei weitere (Leistungskurs) Methoden kennen lernen und anwenden können. Hier bieten sich – beispielhaft für den Literaturunterricht – an: die literatursoziologische, strukturalistische oder die tiefenpsychologische Methode der ➪ Interpretation.

Wichtig in diesem Zusammenhang ist es, dass die Schüler und Schülerinnen nicht nur in die Fachmethoden selbst eingeführt werden, sondern dass sie diese auch anwenden und darüber hinaus deren Grenzen kennen lernen und diskutieren.

Weitere Einzelheiten in: Zs. Pädagogik (2000) Heft 2: »Methodenvielfalt«.

Methodenwechsel Gemeint ist meist der Wechsel der ➪ Unterrichtsmethoden. Der M. gehört zu denjenigen Mitteln der Unterrichtsführung, die geeignet erscheinen, die Aufmerksamkeit und ➪ Motivation der Schüler und Schülerinnen zu erhöhen und ➪ Methodenbewusstsein sowie ➪ Methodenkompetenz aufzubauen; ferner kann durch M. eine unterschiedliche ➪ Repräsentation von Wissen ermöglicht und es können verschiedene ➪ Lerntypen angesprochen werden.

Darüber hinaus gewährt ein M. (z. B. vom Frontalunterricht zur Stillarbeit) eine Phase der Konzentration und Sammlung für die Schüler und Schülerinnen sowie für die Lehrperson, was z. B. für Berufsanfänger nicht unterschätzt werden sollte. Allerdings muss in der Planung stets die Funktionalität solcher Maßnahmen reflektiert werden und begründet sein.

Methodik Die M. beantwortet im Wesentlichen die Frage nach dem »Wie« von Lehren und Lernen; in diesem Sinne hat W. Klafki (1958) geurteilt, die M. sei nicht aus der ➪ Didaktik ableitbar (These vom »Primat der Didaktik«). An späterer Stelle (1962) unterscheidet er zwischen »Didaktik im engeren Sinne« als einer Theorie der Bildungsaufgaben, -inhalte und -kategorien sowie M. als den bewusst eingeschlagenen Weg auf die Lösung eines Problems hin (➪ Unterrichtsmethoden).

Seit der Annäherung an die ➪ Lehrtheorietische Didaktik (1977) hat die M. einen größeren Stellenwert auch in der ➪ Bildungstheoretischen Didaktik erhalten. Im ➪ Perspektivschema zur Unterrichtsplanung (1985) taucht die methodische Strukturierung von Unterricht als »Lehr-Lern-Prozessstruktur« auf, „verstanden als variables Konzept notwendiger oder möglicher Organisations- und Vollzugsformen des Lernens (einschl. sukzessiver Abfolgen) und entspr. Lehrhilfen, zugleich als *Interaktionsstruktur* und *Medium sozialer Lernprozesse*“.

Microteaching Auch: Minikurs; vereinfachte Form des Lehrens. Die Vereinfachung besteht darin, dass nur wenige Schüler und Schülerinnen über einen kürzeren Zeitraum (5 bis 20 Minuten) unterrichtet werden. Das Thema ist eingeschränkt; seine Behandlung dient eher dazu, die Fähigkeiten und Fertigkeiten des Lehrenden zu verbessern oder zu testen. Folgende Form ist denkbar:

1. *Grundlagen*: Der Proband (der Lehrer, die Lehrerin, der Referendar, die Referendarin, der Berufsanfänger usw.) informiert sich über die ➪ Sozialform, das ➪ Handlungsmuster, die Fähigkeit oder Fertigkeit, die trainiert werden soll. Hierzu kann der Proband zuvor auch bei seinem Mentor (Ausbildungslehrer, Fachleiter usw.) hospitierten (➪ Modell-Lernen).

2. *Planung*: In einer Art minimierter ➪ Unterrichtsplanung wird die Sequenz schriftlich vorbereitet.
3. *Durchführung und Dokumentation*: Die Unterrichtssequenz wird gehalten und nach Möglichkeit per Videokamera aufgezeichnet.
4. *Rückmeldung*: Die Lerngruppe und der Mentor geben dem Probanden schriftlich eine Rückmeldung, evtl. auf einem vorbereiteten Fragebogen zum Trainingsinhalt.
5. *Überarbeitung*: Anhand der Videoaufzeichnung kann das zu erlernende Verhalten gemeinsam mit dem Mentor reflektiert werden; ggf. werden Alternativen entwickelt.
6. *Verbesserung*: In einem weiteren Versuch zu einem anderen Thema versucht der Proband, die an seinem vorangegangenen Unterricht geübte Kritik positiv umzusetzen.

Weitere Einzelheiten bei J. Grell ([15]1994).

Mikroprozess Detailplanung von Unterrichtsvorhaben, bei denen es um didaktische Reduktion bzw. Transformation (➪ Didaktisierung) geht; zentrales Prinzip solcher M. ist die ständige Verbindung des (sprachlichen) Handelns mit der Reflexion über Gegenstände und ➪ Methoden. Die Ergebnisse des M. sind Entscheidungen über das unterrichtliche Vorgehen in einzelnen ➪ Unterrichtsphasen, die Entwicklung bestimmter Aufgabentypen, die Art der ➪ Begriffsbildung im Unterricht, die Wahl der ➪ Sozialformen usw.

Mindmapping Geordnete Sammlung von Ideen, die zum Einstieg in ein Thema, zur Lösung einer Frage bzw. eines Problems oder zur Darstellung von Ergebnissen verwendet werden kann. Die Methode orientiert sich an den natürlichen Denkvorgängen und verknüpft spontane, unerwartete und ungegliederte Aspekte (rechte Hirnhälfte) mit logischen, ordnenden und weiterführenden (linke Hirnhälfte). Das Mindmap wird folgendermaßen organisiert:

- Das zentrale Thema wird in die Mitte der Tafel oder eines unlinierten Blattes (mindestens DIN-A4) geschrieben und eingerahmt.
- Vom Zentrum aus zweigen dicke gerade Linien ab, auf denen Obergesichtspunkte, leitende Hauptgedanken oder Schlüsselwörter (in Großbuchstaben) notiert werden.
- Weitere Einfälle werden festgehalten und auf dünneren, abzweigenden Linien den Obergesichtspunkten zugeordnet; ihnen können wiederum untergeordnete Ideen zugeordnet werden usw., so dass ein gefächertes Linienbild (mit Haupt und Nebenstraßen um ein Zentrum herum) entsteht.
- Notiert werden alle Einfälle, auch wenn sie nicht sogleich zugeordnet werden können; sie lassen sich am Ende sortieren, zuordnen und ggf. streichen.
- Besondere Akzente können durch grafische Mittel gesetzt werden: Ziffern, Farben, selbsthaftende Symbole (Punkte, Pfeile), sprechende Zeichen (⇔ = Gegensatz, ! = nicht vergessen, 0 = hier fehlt noch etwas, T = Termin usw.). Bei der Auswertung helfen Ziffern, farbige Einrahmungen usw.

Sollen jüngere Schüler und Schülerinnen in die Technik des M. eingeführt werden, so empfiehlt sich die Vorgabe des zentralen Themas und der Obergesichtspunkte. Durch dieses Verfahren wird zwar eine Struktur vorgegeben, aber es bleiben noch genug Spielräume für die konkrete Ausgestaltung und Schwerpunktsetzung.

Weitere Einzelheiten bei M. Hertlein (2001).

misserfolgsorientiert Unter lernpsychologischen Gesichtspunkten können m. und ⇔ erfolgsorientierte Schüler bzw. Schülerinnen unterschieden werden. Der m. Schüler zeichnet sich dadurch aus, dass er eher aus Furcht vor Misserfolg und weniger aus Freude am Erfolg lernt; er ist eher ⇨ extrinsisch motiviert und hat nur wenig inneren Antrieb.

Sollte dennoch eine Leistung besser ausfallen als erwartet, so wird dies eher dem Zufall zugeschrieben oder der Tatsache, dass die Arbeit »zu leicht« gewesen sei. Der Umgang mit m. Schülern oder Schülerinnen ist schwierig, da sie einerseits Erfolge brauchen, um ihr Selbstwertgefühl zu steigern, andererseits aber leichtere Aufgaben (oft auch wohlgemeintes Lob) ablehnen. Sie sehen darin eine Bestätigung dafür, dass sie ja »eigentlich« schlechter sind als die anderen, die schwierigere Aufgaben lösen bzw. nicht für jede »Kleinigkeit« gelobt werden. Dies bedeutet, dass man als Lehrer oder Lehrerin im Umgang mit m. Schülern viel Geduld und ⇨ Empathie aufbringen muss.

Mitarbeit ⇨ mündliche M. im Unterricht; ⇨ Sonstige M. in der Oberstufe.

Mitbestimmungsfähigkeit Eine der grundlegenden Thesen der ⇨ Kritisch-konstruktiven Didaktik, welche die »generelle Zielsetzung« von Unterricht betrifft, lautet: „den Lernenden Hilfen zur Entwicklung ihrer *Selbstbestimmungs-* und *Solidaritätsfähigkeit*, deren eines Moment *Mitbestimmungsfähigkeit* ist, zu geben“ (Klafki, 1985).

Die M. kann im Unterricht durch eine Reihe von Maßnahmen entwickelt und gefördert werden, insbesondere durch ⇨ offenen Unterricht und ⇨ Schülerorientierung; also z. B. durch

- Einbeziehung der Schüler und Schülerinnen bei der Planung und Durchführung von Unterricht (⇨ partizipatorische Planung),
- Unterrichtskritik (⇨ Feedback, ⇨ Evaluation),
- Unterricht über Unterricht (⇨ Methodenreflexion, ⇨ Metakommunikation 2).

All diese Maßnahmen sind dazu geeignet, dass die Schüler und Schülerinnen demokratische Prozesse im Unterricht erfahren und erproben können und dass so ihre M. gefördert wird. In diesem Sinne kann »Mitbestimmung« geradezu als ein ⇨ Unterrichtsprinzip angesehen werden: M. wird in der Unterstufe angebahnt und mit zunehmendem Alter der Schüler und Schülerinnen und wachsendem Anspruch weitergeführt.

Modell Allgemein Muster, Vorbild; gemeint sein kann u.a. ein Entwurf oder eine Nachbildung in kleinem Maßstab, eine Form zur Herstellung eines Abgusses, eine modische Einzelanfertigung oder der Typ eines Fabrikats, aber auch ein vorbildhafter Mensch (⇨ Modell-Lernen) oder eine Person, ein Gegenstand als Vorbild für ein Werk der bildenden Kunst.

1) Im engeren Sinne die materiale Nachbildung eines Originals, das wegen seiner Kleinheit (Atommodell) oder seiner Größe (Sonnensystem), seiner Komplexität (menschlicher Organismus) oder aus anderen Gründen – wie gefährliche Strahlung, Naturschutz oder unangemessener Aufwand – nicht oder nicht ohne Weiteres herbeigeschafft und vor Augen geführt werden kann. Das M. steht zu seinem Original in einer bestimmten Struktur-, Funktions- oder Verhaltensanalogie, so dass wesentliche Züge in vereinfachter, exemplarischer und akzentuierter Form sichtbar werden.

2) Historisch gesehen haben M. den Naturwissenschaften dazu gedient, eine gewisse Anschauung von Gegenständen oder Vorgängen zu erhalten, die der direkten Beobachtung nicht zugänglich waren; auf diese Weise konnten sie zur Bildung von ⇨ Hypothesen und zu ⇨ Experimenten dienen. Insofern sie Wirklichkeit abbilden sollten, musste es zuschreibbare Relationen der Gleichgestaltigkeit (Isomorphie) bzw. der Analogie geben. Dieser Umstand wird auch heute noch im Fachunterricht genutzt, wenn M. aus Gründen der Vereinfachung und der Veranschaulichung benutzt werden. Die produktive Anfertigung von M. kann den Schülern und Schülerinnen helfen, genau zu beobachten, das Wesentliche hervorzuheben und Unwesentliches wegzulassen, Strukturen herauszuarbeiten, Analogien herzustellen usw.

3) In der Mathematik werden Modelle (z. B. Koordinatensysteme oder algebraische Gleichungen) benutzt, um alle zu einer definierten Menge gehörenden Einzelfälle zu repräsentieren; insofern dienen sie weniger der Veranschaulichung, sondern eher der effizienten Darstellung. Im Unterricht werden sie zur ⇨ Modellierung von praktischen Lösungswegen benutzt.

4) Gedankliche M. können Theorien abbilden oder vortheoretisch als Denkmodelle dienen. Von der ersten Art sind etwa didaktische M.: das sind auf Vollständigkeit zielende Theoriegebäude zur Planung und Analyse von didaktischem Handeln im Bereich von Schule und Ausbildung (allgemeine ⇨ Didaktik). Von der zweiten Art sind etwa Hypothesen über Lösungswege, die Schüler und Schülerinnen in der ⇨ Problematisierungsphase anstellen.

Gedankliche M. können auf unterschiedlichen Wegen gewonnen werden:

a) *Deduktiv-theoretische M.* begründen weitgehend eine axiomatische Theorie; diese gehen von ⇨ Axiomen oder ⇨ Definitionen aus, aus denen auf ⇨ analytisch-deduktivem Wege weitere Sätze bzw. Einzelaussagen abgeleitet werden.

b) *Induktive M.* gehen von Beobachtungen aus, die auf ⇨ empirisch-induktivem Wege zu allgemeinen Feststellungen bzw. Gesetzen verdichtet werden.

c) *Empirisch-analytische M.* gehen zunächst empirisch-induktiv vor, erheben dann die gewonnenen Einsichten jedoch zu normativen Sätze, die im Sinne der analytisch-deduktiven Methode weiter genutzt werden. Dies geschieht z. B. dann, wenn ein induktives wissenschaftliches Modell im Fachunterricht normativ eingesetzt wird.

Modellierung 1) Auch: Modellieren; eine Plastik gestalten, ein ⇨ Modell herstellen.

2) Eine Art des ⇨ Problemlösens, die auf Umstrukturierung beruht; z. B.:

- Im Mathematikunterricht werden praktische Probleme (z. B. die kürzeste Verbindung zweier Orte in einem unwegsamen Gelände durch eine zu projektierende Straße) derart umgeformt, dass sie durch mathematische Gleichungen und entsprechende Rechenoperationen gelöst werden können.
- Im Fach Erdkunde geschieht »Klimamodellierung« dadurch, dass bestimmte Messdaten über Wüstenausdehnung, Polarkappen- und Gletscherschmelze, Ozonloch oder Erderwärmung in anschauliche Grafiken umgesetzt und künftige Entwicklungen simuliert werden.

Die Fähigkeit, Probleme präzise zu erfassen und durch M. zu lösen, kann als eine der wesentlichen Zielsetzungen in allen Fächern angesehen werden.

Modell-Lernen Auch: Beobachtungslernen, Imitationslernen, stellvertretendes Lernen; im Allgemeinen stellt das M.-L. eine besonders rasche und effiziente Art der Übernahme von Verhaltensweisen dar, besonders bei der Übernahme komplexer sozialer oder sprachlicher Verhaltensformen. Dabei kann das Modell eine Person oder die Darstellung über ein Medium (z. B. Film) sein.

Nach A. Bandura (1976) stellt sich M.-L. wie folgt dar: Menschen lernen auf Grund von Informationen; diese werden jedoch nicht einfach im ➪ Gedächtnis abgelegt, sondern das eigentliche ➪ Lernen besteht aus zentralen Integrationsprozessen. Diese heute weitgehend akzeptierte Auffassung ist wesentlich dadurch gekennzeichnet, dass zwischen der Anregung des Verhaltens durch ein Modell und der Ausführung des Verhaltens durch den Beobachter kognitive Prozesse angenommen werden, und zwar:

1. In der Aneignungsphase (Akquisition)

1.1 Aufmerksamkeitsprozesse: Förderung durch bestimmte Charakteristika der Modellperson (Erfolg, Prestige, Kompetenz) und des Beobachters (emotionale Erregung, Engagement, aber auch Unklarheit über ein angemessene Verhalten).

1.2 Gedächtnisprozesse: Umformung der Modellierungsreize in leicht erinnerbare ➪ Schemata; Klassifikation und Organisation nach individuellen Möglichkeiten und Bedürfnissen, um sie besser und langfristig speichern zu können.

2. In der Ausführungsphase (Performanz)

2.1 Motorische Reproduktionsprozesse: Die innere ➪ Repräsentation steuert weitgehend die offene Ausführung des Verhaltens; es besteht somit keine *unmittelbare* Beeinflussung des Verhaltens durch das Modell.

2.2 Verstärkungs- und Motivationsprozesse: Zur offenen Ausführung des am Modell Gelernten gehören u. a. ein sanktionsfreier Raum sowie ein gewisser Ansporn.

Es liegt nahe, dass die möglichen Konsequenzen des offen ausgeführten Verhaltens (2.2) bereits die Beobachtung (1.1) beeinflussen, wodurch sich die Aufmerksamkeit selektiv nur auf bestimmte Aspekte des Modellverhaltens richten kann. Die Antizipation von ➪ Verstärkung oder ➪ Bestrafung hat motivierende bzw. demotivierende Funktion. Durch M.-L. erworbene Verhaltensweisen können also gezeigt oder nicht gezeigt werden. Dies ist ein Grund, warum man in diesem Zusammenhang von ➪ Verhalten und nicht von ➪ Handlung spricht.

Die besondere Bedeutung von M.-L. in ➪ Lehr-Lern-Prozessen liegt auf der Hand, vor allem was den ➪ heimlichen Lehrplan betrifft.

Moderationsmethode Die M. ist geeignet, Vorwissen bei den Schülern und Schülerinnen zu aktivieren, Arbeitsergebnisse zu sammeln und auszuwerten, Klärungsprozesse einzuleiten u. dgl. Der Lehrer als Moderator bzw. die Lehrerin als Moderatorin stellt die Medien bereit, plant und strukturiert den Handlungsrahmen und steht den einzelnen Mitgliedern der Lerngruppe zur Beratung zur Verfügung. Ansonsten hält sich die Lehrperson eher im Hintergrund, wodurch in größerem Umfang ➪ Schülerzentrierung erreicht wird.

Typische Requisiten sind: Karteikarten, farbiges Tonpapier, Tapetenrolle (➪ Wandzeitung), Klebeband oder -gummi, (dickere) farbige Filzstifte, ➪ Flipchart oder ➪ Folienanschrieb (OHP) u. ä.

Beispiel: Durch ➪ Kartenabfrage wird das Vorwissen der Schüler und Schülerinnen über »Popmusik« ermittelt, die einzelnen Antworten werden nach inhaltlicher Ähnlichkeit sortiert und nach Themen kategorisiert, die Themen werden an der Tafel (oder auf Flipchart) gesammelt und geordnet (etwa unter der Frage: *Mit welchen Gruppen, Stilrichtungen, Themen wollen wir uns demnächst beschäftigen? In welcher Reihenfolge wollen wir vorgehen?*), die überarbeiten Themen werden auf Folie übertragen, so dass sie auch in späteren Stunden verfügbar sind.

Näheres bei H. Gudjons (1998).

Moderator In höheren Klassen sollte der Lehrer oder die Lehrerin immer öfter versuchen, aus dem Mittelpunkt des ➪ Lehr-Lern-Prozesses herauszutreten und sich als ständiger Ansprechpartner zurückzunehmen. Dies setzt voraus, dass die Schüler und Schülerinnen in einem kontinuierlichen Prozess gelernt haben, Hilfsmittel zu nutzen, Medien zu bedienen, eigenständig zu arbeiten, selbst Fragen an ein Thema oder einen Text zu stellen, Arbeitshypothesen zu formulieren und Lösungswege zu finden. Hierbei dürfen die anvisierten Aufgaben weder zu leicht (Ausbleiben eines ➪ kognitiven Konflikts durch Unterforderung), noch zu schwer (Verhinderung von ➪ Motivation durch Überforderung) sein.

Der Lehrer oder die Lehrerin als M. gibt den inhaltlichen und formalen Rahmen (Lehrplanbezug) vor, beteiligt die Lerngruppe aber weitgehend an der Planung und Ausgestaltung des Unterrichts, er oder sie sorgt für eine geeignete ➪ Lernsituation, die erforderlichen ➪ Lernmittel und ➪ Medien, gibt (notwendige) Informationen, Ratschläge, ➪ Denkanstöße; dabei beobachtet er oder sie den Arbeitsfortschritt wie den Lernprozess und sorgt für die ➪ Ergebnissicherung. Zwischen den ersten Versuchen, die Lernenden gewisse Teile eines Themas selbstständig erschließen zu lassen, und der Anwendung der ➪ Moderationsmethode besteht ein breites Spektrum an Abstufungen von lehrerdominantem bis schülerzentriertem Unterricht.

modular Auf das Teil eines Ganzen bezogen; Theorien oder Objekte sind dann m. aufgebaut, wenn sie aus mehreren geschlossenen Funktionseinheiten bestehen, die miteinander (über Schnittstellen) interagieren bzw. kommunizieren und die jederzeit ausgetauscht werden können. Wird der menschliche Organismus m. betrachtet, so erscheint z.B. die »Sprache« (Lexikon und Grammatik) als ein Modul der kognitiven Ausstattung des Menschen. Diese Sicht ist eher technisch, z.B. an der Organisation einer EDV-Anlage, orientiert.

Die Gegenposition hierzu entwirft ein ⇔ holistisches Konzept zur Beschreibung der Ganzheitlichkeit bestimmter Theorien oder Objekte. In diesem Sinne wird etwa die menschliche »Sprache« (Symbolfähigkeit) als ein ⇨ konstitutives Moment unseres Menschseins betrachtet.

Montage Allgemein: Zusammensetzung aus vorgefertigten Teilen zu einem fertigen Ganzen. In der Kunst spricht man von M., wenn ein Kunstwerk aus ursprünglich nicht zusammengehörenden Teilen zu einer neuen Einheit zusammengesetzt ist. Dies ist in der Literatur, der Malerei, im Hörspiel oder Film realisiert worden. Beispiele sind hier z. B. die ⇨ Collage oder das Feature (= Dokumentarbericht, der aus Reportagen, Kommentaren und Dialogen zusammengesetzt ist).

Im Mittelstufenunterricht können z. B. Werbeanzeigen (Bild- und/oder Textteile) durch M. so verfremdet werden, das eine andere als die intendierte Aussage zustande kommt.

moralische Autonomie Einsicht in den Sinn von ⇨ Normen (1) für das Leben in der Gemeinschaft. Die Verletzung einer Norm wird als Gefährdung der sozialen Beziehungen, des Vertrauens und der gegenseitigen Verantwortlichkeit gewertet. Bei der Entwicklung von m. A. muss allerdings mit größeren Altersunterschieden gerechnet werden (ca. 15 bis 18 Jahre); auch konnte gezeigt werden, dass jüngere Probanden (11 bis 13 Jahre) in der Entwicklung des Denkens über Recht und Gesetz weniger m. A. zeigten als bei Spielregeln. Hier zeigt sich, dass die Erfahrung eine größere Rolle bei der Beurteilung moralischer Fragestellungen spielen kann. (R. Oerter / L. Montada, ^{2}1987)

moralische Entwicklung Bekannt geworden sind die Untersuchungen zur m. E. des Kindes von L. Kohlberg (1964; dt. »Die kognitive Entwicklung des Kindes«, Frankfurt/ M., 1974). Sein Interesse galt vor allem der Entwicklung von Begründungen normativer Urteile und den Orientierungen, die diese Urteile leiten. Dazu legte er den Kindern und Jugendlichen ⇨ Dilemmageschichten vor, die sie beurteilen sollten, wobei es Kohlberg weniger auf die tatsächlich getroffenen Entscheidungen der Probanden ankam, als vielmehr auf die Muster ihrer Argumentation. So kam er zu sechs Stufen der m. E., die er in drei Niveaus mit je zwei Stufen zusammenfasste:

1. *Vormoralisches Niveau* (hedonistische Orientierung)
   1. Stufe: Orientierung an Strafe und Gehorsam (bis ca. 10 Jahre)
   2. Stufe: Instrumentelle Orientierung an den eigenen Bedürfnissen (13 Jahre)
2. *Konventionell-konformistisches Niveau* (orientiert an wichtigen Personen)
   3. Stufe: Orientierung an wichtigen Personen; Lösungen werden auf nahestehende Personen bezogen (16 J.)
   4. Stufe: Einbeziehung übergreifender Systeme wie Staat und Religion; »Law-and-Order« Haltung (21 J.)

3. *Postkonventionelles Niveau* (orientiert an Prinzipien)
   5. Stufe: Suche nach Prinzipien und Werten, die unabhängig sind von Autoritäten oder wichtigen Personen (utilitaristische Überlegungen); Wertesystem als vereinbar und daher änderbar (22. J.)
   6. Stufe: Suche nach allgemeingültigen ethischen Gesetzen (Kants »Kategorischer Imperativ« oder allgemeine Menschenrechte)

Unklar ist allerdings, ob diese Skala die moralische Entwicklung oder lediglich die moralische Überzeugung der Probanden zu einem bestimmten Zeitpunkt, unter bestimmten situativen Bedingungen usw. wiedergibt. Dennoch kann eine vorsichtige Berücksichtigung dieser sechs Stufen der m. E. von Kindern und Jugendlichen im Unterricht nützlich sein, wenn es z. B. darum geht, Problemsituationen zu reflektieren oder ethisch relevante Fragen zu bearbeiten.

Weitere Einzelheiten und Kritik bei K. H. Spinner (1989), K.-J. Tillmann ([4]1993).

Morgenkreis Bestandteil des ➪ Offenen Unterrichts (vor allem in der Grundschule); der M. wird genutzt für die gemeinsame Planungsarbeit von Lehrperson und Lerngruppe, um z. B. den ➪ Wochen- oder Tagesplan zu besprechen und festzulegen.

Motiv Lernpsychologisch gesehen sind M. »Persönlichkeitsdispositionen« (Bedürfnisse, Beweggründe, Triebe, Neigungen), die, wenn sie durch passende ➪ Anreizstrukturen eines Gegenstandes oder Themas (allgemein durch Situationsfaktoren) angeregt werden, in den Zustand der aktuellen ➪ Motivation übergehen können.

So wird ein Schüler oder eine Schülerin, der bzw. die sich gerne selbst »in Szene setzt«, eher auf den Vorschlag zur Teilnahme an einem ➪ Rollenspiel zu bewegen sein, als jemand, der diese ➪ Disposition nicht hat.

Motivation Zusammenspiel von psychischer Disposition (➪ Motiv) des Einzelnen und günstigen Umweltfaktoren (➪ Anreizstruktur), was zu M. im Sinne einer allgemeinen Aktivierung und spezifischen Orientierung von Verhalten und Erleben führen kann. In der Motivationspsychologie lassen sich folgende grundlegenden Modelle unterscheiden (nach W. Edelmann, [3]1993):

1) Triebtheoretische Konzepte
Der Mensch wird in Analogie zu einem sich selbst regulierenden Regelkreis gesehen; auf Grund eines »Ungleichgewichts« (Mangelzustand oder Energieüberschuss) wird Triebenergie freigesetzt, die darauf gerichtet ist, den Gleichgewichtszustand (Homöostase) wieder herzustellen.

Triebtheoretische Auffassung haben ihre ursprüngliche Bedeutung verloren. Als Probleme erweisen sich besonders die Bestimmung eines »Normalzustandes« und die Fähigkeit von Menschen, vorbeugend »Ungleichgewichte« zu verhindern. Dennoch werden auch in neueren Überlegungen triebtheoretische Aspekte berücksichtigt, etwa als »Wissbegierde« in der Konzeption der Neugiermotivation (s. 2) oder als genetisch verankerte »Selbstverwirklichungstendenz« des Menschen.

Beispiel: Ein Schüler geht bei heißem Wetter lieber ins Freibad anstatt zu lernen.

2) Neugiermotivation

Diese Konzeption geht davon aus, dass sich ein Erkundungsbedürfnis im Menschen auf Objekte mit einer gewissen Neuheit, Komplexität oder Unschärfe richtet. Die Veranlagung, die Umwelt zu erkunden, scheint genetisch verankert zu sein (Verbesserung der Überlebenschancen). Das Explorationsbedürfnis ist nicht weniger primär als eine M. auf Grund von Hungergefühlen.

Beim *gerichteten Neugierverhalten* werden Situationen aufgesucht, die an bisheriges Wissen ankoppeln und über einen ⇨ kognitiven Konflikt zu ⇨ intrinsischer M. führen.

Beispiel: Ein Jugendlicher spielt die Sequenz in einem Computerspiel zu Ende, weil er dann eine neue Stufe erreichen kann.

In monotonen, reizarmen Situationen tritt häufig das Bedürfnis nach Abwechslung und Stimulation auf. Dieses *divergierende Neugierverhalten* führt dazu, dass sich die Person in eine neue Situation begeben muss, die mehr und neue Information bietet; erst dann können diese durch Exploration verarbeitet werden.

Beispiel: Im Unterricht, der wenig interessant und recht handlungsarm ist, fängt eine Schülerin ein Streitgespräch mit ihrer Nachbarin an.

3) Anreiztheoretische Konzepte

Diese Richtung ist zur Zeit vorherrschend in der Motivationsforschung und gut geeignet, motivationale wie auch emotionale Prozesse im Unterricht zu erklären: Der Aufforderungscharakter der Unterrichtsgegenstände hat hiernach eine initiale Bedeutung; deren ⇨ Anreizstruktur regt das latente ⇨ Motiv im Schüler an, so dass es zur aktuellen M. kommen kann. Dies bedeutet: Nicht nur die Struktur der Person und ihre Bedürfnislage (Triebtheorie) oder die Struktur der Umwelt mit einem gewissen Anreizcharakter (Neugiermotivation), sondern das gesamte System ist dynamisch. Das »Feld« schließt sämtliche Bedingungsfaktoren von Person und Umwelt sowie die daraus resultierenden aufeinander einwirkenden Kräfte ein. Die M. des Verhaltens entsteht so aus dem Kräfteverhalten der augenblicklichen Gesamtsituation des Feldes. Beteiligt sind demnach folgende Faktoren:

a) In der Person sind Motive (Bedürfnisse, Strebungen) latent vorhanden.
b) Wenn sie von Situationsfaktoren angeregt werden, gehen sie in den Zustand der aktuellen M. über.
c) Der Aufforderungscharakter (Anreiz, Attraktivität) kann als eine vorrangige emotionale ⇨ Valenz (1) aufgefasst werden.
d) Dieser Aufforderungscharakter ist häufig erlernt und kann durch ⇨ Reiz-Reaktion Lernen erklärt werden.

Beispiel: Eine Folie mit einer Karikatur, auf der in komischer Weise auf das Unterrichtsthema Bezug genommen wird, bewirkt zu Beginn einer Stunde, dass die Unruhe verstummt, dass sich die Blicke der Schüler und Schülerinnen nach vorn richten und dass sich einige (die sich »angesprochen« fühlen), zu Wort melden.

4) ⇨Leistungsmotivation

Weitere Einzelheiten im Themenheft »Lernpsychologie – Lernen und Motivation« der Zs. Pädagogik (2000), Heft 3.

motorische Handlungsmuster ⇨ Handlungsmuster.

MSWF Abk. für »Ministerium für Schule, Wissenschaft und Forschung« (NRW; seit 2003 MSJK: »Ministerium für Schule, Jugend und Kinder«).

Multimedia Verbund von ⇨ Medien (Schrift, Bild, Ton) zu einem System, das Unterhaltungs-, Informations- oder Unterrichtszwecken dienen kann, wie z. B. interaktive CD-ROMs oder Seiten des ⇨ Internets und ⇨ Hypertexte.

Fast alle Schulbuchverlage bringen mittlerweile auch M. für den Fachunterricht heraus; es gibt ein umfangreiches Angebot an Lernsoftware sowie an nützlichen Werkzeugen für den jeweiligen Fachunterricht, wie Lexika, Atlanten, Geschichtssoftware, Sammlungen literarischer Texte und Portraits (chronologisch oder zu einem Autor bzw. zu einer Autorin), Vokabeltrainer und Sprachlernprogramme, Kunstsammlungen usw. Das Angebot lässt sich leicht über die Internet-Sites der verschiedenen Verlage ermitteln, z. B.:
www.klett.de
www.cornelsen.de

Einzelheiten bei G. Gutheil / N. Mügge (2000), H. Kleber (2000), I. Hamm (2001).

Multiple-choice Dt.: mehrfache Wahl(antwort); Prüf- oder Testverfahren, bei dem der Prüfling zu einer Frage eine Auswahl von Antworten vorgelegt bekommt, aus der er die zutreffende Antwort ankreuzen muss. Hierbei gibt es die Möglichkeiten, dass alle angebotenen Antworten nicht zutreffen, dass nur (immer) eine zutrifft oder dass mehrere zutreffen können.

Die Vor- und Nachteile eines solchen Verfahrens liegen auf der Hand. Ganz im Sinne der ⇨ Informationstheoretischen Didaktik lassen sich Lernprozesse effektiv und zeitökonomisch abfragen und nachweisen. Wie im ⇨ programmierten Unterricht überhaupt wird auch die Lernleistung als Produkt gewertet, das unter den Gesichtspunkten von Effizienz und Kontrollierbarkeit zu erbringen ist. Die Nachteile eines solchen Verfahrens liegen – insbesondere im Sinne hermeneutischer Verstehensprozesse (⇨ Hermeneutik) – darin begründet, dass durch ein Multiple-choice-Verfahren lediglich Begriffswissen, nicht aber Handlungswissen (⇨ Handlungsorientierung), vernetztes Wissen (⇨ Vernetzung) oder gar ⇨ Verständnis überprüft werden kann; und „wenn man die Pädagogik neu gestalten will, muß man Einrichtungen schaffen, in denen die Herstellung von Verbindungen zwischen Wissensformen das oberste Gebot darstellt" (H. Gardner, 1993).

Dennoch sollte man das Verfahren nicht grundsätzlich verdammen; es kann u. U. nützlich bei der punktuellen schriftlichen Überprüfung der ⇨ Hausaufgaben sein oder gelegentlich als »Ratespiel« eingesetzt werden.

multiple Kodierung »Triale« oder dreifache ⇨ Kodierung einer Information, so dass sie vom Rezipienten über mehrere Sinneskanäle aufgenommen und verarbeitet werden kann:

a) *aussagenartig*: sprachlich-symbolisch, Information wird abstrakt entnommen;
b) *analog*: konkret-bildhaft, Information wird optisch erfahren;
c) *handlungsmäßig*: motorisch-handelnd, Information wird handelnd erlebt.

Übertragen z. B. auf den Sportunterricht bedeutet dies:

a) Lektüre einer Beschreibung oder ⇨ Lehrervortrag zum »Radschlagen«;
b) Film- oder Bildsequenz zu den einzelnen Bewegungsabfolgen beim »Radschlagen«, ⇨ Darbieten durch den Sportlehrer oder die Sportlehrerin;
c) Lernen der Bewegungsabfolgen durch ⇨ Übung in Teilschritten.

„Obwohl darauf hinzuweisen ist, daß die handlungsmäßige Repräsentation wissenschaftlich noch weithin ungeklärt ist, läßt sich doch die Hypothese aussprechen, daß durch eine gleichzeitige oder sukzessive Mehrfachkodierung das Lernen dadurch verbessert wird, daß ein Gegenstand präziser und vollständiger erfaßt und auch besser behalten wird.“ (W. Edelmann, [3]1993)

multiple Repräsentation Mehrfache ⇨ Repräsentation von Wissen; gelegentlich synonym zu ⇨ multipler Kodierung gebraucht.

Mündigkeit 1) Zentrale Kategorie der Aufklärung; bekannt ist I. Kants Aussage: „Aufklärung ist der Ausgang des Menschen aus seiner selbst verschuldeten Unmündigkeit. Unmündigkeit ist das Unvermögen, sich seines Verstandes ohne Leitung eines anderen zu bedienen.“ (Beginn der Abhandlung »Beantwortung der Frage: Was ist Aufklärung«, 1784). Weitere Vertreter, die den Anspruch des Menschen auf M. und Emanzipation formuliert haben, sind J. J. Rousseau, W. von Humboldt oder F. Schleiermacher.

2) Es zeigt sich, dass die gegenwärtig vertretenen pädagogischen Konzepte an den Mündigkeitsbegriff der Aufklärung anknüpfen und ihn zur übergeordneten Leitvorstellung der Erziehung gemacht haben (H. Blankertz, 1982); dies gilt insbesondere für die ⇨ Bildungstheoretische Didaktik (W. Klafki) sowie für das ⇨ Hamburger Modell (W. Schulz). Die ⇨ Pädagogik hat den Begriff auf die Gestaltung des Unterrichts und des Lehrer-Schüler-Verhältnisses übertragen, wobei auch auf das Paradox hingewiesen worden ist, das ⇨ Erziehen zur M. beinhaltet; denn mündig ist jemand, der sich „seines Verstandes ohne Leitung eines anderen zu bedienen“ versteht (s. 1). Dieses Paradox lässt sich nur auflösen, indem man Erziehung zur M. als einen Prozess auffasst, in dessen Verlauf der Lehrer bzw. die Lehrerin allmählich immer mehr Verantwortung an die Lernenden abgibt und sie so am Ende des Weges in den Stand der M. entlassen kann.

Dennoch ist bis heute kein allgemeiner Konsens darüber erzielt worden, wie M. positiv zu beschreiben sei, aus welchen (unverzichtbaren) Elementen sie besteht und wie sie konkret zu erreichen sei. Insofern hat das Festhalten an den Vorstellungen von Aufklärung, M. und Selbstbestimmung auch zu tun mit der »konkreten Utopie« einer ⇨ Kritisch-konstruktiven Didaktik.

3) M. ist eines der ⇨ Bildungsziele insbesondere der gymnasialen Oberstufe, etwa formuliert als »Befähigung zur Selbstverwirklichung in sozialer Verantwortung«. Dieser Erziehungsauftrag der Schule wird u. a. dadurch erreicht, dass Schüler und Schülerinnen befähigt und motiviert werden a) sich mit anderen zu verständigen, b) mit anderen zusammenzuarbeiten und c) sich mit Werten und Wertsystemen auseinander zu setzen, zu urteilen und zu entscheiden (⇨ Werteerziehung).
Lesenswert: U. Beck (1997).

mündliche Mitarbeit 1) Die mündliche Mitarbeit von Schülern und Schülerinnen ist ein wesentlicher Bestandteil des Unterrichts; die »Teilnahme am Unterricht« schließt die Vorbereitung, die Mitarbeit sowie die Erledigung der gestellten Aufgaben ein (vgl. ➪ ASchO, § 8,1). Allerdings stellt gerade das ➪ Beurteilen der m. M. in der Sekundarstufe I ein gewisses Problem dar, insbesondere bei großen Klassen, in denen unmöglich jeder in jeder Stunde hinreichend zu Wort kommen kann. Dennoch gilt: „Die Leistungen bei der Mitarbeit im Unterricht sind für die Beurteilung eines Schülers ebenso zu berücksichtigen wie die übrigen Leistungen." (ASchO, § 21,4) Der Kommentar zur ASchO macht deutlich, dass die Lehrkraft bei der Bildung der Gesamtnote nicht das arithmetische Mittel zwischen schriftlicher und mündlicher Leistung zu bilden hat, sondern im Rahmen ihrer pädagogischen Freiheit „andere Gewichtungen festlegen" muss. Da genauere Angaben fehlen, bleibt es beim so genannten »Einschätzungsurteil« des Lehrers bzw. der Lehrerin.

In der Praxis wird die schriftliche Leistung in den unteren Klassenstufen etwa mit 80 : 20 höher gewichtet als die mündliche; dieses Verhältnis wird sich in den höheren Klassen bis zu einer Verteilung von etwa (60 : 40) verändern, worüber allerdings in den jeweiligen Klassenstufen-Konferenzen der Konsens des Kollegiums hergestellt werden sollte. Zu beachten gilt, „dass sich die Lehrkraft bei jüngeren Schülerinnen und Schülern um die Mitarbeit im Unterricht bemühen muss; stille und in ihrer Mitarbeit zurückhaltende Schülerinnen und Schüler können nicht allein deshalb schlechter beurteilt werden." (Pöttgen u. a., [17]1999)

In diesem Zusammenhang sollte der pädagogische Grundsatz bedacht werden, dass nur das beurteilt werden kann, was im Unterricht zuvor gelehrt und geübt worden ist. Dies gilt insbesondere auch für die m. M., weswegen bereits ab Klasse 5 im Deutsch- und Sprachenunterricht ➪ Redestrategien eingeübt und z. B. in ➪ Rollenspielen verwendet werden sollten: Wie beginne ich einen Redebeitrag? Wie schalte ich mich in ein laufendes Gespräch ein? Wie führe ich einen Redebeitrag weiter? Was heißt »abschweifen«? u. dgl. Diese Verbesserung der ➪ Kommunikationsbereitschaft und -fähigkeit kann u. a. mit Hilfe des ➪ Fünfsatzes oder anderer Strategien erfolgen.

Für den Unterricht: H. Behme ([4]1992).

2) Für die Sekundarstufe II wird die m. M. in den Bereich ➪ Sonstige Mitarbeit eingebracht.

Museumsunterricht Eines der ➪ Inszenierungsmuster von Unterricht; der Unterrichtsinhalt wird den Schülern und Schülerinnen in einer Art musealer Betrachtung oder Besichtigung vor Augen geführt:

1) M. im Klassenraum kann zur ästhetischen Erziehung genutzt werden, wenn z. B. im Zusammenhang mit der griechischen Tragödie Bildmaterial und Plastiken betrachtet und besprochen werden. Hier bietet sich auch Gelegenheit zu ➪ fächerverbindendem Unterricht mit dem Fach Kunst und Geschichte.

2) Im Zuge der ➪ Öffnung von Schule bieten konkrete Museumsbesuche (Exkursionen) Anschaulichkeit, authentische Objekte sowie Fülle und Ordnung.

Für die Arbeit vor Ort gilt (nach P. Köck, 1991):

- Der Lehrer bzw. die Lehrerin hat den ins Auge gefassten Teilbereich des Museums bereits zuvor gesichtet. Hier kann auch die Mitplanung und -organisation von älteren Schülern bzw. Schülerinnen in Anspruch genommen werden.
- Er oder sie hat einen »roten Faden« geplant nach dem Motto: Weniger ist mehr.
- Die Schüler und Schülerinnen sind in genaue Beobachtungstechniken eingeführt; möglich ist auch eine Leitung der Gruppe durch Arbeitsblätter mit dem Ziel systematischer Selbsterarbeitung.
- Gespräche anstatt langer Erklärungen vor dem jeweiligen Objekt.
- Vorhandene Unterrichtsprogramme und Aktionsräume nutzen.

Weitere Einzelheiten bei K. Weschenfelder / W. Zacharias ([3]1992), A. Schmidt-Herwig (1996), sowie in der Zs. *Kunst und Unterricht* (1997) Heft 218: »Museumspädagogik«.

✷ ✷ ✷

Nachahmung 1) Wichtige Form des ➪ Lernens, die bereits sehr früh einsetzt. Beim Übergang in das ➪ präoperative Stadium (ab 2;0) erwirbt das Kind die symbolische oder ➪ semiotische Funktion. Dies geschieht zunächst über die aufgeschobene N.: das Kind ahmt zeitlicht später eine Handlung nach. Die N. stellt die senso-motorische Vorwegnahme der Vorstellung dar und ist eine Vorform der Vorstellung, die ihre Fortsetzung im »inneren Bild« als verinnerlichte N. hat. Diese ist eine aktive Kopie des Wahrnehmungsbildes, möglicherweise mit Ansätzen einer Rückwirkung auf die Sinne. Sprache wird in solchen »Nachahmungskontexten« erworben.

2) Lerntheoretisch geht N. in ➪ Modell-Lernen auf.

Nachbesprechung 1) Zu jeder ➪ Klassenarbeit oder ➪ Klausur sollte es eine N. mit der Lerngruppe geben. In besonders schwierigen Fällen erfolgt die N. mit dem einzelnen Schüler oder der einzelnen Schülerin; in diesem Fall ersetzt oder ergänzt die individuelle N. den ➪ Lehrerkommentar (2) unter der Arbeit.

Gegenstände einer solchen N. sind u. a.:

- Offenlegung des ➪ Erwartungshorizonts sowie der ➪ Beurteilungskriterien,
- Besprechung häufig aufgetretener Mängel im Hinblick auf die ➪ Darstellungsleistung (auch formale Verstöße gegen die Sprachrichtigkeit!) sowie ➪ Übungen und Hinweise zur Wiederholung dazu,
- Verbesserung der ➪ Verstehensleistung durch Bearbeitung exemplarischer Fälle aus den vorliegenden Arbeiten (ohne Namensnennung!),
- Klärung inhaltlicher und methodischer Probleme bei der Bearbeitung der vorgelegten Texte, Quellen oder Karten, bei den Rechen- und Lösungswegen u. dgl.

Eine solche N. erfordert eine gründliche Vorbereitung; nicht jede Einzelheit muss erwähnt werden, aber die wichtigsten Fehlergruppen und methodischen Schwächen sollten systematisch aus allen Schülerarbeiten herausgezogen und für die N. thematisiert werden. Überlegt werden könnte in diesem Zusammenhang:

- Waren einige Aspekte der Aufgabenstellung zu schwer für die Lerngruppe, habe ich die ⇨ sachstrukturellen Voraussetzungen falsch eingeschätzt?
- Hat es hinreichend vorbereitende Übungen und Gelegenheit zu Nachfragen gegeben? Wäre möglicherweise eine strukturgleiche Übungsarbeit oder Hausaufgabe notwendig gewesen?
- Welche Fehlergruppen sind typisch bzw. häufig bei dieser Lerngruppe und damit exemplarisch für die N.?
- Welche Übungen bieten sich an, um die Fehlermöglichkeiten zu reduzieren, Wissen zu reaktivieren und zu festigen? Sind diese Übungen variationsreich genug, um Langeweile und Überdruss zu vermeiden? Sind sie effektiv?
- Wie kann ich eine effektive N. und ⇨ Berichtigung organisieren? Welche ⇨ Korrekturschwerpunkte lege ich individuell (in der Oberstufe) fest?

2) Die N. im Zusammenhang mit den Unterrichtsbesuchen der Seminarausbilder oder Seminarausbilderinnen im ⇨ Vorbereitungsdienst ist seiner Funktion nach ein Beratungsgespräch (⇨ Beraten), nicht ein Lehrgespräch. Von daher bietet es sich an, wenn der Seminarausbilder sich zurückhält und wenn das Gespräch damit beginnt, dass der Referendar oder die Referendarin seine bzw. ihre Eindrücke von der Unterrichtsstunde wiedergibt und im Anschluss daran bestimmte Aspekte oder Themen, bei denen Beratungsbedarf besteht, benennt.

Die Stellungnahme zum eigenen Unterricht sollte sich in erster Linie auf die verschriftlichte ⇨ Unterrichtsplanung, den Unterrichtsentwurf, beziehen. Folgende Ansätze sind hier gebräuchlich; der Referendar bzw. die Referendarin

a) geht chronologisch die einzelnen ⇨ Unterrichtsphasen der Stunde durch und konzentriert sich dabei auf die feststellbaren Abweichungen; er oder sie begründet die Abweichungen oder stellt mögliche Alternativen dar. Im gemeinsamen Gespräch können diese Verbesserungsvorschläge differenziert oder vertieft werden.

b) begründet die intendierten ⇨ Lernziele der Stunde und legt dar, inwiefern sie erreicht wurden bzw. aus welchen Gründen sie nicht (vollständig) erreicht oder im Verlauf der Stunde verändert worden sind. Derartige Begründungen können sich auf unvorhergesehenes Schülerverhalten, auf mangelnde oder nicht richtig eingeschätzte Kenntnisse, auf Zeitmangel o. ä. beziehen. Hieraus erwachsen dann didaktisch-methodische Begründungen oder Alternativen wie in a).

c) richtet sich an bestimmten Obergesichtspunkten aus, die er oder sie für wichtig hält bzw. für die ein Beratungsbedarf besteht; z. B. Wahl der ⇨ Einstiegsphase und ⇨ Motivation, Art und Funktion des ⇨ Unterrichtsgesprächs, Arbeit mit schwächeren Schülern und Schülerinnen (⇨ Differenzierung), Fragen der ⇨ Didaktisierung, der ⇨ Lernkontrolle u. dgl. mehr.

In jedem Fall sollte bei der Stellungnahme zum eigenen Unterricht das Positive und Gelungene nicht unerwähnt bleiben und die Darlegung möglicher Schwächen ehrlich und im Bemühen um denkbare Alternativen erfolgen.

Das sich anschließende Beratungsgespräch richtet sich an den Themen aus, die der Referendar oder die Referendarin benannt hat, d.h. bei denen er oder sie noch Beratungsbedarf sieht. Hier wäre es optimal, wenn der oder die zu Beratende selbst dazu angeleitet werden kann, tragfähige Alternativen zu entwickeln und zu begründen. Am Ende der N. wird eine Art »Trainingsprogramm« vereinbart, das aus zwei oder drei als besonders wichtig erkannten Punkten besteht (z.B. Beachtung der ➪ Körpersprache vor der Klasse, Gestaltung des ➪ Tafelanschriebs); diese »Programmpunkte« soll der Referendar oder die Referendarin bis zum nächsten Unterrichtsbesuch (evtl. mit der Unterstützung des Ausbildungslehrers oder der Ausbildungslehrerin) üben. In der daran anschließenden N. wird der (mögliche) Fortschritt erörtert; Empfehlungen für eine Vertiefung der bereits erworbenen Unterrichtsfähigkeiten oder ein neues Trainingsprogramm können sich anschließen.

Nachprüfung Die ➪ ASchO (§ 29,1) sieht nach Maßgabe der Ausbildungs- und Prüfungsordnung (➪ AVO-SI, § 4, bzw. ➪ APO-GOSt, § 11) ab der Klasse 7 eine N. vor, sofern ein Schüler oder eine Schülerin nicht versetzt worden ist und sofern die Verbesserung einer mangelhaften Leistung in einem einzigen Fach um eine Notenstufe genügt, um die Versetzungsbedingungen zu erreichen. Dies gilt auch für den nachträglichen Erwerb eines Abschlusses oder einer Berechtigung. Die N. findet unmittelbar zu Beginn des folgenden Schuljahres statt und besteht in der Regel aus einer schriftlichen Arbeit (bei einem schriftlichen Fach) unter Aufsicht sowie einer mündlichen Prüfung (ca. 15 Minuten) vor dem Prüfungsausschuss. Bei mindestens ausreichenden Leistungen ist die ➪ Versetzung nachträglich auszusprechen.

Durch eine »Zusatzprüfung« kann die Versetzung nach Klasse 7 ermöglicht werden. Die Zusatzprüfung erfolgt, „um für ein mangelhaftes Fach einen Ausgleich in einem anderen Fach zu erreichen, das für eine Ausgleichsregelung als Regelfall nicht vorgesehen ist" (H. Pöttgen, [17]1999).

Vgl. auch den Kommentar bei D. Margies u.a. ([3]1995).

Nationalerziehung Die Idee einer »Erziehung zu bewusstem Deutschtum« hat ihren Kulminationspunkt in dem Ausdruck N., wenngleich er von verschiedenen Gruppen mit ganz unterschiedlichen Inhalten, Hoffnungen und Ideologien versehen wurde. So lassen sich idealtypisch drei Ausrichtungen unterscheiden.

1) Aufgeklärte N.

In seiner Schrift »Vom Nationalcharakter durch Volksschulen« stellte E. von Rochow (1779) eine Verbindung zwischen Bildung, besserer Ausbeute des Bodens durch die Landbevölkerung und größerem Reichtum der Landesherrn her. Seine Überzeugung war es, dass die Aufklärung zur N. werden müsse, indem sie auch die Landbevölkerung einschließt. Die Früchte einer so verstandenen N. kämen dann der ganzen Nation zugute. Rochows Idee der N. reichte über die politischen Grenzen nicht nur Preußens, sondern auch des deutschen Reiches hinaus. Für Rochow lag das Fernziel in einem Zeitalter, in dem „die Schwerter in Sicheln verwandelt" würden und in dem alle Nationen friedlich nebeneinander existieren könnten. Nationalerziehung war in diesem Sinne »Kultivierung durch Aufklärung«.

2) Landespatriotische N.
Die auf Grund von dynastischen Verträgen zusammengeführten Bewohner der Landesstaaten sollten im Zeitalter des aufgeklärten Absolutismus durch den zu weckenden Landespatriotismus einheitlich formiert werden. Neben der durch Unterricht zu vermittelnden Einsicht maß man nun auch dem zu weckenden Gefühl große Bedeutung bei. Dies heißt im Klartext: In jedem Kind sollte eine »Geneigtheit« entwickelt werden, „alle Regeln der Ordnung in der Sozietät gern und willig zu befolgen". Dazu war es nötig, dass jeder Schüler diese Regeln, und das waren die Gesetzte des Staates und die Pflichten und Rechte jedes Standes, hinreichend kennen lernte. Und so wurden die Schulen, die durch das preußische Allgemeine Landrecht von 1794 endgültig als »Veranstaltungen des Staates« bestimmt waren, immer mehr zu Pflanzstätten eines so genannten Landespatriotismus.

3) Reichspatriotische N.
Da die politischen Kräfte in den deutschen Partikularstaaten des 19. Jh. eine Einigung unmöglich machten, musste sich der erstarkende Reichspatriotismus auf das stützen, was ihm der Lauf der Geschichte gelassen hatte: die gemeinsame Sprache und die gemeinsame Literatur. Zwar hatte es schon in früheren Jahrhunderten nationale Strömungen gegeben, etwa in den gelehrten Zirkeln der barocken Sprachgesellschaften des 17. Jh., doch im 19. Jh. erhielten diese Bestrebungen eine andere Dimension, da das breite Bürgertum von ihnen ergriffen wurde. Weite Bevölkerungsschichten hatten sich die Auffassung zueigen gemacht, dass jede Nation einen eigentümlichen Charakter besitze – und ganz allgemein setzte sich die Formel in den Köpfen fest, dass *deutsche Sprache* und *deutsches Vaterland* und *deutsche Tugend* eins seien. Damit war der Weg frei, die anfängliche Idee einer humanistischen N. (s. 1) zu einem vom Darwinismus abgeleiteten Machtkampf der Nationalstaaten untereinander zu pervertieren.

Nebentätigkeit Jegliche N. – ob genehmigungspflichtig oder nicht – muss dem Dienstvorgesetzten unaufgefordert vor Antritt dieser N. angezeigt werden, es sei denn, sie erfolgt ehrenamtlich oder unentgeltlich. Die Einkünfte aus einer Tätigkeit im Nebenberuf müssen versteuert werden; Freibeträge regeln die Finanzminister der Länder durch eigene Runderlasse.

negative Verstärkung Wesentlicher Teil des ➪ instrumentellen Lernens; in der ➪ Lernpsychologie verwendeter Ausdruck, der eine bestimmte Art von ➪ Verstärkung meint, bei der eine befürchtete (aversive) Konsequenz beseitigt wird. Insofern ist die n. V. durchaus keine ⇔ Bestrafung; durch sie wird die Wahrscheinlichkeit für ein bestimmtes Verhalten erhöht, weil der oder die Betroffene weniger Angst haben muss. Es lassen sich zwei Verhaltensmuster unterscheiden:

a) *Flucht- und Abschaltverhalten*: Eine Oberstufenschülerin, die eine ungeliebte Hausaufgabe nicht gemacht hat, verlässt die Schule mit der Begründung, sie habe Migräne. Da keine weiteren Folgen eintreten und die Hausaufgaben auch nicht nachgefordert werden, versucht sie es bei nächster Gelegenheit wieder.

b) *Ausweich- und Vorbeugeverhalten*: Die Androhung des Verweises von der Schule veranlasst einen Schüler, wenigstens eine Zeitlang pünktlich zum Unterricht zu kommen.

Die n. V. bringt ein Verhalten hervor, während die Bestrafung es zu unterdrücken sucht.

Netzwerk Ergebnis der ⇨ Vernetzung von Elementen mit bestimmten Gemeinsamkeiten zu größeren Verbünden. Ein N. kann zweidimensional aufgebaut sein, vergleichsweise wie beim ⇨ Clustering oder ⇨ Mindmapping, oder es kann dreidimensional gedacht werden wie ein wachsendes Wurzelwerk; ein derartiges N. wird in Analogie hierzu auch als »Rhizom« bezeichnet.

Neue Medien Sammelbezeichnung vor allem für ⇨ Multimedia und ⇨ Internet; im weiteren Sinne alles, was mit der Nutzung des Computers zusammenhängt, wie Software-Programme (Schreib- und Präsentationsprogramme, Tabellenkalkulation, Mathematik-Software usw.), oder neue Kommunikationswege eröffnet (wie Fax und E-Mail); gelegentlich auch Handy, DVD, Digitalkamera u. dgl.

Weitere Einzelheiten bei G. Gutheil / N. Mügge (2000), H. Kleber (2000), Landesinstitut (2000).

Neugiermotivation Theorie der ⇨ Motivation, die davon ausgeht, dass sich ein Erkundungsbedürfnis im Menschen auf Objekte mit einer gewissen Neuheit, Komplexität oder Unschärfe richtet. Diese Veranlagung scheint genetisch verankert zu sein, insofern sie eine Verbesserung der Überlebenschancen ermöglicht. Es werden zwei Varianten unterschieden:

a) *gerichtetes Neugierverhalten*: Musterfall der ⇨ intrinsischen Motivation; das Interesse wird auf solche Situationen gelenkt, die einen ⇨ kognitiven Konflikt auslösen, der nicht zu leicht und nicht zu schwierig zu bewältigen ist, der also eine »dosierte Diskrepanz« (H. Heckhausen) zu vorhandenen Wissensbeständen aufweist.

b) *diversives Neugierverhalten*: Bedürfnis nach Abwechslung und Stimulation in monotonen, reizarmen Situationen; das Interesse wird auf Situationen gelenkt, die mehr Anreize und Abwechslung versprechen.

Neuro-Linguistische Programmierung Abk.: NLP, oder auch: Neuro-Linguistische Selbstorganisation (NLS); basiert auf der Kernthese des ⇨ Konstruktivismus (2), wonach jeder Mensch im Erleben und im kommunikativen Prozess seine Wirklichkeit (mental) selbst erzeugt. Von daher kann NLP auch als die pragmatische Anwendung der konstruktivistischen Idee gelten. In diesem Zusammenhang bedeutet »Programmierung« die Art und Weise, wie Menschen ihre Modelle von der Welt erzeugen, wobei es sich um ein dynamisches Wechselspiel zwischen Gehirn und Sprache und dessen Auswirkungen auf Körper und Verhalten handelt. Die wichtigsten als »nützlich« eingestuften Annahmen des NLP sind (nach F.-J. Hücker, 1995):

– Menschen reagieren auf ihre subjektive Abbildung der Wirklichkeit und nicht auf die äußere Realität.

- Geist und Körper sind Teile des gleichen kybernetischen Systems und beeinflussen sich wechselseitig.
- Viele Verhaltensmöglichkeiten sind wichtig, weil ein System immer von dem Element kontrolliert wird, das am flexibelsten ist.
- Ein Mensch »funktioniert« immer perfekt und trifft stets die beste Wahl auf der Grundlage der für ihn verfügbaren Informationen.
- Jedem Verhalten liegt eine positive Absicht zugrunde, und es gibt zumindest *einen* Kontext, in dem es nützlich ist.
- Das Ergebnis von Kommunikation ist das Feedback, das der Einzelne bekommt; Fehler oder Versagen gibt es nicht.
- Kann ein Mensch lernen, etwas Bestimmtes zu tun, können es grundsätzlich alle Menschen.
- Menschen verfügen über alle Ressourcen, die sie brauchen, um eine von ihnen angestrebte Veränderung zu erreichen.

Im pädagogischen Bereich hat sich ein Vier-Punkte-Prozess für NLP durchgesetzt:

1. Darstellung des gegenwärtigen Zustands (z.B.: Um welche [problematische] Einstellung, Ansicht, Haltung geht es?)
2. Vergegenwärtigung des Ergebnis- oder Zielzustands (Wie sieht die gewünschte Einstellung usw. aus?)
3. Erkunden der erforderlichen Ressourcen (Was ist nötig? Was kann, was bin ich bereit zu tun?)
4. Brückenschlag in die Zukunft (Wie soll und kann die Einstellung usw. werden?)

Das Besondere von NLP liegt darin, dass sie stets von Beobachtung ausgeht. Dabei ist Folgendes anzustreben (nach E. Kösel, [2]1995):

- Herstellen und Aufrechterhalten einer tragfähigen Beziehung zwischen Lehrendem und Lernendem,
- Einsicht in die Art, wie der Partner sein Abbild von der Wirklichkeit (⇨ Weltbild) erschafft und verändert,
- Aufbau des ⇨ Kontakts zum Partner und zu seinen bewussten wie unbewussten Persönlichkeitsanteilen,
- Bewusstsein über die eigenen Normen, Werte und Erfolgsstrategien.

Nichtversetzung Die ⇨ Versetzung eines Schülers oder einer Schülerin wird von der Klassen- bzw. der Jahrgangsstufenkonferenz ausgesprochen, sofern er oder sie die Leistungsanforderungen der voraufgegangenen Klasse bzw. Jahrgangsstufe erfüllt hat. (⇨ ASchO, § 27) Die Regelungen für die unteren Klassenstufen bei ⇨ Legasthenie sind zu beachten.

Nach Maßgabe der Ausbildungs- und Prüfungsordnung (⇨ AP-SI oder ⇨ APO-GOSt) ist eine ⇨ Nachprüfung möglich; wird auch in der Nachprüfung eine mangelhafte Leistung erzielt, ist er oder sie endgültig nicht versetzt. Ein ⇨ Widerspruch gegen diese Entscheidung der N. hat zwar aufschiebende Wirkung; der Schüler oder die Schülerin verbleibt jedoch bis zur endgültigen Entscheidung in seiner bzw. ihrer bisherigen Klassen- oder Jahrgangsstufe.

Ein Schüler oder eine Schülerin, der bzw. die endgültig nicht versetzt worden ist, wiederholt die Klasse oder Jahrgangsstufe. (ASchO, § 29,2) Allerdings kann er oder sie die gleiche Klasse oder Jahrgangsstufe in einer Schulform „in der Regel" nur einmal wiederholen, wobei die für den Bildungsgang festgelegte Verweildauer nicht überschritten werden darf.

Weitere Kommentare bei D. Margies u. a. ([3]1995) oder H. Pöttgen u. a. ([17]1999).

NLP Abk. für ➪ »Neuro-Linguistische Programmierung«.

nonverbale Kommunikation Verständigung mit Mitteln außerhalb der Sprache, wie z. B. durch ➪ Körpersprache, Gestik oder Mimik. Zur n. K. gehören außerdem (paralinguistische) Phänomene wie Stimmlage, Lautstärke, Stottern u. dgl. sowie alle kulturellen Signale (Kleidung, Schmuck, Statussymbole), welche die aktuelle Kommunikation beeinflussen.

Weitere Einzelheiten bei N. Reichart (2002), L. Kuhn (2002).

Zur Körpersprache im Unterricht: S. Neill / S. Caswell (1996), R. Heidemann ([6]1999).

Norm Im Allgemeinen eine übliche, den Erwartungen entsprechende Größe, Beschaffenheit u. dgl. In diesem Sinne kann alles, was überindividuelle Geltung hat, als N. fungieren.

1) Ob in einer sozialen Gemeinschaft ein Merkmal oder eine Verhaltensweise als N. gilt, hängt vom Bezugsrahmen ab, auf Grund dessen die Beurteilung vorgenommen wird, wenngleich mit Überschneidungen zu rechnen ist.

- *Statistische Norm*: Im Sinne einer »Verhaltensregelmäßigkeit« gilt als normal, was in einer sozialen Gemeinschaft am häufigsten vorkommt, was alle oder die meisten bevorzugen.
- *Ideal-Norm*: Im Sinne von »Verhaltenserwartung« gilt als normal, was eine soziale Gemeinschaft für wünschenswert erachtet oder als verbindlich festgelegt hat.
- *Funktionale Norm*: Bei einem solchen Bezugsrahmen wird das als normal angesehen, was jemand als (längerfristiges) Ziel verfolgt und was er oder sie zu leisten in der Lage und gewillt ist. Diese N. wird oft angelegt bei Personen, die etwas Außergewöhnliches zu leisten in der Lage sind.

Soziale N. steuern das Verhalten der Mitglieder einer Gemeinschaft (einer sozialen Schicht, Berufgruppe, Religionsgemeinschaft u. dgl.); sie sind vielfältiger Kontrolle unterworfen, und »abweichendes« Verhalten wird in der Regel mit Sanktionen bedroht. Solche Mittel der Kontrolle können von außen kommen (Bußgelder, Strafen, Mobbing) oder als innere Instanzen (Angst, Gewissen, Stolz, Scham) wirken. Soziale N. und soziale Kontrolle wirken entscheidend bei der ➪ Rollenzuschreibung oder ➪ Berufssozialisation mit.

2) Sprachlich-kommunikative N. sind z. B. Hochsprache, Dialekt oder Soziolekt, Fachsprachen, Schreibkonventionen (wie Anrede, Floskeln, Formatierung), N. für

Sprechhandlungen (wie jemanden grüßen, sich entschuldigen) oder Konventionen der Grammatik (Wortbildung, Satzbau) und Stilistik (Stilebenen).

3) Im Bereich von Wirtschaft und Industrie werden N. erlassen, um eine Einheitlichkeit bei der Herstellung von Produkten, der Durchführung von Verfahren oder bei der Anwendung von Fachausdrücken zu gewährleisten. Bekannt ist die »Deutsche Industrie-Norm« (DIN) des Deutschen Instituts für Normung e. V.

Normkonflikt Austragung divergierender Auffassungen über ⇨ Normen (1, 2) der unterschiedlichsten Art. Bei Sprachnormkonflikten etwa geht es um die Austragung von Normdifferenzen (a) bezogen auf das Sprachsystem, (b) bezogen auf den Sprachgebrauch; z. B.:

zu a) Die Vermeidung der allgemeinen maskulinen Form in Stellenausschreibungen, wobei auch Neubildungen durchgesetzt werden (*Amtfrau, Kauffrau*).

zu b) Die Veränderung von öffentlichen Diskussionen (Frauen sollen nicht von männlichem Kommunikationsverhalten dominiert werden), Schärfung des Bewusstseins von Lehrern und Lehrerinnen zur Interaktion mit Jungen oder Mädchen (laute, störende Jungen werden öfter ermahnt, aber auch öfter drangenommen; sie erhalten so mehr Sozialkontakte und Aufmerksamkeit der Lehrperson usw.).

Auswirkungen hat ein solcher N. auch im Bereich der Rollenzuschreibung, etwa wenn bei Lehrmitteln darauf gedrungen wird, das Mädchen und Jungen bzw. Frauen und Männer in Texten und Abbildungen die gleichen Rechte, Chancen und Berufsrollen erhalten sollen.
N. lassen sich im Unterricht durch ⇨ Rollenspiele thematisieren (M. von Ments, [3]1998).

Normkritik Bestrebung zur Änderung von ⇨ Normen (1, 2), basierend auf einem ⇨ Normkonflikt. So muss sich z. B. eine »Sprachnormkritik« beziehen auf Sprachanalyse und -bewertung; sie hat das Ziel der Sprachlenkung bzw. der Verbesserung der ⇨ Gesprächskultur. Hierbei muss sie auch selbstreflexiv sein, d. h. auch ihre eigenen Bewertungsgrundlagen in kritischer Absicht offen legen; in jedem Fall sollte eine N. die ⇨ Normproblematik generell reflektieren.

Normproblematik Durch gesellschaftliche Konventionen gewonnene ⇨ Normen (1, 2) können in der Regel nicht den Anspruch auf »objektive« Gültigkeit erheben; sie werden im täglichen Umgang praktiziert und im Falle eines ⇨ Normkonflikts zur Disposition gestellt. Dies gilt insbesondere für den pädagogischen Bereich, was in der Kernfrage der allgemeinen ⇨ Didaktik deutlich wird: *Woraufhin und wofür sollen Menschen (aus)gebildet und erzogen werden*? Diese zentrale Frage schließt die nach einem tragfähigen und verantworteten ⇨ Welt- und ⇨ Menschenbild ein.

Normen müssen im Konfliktfall legitimiert werden, was auf zweifache Weise möglich ist:

a) *Verfahrenslegitimation*
Da in komplexen gesellschaftlichen Zusammenhängen (wie Schule und Ausbildung) nicht jede Norm auf ihre Sinnhaftigkeit hin begründet werden kann, müssen verbind-

liche Verfahren die Wünsche und Interessen der einzelnen Mitglieder regulieren. Dies geschieht z. B. im Bereich der Schule durch Lehrpläne, Richtlinien, Runderlasse und Verfügungen, aber auch durch Vereinbarungen der Betroffenen selbst (Schulcurriculum, Beschlüsse der Teilkonferenzen, obligatorische Inhalte und Methoden, Vorgaben durch Lehrwerke usw.).

b) *Diskursive Legitimation*
Problematisch gewordene Normen müssen inhaltlich begründet werden; diese Begründungen sind jedoch nicht für jeden und für alle Zeiten absolut verbindlich, sondern sie müssen im ➪ Diskurs immer wieder neu ausgehandelt und in einer Art »kooperativer Wahrheitssuche« (J. Habermas) argumentativ begründet werden.

Noten ➪ Zensuren.

Notenbildung 1) Abschlussnoten am Ende eines Quartals (Oberstufe), am Ende eines Halbjahres oder eines Schuljahres setzen sich stets aus Teilleistungen zusammen; in der Regel aus einer Note für die mündliche bzw. für die ➪ Sonstigen Mitarbeit (Oberstufe) sowie aus einer Note für die schriftlichen Leistungen, die nach Maßgabe der Richtlinien im Fach erbracht werden müssen. Die sechs Notenstufen sind in der ➪ ASchO (§ 25,1) festgelegt; sie gehen auf das so genannte »Hamburger Abkommen« von 1964 zurück. In der Oberstufe ist ein Punktesystem, das die Notenstufen abbildet, üblich.

Der Beurteilungsspielraum, den der Lehrer oder die Lehrerin bei der N. hat, gestattet es, den individuellen Möglichkeiten einzelner Schüler und Schülerinnen bzw. den Besonderheiten einer Lerngruppe gerecht zu werden. Eine solche pädagogische Maßnahme darf jedoch nicht zur Prognose auf künftige Leistungen oder zur Disziplinierung missbraucht werden.

Wesentliche Bestimmungen für die N. gehen aus der ASchO (§ 21) hervor:

- Die Leistungsbewertung bezieht sich auf die im Unterricht vermittelten Kenntnisse, Fähigkeiten und Fertigkeiten; dies gilt selbstverständlich auch für die mündliche Mitarbeit (beurteilt werden soll nur, was zuvor gelehrt, gelernt und geübt worden ist!).
- Grundlage der Leistungsbewertung sind alle vom Schüler bzw. von der Schülerin im Zusammenhang mit dem Unterricht erbrachten Leistungen.
- Leistungen bei der ➪ mündlichen Mitarbeit im Unterricht sind für die Beurteilung ebenso zu berücksichtigen wie die übrigen Leistungen.
- In der Sekundarstufe I sind die Schülerleistungen vom Lehrer bzw. von der Lehrerin einzufordern, in der Sekundarstufe II sollen sie vom Schüler bzw. der Schülerin erbracht werden; allerdings bleibt die pädagogische Verantwortung der Lehrkraft für den Bildungsgang des einzelnen Schülers bzw. der einzelnen Schülerin bestehen.
- Die ➪ Leistungsmessung neben den schriftlichen ➪ Klassenarbeiten bzw. ➪ Klausuren sollte vielfältig, differenziert und für die Schüler und Schülerinnen nachvollziehbar sein; dies bedeutet auch, dass Einzelleistungen (in positivem wie in negativem Sinne) in regelmäßigen Abständen dokumentiert werden und somit nachvollziehbar belegt sind.

– Eine Mathematisierung und Schematisierung der N. widerspricht dem pädagogischen Auftrag der Leistungsbewertung.

Die Gewichtung von mündlicher, schriftlicher und praktischer Schülerleistung ist bei der N. nicht immer einfach und in der Sekundarstufe I nicht grundsätzlich geregelt; sie ist fachspezifisch zu sehen und fällt nicht immer gleich aus. Hier sollten sich die ➪ Fachkonferenzen über einheitliche ➪ Standards und über kriteriengeleitete Maßstäbe für die N. verständigen.

In der Oberstufe sieht die ➪ APO-GOSt für die Bildung der Endnoten ausdrücklich vor: „Eine rechnerische Bildung der Kursabschlußnote ist unzulässig“ (§ 14,1); und die VV (§ 14.12) weisen darauf hin, dass insbesondere für den Beurteilungsbereich ➪ Sonstige Mitarbeit die Notenfindung ein kontinuierlicher Prozess ist, der während des gesamten Kurshalbjahres abläuft. Die N. erfolgt aus den Teilnoten für die Sonstige Mitarbeit und den Klausurenbereich; da sie nicht mathematisch zu je 50% erfolgen soll, kommt hier erneut die pädagogische Verantwortung des Fachlehrers bzw. der Fachlehrerin ins Spiel, der bzw. die für die N. verantwortlich ist.

2) ➪ Benotung, ➪ Beurteilen und ➪ Bewerten; ➪ Erfolgs- und ➪ Lernkontrolle; ➪ Leistungsmessung, ➪ Zensur (2).

Notengebung ➪ Benotung.

Notenskala Die N. stellt eine Art Wortfeld dar, das aus einer Menge sinnverwandter Wörter besteht, deren Bedeutungen sich gegenseitig begrenzen und die lückenlos einen bestimmten Sachbereich abdecken. Jedes Element erhält durch seine Position einen Wert zugeschrieben und bestimmt dadurch den der anderen mit. So ist die Note „Gut“ anders zu werten, je nachdem ob sie in einer N. von insgesamt vier, fünf oder sechs Noten steht:

<table>
<tr><td colspan="3">sehr gut</td><td colspan="3">gut</td><td colspan="3">ausreichend</td><td colspan="3">mangelhaft</td></tr>
<tr><td colspan="2">sehr gut</td><td colspan="2">gut</td><td colspan="2">befriedigend</td><td colspan="2">ausreichend</td><td colspan="2">mangelhaft</td><td colspan="2">ungenügend</td></tr>
</table>

Die Skalenform täuscht allerdings darüber hinweg, dass nach der Note »ausreichend« jeweils eine qualitative Stufe vorhanden ist, die für eine Nichtversetzung maßgebend sein kann. Eine inhaltliche Definition der Notenstufen findet sich in der ➪ ASchO, § 25.

Notenspiegel Die Schüler und Schülerinnen bzw. deren Erziehungsberechtigte haben keinen Anspruch darauf, dass der Fachlehrer bzw. die Fachlehrerin nach einer ➪ Klassen- oder ➪ Kursarbeit einen N. bekannt gibt. Es bestehen jedoch auch keine datenschutzrechtlichen Bedenken dagegen (vgl. die Erläuterungen zur ➪ ASchO, § 22, bei H. Pötten u. a., [17]1999). Ein N. macht allerdings nur dann Sinne, wenn alle dieselbe(n) Aufgabe(n) bearbeitet haben.

Notentendenz ➪ Benotung.

* * *

Oberstufe Die höheren Klassen in einem schulischen Bildungsgang heißen O.; sie gibt es z.B. an der Realschule (Kl. 9 und 10), am Berufskolleg (3. Jahrgang), am Gymnasium und der Gesamtschule (Kl. 11 bis 13). Die Bildungsgänge (Sekundarstufe II), die zur allgemeinen Hochschulreife führen, und die Regelungen für die ➪ Abiturprüfung sind in der ➪ APO-GOSt geregelt.

Objektivität Strenge Sachlichkeit; ideale Forderung des wissenschaftlichen Arbeitens nach einer Beschreibung von Sachverhalten, welche die subjektive Seite des Forschungsprozesses weitgehend ausschalten soll.

1) Auch: ➪ Hermeneutik, ➪ Normenproblematik; die Forderung nach O. im Urteilen und Handeln ähnelt derjenigen, letztendlich die ➪ Wahrheit zu finden; doch vieles spricht dafür, dass nur die Schein-Objektivität intersubjektiven Für-objektiv-Haltens erreichbar ist (➪ Intersubjektivität). Hierbei darf die Tatsache, dass eine Theorie oder ein Forschungsergebnis Erfolg hat, nicht mit »wahren Folgen« verwechselt werden; dies heißt aber auch, dass die Verlagerung der Vorstellung von wahrer Erkenntnis zu brauchbarer Erkenntnis (➪ Falsifikation) nicht zu einer Einstellung führen darf, wonach jedes Verfahren recht sei, sofern es die probaten Ergebnisse liefert. Die Bewährung einer Theorie im begrenzten Raum zweckrationalen Handelns und in der geschichtlichen Konkurrenz zu anderen Theorien stellt keine hinreichende, höchstens eine notwendige Bedingung dafür dar, sie zu akzeptieren. Darüber hinaus besteht durchaus die Gefahr, dass die durch Nahziele pragmatisch zu entscheidende Bewährung von Theorien in eine eigene zwangsläufige Dynamik mündet, die Kraft der faktischen Evidenz - durchaus von unglaublichen Erfolgen – den einmal begonnenen Prozess unseres Handels irreversibel macht und damit die Theorie immunisiert, d.h. ihr den Schein von O. gibt. „Das einmal Begonnene nimmt uns das Gesetz des Handelns aus der Hand, und die vollendeten Tatsachen, die das Beginnen schuf, werden kumulativ zum Gesetz seiner Fortsetzung.“ (H. Jonas, 1984) Damit wird deutlich, dass wissenschaftlicher Fortschritt immer auch im Sinne einer Zukunftsethik Bewährung „versprechen“ muss.

Es geht mit dem Phänomen der O. wie mit dem der Erkenntnis ganz allgemein: Bei genauerer Betrachtung bleibt eine vage Einschätzung, ein Für-den-Fall-Setzen auf Grund von symbolisch vermittelten Werten, Normen und methodischen Verfahren, die innerhalb einer begrenzten Zeit für bestimmte soziale Gruppen – für Wissenschaftler wie für Laien –, im Hinblick auf deren Zielvorgaben und ➪ Erkenntnisinteressen Gültigkeit besitzen; und dies mag man (mit allen Vorbehalten) O. nennen.

2) Eines der drei ➪ Gütekriterium wissenschaftlicher Testverfahren und von daher ein Aspekt der ➪ Leistungsmesssung: Die gemessene Leistung soll von demjenigen, der sie beurteilt, unabhängig, d.h. intersubjektiv nachprüfbar sein. Dies ist dann der Fall, wenn auch andere fachlich kompetente Personen, die die Leistung unabhängig überprüfen, auf Grund aller Daten (z.B. schriftliche Klausur, Aufgabenstellung, Bericht über die unterrichtlichen Voraussetzungen, ➪ Erwartungshorizont des Lehrers bzw. der Lehrerin) zu dem gleichen Ergebnis kommen.

Objektsprache Sprachstufe unterhalb der ➪ Metasprache; auf der untersten Stufe werden Aussagen über nicht sprachliche Sachverhalte gemacht. Ein Gespräch über derartige Sachverhalte findet auf der Ebene der Metasprache statt; z. B.:

- Objektsprache: *Schwäne sind weiß.*
- Metasprache: *Die Aussage* »*Schwäne sind weiß.*« *muss eingeschränkt werden*.

Prinzipiell kann jede Metaebene zu einer Objektebene werden, wenn ihre Elemente Gegenstand einer höheren Sprach- oder Reflexionsebene werden.

Obligatorik Dt.: Pflichtleistung; im Bereich von ➪ Schule und Ausbildung die Mindestanforderungen zum Erreichen einer Qualifikation, die eine gewisse Vergleichbarkeit gewährleisten und einen qualitativen ➪ Standard sichern sollen. Meist wird die O. im ➪ Lehrplan nach übergeordneten Aspekten gegliedert, z. B. für die gymnasiale Oberstufe:

- *Allgemeine Organisation*: drei Jahre zu sechs Halbjahreskursen, die ihrerseits in ➪ Unterrichtsvorhaben mit einem spezifischen Thema gegliedert sind; ➪ Sequenzialität und ➪ Progression in einem erkennbaren Lernzusammenhang; fachlich und fachdidaktisch begründete Verknüpfung der Halbjahreskurse; Beteiligung der Schüler und Schülerinnen an der konkreten Planung (➪ partizipatorische Planung).

Ferner:

- *Strukturierung der Kurse*
- *Methoden*
- *Inhalte*
- *Grundlegende Fähigkeiten*

offene Phase Zeitlicher Abschnitt einer Unterrichtsstunde oder -reihe, in dem die Schüler und Schülerinnen weitgehende Freiheit haben, sich zu einem Text, einem Thema oder einer zentralen Fragestellung zu äußern, ohne an eine konkrete Fragestellung oder Denkrichtung gebunden zu sein (➪ divergierendes Denken). Die Schwierigkeit einer o. Ph. liegt darin, dass der Lehrer bzw. die Lehrerin mehrere Fortsetzungen des Unterrichts einplanen muss; er oder sie sollte nicht nach einer o. Ph., in der die Lerngruppe konstruktive Möglichkeiten des weiteren Vorgehens vorgeschlagen und diskutiert hat, vorbereitete Aufgaben präsentieren. Dies konterkariert die Intention einer solchen Phase und führt möglicherweise zu Frustration und Unlust bei den Lernenden, die sich nicht ernst genommen fühlen.

Die o. Ph. ist jedoch nicht zu verwechseln mit einer »leeren Phase« ohne ➪ Zielperspektive; die Schüler und Schülerinnen haben bestimmte Vorgaben (z. B. einen Roman, den sie gelesen haben), sie beherrschen unterschiedliche ➪ Fachmethoden und kennen sich in der zeitlichen Organisation von Unterrichtsstunden und -reihen aus. Von daher können sie in einer o. Ph. z. B. darüber befragt werden, auf welche Weise sie den Text behandeln und welche Themen sie ins Zentrum stellen möchten. Plant der Lehrer bzw. die Lehrerin eine derartige o. Ph., dann sollte kein konkreter Leseauftrag gegeben sein, der die Möglichkeiten der ➪ partizipatorische Planung bereits deutlich einschränkt. In einem solchen Fall sollte ehrlicherweise auf die o. Ph. zu Gunsten eines anderen Verfahrens (➪ Unterrichtseinstieg) verzichtet werden.

offene Planung 1) Bestandteil des ➪ Offenen Unterrichts.

2) Eine Unterrichtsplanung ist immer dann offen, wenn sie die Mitplanung der Schüler und Schülerinnen vorsieht. Aufgabe des Lehrers bzw. der Lehrerin ist es, die ➪ Obligatorik zu berücksichtigen, das Rahmenthema bzw. Kursthema festzulegen sowie die schriftlichen Arbeiten terminlich zu planen und inhaltlich wie methodisch vorzubereiten. Die Freiräume für eine o.P. bestehen in der konkreten Füllung des jeweiligen Rahmenthemas, z.B.:

1. *Auswahl des Inhalts*
- Der Lehrplan schreibt vor, zwei Dramen aus unterschiedlichen Epochen zu lesen.
- Im Schulcurriculum ist vereinbart, als erstes ein Drama der Aufklärung zu lesen.
- Die Lehrperson stellt den Schülern und Schülerinnen (z.B. Jahrgangsstufe 12.1) das Kursthema vor und lässt sie wählen zwischen a) Lustspiel, b) bürgerlichem Trauerspiel und c) Schauspiel.
- Hierzu werden Arbeitsgruppen gebildet, die sich über geeignete Lexika über Inhalt und Intention einzelner Stücke informieren (z.B. H. A. Frenzel / E. Frenzel »Daten deutscher Dichtung«, Band 1; Kindlers »Literaturlexikon« o. dgl.) und dem Kurs berichten.
- Zur Wahl stehen z.B.: a) G.E. Lessing »Der junge Gelehrte« (1748), »Minna von Barnhelm« (1767); J. E. Schlegel »Die stumme Schönheit« (1748); b) G.E. Lessing »Miss Sara Sampson« (1755), »Emilia Galotti« (1772); c) G.E. Lessing »Nathan der Weise« (1779).

2. *Festlegung des Themas*
- Das gewählte Drama ist von allen gelesen (z.B. über die Ferien oder als Hausaufgabe über zwei Wochen hin) mit dem Leseauftrag, mögliche Besprechungsschwerpunkte herauszustellen.
- In der Planungsstunde zu Beginn der Reihe schlagen die Schüler und Schülerinnen Besprechungsschwerpunkte vor; diese werden in eine mögliche Reihenfolge gebracht bzw. als Gruppenthemen konzipiert. Insofern wird während der Planung auch über die Methode der Erschließung entschieden.

3. *Methodenplanung*
- Soll eine neue Methode eingeführt werden, wird dies vom Lehrer bzw. der Lehrerin explizit gemacht (z.B. Erarbeitung von einer Kernszene aus, szenisches Darstellen, strukturales Verfahren); ansonsten wählt die Lerngruppe ein ihr bekanntes Verfahren.

4. *Weitere Vereinbarungen*
- Auch weitere Vereinbarungen können und sollten gemeinsam getroffen werden, z.B. Anzahl der zu bearbeitenden Themen, didaktische Schwerpunktsetzung (Stellung des Hofes in der Gesellschaft, das aufgeklärte Denken, die Ständeklausel bei Lessing o. ä.), zeitlicher Rahmen für die Behandlung des Dramas.
- Dabei sollte gelten, dass nicht bei jeder Lektüre alles gemacht werden muss, son-

dern dass im Sinne von ➪ Spiralcurriculum, ➪ didaktischer Progression und erkennbarem Lernfortschritt sich ergänzende Schwerpunkte in den einzelnen Unterrichtsreihen gebildet werden.

offener Unterricht Zeichnet sich durch ➪ Schüler- und ➪ Handlungsorientierung aus; da der o. U. auf Problembearbeitung hin angelegt ist, bietet sich ein Arbeiten im ➪ fächerverbindenden und/oder ➪ Projektunterricht an. Die ➪ Didaktik weist darauf hin, dass o. U. kein Unterrichtskonzept im üblichen Sinne darstellt, sondern ein vielfältig gestalteter und dynamischer Prozess mit dem Ziel einer »neuen Unterrichtskultur« im Schulalltag sei.

Folgende Merkmale kennzeichnen o. U. (nach J. Bastian, 1995):
- öffnet sich den Fragen und Interessen der Beteiligten in einer ➪ offenen Planung,
- berücksichtigt die Verschiedenheit der Schüler und Schülerinnen im Sinne des ➪ Konstruktivismus,
- öffnet sich für Erfahrungen und ermöglicht Handeln an außerschulischen Lernorten durch ➪ Öffnung von Schule,
- bemüht sich um eine schüleraktive und handlungsorientierte ➪ Methodenvielfalt,
- fördert ➪ Mündigkeit durch Selbstständigkeit und ➪ selbstverantwortetes Lernen, um zu demokratischer Handlungsfähigkeit beizutragen,
- fördert Lernen über Fächergrenzen im fächerverbindenden oder ➪ fächerübergreifenden Unterricht,
- macht die Bedeutsamkeit des Lernens erfahrbar,
- kultiviert die Rolle des Lehrenden als »Lernberater« und ➪ Moderator,
- bemüht sich um ein mehrdimensionales Verständnis von Leistung und um Formen der ➪ Bewertung und ➪ Leistungsmessung, die diesem gerecht werden,
- versteht sich als eine Ergänzung zu geschlossenen Lehrformen im Sinne der ➪ Ganzheitlichkeit von Unterricht.

Trotz seiner offenen Struktur ist der o. U. nicht strukturlos. Folgende Organisationsform bietet sich an:
1. Ermittlung eines Problems bzw. Festlegung eines Themas oder thematischen Schwerpunkts,
2. Kooperative Planung mit der Lerngruppe: a) Herstellen einer gemeinsamen Plattform von Interessen und Intentionen (z. B. ➪ Clustering oder ➪ Mindmapping), b) Aufstellen eines Arbeitsplans (z. B. ➪ thematische Landkarte),
3. Verständigung über das methodische Verfahren und den zeitlichen Rahmen,
4. Einsatz von Lernplänen als Strukturierungshilfen, z. B. mit Hilfe von ➪ Wochenplänen,
5. Einplanen von Reflexionsphasen zur ➪ Metakommunikation (2),
6. Verständigung über das ➪ Handlungsprodukt und seine ➪ Präsentation,
7. Vereinbarung von ➪ Beurteilungskriterien in einer ➪ prozessbegleitenden Bewertung bzw. Lernkontrolle,

8. Ermittlung der inhaltlichen Anteile, die über die Fächergrenzen hinausgehen und Einsatz von »Spezialisten« und/oder Kooperation mit anderen Fachlehrern oder Fahlehrerinnen und/oder Öffnung von Schule für außerschulische Fachleute.

Weitere Einzelheiten bei: W. Jank / H. Meyer ([5]1996, Kapitel 8.4); Themenheft »Offener Unterricht« der Zs. Pädagogik (1995) Heft 12; B. Breuer u. a. (2000).

offenes Unterrichtsgespräch Bei den freien bzw. offenen Gesprächsformen im Unterricht tritt die Lehrperson deutlich zurück, die Sitzordnung (Kreis oder U-Form) erlaubt mehr Blickkontakte der Schüler und Schülerinnen untereinander und es herrscht im Ganzen eine stärkere ➪ Schülerzentrierung als im ⇔ gebundenen Unterrichtsgespräch. Meist reiht sich der Lehrer oder die Lehrerin als gleichberechtigter Gesprächspartner in den Kreis ein bzw. übernimmt die Rolle des ➪ Moderators. Dies bedeutet nicht, dass er oder sie lediglich einzelne Gesprächsteilnehmer aufruft, sondern er oder sie muss auch durch Fragen oder ➪ Impulse das Gespräch weiterführen können, Zwischenergebnisse sichern bzw. sichern lassen (➪ Ergebnissicherung) und die ➪ Zielperspektive des Gesprächs ständig im Auge behalten. Der Lehrer oder die Lehrerin soll mit zunehmender Gesprächsfähigkeit der Lerngruppe vermehrt zuhören und schweigen können, ordnende Hilfe anbieten, den roten Faden verfolgen, zu Beiträgen aufmuntern und ggf. positiv verstärken und die eigene Meinung einbringen, wenn sie gefragt ist. Die Form des o. U. ist in besonderer Weise geeignet, die allgemeinen Ziele der Oberstufe zu realisieren.

Im Einzelnen lassen sich die zentralen Formen ➪ Diskussion, ➪ Debatte oder ➪ Pro-und-Kontra-Diskussion (Streitgespräch) unterscheiden sowie die weniger häufig genutzten Formen wie ➪ Unterhaltung, ➪ Schülergespräch, ➪ Kreisgespräch (Rundgespräch) oder ➪ Schreibgespräch. Darüber hinaus ergeben sich aus den neueren didaktischen Konzeptionen zahlreiche schüleraktive ➪ Handlungsmuster, die zu einer Belebung des o. U. beitragen können.

Öffnung von Schule Im Zuge der neueren Reformbestrebungen soll Schule sich nach innen wie nach außen öffnen, und zwar

- *als Öffnung nach innen*: Dies meint die Pflege der personalen Ebene in den Lehr-Lern-Interaktionen, die Einbeziehung von Formen des ➪ offenen Unterrichtsgesprächs, Förderung individueller Lernwege der Schüler und Schülerinnen, Ausweitung des ➪ fächerübergreifenden Lernens und des ➪ Projektunterrichts, Entwicklung einer neuen Schulkultur (➪ Schulprofil und ➪ Schulprogramm).
- *als Öffnung nach außen*: Dies meint, dass einerseits außerschulische Lernorte (öffentliche Einrichtungen, Museen, Theater, Verbände) genutzt werden und dass andererseits Experten, Autoren oder Zeitzeugen in die Schule eingeladen und in den Unterricht einbezogen werden.

Bei der Ö. v. S. muss beachtet werden, dass Vieles nur langsam und mit Augenmaß realisiert werden kann und soll; denn einerseits ist die ➪ Schultradition nicht zu unterschätzen, andererseits darf das ➪ Lernen nicht durch Reizüberflutung und ein ständig wechselndes Angebot unübersichtlich und unverbindlich werden. Insofern hat sich auch die

Ö. v. S. einer längerfristig anzulegenden ➪ Zielperspektive sowie den allgemeinen ➪ Bildungszielen unterzuordnen bzw. einzufügen.

Öffnung von Unterricht 1) Meist synonym zu ➪ Öffnung von Schule »nach innen« gemeint.

2) Ein wesentlicher Aspekt des ➪ offenen Unterrichts.

Operationalisierung Wenn in der Formulierung eines ➪ Lernziels ausgedrückt wird, welche beobachtbaren Operationen die Schüler und Schülerinnen als Indiz für den Lernzuwachs ausführen sollen, spricht man von einem operationalisierten Lernziel oder allgemein von O. Meist findet die O. erst auf der konkreten Ebene der ➪ Teilziele statt.

a) nicht operationalisiert:
Die Schüler und Schülerinnen sollen die Regel der Subtraktion und Addition von Bruchzahlen anwenden können.

b) operationalisiert:
Die Schüler und Schülerinnen sollen die Regel der Subtraktion und Addition von Bruchzahlen anwenden und zehn Aufgaben fehlerfrei rechnen, indem sie
- *die Brüche gleichnamig machen,*
- *die Ergebnisse als gemischte Zahlen schreiben.*

Die Forderung, alle Lernziele einer Stunde müssten überprüfbar und daher operationalisiert sein, wird heute nicht mehr aufrechterhalten, weil sich gezeigt hat, dass Schüler bzw. Schülerinnen mehr lernen, als in ihren unmittelbaren Aktionen zum Ausdruck kommt. So können auch Formulierungen auf einer höheren Abstraktionsebene angebracht sein (z. B. »Einblicke gewinnen in …«), bei denen der Versuch einer O. nur zu einer Verengung des Problem- und Zielfeldes führen kann.

operative Schemata In der Lernpsychologie Gedächtnisleistungen, welche die sensomotorischen Schemata (saugen, schütteln, klopfen, werfen) fortsetzen und ergänzen. Nach der ➪ Stadienlehre von J. Piaget erwirbt das Kind ab 5/6 Jahren die o. Sch. wie: Aneinanderreihung, Zuordnung, Klassifikation und Reversibilität. Erst ab 11/12 Jahren beginnt auf der Grundlage der o. Sch. das Stadium der ➪ formalen Operationen, bei dem Proportion, doppelte Bezugssysteme, Wahrscheinlichkeitsbegriffe u. dgl. hinzukommen.

Ordnungsmaßnahmen ➪ Erziehungs- und Ordnungsmaßnahmen.

Organisieren Auch: Organisieren und Verwalten; eine der ➪ Berufsfunktionen des Lehrers oder der Lehrerin; sie umfasst vor allem:

- *Zeitplanung*: Einhalten von Terminen und Absprachen mit Fachkollegen (bei ➪ Klassenarbeiten oder ➪ Hausaufgaben), angemessene und kräftesparende Organisation der eigenen Arbeit.
- *Amtsgeschäfte*: Führen von ➪ Klassenbüchern und ➪ Kursheften, Ausüben der ➪ Aufsicht, ➪ Korrektur von Schülerarbeiten, Dokumentation der ➪ Benotung,

Erstellen von Zensurenlisten, Einreichen von Abiturvorschlägen, Teilnahme an Konferenzen, Kenntnisnahme der schulinternen (»Schwarzes Brett«) und der amtlichen Bekanntmachungen im »Amtsblatt«.

- *Koordination*: Vorbereitung und Durchführung von Klassenarbeiten und Kursfahrten / Exkursionen, Bereitstellung von Arbeitsmaterialien, Organisation der eigenen Arbeit (⇨ Unterrichtsplanung, Korrektur und Rückgabe der Schülerarbeiten) sowie der Arbeit der Schüler (insbesondere bei den Großformen).
- *Kooperation*: Absprachen mit den Fachkollegen (z. B. bei der Verteilung der Unterrichtsinhalte, dem Einsatz von ⇨ Lehrmitteln), Mitwirkung in der ⇨ Fachkonferenz und in Arbeitsgruppen, Teilnahme an schulischen Veranstaltungen (Schülerkonzert, Theateraufführung).

Wesentliche Momente der Lehrerfunktion »Organisieren und Verwalten« sind auf der einen Seite die Erfüllung der ⇨ Dienstpflichten, die Herausbildung eines theoriegeleiteten pädagogischen ⇨ Orientierungswissens und einer reflektierten ⇨ Routine, auf der anderen Seite die Kenntnis und Anwendung effektiver Strategien der ⇨ Entlastung (2) sowie Bereitschaft zur ⇨ Kooperation.

Lesenswert hierzu: H. Gudjons (1993), C. Hennig / G. Keller (1998).

Orientierungsrahmen Meist wird der O. für den Unterricht durch die ⇨ Zielperspektive (Reihenthema, Vorgaben des Lehrplans) vorgegeben. Die Schüler und Schülerinnen sollten in der Regel den O. für ihre Arbeit kennen, wodurch die notwendige ⇨ Transparenz hergestellt wird: a) Von welchen Voraussetzungen gehen wir aus? b) Was wollen wir erreichen? c) Wie können wir dabei vorgehen? d) Wozu dient unsere Arbeit? e) Wie kann es weitergehen?

In einigen Fällen kann es sinnvoll sein, ein neues Thema ohne diesen O. zu beginnen, etwa um Neugier zu wecken (⇨ Neugiermotivation), einen Überraschungseffekt zu nutzen, mit einer ⇨ offenen Phase einzuleiten oder um den O. an späterer Stelle nachzuliefern bzw. mit der Lerngruppe gemeinsam festzulegen.

Orientierungsstufe Auch: Erprobungsstufe; Klassenstufen 5 und 6; in den meisten Bundesländern ist die O. in den Bereich der ⇨ Sekundarstufe I eingegliedert, sie kann jedoch auch Teil der ⇨ Primarstufe sein. Je nach ihrer Zuordnung (Haupt-, Real-, Gesamtschule, Gymnasium) bildet die O. eine schulartabhängige Einheit, wenngleich die Lehrpläne der beteiligten Schularten aufeinander abgestimmt sind. Die O. erfüllt u. a. folgende Aufgaben:

- Grundlegung einer gemeinsamen Basis für die weitere Arbeit in der Sekundarstufe vor allem dann, wenn das Einzugsgebiet mehrere Grundschulen umfasst,
- Berücksichtigung der Übergangsbedingungen vom Grundschulbereich auf die weiterführende Schule (z. B. durch gegenseitige Hospitationen von Grundschullehrern und Lehrern in der O.),
- Überprüfung und ggf. Korrektur der getroffenen Schullaufbahnentscheidung.

Näheres (z. B. für NRW) in der »Verordnung über die Ausbildung in der Sekundarstufe I« (➪ AO-SI).

Orientierungswissen So genannte »Unterrichtskonzepte« liefern das O., das in der Praxis für die Praxis entsteht und das, zusammen mit einer reflektierten ➪ Routine, zum Rüstzeug jeder Lehrkraft gehört; es etabliert sich im Allgemeinen zwischen ➪ Schultradition und in die Praxis überführtes ➪ Theoriewissen.

Zum O. gehören bestimmte Überzeugungen zum Welt- und ➪ Menschenbild einer Person und – damit verbunden – auch solche zu den übergreifenden ➪ Bildungszielen und ➪ Unterrichtsprinzipien; ferner Annahmen über einen effektiven Fachunterricht sowie über die damit einhergehenden inhaltlichen und methodischen Entscheidungen (z. B. bei Reihenplanung). Das O. erstreckt sich auf Erfahrungen mit der Institution Schule und den entsprechenden Erwartungen, den Umgang mit Kollegen und Kolleginnen, das Verhalten von Schülergruppen in den verschiedenen Klassen- und Jahrgangsstufen u. dgl. mehr. Im Ganzen hat dieses O. einen hohen Anteil an der ➪ Berufssozialisation.

originale Begegnung Nach H. Roth ([7]1963) ein unterrichtsmethodisches Prinzip, wonach intensives ➪ Lernen dann ermöglicht wird, wenn ein „Innewerden der Widerstände im Lerngegenstand“ (➪ kognitiver Konflikt) gelingt und wenn die Schüler und Schülerinnen einen neuen Lösungsweg zur Vollendung der Handlung oder zur Lösung der Aufgabe durch Anpassung, Probieren oder Einsicht entdecken, durchführen und reflektieren. In diesem Sinne gleicht das Konzept der o. B. dem des „fruchtbaren Moments im Bildungsprozess“ (F. Copei) oder der „doppelseitigen Erschließung von Schüler und Inhalt“ (W. Klafki) im Zusammenhang mit der ➪ kategorialen Bildung.

Output Dt.: Ausstoß; Ausgabe von Gütern oder Daten eines Systems (z. B. eines Unternehmens, einer EDV-Anlage). Unter dem Gesichtspunkt der Effektivität werden nur das Kosten-Nutzen-Verhältnis von ⇔ Input und O. betrachtet. In behavioristischer Sicht ist auch das sprachliche Verhalten des Menschen in ähnlicher Weise beschrieben worden: das menschliche Bewusstsein gilt in dieser Konzeption als ➪ Black box; beobachtbar und beschreibbar sind dann lediglich Reiz und Reaktion (➪ Konditionierung) analog zu In- und O.

OVP Abk. für »Ordnung des Vorbereitungsdienstes und der Zweiten Staatsprüfung für Lehrämter an Schulen«. In der OVP sind Hinweise und Bestimmungen enthalten zu: Einstellung und Dienstverhältnis, Ziel, Dauer und Organisation des Vorbereitungsdienstes, Ermittlung und Vergabe der Ausbildungsplätze, besondere Vorschriften für den Erwerb mehrerer Lehrämter, ferner zu Organisation und Durchführung der zweiten Staatsprüfung (Prüfungszeit, Prüfungsausschuss, Hausarbeit, unterrichtspraktische Prüfungen, Festsetzung der Leistungsnoten, Ermittlung des Gesamtergebnisses der Prüfung, Rücktritt, Nichtbestehen u. a. m.).

✱ ✱ ✱

Pädagogik 1) Erziehungskunst, erzieherische Grundhaltung einer Gemeinschaft.

2) Als Erziehungswissenschaft Lehre von den Aufgaben, Formen und Bedingungen der Erziehung (➪ Erziehen); wissenschaftliche Erforschung der Erziehungs- und Bildungsvorgänge. Die Anfänge einer wissenschaftlichen P. liegen im 17. Jh. und waren zunächst darauf gerichtet, den Schulunterricht planmäßig zu durchdenken (W. Ratke, J. A. Comenius). Aus diesen Anfängen entwickelte sich unter dem Einfluss der Aufklärung eine umfassende Lehre von der Erziehbarkeit des Menschen (Pestalozzi, Herbart, Fröbel), die im 19. Jh. durch philosophische Grundannahmen (»Erziehung des Menschengeschlechts«, Erziehung durch Verfeinerung des Geisteslebens, Vorbild der griechischen Kultur) überhöht und verallgemeinert wurde. So hat die P. stets zwei große Bereiche umfasst:

- einen außerschulischen, gesellschaftlichen Bereich (Theorie der Kleinkinderziehung, Kindergartenpädagogik, Theorie des lebenslangen Lernens, P. der Berufsarbeit, der wissenschaftlichen Arbeit, der Sozialhilfe usw.);
- einen schulischen Bereich, der im wesentlichen Fragen wie »Was soll warum gelernt werden?« oder »Wie lassen sich Lernprozesse optimal organisieren?« beschäftigt.

Für die Schule bedeutsam wurde die Theorie der ➪ Formalstufen des Unterrichts von J. F. Herbart (1776–1841); er schuf das erste ➪ Artikulationsschema von Unterricht, das auf lerntheoretischen Annahmen und einer psychologische Theorie vom ➪ Lernen fußte. Je nach dem herrschenden wissenschaftlichen ➪ Paradigma (1) hat sich die P. im Laufe ihrer Geschichte eher als eine empirisch-experimentelle oder eher als eine geisteswissenschaftliche Disziplin (G. Kerschensteiner, T. Litt, H. Nohl, E. Spranger, W. Flitner) verstanden, die u. a. durch existenzphilosophische, ontologische und anthropologische Aspekte ergänzt worden ist. Die pädagogische Reflexion über grundlegende Strukturmomente von Unterricht und Erziehung führte zu einer Reihe von allgemeindidaktischen Ansätzen, von denen die ➪ Bildungstheoretische Didaktik (W. Klafki, W. Kramp) gegenwärtig die größte Bedeutung erlangt haben dürfte.

3) Einen sehr allgemeinen und umfassenden Anspruch vertritt die P. dann, wenn sie – über den Bereich von Schule und Jugenderziehung hinaus – Bestrebungen zur Umgestaltung des gesellschaftlich-kulturellen Lebens verfolgt. Als »Kulturpädagogik« zielt sie auf Erneuerung und Entwicklung der bestehenden Verhältnisse; sei es, dass sie eine Optimierung im Rahmen der bestehenden sozialen Gliederung erstrebt, sei es dass sie die sozialen Schranken aufbrechen und zu einer allgemeinen Emanzipation aller oder bestimmter Gruppen (Arbeiterbildungsbewegung, Frauen- oder Jugendbewegung) beitragen will. All diesen Bestrebungen liegt der Gedanke zu Grunde, dass gewünschte Veränderungen vor allem durch Erziehung und Unterweisung zu erreichen seien.

Als Einführung: H. Blankertz (1982), A. Reble ([19]1999), H. Weimer / J. Jacobi (1992), H. Meyer (2002).

pädagogisches Rollenspiel Besondere Ausformung des ➪ Rollenspiels, die dem Improvisationstheater nahe steht; das p. R. dient insbesondere einer anschaulichen, personenbezogenen Darstellung und Bearbeitung von schwierigen individuellen, aber auch von überindividuellen Situationen. Der Lernende soll befähigt werden, Rollenzwänge zu erkennen und kreativ zu überwinden, um so zu einem echten, selbstbestimmten Rollenhandeln zu gelangen. Insofern ist es auch als »Anti-Rollenspiel« und als »Trans-Rollenspiel« bezeichnet worden.

Unterschieden werden drei Formen des p. R.:

1. Im Mittelpunkt steht ein Protagonist, der eine subjektiv schwierige Situation kreativ bewältigen möchte, wobei er von Mitspielern und/oder von der Gruppe unterstützt wird. Oft gelingt dies durch die Übernahme einer Fremdrolle, die zu dem Komplex der problemhaften Erfahrungen gehört, wenn sich beispielsweise ein Schlägertyp in die Rolle eines seiner Opfer versetzen und dessen Erfahrungen und Gefühle verbalisieren soll.
2. Die Mitglieder einer Lerngruppe werden insgesamt einbezogen; sie haben selbst gewählte Rollen übernommen und handeln entsprechend einem übergeordneten Thema und entsprechend einer mehr oder weniger stark vorstrukturierten Ausgangssituation. Die ➪ Pro-und-Kontra-Diskussion kann hier annäherungsweise als Beispiel angesehen werden.
3. Das Literatur-Rollenspiel ist textbezogen, doch bietet die Vorlage oft nur Thema und Vorstrukturierung des Spiels. Ermöglicht werden soll die Übernahme und eigenständige Ausgestaltung von Rollen, die ein vorliegendes Thema oder Problem (z. B. zu einer Lebenskrise, einer Sinn- oder Glaubensfrage oder zur Gestaltung einer Beziehung) nahe legen. Im geschützten Raum des Spiels kann diese bedeutsame Lebenssituation nach- bzw. vorgelebt und mehrperspektivisch erfahren werden, was möglicherweise eine innere Verarbeitung günstig beeinflusst.

Paedolinguistik Interdisziplinärer Teilbereich der Linguistik, der sich mit der Erforschung der Kindersprache (etwas bis zum 6. Lebensjahr) beschäftigt; das sind im Wesentlichen der Spracherwerb sowie die Struktur und Leistung der Sprache von Kindern im Vorschulalter, bevor sie die Schriftlichkeit als sekundäres Sprachsystem erwerben. Neben den rein linguistischen Aspekte werden paralinguistische und nonverbale Ausdrucksmittel, aber auch Fragen der Psycho- und Soziolinguistik relevant.

Einzelheiten bei E. Oksaar ([2]1987).

Paradigma Pl.: Paradigmen; dt.: Beispiel, Muster; ursprünglich eine Geschichte oder Erzählung mit beispiel- oder modellhaftem Charakter.

1) Denkmuster, das das wissenschaftliche Weltbild, die Weltsicht einer Zeit oder einer Wissenschaftlergemeinschaft prägt. Zu einem solchen P., das für eine bestimmte Zeit und innerhalb einer bestimmten Gemeinschaft Geltung hat, gehören bestimmte ➪ Axiome, Basisaussagen, Musterbeispiele, ➪ Theorien, ➪ Methoden und ➪ Normen (3). Von daher können P. als Modelle angesehen werden, „aus denen bestimmte festgefügte Traditionen wissenschaftlicher Forschung erwachsen“ (T. S. Kuhn, 1967).

2) Flexionsmuster; Muster für die Deklination oder Konjugation eines Wortes, das beispielhaft für eine ganze Klasse gleich flektierender Wörter steht.

Paradigmenwechsel Wechsel eines wissenschaftlichen ➪ Paradigmas (1); Thomas S. Kuhn (1967) beschreibt diesen Vorgang wie folgt:

1. Nach einer Zeit der Vor-Wissenschaft setzt »normale Forschung« ein, die allmählich ein Paradigma etabliert und verwaltet. „Normalwissenschaftliche Forschung ist [...] auf die Verdeutlichung der vom Paradigma bereits vertretenen Phänomene und Theorien ausgerichtet".
2. Perioden der Verunsicherung können zu einer Krise führen, die schließlich eine »wissenschaftliche Revolution« bewirkt; sie ist gleichzusetzen mit der Übernahme neuer Theorien, dem P. Dieser Wechsel des Paradigmas vollzieht sich nicht kumulativ, sondern „es ist vielmehr der Neuaufbau des Gebietes auf neuen Grundlagen". Er ist verbunden mit einer Änderung der Anschauungen über das Gebiet einer Fachwissenschaft, über ihre Methoden und Ziele. Widerstände von Seiten der traditionsverhafteten Wissenschaftlergruppe gegen diejenige, die ein neues Paradigma angenommen hat, sind „keine Verletzung wissenschaftlicher Normen, sondern ein Hinweis auf das Wesen der wissenschaftlichen Forschung selbst".
3. Nach dem Abschluss des P. tritt für die betreffende Wissenschaftlergruppe erneut eine Periode normalwissenschaftlicher Forschung (wie unter 1) ein, die dann ihrerseits in eine Krise geraten kann usf.

Hierbei unterstellt Kuhn, dass für einen P. bestimmte Kriterien wirksam werden, etwa: Die neue ➪ Theorie löst mehr Probleme, sie ist »sauberer«, besser geeignet, einfacher. Die bessere Anpassung der neueren Theorien an die vorherrschenden Bedingungen macht den »Fortschritt« aus (Theoriedynamik). Der Wechsel eines Paradigmas „führt die Wissenschaftler und die von ihnen Lernenden" jedoch keineswegs näher und näher an die ➪ Wahrheit heran. Es handelt sich demnach bei Kuhns Fortschrittsgedanken eher um die Vorstellung von »Verfeinerung« und Evolution im biologischen Sinne, weniger um Evolution auf einen Endzweck (ein Telos) hin.

Parallelarbeit Auch: Vergleichsarbeit. Entsprechend einer Vereinbarung der ➪ Kultusministerkonferenz (KMK) vom 12.05.1995 zu den »Standards für den Mittleren Schulabschluss in den Fächern Deutsch, Mathematik und erste Fremdsprache« haben die Länder Vorschriften zur »Qualitätsentwicklung und Qualitätssicherung durch Parallelarbeiten und Aufgabenbeispiele« erlassen (z. B. NRW mit RdErl. vom 01.12.1998). Hiernach sind Lehrer und Lehrerinnen verpflichtet, auf der Grundlage entsprechender inhaltlicher Absprachen in bestimmten Abständen gemeinsame Arbeiten gleichzeitig für mehrere Parallelklassen schreiben zu lassen. In der Regel wird in den Schulformen der Sekundarstufe I im zweiten Schulhalbjahr der Klassenstufen 7 und 10 (Abschluss der Sekundarstufe I, ➪ Fachoberschulreife) jeweils eine Klassenarbeit in den Fächern Deutsch, Mathematik und Englisch (erste Fremdsprache) als P. aller Klassen der jeweiligen Jahrgangsstufe geschrieben. Folgendes gilt es hier zu beachten:

- Die Maßnahmen zur ➪ Qualitätsentwicklung und Qualitätssicherung werden von den ➪ Fachkonferenzen vorbereitet.

- Diese beschließen über die Grundsätze der didaktischen und methodischen Arbeit sowie der ➪ Leistungsbewertung zur Vorbereitung der P. und legen den Termin fest.
- Fachlehrer und Fachlehrerinnen sind an die Beschlüsse der Fachkonferenz gebunden.
- Die Fachkonferenzen bereiten auch die Einbeziehung der Maßnahmen in das ➪ Schulprogramm und ggf. in ein ➪ Schulcurriculum vor.
- Sofern offizielle Aufgabenbeispiele vorliegen, müssen diese als Standard angemessen einbezogen werden; hierbei ist zwischen Klassen 10 Typ A und B der Hauptschule oder zwischen Grund- und Erweiterungskursen der Gesamtschule zu differenzieren.
- Die Ergebnisse der P. sind Ansatzpunkte für die ➪ Evaluation des Unterrichts in den jeweiligen Klassen und Fächern.
- Der Schulleiter bzw. die Schulleiterin hat die ordnungsgemäße Abwicklung der Maßnahmen zu gewährleisten. Dabei wird er oder sie von der ➪ Schulaufsicht unterstützt.
- Die Schulleitung berichtet am Ende eines Schuljahres der ➪ Schulkonferenz über die Ergebnisse der P.

Das allgemeine Ziel, das mit der Durchführung von P. verfolgt wird, besteht darin, den Fachunterricht zu verbessern und solche Verbesserungen der Öffentlichkeit gegenüber argumentativ vertreten zu können.

Neben den P. anhand von Aufgabenbeispielen und zuvor festgelegten Standards gibt es eine Reihe weiterer Maßnahmen zur Sicherung und Entwicklung der Qualität schulischer Arbeit; z. B.:

- Fachkonferenzen entwerfen P. oder einzelne Elemente dazu,
- Aufgaben für P. werden gesammelt und stehen allen Lehrkräften zur Verfügung,
- Lehrkräfte kooperieren z. B. im Fach Deutsch bei der Unterrichtsvorbereitung und der Leistungsüberprüfung in Parallelklassen,
- Fachkonferenzen benachbarter Schulen tauschen ihre Erfahrungen über durchgeführten Maßnahmen aus,
- Zweitkorrekturen finden durch eine Lehrkraft mit demselben Fach und der gleichen Jahrgangsstufe statt,
- Klassensätze bewerteter Arbeiten werden ausgetauscht und anschließend besprochen,
- Nachkorrektur bereits bewerteter Arbeiten durch Lehrkräfte einer Nachbarschule.

In der Regel wird auch in der Klasse 3 der Grundschule je eine P. in den Fächern Sprache und Mathematik geschrieben.

Paraphrase Dt.: Umschreibung.

1) Freie, nur sinngemäße Übersetzung in eine andere Sprache.

2) Umschreibung eines Ausdrucks oder Textteils mit anderen Worten oder Ausdrücken, die das Gemeinte (für bestimmte Rezipienten) einfacher und verständlicher machen sollen. Beispielsweise sind die Erklärungen zu den Stichwörtern in einem Lexikon solche P.

3) Benötigt wird die P. etwa bei der zusammenfassenden Abschrift von Textpassagen (z. B. aus entliehenen Büchern oder Zeitschriften), die man für eine ➪ Facharbeit o. ä. benötigt; eine solche P. sollte bereits Erklärungen, Hinweise und Querverweise enthalten. Auch die »Wiedergabe mit eigenen Worten« als schulische Übungsform ist eine P., bei der die Schüler oder Schülerinnen zeigen müssen, dass sie den Textsinn im Wesentlichen verstanden haben und dass sie über ein variationsreiches und vereinfachendes Vokabular verfügen, indem sie schwierige Passagen sinngemäß wiedergeben und erläutern.

partizipatorische Planung Auch: kooperative Planung; ein von W. Schulz (^{3}1981) eingeführter Ausdruck, der die Beteiligung von Schülern und Schülerinnen bei der Planung von Unterricht einmahnt. Dies gilt insbesondere für die Sekundarstufe II. So heißt es z. B. im Lehrplan »Deutsch« für die gymnasiale Oberstufe (NRW, 1999): „Die Schüler und Schülerinnen sollen zunehmend stärker in Planungsentscheidungen einbezogen werden, Mitverantwortung für den gemeinsamen Unterricht entwickeln und ihre Arbeit selbstständig und kooperativ gestalten."

Die Verantwortung für die Themen der einzelnen Unterrichtsreihen bleibt beim Fachlehrer bzw. der Fachlehrerin, der bzw. die für die Einhaltung der ➪ Obligatorik verantwortlich ist und für eine fachlich stimmige ➪ Sequenzialität zu sorgen hat. Die k. P. bezieht sich vielmehr auf die Auswahl der konkreten Gegenstände sowie auf Aspekte der methodischen Umsetzung und der Zeiteinteilung.

Schwierigkeiten vor Ort können sich dann ergeben, wenn die Lerngruppe z. B. bei der Festlegung einer Lektüre (im Rahmen der Obligatorik) beteiligt werden soll. Wie können Lernende, die noch keinen modernen Roman bzw. noch kein Drama gelesen haben, entscheiden, welches dieser Werke für sie lesenswert sei? Eine knappe Vorstellung möglicher Titel durch den Lehrer oder die Lehrerin ist nicht dazu angetan, p. P. genannt zu werden. Allerdings sollten sie einige geeignete Titel benennen und sie sollten beraten sowie Hinweise geben. Ansonsten müssen die Schüler und Schülerinnen selbst sich anhand von Romanführern oder »Kindlers Literatur-Lexikon« einen Einblick in Inhalt und Intention einzelner Romane oder Dramen verschaffen, sie müssen sich gegenseitig informieren und in einen regen Austausch darüber geraten, welcher dieser Romane im Hinblick auf das Reihenziel geeignet ist, und sie müssen sich auf ein Werk einigen, die Herangehensweise besprechen und einen Zeitplan vereinbaren.

Schwieriger gestaltet sich die p. P. in Fächern wie Mathematik oder in den Naturwissenschaften; doch auch hier gibt es einige Möglichkeiten – etwa in der Phase der ➪ Problemfindung oder über die Bildung von ➪ Lösungshypothesen – die Lerngruppe in die Gestaltung des Unterrichtsprozesses aktiv einzubeziehen.

Partnerarbeit Eine der ➪ Sozialformen des Unterrichts; bei der P. arbeiten zwei Schüler oder Schülerinnen gemeinsam an der Lösung eines Problems oder der Bewältigung einer Aufgabe. Beim Einsatz von P. ist darauf zu achten, dass die Aufgabe tatsächlich für diese Sozialform geeignet ist. So kann die Berechnung von Aufgaben im Mathematikunterricht oder die Erschließung eines Textes im Englischunterricht wesentlich besser in

➪ Einzelarbeit geleistet werden, während die Suche nach einem Lösungsweg oder die Erarbeitung eines Dialogs geradezu die P. nahe legen.

Wie für jede unterrichtliche Entscheidung gilt auch für den Einsatz der P., dass sie funktional im Hinblick auf Gegenstand, Thema und Zielsetzung geplant werden muss. Dass die Schüler und Schülerinnen »miteinander sprechen« sollen, ist noch keine Begründung für P.; denn auch bei der Einzelarbeit sollten Anfragen oder kurze klärende Gespräche der Schüler untereinander selbstverständlich sein.

Soziale Lernziele (z. B. Kooperationsfähigkeit) wiederum erreicht man wesentlich effektiver durch ➪ Gruppenarbeit.

Pausenaufsicht Die Verpflichtung einer Schule zur P. ergibt sich aus der ➪ ASchO (§ 12,1): „Die Aufsichtspflicht der Schule erstreckt sich auf die Zeit, in der die Schüler am Unterricht oder an sonstigen Schulveranstaltungen teilnehmen. Schüler, die sich auf dem Schulgrundstück aufhalten, sind während einer angemessenen Zeit vor Beginn und nach Beendigung des Unterrichts oder von sonstigen Schulveranstaltungen sowie Pausen und Freistunden zu beaufsichtigen."

Die Aufsichtspflicht betrifft alle Lehrkräften der Schule und ist Teil der ➪ Dienstpflichten; die ➪ Lehrerkonferenz entscheidet (gemäß SchMG, § 6,4) über die Grundsätze für die Aufstellung von Aufsichtsplänen. Die Entscheidung über den Einsatz der einzelnen Lehrkraft und die Aufsichtspläne trifft der Schulleiter bzw. die Schulleiterin (VV zu § 12,1).

Weitergehender Kommentar bei H. Pöttgen u. a. ([17]1999).

Pausenhofgestaltung Im Sinne der ➪ Bewegten Schule sollte der Pausenhof so gestaltet sein, dass er den Bedürfnissen der Schüler und Schülerinnen nach Erholung und Bewegung, Kommunikation und Spiel gerecht wird. Hierzu gibt es eine Reihe von Gestaltungsvorschlägen, die im Wesentlichen darauf abzielen, dass die unterschiedlichen Altersgruppen (Klasse 5-7, 8-10 sowie die Oberstufe) unterschiedliche Areale besetzen können, die ihren Interessen entgegenkommen, und dass diese Areale entsprechend ausgestattet, gestaltet und gesichert werden. Die Gestaltung des Pausenhofs kann als Aufgabe ins Schulprogramm aufgenommen werden oder in einem Projekt (mit längerfristig angelegter Planungsphase) von Lehrern und Schülern gemeinsam realisiert werden. Allerdings sollte Folgendes bedacht werden:

- die P. muss von der Schulleitung sowie einer qualifizierten Mehrheit der Lehrerschaft und der Schüler und Schülerinnen gewollt und aktiv mitgetragen werden,
- die Elternschaft, die zuständigen Verwaltungsstellen sowie ggf. die Aufsichtsbehörde sind einzubinden,
- die Planungsaktivitäten sollten von einer Stelle aus gesammelt und koordiniert werden,
- am Ende der Vorlaufphase sollten ausgereifte Pläne zur Abstimmung bereitstehen,
- die Finanzierung muss zu Beginn der Abstimmungsphase gesichert sein (hierzu sollten Kostenberechnungen von Experten vorliegen).

Weitere Einzelheiten bei S. Besele (1999), M. Hoff u. a. (2000).

Peer group Gruppe gleichaltriger Personen mit etwa gleicher Sozialisation, gleichen Interessen und Wertmaßstäben als Bezugsgruppe für ein Individuum. Im Übergangsfeld zwischen ➪ Kindheit und Erwachsenenalter übernimmt die P. g. Funktionen der Sozialisation und der sozialen Unterstützung. Sie besteht und wirkt auf drei Ebenen (nach R. Oerter / L. Montada, ²1987):

a) als konkrete Gruppe von Schulfreunden, als Clique an der Straßenecke oder stärker organisierte Jugendgruppe. „Ihre Struktur ist unterschiedlich. Sie reicht von hierarchisch gegliederten Gruppen mit fester Rollenverteilung (Banden) über stabile Gruppen mit einem oder zwei bestimmenden Mitgliedern (z. B. tonangebende Gruppe in einer Schulklasse) bis zu losen Gruppierungen mit relativ unverbindlicher Gruppenteilhabe des Einzelnen".

b) als große Gemeinschaft mit gleichen Interessen, Vorlieben, zum Teil auch Werthaltungen, die einen bestimmten Lebensstil nahe legen. „Jugendliche verstehen sich in ihren Interessen und Vorlieben über Grenzen und politische Systeme hinweg."

c) als Freundschaften mit spezifischen Bindungserfahrungen.

Performanz Dt.: »Ausführung«, auch: Rede; zweite Phase des ➪ Modell-Lernens (Ausführungsphase).

peripheres Lernen Dt.: am Rande (der Aufmerksamkeit) befindliches ➪ Lernen; vor allem beim Spielen lernen Kinder vieles »unbewusst«, d. h. jenseits der bewussten Aufmerksamkeitsschwelle.

1) Dieser Umstand kann auch im Fachunterricht genutzt werden, wenn z. B. ein Lernstoff auf einem bunten ➪ Lernposter oder einer strukturierten ➪ Wandzeitung dargeboten wird oder wenn eine Lerngruppe im Sprachenunterricht bei einem Würfelspiel oder Puzzle ganz nebenbei auch neue Vokabeln wahrnimmt. „Später, in einem anderen Kontext werden die Vokabeln wiedererkannt." (G. Bovet / V. Huwendiek, ²1998)

2) Das p. L. in entspanntem Zustand wird als Teil der Lernmethode in der ➪ Suggestopädie eingesetzt.

Personalrat Vertretung der Lehrerschaft bei den Dienststellen (z. B. den Bezirksregierungen). Die Dienststellenleitung ist verpflichtet, dem P. die Unterlagen, die zur Erledigung seiner personalvertretungsrechtlichen Aufgaben erforderlich sind, unaufgefordert vorzulegen. Der P. nimmt diese Aufgaben wahr und hat ein Anhörungsrecht etwa bei Einstellungen, Versetzungen und Abordnungen, Aufhebungs- und Beendigungsverträgen oder bei Abordnungen.

Persönlichkeit 1) Gesamtheit der charakteristischen, individuellen Eigenschaften und Einstellungen eines Menschen; oft wird jemand als P. bezeichnet, wenn man ausdrücken will, dass er oder sie über harmonisch ausgebildete menschliche Qualitäten verfügt oder in der Gesellschaft besonders geachtet ist.

2) In der Psychologie wird der Terminus nicht einheitlich verwendet. Im Allgemeinen besteht Konsens darin, dass P. „ein bei jedem Menschen einzigartiges, relativ stabiles und den Zeitablauf überdauerndes Verhaltenskorrelat" sei (U. Tewes / K. Wildgrube,

1992). Damit ist P. als ein Gefüge von ⇨ Dispositionen beschrieben, z. B. was Merkmale des Verhaltens, aber auch der ⇨ Kognition, der ⇨ Emotion und ⇨ Motivation betrifft. Darüber hinaus können auch anatomische oder physiologische Merkmale in das Konzept einbezogen werden.

Personenansprüche Wenn über die Balance zwischen Ich (Individuum), Wir (Gruppe) und Es (Sache) gesprochen wird, etwa im Zusammenhang mit der ⇨ Themenzentrierten Interaktion, steht der Ausdruck P. für die Seite des Ich mit seinen Ansprüchen wie Identität, Unversehrtheit, Streben nach Glück usw., jedoch stets in Spannung und in Ergänzung zu den Ansprüchen der beiden anderen Größen.

Nach dem ⇨ Hamburger-Modell von W. Schulz (1980) sollen im ⇨ Lehr-Lern-Prozess ⇨ Autonomie (Ich), ⇨ Solidarität (Wir) und ⇨ Kompetenz (Es) in ein ausgewogenes Verhältnis zueinander gebracht werden und so gleichermaßen Gefühls-, Sozial- und Sacherfahrungen ermöglichen.

Personenorientierte Didaktik Auch: subjektive Didaktik; Grundlagen dieser neueren Form der allgemeinen ⇨ Didaktik sind (nach E. Kösel, ^{2}1995) die Systemtheorie, der radikale ⇨ Konstruktivismus (2) sowie die Habitustheorie. „Entsprechend der veränderten Sichtweise müssen ⇨ Lernen und Lernorganisation ausschließlich vom Standpunkt des jeweiligen lernenden Subjekts aus gesehen werden. Es geht darum, die aus der Lebensgeschichte des Einzelnen stammende biographische Struktur und Dynamik zu erkennen, zu verstehen und zu akzeptieren. [...] Jeder Mensch besitzt somit seine eigene Wahrnehmung, die nur zum Teil – soweit sie erlebnismäßige Übereinstimmungen haben – mit denjenigen von anderen Menschen konvergieren." Nach E. Kösel können Lehr-Lern-Prozesse als Interaktionen des Lernenden mit der Umwelt keine Veränderungen beim Lernenden zwingend herbeiführen, sondern es sind stets nur „Anstöße zu strukturellen Veränderungen" möglich, die der Lernende dann in einem internen Verarbeitungsprozess (⇨ Informationsverarbeitung) auf seine Weise und mit seinen Möglichkeiten vollzieht.

Die P. D. kennt vier Größen, die den Lehr-Lern-Prozess maßgeblich beeinflussen:

1. *Struktur-Determiniertheit*: Struktur- und Zustandsveränderungen (d. h. Lernen) werden im Wesentlichen nicht von den Ereignissen und Merkmalen der Umwelt (d. h. vom Unterrichtsgeschehen) bestimmt, „sondern von der Organisation des Systems" (d. h. der individuellen Person) selbst.
2. *Selbst-Referentialität*: Menschen sind – wie alle »lebenden Systeme« – rückbezüglich und im Hinblick auf ihre eigene Struktur »abgeschlossen«. Damit wird gleichzeitig behauptet, dass die Wirkung der Einflüsse oder Störungen von außen vollständig von der Organisation des Individuums bestimmt ist.
3. *Selbstorganisation*: Jeder Einzelne organisiert die ihn verändernden oder stabilisierenden Prozesse selbst aus sich heraus, sie können nicht von außen aufgezwungen werden. Demnach kann sich das Individuum entsprechend seiner Organisation selbst ändern; es bedarf dabei nicht der Eingriffe anderer.

4. *Strukturelle Koppelung*: Zwar bestimmt die Struktur eines Lebewesens, welche Interaktionen mit seiner Umwelt es für angemessen hält und welche Reaktionen seinerseits möglich sind, aber es hat auch die Möglichkeit, mit anderen Menschen in Kontakt zu treten. Diese »strukturelle Koppelung« ist der Motor für strukturelle Veränderungen und für die Herstellung der gemeinsamen »sozialen Wirklichkeit«. Das soziale Milieu wäre dann ein Netzwerk solcher struktureller Koppelungen, in dem sich das Individuum als autonomes lebendes System verwirklicht.

Aus diesen grundlegenden Annahmen ergeben sich für die P. D. folgende Konsequenzen:

- Alle Lernprozesse im Menschen sind als ein in sich geschlossenes Netzwerk anzusehen, das sich autonom verhält und in dem die ablaufenden Prozesse rekursiv voneinander abhängen.
- Menschen sind Wesen, die ihre Welt selbst herstellen und organisieren; sie selbst definieren einen »Außenrand«, über den sie durch Interaktionen mit der Umwelt in Kontakt treten.
- „Diese Zirkularität von Lernprozessen macht eine Selbstorganisation aus, die sich aus sich selbst heraus zusammenhält." (E. Kösel, [2]1995)

Weitere Einzelheiten bei J. Oelkers / H.-E. Tenorth ([3]2000), S. J. Schmidt ([2]1992), P. Watzlawick ([9]1997).

personenzentrierte Gesprächsführung Die p. G. ist aus der ➪ Humanistischen Pädagogik hervorgegangen und vertritt ein »interaktives« Menschenbild. Zwei Annahmen sind ihr wichtig:

1. Im Individuum sind nie vollständig ausgeschöpfte Potenziale der Selbstentfaltung und Selbstverwirklichung vorhanden; sie gilt es zu erschließen und auszuschöpfen.
2. Jeder Mensch nimmt die Welt subjektiv wahr und versteht diese subjektive Sicht als seine »reale« Wirklichkeit; somit kann er in seinen Aktionen nur verstanden werden, wenn diese Subjektivität als Grundlage seiner Persönlichkeit akzeptiert wird. (➪ Personenorientierte Didaktik)

Für die Anwendung der p. G. im pädagogischen Bereich (➪ Gesprächsführung) geht es weniger um bestimmte Techniken und Methoden, als vielmehr um eine bestimmte Grundhaltung, die mit Eigenschaften wie ➪ Kongruenz (Echtheit der Person), ➪ Akzeptanz (bedingungsfreie Wertschätzung des anderen) und ➪ Empathie (einfühlendes Verstehen) umschrieben werden kann.

Weitere Aspekte der p. G. sind u. a., sich selbst in seinem Gesprächsverhalten zu kontrollieren, eigene Bewertungen möglichst zurückzuhalten oder die Fähigkeit zu Ich-Botschaften und zu aktivem Zuhören im Sinne der ➪ Gordon Methode zu besitzen.

Perspektive W. Klafki spricht von der »pädagogischen Perspektive«, aus der heraus ein fachlicher Inhalt zu einem Unterrichtsinhalt werde; diese pädagogische P. sei jedoch nicht mit einer konkreten ➪ Unterrichtsmethode zu verwechseln. Was Klafki damit meint, wird im Zusammenhang seines vorläufigen ➪ Perspektivschemas zur Unterrichtsplanung deutlich.

Perspektivplanung In seinem ➪ Hamburger Modell unterscheidet W. Schulz ([3]1981) vier Ebenen der ➪ Unterrichtsplanung, von denen die oberste Ebene die P. darstellt. Im Rahmen der P. fallen die Grundsatzentscheidungen für den Unterricht über einen längeren Zeitraum hinweg. Sie umfasst u. a.: Rezeption und kritische Würdigung der wissenschaftlichen Ergebnisse und Methoden für das Fach, Prüfung und Reflexion der geltenden ➪ Richtlinien und ➪ Lehrplänen; ferner die ➪ Lehrmittelkritik, Transparenz der ➪ Richtziele, die ➪ Prinzipien des Lehrens und Lernens, die leitenden Wertvorstellungen und pädagogischen Maximen.

Das ➪ Bildungsziel ist die „Erziehung zur größtmöglichen Verfügung aller Menschen über sich selbst". Um dies zu erreichen, müssen die leitenden Intentionen (➪ Kompetenz, ➪ Solidarität, ➪ Autonomie) mit den entsprechenden Themen (Sach-, Sozial- und Gefühlserfahrung) in Verbindung gebracht werden.

Die P. erfüllt demnach folgende Funktion:

- Begründung der Leitgedanken,
- Erarbeitung eines professionellen Standorts,
- methodische Organisation des Lehr-Lern-Prozesses analog zur ➪ Themenzentrierten Interaktion.

Die Kleinarbeitung der Entscheidungen aus der P. erfolgt in der ➪ Umrissplanung als dem „Kernstück der Unterrichtsplanung in der Alltagspraxis".

Perspektivschema Das »vorläufige« P. zur Unterrichtsplanung wurde von W. Klafki (1985) im Zusammenhang mit seiner ➪ Kritisch-konstruktiven Didaktik entwickelt. Es vereinigt die ➪ Bedingungsanalyse mit den sieben Aspekten der schon früher propagierten ➪ Didaktischen Analyse: 1. ➪ Gegenwartsbedeutung und 2. ➪ Zukunftsbedeutung des Unterrichtsinhalts für die Schüler und Schülerinnen, 3. exemplarische Bedeutung des Inhalts (➪ Exemplarität), 4. seine ➪ thematische Struktur, 5. ➪ Erweisbarkeit und Überprüfbarkeit der Ergebnisse, 6. ➪ Zugänglichkeit und 7. ➪ Lehr-Lern-Prozess.

Allerdings sagt das P. selbst „noch recht wenig über die konkrete Unterrichtsvorbereitung und den Unterrichtsprozeß aus" (W. Jank / H. Meyer, [5]1996). Das P. gehört seinem theoretischen Status nach auf die relativ abstrakte ➪ Reflexionsebene grundlegender Strukturmomente von Unterricht. Als Raster kann es dazu dienen, fehlende Aspekte bei der Planung oder Analyse von Unterricht aufzufinden oder Argumente für bzw. gegen bestimmte Planungsentscheidungen anderen gegenüber zu liefern.

Pflegschaft Gemäß dem ➪ SchMG (§ 1,3) werden die Erziehungsberechtigten ausdrücklich an der »Gestaltung des Schulwesens« beteiligt. Hierzu gibt es zwei Gremien:

a) die *Schulpflegschaft*: Sie setzt sich zusammen aus den Vorsitzenden der Klassen- und Jahrgangsstufenpflegschaften (s. b) und vertritt die Interessen der Erziehungsberechtigten bei der Gestaltung der Bildungs- und Erziehungsarbeit in der Schule (SchMG, § 10,1 und 3). Die Schulpflegschaft hat nur Beteiligungs-, keine Entscheidungsrechte; konkret heißt dies, dass sie über alle Angelegenheiten, die Gegenstand der Beratung oder Beschlussfassung der ➪ Schulkonferenz sind, ihrerseits beraten kann. Im Rahmen ihrer Mitwirkungsrechte hat die Schulpflegschaft ein Informations- und Anhörungsrecht.

Vor Entscheidungen über ➪ Ordnungsmaßnahmen hat die ➪ Lehrerkonferenz einen Vertreter der Schulkonferenz zu hören, „soweit der betroffene Schüler oder seine Erziehungsberechtigten nicht widersprechen" (➪ ASchO, § 15,4).

b) die *Klassen- und Jahrgangsstufenpflegschaft*: Sie setzt sich zusammen aus den Erziehungsberechtigten der Schüler der Klasse bzw. Jahrgangsstufe, dem Klassenlehrer bzw. der Klassenlehrerin oder die mit der Organisation der Jahrgangsstufe betraute Lehrkraft (mit beratender Stimme) sowie ab Klasse sieben den Klassensprecher (Jahrgangsstufensprecher) und seinen Stellvertreter. Der gewählte Vorsitzende (sowie – je nach Größe der Schülerschaft – weitere Vertreter der Erziehungsberechtigten) ist Mitglied der Schulpflegschaft. Die Klassen- oder Jahrgangsstufenpflegschaft berät insbesondere über:
   - Art und Umfang der ➪ Hausaufgaben,
   - Durchführung der ➪ Leistungsmessung (nicht die Bewertung oder Notengebung!),
   - Einrichtung freiwilliger Arbeitsgemeinschaften,
   - Schulveranstaltungen außerhalb der Schule,
   - Anregungen zur Einführung von ➪ Lernmitteln,
   - Bewältigung von Erziehungsschwierigkeiten.

Die P. ist ferner im Rahmen der Lehrplanrichtlinien bei der Auswahl der Unterrichtsinhalte zu beteiligen (§ 11,7); eine solche Beteiligung sieht in der Regel vor, dass der Klassenlehrer oder die Klassenlehrerin den Elternvertretern die Unterrichtsinhalte der einzelnen Fächer für das kommendende Schulhalbjahr vorstellt und erläutert. An dieser Stelle bietet sich auch die Gelegenheit, dass weniger geläufige Unterrichtsformen und Methoden (wie ➪ offener Unterricht, ➪ Handlungsorientierung, ➪ fächerverbindender Unterricht oder ➪ Projektunterricht) bei Bedarf erläutert und didaktisch begründet werden. Sofern es sich tatsächlich – oder auch nur in den Augen der Eltern – um »Neuerungen« handelt, ist deren Akzeptanz bei den Eltern eine wichtige Voraussetzung für das Gelingen entsprechender Unterrichtsvorhaben.

Pflichtstunden Die wöchentliche Pflichtstundenzahl der Lehrerinnen und Lehrer ist über Verwaltungsvorschriften auf der Grundlage des Schulfinanzierungsgesetzes geregelt. Sie beträgt zur Zeit für Lehrkräfte an Grund-, Haupt- oder Realschulen 27, Gymnasien und Gesamtschulen 24,5, Abendgymnasien und Studienkollegs 21 Wochenstunden. Die P. können durch ➪ Entlastung (1) reduziert werden; Gründe hierfür sind z. B. besondere Funktionen innerhalb von Schule (➪ Funktionsstelle) oder Ausbildung (z. B. ➪ Fachleiter), Altersentlastung, Schwerbehinderung u. dgl.

Phänomenologie Von E. Husserl (1859–1938) begründete philosophische Richtung, die von der geistigen Anschauung des »Wesens« der Gegenstände oder Sachverhalte ausgeht und die geistig-intuitive Wesenschau – an Stelle rationaler Erkenntnis – vertritt. Ihr Ziel ist es, das Gegebene (die »Phänomene«) streng objektiv aufzuzeigen und zu beschreiben. Hierbei geht es der P. im Wesentlichen um die Beantwortung der Frage, wie die Welt dem Menschen und er dabei sich selbst zu Bewusstsein kommt; insofern richtet sich ihr Interesse auch und vor allem auf die Beschreibung von Bewusstseinsvorgängen sowie der ➪ Normen (1) und Sinnstiftungen menschlichen Handelns. Allerdings sind Theoreme wie ➪ Objektivität (1), ➪ Wahrheit oder ➪ Erkenntnis in neuerer Zeit kritisch interpretiert worden.

Über die Theorie der »Lebenswelt-Konzepte« (K. Meyer-Drawe) übte die P. einen gewissen Einfluss auf die ➪ Pädagogik aus, z. B. was die zunehmende Bedeutung der Alltags- und Lebenswelt der Kinder (➪ Kindheit) und Jugendlichen (➪ Jugendkultur) bei der Planung und Durchführung von Unterrichtsvorhaben betrifft.

Phantasie Allgemein Vorstellung, Vorstellungskraft oder Einbildung; aber auch Erfindungsgabe und Einfallsreichtum einer Person. Negativ gewendet kann P. soviel wie Trugbild oder Fiebervision (Phantasieren) bedeuten.

„In der Phantasie werden bildhafte Vorstellungen und Erlebniserinnerungen umgeformt, neu strukturiert und gegebenenfalls verstärkt. Phantasien stehen im engen Zusammenhang zu Gemütsverfassungen und den persönlichen Bedürfnissen. Sie können bis zu Tagräumen ausgestaltet werden, haben zum Teil kompensatorische Funktion [...] oder dienen der imaginären Wunscherfüllung." (U. Tewes / K. Wildgrube, 1992) Auf Grund ihrer unterschiedlichen Erscheinungs- und Bewertungsformen hat die menschliche P. vielfältige Bedeutung in pädagogischen Zusammenhängen.

a) Eine der wesentlichen Aufgaben vor allem im sprachlich-musisch-künstlerischen Bereich ist es, die P. der Kinder und Jugendlichen herauszufordern, bewusst einzusetzen und ihr einen Raum zur Entfaltung zu bieten. Diesem Ziel dienen freiere Formen des Schreibens (Phantasiegeschichten) sowie alle Formen der ➪ Kreativität im Fachunterricht. Methodisch kann die ➪ Phantasiereise eingesetzt werden, um Schüler und Schülerinnen auf ein Thema einzustimmen oder sie in eine gelockerte, aufnahmefähige Stimmung zu versetzen.
b) Die Auswirkungen von ungezügelter Phantasie und Tagträumen bei Schülern oder Schülerinnen kann im normalen Unterrichtsverlauf zu Problemen der ➪ Aufmerksamkeit und ➪ Konzentration führen, was seinerseits wiederum in ➪ Schulschwierigkeiten münden kann. Insofern scheint die Einbeziehung und Berücksichtigung von Phantasie und Einfallsreichtum bei der Gestaltung des Fachunterrichts eine pädagogische Notwendigkeit zu sein. Berücksichtigung finden solche Überlegung im ➪ erfahrungsbezogenen oder ➪ offenen Unterricht, bei ➪ Handlungs- und ➪ Produktorientierung sowie bei den meisten der schüleraktiven ➪ Handlungsmuster.

Weitere Einzelheiten bei M. Seitz (2001).

Phantasiereise Bevor dieses ➪ Handlungsmuster im Unterricht eingesetzt wird, sollte die Lerngruppe ausführlich über Sinn und Zweck sowie die Vorgehensweise informiert werden; nicht alle Lerngruppen lassen sich ohne Weiteres auf diese das ➪ Gefühl und die ➪ Phantasie herausfordernde »Reise« ein. Die P. kann dazu dienen, eine Lerngruppe auf ein Thema einzustimmen, sie kann aber auch lediglich zur Entspannung und Besinnung eingesetzt werden. Eines ihrer wesentlichen Ziele besteht jedoch darin, die Schüler und Schülerinnen zu ermutigen und zu befähigen, Gefühle zu verbalisieren und

Gespräche über psychische Vorgänge (innere Bilder, Phantasien) mit anderen in angemessener Weise führen zu können.

Im Allgemeinen geht man dabei wie folgt vor:

- Zunächst wird die Lerngruppe mit dem Verfahren vertraut gemacht; ihre prinzipielle Zustimmung zu der P. ist wichtig; auch sollten die Intentionen, die mit einer P. verfolgt werden, allen klar sein.
- Die Schüler und Schülerinnen erhalten den Hinweis, dass nach der P. ein Gespräch über die Vorstellungen, inneren Bilder, Gefühle der Einzelnen stattfinden soll.
- Die Schüler und Schülerinnen nehmen eine bequeme Position ein; sie sollten sich darauf einstellen, dass sie die Augen schließen und einfach nur zuhören.
- Der Lehrer oder die Lehrerin spricht oder liest die P. vor; hierbei sollte die Stimme leise, aber pointiert und gut artikuliert sein; das Sprechtempo ist eher langsam; Pausen lassen Raum für die Entfaltung eigener Gedanken und Gefühle.
- Die Thematik der P. richtet sich nach den Intentionen; es sollten vor allem die Sinne angesprochen werden, also innere Vorstellungen zu optischen, akustischen oder taktilen Impressionen (*du siehst, hörst, spürst wie …*).
- Die Überleitung zur Reflexionsphase geschieht behutsam; es sollte niemand zur Mitteilung über seine inneren Bilder oder Stimmungen genötigt werden; möglicherweise kann auch der Lehrer oder die Lehrerin damit beginnen, wie er oder sie sich bei einer entsprechenden Gelegenheit gefühlt hat.

Weitere Einzelheiten bei E. Maaß / K. Ritzschl (1996), G. Maschwitz / R. Maschwitz (1998).

Phasen ➪ Unterrichtsphasen.

Phasenwechsel Der Wechsel von einer ➪ Unterrichtsphase zur nächsten ist jeweils ein wichtiger Moment im Ablauf einer Unterrichtsstunde. Gerade bei noch unerfahrenen Lehrkräften empfiehlt es sich, an diesen Übergängen die notwendigen ➪ Aktionsformen genau zu planen und evtl. ➪ Impulse oder ➪ Lehrerfragen parat zu haben, die den P. einleiten bzw. erleichtern. Zwei Beispiele:

- Nach einer ➪ Spontanphase (➪ divergierendes Denken) wird ein P. zur ➪ Problemfindung notwendig. Die Lehrperson lässt noch drei Meldungen zu, dann lobt sie die rege Beteiligung, weist auf die Notwendigkeit hin, das Bisherige zu sammeln und zu ordnen usw.
- Nach einer ➪ Sammelphase (➪ konvergierendes Denken) wird ein P. zur ➪ Vertiefung notwendig. Die Lehrperson fordert zu einer ➪ Zwischensicherung auf, weist auf die Themafrage der Stunde hin und gibt zu bedenken, ob diese bereits beantwortet sei, ermuntert zu kritischen Fragen oder stellt diese selbst usw.

Phasierung Gliederung des Unterrichts nach ➪ Unterrichtsphasen.

PISA Abk. für Engl.: »Programme for International Student Assessment«; PISA ist „ein Programm zur zyklischen Erfassung basaler Kompetenzen der nachwachsenden

Generation, das von der Organisation für wirtschaftliche Zusammenarbeit und Entwicklung (OECD) durchgeführt und von allen Mitgliedsstaaten gemeinschaftlich getragen und verantwortet wird. Es ist Teil des Indikatorenprogramms der OECD, dessen Ziel es ist, den OECD-Mitgliedsstaaten vergleichende Daten über die Ressourcenausstattung, individuelle Nutzung sowie Funktions- und Leistungsfähigkeit ihrer Bildungssysteme zur Verfügung zu stellen" (OECD, 1999). Das primäre Ziel von PISA ist demnach, eine Grundlage für „politisch-administrative Entscheidungen" zur Verbesserung des Bildungssystems auf allen Ebenen (von der Bildungsplanung über die Lehrerausbildung bis hin zur Einzelschule) bereitzustellen.

Die Studie bezieht sich auf den Bildungsstand von 15-jährigen Schülern und Schülerinnen in 32 Staaten (davon 28 OECD-Staaten). In jedem dieser Länder sind zwischen 4.500 und 10.000 Lernende getestet worden. Erfasst wurden die Bereiche a) Lesekompetenz, b) mathematische Grundbildung und c) naturwissenschaftliche Grundbildung, wobei das Hauptinteresse auf der Beherrschung von Prozessen, dem Verständnis von Konzepten lag sowie auf der Fähigkeit, innerhalb eines Bereichs mit unterschiedlichen Situationen umzugehen.

Die ersten Daten liegen seit 2000 vor, und die nächsten Erhebungen sollen im Dreijahreszyklus erfolgen. In Deutschland nahmen 5.000 Schüler und Schülerinnen aus 219 Schulen Teil, wobei im Durchschnitt 23 der 15-jährigen pro Schule untersucht wurden. In einer nationalen Stichprobenergänzung (⇨ PISA-E) wurde diese Zahl auf 1.466 Schulen mit über 50.000 Probanden erhöht, damit die Ergebnisse auch auf der Ebene der Länder verwertbar sind.

Eine Zusammenfassung der zentralen Befunde durch das Max-Planck-Institut für Bildungsforschung, Berlin (2001), findet sich unter: www.mpib-berlin.mpg.de/pisa. Sie gibt Auskunft über folgende Punkte:

1. Untersuchungsgegenstand und Durchführung von PISA
2. Lesekompetenz
3. Mathematische Grundbildung
4. Naturwissenschaftliche Grundbildung
5. Familiäre Lebensverhältnisse, Bildungsbeteiligung und Kompetenzerwerb
6. Leben- und Lernbedingungen von Jugendlichen

PISA-E Ergänzung der ⇨ PISA-Studie auf nationaler Ebene. In dieser Stichprobenergänzung wurden die Schulen auf 1.466 und die Probanden auf über 50.000 erhöht, damit die Ergebnisse auch auf der Ebene der Länder verwertbar sind. Sie war Ende Juni 2002 verfügbar und zeigte deutliche Unterschiede in allen drei Kompetenzbereichen (Leseverständnis, Mathematik, Naturwissenschaften). Die Länder Bayern, Baden-Württemberg und Sachsen befinden sich jeweils auf den ersten drei Plätzen; die beiden weiteren Plätze des oberen Drittels nehmen Rheinland-Pfalz und das Saarland (Leseverständnis), Thüringen und Schleswig-Holstein (Mathematik) bzw. Thüringen und Rheinland-Pfalz (Naturwissenschaften) ein. Im unteren Drittel (auf den Plätzen 11 bis 14) finden sich immer Brandenburg, Bremen und Sachsen-Anhang, beim Leseverständnis zusätzlich Mecklenburg-Vorpommern und in Mathematik sowie Naturwissenschaften jeweils Niedersachsen. Nordrhein-Westfalen belegt beim Leseverständnis gemeinsam mit Thüringen den 6., bei Mathematik und Naturwissenschaften den 10. Platz.

Relativiert werden die Ergebnisse von PISA-E durch folgende Umstände:

- günstige soziale und ethnische Voraussetzungen in einzelnen Bundesländern durch die Vorauswahl ihrer Schülerschaft nach Klasse 4 oder 6;
- Koppelung zwischen sozialer Herkunft und Kompetenzerwerb;
- Festlegung des Migrantenstatus auf die Frage, ob mindestens ein Elternteil nicht in Deutschland geboren sei (in Bayern ist für 11,5% aller 15-järhigen, in NRW für 20,4% die Muttersprache nicht Deutsch);
- erhebliche Spreizung der Leistungsabstände zwischen den leistungsstärksten und den leistungsschwächsten Schülern und Schülerinnen (in NRW beim Leseverständnis am höchsten ausgeprägt);
- Auswahl der Schultypen in den einzelnen Bundesländern (in Bayern lernen 14% der 15-Jährigen bereits in Berufsschulen; von diesen möglicherweise schwächeren Schülern und Schülerinnen haben aber nur 55% an der Studie teilgenommen).

Nach PISA und PISA-E haben sowohl die ➪ Kultusministerkonferenz als auch einzelne Bundesländer Maßnahmen zur Hebung des Bildungsniveaus ergriffen: Vereinbarung gemeinsamer ➪ Standards (als Kompetenzen und als grundlegendes inhaltliches und methodisches Wissen), Erstellen von Kerncurricula, Kernlehrplänen und Aufgabenbeispielen mit verbindlichen Anforderungen und Abschlussprofilen, kontinuierliche ➪ Evaluation zur Sicherung und Verbesserung der Leistungsstandards (➪ DESI, ➪ IGLU), Förderung des professionellen Handelns der Lehrerschaft (hinsichtlich der Zielklärungs- oder Reflexionsprozessen, ➪ Diagnosekompetenz, ➪ Kooperation usw.) durch Fortbildungsmaßnahmen und außerschulische Unterstützung.

Weitere Einzelheiten bei K. Klemm (2002), Deutsches PISA-Konsortium (2002).

Planen 1) P. gilt als Kennzeichen für bewusstes ➪ Handeln (im Gegensatz zum ⇔ Verhalten). Planvolles Handeln zielt auf ➪ Problemlösen; es soll erfolgreich und effizient sein. Die Ausbildung der dazu erforderlichen Fähigkeiten ist eines der wesentlichen Ziele jeglichen Unterrichts.

2) ➪ Unterrichtsplanung.

3) ➪ partizipatorische Planung.

Planspiel Eines der ➪ Handlungsmuster des Unterrichts; es sollte nur dann eingesetzt werden, wenn die Lerngruppe hinreichend Kenntnisse und Erfahrungen über das Thema gesammelt hat. Insofern kann das P. vor allem der Integration sowie der handlungsorientierten Sicherung und Vertiefung von Unterrichtsergebnissen dienen. Zu beachten gilt, dass ein P. (vor allem in jüngeren Klassen) eine eigene Dynamik entwickeln kann, die dem Unterrichtsziel möglicherweise zuwiderläuft. Ein P. lässt sich in folgenden Schritten organisieren:

- In einer Informationsphase erhalten die Schüler und Schülerinnen hinreichend Gelegenheit, sich mit dem Thema inhaltlich vertraut zu machen.
- Beim ersten Einsatz erläutert der Lehrer oder die Lehrerin das methodische Vorgehen sowie die Zielsetzung des P.
- Einem P. sollte ein halbwegs genau definierter Konflikt zu Grund liegen; diesen Konflikt will es in einem Teilbereich nachbilden.
- Das P. ist in sich zielorientiert und auf ein bestimmtes Ende hin (z. B. eine Abstimmung) zu konzipieren. Es sollte auch zeitlich terminiert sein.
- Jeder der Beteiligten erhält eine zuvor erarbeitete Rollenbeschreibung, die gleichzeitig die Intentionsrichtung der ➪ Argumentation nahelegt.
- Vertreter von gleichen Interessengruppen sollten sich im Rahmen des P. absprechen können (interne Meinungsbildung), um eine Strategie und die Verteilung der Strategieelemente auf die einzelnen Rollenträger festzulegen; denn nicht jeder sollte über alles reden!
- Zu beachten gilt auch die Vorbereitung einer Spielfläche sowie der (möglichst sparsame) Einsatz von Requisiten und Spielmaterial.
- Ein Spielleiter eröffnet das Spiel, klärt noch einmal die Ausgangslage; er kann das Spiel unterbrechen (z. B. für eine Reflexionsphase) und er beendet das Spiel (z. B. für die vorgesehene Abstimmung).
- Nicht beteiligte Schüler und Schülerinnen können als Beobachter fungieren; sie stellen am Ende z. B. dar, wer seine Interessen übertrieben und rücksichtslos oder aber zu zaghaft und ohne Engagement vertreten hat.
- Am Ende steht eine Auswertung des P.: der Spielverlauf wird noch einmal rekapituliert, das Spielergebnis wird kommentiert und schließlich interpretiert (z. B. im Hinblick auf seine Realisierungschancen, seine Konsequenzen).

In einem P. wird Lernen durch Aktion ermöglicht; es ist die Rekonstruktion oder Antizipation einer realen Konfliktsituation, in der verschiedene Interessengruppen ihre Sicht der Dinge durchsetzen oder aber einen tragfähigen Kompromiss finden wollen. Insofern hat das P. auch eine interne Zielsetzung: Die Schüler und Schülerinnen sollen lernen, „aufeinander zu hören, kollektiv und solidarisch zu agieren, sich als kompromissfähig zu erweisen usw." (H. Meyer, Band II, [9]1999)

Planungsalternative Auch: Alternativplanung; da die ➪ Unterrichtsplanung nur den Soll-Zustand eines ➪ Lehr-Lern-Prozesses beschreibt und nicht alle Unwägbarkeiten vorhergesehen werden können, sollte mindestens eine P. vorgesehen sein, die es z. B. möglich macht, eine (notwendig werdende) Übung einzuschieben oder den Unterricht (bei Zeitmangel) an einer früheren Stelle sinnvoll zu beenden. Hierbei ist zu berücksichtigen, dass dann, wenn bestimmte Ergebnisse nicht erreicht werden, die intendierte ➪ Hausaufgabe in der Regel verändert werden muss.

In einem ➪ Unterrichtsentwurf (etwa zu einer Unterrichtsprobe) kann die P. im ➪ Verlaufsplan für die Unterrichtsstunde durch eine durchbrochene Linie abgetrennt oder in einem gesonderten Kommentar didaktisch-methodisch begründet werden.

Planungsebenen In seinem ➪ Hamburger Modell unterscheidet W. Schulz (³1981) vier Ebenen der ➪ Unterrichtsplanung:

1. *Perspektivplanung*: geht über einen längeren Zeitraum (z. B. Halbjahresplanung) und beinhaltet die Grundsatzentscheidungen für den Unterricht.
2. *Umrissplanung*: bezieht sich auf eine Reihe, die als Einheit und als Beitrag zur ➪ Sequenzialität konzipiert wird. Im Einzelnen geht es um: a) Analyse der ➪ Ausgangslage, b) Festlegung und kritische Reflexion von ➪ Intentionen und Themen, c) Zuordnung geeigneter ➪ Methoden und ➪ Unterrichtsmedien, d) Überlegungen zur ➪ Erfolgskontrolle.
3. *Prozessplanung*: legt die Unterrichtsschritte für eine Einheit im Einzelnen fest, sieht die geeigneten Kommunikations- und Arbeitsformen vor.
4. *Planungskorrektur*: reflektiert und korrigiert ggf. Auswirkungen des Plans bei seiner Umsetzung im konkreten Unterricht; auf diese Weise können Korrekturen direkt auf den weiteren Fortgang (Prozessplanung) zurückwirken oder als Grundlage für eine Alternativplanung dienen.

Die Unterscheidung dieser vier P. enthält implizit die Forderung, den Unterricht für eine Lerngruppe in größeren zeitlichen Dimensionen zu planen, z. B. über ein Jahr in der S I oder die zwei Jahre der Qualifikationsstufe bzw. die gesamten drei Jahre der gymnasialen Oberstufe. Nur so kann den Schülern und Schülerinnen der Zusammenhang des Bildungsgangs transparent werden.

Planungsgespräch Im Rahmen einer ➪ partizipatorischen Planung dient das P. dazu, die Schüler und Schülerinnen über Inhalte, Themen und methodische Schritte zu Beginn einer Unterrichtsreihe mitentscheiden zu lassen. Für ein P. gilt u. a.:

a) Vorgaben durch den Lehrer bzw. die Lehrerin, orientiert am ➪ Lehrplan

- Das Thema der Reihe ist der Lerngruppe bekannt.
- Das Thema fügt sich in die ➪ Sequenzialität ein.

Gemeinsame Planung mit der Lerngruppe

- Der Gegenstand der Reihe ist gemeinsam mit der Lerngruppe gewählt worden; u. U. kann sich diese Wahl auch nur auf Aspekte des Gegenstandsbereichs beziehen.
- Die Lerngruppe hat sich ggf. auf den Gegenstand im Vorfeld vorbereitet (z. B. Information aus dem ➪ Internet, Lektüre einer Ganzschrift oder eines Sachtextes).
- Bei einer Internetrecherche sind die Internetseiten zu kopieren und abzuheften, evtl. bereits durchzuarbeiten. Bei einem Leseauftrag ist der Text mit ➪ Randglossen zu versehen. In jedem Fall werden die vorbereitenden Arbeiten zu Beginn der Reihe vom Lehrer bzw. der Lehrerin geprüft, ggf. beurteilt.
- Zu Beginn der Reihe findet das P. statt:
  1. Die Lerngruppe ist vertraut mit unterschiedlichen ➪ Fachmethoden und Vorgehensweisen bei der Erschließung des Unterrichtsgegenstandes.
  2. Besprochen und festgelegt wird die inhaltliche Erarbeitung des Themas, z. B. (a) chronologisches Vorgehen, (b) Bearbeitung von zentralen Problemfeldern, (c)

Erschließung durch Schülerreferate, (d) Besprechung von Kernstellen, (e) Einbeziehung von ➪ Handlungs- und ➪ Produktorientierung, (f) Berücksichtigung schüleraktiver ➪ Handlungsmuster u. a. m.

3. Im Anschluss an (2) wird das methodische Vorgehen festgelegt, z. B. zu (a) ➪ Frontalunterricht und Plenumsgespräche, zu (b) Gruppenarbeit, zu (c) Einzelarbeit usw.
4. Am Ende des P. steht die Vereinbarung eines zeitlichen Rahmens (z. B. bei einem 5-stündigen Leistungskurs: vier Wochen); auch sollte der Klausurtermin passen, d. h. möglichst im letzten Viertel oder am Ende der Reihe liegen.

Planungskorrektur Eine der vier ➪ Planungsebenen, die W. Schulz ([3]1981) in seinem ➪ Hamburger Modell vorgeschlagen hat.

planvolles Handeln Die Psychologie spricht dann von »Handeln«, wenn die Entwicklung eines antizipatorischen, flexiblen ➪ Handlungskonzepts sowie die ➪ Innensteuerung des Individuums im Vordergrund stehen (⇔ Verhalten). Insofern schließt Handeln immer auch ein Konzept (einen Plan) – sei es implizit oder explizit – mit ein; es ist damit in der Regel auf ➪ effizientes Handeln hin angelegt.

In der Lernpsychologie wird für die Beschreibung von p. H. die Bezeichnung TOTE-Einheit verwendet, die aus vier Teilschritten besteht, z. B.:

Test	– Bunsenbrenner gibt zu wenig Hitze
Operate	– Flamme hochdrehen
Test	– Wärmezufuhr ist optimal
Exit	– Handlung abgeschlossen

Podiumsdiskussion Eines der ➪ Handlungsmuster, das aus dem öffentlichen Bereich in den Unterricht übertragen worden ist; in einer P. können konträre Meinungen von »Experten« vertreten und diskutiert werden mit dem Ziel, einem Plenum zur Meinungsbildung zu verhelfen. Grundlegend hierzu sind die Kenntnis und Beherrschung bestimmter ➪ Redestrategien.

Bei der Inszenierung einer P. im Fachunterricht gilt es, Folgendes zu beachten:

- Der Anlass für eine P. kann recht unterschiedlich sein, z. B.: ein Thema soll in mehreren Facetten vorgestellt werden, Unterrichtsergebnisse sollen kontrovers diskutiert werden, ein Thema ist nach der Behandlung im Unterricht strittig geblieben.
- Auf dem Podium (vor der Klasse) sitzen etwa vier bis sechs Experten, die sich gründlich in das Thema eingearbeitet haben. Diese Einarbeitung kann z. B. in ➪ Gruppenarbeit erreicht werden, deren Ergebnisse auf ➪ Wandzeitung oder Plakaten aushängen.
- Jeder der Experten vertritt eine bestimmte Position im Meinungsstreit.
- Die P. ist auf eine bestimmte Zeit begrenzt.
- Vor Beginn der Diskussion stellt jeder der Experten seine Position in einem ➪ Statement kurz dar.

- Eine neutrale Person kann die P. leiten; er oder sie erteilt das Wort, achtet auf die Zeit, überbrückt Schweigen, fasst Ergebnisse bzw. Meinungen zusammen.
- Nach Ablauf der vereinbarten Zeit wird die P. im Plenum ausgewertet, z. B. durch eine kritische Reflexion der Beiträge, durch eine Meinungsbildung, durch Zielsetzungen für die zukünftige Arbeit.

Portfolio Der P. ist eine Sammelmappe für diverse Leistungsnachweise, z. B. im Kunstunterricht (Fotografien, eigene Bilder und Entwürfe) oder im Bereich von ➪ Internet und ➪ Multimedia (Nachweis erworbener ➪ Medienkompetenz). Meist wird er zu Prüfungs- oder Bewerbungszwecke eingefordert.

positive Verstärkung Wesentlicher Bestandteil des ➪ instrumentellen Lernens; in der ➪ Lerntheorie spricht man von p. V., wenn durch eine positive Maßnahme (z. B. eine Belohnung) die Wahrscheinlichkeit, dass ein Verhalten gezeigt wird, sich erhöht. Das Verhalten wird durch derartige Konsequenzen sowohl hinsichtlich seiner Häufigkeit als auch seiner Intensität gestärkt. Ähnlich wirkt die ➪ negative Verstärkung durch die Beseitigung von unliebsamen Konsequenzen (⇔ Bestrafung).

Unterscheiden lassen sich primäre Verstärker (z. B. Bonbons, Zuwendung) oder sekundäre Verstärker, die nicht ursprünglich verstärkend wirken, sondern in einer Art ➪ Reiz-Reaktion gelernt werden (z. B. Geld). Die Theorie kennt vier Arten von p. V.:

1. *materielle Verstärker*: Bildchen, Spielsachen, Süßigkeiten usw.,
2. *soziale Verstärker*: verbales Lob, anerkennende Gesten oder Blicke,
3. *Aktivitätsverstärker*: beliebte Tätigkeiten wie Filme anschauen, Ratespiele, Fußball,
4. *informative Verstärker*: Hilfen zur Lösung einer Aufgabe bzw. zum Erreichen eines Ziels; z. B. Vorgabe des Lösungsansatzes, Einweisung in die Handhabung eines Geräts.

Im Unterricht der Sekundarstufe kommen vor allem die p. V. durch die Mittel unter 2 und 4 zum Einsatz; sie sollten allerdings nicht ständig und wahllos eingesetzt werden, da sie dann ihre pädagogische Wirkung verlieren. Nur in der Lernphase ist es notwendig, das Verhalten kontinuierlich zu verstärken, weswegen die Anforderungen dann nicht zu hoch gesteckt sein dürfen. Die p. V. erzielt ihre beste Wirkung, wenn sie unmittelbar dem Verhalten folgt.

Positivkorrektur Bei der ➪ Korrektur (1) wird nicht nur ein Fehler oder ein falscher Ausdruck am Rand der Schülerarbeit markiert, sondern der Lehrer bzw. die Lehrerin notiert das richtige Wort oder macht einen Vorschlag für einen passenderen Ausdruck. Dieses Verfahren ist vor allem bei jüngeren Schülern angebracht oder dann, wenn nicht angenommen werden kann, dass der Schüler bzw. die Schülerin die ➪ Korrektur (2) allein vornehmen kann. Allerdings ist nicht bei jedem Fehler eine P. angebracht, vor allem dann nicht, wenn das Phänomen allgemein bekannt sein müsste oder im Unterricht besprochen und geübt worden ist.

Postmoderne Unscharfer Terminus, der unterschiedlich als Epochen- und als Stilbezeichnung gebraucht wird; J.-F. Lyotard ([4]1999) setzt den Beginn des postmodernen

Denkens bereits gegen Ende des 19. Jh. an: „Bei extremer Vereinfachung hält man die Skepsis gegenüber den Metaerzählungen für 'postmodern'." Die Skepsis, die hier gemeint ist, richtet sich gegen jene »großen Erzählungen« wie die Dialektik des Geistes, die Hermeneutik des Sinns oder die Emanzipation des vernünftigen oder des arbeitenden Subjekts.

Der Terminus wird seit Ende der fünfziger Jahre in der Kunsttheorie und -kritik benutzt und bezieht sich auf die zeitgenössische Kunstproduktion, sofern sie neue Wege weitab der elitären ästhetischen Moderne geht. Kennzeichen der P. ist die prinzipielle Offenheit des Kunstprodukts für Stilrichtungen und Versatzstücke aus den unterschiedlichsten Bereichen der Moderne, wobei diese oft als »Zitate« dienen. Neben die skeptische Grundhaltung und die ausgeprägte Stilvielfalt tritt die Ablehnung aller etablierten und automatisierten Kunstprozesse. Das Spiel mit Materialien und Stilrichtungen verwischt zum Teil die Grenzen zwischen Trivialität und elitärer Kunst, Massenproduktion und singulärem Objekt, wie dies Jeff Koons (geboren 1955) vor allem in den 80er-Jahren demonstriert hat. Durch ⇨ multiple Kodierung sollen die Elite wie die Masse gleichermaßen angesprochen werden. Der »Stilpluralismus« als dominierendes Prinzip kann vor allem in der Architektur, der Literatur, dem Film und den bildenden Künsten beobachtet werden.

Weitere Informationen bei: P. V. Zima (2001), W. Welsch (2002).

Pragmatik Dt.: Handlungstheorie.

1) Teildisziplin der allgemeinen ⇨ Zeichentheorie (Semiotik), die u. a. von Ch. W. Morris 1938 (dt.: »Grundlagen der Zeichentheorie«, 1972) in einem triadischen Modell beschrieben worden ist. Danach sind drei Dimensionen des Zeichens zu unterscheiden und jede dieser Dimensionen kann einer Forschungsrichtung zugeordnet werden:

- die *Syntaktik* untersucht die Relation Zeichen – Zeichen(system)
- die *Semantik* untersucht die Relation Zeichen – Objekt
- die *Pragmatik* untersucht die Relation Zeichen – Zeichenbenutzer (Interpret)

Somit konzentriert sich die P. vornehmlich auf den Aspekt von ⇨ Bedeutung, der unter den besonderen Bedingungen des Interpreten (nicht nur als Individuum, sondern auch als soziale Gruppe, Gesellschaftsform) und der Verwendung in bestimmten Kontexten relevant wird bzw. werden kann.
In der dialektisch-materialistischen Zeichentheorie ist eine vierte Relation zwischen Zeichen und »Abbild« (⇨ Referens) untersucht worden.

2) Als »Pragmalinguistik« Teildisziplin der neueren Sprachwissenschaft; Zielsetzung ist die Erfassung und Analyse allgemeiner textbildender Gesetzmäßigkeiten unter den Bedingungen möglicher Verwendungssituationen. Der zugrundeliegende Textbegriff schließt bei gesprochenen Texten z. B. Gestik, Mimik, aber auch andere situationsbezogene Faktoren im ⇨ kommunikativen Handlungszusammenhang ein.

pragmatisches Axiom Von P. Watzlawick u. a. ([5]1980) eingeführter Terminus zur Beschreibung von etlichen Konstanten bei der zwischenmenschlichen ⇨ Kommunikation (2). Die fünf p. A. sind:

1. *Man kann nicht nicht kommunizieren.*

Auch Schweigen bedeutet in einem ➪ kommunikativen Handlungszusammenhang etwas.

2. *Jede Kommunikation hat einen ➪ Inhalts- und einen ➪ Beziehungsaspekt, derart, dass letzterer den ersteren bestimmt und daher eine ➪ Metakommunikation ist.*

Dieses p. A. besagt, dass bei jeder Kommunikation sowohl Inhalte ausgetauscht als auch die Beziehung zwischen den Kommunikationspartnern definiert, aufrechterhalten oder in Frage gestellt wird. Es besagt auch, dass der Beziehungsaspekt äußerst wichtig ist, was die Interpretation der übermittelten Inhalte angeht. Dieser Feststellung entspricht die Beobachtung, dass Schüler und Schülerinnen bei einem sympathischen Lehrer bzw. einer beliebten Lehrerin mehr und besser lernen als bei unsympathischen und unbeliebten Lehrkräften, auch wenn letztere möglicherweise kompetenter sein mögen.

3. *Die Natur einer Beziehung ist durch die Interpunktion der Kommunikationsabläufe seitens der Partner bedingt.*

Interpunktion tritt beim Austausch von Mitteilungen zwischen Kommunikationspartnern auf, wenn beide zwar glauben, sie bezögen sich auf dieselbe Sache, wenn aber jeder nur einen Aspekt dieser Sache betont, und zwar den, der für ihn persönlich wichtig ist, nicht aber für seinen Kommunikationspartner (und umgekehrt). Meist verläuft die Interpunktion unbemerkt; sie ist dann Quelle unüberbrückbarer Missverständnisse.

4. *Menschliche Kommunikation bedient sich digitaler und analoger Modalitäten.*

Von ➪ digitaler Kommunikation spricht man, wenn z. B. die sprachlichen Zeichen (Wörter, Phrasen, Sätze, Texte) gemeint sind, die im wesentlichen der Übermittlung von symbolisch kodierter Information dienen. Von ➪ analoger Kommunikation spricht man, wenn eher die Übermittlung von Körpersignalen gemeint ist, welche vor allem die persönliche Beziehung der Gesprächspartner regeln.

5. *Zwischenmenschliche Kommunikationsabläufe sind entweder symmetrisch oder asymmetrisch (komplementär), je nachdem, ob die Beziehung zwischen den Partnern auf Gleichheit oder Unterschiedlichkeit beruht.*

Asymmetrisch ist z. B. die Kommunikation zwischen Fachmann und Laie, sofern beide über ein Fachgebiet reden, von dem der Fachmann viel, der Laie aber nur wenig versteht. Die Verhältnisse können sich jedoch auch verkomplizieren, wenn der Laie gleichzeitig der Vorgesetzte (Arbeitgeber, Kunde) und der Fachmann von ihm abhängig ist. Watzlawick u. a. nennen diese Form der Kommunikation auch »komplementär«, was soviel bedeutet, dass die Kommunikationspartner sich gegenseitig »ergänzen«, dass die Rolle des einen durch die Rolle des anderen definiert ist und umgekehrt.

Symmetrische Kommunikation liegt nur dann vor, wenn die gleichen Chancen und gleichwertigen Rollen wirklich bestehen und nicht nur (vorübergehend) zugestanden werden. Letzteres kann zu verdeckten Beziehungskonflikten führen, etwa im schulischen Bereich, wenn die Lehrperson so tut, als ob wirklich gleiche Kommunikationschancen bestünden. Dieser Hinweis bedeutet nicht, dass eine symmetrische Kommunikation in unterrichtlichen Zusammenhängen nicht möglich wäre oder nicht angestrebt werden sollte, er besagt jedoch, dass offen über ein solches p. A. gesprochen werden muss.

pragmatisches Lernziel Auch: pragmatisch-methodisches ⇨ Lernziel; bei der ⇨ Dimensionierung von Lernzielen werden neben den kognitiven und affektiven die p. L. unterschieden, die sich auf die für den Unterricht benötigten bzw. im Unterricht zu vermittelnden Fähigkeiten und Fertigkeiten der Schüler und Schülerinnen beziehen; insofern gelten sie vor allem für naturkundliche Fächer (Mikroskopieren können), für Musik (Flöte spielen können), Kunst (Farbe mischen können) oder Sport (den Überschlag beherrschen).

In anderen Fächern kommen p. L., sofern sie mit manuellen oder körperlichen Fähigkeiten verbunden sind, weniger vor; hier spricht man eher von *methodischen Lernzielen*: einen Text gliedern können, Zitiertechnik richtig anwenden, Materialien auswerten usw.

Praktikum 1) ⇨ Schülerbetriebspraktikum.

2) Zahlreiche Studiengänge bieten obligatorisch mehrwöchige Schulpraktika für ihre Studenten und Studentinnen an, um ihnen so Gelegenheit zu geben, im Unterricht zu hospitieren und eigenen Unterricht zu planen und durchzuführen.

präoperatives Stadium Terminus aus der ⇨ Stadienlehre Jean Piagets (1983); Kinder erreichen das p. St. etwa mit 2 Jahren und es geht mit etwa 5–6 Jahren in das Stadium der ⇨ konkreten Operationen über. Für den Übergang in die Schule ist dieser Lebensabschnitt des Kindes besonders wichtig. Seine Kennzeichen sind:

- Zweiwort-Sätze gehen über in vollständige Sätze (zunächst ohne Flexion)
- allmähliche Übernahme grammatischer Strukturen (sehr spät das Passiv) – bis ca.12;0
- Erhaltungsbegriffe fehlen zunächst
- Übergang zur ⇨ Dezentrierung
- Erkennen und Akzeptieren mehrerer (Ich-)Subjekte
- Vorkausalität (ab 3;0 Jahre: Warum-Fragen)
- systematische ⇨ Assimilation der physischen Prozesse an die eigene Aktion

Präsentation Dt.: Vorzeigen, Vorstellen.

1) Im schulischen Bereich werden die geistigen oder materiellen Ergebnisse der Unterrichtsarbeit am Ende einer Einheit vorgestellt bzw. dargestellt, dies gilt insbesondere für einen auf ⇨ Handlungs- und ⇨ Produktorientierung hin angelegten Unterricht. „Im Mittelpunkt des Handlungsorientierten Unterrichts steht die Herstellung von Handlungsprodukten, mit denen weitergearbeitet, gespielt und gelernt werden kann.“ (W. Jank / H. Meyer, [5]1996)

Die P. der Ergebnisse kann recht unterschiedlich aussehen:

a) sie werden von den Schülern und Schülerinnen inszeniert: ⇨ Rollenspiel, szenisches ⇨ Spielen, ⇨ Pro-und-Kontra-Diskussion, ⇨ Debatte;

b) sie werden materiell hergestellt: ⇨ Collage, ⇨ Klassenzeitung, Leserbrief.

Im Normalfall sind die eignen Klassenkameraden die Adressaten einer P.; weitere Alternativen sind: Schautafeln oder Stellwände auf den Fluren der Schule, ein Elternabend oder das Spiel vor Publikum, die Beteiligung an einem Wettbewerb.

2) In neuerer Zeit wird der Ausdruck P. für die Darstellung von Information mit Hilfe von spezieller ⇨ Software (z. B. »PowerPoint« von Microsoft) über Computer bzw. Laptop und Beamer (Übertragungsgerät für den Inhalt von Bildschirmseiten auf eine Wandfläche oder Leinwand) gebraucht.

Weitere Einzelheiten bei W. J. Weber (1997), F. Schwab u. a. (1999). Zur Einführung in die P.-Techniken gibt es eine Fülle produktbezogener Handbücher.

präskriptiv Dt.: vorschreibend; eine Theorie ist dann p., wenn sie nicht nur Sachverhalte oder Verhaltensweisen ⇔ deskriptiv beschreibt, sondern wenn sie diese darüber hinaus zur geltenden Norm erhebt und damit (vorhandene) Alternativen ausgrenzt.

Prävention Dt.: Vorbeugung; Maßnahmen, die vorherzusehende ⇨ Konflikte oder Ausbrüche von ⇨ Gewalt und ⇨ Aggression abzuwenden helfen. Im Gesundheitswesen spricht man von P., wenn durch bestimmte Maßnahmen Krankheiten vermieden bzw. die Gesundheit erhalten werden kann.

1) Im Bereich von Unterricht und Ausbildung erscheint es notwendig, Strategien zur ⇨ Konfliktvermeidung im Vorfeld zu entwickeln, um in schwierigen unterrichtlichen Situationen bestehen zu können oder – besser noch – solche Konfliktpotentiale oder Aggressionen erst gar nicht zum Ausbruch kommen zu lassen. Präventive Maßnahmen hierzu können sein:

- *Rituale und kooperative Verträge mit der Lerngruppe*: Unterricht sollte für die Schüler und Schülerinnen verständlich, klar gegliedert, transparent und zielfunktional ablaufen. Rituale sorgen dafür, dass an bestimmten Stellen von vornherein klar ist, was geschehen soll und wie es zu geschehen hat (z. B. Kontrolle der Hausaufgaben, ⇨ Zwischensicherung, ⇨ Methodenreflexion, Wechsel der ⇨ Sozialform, Ablauf einer ⇨ Klassenarbeit); kooperative Verträge können sich auf bestimmte Verhaltensweisen (z. B. Aufmerksamkeitssignale, verbaler Umgang miteinander) oder ⇨ Metakommunikation (z. B. Unmut in geregelter Form äußern) beziehen.
- *Maßnahmen zur ⇨ Differenzierung des Lernstoffs*: z. B. Berücksichtigung von unterschiedlichem Lerntempo und Lernkapazität gerade in den unteren Klassen, um Angleichprozesse zu ermöglichen, etwa durch ⇨ offenen Unterricht, arbeitsteilige ⇨ Gruppenarbeit, Lernen an ⇨ Übungsstationen.
- *Berücksichtigung von ⇨ Schülerorientierung*: Eingehen auf Schülerwünsche, Einbeziehung der Schüler und Schülerinnen bei der Planung und Durchführung von Unterricht (⇨ partizipatorische Planung), ⇨ Handlungs- und ⇨ Produktorientierung.
- *Positive ⇨ Verstärkung*: Loben – aber mit Augenmaß – und Belohnung der Lerngruppe, z. B. durch interessante Unternehmungen (⇨ Öffnung von Schule); unerwünschtes Verhalten möglichst ignorieren (⇨ Löschung), dann aber auch lobend bemerken, wenn es abgestellt worden ist. Bei notwendig werdender ⇨ Intervention sind ⇨ Erziehungs- und Ordnungsmaßnahmen maßvoll, aber konsequent anzuwenden.

Neben diesen unterrichtlichen Maßnahmen und Absprachen gibt es weitere präventive Vorkehrungen, die über das Verhältnis von Lehrer und Klasse hinausgehen, z. B. die Kooperation mit den Kollegen und Kolleginnen, Konsens in Schlüsselfragen des ⇨ Unterrichtens und ⇨ Erziehens, Gespräche und Absprachen mit den Eltern (gemeinsamer Erziehungsauftrag), klare Regelungen im Schulleben und Transparenz bei wichtigen Entscheidungen der Schule, Veranstaltungen zur Identitätsbildung einer Schule (z. B. im Rahmen des ⇨ Schulprogramms).

2) Erfolge im Bereich der P. versprechen auch Schüler-Schüler-Programme wie das ⇨ Streitschlichter-Programm.

Weitere Einzelheiten bei C. Besemer ([8]2001), T. Gordon ([15]2001), H. G. Holtappel u. a. ([2]1999), K. Hurrelmann u. a. ([2]1999), D. C. Walter (1998), L. R. Martin (1999).

Übungsbuch zur Gewalt-Vorbeugung: U. W. Kliebisch / P. A. Schmitz (2001).

Primarbereich ⇨ Primarstufe.

Primarstufe Die P. wurde Ende der 60er-Jahre des vorigen Jh. eingerichtet: „Eine für den Unterricht im Primarbereich neue Akzentuierung ist die prinzipielle wissenschaftliche Orientierung der Lerninhalte und Lernprozesse." (»Strukturplan für das Bildungswesen«, 1970) Die P. umfasst vier Schülerjahrgänge oder, bei Einbeziehung der ⇨ Orientierungsstufe in diesen Bereich, sechs Schülerjahrgänge und ist in zwei oder drei Zweijahresstufen gegliedert: Eingangs-, Grund- und ggf. Orientierungsstufe. Die der P. entsprechende Schulform ist die Grundschule, die im ⇨ Anfangsunterricht mit Lese- und Schreiblehrgang die Grundlagen für die weitere Arbeit im Fachunterricht legt. Weitere Lerngebiete sind: Grundfertigkeiten im Rechnen, Einführung in ausgewählte Themen der Natur- und der Sozialwissenschaften (»Sachkunde«), Musik, Bildende Kunst, Werken, Religionslehre und Sport. „In dieser Zeit werden aber auch eigene Wertungen, Einstellungen und Haltungen entwickelt und differenziertere Formen des sozialen Umgangs von den Schülern erlernt, so dass der Erziehungsauftrag hier besonderes Gewicht besitzt." (G. Bovet / V. Huwendiek, [2]1998)

Mit dem »Strukturplan« war das bis dahin vorherrschende Prinzip des »Kindgemäßen« überwunden, es sollte ergänzt werden durch neue Inhalte (z. B. Vorbereitung eines modernen Umweltverständnisses auf wissenschaftlicher Grundlage) und durch neue methodische Akzente (z. B. entdeckendes Lernen, selbstständiges und kooperatives Arbeiten, Schulung im Problemlösen). Damit hat sich die P. zeitweise zum Vorreiter schülerzentrierter Unterrichtsverfahren (⇨ Schülerorientierung) gemacht. In ihr wurde Neues ausprobiert und erfolgreich durchgesetzt: neue ⇨ Medien, neue ⇨ Lehrerrolle, ⇨ offener Unterricht, ⇨ Freiarbeit, Beurteilungen statt ⇨ Benotung usw. Umstritten ist die Frage, ob der Unterricht in der P. nach dem Fachlehrerprinzip oder als Gesamtunterricht zu realisieren sei.

Näheres in »Verordnung über den Bildungsgang in der Grundschule.« mit Kommentar für die Schulpraxis von W. Jehkul u. a. (Wingen-Verlag, Essen); I. Lichtenstein-Rother / E. Röbe ([5]1991).

Zur allgemeinen Didaktik in der P.: G. Faust-Siehl u. a. (1996), G. Schorch (1998), F. Heinzel / A. Prengel (2002).

Prinzip Allgemein Richtschnur, Grundsatz; als wissenschaftlicher Ausdruck bezeichnet P. eine Idee oder Gesetzmäßigkeit, die einer Menge von Aussagen (Vorgängen oder Handlungen), einer Theorie oder Teiltheorie zu Grunde liegt.

Prinzipien des Lehrens und Lernens Für die ➪ Unterrichtsplanung und für die ➪ Artikulation des ➪ Lehr-Lern-Prozesses sind folgende Prinzipien von Bedeutung:

1. Zusammenhang von Bildungs-, Grob-, Haupt- und Teilzielen; Primat einer übergreifenden ➪ Zielperspektive bzw. ➪ Zielorientierung (2),
2. vom Lernproblem über entdeckendes Lernen zur Problemlösung: ➪ Problemorientierung,
3. vom Bekannten zum Unbekannten, vom Einfachen zum Komplexen, von der Deskription eines Phänomens über die Analyse zur Bewertung: ➪ Lernprogression,
4. aktive Auseinandersetzung der Schüler und Schülerinnen mit dem Lerngegenstand: ➪ Selbststeuerung und ➪ Selbsttätigkeit,
5. Lernen durch Differenzierung und Umstrukturierung, Assimilation und Akkommodation, Vernetzung von Wissenselementen: ➪ strukturiertes Lernen,
6. Orientierung an den Ergebnissen und Verfahren der Fachwissenschaft (als Bezugswissenschaft), Einführung in wissenschaftliches Arbeiten und Denken: ➪ Wissenschaftspropädeutik.

Probehandeln Im Fachunterricht werden Ausschnitte von Wirklichkeit inszeniert und auf symbolische Weise an die Schüler und Schülerinnen vermittelt; in derartigen ➪ simulierten Realsituationen können sie »probeweise« handeln und Erfahrungen sammeln, ohne mit den in der Realität einhergehenden Sanktionen rechnen zu müssen. Allerdings hat die Schule selbst eine Reihe von »Sanktionen« auch für P. entwickelt, z. B. in Form von ➪ Zensuren, Lob und Tadel (➪ Verstärkung) oder Verwerfungen in den personalen Beziehungen (➪ Beziehungsaspekt).

Beispiele für P. sind das ➪ Rollenspiel, das szenische ➪ Darstellen, das ➪ Experiment, die ➪ Exkursion usw. Vor allem im ➪ erfahrungsbezogenen Unterricht können durch P. Handlungsalternativen in vorgestellten Situationen durchgespielt und so das Selbstbewusstsein, die ➪ kommunikative und die ➪ Handlungskompetenz der Schüler und Schülerinnen gestärkt werden.

Problem In didaktischen Zusammenhängen stets ➪ Lernproblem (2).

Problemanalyse Eine bestimmte Phase im Rahmen von ➪ Konfliktlösungsstrategien. Sofern man bei einem länger währenden ➪ Konflikt genügend Abstand gewonnen hat, sollte man zu einer systematischen P. übergehen. Diese kann aus folgenden Teilschritten bestehen:

1. Ich stelle mir die Frage: Wer hat das Problem? - Wer ist dafür verantwortlich?
2. Habe *ich* das Problem bzw. bin *ich* dafür verantwortlich, so sollte ich das Problem möglichst umgehend schriftlich formulieren.

3. Der eigentliche Hauptteil der P. erfolgt Kategorien geleitet:
3.1 Unterscheidung zwischen Selbst- und Fremdwahrnehmung sowie der eigenen Interpretation des Wahrgenommenen. (»Effekt des Ersten Eindrucks», ➪ Beobachter – Effekt).
3.2 Klärung der eigenen Gefühle (Erinnerungen, Analogien, »Konditionierung«).
3.3 Analyse des sozialen und gesellschaftlichen Hintergrunds (verstehen heißt nicht billigen).
3.4 Erforschung von Auslöser und Ursachen (evtl. ➪ Supervision).
3.5 Zielplanung: Was will ich in welcher Zeitspanne erreichen?
3.6 Entwicklung von Handlungsalternativen (➪ Brainstorming).
3.7 Abschätzen der Folgen bestimmter Handlungsalternativen (»Kosten-Nutzen-Rechnung«).
3.8 Treffen von Entscheidungen und handeln.

Ausgehend von 3.3 und 3.4 sollte eine ➪ Ursachenanalyse die P. ergänzen.

Weitere Einzelheiten bei K. Jefferys-Duden (2000).

Problematisierungsphase Immer dann, wenn in einem schülerorientierten Unterricht ein ➪ Lernproblem (2) bzw. ein ➪ kognitiver Konflikt auftaucht, ergibt sich eine P. Diese wird zur ➪ Problempräzisierung und ➪ -differenzierung genutzt, um über ➪ Lösungshypothesen schließlich zu konkreten Arbeitsaufträgen zu kommen, die dann die ➪ Erarbeitungsphase leiten.

Wird in den unteren Jahrgangsstufen die P. noch vom Lehrer oder der Lehrerin gelenkt, so sind die Schüler und Schülerinnen immer mehr dazu anzuleiten, Probleme selbstständig zu erkennen und zu artikulieren sowie Lösungswege vorzuschlagen. Spätestens in der Oberstufe sollte die P. von der Lerngruppe selbst geleistet werden.

Problembewusstsein Eines der ➪ Globalziele der Sekundarstufe; von P. kann man dann sprechen, wenn die Schüler und Schülerinnen nicht mehr auf eine Lehrerfrage oder einen Arbeitsauftrag warten, sondern wenn sie selbstständig (und wie selbstverständlich) versuchen, ein ➪ Lernproblem (2) handelnd oder reflexiv anzugehen oder einen ➪ kognitiven Konflikt mit den ihnen zur Verfügung stehenden Mitteln zu lösen.

Die Aufgabe des Lehrers bzw. der Lehrerin besteht darin, den Unterricht so zu gliedern und zu organisieren, dass die Lerngruppe sukzessive in eine ➪ Problematisierungsphase hineingeführt wird. Einige Maßnahmen zur Erzeugung von P. sind:

- Schülerfragen, Unklarheiten, Widersprüche beantwortet die Lehrperson nicht direkt selbst, sondern gibt sie zunächst an die Lerngruppe zurück; erst wenn niemand weiter weiß, wird Klarheit geschaffen (Lehrerbeitrag, Hinweis auf eine Tabelle oder Textstelle u. dgl.).
- Eine richtige Schülerantwort wird nicht sofort durch ➪ Lehrerkommentar (1) akzeptiert und positiv verstärkt (gelobt), sondern die Lehrperson wartet ab, fragt andere Schüler oder Schülerinnen nach ihrer Meinung, lässt diskutieren; erst wenn Konsens herrscht oder kein Diskussionsbedarf mehr besteht, greift er oder sie auf die korrekte Antwort zurück und lässt damit weiter arbeiten.

- Die leitende Frage des Unterrichts (➪ Thema- oder ➪ Problemfrage) wird mit der Lerngruppe gemeinsam erarbeitet bzw. abgeleitet; hierbei agieren die Schüler und Schülerinnen zunehmend selbstständiger.
- Die Schüler und Schülerinnen werden kontinuierlich angehalten, bei einem Lernproblem oder einem kognitiven Konflikt selbstständig Lösungswege zu suchen und auszuprobieren; hierbei sollte es die Lehrperson (gelegentlich) zulassen, dass auch Irrwege begangen werden, um z. B. einen unbrauchbaren Lösungsweg definitiv auszuschließen.

In engerem Zusammenhang mit der Erzeugung von P. stehen kognitive Reifungsprozesse (Stadium der ➪ formalen Operationen) sowie motivationale Aspekte (➪ Leistungsmotivation).

Problemdefinition Kern der ➪ Problematisierungsphase; vor der Aufstellung von ➪ Lösungshypothesen oder der Vereinbarung bestimmter Arbeitsschritte bzw. -aufträge muss allen Schülern und Schülerinnen das ➪ Lernproblem (2) selbst hinreichend klar sein. Es sollte als ➪ Problemfrage auf Folie oder an die Tafel geschrieben werden. Die Problemfrage leitet dann die weiteren Schritte und kann am Ende der Stunde bzw. Unterrichtseinheit wieder aufgegriffen und beantwortet werden; ggf. sind auch Desiderata festzustellen, die in weiteren Einheiten bearbeitet werden müssen.

Problemdifferenzierung Je nach den ➪ Lernvoraussetzungen und je nach verfügbarer Arbeitszeit muss ein ➪ Lernproblem (2) in Teilprobleme untergliedert oder didaktisch reduziert (➪ Didaktisierung) werden.

Problemfindung ➪ Lernen geschieht effektiv, wenn die Schüler und Schülerinnen den neuen Stoff an bereits vorhandene Wissensbestände anschließen können (➪ Assimilation). Ist dies nicht in vollem Umfang möglich, müssen vorhandene Begriffsnetze umgebaut, verändert oder neu geordnet werden (➪ Akkommodation). In einem solchen Fall sollte das ➪ Lernproblem (2) weder zu einfach noch zu schwierig sein, sondern die Schüler und Schülerinnen sollten unter Anleitung in der Lage sein (bzw. allmählich in die Lage versetzt werden), das Problem selbst zu entdecken und zu fixieren (➪ Problemdefinition). Bei dieser Art der ➪ Problemorientierung wird es ihnen möglich sein, selbstständig ➪ Lösungshypothesen und Lösungswege zu formulieren.

Problemfrage Die P. entsteht im Zusammenhang mit einem ➪ Lernproblem (2), das es im Verlauf des Unterrichts zu lösen bzw. zu überwinden gilt. Hieraus folgt, dass nicht jede Frage, die aus dem Unterricht erwächst und leitende Funktion erhält, eine P. sein muss; denn es kann sich auch allgemein um eine ➪ Themafrage handeln; z. B.: Im Unterricht wird das kurze Gedicht »Der Radwechsel« (in: »Bukower Elegien«) von B. Brecht besprochen. Nach der Spontanphase und den ersten Vermutungen entwickelt sich eine zentrale Fragestellung:

- *Themafrage*: In welcher Situation befindet sich das lyrische Ich und auf welche allgemein menschliche Situation deutet der »Radwechsel« hin?

Im weiteren Verlauf des Unterricht erfahren die Schüler und Schülerinnen, dass Brecht das Gedicht 1953 zur Zeit der Arbeiteraufstände (17. Juni) in der ehemaligen DDR geschrieben hat. Sie vermuten, dass der »Radwechsel« etwas mit Brechts Situation als Leiter des »Berliner Ensembles« zu tun haben könnte, kommen aber mit ihrem bisherigen Wissen nicht weiter:

- *Problemfrage*: Wie hat sich Brecht 1953 zu den aufständischen Arbeitern gestellt und welchen Einfluss hat diese Zusatzinformation auf die Deutung des »Radwechsels«?

Die Lösung dieser P. setzt Materialbeschaffung und -bearbeitung voraus.

Problemlösen Sonderfall des ⇨ planvollen Handelns; P. ist dadurch gekennzeichnet, dass ein »Hindernis« den direkten Weg zum Ziel verbaut. Im didaktischen Zusammenhang handelt es sich bei diesem Hindernis um ein ⇨ Lernproblem (2); seine Lösung hängt ab von den Problemmerkmalen (Art und Beschaffenheit des »Hindernisses«), den Personenmerkmalen (den ⇨ Lernvoraussetzungen) sowie davon, ob eine geeignete ⇨ Problemlösungsstrategie gefunden wird.

Sollen Schüler und Schülerinnen zu erfolgreichem P. erzogen werden, so gilt es, folgende Persönlichkeitsmerkmale zu fördern:

- Umgang mit Komplexität: Erfassen von Struktur und der Dynamik eines Systems,
- Spezifische intellektuelle Leistungsfähigkeit: breit gefächertes Wissen und Fähigkeit zur Analogiebildung und zum ⇨ Transfer,
- Entscheidungsfreudigkeit: Bildung und Auswahl von ⇨ Hypothesen nach Relevanzgesichtspunkten,
- Selbstsicherheit: Ertragen von Unsicherheit, Bereitschaft zur Korrektur eigener Positionen, keine übertriebene Tendenz zur Selbstdarstellung, Kooperationsbereitschaft,
- Verantwortung und Stabilität des Handelns: Zuverlässigkeit, keine Ausweichen auf unbedeutende Nebenfragen, Selbstreflexion, intellektuelle Redlichkeit.

Unterricht, der die Lernenden zu problemlösendem Handeln befähigen will, muss P. zu einem eigenen Unterrichtsgegenstand machen; denn problemlösendes Denken entwickelt sich nicht als Zusatzeffekt beim Wissenserwerb. Der Erfolg zeigt sich äußerlich in einer Verkürzung der Lösungszeiten und Verringerung der Lösungswege. Allerdings darf man keine allgemeine Entwicklung solcher Denkfähigkeiten erwarten; es findet in der Regel nur ein Transfer auf eine bestimmte Art von Problemstellungen statt. Notwendig ist daher, dass alle Arten des P. in spezifischer Weise vorgestellt, erarbeitet und geübt werden.

Unterrichtsbezogen: Zs. Pädagogik (1999) H. 10 »Problemlösendes Lernen«.

Problemlösungsstrategie Die Lernpsychologie unterscheidet eine Reihe von P., die im Großen und Ganzen auch im Unterricht relevant werden können:

1. Problemlösungen durch Versuch und Irrtum
   <u>Beispiel:</u> Diverse Knobel-Aufgaben, ⇨ divergierendes Denken, ⇨ offene Phase im Unterricht.

2. Problemlösen durch Umstrukturieren
   Hierbei lassen sich vier Phasen unterscheiden:
   - Situationsanalyse: Was ist gesucht und was nicht? bzw. Worum geht es eigentlich?
   - Lösungsprinzip: Wie könnte man vorgehen, um zu einer Lösung zu kommen?
   - Suchmodell: Was ist gegeben? Was benötigt man noch zur Lösung des Problems?
   - Aktualisierung der Mittel: zielgerichtete Anwendung der brauchbaren Mittel

   Beispiel: Planung einer Wanderung mittels Wegekarten; Verdeutlichung eines chemischen Vorgangs durch Anfertigung eines ➪ Modells.
3. Problemlösen durch Anwendung von Strategien
   Eine »Strategie« ist eine heuristische Regel, d. h. ein Problemlösungsverfahren oder eine Suchanweisung, die die zu treffenden Entscheidungen in einem gewissen Rahmen festlegt. (Diese Festlegung ist nicht so zwingend wie bei einem ➪ Algorithmus, z. B. Telefonieren in einer Telefonzelle).
   Beispiel: Suche einer beliebigen Figur auf einem Schachbrett (8 × 8 Felder) mit möglichst wenigen Ja / Nein-Entscheidungen; Aufarbeitung eines Prosatextes als ➪ Hörspiel.
4. Problemlösen durch ➪ Kreativität
   - Je nach der allgemeinen Zielsetzung kann Kreativität im Unterricht eher produkt- oder eher prozessorientiert eingesetzt werden.

   Beispiel: Schreiben eines eigenen literarischen Textes.
5. Problemlösen durch Systemdenken
   Beim Systemdenken lassen sich folgende Schwerpunkte unterscheiden:
   - Zielpräzisierung: Was soll erreicht werden? Welche Teilziele ergeben sich?
   - Strukturwissen: Sammlung und Strukturierung von Informationen, Bildung von Hypothesen, Verwendung abstrakter Strukturschemata
   - Schwerpunktbildung: Reihenfolge der Arbeitsschritte, Akzentuierung
   - Planung von Eingriffen: Reflexionsphasen, Analyse der Neben- und Fernwirkungen

   Beispiel: Planung einer Exkursion; Anfertigung einer Facharbeit.

Problemlösungsstruktur Teil der kognitiven Struktur des Menschen: Zur Bewältigung von Aufgaben sind Wissen und Regeln notwendig, zur Lösung von Problemen muss zunächst eine ➪ Problemlösungsstrategie gefunden werden.

a) Wissens- und Wertestruktur (epistemische Struktur)
   Inhalt: Begriffe und Regeln im Zusammenhang mit reproduktivem Denken
   Leistung: Bewältigung von Aufgaben
b) Problemlösungsstruktur (heuristische Struktur)
   Inhalt: Heurismen als Problemlösungsverfahren im Zusammenhang mit produktivem Denken
   Leistung: Lösung von Problemen

Problemorientierung Auch: problemlösender Unterricht; ein Unterricht ist dann problemorientiert, wenn in seinem Mittelpunkt ein ➪ Lernproblem (2) steht, das nicht ohne weiteres von den Schülern und Schülerinnen zu bewältigen ist und das vornehmlich mit bestimmten ➪ Problemlösungsstrategien (Heurismen) gelöst wird.

Historisch gesehen geht der problemorientierte Unterricht auf die didaktischen Überlegungen von H. Roth (7 1963) zurück. Im Mittelpunkt seiner Konzeption steht die Forderung, das selbstständige Denken der Schüler und Schülerinnen zu fördern, indem sie Probleme zu lösen lernen, anstatt gelöste Problem vorgesetzt zu bekommen und nachzuvollziehen. Roths Ansatz ist vor allem durch sein Stufenschema des Unterrichts (➪ Unterrichtsphasen) bekannt geworden:

1. Stufe der Motivation
   Anstoß eines Lernprozesses, Problem- bzw. Aufgabenstellung, Weckung eines Lernmotivs (➪ Motiv): Erwachen eines Lernwunsches (➪ Motivation).
2. Stufe der Schwierigkeiten
   Die Schüler und Schülerinnen stoßen auf ein ➪ Lernproblem und geraten in einen ➪ kognitiven Konflikt: Innewerden der Widerstände im Lerngegenstand, was entweder zu Resignation (z. B. wegen Überforderung) oder zum ➪ Problemlösen auffordert.
3. Stufe der Lösung
   Der Lehrer bzw. die Lehrerin zeigt den Lösungsweg oder lässt ihn finden: Aufstellen von ➪ Lösungshypothesen, ➪ Informationsaufnahme und ➪ Informationsverarbeitung, Aufgabenstellung oder Arbeitsplan durch die Lerngruppe.
4. Stufe des Tuns und Ausführens
   Der Lehrer bzw. die Lehrerin setzt die Rahmenbedingungen für das weitere Vorgehen und hilft, die notwendigen Voraussetzungen zu schaffen: Der anvisierte Lösungsweg wird durchgeführt (➪ Erarbeitungsphase); dabei werden neue Leistungsformen aktiv eingesetzt und ggf. verbessert.
5. Stufe des Behaltens und Einübens
   Veranlassung von bewusstem ➪ Üben oder praktischer Anwendung der neuen Lerninhalte, Variation der Beispiele (➪ duale Kodierung): Festigung bzw. Automatisierung des Gelernten bei den Schülern und Schülerinnen.
6. Stufe des Bereitstellens, der Übertragung und ➪ Integration
   Das Gelernte wird als neue Einsicht, Verhaltens- oder Leistungsform in neuen unterrichtlichen bzw. in lebenspraktischen Zusammenhängen benötigt (➪ Transfer): Verinnerlichung und ➪ Habitualisierung der Lerninhalte.

Diese idealtypische Abfolge von Lernschritten zeigt in der Praxis ein weit unregelmäßigeres Bild; insbesondere können ➪ Unterrichtsstörungen aller Art den Lernprozess verzögern oder gar verhindern oder Umwege notwendig machen. Darüber hinaus gilt, dass jeder Lernschritt durch eine ➪ Ziel-Zug-Spannung von der ersten Stufe an motiviert sein muss, dass es auf jeder Stufe »Schwierigkeiten« geben kann, dass Einsicht und Handeln stets in Wechselbeziehung zueinander stehen und dass das Üben und das Bereitstellen von Hilfen in allen Stufen des Lernprozesses notwendig werden kann, um Komplikationen entgegenzuwirken. Gelingt dies nicht, so kann der Lernprozess auf allen Stufen scheitern (durch Abkoppeln, Verweigern oder Vergessen).

Produktorientierung Wird im Unterricht die ➪ Schülerorientierung ernst genommen und strebt der Lehrer bzw. die Lehrerin einen ganzheitlichen Unterricht (➪ Ganzheitlichkeit) an, dann wird es zunehmend selbstverständlicher, dass Unterrichtsvorhaben in ➪ partizipatorischer Planung vorbesprochen und dass ➪ Handlungsprodukte vereinbart werden. Solche »Produkte« werden von der Lehrperson und der Lerngruppe gemeinsam inszeniert (z. B. ➪ Rollenspiel) oder hergestellt (z. B. ➪ Wandzeitung); sie können in größere Vorhaben wie den ➪ Projektunterricht eingebunden werden oder sich zu solchen ausweiten (Exkursion, Klassenfeier, ➪ Öffnung von Schule).

In einigen didaktischen Konzeptionen (z. B. W. Jank / H. Meyer, [5]1996) gehört die P. systematisch zur ➪ Handlungsorientierung von Unterricht.

Professionalität Im Hinblick auf die ➪ Lehrerrolle bedeutet P. einen gewissen Standard an fachlichem, didaktischem und methodischem Wissen und Können bezogen auf die Berufsfunktionen wie ➪ Unterrichten, ➪ Erziehen, ➪ Beurteilen, ➪ Beraten usw. Zu dieser P. gehören jedoch auch personale Aspekte, die mit ➪ Empathie und ➪ Kongruenz, einem positiven ➪ Menschenbild und reflektierter ➪ Routine u. dgl. zu tun haben.

Angesichts der neuen Herausforderungen (veränderte ➪ Kindheit, ➪ Humanistische Pädagogik) sind Lehrer und Lehrerinnen „Kulturarbeiter und Jugendbildner, Fachinstruktoren, Unterrichtsdramaturgen und Erziehungsbegleiter, Gruppenmoderatoren und Lernberater. Und sie sind wichtig – der personale Kern der Profession – als menschliche Persönlichkeiten mit ihren Lebensspuren." (G. Bovet / V. Huwendiek, [2]1998)

Profilbildung 1) Fächerkoppelung als schulorganisatorische Maßnahme in der gymnasialen Oberstufe, durch die ➪ fächerverbindender Unterricht erleichtert und verbessert werden soll. Die Kooperation in Profilen soll (in NRW ab dem Schuljahr 2003/04) dazu beitragen, dass

- die Grundstruktur der gymnasialen Oberstufe (Kurssystem) beibehalten werden kann,
- die fachlichen Kernbereiche gestärkt werden,
- die Bildungsgangsangebote einer Schule stärker vorstrukturiert sind als bisher,
- das Arbeiten mit identischen und homogenen Lerngruppen in fächerverbindendem Unterricht organisierbar wird.

Zu diesem Zweck werden in der Regel zwei mal zwei Fächer (meist ein Leistungs- und ein Grundkurs) in zwei Profilschienen geblockt und im Stundenplan gebündelt. Die Schulen werden verpflichtet, ein möglichst differenziertes Angebot gleichwertiger Profile den Schülerinnen und Schülern zur Wahl zu stellen, die wiederum eines dieser Profile belegen müssen. Über die fachlichen Profile, die in der Schule angeboten werden, entscheidet die Schulleitung nach Beratung in der ➪ Schulkonferenz. Das verabschiedete Konzept ist dann Teil des ➪ Schulprogramms.

So könnte beispielsweise eine Schule beschließen, die Fächer Englisch (Lk) und Sozialwissenschaften (Gk) in einem Profil 1 und die Fächer Mathematik (Lk) und Philosophie (Gk) in einem Profil 2 zu blocken. Dies bedeutet, dass die Schüler und Schülerinnen, die einen LK Englisch wählen, gleichzeitig den Grundkurs Sozialwissenschaften wählen (Gleiches gilt für die beiden Kurse Mathematik und Philosophie). Sie bilden somit eine homogene Lerngruppe, in der die beiden Fächer Englisch und Sozialwissenschaften (bzw. Mathematik und Philosophie) fächerverbindenden Unterricht planen und durchführen können. Bei der Umsetzung der P. in die Praxis ist ein hohes Maß an ➪ Kooperation sowohl der ➪ Fachkonferenzen als auch der beteiligten Lehrerinnen und Lehrer gefordert.

Näheres bei J. Bastian u. a. (2000).

2) ➪ Schulprofil.

programmierter Unterricht Verbindung von Einzelarbeit mit technischen Medien auf ➪ kybernetischer Grundlage. Während programmierte Lehrbücher mit ihren ➪ Multiple-choice Aufgaben im Fachunterricht kaum noch eingesetzt werden, hat der p. U. mit dem Aufkommen von Computer und ➪ Multimedia eine gewisse Neubelebung erfahren. Allerdings sollte die für den Unterricht angebotene ➪ Software sorgfältig geprüft werden; denn p. U. eignet sich nur für ganz wenige Teilbereiche, etwa wenn bestimmte Kulturtechniken (wie die ➪ Rechtschreibung) oder Vokabelkenntnisse geübt, eingeschliffen oder vom Lernenden selbstständig überprüft werden sollen.

Einzelheiten zum p. U. bei F. von Cube ([2]1968).

Zur Bewertung von Schulsoftware: www.sodis.de

Programmvorschau Ankündigung eines Themas bzw. einer thematischen Reihe einige Zeit vor ihrer geplanten Durchführung. Die P. über ein halbes Schuljahr in der S I und über die zwei Jahre der gesamten Qualifikationsstufe in der S II sorgt für ➪ Transparenz für die Schüler und Schülerinnen und zwingt die Lehrperson zu einer fachlichen und didaktischen Abstimmung der Inhalte und Methode im Sinne der ➪ Sequenzialität des Unterrichts. Darüber hinaus lässt sich die P. mit vorbereitendenden Arbeitsaufträgen (Lesen einer Lektüre, Sammeln von notwendigen oder nützlichen Informationen, z. B. Zeitungsartikel) verbinden.

Progression Dt.: Fortschreiten, stufenweise Steigerung; allmähliche Erhöhung der Lernschwierigkeit nach dem methodischen Prinzip: vom Bekannten zum Neuen, vom Einfachen zum Komplexen, von der Deskription eines Textes über die Analyse zur Deutung und Bewertung seiner Aussage. Diese ➪ Lernprogression muss auch den Schülern und Schülerinnen erkennbar sein, z. B. durch eine ➪ Programmvorschau oder durch die Verdeutlichung des ➪ thematischen Zusammenhangs der einzelnen Unterrichtsvorhaben und -reihen.

Projekt ➪ Projektunterricht.

Projektarten In der ➪ Fachdidaktik werden Projekte (➪ Projektunterricht) nach bestimmten Gesichtpunkten, die sich allerdings überschneiden können, klassifiziert:

- *Echtheitsgrad*: Spielprojekt – Ernstfallprojekt

- *Zielperspektive*: Veränderungsprojekt, Orientierungs- oder Unterhaltungsprojekt
- *Personen / Sachbezüge*: Agitations-, Kontakt- oder Forschungsprojekt
- *Zeitdauer*: Kleinprojekt (2–6 Stunden), Mittelprojekt (1 Tag bis 1 Woche) und Großprojekt (etwa 40 Stunden über ein Quartal verteilt).

Nicht selten wird ein Projekt mit ⇨ fächerverbindendem Unterricht gekoppelt, und zwar in der Weise, dass zunächst einzelne Fächer die gezielte Vorbereitung übernehmen und erst in der Endphase die Teilergebnisse dieser Arbeit im Projektunterricht zusammengeführt werden.

Projektinitiative Der Bezugspunkt von ⇨ Projektunterricht ist die Lebenswelt der Schüler und Schülerinnen; seine Inhalte und Ziele ergeben sich daraus, dass Probleme der Alltagswirklichkeit handelnd gelöst werden sollen. Derartige Unterrichtsvorhaben erfordern von daher eine P.; diese wird in idealer Weise von den Schülern bzw. Schülerinnen selbst ausgehen. In der Praxis dürfte jedoch der Lehrer bzw. die Lehrerin Zeitpunkt (z. B. Projektwoche) und Rahmen vorgeben bzw. eine Reihe von möglichen Projektvorschlägen zur Auswahl stellen.

Projektmerkmale Projektkonzeptionen und ⇨ Projektarten weisen einige gemeinsame Merkmale auf:

- Es gibt jedes Mal eine ⇨ Projektinitiative.
- Die Projektmitglieder beraten über diese Initiative; sie verständigen sich über die einzelnen Handlungsschritte und über das ⇨ Handlungsprodukt.
- Die Mitglieder entwickeln ihr Betätigungsgebiet, grenzen es ein, stellen Vorplanungen an, legen den Akzent ihrer Arbeit fest.
- Die Arbeiten werden an vorher vereinbarten »Reflexionsphasen« unterbrochen, um über das eigene Tun nachzudenken und um sich der eigenen Vereinbarungen sowie der ⇨ Zielperspektive zu vergewissern.
- Die Arbeitszeit ist begrenzt und endet an einem bewusst gesetzten Termin, meist der Inszenierung oder der ⇨ Präsentation der Ergebnisse vor einer größeren Öffentlichkeit.

projektorientiert Ein Unterricht ist dann p., wenn seine Ergebnisse im Klassenverband und im Klassenraum verbleiben und wenn die Lerngruppe und/oder der Lehrer bzw. die Lehrerin die Ergebnisse zur Kenntnis nehmen und beurteilen; im Unterschied zum Projekt (⇨ Projektunterricht), bei dem die Ergebnisse einer größeren schulischen oder außerschulischen Öffentlichkeit präsentiert werden. Im Idealfall findet dann die »Beurteilung« durch die Resonanz bei den Adressaten statt.

Projektunterricht Auch: Projektarbeit, Projektmethode, ⇨ projektorientierter Unterricht; P. stellt den Versuch dar, durch die Vereinbarung konkreter Vorhaben, den Projekten, zur Selbstorganisation von ⇨ Lehr-Lern-Prozessen überzugehen. Dies setzt die »Demokratisierung« der Leitungsstrukturen und die ⇨ Öffnung von Schule voraus.

Historisch gesehen kommt der P. um 1900 in den USA auf, als dessen Vater der Philosoph und Pädagoge J. Dewey (1859–1952) gilt. Im Zusammenhang mit der ⇨ Reformpädagogik hat sich zwischen 1920 und 1930 die Idee des projektbezogenen Lernens in Deutschland entfaltet (B. Otto, H. Gaudig, P. Petersen); sie kam jedoch erst nach der ➪ kommunikativen Wende (um 1970) voll zur Geltung.

Man kann die Großform des P. als Musterfall des handlungsorientierten Unterrichts ansehen; der P. vereint wesentliche Leitideen der Reformpädagogik, einen umfassenden Bildungsanspruch, mit Methoden praktischen ➪ Problemlösens; hinzu kommen Merkmale einer alternativen ➪ Lernkultur (➪ Schülerorientierung, ➪ Handlungs- und ➪ Produktorientierung). Da er jedoch schulorganisatorisch recht aufwändig ist, kommt P. fast ausschließlich als ➪ Projektwoche (oder Projekttag) vor. Eine Alternative besteht darin, die Großform in Einzelteile aufzulösen und diese gelegentlich in den normalen Unterricht, d. h. als Ergänzung oder als Alternative zum ➪ Frontalunterricht und zum ➪ fragend-entwickelndes Verfahren, einzusetzen.

Der Projektgedanke ist bildungstheoretisch mit folgenden Leitideen verknüpft:

- denkende Erfahrung, Verbindung von Welt- und Selbsterkenntnis,
- offene Schule, ➪ Öffnung von Schule nach außen und innen
- demokratische Erziehung, Mitbestimmung und ➪ partizipatorische Planung
- experimentelle Problemlösung, ➪ effizientes Handeln

Als Themen für den P. eigenen sich in besonderer Weise die ➪ Schlüsselprobleme unserer Gegenwart und Zukunft; ergänzt durch ➪ fächerverbindenden Unterricht sowie die Prinzipien des ➪ ganzheitlichen Lernens kann der Projektgedanke als das Kernstück der »inneren Schulreform« bezeichnet werden.

Die Organisation von P. verläuft im Wesentlichen in vier Schritten:

1. Auswahl und Inhalte
   - Orientierung an den Interessen der Beteiligten
   - Probleme der Alltagswirklichkeit
   - Situationsbezug und gesellschaftliche, praktische Relevanz
2. Planung und Organisation
   - Zielgerichtetheit, intentionale Zielperspektive und zeitliche Terminierung
   - Selbstorganisation und Selbstverantwortung
3. Methoden und Lernformen
   - Einbeziehung vieler Sinne, ➪ Ganzheitlichkeit
   - Interdisziplinarität, fächerübergreifendes Lernen
   - soziales, praktisches, ➪ entdeckendes Lernen
   - Reflexionsphasen (➪ Metakommunikation 2)
4. Ergebnis und Bewertung
   - Produktorientierung
   - ➪ Präsentation und ➪ Bewertung

Der P. verbindet sinnliche und praktische Erfahrungen in einem ganzheitlichen, lebenspraktischen Zusammenhang; seine Grundlage sollte jedoch weitgehend die Systematik der beteiligten Fächer sein, d. h. der spezialisierte Fachunterricht mit seinen Inhalten und Methoden. In solchen Fällen lässt sich der P. durch den systematischen Lehrgang, den Klassen- oder Kursunterricht ergänzen bzw. in diesen integrieren.

Weitere Einzelheiten bei J. Bastian / H. Gudjons (1986), K. Frey (^{3}1990), D. Hänsel / H. Müller (1988), D. C. Kochan (1986), G. Lange (1999).

Projektwoche (Projekttag) Die Durchführung einer P. stellt für den Schulbetrieb eine organisatorische Herausforderung dar. Ungeeignet sind alle Formen, die gegen den entschiedenen Willen der Mehrheit des Kollegiums und der Schülerschaft durchgesetzt werden, indem z. B. eine Liste mit Themen ausgehängt wird, in die sich Lehrer und Schüler dann eintragen sollen usw. Die Initiative für eine P. sollte im Idealfall von der Schülerschaft (SV) ausgehen, in der Lehrerkonferenz beraten und von einem paritätisch besetzten »Komitee« vorbereitend organisiert werden. Hierzu ist eine Kombination aus ➪ fächerverbindendem und ➪ Projektunterricht möglich:

- Eine P. erhält eine übergreifende Thematik, deren Behandlung für eine Mehrheit der Schüler und Lehrer bedeutsam ist.
- Ein Vorbereitungskomitee bereitet das Thema derart auf, dass Teilthemen auf einzelne Fächer verteilt werden und Lehrer bzw. Lehrerinnen die Behandlung dieser Teilthemen im Sinne fächerverbindenden Unterrichts übernehmen. Es entsteht ein ➪ Flussdiagramm mit einer festliegenden inhaltlichen und zeitlichen Strukturierung.
- In einer längeren Vorlaufzeit werden die Teilthemen im Fachunterricht – möglichst zeitnah – behandelt; eine Koordinierungsgruppe aus Schülern und Schülerinnen der einzelnen Klassen bzw. Kurse trifft sich regelmäßig und bespricht den Stand der Arbeit sowie der Teilergebnisse.
- In der P. selbst werden die Ergebnisse zusammengeführt und präsentiert.

Ähnliches gilt in verkleinertem Maßstab für den Projekttag; hier sollten auch die Möglichkeiten genutzt werden, die eine ➪ Öffnung von Schule bieten.

Proposition Dt.: (das Gesetzte) Satzinhalt; in der Lernpsychologie versteht man unter P. die kleinsten abstrakten Wissens- oder Bedeutungseinheiten, die im ➪ Gedächtnis gespeichert sind, z. B. »Junggeselle«. Es ist versucht worden, solche P. mit Hilfe von Mengen »semantischer Bausteine« (Primitive) zu erfassen, z. B. Junggeselle: [+ Human, + Männlich, + Erwachsen, – Verheiratet].

Verwandte P. werden zu ➪ Schemata (Sachwissen) oder zu ➪ Skripten (Handlungswissen) verbunden; diese wiederum können größere neuronale Netze (➪ Vernetzung) bilden, die sich möglicherweise zu mentalen Modellen oder speziellen Theorien ausformen.

Protokoll 1) Niederschrift bzw. Mitschrift als förmlicher Nachweis für Verlauf und/oder Ergebnis einer Verhandlung, einer Konferenz o. Ä.

2) Mitschrift einer Unterrichtsstunde, und zwar:

a) das *Verlaufsprotokoll*, in dem die wesentlichen Einzelheiten des Unterrichts nach ihren Obergesichtspunkten geordnet und in chronologischer Reihenfolge enthalten sind und in dem eine möglichst genaue Wiedergabe der Redebeiträge und der Ergebnisse des Unterrichts nachzulesen sind.

b) das *Ergebnisprotokoll*, in dem lediglich die Zwischen- und Endergebnisse, die Vereinbarungen und ggf. das Abstimmungsverhältnis für Beschlüsse festgehalten werden.

Ein P. wird folgendermaßen angelegt:

- Angabe zum Anlass: *Protokoll der Lateinstunde …*
- Datum und Zeit (ggf. Ort) des Unterrichts
- Teilnehmer (die fehlenden Schüler und Schülerinnen werden gesondert benannt)
- Thema (evtl. nach einzelnen Punkten gegliedert): TOP 1, TOP 2 usw.
- Gesprächsergebnisse und Beschlüsse (bei einem Ergebnisprotokoll) bzw. Wiedergabe des wesentlichen Verlaufs der Gespräche und Ergebnisse des Unterrichts (bei einem Verlaufsprotokoll)
- Unterschrift des Protokollanten bzw. der Protokollantin

Im Ganzen sollte ein P. so knapp wie möglich, aber nicht im Telegrammstil verfasst sein, damit die Fehlenden den Stundenverlauf bzw. die Stundenergebnisse ohne Schwierigkeiten nachlesen können. Wörtliche Rede ist als ⇨ Zitat zu kennzeichnen. Das P. enthält keinen Kommentar sowie keine Wertungen des Protokollanten.

In der Praxis hat die Anfertigung von P. manchen Vorteil: die Lerngruppe kann sich voll auf den Unterricht konzentrieren und braucht nicht mitzuschreiben, Fehlende können den Stoff nachlesen, eine Sammlung von P. kann zur Vorbereitung auf eine Klausur oder auf das Abitur genutzt werden.

Probleme ergeben sich bei der (stets notwendigen) Korrektur der P. durch den Fachlehrer bzw. die Fachlehrerin; denn auch das vom Schüler bzw. der Schülerin überarbeitete P. muss wiederum auf seine Richtigkeit kontrolliert werden usw., bevor es zur weiteren Verfügung der Lerngruppe abgelegt werden kann.

Pro-und-Kontra-Diskussion Auch: Streitgespräch; die Schüler und Schülerinnen erhalten den Auftrag, in einer simulierten Situation zu einem strittigen Thema bestimmte Rollen und Positionen zu übernehmen und diese durch eine möglichst geschickte ⇨ Argumentation zu vertreten und zu verteidigen. Das Thema des Streitgesprächs muss sich natürlich für eine solche ⇨ Diskussion eignen, d. h. es muss sich um ein wirklich kontroverses Thema handeln und es muss sich um Rollen handeln, mit denen sich die Schüler und Schülerinnen identifizieren können. Auch sollten fundamentale ⇨ Redestrategien beherrscht werden.

Im Allgemeinen sind vier Rollen zu besetzen: Gesprächsleiter, Befürworter und Gegner des Themas sowie Beobachter. Die verschiedenen Rollen sollten optisch und räumlich voneinander getrennt sein.

Folgendes gilt es zu beachten:

- Jüngeren Schülern fällt es noch schwer, eine Rolle zu übernehmen, deren Position sie nicht selbst vertreten; es muss klar sein und akzeptiert werden können, dass in einer solchen Diskussion eine Rolle nur »gespielt« wird.
- Die Diskussion kann nicht ohne fundiertes Sachwissen stattfinden; ggf. muss dieses zuvor erarbeitet werden.

- Zur Vorbereitung gehört auch das Sich-Einfühlen in die jeweilige Rolle, die Ausarbeitung der zur Rolle gehörenden Argumente und Redeziele sowie die gedankliche Vorwegnahme und Berücksichtigung der möglichen Argumente des Gegners bzw. der Gegenpartei.
- Der Gesprächsleiter erteilt das Wort; er achtet darauf, dass die Beiträge etwa gleich lang sind, und er beendet das Gespräch nach der vereinbarten Zeit. Darüber hinaus wacht er über eine gewisse Rededisziplin. (*Rede zur Sache, nicht zur Person! Rede den Gegner nicht an die Wand!* usw.)
- Die Beobachter erhalten genaue Beobachtungsaufgaben. Je nach der ➪ Akzentuierung können sich diese auf die Art der Argumentation, die verwendeten rhetorischen Mittel (z.B. sprachliche Bilder, Wortwiederholungen, rhetorische Fragen, Steigerung), die stimmlichen, gestischen und mimischen Ausdrucksmittel, die ➪ Körpersprache, die Verteilung der Redeanteile usw. beziehen.
- Das Streitgespräch wird nach einer bestimmten Zeit reflektiert und ausgewertet; diese Auswertung sollte formal (bezogen auf das kommunikative Verhalten) und inhaltlich (bezogen auf die strittigen Punkte, die ungelöst geblieben sind bzw. über die sich die Teilnehmer einigen konnten) erfolgen.

Provokation Die P. als Methode ist eine Art »Verfremdung« des Themas, der unterrichtlichen Situation oder der unbefragten Gewohnheiten im Denken oder Tun der Schüler und Schülerinnen. Allerdings sollte der Bogen dabei nicht überspannt werden; auf keinen Fall dürfen die Schüler oder Schülerinnen den Eindruck erhalten, sie würden persönlich herabgesetzt oder angegriffen.

Die pädagogische P. bezieht sich auf ein Sachthema: So kann die lapidare Bemerkung des Lehrers oder der Lehrerin, dass die Heldin in T. Fontanes Roman »Effi Briest« ihr Schicksal wohl zu Recht verdient habe, den Protest der Lerngruppe und möglicherweise die entsprechenden Gegenargumente provozieren. Dazu ist allerdings eine genauere Kenntnis der Lerngruppe nötig.

Prozess Hergang, Entwicklung, Verlaufsstruktur.

1) P. können relativ unkontrolliert und eigendynamisch ablaufen, wie etwa manche sozialen P. im Unterricht, sie können aber auch gesetzmäßig verlaufen, wie etwa chemische P. im Reagenzglas. Die Beobachtung, Kontrolle und Beschreibung von P. ist eine zentrale Aufgabe sowohl des Lehrerhandelns als auch der Ausbildung im – vor allem naturwissenschaftlichen – Fachunterricht. Die räumlich und zeitlich verlaufende Prozessstruktur lässt sich z.B. als ➪ Flussdiagramm veranschaulichen.

2) Nach DIN 66201 bezeichnet man als P. die Umformung und / oder den Transport von Materie, Energie und/oder Information. Dies bedeutet z.B. für den Bereich der Informatik: *Ein P. ist der Vorgang einer algorithmisch ablaufenden Informationsverarbeitung* (➪ Algorithmus). Demnach beschreibt ein P. den Ablauf eines Systems oder einer Systemkomponente in Zeit und Raum. In Betriebssystemen ist ein P. ein Vorgang, der durch ein Programm und über einen Prozessor ausgeführt und kontrolliert wird.

prozessbegleitende Bewertung Die Bewertung von Schülerleistungen kann als allgemeine ➪ Lernkontrolle oder als ➪ Benotung vorgenommen werden, und zwar bezogen auf ein ➪ Handlungsprodukt zu einem bestimmten Zeitpunkt oder bezogen auf einen Arbeits- und Lernprozess über eine gewisse Zeitspanne hinweg.

Die p. B. verfolgt in erster Linie den Lernfortschritt eines Schülers oder einer Schülerin über eine gewisse Zeitspanne hinweg, bezieht dabei jedoch alle Produkte, die er oder sie hergestellt hat und die im Zusammenhang mit dem Thema und der Zielsetzung stehen, mit ein. Dieses Verfahren bietet sich vor allem bei den Großformen des Unterrichts wie ➪ Gruppenarbeit oder ➪ Projektunterricht an. Die Schüler und Schülerinnen dokumentieren jeweils ihren Beitrag zur Arbeit der Gruppe sowie ihren Lernfortschritt, indem sie z. B. eine ➪ Arbeitsmappe (1) anlegen oder ein Arbeitsprotokoll führen. Darüber hinaus sollte sich der Lehrer bzw. die Lehrerin in den unterschiedlichen Phasen des Arbeitsprozesses durch problemorientierte Gespräche über den jeweiligen Lern- und Leistungsstand des einzelnen Schülers bzw. der einzelnen Schülerin informieren.

Schwieriger erscheint die p. B. im Hinblick auf ➪ Klassenarbeiten oder ➪ Klausuren. Diese sind Primärproduktionen, die meist am Ende einer Reihe zu einem festgesetzten Termin zu erbringen sind. Unter dem Gesichtpunkt der ➪ Prozessorientierung erscheint es nur folgerichtig, wenn sie als überarbeitungsfähig und überarbeitungsbedürftig angesehen würden.

a) Eine derartige ➪ Überarbeitung im Rahmen der ➪ Korrektur (2) könnte zumindest in die mündliche oder in die Note für ➪ Sonstige Mitarbeit eingehen. Denn wenn Schreiben im Wesentlichen als ein dialogischer Prozess gesehen wird, so erscheint es zum besseren Verständnis des Partners angebracht, wenn er in einem ➪ Korrekturschwerpunkt darlegen kann, warum er gerade diesen Lösungsweg oder diese Form der Schriftlichkeit gewählt hat. Auf diese Weise kann auch bei punktuellen Arbeiten dem Prozesscharakter des Schreibens und Problemlösens Rechnung getragen werden.

b) Noch weiter gehen Vorschläge, wonach der Schüler oder die Schülerin direkt im Anschluss an die Lösung der Aufgabe einen Kommentar verfasst, der den Lösungsweg bzw. den Interpretationsansatz erläutert und begründet; dieser Kommentar gilt dann als Teil der Arbeit und geht mit in die Benotung der Klausur ein.

Prozessebene ➪ Reflexionsebene.

Prozessorientierung 1) Allgemein kann jeder Unterricht als ein ➪ Lehr-Lern-Prozess aufgefasst und beschrieben werden. Der Unterrichtsprozess verknüpft eine Reihe aufeinander bezogener Größen miteinander: vorgegebene oder gesetzte Ziele, konkrete Inhalte (Gegenstände, Themen), soziale Interaktion, individuelles und gemeinsames Handeln, zeitlich gestufte Abläufe. Als Prozess konstituiert sich Unterricht in konkreten und sinnlich erlebten ➪ Handlungssituationen, die sich in drei Dimensionen entfalten: in den ➪ Sozialformen, den ➪ Handlungsmuster sowie den ➪ Unterrichtsphasen.

2) Ein prozessorientierter Fachunterricht geht davon aus, dass das Unterrichtsthema nicht nur einen Bezug zur Wirklichkeit der Schüler und Schülerinnen haben muss; viel-

mehr sollen sie auch erfahren können, dass die Arbeit für sie eine Möglichkeit darstellt, diese Wirklichkeit zu verstehen, zu bewältigen und zu verändern. Hieraus folgt, dass nicht mehr die ➪ Klassenarbeit oder ➪ Klausur als *Produkt* im Mittelpunkt der didaktischen Überlegungen stehen kann, sondern der *Arbeitsvorgang* selbst. Dieses Ziel lässt sich am ehesten realisieren, wenn die Arbeit der Schüler und Schülerinnen im Rahmen einer Großform (z. B. ➪ Projektunterricht) funktional eingesetzt wird. In diesem Zusammenhang bedeutet die ➪ prozessbegleitende Bewertung einer Leistung, dass es sich bei der Klassenarbeit oder Klausur nicht um ein Endprodukt, sondern um einen Beitrag zu einem Teilprozess handelt, der überarbeitet werden kann und in der Regel auch überarbeitet werden muss; und diese ➪ Überarbeitung gehört als Leistung mit zur abschließenden ➪ Benotung.

Wird der Prozesscharakter beim Lösen von Aufgaben betont, so werden in der Regel drei Teilaktivitäten hervorgehoben:

1. *Problemlage und Arbeitsplanung*
- Aufgreifen von realen Problemen und Themen, wo immer sich diese anbieten
- Klarheit über die Sachlage herstellen
- Sachkenntnisse über das Thema, den Gegenstand gewinnen bzw. aktivieren
- Reflexion über die eigenen Einstellungen zum Thema bzw. Gegenstand
- Ideensammlung, Hypothesen, Lösungsansätze, Modellierung
- Berücksichtigung des größeren Ganzen, des Kontextes, der Fachsystematik
- Wahl der Methode, der Lösungsstrategie, der geeigneten Schreibhaltung
- Verfügen über die notwendigen formalen Darstellungsmittel
- Ordnung und Gliederung

2. *Lösung und Niederschrift*
- Zeitplanung und Terminierung
- Kenntnis typischer Aufbauformen, Ablaufschemata, methodischer Schrittfolgen
- Ausprobieren von Formulierungsalternativen
- Niederschrift unter Verwendung von optischen Signalen, Tabellen, Skizzen, Absätzen
- Vergleich mit der Gliederung und formale Kontrolle

3. *Überarbeitung*
- Lesen (ggf. Gegenlesen)
- Beseitigung formaler und stilistischer Mängel
- Vergleich mit der Intention, dem gestellten Thema, der Aufgabenstellung
- Überprüfung der Lösung (Überschlagsrechnung, zu erwartenden Wirkung des Textes)
- Suche nach Alternativen

Prozessplanung Terminus bei W. Schulz ([3]1981) im Zusammenhang seines ➪ Hamburger Modells; bezeichnet die Planung von Teileinheiten des Unterrichts (➪ Unterrichtsphasen) in zeitlicher Folge sowie die Zuordnung der entsprechenden Kommunikations- und Arbeitsformen. Die P. ist der ➪ Umrissplanung „zwingend nachgeordnet“, damit die übergeordneten Ziele nicht aus dem Blick geraten; sie enthält Elemente wie „Teilziele in zeitlicher Reihenfolge“, „bereitgestellte Lernhilfen“ oder die Planung von „Alternativen“ (W. Schulz, 1980).

Prüfungsgespräch Eine der ältesten Formen des ➪ Unterrichtsgesprächs, die bereits seit dem Mittelalter bekannt ist und mit dem Katechismusunterricht (seit dem 16. Jh.) zur Methode ausgearbeitet wurde. Ziel des P. ist die ➪ Bewertung und ➪ Benotung der Schülerleistung zu einem bestimmten Zeitpunkt; in der Regel handelt es sich um eine Tatsachenfeststellungsprüfung, also weniger um ein echtes »Gespräch«. Selbst dort, wo sich der Prüfende um eine möglichst ➪ symmetrische Kommunikation bemüht, bleibt die Tatsache der Bewertung als Hemmnis bestehen.

Ein P. sollte so aufgebaut sein, dass der Prüfling zunächst die Möglichkeit erhält, aus einem breiten thematischen Spektrum ein Gebiet zu wählen, zu dem er Stellung nehmen kann; erst allmählich sollte die Lenkung durch den Prüfer deutlicher werden, um zu verhindern, dass Wissen nur reproduziert wird. Dies erfordert jedoch weniger direkte Wissensfragen, sondern weit eher *Verständnisfragen*, die es dem Prüfling gestatten, einen Gedankengang selbstständig zu entwickeln, Wissen anwendungsorientiert einzubringen, Tatbestände zu kommentieren und Werturteile abzugeben und zu begründen. Also nicht: „*Was ist eine Metapher*?“, sondern eher „*Wie sähe unsere Sprache ohne Metaphern aus*?“

Das P. (insbesondere die mündliche Abituraufgabe) muss im Unterricht hinreichend besprochen und in simulierten Situationen geübt werden.

Psychodrama Ganzheitliche Methode, die aus der Gruppentherapie (J.L. Moreno) kommt; sie gestattet es, integriertes Wissen durch Selbstorganisation und Kreativität zu erlangen. Das P. kann als „Bühne zur Konstruktion von Wissens- und Sinnstrukturen“ (E. Kösel, 1995) angesehen werden. Hierzu können z.B. Rollentausch, Doppeln, Spiegeln oder ein Alter Ego eingesetzt werden. Das Instrumentarium des P. besteht aus:

- *Bühnenraum*: ist deutlich vom Gruppenraum getrennt; der offene Bühnenraum wird durch Schilderungen der Protagonisten als fiktiver Raum gestaltet.
- *Leiter des P.*: ist verantwortlich für Beginn und Verlauf des Spiels, er oder sie aktiviert die Spieler und hilft über schwierige Passagen hinweg, gibt aber keine Urteile oder Anweisungen zum Spiel selbst.
- *Protagonist*: improvisiert das Spiel (➪ Stegreifspiel); nichts ist vorher geplant! Er oder sie spielt spontan aus seinem bzw. ihrem Leben oder aus der gegenwärtigen Befindlichkeit heraus. Eine Bewertung findet nicht statt.
- *Hilfs-Ich* (Alter Ego): wird vom Protagonisten ausgewählt und hilft ihm bzw. ihr bei seiner bzw. ihrer Darstellung; gibt Hinweise auf Gefühle und Vorstellungen des Protagonisten, wodurch die Beobachter einen Einblick in dessen »Innenwelt« erhalten.
- *Beobachter*: nehmen Anteil, fühlen sich mit den Darstellern verbunden und sind zur Verschwiegenheit verpflichtet; sie geben keine Ratschläge, solidarisieren sich aber auch nicht explizit.

Mit Hilfe des P. können unterschiedliche Themen in der Schule bearbeitet werden: Verständigung und Kooperation zwischen Lehrenden und Lernenden, biografische Selbstreflexion (»Mein bisheriger Lernweg«, »Meine Geschwister«, »Meine geheimen Lebenspläne«, »Meine Stärken und Schwächen«), Analyse von subjektiven Theorien, Einübung von Metaprogrammen (»Wie lerne ich?«, »Wie kann ich Fehlverhalten XY vermeiden?«).

Neben dem Einsatz als Mittel zur Bewältigung von ➪ Konflikten in der Schule und zur ➪ Prävention kann das P. gelegentlich auch im Fachunterricht eingesetzt werden: Nachspielen von kleinen Texten mit verteilten Rollen, pantomimische Darstellung neuer Begriffe oder Tätigkeiten, »Rollen-Interviews« im szenisches Spiel (z. B. Interview Galileos über die Bedeutung seiner Pendelversuche).

Nähere Einzelheiten bei E. Kösel, ([2]1995).

psycho-motorisches Lernziel ➪ Dimensionierung.

Psychosynthese Eine von dem Freud-Schüler R. Assagioli seit ca. 1910 entwickelte Methode, die es ermöglichen soll, den inneren Reichtum der eigenen Person zu entdekken, unkontrollierte Gefühle zu ordnen, nicht genutzte Fähigkeiten zu aktivieren und zu bündeln, um so zu seiner eigenen Natur und wahren Identität zu finden. Dementsprechend lauten die zu behandelnden Themen: *Werde was Du bist! Erkenne Dich Selbst! Vom Ich zum Du. Das innere Kind. Mann / Frau sein. Transformation von Angst* u. dgl. Wege hin zu diesem Ziel sind: freies Malen, Visualisierung, Aktivierung der Traumfähigkeit (➪ Traumreise), Körperarbeit, Schulung des Willens und der Wahrnehmung, Meditation, Beziehungs- und Gruppenarbeit.

Die P. bietet verschiedene Anwendungsmöglichkeiten auch im Bereich von Erziehung und Bildung, vor allem im Kontext einer ➪ Humanistischen Pädagogik (V. Buddrus, 1995).

Weitere Einzelheiten bei P. Ferruci (2001).

✳ ✳ ✳

Qualitätsentwicklung Meist in Verbindung mit »Qualitätssicherung« gebrauchter Ausdruck; geht zurück auf eine Vereinbarung der ➪ Kultusministerkonferenz (KMK) vom 12.05.1995 zu den »Standards für den Mittleren Schulabschluss in den Fächern Deutsch, Mathematik und erste Fremdsprache«, auf Grund dessen die Länder Vorschriften zur Q. und Qualitätssicherung durch ➪ Parallelarbeiten erlassen (z. B. NRW mit RdErl. vom 01.12.1998).

➪ Leistung, ➪ Leistungsmotivation, ➪ PISA, ➪ Professionalität, ➪ TIMSS, ➪ Schlüsselqualifikation, ➪ Standard, ➪ Verständnis

Quartalsnote Vierteljährliche ➪ Notenbildung in der Oberstufe; die Q. setzt sich zusammen aus einer Note für den Klausurenbereich und einer Note für den Bereich ➪ Sonstige Mitarbeit. „Eine rechnerische Bildung der Kursabschlußnote ist unzulässig"

(➪ APO-GOSt, § 14,1); dies bedeutet, dass der Lehrer bzw. die Lehrerin nicht nur einen pädagogischen Spielraum bei der Notenbildung hat, sondern dass er oder sie diesen auch anwenden muss.

✷ ✷ ✷

Rabattmarken Metaphorischer Ausdruck für nicht artikulierte Enttäuschungen oder Frustrationen, die wie R. gesammelt werden, um dann zu einem unkontrollierten Wutausbruch zu führen, dessen Ursprung der Partner nicht durchschaut und versteht. Zur ➪ Konfliktvermeidung wird daher geraten, keine R. »zu kleben«, sondern Ärger ohne Zeitverzögerung auszusprechen. Entstandene ➪ Konflikte sollten in zeitlich und persönlich direkter Auseinandersetzung gelöst werden. Bei emotioneller Erregung empfiehlt sich allerdings ein Handlungsaufschub sowie ggf. eine gründliche ➪ Problemanalyse.

radikaler Konstruktivismus ➪ Konstruktivismus (2).

Randglosse Anmerkung am Rand eines Textes, die dessen Besprechung oder Analyse vorzubereiten hilft. Die funktionale Nutzung von R. im Fachunterricht sollte exemplarisch eingeführt und geübt werden. Das »Lesen mit dem Bleistift« ist insbesondere zur Vorbereitung einer Lektüreschrift unabdingbar. Aus diesem Grund eignen sich schuleigene Texte, die nicht beschriftet werden sollen, nicht für diesen Zweck.

Die R. werden jeweils am linken oder rechten äußeren Rand angebracht und kennzeichnen wichtige Namen und Begriffe, zentrale Thesen und Begründungen, rhetorische Mittel; bei literarischen Texten auch Leitmotive, sprachlich-stilistische Besonderheiten usw.. Zur Kennzeichnung der angesprochenen Themen sowie des Problemzusammenhangs, für Querverweise und strukturelle Zusammenhänge werden die anderen drei Ränder benutzt (➪ Lesetechniken). Was die Verwendung von Kürzeln als R. betrifft, so kann jeder Leser und jede Leserin einen eigenen Satz Zeichen festlegen; wichtig ist, dass die Zeichen leicht zu verstehen und eindeutig sind, z. B.:

- einfacher Strich am Rand = wichtige Stelle
- zweifacher Strich am Rand = besonders wichtige Stelle (bei ganz zentralen Stellen kann der Doppelstrich oben links oder rechts auf der Seite wiederholt werden)
- Wellenlinie am Rand = fragliche Stelle
- Kreuz am Rand = wichtiger Ausdruck
- M = Motiv (Leitmotive können nummeriert werden)
- MS = Merksatz (auch hier können Einzelzeichen zur Differenzierung eingeführt werden)
- R = Regel
- Th = Thema, Themenkomplex
- Z. T. = Zentrale These (zusätzlich: Unterstreichung im Text)

Zur besseren Übersicht empfiehlt es sich bei längeren Texten, Sammlungen von R. auf die hinteren freien Seiten des Einbandes oder einem Zettel anzulegen, und zwar unmittelbar nachdem man sie am Rand notiert hat. Auf diese Weise erspart man sich einen zweiten zeitaufwändigen Durchgang. Der Lehrer bzw. die Lehrerin sollte einen derart präparierten Text gelegentlich (z. B. in der Jahrgangsstufe 11) zur Klausur zulassen; hiergegen ist nichts einzuwenden, wenn die Aufgaben weniger Reproduktion als vielmehr ➪ Verständnis voraussetzen und ➪ Problemlösen erfordern.

Als Vorbereitung auf das Abitur muss allerdings die Bearbeitung unkommentierter Texte im Mittelpunkt stehen; hier können dann schuleigene Textsammlungen eingesetzt werden.

Randkorrektur ➪ Korrektur (1).

Ränkespiel Interaktive Abläufe, in die sich Menschen – ob sie wollen oder nicht – verstricken; R. (engl. »games«) kommen in vielen Formen im täglichen Leben und daher auch in der Schule vor und sind zunächst nicht unbedingt negativ besetzt. Für Kinder z. B. stellen R. notwendige und sinnvolle Überlebensstrategien dar, die aus verschiedenen Gründen auch noch im Erwachsenenalter angewendet werden. Es ist wichtig zu sehen, dass R. nicht durch Bekämpfung aufgelöst werden, sondern durch »Annahme«.

Gemeinsame Merkmale von R. sind:

1. Das Spiel ist nicht bewusst.
2. Jedes R. ist immer mit einer Abwertung entweder der eigenen Person oder des anderen verbunden, auch wenn sie z. T. subtil verborgen sein kann.
3. Die Abwertung der Person führt immer, manchmal schon während des Spiels, manchmal auch erst am Ende oder viel später, zu einem schlechten Gefühl. Dies gilt in der Regel für beide Spieler.
4. Jedes Ränkespiel findet im Verborgenen statt, insofern die Beteiligten sich über ihre wahren Beweggründe nicht im Klaren sind.
5. Jedes Spiel hat einen, den Spielern nicht bewussten Nutzeffekt. Dieser ist oft überlebenswichtig, oft wird er aus Gewohnheit angestrebt. Er besteht meist in der erhofften Zuwendung, seltener auch im Erreichen von Distanz.
6. R. müssen – ähnlich wie eine Sucht – ständig wiederholt werden, da der erreichte Nutzeffekt nur ein Ersatz für das ist, was sich die Spieler im eigentlichen Sinne ersehenen: den Austausch von Wertschätzung und Liebe.

Jedes R. hat eine bestimmte Ablaufstruktur: Spielangebot, Spieleinstieg, Rollenwechsel (Umkippen des Spiels z. B. durch einen Wutausbruch), Verblüffung (Unschuldsbeteuerung: „*Ich hab' doch nur …*"). Beispiele:

a) Spiele, bei denen der Lehrer mehr oder weniger versteckt vom Schüler angegriffen bzw. abgewertet wird.

– Das unendlich Erklärungsspiel: Schüler zweifelt ständig an der Erklärung des Lehrers, dieser meint es gut und setzt seine Erklärungen bereitwillig fort, ärgert sich aber insgeheim, weil er annehmen muss, ihm wird unterstellt, dass er nicht gut erklären kann.

- Der Clown als »Verfolger«: Schüler kommentiert ständig den Lehrer oder andere Schüler, aber so, dass man eher schmunzeln oder lachen muss; dennoch schwingt in den Kommentaren Verachtung für das mit, was der Lehrer bzw. der andere Schüler sagt.

b) Spiele, bei denen sich der Schüler als »Opfer« anbietet

- Sich dumm stellen: Schüler behauptet, die Hausaufgabe »nicht verstanden« zu haben; Schüler behauptet auffallend oft: „Das habe ich nicht verstanden." – Der Lehrer muss entweder Geduld und Zeit aufbringen, um alles noch einmal zu erklären, oder er steht als »schlechter Lehrer«, der nicht erklären kann, da.
- Das »Kindchen«-Spiel: Schüler gebärdet sich so, als ob er viele Jahre jünger wäre, z. B. durch kindliches Gehabe, veränderte Stimmlage, Kreischen.

c) Spiele, bei denen Schüler durch den Lehrer mehr oder weniger versteckt angegriffen bzw. abgewertet werden

- Explosion: Klasse wird während des Unterrichts immer lauter; der L. scheint dies gar nicht zu bemerken – er klebt jedoch ⇨ Rabattmarken, bekommt plötzlich einen Wutausbruch und brüllt über die Köpfe der Schüler hinweg, die dieses Schauspiel gespannt verfolgen.
- Gerichtsaal: Schüler hat etwas mehr oder weniger Schlimmes angestellt, L. versucht, den Täter ausfindig zu machen; die Klasse verfolgt gespannt, ob ihm dies gelingt.

d) Spiele, bei denen der Lehrer das »Opfer« ist

- Generalzweifel: Schüler bezweifelt den Sinn dessen, was der Lehrer gerade unterrichtet; Lehrer gerät immer tiefer in Rechtfertigungszwänge.
- Schwächling: Lehrer versucht, ohne Autorität mit den Schülern umzugehen und stets immer nur verständnisvoll und »lieb« zu sein; die Versuchung für die Schüler, einen solchen Lehrer zu verletzen, ist recht groß.

Wenn der Lehrer bzw. die Lehrerin ein R. durchschaut, so sollte er oder sie dies nicht unmittelbar explizit machen und dem Schüler bzw. der Schülerin die Zusammenhänge zu erklären versuchen; dies könnte zu größeren (psychischen) Schäden führen, als wenn das R. gespielt würde. Eine Möglichkeit, aus dem Spiel auszusteigen, besteht darin, das Spielangebot erst gar nicht anzunehmen bzw. nicht selbst ein Spielangebot zu machen, Abwertungen zu vermeiden, die offene und ehrliche Kommunikation zu suchen, den »Nutzeffekt« (z. B. Zuwendung, Aufmerksamkeit) auch ohne das R. anzubieten, die eigenen Grenzen und persönlichen Schattenseiten reflektieren und annehmen.

Beispiel für den Ausstieg aus dem »unendlichen Erklärungsspiel«:

1. Der Lehrer gesteht sich ein, dass er in der Tat unsicher ist.
2. Er sagt: *„Da muss ich mich selbst erst kundig machen. Kommen Sie in der Pause zu mir, wir können dann gemeinsam in einem Fachbuch nachschlagen."* oder: *„Ich bringe Ihnen das nächste Mal Material mit, damit Sie sich selbst informieren können"*.

Beispiel für den Ausstieg aus dem »Clown als Verfolger«-Spiel:

1. Der Lehrer macht sich seine Verletzbarkeit bewusst und will sich wehren.
2. Er sagt: *„Wissen Sie, Ihre Zwischenrufe sind ja wirklich sehr komisch. Ich muss auch immer wieder darüber lachen. Dennoch verletzt mich Ihre Art, wie Sie sich über mich lustig machen, sehr."* o. ä.

Als Vorbereitung für den Ausstieg aus einem R. kann die ➪ Transaktionsanalyse sehr hilfreich sein.

Einzelheiten bei: E. Berne ([4]1981), T. Harris (2001).

Rauschen Technische Größe im Zusammenhang mit ➪ Informationstheorie und ➪ Kommunikationsmodell: Störungen bei der Übertragung von Information oder während eines Gesprächs. Derartige Störungen können technisch bedingt (überlastete Telefonleitung, verzerrte Bilder auf dem Fernsteher oder dem Monitor), umweltbedingt (Lärm, zu große Entfernung) oder psychisch-kognitiv bedingt (Müdigkeit, Stress, Unwissen) sein.

Reaktivierung Die R. von Wissen im Schulunterricht hat zwei Aspekte: a) auf Seiten des Schülers bzw. der Schülerin den Akt des ➪ Erinnerns, b) auf Seiten des Lehrers bzw. der Lehrerin bestimmte Verfahren, Gelerntes im Sinne des ➪ Spiralcurriculums erneut für den ➪ Lehr-Lern-Prozess verfügbar zu machen, damit es auf einer höheren Stufe vertieft und weitergeführt werden kann.

Rechtschreibschwäche ➪ Legasthenie.

Rede ➪ Kurzreferat; ➪ Redestrategie; ➪ Schülerreferat; ➪ Statement; ➪ Vortrag.

Redestrategie Eine Rede sollte intentional, kenntnisreich, adressatenbezogen und zielgerichtet sein; dementsprechend muss der Redner über stimmte R. verfügen. Dies gilt sowohl für die mündliche Beteiligung im Unterricht, also im Großen und Ganzen für jeden mündlichen Beitrag, und insbesondere für die freie Rede oder das thematisch gebundene ➪ Schülerreferat vor einem Publikum. Vor allem im Deutschunterricht sollten von Beginn an die Fähigkeiten und Fertigkeiten hierzu geschult werden, z. B.:

a) Grobstrukturen eines Redebeitrags

Ein Redebeitrag strukturiert sich nach Redeansatz – Redeplan – Redeziel; er wird vom Redeziel aus geplant, vom Redeansatz aus produziert. Leitende Fragen sind hier:

- Was will ich mit meinem Beitrag erreichen? Zu welchem konkreten Thema / zu welcher Frage will ich einen Beitrag leisten?
- Wie kann ich meinen Beitrag aufbauen?
- Was ist gerade von Interesse? Woran muss ich anknüpfen?

b) Feinstrukturen eines Redebeitrag

Bewährt haben sich die Übungen zum rhetorischen ➪ Fünfsatz (H. Geißner), um zu lernen, wie man einen Redebeitrag aufbauen kann. Gleichzeitig nötigt die Beschränkung auf fünf Sätze den Redner zu gedanklicher Strenge und Zielgerichtetheit, aber auch zur Beachtung anderer Meinungen. Der Satz (1) knüpft an das Bisherige an, die Sätze (2) bis (4) legen die eigenen Gedanken dar, vergleichen zwei Positionen, schließen eine Position aus oder bringen einen neuen Gedanken vor usw. Der Satz (5) zieht eine Konsequenz, unterbreitet einen Vorschlag, stellt einen Antrag u. dgl.; z. B.: „*Ich möchte etwas zu Julias Vorschlag sagen. Sie meint* [...]. *Wir wissen aber, dass* [...]. *Vergleicht man beides, dann* [...] *Ich schlage daher vor, dass wir* [...]“

c) Sprachmaterial bereitstellen und benutzen
Der Lehrer oder die Lehrerin kann nicht davon ausgehen, dass alle Kinder die gleichen sprachlichen Voraussetzungen mitbringen. Von daher ist es unerlässlich, konkrete Übungen zu den R. durchzuführen, z. B. Wendungen sammeln, mit denen man sich in ein laufendes Gespräch »einklinkt« und sich beteiligt, einen neuen Gedanken einbringt, etwas ablehnt, zwei Meinungen vergleicht, eine Meinung ablehnt, einen Vorschlag macht. Dieses Sprachmaterial wird z. B. auf Plakate oder eine ➪ Wandzeitung geschrieben und zur ständigen Benutzung an die Seitenwand befestigt.

d) Regeln des verständigen Redens vereinbaren
Dein Redebeitrag sei einfach, gegliedert, kurz und prägnant, hinreichend laut (verständlich) und deutlich in der Aussprache, angemessen im Sprechtempo und richtig betont, sinnvoll gegliedert durch Sprechpausen u. dgl. In einem fortgeschrittenen Stadium können Regeln der ➪ Gesprächsgestaltung im Zusammenhang, ➪ pragmatische Axiome (*Beachte den Inhalts- und den Beziehungsaspekt!* usw.) oder ➪ Kommunikationsmaximen (*Sei wahr – sage nichts, was du für falsch hältst oder wofür dir angemessene Gründe fehlen!*) eingeführt werden.

e) Die freie Rede üben
Schüler und Schülerinnen werden oft aufgefordert, Hausaufgaben frei vorzutragen, Gruppenergebnisse zu referieren oder die Stundenergebnisse zusammenzufassen. Um dies leisten zu können, müssen sie über bestimmte R. der freien Rede verfügen, die geübt sein müssen, bevor sie bewertet werden können! Es empfiehlt sich, den Schülern und Schülerinnen jeweils zu Beginn ein Schema an die Hand zu geben, das z. B. für eine Stundenzusammenfassung durch folgende Leitfragen skizziert wird:
- Worüber handelte die heutige Stunde?
- Welches war unsere Leitfrage? Welche Zielsetzung hat unsere Arbeit?
- Wie sind wir vorgegangen? Welche Arbeitsform haben wir gewählt?
- Welche Ergebnisse bzw. Teilergebnisse haben wir erzielt?
- Wie sind diese Ergebnisse zu bewerten?
- Ist die Leitfrage damit beantwortet? Was bleibt ggf. noch zu tun?

f) Regelgeleitetes Miteinander-Reden praktizieren
Anwendung finden die R. vor allem in der ➪ Diskussion, der ➪ Debatte, der ➪ Pro-und-Kontra-Diskussion, dem ➪ Podiumsgespräch oder dem ➪ Statement, dem ➪ Kurzreferat und dem ➪ Schülerreferat, aber auch in fast allen Formen des ➪ Unterrichtsgesprächs.

Für den Unterricht: H. Behme ([4]1992).

Reduktion Auch: didaktische Reduktion oder ➪ Didaktisierung (1).

Redundanz Dt.: Überfluss; informationstheoretisch bedeutet R. ➪ Information ohne Neuigkeitswert.

Referat ➪ Schülerreferat.

Referendar bzw. Referendarin; nach der Ordnung des ➪ Vorbereitungsdienstes (➪ OVP) tragen Auszubildende im Lehramt für die Sekundarstufe II (auch in Kombination mit dem Lehramt für die Sekundarstufe I oder Sonderpädagogik) die Dienstbezeichnung R. Alle anderen tragen die Dienstbezeichnung ➪ Lehramtsanwärter bzw. Lehramtsanwärterin.

Referendariat ➪ Vorbereitungsdienst.

Referens Das R.; auch: Referent; das Bezeichnete, das außerhalb der sprachlichen Realität gemeinte Objekt, auf das sich Sprache bezieht.

Referenz Die R.; dt.: Bericht, Auskunft; Bezugnahme auf etwas. So kann ich mit einem Wort auf ein Objekt (der außersprachlichen Realität) referieren. Eine ähnliche Funktion hat auch die hinweisende Geste, evtl. mit dem Hinweis: *Ich meine das da!*

Reflexion Überlegung, Betrachtung, gedankliche Vertiefung; als didaktischer Terminus besagt R., dass das Denken von der Objekt- auf die Metaebene (➪ Metasprache) verlagert wird. Wenn wir z. B. miteinander sprechen, beziehen wir uns auf ein konkretes Thema; wir tauschen bestimmte Informationen aus (Objektebene). Wenn wir dieses Gespräch aufzeichnen und anschließend über dessen Ablauf, seine Struktur sowie die benutzten sprachlich-rhetorischen Mittel reden, so verläuft dieses Reden auf einer qualitativ anderen Stufe (Metaebene), die als Lernbereich auch »Nachdenken über …« oder »Reflexion über …« genannt wird.

Der ➪ Lehr-Lern-Prozess im Fachunterricht wird ständig durch R. begleitet; insofern ist R. zunächst ein neutraler Begriff, der je nach dem Gegenstandsbezug ausdifferenziert werden muss: als Reflexion über Sprache, Reflexion über ein historisches Ereignis, Reflexion über eine Darbietung im Sportunterricht usw. Im Allgemeinen bezieht sich die metakommunikative Reflexion auf ➪ Modelle, ➪ Theorien, Textinhalte, ➪ Gesetze und ➪ Strukturen, Maximen und Grundsätze, ➪ Normen (2) und ➪ Regeln.

Reflexionsebenen Auch: didaktische Abstraktionsebenen; didaktisch-methodische Überlegungen können auf mehr oder weniger abstrakten »Ebenen« angesiedelt sein, wie etwa das ➪ Hamburger Modell von W. Schulz ([3]1981) zeigt. Im Allgemeinen werden in der ➪ Didaktik drei R. unterschieden (nach W. Jank / H. Meyer, [5]1996):

1. *Reflexion grundlegender Strukturmomente von Unterricht*
   Auf dieser Ebene sind die großen allgemein-didaktischen Entwürfe angesiedelt, die systematisch orientierten Gesamtentwürfe wie die ➪ Kritisch-konstruktive Didaktik, das ➪ Hamburger-Modell oder der ➪ erfahrungsorientierte Unterricht. Obwohl sich das ➪ Theoriewissen auf die pädagogische Praxis bezieht, lässt es sich nicht ohne Weiteres in diese Praxis überführen, sondern es bedarf der Verarbeitung in einem eigenen didaktischen Konzept, das auch durch die Bedingungen der jewei-

ligen Schulform oder der Schülerschaft, durch das Kollegium, die Schulleitung usw. geprägt sein wird.

2. *Planung und Analyse von Unterricht*
   a) Auf dieser Ebene finden alle Prozesse der ➪ Unterrichtsplanung (von der Jahresplanung über die Reihenplanung bis zur Planung der Einzelstunde) statt. Diese Arbeit orientiert sich sowohl am ➪ Theoriewissen als auch an ➪ subjektiven Theorien, am unterrichtspraktischen ➪ Handlungswissen (1) ebenso wie an der ➪ Schultradition; gebraucht werden Expertenwissen ebenso wie ➪ Unterrichtskonzepte oder Strategien zur Lösung von Teilaufgaben, etwa im methodischen Bereich Kenntnisse zum ➪ fragend-entwickelnden Verfahren, zum ➪ Projektunterricht, zur ➪ Schülerorientierung u. dgl.
   b) Ähnliches gilt für die Analyse von fremdem oder eigenem Unterricht; gebraucht werden hier Kriterien für die ➪ Beobachtung von Unterricht sowie wissenschaftlich geleitete ➪ Reflexion. Die großen allgemeinen ➪ Didaktiken können zur ➪ Legitimation für unterrichtliche Entscheidungen dienen oder als »Suchraster«, um Schwachstellen oder Versäumtes ausfindig zu machen.

3. *Konkreter Vollzug von Unterricht*
   Auf dieser Ebene wird der Soll-Zustand des Unterrichtsentwurfs in einen Ist-Zustand überführt, und zwar so, dass durch das gemeinsame Handeln von Lehrperson und Lerngruppe der eigentliche ➪ Unterrichtinhalt erst entsteht. Vorherrschend ist hier das ➪ Erfahrungswissen der Lehrperson, eine reflektierte ➪ Routine sowie unterrichtspraktisches Handeln. Hierbei wird selbstverständlich sowohl das didaktisch-methodische Theoriewissen als auch das unterrichtspraktische Handlungswissen des Lehrers oder der Lehrerin eine Rolle spielen, insofern dieses für notwendig werdende Änderungen des ➪ Lehr-Lern-Prozesses eingesetzt werden muss. Andererseits üben die konkreten ➪ Handlungsziele der Schüler und Schülerinnen einen ähnlich starken Druck auf das tatsächliche Unterrichtsgeschehen aus.

Wenn man über didaktisch-methodische Themen spricht, sollte man sich stets eindeutig darüber verständigen, auf welcher der R. man sich gerade befindet.

Reformpädagogik Sammelbezeichnung für eine pädagogische Bewegung um 1900, die in vielen Ländern etwa gleichzeitig stattfand und auf einen relativ eng begrenzten Zeitraum von 20 bis 30 Jahren zu beziehen ist; in Deutschland etwa bis 1920. Die R. hat kulturkritische Gedanken des 19. Jh. zum Anlass genommen, um pädagogische Korrekturen und Erneuerungen vorzunehmen, die sich unter folgenden Aspekten zusammenfassen lassen (nach H. Scheuerl, 1985):

1. Allgemeine Kultur- und Traditionskritik wird auf den Bereich der Pädagogik übertragen und führt zu einer didaktischen Revision der alten Inhalte, Wertorientierungen und Zielsetzungen;

2. Hinwendung zur Jugend und »Entdeckung des Kindes« führen zu einer Pädagogik »vom Kinde aus« (Beachtung von Fantasie und ➪ Kreativität);

3. Abwendung von der Kopflastigkeit der zeitgenössischen Lernschule; propagiert wird statt dessen eine »Aktivitätspädagogik«, die den Lernenden aus seiner Passivität befreien und tätiges ⇨ Lernen ermöglichen soll (⇨ Handlungsorientierung, ⇨ Projektunterricht);
4. Strukturreformen im sozialpolitischen Bereich drängen auf Vereinheitlichung und Durchlässigkeit des Schulsystems sowie auf »Chancengleichheit« für alle.

In Deutschland waren es vor allem M. Montessori (1870–1952), C. Freinet (1896–1966), G. Kerschensteiner (1854–1932), H. Gaudig (1860–1923) sowie A. Reichwein (1898–1944), die die Ideen der R. ausgearbeitet und verbreitet haben.

Eine Erneuerung der reformpädagogischen Ideen fand um 1970 im Zusammenhang mit der ⇨ kommunikativen Wende statt. Einiges davon hat sich durchgesetzt und ist zum festen Bestandteil der Fachdidaktik geworden; neben Projektunterricht und Handlungsorientierung sind dies vor allem: ⇨ Wochenplan und ⇨ Freiarbeit, ⇨ offener Unterricht, ⇨ Produktorientierung sowie alle Formen der ⇨ Schülerorientierung.

Weitere Einzelheiten bei H. Röhrs (^{5}1997), W. Scheibe (1999).

Regel 1) Im Allgemeinen versteht man unter R. eine Vorschrift oder Richtschnur für bewusstes Verhalten; solche R. basieren auf Verhaltensnormen (wie richtiger Sprachgebrauch, Tischsitten, Begrüßungsrituale), die sich im Laufe der Zeit in einer Gemeinschaft eingespielt haben. Von daher kann man sagen, dass in sozialen Kontexten R. Konventionen sind, die sich durch gemeinsame gesellschaftliche Praxis verfestigt haben; sie sind weder wahr noch falsch (wie Behauptungen), noch richtig oder unrichtig (wie Beschreibungen), sondern sie gelten oder gelten nicht. Meist werden soziale R. in Analogie zu Spielregeln erklärt. Sie sind so etwas wie geltende und damit allgemein akzeptierte Verfahrensweisen des sprachlich-sozialen Umgangs miteinander.

2) Normativ erhobene oder als allgemein geltende Aussagen formulierte Sätze, die auf Grund von ⇨ intersubjektiv überprüfbaren Beobachtungen gewonnen oder die aus bestimmten Gesetzmäßigkeiten bzw. Erkenntnissen abgeleitet worden sind (⇨ Regellernen). Unterscheiden kann man

- *epistemische Regeln*, die auf Wissen beruhen und die Abfolge ganz bestimmter Handlungsschritte tatsächlich festlegen (wie der ⇨ Algorithmus) sowie
- *heuristische Regeln*, die auf ⇨ Problemlösungsstrategien beruhen und die als Suchanweisungen die zu treffenden Entscheidungen in einem gewissen Rahmen festlegen.

3) Willkürlich festgesetzte Vorschriften, die nur für bestimmte Zusammenhänge gelten (z. B. Verkehrsregeln, Spielregeln); derartige R. sind streng kodifiziert, und ihre Beachtung wird durch reale oder symbolische Strafen eingefordert.

4) ⇨ Regellernen.

Regellernen Der Terminus ist vor allem durch R. M. Gagné (»Die Bedingungen des menschlichen Lernens«, 1969) bekannt geworden. Nach diesem Ansatz wird Wissen als eine Kombination von ⇨ Begriffen aufgefasst, und solche Begriffskombinationen oder

-ketten werden bei Gagné »Regeln« genannt. Eine derartige Regel könnte lauten: *Runde Dinge rollen*. Wesentlich ist, dass Regeln nicht verbal, sondern im handelnden Umgang gelernt werden müssen; denn die Regel kennen heißt, fähig sein zu demonstrieren, dass »runde Dinge rollen«, und nicht nur fähig sein, diese Worte auszusprechen.

Die Voraussetzung des R. besteht darin, dass alle Begriffe bekannt sind, während das eigentliche R. in der Erfassung der Beziehungen zwischen den einzelnen Begriffen besteht. In diesem Sinne ist das ➪ Lernen sprachlicher Ketten noch kein Wissenserwerb. Werden Regeln über Texte oder im Unterrichtsgespräch gelernt, so ist eine Reihe von Voraussetzungen zu erfüllen, u.a.: klare Definition von ambivalenten Begriffsnamen, Beispiele zur Veranschaulichung einzelner Objekte oder Ereignisse, Wiederholung desselben mit anderen Worten (➪ Redundanz). Ob eine Regel wirklich gelernt ist, kann dadurch geprüft werden, ob sie sinngemäß angewandt wird. Begriffsbildung (➪ Kategorisierung), Wissenserwerb (Regeln als »Begriffsketten«) und ➪ Problemlösen (Anwendung von Regeln) bilden nach Gagné einen hierarchischen Aufbau. Er nennt sie auch die drei Lernformen, die bei der Planung von Unterricht eine Rolle spielen: Wenn die Schüler und Schülerinnen ein Problem lösen sollen, müssen sie über Regeln verfügen, und diese Regeln erfordern ihrerseits Kenntnis der zu Grunde liegenden Begriffe.

Reifung Biologisch gesehen bedeutet R. beim Menschen das organische Wachstum sowie die Ausbildung des komplexen Nerven- und Hormonsystems, die etwa mit dem 16. Lebensjahr abgeschlossen ist. Die R. ist einer der wesentlichen Faktoren der geistigen Entwicklung von Kindern und Jugendlichen, aber nicht der einzige; Aktion mit Sachen (Erfahrung und Übung), soziale Aktionen und Kooperation sowie (kybernetische) Selbstregulierung (J. Piaget / B. Inhelder, ^{4}1991) kommen hinzu. Alle Verhaltensmöglichkeiten, die durch R. bedingt sind (wie das so genannte »Laufen-Lernen« im frühkindlichen Stadium) sind durch Vererbung, nicht durch ➪ Lernen festgelegt; allerdings können positiv erlebte soziale Interaktionen und funktionale ➪ Übungen derartige Möglichkeiten fördern und verbessern.

Reihenfolge-Effekt Beobachtung, dass bei der ➪ Korrektur (1) von ➪ Klassenarbeiten die Reihenfolge eine (psychologisch relevante) Bedeutung haben kann: So werden nach einer besonders guten Arbeit die Erwartungen bei der folgenden recht hoch sein und umgekehrt. Hieraus ergibt sich als Konsequenz,

a) dass die Korrektur streng kriteriengeleitet erfolgen sollte, d.h. analog des zuvor schriftlich fixierten ➪ Erwartungshorizonts des Lehrers oder der Lehrerin, und
b) dass zunächst ein erster Korrekturdurchgang noch ohne Festlegung der Noten erfolgen sollte, um einen Überblick zu erhalten. So kann in einem zweiten Durchgang der R-E weitgehend vermieden werden.

Reihenplanung Längerfristige ➪ Unterrichtsplanung als thematische und/oder methodische Einheit im Fachunterricht oder als ➪ Großform. Die R. erfordert eine gründliche ➪ Terminplanung, muss sich einpassen in ➪ Perspektiv- und ➪ Prozessplanung (W. Schulz) und u. a. folgende konstitutiven Faktoren beachten: Vorgaben des ➪ Lehrplans und der ➪ Richtlinien, ➪ Schulcurriculum, ➪ Schulprogramm, ➪ Sequenzialität, Schülerbeteiligung (➪ partizipatorische Planung), ➪ Didaktisierung, ➪ Methodenvielfalt, ➪ Lernkontrollen. Sie sollte nicht zu lang und nicht zu komplex, sondern ➪ schülergerecht und nach dem Prinzip des ➪ Spiralcurriculums und des exemplarischen Lernens (➪ Exemplarität) aufgebaut sein.

Reiz-Reaktion Beim ➪ Lernen spielt die Außensteuerung durch Reize eine bedeutende Rolle; insbesondere wird auf diesem Wege die Anpassung des Organismus an die Umwelt ermöglicht. Beim Reiz-Reaktions-Lernen kennt man im Wesentlichen zwei Formen:

a) Die direkte assoziative Verknüpfung von Bewusstseinsinhalten, z.B. auf Grund ihrer Ähnlichkeit (jemand erinnert uns an einen Freund) oder ihrer Gegensätzlichkeit (wir speisen schlecht und erinnern uns an ein gutes Restaurant) oder ihres vorhergehenden Verbundenseins (wir kommen an eine Kreuzung und erinnern uns daran, dass wir vor Tagen hier einen Unfall gesehen haben).
b) Die klassische Konditionierung (auch: Bedingen oder Signallernen), bei der ein Reiz die Funktion eines anderen übernimmt und dennoch die ursprüngliche Reaktion auslöst: Jedes Mal, wenn die Klasse laut ist, nimmt die Lehrerin eine grüne Kladde und notiert die Namen der betreffenden Schüler bzw. Schülerinnen; schließlich genügt es, wenn sie ihre Kladde hochhält, um Ruhe zu erzeugen.

Zahlreiche Abläufe im ➪ Lehr-Lern-Prozess werden über Reiz-Reaktion gelernt, vor allem im sozialen und emotionalen Bereich; dies sind z. B. Prozesse der ➪ Verstärkung oder ➪ Löschung von Verhalten, ➪ Angst und Sicherheit beim Lernen oder in der Schule allgemein, Aversionen gegenüber einer Lehrkraft, oder es sind Aspekte der ➪ Motivation (wenn auf dem Tagelichtprojektor ein Bild erscheint, hört das Getuschel in der Klasse auf und alle schauen dorthin). Hieraus folgt, dass die Lehrperson sehr sorgfältig darauf achten sollte, unbedingte oder bedingte Angstauslöser zu meiden und vielmehr eine Atmosphäre der Sicherheit für jeden Schüler und jede Schülerin zu schaffen. Einzelheiten bei W. Edelmann ([6]2000).

rekursiv Dt.: zurückgehend (bis zu bekannten Werten); Rekursivität liegt dann vor, wenn man beim Durchlaufen eines ➪ Prozesses wieder zum Anfang zurückgelangt und erneut beginnen kann.

Relation Dt.: Beziehung, Verhältnis einzelner Aspekte oder Komponenten in einem Beziehungsgeflecht, z.B. die R. zwischen Ziel-Inhalt-Methode-Organisation bei L. Klingenberg ([3]1986). ➪ Interdependenz

Reliabilität ➪ Gütekriterien.

Reorganisation Die R. von Wissen findet im Unterricht statt, wenn z. B. Stoff wiederholt, Ergebnisse zusammengefasst oder nach einer Gruppenarbeitsphase von einem Mitglied der Gruppe frei vorgetragen werden. Verglichen mit der reinen Reproduktion von Wissen stellt die R. die höhere Stufe der kognitiven Verarbeitung dar; denn das Gelernte soll nicht wörtlich wiederholt, sondern geordnet und nach wichtigen und unwichtigen Aspekten akzentuiert werden. Insofern steht die R. zwischen den ➪ Anforderungsbereichen Wiedergabe und Anwendung von Kenntnissen; ihr entspricht im Unterricht das ➪ fragend-reproduzierende Gespräch.

Repräsentation von Wissen Besondere Weise, in der Gelerntes intern verarbeitet und gespeichert (➪ Behalten) wird. Die Lernpsychologie unterscheidet mindestens zwei, in neuerer Zeit drei Arten der R. von Wissen:

1. Analoge R.
Zwischen der äußeren Erscheinung und der inneren R. besteht eine gewissen »Ähnlichkeit«; allerdings sind auch die so genannten »Vorstellungsbilder« keine Fotografien, sondern immer bereits verarbeitete und interpretierte Information. Dieses konkret-anschauliche Denken nimmt am ehesten Bezug „auf konkrete Objekte in einem linearen oder räumlichen Bezugsrahmen" (W. Edelmann, ³1993), weniger auf abstrakte Begriffe.
Beispiel: Man hat ein inneres Bild davon, wie eine Krawatte gebunden wird; man könnte den Knoten »in Gedanken« binden oder die entsprechende Handlung verbal erklären.

2. Aussagenartige (digitale oder symbolische) R.
Sprachlich vermittelte Inhalte werden ihrer Bedeutung nach als ➪ Propositionen im ➪ Gedächtnis gespeichert und ggf. mit anderen Wissensbeständen verknüpft (➪ Vernetzung); auf diese Weise können ein einzelner ➪ Begriff oder komplexe Gedankengänge repräsentiert werden.
Beispiel: Man liest oder hört die genaue Anweisung, wie eine Krawatte gebunden wird, und folgt dieser Anweisung Schritt für Schritt.

3. Handlungsmäßige R.
Die handlungsmäßige R. tritt in zwei Erscheinungsformen auf: Neben den motorischen Fähigkeiten, die wir erworben haben und im täglichen Leben meist ohne kognitive Anstrengung abrufen können (ankleiden, Zähne putzen, Auto lenken), gibt es die Erscheinung, dass Sachwissen durch handelnden Umgang mit Dingen erworben werden kann. Dies macht sich u. a. die Fachdidaktik zu Nutze, wenn sie ➪ Handlungsorientierung im Unterricht einfordert.
Beispiel: Man bindet eine Krawatte »ohne Nachzudenken«, nahezu wie automatisiert, weil man es schon hundert Mal gemacht hat. (Gleichzeitig hätte man Schwierigkeiten, diese Handlung einem anderen nur verbal zu erklären.)

Für das ➪ Lernen hat es sich als günstig erwiesen, wenn der Lernstoff mehrfach kodiert wird (➪ duale Kodierung), so dass er an unterschiedlichen Stellen im Gehirn (➪ Hemisphären) gespeichert werden kann (➪ multiple Repräsentation).

restringiert Dt.: eingeschränkt; im Rahmen der Soziolinguistik wird ein r. ➪ Kode (1) als Sprechweise der Unterschicht von einem ⇔ elaborierten Kode als Sprechweise der Mittelschicht unterschieden. Der Begriff »restringiert« ist (seit Mitte des 20. Jh.) nicht einheitlich beschrieben worden. Ursprünglich wurde der r. Kode als »öffentlicher Kode« (B. Bernstein) bezeichnet mit den Merkmalen: Kurze, grammatisch einfache und oft unvollständige Sätze von unzulänglicher syntaktischer Form, die das Aktiv betonen, sowie einfacher und sich wiederholender Gebrauch von Konjunktionen (*so, dann, und, weil*). Dieser Ansatz wurde auch als »Defizithypothese« bekannt. Später hat man eher den Eigenwert des r. Kodes (größere emotionale Nähe, Unmittelbarkeit des Ausdrucks) betont und dies als »Differenzhypothese« formuliert.

Die Defizithypothese hat (zunächst in den USA im Hinblick auf die unterprivilegierte schwarze Bevölkerung) dazu gedient, bestimmte Sprachförderungsprogramme im Rahmen eines ➪ kompensatorischen Unterrichts zu rechtfertigen. Allerdings sind solche Programme ohne eine Verbesserung des sozialen Umfelds weitgehend erfolglos.

Rezeption Dt.: Übernahme, Aufnahme.

1) Übernahme von fremdem Kulturgut, von fremden Vorstellungen, Normen und Werten; z.B. die R. der Antike in der Renaissance.

2) Seit den 60-er Jahren des vorigen Jh. Sammelbezeichnung für den Vorgang des Lesens, Hörens, Betrachtens oder Zuschauens; ähnlich zusammenfassend sind Ausdrücke wie ➪ Rezipient und »rezipieren«.

Rezeptionsdisposition Gesamtheit der kognitiven, emotionalen und motivationalen Eigenschaften, die jemandem zu einem bestimmten Zeitpunkt aktiv zur Verfügung stehen; von daher kann die R. stark variieren.

Durch eine gründliche fachspezifische Vorbereitung, die optimale Gestaltung der ➪ Lernsituation sowie durch die interessante Präsentation des neuen Lerngegenstandes kann der Lehrer bzw. die Lehrerin dazu beitragen, die R. des Einzelnen zu verbessern und positiv zu stimulieren. Die R. hat insofern mit ➪ Motivation zu tun, als sie die Summe der latenten ➪ Motive des Schülers oder der Schülerin umfasst.

rezeptives Lernen Form des ➪ kognitiven Lernens, und zwar als

- *mechanisch rezeptives Lernen*: Schüler prägen sich fachsprachliche Termini ein.
- *sinnvolles rezeptives Lernen*: Der Lehrer bzw. die Lehrerin führt den Kompass ein; die Schüler und Schülerinnen ordnen den neuen Unterrichtsinhalt in die zuvor erarbeitete Thematik des »Magnetismus« ein.

Rezeptwissen ➪ Unterrichtsrezept.

Rezipient Zusammenfassender Ausdruck für Leser, Hörer, Betrachter und Zuschauer.

Richtlinien Nicht einheitlich verwendeter Ausdruck; meist allgemein pädagogische Vorgaben als Vorspann zu den fachbezogenen ➪ Lehrplänen.

Ritual Im Bereich von Schule und Unterricht meint R. ein festgelegtes Verhalten in bestimmten Grundsituationen bzw. das Vorgehen nach einer festgelegten Ordnung. Bekannte R. sind das Begrüßungsritual zu Beginn einer Stunde, die Einbringung der ➪ Hausaufgaben, die Rückgabe einer ➪ Klassenarbeit, die Zusammenfassung der Ergebnisse am Ende einer Stunde. Aber auch andere Interaktionsformen können zu R. erstarren, wie das Abfragen von Wissen, das ➪ fragend-entwickelnde Verfahren oder andere

Formen des ➪ Unterrichtsgesprächs. Negativ wirken sich R. aus, wenn sie unreflektiert – und das heißt weitgehend stereotyp und funktionslos – praktiziert werden; auf der anderen Seite können sie entlastend wirken und Raum lassen für wichtigere Phasen im ➪ Lehr-Lern-Prozess.

Über »Spielregeln« im Klassenzimmer: St. Balke (2001).

Rolle Sozial-psychologischer Begriff, der eine Verhaltensbeschreibung aus der Perspektive der sozialen Situation einer Person beinhaltet. Soziale R. werden z. T. spielerisch im Laufe der ➪ Sozialisation gelernt und durch gesellschaftliche ➪ Normen (1) und ➪ Werte stabilisiert. Somit stellt sich die R. als eine dem Einzelnen von seiner Umgebung in einer bestimmten sozialen Situation zugemutete Verhaltensregelung dar; sofern jemand in unterschiedlichen sozialen Zusammenhängen agiert, wird er oder sie auch unterschiedliche soziale R. übernehmen können bzw. müssen. In diesem Zusammenhang ist auch von »Rollenkonfiguration« (Scheuch) oder einem »Rollenrepertoire« gesprochen worden. Uneinigkeit besteht allerdings darin, ob es eine alle Rollen zusammenfassende Instanz – den Status einer »Person« – gibt, oder ob je nach Situation lediglich bestimmte Rollenattribute aktiviert werden und dann zeitweise dominieren. So ließen sich auch Rollenkonflikte in ein und derselben Person erklären.

Durch »Rollenübernahme« kann man versuchen, sich in eine andere Person hinein zu versetzen (➪ Empathie); diese Technik wird z. B. im ➪ Rollenspiel oder im ➪ Psychodrama genutzt. Allerdings ist hierbei eine genauere Kenntnis der Rollenattribute notwendig, die sich die andere Person selbst zuschreibt, wobei zwischen Selbst- und Fremdeinschätzung, erworbenen und zugeschriebenen R. zu unterscheiden ist.

Die Rollenanalyse ist komplex und im Einzelnen schwierig: „die soziologische Rolle ist in aller Regel multivalent, letztlich ein Bündel von Rollen (role set). Das ihr zugeordnete Rollenverhalten erfordert Verhalten in mehreren Rollen und ist damit wiederum der Rollendarstellung auf der Bühne vergleichbar, die es dem Schauspieler abverlangt, den Anforderungen der Rollenvorschriften (Text und Regieanweisungen) in unterschiedlichen Szenen mit unterschiedlichen Bezugspartnern gerecht zu werden und zugleich bei der Gestaltung den Gesamtrahmen (den »Charakter«) der Rolle kontinuierlich, also bruchlos, einzuhalten." (U. Tewes / K. Wildgrube, 1992) Ein Verfahren zur Rollenanalyse in schulischen Interaktionen bietet z. B. die Methode der ➪ Transaktionsanalyse.

Zur R. des Lehrers im Schulalltag: C. Hennig / G. Keller (1998), D. Spanhel / H.-G. Hüber (1995), K. Ulrich (1996).

Rollendistanz Erfordert eine reflektierte Betrachtung bzw. Beurteilung der eigenen ➪ Rolle(n) in Beziehung zu einem sozialen Aktionsraum. Man kann soziale Rollen unbefragt zu erfüllen versuchen oder sie kreativ ausgestalten.

Für jeden Lehrer und jede Lehrerin ist es unerlässlich, zu ihrer Lehrer- bzw. Lehrerinnenrolle eine gewisse Distanz zu entwickeln, um nicht in der alltäglichen ➪ Routine unterzugehen oder privaten Forderungen der Schüler und Schülerinnen in unzulässiger Weise ausgesetzt zu sein, etwa als Vater- oder Mutterersatz oder als Psychotherapeut.

Dies heißt nicht, dass nicht auch Lehrpersonen ihren Schülern ➪ Empathie und gefühlsmäßige Zuwendung zukommen lassen sollten, sondern R. bedeutet, dass sie nicht darin aufgehen dürfen und sich für Dinge verantwortlich fühlen, für die sie nicht verantwortlich (und z. T. auch nicht ausgebildet) oder nicht zuständig sind. Hier muss man lernen, eine ➪ Rollenzuschreibung ggf. zurückzuweisen.

Rollenspiel Akteure übernehmen in einer vorgestellten Situation die ➪ Rolle eines oder einer anderen. Diese Rollenübernahme kann sehr eng reglementiert sein, z. B. durch eine detailliert beschriebene Rollenbiografie, oder sie kann relativ frei gestaltbar sein, wenn z. B. nur ein Handlungsrahmen vorgegeben ist. Im Wesentlichen dient das R. dazu, komplexe gesellschaftliche Wirklichkeit in vereinfachter Form darzustellen (zu symbolisieren) und »probeweise« erlebbar zu machen. Auf diese Weise können Schüler und Schülerinnen lernen, ihr eigenes ➪ Handeln besser zu verstehen bzw. sich in die Rolle anderer hineinzuversetzen.

Vor der Durchführung eines R. sollten die Schüler und Schülerinnen über einige Grundkenntnisse und »Spielregeln« verfügen:

a) zur Rollenkonzeption im Allgemeinen: Jeder von uns hat eine Reihe von Rollen gelernt und »spielt« sie im Alltag (Kind, Schüler, Sportler, Verkehrsteilnehmer); im R. werden soziale Situationen symbolisiert und es dient dazu, etwas zu lernen.
b) zur Aufgabe eines Spielers: Jeder spielt auf der Grundlage seiner Erfahrungen und seiner Gefühlslage, er oder sie interpretiert die übernommene Rolle auf Grund der Kenntnisse, die er oder sie im Alltag oder im Unterricht darüber erworben hat.
c) zu den Beobachtern des R.: Alle, die nicht im R. tätig sind, bilden die Beobachtergruppe; diese ist dafür verantwortlich, dass wesentliche Züge und Ergebnisse nach dem Spiel verfügbar sind. Sie sollen nicht das schauspielerische Können der Akteure kritisieren, sondern sich lediglich auf die zum Ausdruck gebrachten Inhalte konzentrieren.
d) zum Spielleiter: Er oder sie organisiert den Rahmen des R. (Spielraum, Zeiteinteilung) und achtet auf die Vereinbarungen (Spielregeln, Rollen, Thema, Zielsetzung).

Der Ablauf des R. folgt dem bewährten Schema von

- *Vorbereitung*: Darlegung von Thema, Handlungssituation, Zielsetzung; Erarbeitung von Rollenbiografien (z. B. in Kleingruppen), Übernahme der Rollen (Überwindung von Spielängsten) und ggf. Einarbeitung in bestimmte Spielzüge, Verteilung von Beobachtungsaufgaben und Vereinbarung von Kriterien für das Auswertungsgespräch.
- *Durchführung*: Szenerie wird vorbereitet (Spielfläche und »Kulisse«, ggf. Requisiten), erster Spieldurchlauf.
- *Auswertung*: Berichte der Beobachtergruppe und Gespräch nach den vereinbarten Auswertungskriterien; ggf. Wiederholung des Spiels (bei geübten Spielern kann der Spielleiter das Spiel unterbrechen, um eine alternative Spielweise oder andere Spieler zu fordern). Am Ende steht schließlich die Gesamtauswertung im Hinblick auf die vereinbarte Zielsetzung.

Damit das R. nicht nur eine affirmative Anpassung an bereits vorhandene Rollenerwartungen darstellt, ist eine gründliche Reflexion darüber zu führen, ob die im R. „vermittelten oder neu zu erarbeitenden Normen inhaltlich zu rechtfertigen sind" (H. Meyer, Band II, ⁹1999). Nur dann ist auch die Methode des R. zu rechtfertigen.

Näheres bei U. Warm (1981), M. von Ments (³1998).

Rollenzuschreibung Sozial verfestigte ➪ Rollen in bestimmten sozialen Situationen können über die Erwartungen, die an eine Person von der Gesellschaft oder von bestimmten Gruppen oder Personen gestellt werden, mehr oder weniger zwingend sein (Kunde im Kaufhaus, Radfahrer im Straßenverkehr, Fahrgast im Flugzeug usw.). Die R. erfolgt entweder im Lebensvollzug (Kind, Schüler, Großvater sein) oder in freiwilliger Übernahme (Sportler, Sänger, freiwilliger Feuerwehrmann sein).

Die R. auf Grund eines Gruppendrucks (z.B. der Klassenclown) kann zu immer wiederkehrenden ➪ Ränkespielen in bestimmten Interaktionen, auch während des Unterrichts, führen.

Routine Automatisierung von ursprünglich bewusst gesteuerten und zielgerichteten Handlungsabläufen; Routinehandlungen sind eine notwendige Voraussetzung dafür, dass die täglichen Arbeiten entlastet werden von Unwesentlichem, so dass sich die Aufmerksamkeit den wichtigen Dingen zuwenden kann. Andererseits kann Routine zu »Betriebsblindheit« und Variationsarmut führen, und das heißt für den ➪ Lehr-Lern-Prozess im Unterricht zu Langeweile und lähmendem Einerlei; auch für den Lehrer bzw. die Lehrerin selbst. Aus diesem Grund bedarf eine ausbalancierte R. stets der begleitenden Reflexion und Selbstkontrolle. Eine »reflektierte Routinebildung« kann den Schulalltag entlasten und gleichzeitig vor Erstarrung und Ziellosigkeit schützen.

Rückgabe einer Klassenarbeit ➪ Klassenarbeit.

Rückmeldung Wichtiger Aspekt im ➪ Unterrichtsgespräch, z. B. als ➪ positive Verstärkung durch den Lehrer bzw. die Lehrerin. Oft erscheint es jedoch schwierig, jedem Schülerbeitrag eine R. zu geben; es genügen jedoch oft Gesten oder ein freundlicher Blick. Schwieriger ist es bei nicht passenden oder fehlerhaften Beiträgen:

- Hier muss deutlich werden, dass der Beitrag nicht richtig ist und was an ihm nicht richtig ist. Bei genügend Zeit sollte er deshalb an die Klasse zur Beurteilung weiter gegeben werden.
- Kommt ein kluger Beitrag »zu früh«, sollte er zurückgestellt werden (man muss dann natürlich auf ihn zurückkommen!) oder er wird mit einer leichten Bestätigung »übergangen« und an späterer Stelle aufgegriffen, indem man den Schüler oder die Schülerin namentlich nennt, damit er oder sie eine explizite R. erhält.

Rüge Die R. gehört zu den ➪ Erziehungsmaßnahmen, mit ihr sollte – ähnlich wie mit dem ➪ Tadel oder dem Eintrag ins Klassenbuch – sparsam umgegangen werden, weil sich ihre Wirkung schnell abnutzt und weil sie das Gespräch und die ➪ Beratung des Schülers oder der Schülerin nicht ersetzen kann. „Die Eintragung von Rügen und Tadeln ins Klassenbuch ist in den Richtlinien nicht vorgesehen, wird aber in der Schulpraxis noch vielfach angewendet; sie soll aber unterbleiben." (H. Pöttgen, [17]1999) R. werden auch nicht in das Schülerstammblatt übernommen, sondern gehören im Rahmen des sonstigen Datenbestands zu den »weiteren Informationssammlungen«.

Wie mit R. und Tadeln praktisch umgegangen werden kann, sollte in den entsprechenden Konferenzen beraten und verabredet werden.

Rundgespräch 1) Auch ➪ Kreisgespräch (1); Gesprächsform, bei der Schüler und Schülerinnen der Reihe nach befragt werden, z. B. beim ➪ Blitzlicht.

2) Variante des Klassenunterrichts, bei dem Schüler und Lehrer im Kreis sitzen und so – etwa in einer Diskussionsrunde – besseren Augenkontakt haben sowie die Gleichwertigkeit der Gesprächspartner signalisiert wird.

✳ ✳ ✳

SAB Abk. für »Seminarausbilder« bzw. »Seminarausbilderin«, das sind ➪ Fach- sowie ➪ Hauptseminarleiter.

Sachanalyse Fachwissenschaftliche Aufarbeitung eines ➪ Unterrichtsgegenstands; die Frage, ob eine von didaktischen Überlegungen unabhängige S. jederzeit vor der eigentlichen ➪ Unterrichtsplanung notwendig sei, ist vor allem in den 50er- und 60-Jahren des vorigen Jh. kontrovers diskutiert worden. H. Roth etwa war der Meinung (»Die Kunst der rechten Vorbereitung«, 1950), dass es zunächst immer um die »Sache« gehen müsse, um das, „was größer ist als wir. Was nicht wir zwingen, sondern was uns zwingt: die Wahrheit". Erst wenn der Lehrer bzw. die Lehrerin eine alles umfassende S. angefertigt habe, könne die pädagogische Besinnung folgen.

Dieser Ansicht hat W. Klafki (1963) widersprochen: Zwar muss der Lehrer bzw. die Lehrerin eine gediegene Sachkenntnis über den zu unterrichtenden Gegenstand haben, doch diese wird sozusagen vorausgesetzt; außerdem kann eine S. nicht vor jeder Stundenplanung umfassend durchgeführt werden – sie wäre auch gar nicht erwünscht. Erwünscht ist nach Klafki vielmehr die Erarbeitung der ➪ exemplarischen Bedeutung und ➪ thematischen Struktur im Rahmen der ➪ Didaktischen Analyse. Dies besagt, dass eine S. im Rahmen der Unterrichtsvorbereitung stets im Hinblick auf die konkrete Lerngruppe, die ➪ Eingangsvoraussetzungen und die jeweilige ➪ Zielperspektive der Unterrichtseinheit zu erfolgen habe. Denn die Erfahrung lehrt, dass ein und derselbe Gegenstand unter ganz verschiedenen »methodischen Leitfragen« (H. Blankertz) behandelt werden kann, die dann auch die Analyse der thematischen Struktur leiten sollte. „Die Sachanalyse dient vor allem der argumentativen Vorbereitung und Begründung der didaktischen Entscheidungen." (W. Jank / H. Meyer, [5]1996)

sachangemessen Der ➪ Sachanspruch ist ein wichtiger Aspekt bei der Planung und Durchführung von Unterricht; so sollen ➪ Lernziele nicht nur ➪ adressatenbezogen, sondern auch s. sein, da sonst die ➪ Wissenschaftspropädeutik verloren ginge, auf die letztlich der Unterricht, insbesondere der gymnasiale, angelegt ist.

Sachanspruch Der S. wird repräsentiert durch den Forschungsstand und ermittelt durch eine umfassende ➪ Sachanalyse. Diese bildet den fachlichen Hintergrund für die Planungsarbeit des Lehrers bzw. der Lehrerin in der ➪ Didaktischen Analyse. Durch die Einbeziehung der ➪ Eingangsvoraussetzungen des Unterricht sowie die daraus resultierende didaktische Reduktion (➪ Didaktisierung) des Unterrichtsinhalts wird schließlich der S. mit den Ansprüchen des Schülers sowie der Lerngruppe (den Personen- und Gruppenansprüchen) ausbalanciert (➪ Balance). Hierbei ist vor allem darauf zu achten, dass auch bei einer radikalen Vereinfachung die »Sache« nicht verfälscht wird und differenzierteres ➪ Anschlusswissen möglich bleibt. Wie stark der S. den Unterricht bestimmt und auf welchem Niveau er realisiert wird, hängt von den jeweiligen ➪ Standards einer Schulform oder auch einer einzelnen Lehrperson ab.

Sachaspekt Bei der schriftlichen ➪ Unterrichtsplanung werden die Entscheidungen übersichtlich in einem ➪ Verlaufsplan angeordnet, und zwar a) als ein zeitliches Nacheinander in ➪ Unterrichtsphasen und b) einem kategorialen Nebeneinander wie z. B.:

Unterrichtsphase / Lernschritt	Sachaspekt	Sozialform / Handlungsmuster	Medien
...	...	...	...

Dies besagt, dass jede Unterrichtsphase mit einem S., einer Sozialform usw. verbunden sein muss.

Der einzelne S. kann auch einen Hinweis auf das zu erreichende ➪ Feinziel enthalten; auch sind Verweise auf den Anhang des ➪ Unterrichtsentwurfs, etwa den intendierten ➪ Tafelanschrieb, angebracht, um doppelte Schreibarbeit zu vermeiden.

Sacherfahrung Ausgehend von den grundlegenden Annahmen der ➪ Themenzentrierten Interaktion, sprechen die führenden Didaktiker heute davon, dass der Unterricht drei wesentliche ➪ Bildungsziele zu verfolgen habe, und zwar die Befähigung und Motivation der Schüler und Schülerinnen zu ➪ Kompetenz, ➪ Autonomie und ➪ Solidarität. W. Schulz ([3]1981) hat diese Intentionen mit den drei Erfahrungsaspekten bzw. Themen »Sacherfahrung, Gefühlserfahrung und Sozialerfahrung« in Beziehung gesetzt, was ihn zu einer heuristischen Matrix mit neun Feldern zur Bestimmung von Richtzielen führt. Hierbei kommt dem Aspekt der S. die Aufgabe zu, die Schüler und Schülerinnen „zu einer wissenschaftspropädeutischen Ausbildung (zu) führen" (Oberstufen-Richtlinien NRW, 1999).

Die angestrebte S. ist in viererlei Hinsicht zu realisieren: 1. als (vertieftes) Grundlagenwissen im Fach, 2. als Fähigkeit zu selbstständigem Lernen und Arbeiten, 3. als Reflexions- und Urteilsfähigkeit, 4. als grundlegende Einstellungen und Verhaltensweisen für wissenschaftliches Arbeiten.

Sachkompetenz 1) Ergebnis der im Unterricht ermöglichten und vom Schüler bzw. der Schülerin tatsächlich gemachten ➪ Sacherfahrung. Allerdings ist mit S. nicht ein Wissen gemeint, das nur für bestimmte Zwecke (z. B. eine Klausur) erworben, abgeprüft und schnell wieder vergessen wird; S. meint eine kognitive Dimension auf der Entfaltungsstufe der ➪ Habitualisierung: der Lernende hat ➪ Verständnis für einen Unterrichtsinhalt entwickelt und kann die erworbenen fachlichen Kenntnisse, Fähigkeiten und Fertigkeiten eigenständig zu neuen Erkenntnissen (➪ Transfer) nutzen.

2) Für den Lehrer bzw. die Lehrerin bedeutet S: Fachliche, methodische und didaktische Beherrschung des Faches sowie Fähigkeit und Bereitschaft, Phänomene und Probleme sowie Entwicklungen des Faches sach- und methodengerecht zu analysieren, zu bearbeiten und für den Unterricht fruchtbar zu machen. Von daher stellt die S. einen der ➪ Anforderungsbereiche (2) im Lehrberuf dar.

sachorientiert Die Forderung nach einem s. ➪ Fachunterricht ist in den unterschiedlichen Phasen seiner Geschichte unterschiedlich radikal eingefordert worden. Von J. A. Comenius (»Orbis pictus«, 1658), der in seiner Didaktik die Einheit von Sprach- und Sachunterricht angestrebte, reicht die Abstufung bis hin zu Ph. Wackernagel („Deutsches Lesebuch", 1843), für den der Deutschunterricht zur Feierstunde und der Deutschlehrer zum Hohepriester der Seele und des Gemüts wurde. Im Kampf des Gemüthaften gegen jegliche kritische Reflexion drückte sich die Haltung des traditionellen deutschen Irrationalismus aus.

Diesen beiden extremen Positionen ließen sich je unterschiedliche Strömungen in den letzten fünfzig Jahren der Fachdidaktik zuordnen (vgl. z. B. ➪ Kreativität); gegenwärtig hat sich eine ausbalancierte Ansicht durchgesetzt, die – ausgehend von der ➪ Themenzentrierten Interaktion – im Unterricht ein ausgewogenes Gleichgewicht zwischen dem ➪ Sachanspruch und den Ansprüchen der Person sowie der Gemeinschaft anstrebt.

sachstruktureller Entwicklungsstand Vorwissen der Schüler und Schülerinnen hinsichtlich des ➪ Unterrichtsinhalts; die Berücksichtigung des s. E. ist Teil der ➪ Didaktischen Analyse, genauer der Analyse der ➪ Eingangsvoraussetzungen bzw. der ➪ Bedingungsanalyse (W. Klafki).

Sachtextanalyse Die Analyse eines Sachtextes setzt bei solchen Elementen an, die das Verstehen in besonderem Maße steuern; dem Schüler bzw. der Schülerin muss stets die sinnaufschließende Funktion der Analyse deutlich sein. Das bedeutet, dass sich die Beschreibung nicht von der Ermittlung der Textbedeutung lösen kann, sondern jeweils auf sie bezogen bleibt: beschreibende, erklärende und deutende Sätze bedingen sich wechselseitig. Im Einzelnen lassen sich folgende Analyseschritte unterscheiden:

1. Schritt: Vorarbeiten

1.1 Zeitplan aufstellen, vor allem bei 3- bis 5-stündigen Klausuren: Zeit für die Themenwahl, das Konzept, die Reinschrift und Durchsicht der Arbeit.

1.2 Bei einer Auswahl von Themen Thema wählen; dazu: Texte anlesen, bis man weiß, worum es inhaltlich geht; Aufgabenstellung genau durchlesen.

1.3 Zeilen des gewählten Textes in Fünfergruppen durchnummerieren, sofern dies nicht vorgegeben ist; das erleichtert die Textverweise.

2. Schritt: Textaufnahme

2.1 Text vollständig lesen; gleichzeitig »auffällige« Stellen (Abweichungen von der normalen Leseerwartung, schwierige oder unverständliche Passagen, Fremdwörter) markieren; Einsatz der ➪ Lesetechniken.

2.2 Erste Eindrücke notieren: Textart, Herkunft des Textes, Autor, Adressat, Intention, Argumentationsweise.

3. Schritt: Texterläuterung

3.1 Schwierige Stellen klären, Fremdwörter nachschlagen und im Kontext prüfen, sprachliche Bilder durch ➪ Paraphrase auflösen.

3.2 Text gliedern, sofern er unübersichtlich ist, und mit ➪ Randglossen versehen

4. Schritt: Textverstehen

4.1 Erstes vorläufiges Textverständnis formulieren: Worüber spricht der Text? In welchem größeren Problemkreis äußert er sich? Auf welche Fragen versucht er, Antworten zu geben? Vergleich mit der Überschrift.

4.2 Historische bzw. situative Einbettung des Textes klären: Wann wurde er geschrieben? Wozu wurde er verfasst und worauf reagiert er? An wen wendet er sich? Wo ist er erschienen? Wen erreicht(e) er tatsächlich? Wie ist der Text grafisch aufgemacht? Gehört er zu einer bestimmten Tradition, Gattung, Textart?

4.3 Argumentationszusammenhang aufzeigen: Welche ➪ Thesen stellt der Verfasser im Einzelnen auf? Zu welchen Einzelfragen äußert er sich? Welches ist die Grundthese? Wie lassen sich die Einzelthesen zueinander in Beziehung setzen? In welchem Problemzusammenhang stehen sie? Welche ➪ Argumente führt der Verfasser zur Stützung seiner Thesen an? Sind sie beweiskräftig, d. h. beruhen sie auf nachprüfbaren Fakten oder Belegen? Sind sie in sich logisch oder nur Scheinargumente, bloße Behauptungen? Stimmen die Voraussetzungen, von denen der Verfasser ausgeht? Was verschweigt der Verfasser? Analyse der ➪ Argumentationsstruktur: Ist sie schlüssig, nachvollziehbar oder weist sie Lücken, unzulässige Verallgemeinerungen auf? Macht der Verfasser dem Leser die Folgen seiner Argumentation deutlich? Sind diese Folgen ethisch vertretbar?

4.4 Sprachlich-rhetorische Textgestaltung beschreiben und erklären: Welcher Sprachstil dominiert (schlicht, aggressiv, feierlich, gewählt, umgangssprachlich, vertraulich, wissenschaftlich)? Lassen sich dominante Wortgruppen, Wort- oder Sachfelder, Schlüsselwörter, Leitwörter oder Schlagwörter erkennen? Wie hängen die Wortgruppen zusammen? Lassen sie positive oder negative Wertungen erkennen? Verwendet der Verfasser sprachliche Bilder? Aus welchen Bereichen? Welche Funktion erfüllen sie: Präzisierung oder Verschleierung des Sachverhalts? Wendet sich die Sprache eher an den Verstand oder eher an das Gefühl der Adressaten? Verwendet der Autor rhetorische Figuren? Welchem Aussagezweck dienen sie? In welche Richtung lenken sie die Aufmerksamkeit bzw. die Einstellung des Adressaten?

5. Schritt: ➪ Kommunikative Funktion und Situation des Textes

5.1 Prüfen des *Gegnerbezugs*: Enthält der Text Gegenargumente? Lässt er sich auf Einwände ein? Diskutiert er Gegenthesen? In welcher Weise geht der Verfasser mit Gegenmeinungen um: Setzt er den Gegner herab, beleidigt er ihn, akzeptiert er ihn als ernsthaften Gegenspieler?

5.2 Prüfen des *Verfasserbezugs*: Gibt der Verfasser seinen eigenen politischen, weltanschaulichen, religiösen oder philosophischen Standort zu erkennen? Welche Werturteile fällt er? An welchen Maßstäben orientiert er sich? Suggeriert er dem Leser bestimmte Werturteile? Welche Interessen verfolgt er? Werden diese Interessen direkt ausgesprochen oder nur indirekt erkennbar? Welchen Standpunkt hat der Verfasser inne: steht er distanziert zu seinem Gegenstand? Hat er eher ein nur »akademisches« Interesse? Ist er engagiert, vielleicht selbst betroffen?

5.3 Prüfen des *Adressatenbezugs*: Welche Zielgruppe sucht der Text anzusprechen? Welches Wissen, welche Einstellungen, Werturteile, Normen setzt er voraus? Welche Einstellungen sucht er hervorzurufen? Will er überreden oder überzeugen? Versucht der Verfasser den Adressaten in eine bestimmte Rolle zu drängen? Appelliert er an seine Interessen oder an sein Wir-Gefühl (Pronomen beachten!)? Droht er vielleicht sogar? Spricht er (versteckte) Ängste an? Fordert er den Adressaten auf, etwas zu glauben, zu tun, zu unterlassen? Lässt er ihm Entscheidungsspielräume? Gibt er Entscheidungshilfen?

6. Schritt: Zusammenfassung (Synthese)
Die Einzelergebnisse der linearen Detailanalyse werden zusammengefasst und bewertet; hierbei kann das erste Textverständnis überprüft und ggf. modifiziert werden. Die eigene Meinung zu dem vom Verfasser aufgeworfenen Problem, zum Thema und der Art seiner Darstellung kann in knapper Form eingefügt werden. Hierbei ist jedoch deutlich zu unterscheiden, wo referiert, kommentiert und wo gedeutet wird. Als Textverweise genügen Zeilenangaben; alle wörtlichen Übernahmen stehen als ➪ Zitat in Anführungszeichen.

Häufige Fehler bei der S. sind z. B.:

- Die Schüler bzw. die Schülerinnen geben im Wesentlichen den Inhalt des Textes mit anderen Worten wieder und vernachlässigen die Detailanalyse.
- Sie analysieren zwar sprachlich-formale Besonderheiten des Textes, erarbeiten jedoch nicht deren Funktion für die Textaussage.
- Sie übersehen Wesentliches und/oder heben Unwesentliches hervor.
- Sie unterscheiden sprachlich nicht deutlich zwischen referierenden und kommentierenden Sätzen, d. h. zwischen dem, was der Verfasser meint, und dem, was sie meinen.
- Sie vergessen, wörtliche Übernahmen aus dem Text als Zitate zu kennzeichnen; zitieren nicht wörtlich; fügen das Zitat syntaktisch falsch ein; kennzeichnen Belegstellen nicht durch Zeilenangaben.
- Sie vergessen, auf Details Bezug zu nehmen: Überschrift, Untertitel, Motto, Einleitung, Fußnoten, Entstehungszeit, Textübergänge, Textschluss, Art der Veröffentlichung.

- Einzelne Textteile der schriftlichen Analyse stehen übergangslos nebeneinander; weisen Gedankensprünge auf.
- Es ist keine klare Gesamtanlage durch Gliederung zu erkennen.
- Es fehlt ein zusammenfassender, bewertender Schlussteil.

Die Befähigung der Schüler und Schülerinnen zur selbstständigen S. umfasst die Einsicht in die hermeneutische Struktur des Verstehensprozesses (➪ Hermeneutik) und generelle Kenntnisse der Struktur nicht fiktionaler Texte.

Sammelgespräch Form des ➪ Unterrichtsgesprächs; das S. wird z. B. eingesetzt, wenn in der ➪ offenen Phase des Unterrichts Schülermeinungen zu einem Thema oder einem Text gefragt sind oder nach einer ➪ Erarbeitungsphase die Ergebnisse eingebracht werden. Es empfiehlt sich nicht, jede Schülerantwort sofort an die Tafel zu schreiben, wodurch der Fluss der Schülerantworten gehemmt würde, sondern der Lehrer bzw. die Lehrerin sollte zunächst wirklich »sammeln«, um dann zu filtern und nur das Wichtigste an der Tafel oder auf Folie festzuhalten. Während des S. kann die Lehrperson zur Gedächtnisstütze für sich Notizen machen.

Sammelphase Zeitlich begrenzter Unterrichtsabschnitt, in dem über ein ➪ Sammelgespräch oder über Schülerbeiträge Meinungen (zu einem Thema) oder Arbeitsergebnisse (nach einer ➪ Erarbeitungsphase) zusammengetragen werden. Die einzelnen Beiträge der Schüler oder Schülerinnen aus der S. sollten nicht unmittelbar an der Tafel notiert werden, da dies den Fluss der Schülerbeteiligung hemmt. Erst nach einer gewissen Zeit, wenn sich z. B. Meinungen wiederholen, sollte der Lehrer bzw. die Lehrerin die Beiträge strukturiert (als ➪ Tafel- oder ➪ Folienanschrieb) sichern. Er oder sie kann sich zur Gedächtnisstütze Notizen machen, um gezielt auf geleistete Schülerbeiträge zurückgreifen zu können. Allerdings sollte stets geprüft werden, ob eine schriftliche Fixierung der Gesprächsergebnisse an der Tafel tatsächlich für die weitere Arbeit notwendig ist.

Sandwich-Verfahren ➪ Folienanschrieb.

Schadenersatz ➪ Haftung.

Scheinfrage ➪ rhetorische Frage.

Schema Pl.: Schemata.

1) Lernpsychologischer Terminus, ➪ Handlungsschema.

2) In der Theorie kognitiver Netzwerke (➪ Vernetzung) bedeutet Sch. eine komplexe Wissenseinheit in Form von relativ allgemeinen ➪ Kategorien. So ist z. B. das Schema »Studienreferendar« repräsentiert in einem Netzwerk von ➪ Propositionen wie: *Unterricht planen und durchführen, Studienseminar, Fachleiter, Fachsitzung, Nachbesprechung von Unterricht, Hospitation, Hefte korrigieren, Übergangszeit, geringe finanzielle Möglichkeiten* usw. Dass jede dieser Propositionen wiederum mit anderen neuronalen Netzen verknüpft ist, liegt auf der Hand. Eine Variante des Sch. ist das ➪ Skript.

Schlüsselprobleme Bei der Bestimmung dessen, was ➪ Allgemeinbildung heute sein könne, hat W. Klafki (1985) im Hinblick auf den Anteil von »Bildung im Medium des Allgemeinen« die These aufgestellt: „Bildung bzw. Allgemeinbildung bedeutet, in der hier angesprochenen Perspektive, ein geschichtlich vermitteltes Bewußtsein von zentralen Problemen der gemeinsamen Gegenwart und der voraussehbaren Zukunft gewonnen zu haben, Einsicht in die Mitverantwortung aller angesichts solcher Probleme und Bereitschaft, sich ihnen zu stellen und am Bemühen um ihre Bewältigung teilzuhaben." Diese so genannten Sch. sind durch Konsensbildung mit allen Beteiligten (Lehrern, Eltern, Schülern) auf der administrativen Ebene (Gestalter von Richtlinien und Lehrplänen) sowie auf der Ebene des konkreten Unterrichts (unter Mitwirkung der Schüler und Eltern) zu fixieren und in Unterrichtsvorhaben (vornehmlich im ➪ Projektunterricht oder im ➪ fächerverbindenden Unterricht) zu bearbeiten. Klafki denkt dabei an Probleme wie

- die Friedensfrage und das Ost-West-Verhältnis,
- die Umweltfrage
- Möglichkeiten und Gefahren des naturwissenschaftlichen, technischen und ökonomischen Forschritts,
- sog. „entwickelte Länder" und „Entwicklungsländer" sowie das Nord-Süd-Gefälle
- soziale Ungleichheit und ökonomisch-gesellschaftliche Machtpositionen

usw.

Allgemeinbildung heißt im Blick auf solche Sch.: „Auf den verschiedenen Stufen des Bildungsganges bzw. des Bildungswesens sollte jeder junge Mensch und jeder Erwachsene mindestens in einige solcher Zentralprobleme – im Sinne exemplarischen, gründlichen, verstehenden bzw. entdeckenden Lernens – eingedrungen sein." (W. Klafki, 1985) Verbindlich dabei ist die Anforderung, problemsichtig zu werden und ein differenziertes ➪ Problembewusstsein zu gewinnen.

Nach den meisten ➪ Lehrplänen ist auch der Fachunterricht verbindlich an eine Thematisierung der Sch. gebunden, z. B.: *der Frieden als individuelle und globale Aufgabe, die Erhaltung der natürlichen Lebensgrundlagen, Ausgleich von Benachteiligung von einzelnen Gruppen und Völkern, das Streben nach Humanität in einer sich wandelnden Berufs- und Arbeitswelt* usw. (vgl. Lehrplan Deutsch. SI Gymnasium, NRW, 1993)

Damit diese Themen nicht mehrfach in den unterschiedlichen Fächern behandelt werden, sollte sich die ➪ Lehrerkonferenz mit einer curricularen Aufteilung nach Klassenstufen, Fächern und Themenanteilen befassen; die konkrete fachliche und fachmethodische Füllung sowie die Beachtung von Querverbindungen und das Bereitstellen von ➪ Anschlusswissen bliebe den ➪ Fachkonferenzen vorbehalten.

Weitere Einzelheiten bei W. Münzinger / W. Klafki (1995).

Schlüsselqualifikation Industrie und Wirtschaft erwarten von der Schule, dass sie die neu ins Berufsleben tretenden jungen Menschen mit wirksamen Sch. ausgestattet hat, worunter sowohl fachliche als auch methodische und soziale Kompetenzen zählen.

Genannt werden hier u. a. Selbstständigkeit, Denken in Zusammenhängen, Kreativität, Entscheidungs- und Verantwortungsfähigkeit, Kommunikations- und Kooperations- sowie Teamfähigkeit, Problemlösungsvermögen, positive Einstellung zu lebenslangem Lernen. Diese Art der beruflichen Sch. entspricht in hohem Maße den Anforderungen, die an eine Studierfähigkeit im Sinne von ➪ Wissenschaftspropädeutik heute gestellt werden; und manche Pädagogen sehen hierin eine gewisse Annäherung von beruflicher (➪ Berufsvorbereitung) und allgemeiner ➪ Bildung.

Weitere Einzelheiten bei G. Keller / W. Hitzler (2001).

SchMG Abk. für »Schulmitwirkungsgesetz«; ➪ Schulmitwirkung.

Schreibgespräch Schüleraktives ➪ Handlungsmuster, das insbesondere dazu geeignet ist, den vorhandenen Wissensstand bzw. die verschiedenen Meinungen in einer Lerngruppe bewusst zu machen. Beim Sch. sitzen vier oder fünf Schüler und Schülerinnen im Kreis, in der Mitte liegt ein größeres Blatt Papier (etwa DIN-A 3), auf dem gut lesbar ein kontroverses Stichwort, eine Frage oder ein thematischer Aspekt notiert ist. Jeder in der Runde schreibt dazu seine Meinung in einem Satz auf; danach wird das Blatt gedreht und der bzw. die Nächste schreibt einen weiteren Satz dazu. Ist das Blatt einmal ganz gedreht worden, können die so entstandenen Texte ausgewertet werden.

schriftliche Übung ➪ Übung.

Schulangst 1) ➪ Angst z. B. bei ➪ Schulschwierigkeiten von Schülern und Schülerinnen.

Weitere Einzelheiten bei M. Niederle (2002).

2) Sch. kommt auch bei Lehrern und Lehrerinnen vor, insbesondere bei Überforderung bis hin zum ➪ Burnout-Syndrom.

Näheres zu Möglichkeiten der Entlastung und Stressbewältigung im Schulalltag bei H. Gudjons (1993); C: Hennig / G. Keller (1998) E. Meyer (1991), K. Ulrich (1996).

Schulart Teilbereich eines Schulsystems; Sch. sind Grund-, Haupt- und Realschule, Gymnasium und Gesamtschule, Kolleg, Berufsschule bzw. Berufskolleg, Berufsfachschule, Berufsoberschule bzw. Höhere Berufsfachschule, Fachschule und Sonderschule. Die Bezeichnungen können in den einzelnen Bundesländern allerdings leicht variieren.

Schulaufsicht Grundlage für die Sch. sind Artikel 7 (Abs. 1) des Grundgesetzes sowie entsprechende Gesetzgebungen der Länder (➪ SchVG). Die Sch. umfasst die Dienst- und Fachaufsicht, die staatliche Ordnung sowie Förderung und Pflege des Schulwesens. An der Ausübung der Sch. beteiligt das Land die Gemeinden, Gemeindeverbände und andere öffentlich-rechtliche Körperschaften nach den dafür geltendenden Vorschriften. Folgende Zuständigkeiten gelten:

- *Oberste Schulaufsichtsbehörde* ist der Kultusminister (Ministerium für Schule, Wissenschaft und Forschung o. ä.): Schulaufsicht über das gesamte Schulwesen in Angelegenheiten von grundsätzlicher Bedeutung; Sicherung der landeseinheitlichen

Grundlagen für die pädagogische und organisatorische Arbeit der Schulen (⇨ Kultusministerkonferenz).

- *Obere Schulaufsichtsbehörde* ist der Regierungspräsident (Schulabteilung in der Bezirksregierung): Sch. über die Schulen eines bestimmten Gebiets durch schulfachliche und verwaltungsfachliche Schulaufsichtsbeamte; insbesondere Sicherung der fachlichen Anforderungen im Unterricht und im Abitur sowie dienstliche Beurteilung der Beamten und Beamtinnen.
- *Untere Schulaufsichtsbehörde* ist das Schulamt: Sch. über die in seinem Gebiet liegenden Grund-, Haupt- und Sonderschulen.

Schulcurriculum Die ⇨ Fachkonferenz entscheidet u.a. über die „Grundsätze zur fachmethodischen und fachdidaktischen Arbeit sowie zur Leistungsbewertung" (SchMG, § 7); da jedoch im Gesetzestext nicht alle Entscheidungsbefugnisse wörtlich aufgezählt werden, kommen der Fachkonferenz auch weitere Entscheidungen zu, „soweit nicht die pädagogische Freiheit des einzelnen Lehrers entgegensteht". Das Sch. ist demnach eine *Absprache* der Lehrer und Lehrerinnen eines Faches zur Verteilung des Unterrichtsstoffs auf einzelne Klassen und Jahrgangsstufen, die den einzelnen Lehrer bzw. die einzelne Lehrerin nicht in jedem Fall bindet. Sichergestellt werden muss allerdings, dass die Lektüren für die SII nicht bereits in SI gelesen worden sind, dass also beim Übergang in die Oberstufe keine thematischen Überschneidungen oder Doppelungen vorkommen. Außerdem hat die Fachkonferenz die Aufgabe, Beschlüsse zur Sicherung gleicher Lernvoraussetzungen für die Kurswahl zu Beginn der Qualifikationsphase und für eventuelle spätere Kurszusammenlegungen zu fassen. Das Sch. darf nicht den Bestimmungen der Richtlinien und Lehrpläne des Faches zuwiderlaufen.

Schule Die ⇨ Geschichte des Deutschunterrichts zeigt, dass die Sch. erst im 17. und 18. Jh. zu einer allgemeinen Einrichtung wurde. Ihre Aufgabe besteht darin, einen bestimmten Bestand an Wissen oder beruflichen Fertigkeiten an die Jugend weiterzugeben sowie den Nachwuchs in die Inhalte und Formen des gesellschaftlichen und kulturellen Lebens einzuweisen, so dass dessen Weiterbestand gesichert ist.

Wesentliche Etappen in der Formung des Schulwesens, wie wir es heute kennen, sind die Reformen durch Wilhelm von Humboldt (1767–1835), der als Erziehungsminister (1812) das preußische Schul- und Universitätswesen nach humanistischen Prinzipien reformierte (⇨ Humanismus) und sich dabei auch an den sozial-anthropologischen Ideen des Schweizer Reformpädagogen J. H. Pestalozzi orientierte. Die Forderung, im Schulwesen auch die Naturwissenschaften zu berücksichtigen, führte zu neuen Schultypen: 1890 wurde die lateinlose *Oberrealschule,* eine mathematisch-naturwissenschaftliche Schule, dem humanistischen Gymnasium gleichgestellt; 1900 folgte das *Realgymnasium,* eine neusprachliche Schule, als gleichberechtigter dritter Bildungsweg.

Nach dem 2. Weltkrieg wurde das Schulwesen neu gegliedert und es entstanden das altsprachliche, das neusprachliche sowie das mathematisch-naturwissenschaftliche Gymnasium. Diese Gliederung wurde 1972 mit der Vereinbarung der ⇨ Kultusministerkonferenz zur »Neuordnung der gymnasialen Oberstufe« (Einführung des Kurssystems) differenziert und im Ganzen durchlässiger. 1987 und 1999 wurden einige Korrekturen am System der differenzierten ⇨ Oberstufe vorgenommen.

Öffentliche Sch. werden vom Land, einer Gemeinde oder einem Gemeindeverband, einer Innung, Handwerks- oder Industrie- und Handelkammer als Schulträger unterhalten. Sie alle unterstehen den Bestimmungen der ⇨ ASchO, die auf der Grundlage des ⇨ SchVG das rechtliche Verhältnis zwischen Sch., Schülern, Eltern sowie Schulträger begründet. Das heutige Schulsystem ist stark gegliedert in ⇨ Schulformen, ⇨ Schulstufen und ⇨ Schultypen. Die Entwicklung geht hin zu einer stärkeren Profilierung und einer gewissen Autonomie der einzelnen Sch., was einerseits durch das jeweilige ⇨ Schulprogramm, andererseits durch mehr Entscheidungsbefugnisse für die Schulleitung selbst gewährleistet werden soll. Programmatisch hierfür ist die Denkschrift der Kommission »Zukunft der Bildung – Schule der Zukunft« (1995) der Landesregierung von Nordrhein-Westfalen, die das Bild vom »Haus des Lernens« geprägt hat.

Das Schulsystem kennt neben den öffentlichen Sch. die so genannten ⇨ Ersatzschulen, das sind Sch. in privater Trägerschaft, die wie die öffentlichen Sch. an die ASchO und andere schulrechtliche Vorgaben gebunden sind.

Schüleräußerung Der Umgang mit Sch. ist – gerade für Berufsanfänger – ein nicht immer einfach zu gestaltender Aspekt im ⇨ Lehr-Lern-Prozess, da recht viele methodische Einzelheiten ad hoc bedacht und entschieden werden müssen; hier einige Beispiele:

1. Sch. im ⇨ *gebundenen Unterrichtsgespräch*

- Die Sch. ist richtig und hilft weiter: Will die Lehrperson alle Schüler und Schülerinnen aktivieren, sollte sie den Beitrag nicht sofort positiv verstärken (⇨ Verstärkung) und aufgreifen, sondern die Lerngruppe fragen, was sie davon hält, ob noch andere Meinungen vorhanden sind usw. Kommt der Beitrag zu früh (z. B. bereits in der ⇨ Sammelphase zu Beginn des Unterrichts), sollte die Lehrperson den Beitrag »wohlwollend« übergehen und ohne Kommentar weitere Sch. sammeln; erst an späterer Stelle kann sie dann auf die gute Sch. zurückgreifen, sie positiv verstärken und mit ihr weiter arbeiten.
- Die Sch. ist nur zum Teil richtig: Die Lehrperson sollte den Beitrag nicht sofort selbst kommentieren, sondern den betreffenden Schüler bzw. die Schülerin zum nochmaligen Nachdenken auffordern bzw. an bereits Gelerntes erinnern oder die Lerngruppe zur Beurteilung aufrufen. Erst wenn dies keine geeigneten Ergebnisse erbringt, muss die Sch. berichtigt werden, u. U. indem die Lehrperson auf geeignetes Material (Text, Zeilenangabe, Lehrbuch, Lexikon) verweist und so die Eigentätigkeit der Lerngruppe weiter fördert.
- Die Sch. führt (voraussichtlich) zu weit vom Lernzielzusammenhang ab: Die Lehrperson sollte den Schüler bzw. die Schülerin auffordern, seinen bzw. ihren Beitrag in den Kontext des Unterrichtsgesprächs oder in den Zusammenhang der leitenden Fragestellung zu bringen, oder beurteilen lassen, ob die Sch. das Gespräch weiterbringt. Ist die Sch. (möglicherweise) in einem späteren Zusammenhang von Bedeutung, kann sie bis dahin zurückgestellt werden.

- Die Sch. ist falsch: Die Lehrperson sollte nicht über den Beitrag hinweggehen; denn der Schüler bzw. die Schülerin muss erfahren, warum er falsch ist und was an ihm falsch ist. Die Klarstellung sollte zunächst vom Schüler selbst bzw. von der Lerngruppe eingefordert werden. Bringt dies keine Klarheit, stellt die Lehrperson den Sachverhalt richtig. (Es ist wichtig für die Begründung der mündlichen Leistungsnote, dass Schüler bzw. Schülerinnen die Rückmeldung erhalten, ob und inwieweit ihre Beiträge gehaltvoll sind oder nicht.)

2. Sch. im ➪ *offenen Unterrichtsgespräch*
   In Phasen des ➪ divergierenden Denkens sollte die Lehrperson zunächst nicht eingreifen, sondern eher nur Regie führen und sich wichtige Sch. merken (bzw. kurz auf einen Stichwortzettel notieren). Erst nach Abschluss der ➪ Unterrichtsphase, wenn sich z.B. Sch. wiederholen, lenkt die Lehrperson den Unterrichtsprozess in die Phase des ➪ konvergierenden Denkens: die Sch. werden durch die Lehrperson gefiltert, systematisiert und ggf. an der Tafel oder auf Folie notiert. Es ist unerlässlich, dass die Sch. in einem derart angelegten Unterricht die Grundlage für das weitere Vorgehen bilden.

Schülerbeitrag 1) Synonym gebraucht zu ➪ Schüleräußerung.

2) Gelegentlich wird der Ausdruck Sch. reserviert für einen längeren mündlichen Beitrag, z.B. die Ergebnisdarstellung nach einer ➪ Erarbeitungsphase oder die ➪ Ergebnissicherung am Stundenende.

Schülerbetriebspraktikum Das Sch. wird meist für zwei Wochen in der 9. Klasse durchgeführt. Der Arbeitslehreunterricht bereitet darauf vor (z.B.: Wie schreibt man einen Lebenslauf? Was gehört alles in eine Bewerbung?). Zu dem Sch. wird ein Hefter angelegt, der einen Erfahrungsbericht (ggf. mit Skizzen, Bildern, Fotos usw.) enthält und am Ende bewertet wird. Die Schüler und Schülerinnen können sich den Praktikumsbetrieb selbst aussuchen und werden dort, wenn sie eingearbeitet sind, einmal in den zwei Wochen von einem Lehrer oder einer Lehrerin besucht. Für jemanden der keine Stelle finden konnte, bietet die Schule Arbeitsmöglichkeiten an. Auf Antrag kann das Sch. um eine Woche in der 10. Klasse ausgeweitet werden, um einen weiteren Betrieb kennen zu lernen.

Anregungen und Informationen bei Th. Koch-Doetsch / W. Schuster (1991).

schülergerecht 1) Bei der ➪ Unterrichtsplanung sind ➪ Unterrichtsinhalte dann sch. ausgewählt, wenn sie bildungsgerecht (➪ Lehrplan) und exemplarisch (➪ Exemplarität) sind, wenn die ➪ Struktur des Inhalts an die Erfahrungswelt der Schüler und Schülerinnen anknüpft, wenn die ➪ sachstrukturellen Voraussetzungen gegeben sind, wenn die ➪ Zugänglichkeit hergestellt und der ➪ Lehr-Lern-Prozess weitgehend auf ➪ Schülerorientierung bedacht ist.

2) Die ➪ Lernziele sind dann sch., wenn sie ➪ Gegenwarts- und Zukunftsbezug berücksichtigen, wenn sie ganzheitliches Lernen (➪ Ganzheitlichkeit) ermöglichen und wenn sie sich in die übergeordneten ➪ Bildungsziele und in den Bildungsgang (z.B. ➪ Spiralcurriculum) einfügen.

Schülergespräch Form des ⇨ offenen Unterrichtsgesprächs, bei dem sich die Beteiligten nach Möglichkeit in eine Runde setzen (⇨ Kreisgespräch); der Lehrer bzw. die Lehrerin ordnet sich in den Kreis ein, er oder sie bemüht sich weitgehend um Zurückhaltung. Das Sch. kommt ohne Diskussionsleiter aus, auch sollten keine Rednerlisten aufgestellt werden.

In einem Sch. können Schüler und Schülerinnen ihre eigenen Erfahrungen, Probleme oder Wünsche besprechen, verarbeiten, bewerten und ggf. als Ergebnis veröffentlichen. Es sollten allerdings einige Voraussetzungen erfüllt sein:

- *Gesprächsthema*: Alle Schüler und Schülerinnen sollten über das Thema Bescheid wissen und etwas damit anfangen können.
- *Zielperspektive*: Sie sollten sich klar darüber sein, was zu welchem Zweck geklärt werden soll und welches die in Frage kommenden Alternativen sind.
- *Ablauf*: Sie sollten Regeln einer fairen ⇨ Gesprächsführung kennen und über eine gewisse ⇨ kommunikative Kompetenz verfügen.
- *Gesprächsklima*: Hier ist der Lehrer bzw. die Lehrerin gefordert, eine Atmosphäre des Vertrauens zu schaffen (und aufrecht zu erhalten), in der jeder Schüler und jede Schülerin den Mut hat, sich zu beteiligen und frei die eigene Meinung zu äußern.

In einem Sch. soll die Lehrperson sehr zurückhaltend mit eigenen inhaltlichen Beiträgen sein und keine Anweisungen erteilen; aber sie ist zuständig für die Vorbereitung und Organisation der Lernsituation. Der Lehrer bzw. die Lehrerin beschränkt sich auf ⇨ Impulse, evtl. weist er oder sie auf eine Vereinbarung hin, ruft eine Regel der Gesprächsführung in Erinnerung, leitet die ⇨ Ergebnissicherung ein u. dgl.

Weitere Einzelheiten bei H. Meyer (Band II, [9]1999).

Schülerkorrektur ⇨ Korrektur (2).

Schülerorientierung Seit dem 18. Jh. hat es im muttersprachlichen Unterricht erste Bemühungen gegeben, die ⇨ Unterrichtsinhalte (Themen und Texte) an den Fähigkeiten und Interessen der Schüler und Schülerinnen zu orientieren (F. A. Hallbauer, 1725; J. J. Schatz, 1734). Ein grundlegender Wandel in der ⇨ Fachdidaktik lässt sich jedoch erst bei den Vertretern der ⇨ Reformpädagogik erkennen, die der geistigen und sprachlichen Entwicklung der Kinder mehr Aufmerksamkeit schenkten und ein wesentliches Ziel des Unterricht in der Entfaltung aller geistigen und seelischen Kräfte der Kinder sahen. Diese Zielperspektive hat sich jedoch nur allmählich und mit vielen Rückschlägen durchsetzen können.

Nach einer Phase in den 70-er Jahren des vorigen Jh. (⇨ kommunikative Wende), in der die Sch. teilweise sehr rigoros umgesetzt wurde, vertritt die Pädagogik heute einen differenzierten Standpunkt: Im Sinne der ⇨ Themenzentrierten Interaktion soll ein ausgewogenes Verhältnis hergestellt werden zwischen Sach-, Ich- und Sozialerfahrung (W. Schulz, [3]1981); dies besagt u. a., dass schülerorientierte Phasen, in denen ⇨ Handlungs- und ⇨ Produktorientierung im Mittelpunkt stehen, mit kursartigem Unterricht, in dem Fachinhalte und -methoden in ihrem systematischen Zusammenhang gelernt werden, ein bildungsgerechtes Ganzes ergeben müssen.

Elemente der Sch. sind insbesondere der ➪ offene Unterricht mit ➪ Wocheplan und ➪ Freiarbeit, ➪ Projekt- und ➪ fächerverbindender Unterricht, ➪ Erfahrungslernen und ➪ entdeckendes Lernen (➪ Induktion). Aber auch ein vom Lehrer bzw. der Lehrerin gelenkter Unterricht kann schülerorientiert sein, wenn z. B. in einem ➪ Planungsgespräch die Lerngruppe an der weiteren inhaltlichen und methodischen Gestaltung des Unterrichts beteiligt wird, wenn ➪ Schüleräußerungen aufgegriffen und ernstgenommen werden (➪ Empathie), wenn den Schülern und Schülerinnen Freiräume im Unterricht gewährt werden, so dass sie selbstständiges Arbeiten allein oder zu mehreren (➪ Partner- und ➪ Gruppenarbeit) üben können, ➪ Problem- und ➪ Methodenbewusstsein entwickeln und im Laufe der Oberstufe zu einem ➪ selbstverantworteten Lernen befähigt werden, bei dem sich die Lehrperson immer mehr darauf beschränken kann, ➪ Zielperspektiven und Rahmenbedingungen des Unterrichts vorzugeben, ein geeignetes Lernumfeld zu schaffen und als ➪ Moderator bzw. als Moderatorin den Lehr-Lern-Prozess zu begleiten.

Die Sch. ist eine wünschenswerte Ergänzung und Bereicherung der Unterrichtspraxis, in der immer noch der ➪ Frontalunterricht und das ➪ fragend-entwickelnde Verfahren dominieren; sie kann in diesem Rahmen erprobt und erweitert werden durch besonders schüleraktive ➪ Handlungsmuster, z. B.: ➪ Blitzlicht, ➪ Brainstorming, ➪ Clustering, handelndes Lernen an ➪ Übungsstationen, ➪ Kartenabfrage, ➪ Mindmapping, ➪ Moderationsmethode, ➪ Podiumsdiskussion, ➪ Schreib- oder ➪ Streitgespräch.

Schülerrat ➪ Schülervertretung.

Schülerreferat Das Sch. dient der Ergänzung des Unterrichts und soll im Prinzip das leisten, was auch die Lehrperson geleistet hätte, d. h. eine gründliche und verständliche Information der Lerngruppe. Hieraus ergeben sich einige Folgerungen:

a) *Thematische Relevanz*
Das Sch. soll sich thematisch in die Unterrichtsreihe einfügen und einen relevanten Aspekt beleuchten. Von daher scheint es geboten, dass der Lehrer bzw. die Lehrerin das Thema vergibt und einen genauen Terminplan festsetzt; außerdem sollte gesichert sein, dass der Schüler bzw. die Schülerin das Thema gern (möglichst freiwillig) bearbeitet und die nötige ➪ Kompetenz (1) besitzt und dass die Lerngruppe ein Interesse an der Information hat.

b) *Zeitplanung*
Das Sch. muss sich der Reihenplanung terminlich anpassen. Von daher sind mindestens zwei Vorbesprechungen anzusetzen: eine zu Beginn (Einführung in das Thema, Hinweise auf Literatur und Quellen, zeitliche Vereinbarungen usw.) sowie zur Hälfte der Bearbeitungszeit (Informationen zum Stand der Arbeit, Absprachen zur Gestaltung der Referatstunde). Es muss rechtzeitig geklärt sein, wie lang das Referat wird, welche ➪ Medien zu seiner Darstellung benötigt und wie die Informationen gesichert werden (z. B. ➪ Thesenpapier).

c) *Kontrollen*
Der Lehrer bzw. die Lehrerin sollte das Sch. unbedingt vorher ganz lesen und ggf. korrigieren bzw. zu seiner Umarbeitung auffordern; zu achten ist insbesondere auf

die Einhaltung der thematischen Vorgabe, auf den Umfang, die sprachliche Gestaltung (Adressaten sind die Mitschüler!), die Strukturierung sowie auf notwendig werdende Verstehenshilfen (Bilder, Skizzen, Statistiken, Tabellen usw.).

d) *Referatstunde*
Das Sch. sollte frei gehalten werden, evtl. unter Zuhilfenahme von ⇨ Stichwortkonzept oder Folienunterstützung. Es sollte adressatenbezogen sein (Wortwahl, Augenkontakt, Gestik und Mimik), die Zuhörer nicht überfordern (Sprache, Dauer), nicht langweilen (Relevanz, Interesse) und gesicherte Information bieten. Hierzu kann ein Hilfs- oder Korreferent einen ⇨ Tafelanschrieb anfertigen, den Dia-Projektor bedienen oder Fotos über das Episkop einblenden. Eine besondere Leistung wäre die multimediale ⇨ Präsentation (2) mit Hilfe der Neuen Medien (Präsentations-Programme, ⇨ Multimedia).

e) *Plenum*
Während eines Sch. kann das Plenum ein vorstrukturiertes ⇨ Arbeitsblatt erhalten, in das gezielt Informationen aus dem Referat eingetragen werden, die als Grundlage für die nachfolgende Besprechung dienen können. Die Nachbesprechung dient der Klärung von Fragen, der Einbindung des Themas in den Kontext der Reihe, aber auch der Würdigung des Vortrags selbst.

Wesentlich für die Vorbereitung von Sch. ist die Einführung und Übung von ⇨ Redestrategien.

Schülervertretung Abk.: SV; Auftrag und Organisation der SV ist im ⇨ SchMG (§ 12) geregelt; im Einzelnen sind dies:

- *Alle Schüler einer Schule*, wie sie in Klassen, Kursen oder Jahrgangsstufen eingeteilt sind, wirken an der Bildungs- und Erziehungsarbeit mit.
- *Klassen- oder Jahrgansstufensprecher* vertreten die Interessen der Klasse oder der Jahrgansstufe; Kurssprecher können im Einzelfall gewählt werden, sind aber nicht Organ im Sinne des SchMG.
- *Der Schülerrat* ist für alle Fragen der SV zuständig, die über den Bereich der einzelnen Klasse oder Jahrgangsstufe hinausgehen. Er setzt sich zusammen aus den gewählten Sprechern der Klassen und Jahrgangsstufen. Diese sind für die Wahrnehmung ihrer Aufgaben im Rahmen der SV vom Unterricht zu beurlauben, sofern das grundsätzliche Einverständnis der Erziehungsberechtigten vorliegt (⇨ ASchO, § 10,5). Die Schulleitung erörtert einmal im Monat mit dem Schülerrat in Anwesenheit des ⇨ Verbindungslehrers schulische Fragen.
- *Der Schülersprecher* ist Vorsitzender des Schülerrats und Sprecher der SV.
- *Die Schülerversammlung* besteht aus den Schülern einer Schule ab Klasse 5; sie kann zweimal im Schuljahr während der allgemeinen Unterrichtszeit zusammentreten.

Den Schülern und Schülerinnen ab Klasse 5 der Vollzeitschulen ist im Monat eine Stunde während der allgemeinen Unterrichtszeit der Klasse für Angelegenheiten der SV (SV-Stunde) zu gewähren. In den Klassen 5 bis 7 ist der Klassenlehrer bzw. die Klassenlehrerin zur Teilnahme verpflichtet. Generell gilt, dass Zusammenkünfte von Organen der SV auf dem Schulgelände sowie die SV-Stunde Schulveranstaltungen sind.

Schülervortrag Eines der ➪ Handlungsmuster im Unterricht; längerer Schülerbeitrag, z. B.: Vortrag der ➪ Hausaufgabe, Darstellung von Ergebnissen aus der ➪ Erarbeitungsphase, der ➪ Partner- oder ➪ Gruppenarbeit, Zusammenfassung von Unterrichtsergebnissen als ➪ Ergebnissicherung, ➪ Methodenrückschau, ➪ Statement oder ➪ Kurzreferat, ➪ Schülerreferat.

schülerzentriert ➪ Schülerorientierung.

Schulform 1) Auch ➪ Schulart; im Allgemeinen eine Differenzierung der öffentlichen Schulen nach: Grundschule, Hauptschule, Realschule, Gymnasium, Gesamtschule, berufsbildendes Schulwesen (Berufskolleg), Sonderschule.

2) Auch: Schultyp; Differenzierung des berufsbildenden Schulwesens, z. B. in die Sch. Fachschule, Fachoberschule, Höhere Berufsfachschule, Berufsfachschule, Berufsschule usw. Jede dieser Sch. hat ihre eigenen ➪ Lehrpläne sowie Ausbildungs- und Prüfungsordnungen.

schulinterne Fortbildung ➪ Lehrerfortbildung.

Schulkonferenz Einrichtung, Zusammensetzung und Funktion der Sch. ist im ➪ SchMG (§§ 4 und 5) geregelt. Die Sch. besteht aus 6 (bis 200 Schüler), 12 (bis 500 Schüler), 24 (bis 1000 Schüler) bzw. 36 (über 1000 Schüler) Mitgliedern. Sie setzt sich aus Vertretern der Lehrer, der Erziehungsberechtigten sowie der Schüler im Verhältnis 3 : 2 : 1 (Schulen der Sekundarstufe I) oder 3 : 1 : 2 (Schulen der Sekundarstufe II) oder 2 : 1 : 1 (Schulen der Sekundarstufe I und II) zusammen. Gewählt werden sie von der ➪ Lehrerkonferenz, der ➪ Schulpflegschaft bzw. vom ➪ Schülerrat für die Dauer eines Schuljahres. Der Schulleiter ist Vorsitzender der Sch.

Die Sch. hat zwei Funktionen:

a) sie empfiehlt Grundsätze zur Ausgestaltung der Unterrichtsinhalte und zur Anwendung der Methoden, zur Unterrichtsverteilung und zur Einrichtung von Kursen sowie zur einheitlichen Anwendung der Vorschriften über die Leistungsbewertung, Beurteilung, Prüfung und Versetzung;
b) sie entscheidet über die Festlegung von Grundsätzen zur zeitlichen Koordination von Hausaufgaben und Leistungsüberprüfungen, die Einrichtung zusätzlicher Lehrveranstaltungen und Arbeitsgemeinschaften, Gestaltung der Beratung in der Schule, Einführung von Lernmitteln an der Schule sowie Ausleihe oder Übereignung von Lernmitteln, Zusammenarbeit mit andern Schulen u. a. m.

Darüber hinaus kann die Sch. für besondere Aufgabengebiete Teilkonferenzen einrichten; in der Regel bereiten diese Entscheidungen vor, die dann in der Sch. zu treffen sind.

Schulleben Der Ausdruck Sch. ist zwar wenig bedeutungsscharf, er wird jedoch häufiger benutzt, um die Eigenart einer Schule, d. h. das Zusammenspiel von Schulleitung, Lehrer- und Elternschaft, Schülern und außerschulischen Institutionen zu kennzeichnen. So spricht man z. B. von einem differenzierten Sch., wenn vielfältige Aktivitäten sichtbar und wirksam sind, und zwar

- intern in Form von innovativen Unterrichtskonzepten, vielfältigen Arbeitsgemeinschaften, Schultheater, Orchester usw. und
- extern durch attraktive Schüleraustauschprogramme, Darbietungen und Vorführungen für eine größere Öffentlichkeit, Zusammenarbeit mit lokalen Institutionen, Einladung von Schriftstellern, Zeitzeugen usw.

Im ➪ Schulprogramm kann ein wesentlicher Aspekt des Sch. gebündelt sein.

Schulleitung Grundlage für die Arbeit der Sch. (Schulleiter bzw. Schulleiterin sowie deren Stellvertretung) sind die §§ 20f. des ➪ SchVG: Der Schulleiter leitet die Schule; er ist gleichzeitig Lehrer an dieser Schule. Er trägt – in enger Zusammenarbeit mit der ➪ Schulkonferenz – die Verantwortung für die Durchführung der Bildungs- und Erziehungsarbeit in der Schule. Er ist Vorgesetzter aller an der Schule tätigen Personen. Der Schulleiter vertritt die Schule nach außen. Er trägt die Verantwortung für die Verwaltung der Schule und er arbeitet in allen äußeren Schulangelegenheiten eng mit dem Schulträger zusammen. Ihm obliegt die Erledigung der laufenden schulischen Angelegenheiten. Er nimmt das Hausrecht wahr. Im Falle der Verhinderung des Schulleiters übernimmt der ständige Vertreter die Sch. (ansonsten die dienstälteste Lehrperson).

Auf der Grundlage des SchVG sind im ➪ SchMG (§ 13) weitere Aufgaben des Schulleiters beschrieben wie: Vorbereitung und Ausführung der Beschlüsse der Schulkonferenz, (rechtliche) Prüfung und ggf. Beanstandung von Beschlüssen der einzelnen Gremien der Schule. Ein Lehrer oder eine Lehrerin hat den dienstlichen Anweisung des Schulleiters bzw. der Schulleiterin Folge zu leisten, auch wenn er oder sie diese Anweisung beanstandet, und zwar im Falle einer Beschwerde bis zur Entscheidung der ➪ Schulaufsicht.

Schulmitwirkung Geregelt im »Schulmitwirkungsgesetz« (SchMG) vom 13.12.1977 in der Fassung vom 19.6.1994. Die Organe der Mitwirkung sind (gemäß §§ 4 bis 13):

- *Schulkonferenz*: empfiehlt Grundsätze für die Arbeit in den Fächern und entscheidet im weitesten Sinne die Belange des Schullebens, sofern diese Entscheidungen nicht der Genehmigung durch die Aufsichtsbehörde unterliegen.
- *Lehrerkonferenz*: berät über die Bildungs- und Erziehungsarbeit der Schule und entscheidet über Grundsätze der Unterrichtsverteilung, Sonderaufgaben, Lehrerfortbildung u. dgl.
- *Fachkonferenzen*: schlagen (der Lehrerkonferenz) anzuschaffende Lehrmittel vor und entscheiden in ihrem Fach über Grundsätze der fachdidaktischen und fachmethodischen Arbeit sowie der Leistungsbewertung (➪ Bewerten, ➪ Benotung).
- *Lehrerrat*: berät den Schulleiter bzw. die Schulleiterin in allen Angelegenheiten der Lehrerschaft.
- *Klassenkonferenz*: berät den Leistungsstand der Schüler und Schülerinnen einer Klasse und trifft Entscheidungen nach der Versetzungsordnung; entscheidet über Bildungs- und Erziehungsarbeit der Klasse.

- die *Gremien der Elternvertretung* (Schul-, Klassen- und Jahrgangsstufenpflegschaft): vertritt die Interessen der Erziehungsberechtigten auf den unterschiedlichen Ebenen und fördert den Bildungs- und Erziehungsauftrag der Schule.
- *Schülervertretung*: vertritt die Interessen der Schüler und Schülerinnen bei der Gestaltung der Bildungs- und Erziehungsarbeit; fördert besondere Interessen der Schülerschaft.
- *Schulleiter* bzw. *Schulleiterin*: bereitet die Beschlüsse der Schulkonferenz vor und führt sie aus; entscheidet (nach Beratung mit den entsprechenden Gremien) über Angelegenheiten, die keinen Aufschub dulden; prüft und beanstandet ggf. Beschlüsse der Schulgremien und hält die Verbindung zur Schulaufsichtsbehörde.

Besondere Regelungen der Sch. können an Sonderschulen, im Zweiten Bildungsweg sowie in den berufsbildenden Schulen getroffen werden. Darüber hinaus ergeben sich Formen der Mitwirkung zwischen Schule und Schulträger oder Verbänden und Kultusbehörde.

Näheres bei B. Petermann ([14]1997).

Schulorganisation Gliedert sich in ⇨ Ablauf-, ⇨ Aufbau- und ⇨ Informationsorganisation einer Schule.

Schulpflegschaft ⇨ Pflegschaft.

Schulprofil 1) Konkrete Ausformung des ⇨ Schulprogramms einer Schule mit deutlichem Schwerpunkt der schulischen Arbeit. Das Sch. soll Interessierten (Eltern, Schülern, Arbeitgebern) Aufschluss darüber geben, welche besonderen Angebote eine bestimmte Schule im Vergleich zu anderen am Ort anzubieten hat, wodurch u.a. die Schulwahl erleichtert werden kann.
2) ⇨ Profilbildung.

Schulprogramm Ein Sch. ist das grundlegende Konzept einer Schule, das über die pädagogischen Zielvorstellungen und die Entwicklungsplanung einer Schule Auskunft gibt. Die Schulprogrammarbeit dient somit der Qualitätssicherung schulischer Arbeit bei nachlassenden Kontrollen von außen; sie soll über folgende Fragen Auskunft geben:

- Wie werden die verbindlichen Vorgaben der Ausbildungsordnungen, der ⇨ Richtlinien und ⇨ Lehrpläne im Hinblick auf die spezifischen Bedingungen der einzelnen Schule konkretisiert?
- Welche Ziele und welche konkreten Maßnahmen sind für die Weiterentwicklung der schulischen Arbeit vorgesehen?
- Auf welche Weise werden die Ergebnisse der schulischen Arbeit überprüft (⇨ Evaluation)?

Die Schulprogrammarbeit richtet sich in der Regel nach folgendem Ablaufschema:

1. *Bestandsaufnahme*: Welche Aktivitäten gibt es bereits? Wie sieht die schulische Arbeit bisher aus? Welche Entwicklungsarbeit ist bereits eingeleitet bzw. geleistet worden?

2. *Leitvorstellungen*: Welches ist die pädagogische Grundorientierung der (Mehrheit der) Lehrerschaft? Gibt es einen Erziehungskonsens?
3. *Konzepte und Beschlüsse*: Abstimmung der ➪ Schulcurricula für die verschiedenen ➪ Aufgabenfelder und Vereinbarungen zu den obligatorischen Inhalten und ➪ Unterrichtsmethoden, Konzepte für ➪ fächerverbindenden und ➪ Projektunterricht, Absprachen zur ➪ Schülerorientierung des Unterrichts, zur ➪ Bewertung von Schülerleistungen, zur ➪ Beratung, zum Problemfeld ➪ Erziehen, zur Ausprägung des Bildungsgangs sowie zu Konzepten für das Schulleben allgemein, z.B. ➪ Öffnung von Schule.
4. *Arbeitsverfahren und -strukturen*: Geschäftsverteilungsplan und Einrichtung von Arbeitsgruppen, Konferenzarbeit.
5. *Mittelfristige Ziele* für die schulische Arbeit und Arbeitsplan für das jeweilige Schuljahr.
6. *Planung der Fortbildung*: Schulinterne und -externe Fortbildung, Einbeziehung von Experten, allgemein-pädagogische und fachspezifische Fortbildung.
7. *Evaluation*: Vereinbarungen über Zeitpunkt, Form der Datenerhebung, Auswertung usw. der schulischen Entwicklungsarbeit.

„Im Rahmen der erweiterten Gestaltungsfreiheit und Selbstverantwortung der einzelnen Schulen, wie sie durch verschiedene Maßnahmen der inneren Schulreform angestrebt werden, nimmt das Schulprogramm eine Schlüsselstellung ein." (»Entwicklung von Schulprogrammen«, RdErl. MSWF von NRW vom 25.06.1997; vgl. auch: »Schulprogramm – eine Handreichung«, hg. vom MSWF von NRW. Frechen, 1998.)

„Schulprogramme spiegeln die Besonderheit einer Schule und zugleich auch ihre Entwicklungsprozesse wider. Sie können und werden daher unterschiedlich aussehen. Unverzichtbar sind jedoch die Programmpunkte, die sich auf den Unterricht und die Erziehungsarbeit der Schule beziehen." (➪ Richtlinien der Länder) Das Sch. dient somit der ➪ Qualitätsentwicklung und -sicherung der fachlichen und pädagogischen Arbeit einer Schule.

Hilfreich: Landesinstitut (^{2}1998 a), U. Franke / U. W. Kliebisch (2000); Zs. Pädagogik (1998) H. 2 »Auf dem Weg zum Schulprogramm« und (2000) H. 10 »Schulprogramme in Beispielen«.

Sch. als Beitrag zur »inneren Schulreform«: R. Winkel (1997). A. Wenger-Hadwig (2000).

Schulschwierigkeiten In der gegenwärtigen Diskussion werden Sch. häufig mit einer veränderten ➪ Kindheit und Jugend in Zusammenhang gebracht; dazu gehören Veränderungen in den Familienstrukturen, Streben nach höheren Schulabschlüssen und eine verlängerte Schulzeit insgesamt, der Abbau von Autoritäten und Verhaltensnormen, ein gewandeltes Freizeitverhalten, neue Kommunikationswege, ein ungebremster Zugriff auf Informationen aller Art u. dgl. Der Einfluss dieser Faktoren lässt sich im Einzelfall jedoch kaum unmittelbar nachweisen; beurteilt werden vielmehr ➪ Verhaltensauffälligkeiten und ➪ Lernprobleme, die im Wesentlichen aus einer Überforderung des einzelnen Schülers bzw. der einzelnen Schülerin resultieren; seltener in einer Unterforderung, etwa bei ➪ hochbegabten Schülern oder Schülerinnen.

Folgende Faktoren können bei Sch. eine entscheidende Rolle spielen:

- *Leistungsanforderungen*: ➪ Leistung ist immer ein relativer Begriff, der auf ➪ Standards zurückgreift, die von Schule zu Schule und von Lehrperson zu Lehrperson unterschiedlich sein können. Darüber hinaus bieten ➪ Lernkontrollen und ➪ Benotung ihre eigenen Probleme, insbesondere was die ➪ Bezugsnormen, die ➪ Gütekriterien usw. betrifft.
- *Verhaltensauffälligkeiten*: Hierunter kann man ein über einen längeren Zeitraum immer wieder auftretendes Verhalten verstehen, das von Bezugspersonen wie Eltern, Lehrer oder Mitschüler „als störend oder beeinträchtigend beurteilt wird, da es von ihren Erwartungen über ihre Toleranzgrenze hinaus abweicht" (G. Bovet / V. Huwendiek, ^{2}1998).
- *Konzentrationsmängel*: Normalerweise können sich Schüler und Schülerinnen der Unterstufe 20 bis 25 Minuten lang konzentrieren, d. h. kognitive Aktivitäten ohne Abschweifen auf Grund äußerer Reize aufrechterhalten; die Zeitspanne stabilisiert sich später bei etwa 30 Minuten. Für Konzentrationsmängel kann es unterschiedliche Ursachen geben wie erhöhte Ablenkbarkeit durch äußere Reize oder durch abschweifende Gedanken und Tagträume, Zerstreutheit, unüberlegte Impulsivität und Fahrigkeit, mangelnde Ausdauer, Probleme bei der ➪ Informationsaufnahme und/oder ➪ -verarbeitung.
- *Stress*: Negativer Stress verhindert Leistung, verursacht ➪ Angst und verleitet zu Fluchtreflexen; diese können sich u. a. in Leistungsverweigerung, Clownerie, ➪ Aggression oder Sch. allgemein äußern.

Angesichts dieser Problemlage bleibt aus pädagogischer Sicht zu fragen, welchen Beitrag die jeweilige Lehrperson zur Bewältigung oder zumindest zum Abbau von Sch. leisten kann.

Maßnahmen gegen Sch. sind z. B.:

a) *Herstellen eines positiven Lernklimas*: Eine gute Basis für den Abbau von Sch. besteht in einem positiven sozial-emotionalen ➪ Lernklimas, das durch gegenseitige Wertschätzung, ➪ Empathie und Aufrichtigkeit ebenso gekennzeichnet ist wie dadurch, dass eindeutige Absprachen und Verträge (➪ Rituale) mit der Lerngruppe getroffen und dass klare Arbeitsaufträge gestellt werden, dass ➪ Transparenz bei der ➪ Zielorientierung (1) des Unterrichts und bei den Bewertungskriterien herrscht u. a. m. Positiv auf das Lernklima wirken sich stets Lernerfolge aus; hierzu ist die Vermittlung von ➪ Lernstrategien, das Angebot individueller Hilfen und das Eingehen auf Schülerwünsche eine große Hilfe.

b) *Konzentrationsförderung*: Das Lernen wird erleichtert durch eine längerfristige Planung und klare Strukturierung des Unterrichts (➪ Unterrichtsphasen) sowie ein ausgewogenes Verhältnis von Phasen der Anspannung und Entspannung; durch gelegentliche Pausen, die zum lockeren ➪ Gespräch, zu Bewegungsspielen (➪

Bewegte Schule) und zum Lüften des Klassenraums genutzt werden; durch den Wechsel der ⇨ Sozialformen, ⇨ Methodenvielfalt, durch ⇨ Schülerorientierung, durch eine eindeutige Hausaufgabenstellung (rechtzeitig und explizit) usw. Dennoch kann die Lehrperson nicht alle Probleme allein lösen und schon gar nicht über die offiziellen ⇨ Erziehungs- und Ordnungsmaßnahmen; wesentlich ist die Kooperation innerhalb des Kollegiums und mit den betroffenen Eltern sowie das Erkennen der eigenen Grenzen.

c) *Verminderung von Stress und Angst*: Es gibt durchaus positive Stresserfahrungen (Eustress), die eine Arbeit beflügeln können; negativer Stress (Distress) dagegen lähmt und bereitet ⇨ Angst. Den größten Stress dürften ⇨ Lernkontrollen bei den ⇨ Hausaufgaben oder ⇨ Klassenarbeiten bereiten, sodann die Noten bei der ⇨ mündlichen Mitarbeit und die Versetzungsentscheidungen. Günstig für den Abbau derartiger Ängste sind u. a.: rechtzeitige und genaue Bekanntgabe der Aufgabentypen für eine Klassenarbeit oder Klausur, gründliches Üben dieser Aufgabentypen, klare Absprachen über Leistungsanforderungen und Benotungskriterien, das Angebot von Sonderaufgaben zur Verbesserung der mündlichen Note, positive ⇨ Verstärkung für individuelle Leistungsfortschritte, Maßnahmen zur sozialen Integration auffälliger Schüler oder Schülerinnen (⇨ Partner- oder ⇨ Gruppenarbeiten, Pflege des außerunterrichtlichen Schullebens).

Darüber hinaus kann eine Schule ⇨ Förderunterricht für kleine Schülergruppen anbieten, in dem auf Sch. Einzelner gezielt eingegangen werden kann.

Zeigen diese Maßnahmen nach einer gewissen Beobachtungszeit keine merkliche Wirkung, so ist den Eltern die Zusammenarbeit mit professionellen Stellen anzuraten, z. B. mit dem Schulpsychologen, den örtlichen Beratungsstellen an Jugend- und Sozialämtern oder dem Psychotherapeuten. Bei gravierenden und anhaltenden Sch., insbesondere Leistungsdefiziten, ist mit den Eltern zu überlegen, ob für den Schüler bzw. die Schülerin ein Wechsel der ⇨ Schulform in Frage kommt.

Weitere Einzelheiten bezogen auf

- *veränderte Kindheit*: bei M. Fölling-Albers ([2]1995),
- *allgemeine Schulschwierigkeiten*: G. Keller (1999), F. Jansen / U. Streit (2000),
- *bezogen auf Lesen, Rechtschreibung und Rechnen*: I. M. Naegele u. a. (2001),
- *Lern- und Leistungsstörungen*: bei D. Betz / H. Breuninger ([4]1996), T. Hess (1989), G. Keller ([3]1991), U. Schmeing (1999), Zs. Pädagogik (2001) H. 1 »Bei Lernschwächen helfen«,
- *Verhaltensstörungen*: bei F. Petermann (1987), H. Kuppfer / U. Ziehten ([2]1992), C. Hillebrand (1999),
- *Stress und Angst*: E. Tumpold (1997), R. Schwarzer ([4]2000), P. Strittmatter ([2]1997).

Schulstrafen ⇨ Erziehungs- und Ordnungsmaßnahmen, ⇨ Strafe (1).

Schulstufen Organisation des schulischen Bildungsgänge in ⇨ Primarstufe, ⇨ Sekundarstufe I und ⇨ Sekundarstufe II (⇨ Oberstufe).

Schultheorie Teiltheorie der allgemeinen Pädagogik, deren Gegenstandsbereich die Schule als eine gesellschaftliche Institution ist, die der gemeinsamen und planmäßigen Erziehung und Unterrichtung der heranwachsenden Generation dient. Damit erfüllt sie – soziologisch gesehen – zwei wesentliche Funktionen: die Reproduktion sowie die Weiterentwicklung der Gesellschaft. „Die Schule ist eine Funktion der Gesellschaft, von ihr abhängig, auf sie bezogen, für sie mitverantwortlich. Aber die Gesellschaft ist auch eine Funktion der Schule, durch sie veränderbar, an ihr zu messen und mit ihr unlöslich verbunden.“ (R. Winkel, 1988)

Im Wesentlichen hat eine Sch. drei Aufgaben zu erfüllen:

- *deskriptiv*: die Sch. beschreibt das Schul- und Bildungssystem zu einem bestimmten Zeitpunkt (synchron) bzw. in seiner historischen Entstehung (diachron),
- *analytisch*: die Sch. erklärt, wie das Schul- und Bildungssystem entstanden ist und wie es sich im Hinblick auf andere Teilbereiche der Gesellschaft ausgewirkt hat bzw. auswirkt,
- *normativ*: die Sch. erarbeitet Kriterien und Rahmenbedingungen für eine zielfunktionale Verbesserung der Schulwirklichkeit.

„Eine Theorie der Schule darf somit nicht bei einer allein soziologischen Funktionsbestimmung stehenbleiben, sondern muss bis zum Kern der pädagogischen Tätigkeit, muss zu Erziehungs- und Unterrichtsprozessen vordringen, um dort die Auswirkungen des gesellschaftlichen Implikationsverhältnisses aufzuspüren.“ (Tillmann, ²1993) Sie zielt darauf ab, Schule besser verstehen, gestalten und verändern zu können, und steht damit immer auch im Kontext der inneren und äußeren Schulreform (➪ Schulprogramm). Neben die Theorie (Erklärung der Wirklichkeit) tritt der Praxisbezug (Bewältigung von Wirklichkeit).

Nach R. Winkel (1997) lassen sich sieben Bereiche ausmachen, mit denen sich die Sch. im Zusammenhang einer innern Schulreform zu beschäftigen hat: 1. personal (Lehrer, Schüler, Eltern), 2. didaktisch (Inhalte, Ziele, Methoden), 3. kommunikativ (Medien, Beziehungen, Störungen), 4. lerndiagnostisch (Zensuren, Zeugnisse, Berichte), 5. ästhetisch (Räume, Flächen, Zeiten), 6. extracurricular (Schulleben, Ausflüge, Praktika), 7. strukturell (Schulen, Länder, Nationen).

Will die Sch. ihre Aufgaben zielgerichtet und verantwortlich erfüllen, so braucht sie einerseits eine auf die Schulwirklichkeit gerichtete ➪ Didaktik, andererseits ein ethisch verantwortetes ➪ Wirklichkeits- und ➪ Menschenbild.

Weitere Einzelheiten bei H. Fend (1980), H. Kemper (1989), K.-J. Tillmann (²1992), H.-G. Rolff (1993), Bildungskommission (1995), R. Winkel (1997), W. Klafki (2002).

Schultradition Begrifflich unscharfer Ausdruck, der für ein gewisses Beharrungsvermögen der unterrichtlichen Inhalte und Methoden im Laufe eines längeren Zeitraums gebraucht wird. So hat sich trotz einer kontinuierlichen Veränderung der einzelnen Fachdidaktiken bei der Mehrzahl der Fachlehrer in bestimmten Bereichen die Sch. durchgesetzt, einzelne inhaltliche Lehrgänge oder Themenkomplexe zu favorisieren (z. B. die wettkampfbezogene Ausbildung in einer bestimmten Sportart, der systematische Grammatikunterricht, ein Kanon an muttersprachlichen oder fremdsprachlichen Autoren) bzw. andere zu ignorieren (z. B. die Integration der Lernbereiche, Sachtextanalyse) oder im methodischen Bereich dem ➪ Frontalunterricht den Vorzug vor allen anderen ➪ Sozialformen zu geben.

Letztlich hat es sich gezeigt, dass gegen die Sch. keine Neuerungen auf Dauer durchzusetzen sind (z. B. das Sprachlabor), sondern dass diese durch eine Umstellung der Lehrerausbildung in der ersten und zweiten Phase vorbereitet und durch umfassende Fortbildungsmaßnahmen (z. B. Neue Medien wie ➪ Multimedia und ➪ Internet) gestützt werden müssen.

Schulträger Sch. ist, wer für die Einrichtung, Organisation und Verwaltungsführung der einzelnen Schule rechtlich unmittelbar die Verantwortung trägt und zur Unterhaltung der Schule eigene Leistungen erbringt. Schulträger können nur juristische und natürliche Personen sein. (➪ SchVG, § 2) Auf dieser Grundlage unterscheidet man »öffentliche Schulen«, deren Sch. das Land, eine Gemeinde oder ein Gemeindeverband, eine Innung, Handelskammer usw. ist, sowie »Privatschulen« (➪ Ersatzschulen).

Schultypen Differenzierung im berufsbildenden Schulwesen bzw. den Berufskollegs; einzelne Schulzweige (gewerbliche oder kaufmännische Berufsschulen) bieten besondere Abschlüsse im Rahmen bestimmter Sch. an, z. B. a) im gewerblichen Bereich die Fachhochschulreife in der Fachoberschule, Typ Technik; oder b) im kaufmännischen Bereich die allgemeine Hochschulreife in der Höheren Berufsfachschule, Typ Wirtschaft und Verwaltung (Wirtschaftsgymnasium).

Schulverbund Organisatorischer Verbund von Schularten; Schulen mit verschiedenen Bildungsgängen, die auf bestimmten Ebenen miteinander kooperieren. Die Kooperation kann sich auf die gemeinsame Schulleitung, gemeinsame Mitwirkungsgremien oder den übergreifenden Lehrereinsatz beschränken; sie kann aber auch die Bildung gemeinsamer Lerngruppen in einzelnen Fächern, die bildungsgangsübergreifende Abstimmung der Lehrpläne und andere gemeinsame Bildungsangebote einbeziehen. Grundlage hierfür ist die Vereinbarung »Schularten mit mehreren Bildungsgängen« der ➪ Kultusministerkonferenz vom Dezember 1993.

Neben dem Verbund von Schularten in einer »Verbundschule« haben sich folgende Formen herausgebildet:

- *Bildungszentren*
  In Bildungszentren arbeiten räumlich zusammengefasste selbstständige Schulen pädagogisch und organisatorisch zusammen. Die Zusammenarbeit dient im Rahmen der Rechts- und Verwaltungsvorschriften insbesondere der Abstimmung in Lernangebot, Lehrverfahren sowie Lehr- und Lernmitteln und fördert die Durchlässigkeit zwischen den beteiligten Schulen; sie erleichtert den schulartübergreifenden Lehrereinsatz, die gemeinsame Erledigung von Verwaltungsangelegenheiten und die gemeinsame Nutzung von schulischen Einrichtungen.
- *Regionaler Verbund*
  Benachbarte Schulen, die nicht in einem Bildungszentrum zusammengefasst sind, sollen pädagogisch zusammenarbeiten. Die Zusammenarbeit dient vor allem der

Koordinierung pädagogischer Maßnahmen; insbesondere des Unterrichtsangebots, der Lehr- und Lernmittel sowie der Verteilung der Schüler bei der Aufnahme in Schulen desselben Schultyps. Mit Genehmigung der Schulaufsichtsbehörde können Schüler mehrerer Schulen in einzelnen gemeinsamen Unterrichtsveranstaltungen einer dieser Schulen zusammengeführt werden.

Schulversagen Meist wird der Ausdruck Sch. gebraucht, wenn ➪ Schulschwierigkeiten zur Gefährdung der Versetzung oder zur Nichtversetzung eines Schülers bzw. einer Schülerin führen.

Schulwanderungen und -fahrten ➪ Wandererlass.

Schulwechsel Ein schulpflichtiger Schüler kann nur in Verbindung mit einem Sch. aus der besuchten Schule ausscheiden (➪ ASchO, § 7,2); er muss in die Schulstufe, die Schulform und die Klasse bzw. Jahrgangsstufe aufgenommen werden, die seinem bisherigen Bildungsgang und seinem Zeugnis entspricht (ASchO, § 6,1). Ein Sch. ohne zwingende Gründe ist möglich, aber nur, wenn die entsprechende Aufnahmekapazität bei der aufnehmenden Schule besteht und der Bildungsgang des Schülers bzw. der Schülerin ohne weiteres fortgesetzt werden kann.

Wechselt ein Schüler oder eine Schülerin freiwillig oder auf Grund der Versetzungsordnung die Schulform, so teilen die Eltern der bisherigen Schule mit, welche Schule ihr Kind künftig besuchen wird.

SchVG Abk. für »Schulverwaltungsgesetz«.

Schwarze Pädagogik Gelegentliche Bezeichnung für eine Pädagogik der Angst, die mit Notendruck, Züchtigung und dem Gebot unbedingten Gehorsams ihre Ziele zu erreichen suchte.

Sekundärliteratur Sammelbegriff für alle Schriften (Kommentare, Interpretationen, Biografien, Rezensionen, wissenschaftliche Literatur), die zum Verstehen eines Primärtextes herangezogen werden.

Sekundarstufe I Eine der ➪ Schulstufen im öffentlichen Schulwesen; umfasst in der Regel die Klassen 5 bis 10 an Haupt-, Real- und Gesamtschulen sowie am Gymnasien. Die S I knüpft an die Lernziele der ➪ Primarstufe an und bereitet auf die Lernanforderungen der ➪ Sekundarstufe II vor. Der Hauptschulabschluss kann nach Abschluss der Klasse 9 erworben werden; er berechtigt zum Besuch der Klasse 10 Typ A der Hauptschule. Mit dem Hauptschulabschluss kann die Berechtigung zum Besuch der Klasse 10 Typ B erteilt werden; sie führt bei entsprechenden Noten, ebenso wie der Abschluss der Klasse 10 an Realschule oder Gymnasium, zur ➪ Fachoberschulreife (SI-Abschluss). Diese kann die Berechtigung zum Besuch der gymnasialen Oberstufe einschließen (z. B. für NRW: ➪ AO-SI § 32).

Meist ist die S I gegliedert in die Doppeljahrgangsstufen 5/6 (Orientierungs- bzw. Erprobungsstufe), 7/8 und 9/10. Die erste Versetzungsentscheidung in der S I findet am Ende der Klasse 6 statt; hier geht es auch um die Frage, ob ein Schüler bzw. eine Schülerin die gewählte ➪ Schulform beibehält oder wechseln sollte. Mit Eintritt in die Klasse 7 steht die Wahl der 2. Fremdsprache an und im letzten Zweijahresblock finden weitere Differenzierungen statt.

Näheres regelt die »Verordnung über die Ausbildung in der Sekundarstufe I« (z.B. AO-SI, NRW vom 21.10.1998).

Sekundarstufe II Eine der ➪ Schulstufen im öffentlichen Schulwesen, gegliedert nach Berufskolleg (berufsbildendem Schulwesen) und gymnasialer Oberstufe (Klassen 11 bis 13). Die Berufskollegs vermitteln in differenzierten Unterrichtssystemen in einfach- und doppelqualifizierenden Bildungsgängen (➪ Allgemeinbildung, ➪ Berufsvorbereitung 1) eine berufliche Qualifizierung und ermöglichen den Erwerb der ➪ Fachhochschulreife, der fachgebundenen Hochschulreife, sowie in einzelnen ➪ Schultypen den Erwerb der allgemeinen Hochschulreife. Die gymnasiale Oberstufe führt zum ➪ Abitur, der allgemeinen Hochschulreife; nach Abschluss der Klasse 12 kann die ➪ Fachhochschulreife vergeben werden, sofern der Schüler bzw. die Schülerin das Gymnasium verlässt.

Näheres regelt die »Ausbildungs- und Prüfungsordnung Berufskolleg« (APO-BK vom 26.5. 1999) sowie die »Verordnung über den Bildungsgang und die Abiturprüfung in der gymnasialen Oberstufe« (➪ APO-GOSt vom 5.10.1998).

Sekundärtugenden In Abgrenzung zu den »Primärtugenden« (Achtung vor der Würde und Unversehrtheit des anderen, Gerechtigkeit, Streben nach Frieden und gesellschaftlichem Ausgleich, Willen zur Bewahrung der Natur, Wahrheitsliebe usw.), die als unveräußerlich gelten, sind S. wie Fleiß, Disziplin, Pünktlichkeit oder Sauberkeit zwar sehr wichtig, aber nicht das Wesentliche bei der Erziehung von Kindern und Jugendlichen (➪ Erziehen). Insofern sind die S. den unverzichtbaren ➪ Grundwerten innerhalb einer Kultur nachgeordnet.

Selbstbestimmungsfähigkeit ➪ Autonomie.

Selbstkompetenz ➪ Anforderungsbereiche (2).

Selbstoffenbarung Auch: Selbstkundgabe; neben Sachinhalt, Beziehung und Appell eine der vier Seiten einer Nachricht bei Schulz von Thun (Band 1, 1996). Hört der Gesprächspartner auf dem »Selbstoffenbarungs-Ohr«, dann fragt er sich bei einer Mitteilung: *Was sagt sie mir über dich*? Wenn z.B. eine Schülerin ihre Mitschülerin beim Lehrer anzeigt, diese habe dies oder jenes getan, dann kann der Lehrer heraushören: *Diese Schülerin will mir zeigen, wie angepasst und ordentlich sie ist.*

Die Beachtung der S. ist ein wesentlicher Aspekt der ➪ Gesprächsführung und der Lehrerfunktion ➪ Beraten. Hierher gehört auch die Fähigkeit, nonverbale Signale der ➪ Körpersprache und verschlüsselte Botschaften zu erkennen, zu deuten und darauf zu reagieren, z.B. durch ➪ aktives Zuhören.

Selbstorganisation 1) Auch: Selbstregulierung; bei J. Piaget (1983) ➪ Äquilibration im Sinne von „Ausgleich durch Selbstregulierung". Somit begreift Piaget die von ihm beschriebene ⇨ Stadienlehre als ein natürliches Ablaufschema mit einer immanenten Entfaltungslogik zu immer gleichgewichtigeren Organisationsformen hin: Der Aufbau der kognitiven Struktur kann demnach nicht gelehrt werden. Auch ist Piagets Modell keine Reifungstheorie, sondern ein konstruktivistisches Modell (⇨ Konstruktivismus 2). Entwicklung als selbstkonstruktiver Prozess ist als Interaktion zwischen Subjekt und Umwelt konzipiert, wobei die Formen der Interaktion je nach Entwicklungsstand verschieden sind. Das Konzept der Selbstregulierung – im Sinne einer Auflösung von Widersprüchen und Konflikten durch Umstrukturierung und Neuaufbau von kognitiven Strukturen (⇨ Akkommodation) – bedeutet für die Initiierung von Lehr-Lern-Prozessen, dass die geistige Entwicklung am ehesten durch die Induktion ⇨ kognitiver Konflikte gefördert wird.

Auf Piagets theoretischer Grundlegung der S. basieren die zur Zeit gängigen konstruktivistischen Modelle des Lernens und der ⇨ Personenorientierten Didaktik (E. Kösel, ^{2}1993).

2) Auch: Selbsttätigkeit (⇨ SOL); das unterrichtliche Prinzip der S. der Schüler und Schülerinnen wurde zur Zeit der ⇨ Reformpädagogik, insbesondere in der Arbeitsschule (H. Gaudig, 1860–1923), propagiert. Allerdings kann es sich immer nur um eine S. im Rahmen einer von der Lehrperson vorgegebenen Struktur handeln, da ansonsten kein schulisches ⇨ Lernen im pädagogischen Sinne vorliegt; innerhalb dieses Rahmens kann durchaus das Ziel gesetzt werden, die Schüler und Schülerinnen zum selbstständigen Handeln zu führen: sie sollen schließlich befähigt sein, sich mit eigenen Zielvorstellungen und Handlungsabsichten in Planung und Durchführung von Unterricht einzubringen, um so auch Verantwortung mit zu übernehmen.

Heute wird die S. des Lernens vor allem im ⇨ offenen Unterricht praktiziert mit ⇨ Wochenplan, ⇨ Freiarbeit oder ⇨ Projektunterricht.

Selbstständigkeit Die Erziehung zur S. in sozialer Verantwortung gehört zu den ⇨ Bildungszielen den gymnasialen Oberstufe; soll jedoch bereits in der Grundschule angebahnt und in der Sekundarstufe I gefördert werden (⇨ Methoden- und ⇨ Problembewusstsein, ⇨ Leistungsmotivation, ⇨ Selbstorganisation 2, ⇨ Selbststeuerung, ⇨ Selbsttätigkeit, ⇨ selbstverantwortetes Lernen, ⇨ Selbstverwirklichung).

Weitere Einzelheiten bei F. Müller / W. Siepe (2002).

Selbststeuerung Ein straff organisierter und vom Lehrer bzw. von der Lehrerin gelenkter Unterricht erzeugt in der Regel ⇨ träges Wissen, das an den jeweiligen Lernkontext gebunden ist (nach dem Motto: Vor der Klausur rein, nach der Klausur raus). Im Gegensatz dazu wird »flüssiges Wissen«, das vielfältig transferierbar sein soll (⇨ Transfer), durch die Lösung komplexer Aufgaben erworben, die an das Alltagswissen und dic Probleme der Schüler selbst anknüpfen und in längerfristigen Unterrichtsvorhaben (⇨ Projekt- und ⇨ fächerverbindender Unterricht, ⇨ Gruppenarbeit) bearbeitet werden können. Hierzu ist es erforderlich, dass die Schüler und Schülerinnen im Laufe ihrer schulischen Ausbildung mit verschiedenen ⇨ Problemlösungsstrategien vertraut gemacht werden, dass sie Gelegenheit zur ⇨ Selbstorganisation (2) ihrer Arbeit erhalten und dass der Lehrer bzw. die Lehrerin bereit und fähig ist, allmählich immer mehr Kompetenzen an die Lernenden zu übertragen, ohne dabei die Verantwortung im Sinne der übergreifenden ⇨ Zielperspektive, der ⇨ Bildungs- oder Globalziele oder der ⇨ Obligatorik aus der Hand zu geben. Am Ende dieses Bildungsprozesses sollten die Schüler und Schülerinnen in der Lage sein, ihren eigenen Lernprozess zu kontrollieren und zu steuern. Je besser dies in einer Lerngruppe gelingt, umso offener kann der Unterricht gestaltet sein und umso mehr S. kann die Lehrperson zulassen.

Weitere Einzelheiten bei F. G. Deitering (2001).

Selbsttätigkeit Auch: selbsttätiges Lernen; eines der wesentlichen ⇨ Richtziele der gymnasialen Oberstufe, das zu ⇨ Selbstorganisation (2) und ⇨ Selbststeuerung von Lernprozessen durch die Schüler und Schülerinnen befähigen will. Wird die S. der Lernenden gefördert, so kann die Lehrperson damit rechnen, dass die Störungen des Unterrichts nachlassen. „In der Ausweitung des selbsttätigen Lernens liegt der Schlüssel zur Lösung der Probleme herkömmlichen Unterrichts.“ (W. Jank / H. Meyer, [5]1996)

selbstverantwortetes Lernen Je mehr die Schüler und Schülerinnen das ⇨ Lernen lernen, je mehr sie über ⇨ Sacherfahrung und fachliche Kenntnisse, ⇨ Methodenkompetenz und ⇨ Problembewusstsein verfügen, desto mehr kann die Lehrperson ihnen die Verantwortung für ihr Lernen übertragen und zunehmend die Rolle eines ⇨ Moderators bzw. einer Moderatorin übernehmen. Zu einem s. L. gehört u. a. auch, dass die Schüler und Schülerinnen im Sinne der ⇨ partizipatorischen Planung gelernt haben, den Unterricht mitplanend zu gestalten, dass sie über Fähigkeiten der ⇨ Selbstorganisation und Selbsttätigkeit verfügen, ⇨ Fachmethoden und ⇨ Problemlösungsstrategien beherrschen und dass sie zu Leistung (⇨ Leistungsmotivation) und ⇨ Kooperation bereit und befähigt sind. Nur so kann es gelingen, die Schüler und Schülerinnen zur ⇨ Selbstverwirklichung in sozialer Verantwortung zu führen.

Selbstverwirklichung Auch: persönliche Entfaltung; eines der obersten ⇨ Bildungsziele und gleichzeitig Erziehungsauftrag der Schule, meist mit einem Zusatz wie »in sozialer Verantwortung« versehen. Im Wesentlichen geht es dabei darum, jedem Schüler und jeder Schülerin Hilfen anzubieten für die Gestaltung des eigenen Lebens wie für die verantwortliche Teilhabe am öffentlichen Leben. Hierzu zählen u. a. Bereitschaft und Fähigkeit:

- sich mit anderen zu verständigen (⇨ kommunikative Kompetenz, ⇨ Gesprächskultur),
- mit anderen zusammenzuarbeiten (⇨ Kooperation, ⇨ Sozialkompetenz),
- ihr Denken europäischen und globalen Fragestellungen zu öffnen,
- sich mit Werten und Wertsystemen auseinander zu setzen, zu urteilen und sich zu entscheiden (⇨ Werteerziehung); dies schließt ein, dass sie sich mit Fragen nach dem Sinn des eigenen Lebens beschäftigen,
- eine überlegte Studien- oder Berufswahl zu treffen (⇨ Berufsvorbereitung 1).

Der Unterricht sollte so angelegt sein, dass die Schüler und Schülerinnen ihre individuellen Fähigkeiten und Fertigkeiten weiter entfalten und nutzen können, wobei insbesondere auf unterschiedliche ➪ Lerntypen, auf unterschiedliche Fähigkeiten und Fertigkeiten innerhalb der Lerngruppe (➪ Differenzierung) sowie auf die Gleichstellung beider Geschlechter (➪ Koedukation) zu achten ist.

Selbstwahrnehmung Der Prozess der Bewusstwerdung schließt auch die Entstehung eines Selbstkonzepts ein. Das Kind verarbeitet dazu einerseits Daten und Informationen aus seiner unmittelbaren Umgebung, die es selbst betreffen, andererseits Selbstbeobachtungen und Interpretationen seines eigenen Verhaltens. Diese Art der S. erzeugt ein »Selbstbild«, das zum einen die eigenen Person und ihre Wirksamkeit widerspiegelt, zum anderen fungiert es als Regulativ für antizipierte Handlungen und Tätigkeiten. Kinder mit einem eher positiven Selbstbild trauen sich mehr zu als solche mit einem negativen Selbstbild (➪ misserfolgsorientiert). Aufgabe der Schule sollte es sein, die S. der Kinder zu schulen und auf positive Attribute, Fähigkeiten und Fertigkeiten hin zu akzentuieren, was die ➪ Leistungsbereitschaft und ➪ Motivation erhöhen kann.

Selektion Eine der Funktionen der ➪ Benotung, die eng mit der Berechtigungsfunktion zusammenhängt. Durch die ➪ Bewertung von Schülerleistungen werden soziale Chancen im weiteren Leben von Schülern und Schülerinnen eröffnet oder vorenthalten; von daher wird seit langem die Frage kontrovers diskutiert, ob die S. durch die Notengebung »gerecht« oder eher diskriminierend sei; doch dürfte eine solche Frage empirisch kaum zu beantworten sein. Die S.-Problematik kann dadurch abgemildert werden, dass Schüler oder Schülerinnen mit ➪ Schulschwierigkeiten nicht allein gelassen werden, dass Lehrer und Lehrerinnen sich um individuelle Förderung (➪ Fördern) und rechtzeitige ➪ Beratung bemühen und zur ➪ Kooperation mit Kollegen, Eltern und außerschulischen Stellen bereit sind.

Seminarleitung Ein ➪ Studienseminar wird von einem Seminarleiter bzw. einer Seminarleiterin in enger Kooperation mit den Ausbildungsschulen geleitet; ihm oder ihr obliegt im Rahmen der Rechts- und Verwaltungsvorschriften die Gesamtverantwortung für die inhaltliche und organisatorische Durchführung der ➪ Lehrerausbildung in Seminar und Schule. Die Zusammenarbeit mit den Schulleitern ist über die Seminarbezirkskonferenz gewährleistet. Der Seminarleiter beruft die ➪ Seminarkonferenz ein, er leitet diese und führt die Beschlüsse aus, nachdem er diese (rechtlich) geprüft hat. Bei seiner Verhinderung übernimmt der ständige Vertreter oder die ständige Vertreterin die S.

Seminarrahmenkonzept Rahmenvorgaben für die Arbeit von ➪ Studienseminaren, welche die Ziele und Strukturen der Ausbildung festlegen sowie zur Entwicklung eines Seminarprogramms anregen. Wesentliche Bestandteile sind ferner Hinweise zu den erwachsenenpädagogischen Prinzipien der Ausbildung sowie zur organisatorischen Konzeption des ➪ Vorbereitungsdienstes im Sinne eines gegliederten und integrativen Lernprozesses. Neuere Entwicklungen sehen eher ➪ modulare Konzeptionen vor.

semiotische Funktion Auch: symbolische Funktion; entwicklungspsychologischer Terminus. Beim Aufbau seiner kognitiven Struktur kommt das Kind recht früh in ein

Stadium (⇨ Stadienlehre), in dem sich das Denken vom Tun dadurch löst, dass sich Vorstellungen (innere Bilder) einstellen. Die s. F. lässt sich auf die Gesamtheit der ⇨ Schemata, die das Kind in seiner ⇨ senso-motorischen Phase erworben hat, zurückführen. Ihr Resultat ist schließlich die Ausbildung und der Gebrauch der ⇨ Sprache.

senso-motorisches Stadium In der ⇨ Stadienlehre von J. Piaget die Periode von der Geburt bis etwa zum zweiten Lebensjahr, die sich in sechs Stufen gliedert: 1. Übung angeborener Reflexe (Saugen, Greifen), 2. Primäre Kreisreaktionen (Wiederholung angenehmer Handlungen und Ausbildung von Gewohnheiten), 3. Sekundäre Kreisreaktionen (Koordination von Sehen und Greifen), 4. Koordination erworbener ⇨ Handlungsschemata (Anwendung auf neue Situation, praktische Intelligenz), 5. Tertiäre Kreisreaktionen (aktives Experimentieren und Entdeckung neuer Handlungsschemata), 6. Übergang vom senso-motorischen Intelligenzakt zur Vorstellung (ab 1;6 bis 2;0).

Die letzte Stufe leitet die Antizipation der Ergebnisse einer Handlung in der Vorstellung ein; das Kind findet neue Mittel durch »innere Kombination«. Am Ende des s.-m. St. setzt mit der ⇨ semiotischen Funktion auch die ⇨ Dezentrierung auf kognitivem, affektivem und sozialem Gebiet ein.

sensorisches Gedächtnis Dem ⇨ Kurzzeit- und ⇨ Langzeitgedächtnis vorgeschalteter »Speicher«, in dem die Flut der empfangenen Sinneseindrücke für weniger als eine Sekunde haften bleibt. Das s. G. enthält ein detailreiches Abbild der vorausgegangenen Wahrnehmung, doch es bleiben nur verhältnismäßig wenige signifikante Informationseinheiten gespeichert. Welche dies sind, ergibt sich aus der gesamten Situation: dem Informationsinteresse, der Neuartigkeit eines Reizes, der Kombinationsmöglichkeit mit vorhanden Wissensbeständen, der Erinnerung an Situationen mit ähnlichen Details usw.

Sequenz Dt.: Aufeinanderfolge oder Reihe; kleinere, thematisch abgrenzbare Einheit innerhalb einer ⇨ Unterrichtsreihe.

Sequenzialität Methodisches Prinzip bei der Gestaltung des Bildungsgangs in der gymnasialen Oberstufe, das den Aufbau eines kontinuierlichen fachspezifischen Lernprozesses gewährleisten soll. Der jeweilige Unterricht wird getragen von den fachspezifischen ⇨ Lernzielen, den ⇨ Lernbereichen des Faches, den obligatorischen Themen und Gegenständen (⇨ Obligatorik) sowie den ⇨ Fachmethoden, die in der Planung von Halbjahreskursen, Unterrichtsreihen oder -stunden miteinander in Beziehung gebracht werden. Die S. betrifft die Abstimmung der Halbjahrskurse aufeinander, so dass ein für die Schüler und Schülerinnen einsichtiger und nachvollziehbarer Lehrgang (⇨ Transparenz) entsteht. Dieser ist als Ganzes entsprechend einem von mehreren möglichen ⇨ Verknüpfungsprinzipien, orientiert an den größeren fachlichen Themenkomplexen, anzulegen (⇨ Spiralcurriculum).

Sicherheitsbeauftragter Unter Beteiligung der ⇨ Lehrerkonferenz und der ⇨ Schülervertretung bestellt der Schulleiter oder die Schulleiterin einen (bei Schulen bis zu 250

Versicherten), zwei (bis zu 500 Versicherten), drei (bis zu 1000 Versicherten) oder mehr (je einen für jeweils weitere 500 Versicherte) S, die besondere Erfahrung bei der ➪ Unfallverhütung haben sollen und die ihren Auftrag längerfristig ausüben können. Der oder die S. erfüllen im Wesentlichen unterstützende, beobachtende sowie beratende Aufgaben; sie haben weder Aufsichtsfunktion noch Weisungsbefugnis (➪ ASchO, VV zu § 46,2). Die S. erfüllen ihre Aufgaben als regelmäßige Dienstaufgaben und werden von den Trägern der gesetzlichen Unfallversicherung ausgebildet.

Sicherungsphase ➪ Unterrichtsphase, die der ➪ Zwischensicherung bzw. der ➪ Ergebnissicherung am Ende einer Unterrichtsstunde dient. In der S. können insbesondere solche Schüler und Schülerinnen beteiligt werden, die weniger produktiv am Unterricht teilnehmen, da es sich im Wesentlichen um die Wiederholung und Reorganisation von zuvor Gelerntem handelt. Insofern dient die S. auch der ➪ immanenten Kontrolle des Lehr-Lern-Erfolgs.

Einzelheiten im Themenheft »Lernergebnisse sichern« der Zs. Pädagogik (2001) Heft 10.

signifikantes Lernen Auch: persönlich bedeutsames oder sinnhaftes ➪ Lernen. Der Ausdruck s. L. stammt von C. R. Rogers (1974) und beinhaltet als entscheidende Kriterien die ➪ Ganzheitlichkeit des Lernvorgangs, eine ➪ intrinsische Lernmotivation, Lernen aus eigenem Antrieb, weil der Lernende die Wichtigkeit des Themas oder Gegenstandes für sich erkannt hat, sowie die positive Bewertung der Sinnhaftigkeit des Lernens durch den Lernenden selbst: „... wenn derartiges Lernen stattfindet, dann ist in der gesamten Erfahrung enthalten, daß der Lernende Sinn darin sieht."

Simulation Dt.: Verstellung, Vortäuschung; im Fachunterricht gründen verschiedene ➪ Handlungsmuster auf der S., z. B. Simulationsspiele als regelgeleitete, absichtvolle S. von Konflikten und Entscheidungsprozessen (➪ Rollenspiel, ➪ Debatte, ➪ Pro-und-Kontra-Diskussion u. dgl.) oder ➪ simulierte Realsituationen beim ➪ Planspiel oder beim kommunikativen Schreiben.

simulierte Realsituation Genau genommen sind nahezu alle Aufgaben, die im Unterricht gestellt werden, »simuliert«: Es wird unterstellt, dass die Lösung unbekannt sei, und – obgleich dies alle Beteiligten wissen – fassen die Schüler und Schülerinnen ihre Lösungen so ab, als ob der Adressat (in der Regel der Lehrer oder die Lehrerin) die Lösung und den Lösungsweg noch nicht kennen. Diese Situation ist pädagogisch gewollt und in den meisten Fällen auch sinnvoll; sie sollte jedoch möglichst früh den Lernenden bewusst gemacht und erläutert werden.

Am augenfälligsten wird diese Situation beim »kommunikativen Schreiben«, bei dem eine reale Situation simuliert wird: Die Schüler und Schülerinnen erhalten z. B. die Aufgabe, einen Kommentar zu einem gelesenen Text an die Redaktion der Lokalzeitung zu richten. In Wahrheit handelt es sich jedoch um eine Klassenarbeit, die vom Lehrer korrigiert wird, der seinerseits so tut, als ob er die Redaktion der betreffenden Lokalzeitung vertritt (falls er dies überhaupt kann und die Arbeit nicht wie jede andere korrigiert). Eine Alternative hat die ⇨ Ernstfalldidaktik versucht: Die Schüler und Schülerinnen schrieben z. B. an einen realen Adressaten; hier: die Redaktion der Lokalzeitung, deren Reaktion den Maßstab für die Schülerleistung darstellte.

In ähnlicher Weise, jedoch ohne den Zwang der ⇨ Benotung, gestaltet sich die Situation im ⇨ Planspiel.

Simultaneität Dt.: Gemeinsamkeit, Gleichzeitigkeit; Verbindung von räumlich und/ oder zeitlich auseinander liegendenden Geschehnissen, Teilen einer Ganzheit oder Sinneseindrücken z. B. in Form der ⇨ Montage im modernen Roman oder der Überblendung beim Film.

Simultantechnik Besondere Weise der Darstellung von heterogenen Sinneseindrücken sowie Wirklichkeits- bzw. Textfragmenten in einem künstlerischen Gesamtwerk. Die ⇨ Simultaneität wird im Film oder in den bildenden Künsten im Wesentlichen durch ein Nebeneinander unterschiedlicher Objekte in der ⇨ Montage oder durch eine Reihung unzusammenhängender Teile in der ⇨ Collage erreicht; sie zerstört gleichzeitig den Eindruck einer bloßen Abbildtechnik.

Sinn 1) Im allgemeinen Sprachgebrauch die fünf Sinne betreffend; von daher ist das Motto zu verstehen: *Mit allen Sinnen lernen* (⇨ Ganzheitlichkeit).

2) Im hermeneutischen Verständnis (⇨ Hermeneutik) bedeutet S. nicht eine Gegebenheit, die einem Objekt innewohnt, sondern eine, die ihm vom Menschen beigelegt wird, so dass etwas für den einen sinnhaft und für den anderen nicht sinnhaft sein kann.

3) Entspricht in der ⇨ Semantik dem Bedeutungsinhalt oder der ⇨ Intension. Der Terminus S. ist von G. Frege in Abgrenzung zum Terminus ⇨ Bedeutung gebraucht worden; z. B. können zwei Ausdrücke (etwa »Heiligabend« und »24. Dezember«) dieselbe Bedeutung (denselben ⇨ Referens, dieselbe ⇨ Extension), aber ganz unterschiedlichen S. haben.

Sinnlichkeit In neueren ⇨ Didaktiken wird immer häufiger ein Gegengewicht zur Rationalisierung gefordert, meist unter dem Slogan: *Mit allen Sinnen lernen* (⇨ Ganzheitlichkeit). Hier setzen u. a. ⇨ Handlungs- und ⇨ Produktorientierung an: „Handlungsorientierter Unterricht ist notwendig, um der Ausgrenzung der Sinnlichkeit im Lehr-/ Lernprozeß entgegenzuwirken.“ (W. Jank / H. Meyer, [5]1996)

Die Forderung nach der Einbeziehung sinnlicher Primärerfahrungen beim schulischen ⇨ Lernen wird im Zusammenhang mit der Diskussion um den Stellenwert der ⇨ Neuen Medien (insbesondere von ⇨ Multimedia und ⇨ Internet) als besonders dringlich angesehen; hingewiesen wird hier ebenfalls auf die lerntheoretische Bedeutsamkeit von ⇨ dualer Kodierung und ⇨ multipler Repräsentation.

sinnvolles Lernen Das menschliche ⇨ Lernen ist nur dann sinnvoll, wenn das erworbene Wissen mit vorhandenen Wissensbeständen vernetzt werden (⇨ Vernetzung) und zufallsfrei auf Vorwissen bezogen werden kann. Nach D. P. Ausubel (1974) kann verbales Lernen auf zweierlei Weisen »sinnvoll« erfolgen:

a) als *rezeptiv-sinnvolles Lernen*: die dargebotenen Informationen werden inhaltlich gelernt und mit Vorwissen verbunden,

b) als *entdeckend-sinnvolles Lernen*: ein vom Lernenden entdeckter Sachverhalt wird inhaltlich gelernt und mit Vorwissen verbunden.

Nach lernpsychologischen Untersuchungen (z.B. J. Piaget) ist anzunehmen, dass die Fähigkeit zu sinnvollem verbalen Lernen erst etwa ab dem zwölften Lebensjahr richtig ausgeprägt ist, d.h. im Sinne der ⇨ Stadienlehre auf der Stufe der ⇨ formalen Operationen.

situationsorientiert 1) Kennzeichnend für einen s. Fachunterricht ist die Überlegung, dass nicht nur außerschulische Situationen die Lebenswirklichkeit ausmachen, für die Schüler und Schülerinnen lernen sollen, sondern dass gerade die „innerschulisch zugänglichen Lebenssituationen und -erfahrungen der Schüler als paradigmatische, modellhafte Lernsituationen aufgegriffen werden“ (W. Boettcher / H. Sitta, 1978), das heißt, optimal für den s. Unterricht wäre das spontane Aufgreifen und Thematisieren tatsächlicher Situationen im Schulalltag. Da diese Gelegenheiten aber begrenzt sind, ergibt sich die didaktisch-methodische Aufgabe, mögliche Realsituationen zu simulieren (⇨ simulierte Realsituation, ⇨ Modellierung), an denen exemplarisches Lernen (⇨ Exemplarität) im Sinne eines s. Unterrichts möglich wird. Doch genau hier liegen die Probleme; denn die ⇨ simulierten Realsituationen büßen sehr schnell an Motivationskraft ein. Im übrigen ist es nahezu unmöglich anzugeben, was *relevante Situationen* sind, da sich solche Überlegungen auch nach dem soziokulturellen Umfeld einer Lerngruppe und deren Mitgliedern richten müsste.

2) Eine Unterrichtseinheit ist dann s., wenn die Bedingungen des ⇨ kommunikativen Handlungszusammenhangs bedacht und berücksichtigt werden, z.B. Unterrichtsvorhaben im Sinne der ⇨ Ernstfalldidaktik, ⇨ Rollenspiele, kommunikatives Schreiben oder Lernerfahrungen im Zusammenhang der ⇨ Öffnung von Schule.

SKO Abk. für »Seminar-Konferenzordnung« bzw. *Konferenzordnung für ⇨ Studienseminare*.

Skript Pl.: Skripte; in der ⇨ Lernpsychologie Variante eines ⇨ Handlungsschemas. Ein S. repräsentiert Handlungsabläufe und kann mit einem »Drehbuch« verglichen werden, bei dem die Rollen relativ festliegen. Bekannt ist das S. »Restaurantbesuch« (Betreten → Platz nehmen → Bestellen → Essen → Bezahlen → Verlassen). Zusammen mit unserem Sachwissen wird dieses Handlungswissen in Begriffsnetzen gespeichert (⇨ Vernetzung).

Software Sammelbezeichnung für alle Programme, die zum Betrieb und zur Nutzung einer Elektronischen Datenverarbeitungsanlage gebraucht werden. Im Gegensatz zur ⇔ Hardware ist die S. kein apparativer Funktionsbestandteil der EDV-Anlage selbst.

SOL Abk. für »Selbstorganisiertes Lernen«; ⇨ Selbstorganisation (2), ⇨ Lernkultur.

Solidarität Neben ⇨ Autonomie und ⇨ Kompetenz (1) eines der obersten ⇨ Bildungsziele im Sinne der neueren allgemeinen Pädagogik (⇨ Hamburger Modell, ⇨ Kritisch-konstruktive Didaktik). Im Unterricht kann S. eingeübt und gefördert werden durch geeignete ➪ Sozialerfahrung, etwa bei der ➪ Gruppenarbeit oder im ➪ Projektunterricht. Wesentlich ist die Forderung, dass S. mit den beiden anderen Bildungszielen im Sinne der ➪ Themenzentrierten Interaktion in ein ausgewogenes Verhältnis gebracht werden soll.

Sonderaufgaben 1) Die als ➪ Strafarbeit verkappte S. ist verboten; allerdings kann die Nacharbeit von versäumtem Unterrichtsstoff vom Fachlehrer bzw. der Fachlehrerin angeordnet werden, und zwar a) unter Aufsicht in der Schule (sofern diese Aufgabe nicht anders zu bewältigen ist) oder b) als Nacharbeit zu Hause. „Eine Bewertung der beim Nacharbeiten erbrachten Leistung und deren Berücksichtigung in der Zeugnisnote ist nur dann ausnahmsweise zulässig, wenn ohne die Berücksichtigung dieser Bewertung keine Klarheit über den Leistungsstand des Schülers zu gewinnen ist und wenn die Berücksichtigung dieser Bewertung vorher angekündigt worden ist." (H. Pöttgen u. a., [17]1999)

2) Besondere schulische Aufgaben von Lehrkräften, z. B. als Beratungslehrer, Koordinator der Erprobungsstufe usw. Die Zuteilung bzw. Übernahme von S. kann durch Anrechnungsstunden entlastet werden, über deren Verteilung die ➪ Lehrerkonferenz entscheidet.

Sonstige Mitarbeit Bezeichnung für den Beurteilungsbereich ➪ Mitarbeit in der Sekundarstufe II; in die ➪ Bewertung gehen z. B. ein: mündliche Mitarbeit (Quantität, Kontinuität und Qualität), gewertete Hausarbeiten und Stundenprotokolle, Referate, Vortragsleistungen (auch ➪ Medienkompetenz 1, ➪ Präsentation 2), schriftliche Übungen als ➪ Tests, evtl. ➪ Arbeitsmappe (1) sowie Mitarbeit bei ➪ Gruppenarbeiten und ➪ Projektunterricht.

Der S. M. kommt der gleiche Stellenwert zu wie dem Beurteilungsbereich ➪ Klausuren, d. h. es sind alle Leistungen einzubeziehen mit Ausnahme der Klausuren und ➪ der Facharbeit.

Sozialerfahrung Zur Realisierung des Richtziels »Befähigung zur ➪ Solidarität« muss der Unterricht den Schülern und Schülerinnen Möglichkeiten zu S. bieten, z. B. in Form von ➪ Gruppenarbeit oder ➪ Projektunterricht. Dabei ist im Sinne der ➪ Themenzentrierten Interaktion auf ein Gleichgewicht von Sach-, Gefühls- und S. zu achten (W. Schulz, [3]1981).

Im Übrigen beinhaltet bereits der Erziehungsauftrag der Schule die Ermöglichung von S. im Unterricht, etwa was die Kooperationsbereitschaft, die Befähigung und Motivation zu Toleranz und ➪ Empathie, die Auseinandersetzung mit Wertvorstellungen anderer Kulturen (➪ Werteerziehung) usw. betrifft.

soziales Lernen In Ergänzung zum kognitiven und emotionalen ➪ Lernen richtet sich das s. L. auf die Fähigkeiten, Fertigkeiten und Einstellungen im Umgang und bei der Arbeit mit anderen. Zur Realisierung der damit verbundenen ➪ Lernziele dienen z. B. ➪ Schüler- und ➪ Handlungsorientierung oder entsprechende Sozialformen wie ➪ Gruppenarbeit und ➪ Projektunterricht.

Doch auch im eher lehrerzentrierten ➪ Frontalunterricht kann s. L. stattfinden, wenn Schüler und Schülerinnen angeleitet werden, auf das zu hören, was ein anderer sagt, aufeinander Bezug zu nehmen, zur Sache und nicht zur Person zu reden, niemanden herabzusetzen oder auszulachen, sich gegenseitig zu helfen usw.

Wesentlich in diesem Zusammenhang ist die Rolle des Lehrers bzw. der Lehrerin als Vorbild (➪ Modell-Lernen), insbesondere was das Vorleben der ➪ Sekundärtugenden betrifft.

Näheres bei J. Fritz (1993), Ch. Großmann (1996), G. Keller / K. Hafner (1999).

Sozialformen Neben den Großformen des Unterrichts wie ➪ fächerübergreifenden oder ➪ Projektunterricht gibt es vier zentrale S.: a) den ➪ Klassenunterricht, b) die ➪ Gruppenarbeit, c) die ➪ Partnerarbeit und d) die ➪ Einzelarbeit.

Der Terminus S. wurde von W. Schulz 1965 eingeführt; danach wurde er in fast alle ➪ Didaktiken übernommen. „Sozialformen regeln die Beziehungsstruktur des Unterrichts" (H. Meyer, Band I, ^{8}1999); sie lassen sich in ihrer äußeren und inneren Struktur beschreiben:

a) als *Raumstruktur*: Plenum, Sitzkreis, Gruppentische, Zweiergruppen usw.

b) als *Kommunikationsstruktur*: lehrerzentrierte Kommunikation (der Lehrer bzw. die Lehrerin als alleinige »Schaltstelle« des ➪ Unterrichtsgesprächs), Schülergespräche, ➪ symmetrische oder ➪ asymmetrische Kommunikation, sachbezogen-diszipliniert, spontan-unangepasst usw.

Zusammen mit der Verlaufsform (➪ Unterrichtsphasen) und den ➪ Handlungsmustern bestimmen die S. den ➪ Lehr-Lern-Prozess, die ➪ Unterrichtsatmosphäre wie auch die ➪ Motivation der Lerngruppe; denn jede einseitige Bevorzugung nur einer S. wirkt mit der Zeit eintönig. Von daher empfiehlt es sich, die S. gelegentlich zu wechseln; allerdings stets im Hinblick auf ihre Funktion im Sach- und Zielzusammenhang.

Sozialisation Hineinwachsen in das Normen- und Wertesystem einer sozialen Bezugsgruppe oder Gesellschaft; Erwerb von ➪ Sozialkompetenz durch Sozialisierung (das sind alle Maßnahmen, die der S. dienen), einschließlich der Sprachkompetenz durch sprachliche S. Im Anschluss an die Primärsozialisation, die in der Familie beginnt und in der Spielgruppe, im Kindergarten oder der Vorschule ausgeweitet wird, beginnt die sekundäre S. durch planmäßigen ➪ Unterricht in der Schule. Ihr schließt sich in der Regel die tertiäre oder berufliche S. an.

Sozialkompetenz 1) Gesamtheit der Überzeugungen und Haltungen sowie der sozialen Fähigkeiten und Fertigkeiten einer Person, die diese auf Grund ihrer ➪ Sozialisation in Familie, Peer-group oder Schule erworben hat; zugleich auch ➪ Motivation einer solchen Person, mit anderen zusammenzuarbeiten, anderen zuzuhören, tolerant und kompromissfähig zu sein usw.

Weitere Einzelheiten bei G. Keller / W. Hitzler (2001).

2) ➪ Anforderungsbereich (2).

Sozialverhalten Das auf Grund seiner ➪ Sozialkompetenz sichtbar werdende und erfahrbare Verhalten eines Schülers oder einer Schülerin im Unterricht; das S. kann u. U. in die ➪ Beurteilung seiner bzw. ihrer Gesamtleistung einfließen, und zwar überall dort, wo in gruppenbezogenen ➪ Sozialformen Organisation, Kooperation, Teamfähigkeit und Kompromissbereitschaft gefordert sind. Die Förderung des S. gehört wesentlich zum Erziehungsauftrag der Schule und zur Lehrerqualifikation ➪ Erziehen.

Weitere Einzelheiten bei J. Korte (1996).

Zur Förderung von S. im Unterricht: J. Fritz (1993), G. Keller / K. Hafner (1999).

soziokulturelle Voraussetzungen Gehören zu den ➪ Eingangsvoraussetzungen des Unterrichts; gemeint sind im Wesentlichen die durch soziale Zugehörigkeit und Elternhaus bedingten Prägungen eines Menschen wie: (stillschweigende) Anerkennung bzw. Verinnerlichung bestimmter ➪ Normen (1, 2) und ➪ Werte, auf die Erziehung gegründete religiöse und weltanschauliche Überzeugungen, Bevorzugung einer bestimmten Sprechvariante (eines Soziolekts).

Spiegeln Ein Mittel des aktiven Zuhörens im Rahmen der ➪ Gordon-Methode; beim S. wiederholt der Angesprochene die Mitteilung des Sprechenden immer dann, wenn er sich nicht ganz sicher ist, ob er deren ➪ Intention richtig verstanden hat. Wenn z. B. eine Mutter beim Elternsprechtag sagt: „*Ich muss Jens heute noch immer morgens zur Schule bringen.*" – kann das S. etwa so geschehen:

- (Unklarheit über das Motiv der Mutter) „*Sie halten also Jens für recht unselbstständig.*"
- (Information über den Zustand von Jens) „*Jens ist aber doch schon recht selbstständig.*"
- (Raum geben für den Ausdruck von Gefühlen) „*Sie machen sich Sorgen um Ihren Jens.*"

Der Sinn des S. liegt darin, dem Gesprächspartner Gelegenheit zu geben, seine Gedanken und Gefühle, seine Beweggründe oder Ängste genauer darzulegen, damit es nicht zu vorschnellen Urteilen oder Fehlinterpretationen kommt.

Spielen Während das S. im Alltag meist als zweckfreie, nur in sich zielgerichtete Tätigkeit gesehen wird, ist S. im Unterricht ein zielgerichtetes Geschehen, bei dem insbesondere die ➪ Kreativität sowie die sozialen und ästhetischen Kompetenzen der Schüler und Schülerinnen geweckt und gefördert werden sollen. Gemeinsam mit dem alltäglichen S. ist dem S. im Unterricht, dass es in einer »Scheinwelt« stattfindet, dass die Spielabläufe offen sind und sich in der Gegenwart erfüllen, dass die Spielregeln von allen Beteiligten anerkannt werden, dass alle Beteiligten gleiche Rechte haben und dass ➪ symmetrische Kommunikation vorherrscht.

Eine alle Spiele umfassende Begriffsfestlegung gibt es für das S. bis heute nicht; insofern sind Klassifikationen lediglich ein heuristisches Mittel, um Übersicht zu schaffen. Im Allgemeinen unterscheidet man:

1. *Interaktionsspiele*
- mit nur wenigen festen Regeln: freies S. bei Schulfesten, »Schatzsuche«, Rallye, Kinderzirkus
- mit festen Regeln: Konkurrenz- und Wettkampfspiele als sportliche Wettkämpfe, Gesellschaftsspiele (z. B. Brettspiele), Denk- und Strategiespiele, Lernspiele (Ratespiele, Memory u. ä.)

2. *Simulationsspiele*
- eher wenige Regeln: ➪ Rollenspiele, auch ➪ Psychodrama, ➪ Streitgespräch
- eher mehr feste Regeln: ➪ Planspiele, auch ➪ Debatte, ➪ Podiumsdiskussion

3. *Szenisches Spiel*
- eher lockere Anbindung an eine Spielvorlage: z. B. Stegreifspiel, Pantomime, Standbildtechnik (Stellen einer Szene wie auf einer Fotografie)
- eher enge Anbindung an eine Spielvorlage: Figurentheater (z. B. Marionetten), Hörspiel, Darbietung einzelner Dramenausschnitte, Theateraufführung, Kabarett, Sketche usw.

Weitere Einzelheiten bei H. Meyer (Band II, [9]1999); Zs. Pädagogik (1994) Heft 4 »Spielen im Unterricht«.

Spiralcurriculum Verteilung von Unterrichtsstoff auf unterschiedliche Klassen- bzw. Jahrgangsstufen derart, dass Teilbereiche behandelt und an späterer Stelle in systematischer Absicht wieder aufgegriffen und schließlich zum Abschluss gebracht werden. Für das Lehren und Lernen nach dem Prinzip des S. eigenen sich besonders größere Themenkomplexe. Prinzipien für die Erstellung eines S. sind u. a.: Berücksichtigung von lernpsychologischen Voraussetzungen, ➪ Lernprogression, ➪ Exemplarität sowie Bezüge zur jeweiligen Fachwissenschaft; ferner ➪ Didaktisierung und ➪ Akzentuierung im Einzelnen.

Spontaneität 1) Unmittelbares Handeln, das ohne direkten äußeren Anstoß erfolgt; im ➪ Lehr-Lern-Prozess stehen ➪ Zielorientierung (1) und S. in einem gewissen Spannungsverhältnis zueinander. Die spontanen Handlungen, Beiträge oder Aktionen von Schülern bzw. Schülerinnen werden oft als Störungen, Abschweifungen vom Thema oder gar als Provokation (➪ Ränkespiel) empfunden; andererseits führt S. auf Seiten des Lehrers oder der Lehrerin nicht selten zu chaotischen Verhältnissen im Klassenzimmer.

Dennoch ist S. nicht von vornherein nur negativ besetzt. Auf der einen Seite ist zu fragen, ob eine spontane Aktion oder ein nicht vorhergesehener Schülerbeitrag nicht doch pädagogisch genutzt werden kann, z. B. als Anlass, über den eigenen Unterricht nachzudenken (der möglicherweise viel zu handlungsarm bzw. langweilig verläuft), oder u. U. als Hinweis auf einen in der Unterrichtsvorbereitung nicht beachteten Aspekt des Themas. Auf der anderen Seite ist S. vom Lehrer oder der Lehrerin gefragt, wenn er oder sie ad hoc auf unvorhergesehenes Schülerverhalten oder auf Abweichungen vom Unterrichtsplan reagieren will. Ein angemessener Umgang mit ➪ Schülerbeiträgen, optimale ➪ Unterrichtssteuerung bei gleichzeitiger ➪ Schülerorientierung und ➪ Konfliktvermeidung, all dies erfordert häufig eine spontane Entscheidung im Unterrichtsverlauf, die jedoch nicht völlig willkürlich, sondern im Hinblick auf die Zielperspektive fällt. Wenn diese allerdings nicht mehr einzuhalten ist, sollte von der Möglichkeit der ➪ Metakommunikation (2) mit der Lerngruppe Gebrauch gemacht werden.

2) Eine ganz andere Beurteilungsmöglichkeit von S. ergibt sich im Zusammenhang mit ➪ Kreativität und künstlerisch-literarischen Prozessen, etwa dem szenischen ➪ Spielen, bei dem S. geradezu gefragt sein kann. Aber auch hier steht sie in einer gewissen ➪ Ziel-Zug-Spannung mit dem, was intentional erreicht werden soll.

Spontanphase Auch: spontane Verarbeitung, ➪ divergierendes Denken; erster, unverstellter Zugriff der Schüler und Schülerinnen auf einen Gegenstand oder ein Thema. Insofern handelt es sich eher um eine »gelenkte« ➪ Spontaneität. Die S. ergibt sich zu Beginn des Unterrichts nach der Informationseingabe bzw. nach der Bekanntgabe des Stundenthemas und sie dient dazu, das Vorwissen der Lerngruppe abzuklären oder erste Vermutungen, Fragen oder Problem- bzw. Arbeitsfelder zu benennen, zu sammeln und ggf. zu kategorisieren und zu systematisieren. Die S. trägt so zur ➪ partizipatorischen Planung bei; sie mündet in einen konkretern Plan für die weitere Arbeit am Gegenstand oder Thema entsprechend den Vorschlägen der Lerngruppe.

Dies bedeutet gleichzeitig, dass eine S. nicht damit enden kann, dass der Lehrer bzw. die Lehrerin vorbereitete Arbeitsaufträge stellt; dies widerspräche eklatant der didaktischen Funktion dieser Unterrichtsphase. Sind konkrete Aufgaben vorgesehen oder gar erforderlich, sollte die Lehrperson eine andere, weniger offene ➪ Einstiegsphase wählen.

Stadienlehre Die St. geht zurück auf den Schweizer Psychologen Jean Piaget (1896–1980). Er war der erste Strukturalist auf seinem Spezialgebiet der experimentellen Kinderpsychologie. Bekannt geworden ist Piaget insbesondere durch seine kritische Einstellung zum lernpsychologischen Assoziationsmodell (➪ Formalstufen des Unterrichts) sowie durch die Propagierung seiner St. der geistigen Entwicklung des Menschen:

1. das ➪ senso-motorisches Stadium
   von 0 bis 1;6 / 2;0 Jahren
2. das ➪ präoperative Stadium
   von 2;0 bis 5;0 / 6;0
3. das Stadium der ➪ konkreten Operationen
   von 5;0 / 6;0 bis 10;0 / 11; 0
4. das Stadium der ➪ formalen Operationen
   ab 10;0 / 11;0

„Die geistige Entwicklung des Kindes erscheint insgesamt als eine Folge von drei großen Konstruktionen: jede führt die frühere weiter, indem sie sie zunächst auf einer neuen Ebene neu konstruiert und sie dann immer umfassender überholt. Das gilt schon für die erste, denn der Aufbau der senso-motorischen Schemata verlängert und überholt den der organischen Strukturen im Laufe der Embryogenese. Dann verinnerlicht der Aufbau der semiotischen Funktionen, des Denkens und der interindividuellen Beziehungen diese Aktionsschemata, indem er sie auf dieser neuen Ebene der Vorstellung rekonstruiert und überholt, bis das System der konkreten Operationen und der Kooperationsstrukturen ausgebildet ist. Von 11 bis 12 Jahren an schließlich strukturiert das sich entwickelnde formale Denken die konkreten Operationen um, indem es sie neuen Strukturen unterordnet, deren Entwicklung während der Adoleszenz und des ganzen späteren Lebens (mit vielen anderen Transformationen zusammen) andauert.“ (B. Inhelder / J. Piaget, [4]1991)

➪ Akkommodation, ➪ Äquilibration, ➪ Assimilation, ➪ Dezentrierung, ➪ Egozentrik, ➪ Handlungsschema, ➪ kognitives Schema, ➪ Konstruktivismus, ➪ Lernen, ➪ Selbstorganisation, ➪ semiotische Funktion.

Weitere Einzelheiten bei J. Piaget (1983), R. Oerter / L. Montada ([2]1987).

Standard Im Bereich von Schule und Ausbildung können St. umschrieben werden durch Anforderungsprofile, die in Korrelation zu bestimmten Notenstufen stehen; z. B.:

1. Mittleres Anforderungsprofil (Notenstufen 4 bis 3):
   Umsetzung von erworbenen Kenntnissen und Fertigkeiten ohne gravierende Mängel. Kenntnis von Fakten und Fachbegriffen, Methoden und Modellen und deren Anwendung in einem vorgegebenen Zusammenhang bei geringer Flexibilität, Komplexität und Differenziertheit. Sachgerechtes Umgehen mit einem Grundrepertoire von Elementen, die zur Bearbeitung und Lösung der gestellten Aufgabe notwendig sind.
2. Oberes Anforderungsprofil (Notenstufen 2 bis 1):
   Selbständiges Auswählen, Anordnung, Verarbeiten und Verknüpfung von erworbenen Kenntnissen und Fertigkeiten und deren Anwendung auch auf vergleichbar neue Situationen. Eigenständige Erweiterung der im Unterricht vermittelten Inhalte und Methoden, flexibles Eingehen auf veränderte Situationen, Sachzusammenhänge oder Verfahren. Reflektiertes und begründetes Umgehen mit einem erweiterten Repertoire von Elementen, die zur selbstständigen und innovativen Bearbeitung und Lösung der gestellten Aufgabe beitragen.

Die Definition der Notenstufen ergibt sich aus der ➪ ASchO (§ 25), sollte allerdings durch einen je schriftlich fixierten und an Kriterien orientierten ➪ Erwartungshorizont des Lehrers bzw. der Lehrerin abgesichert sein. Besondere Aufmerksamkeit verdient die Festlegung des »Mindeststandards«, d. h. der Grenze zwischen »bestanden« und »nicht bestanden«. Beurteilungskriterium bei den Noten 5 und 6 sind die *Grundkenntnisse*; Anforderungen und Grundkenntnisse ergeben sich aus dem ➪ Lehrplan des Faches.

Die Diskussion der Anforderungen und Grundkenntnisse im Fach sowie die Festlegung eines ➪ Schulcurriculums einschließlich der zu erreichenden St. ist eine der wichtigsten Aufgaben der ➪ Fachkonferenz. Die diskursive Begründung der eigenen St. sollte durch ein geeignetes Instrumentarium zur ➪ Evaluation abgesichert sein.

Statement Auch: Kurzrede; knappe, aber pointierte mündliche Darlegung einer Meinung, Ansicht oder theoretischen Position; das St. sollte ein bis höchstens zwei Minuten dauern und frei vorgetragen werden. Es bietet sich z. B. als Einstieg in eine ➪ Pro-und-Kontra-Diskussion an, indem sich die einzelnen Meinungsträger mit einem St. vorstellen. Zur Einführung oder Übung kann ein St. auch als ➪ Fünfsatz aufgebaut sein; in jedem Fall sollten ➪ Redestrategien bekannt sein und beherrscht werden.

Stationenlernen Auch: Lernen an Stationen; ➪ Übungsstationen.

Steuerung ➪ Unterrichtssteuerung.

Stichwort 1) Einzelne Wörter, Sätze oder Zitate zur Gedächtnisstütze, z. B. bei einem ➪ Schülerreferat mit Hilfe eines ➪ Stichwortkonzepts.

2) Die Aufforderung an die Lerngruppe, die ➪ Hausaufgaben »in Stichworten« zu erledigen, ist in der Regel unproduktiv. Schon aus Gründen der ➪ Übung sollte jede Gelegenheit genutzt werden, Aufgaben schriftlich ausformulieren zu lassen.

Stichwortkonzept Schriftliche Gedächtnisstütze für ein Referat; das St. sollte zweigeteilt sein: links steht die genaue inhaltliche Abfolge bzw. Gliederung des Vortrags, recht stehen wesentliche Stichwörter zu einem Gliederungspunkt, evtl. ein ➪ Zitat, der Hinweis zum ➪ Tafelanschrieb oder zum Folieneinsatz u. dgl.

Da das ➪ Schülerreferat im Wesentlichen ein freier ➪ Vortrag sein sollte, ist das St. nur gelegentlich zu benutzen; ansonsten soll der Augenkontakt zu den Hörern und Hörerinnen dominieren. Auf diese Weise kann man die Reaktionen der Hörerschaft wahrnehmen und auf diese reagieren, wodurch auch der Vortrag einen dialogischen Charakter erhält. Schwierige Stellen müssen vorher gründlich vorbereitet und eingeprägt (memoriert) werden.

Stichwortreferat ➪ Schülerreferat nach ➪ Stichwortkonzept.

Stichwortzettel ➪ Stichwortkonzept.

Stillarbeit ➪ Einzelarbeit.

Stillarbeitsphase Eine der ➪ Sozialformen des Unterrichts; bei der ➪ Artikulation einer Unterrichtsstunde kann nahezu an jeder Stelle eine St. eingelegt werden, in der die Schüler und Schülerinnen in ➪ Einzelarbeit eine Aufgabe erledigen. Es gibt Sozialformen, die besonders geeignet sind, Kooperation zu üben und Sozialerfahrungen zu machen (wie ➪ Partnerarbeit, ➪ Gruppenarbeit, ➪ Projektunterricht), und es gibt Sozialformen wie die Einzelarbeit, die den Lernenden Gelegenheit geben, die eigenen Fähigkeiten und Fertigkeiten zu erproben und Ich-Erfahrungen zu sammeln. (Außerdem geben sie dem Lehrer oder der Lehrerin Gelegenheit, Distanz zum laufenden Unterrichtsgeschehen zu gewinnen, den weiteren Verlauf zu vergegenwärtigen und ein wenig »Luft zu holen«.)

Die Rolle des Lehrers bzw. der Lehrerin besteht in dieser Phase darin, die Arbeit der Lerngruppe zu beobachten, Fragen im Einzelgespräch zu beantworten, Hinweise zu geben und am Ende der St. die Sammlung und Prüfung der Ergebnisse zu organisieren. Wenn es in der St. um Lösung konkreter Aufgaben gegangen ist, dann muss jeder Schüler und jede Schülerin am Ende der ➪ Ergebnissicherung die richtigen Ergebnisse in seinen Unterlagen notiert haben.

Stoff 1) Auch: Unterrichtsstoff; synonym zu ➪ Unterrichtsinhalt.

2) Das, was einem literarischen Text an Handlung oder Ereignisfolge zu Grund liegt; oft auch das Thema eines solchen Textes, die Idee zu seiner Realisierung oder die vom Autor aufgegriffene »Sache« (ein Zeitungsbericht, ein Erlebnis, ein historisches Ereignis, eine überlieferte Begebenheit usw.).

Strafarbeit Im so genannten »Hausaufgaben-Erlass« (vom März 1974) ist festgelegt: „Hausaufgaben, die als Ersatz für fehlenden oder ausgefallenen Unterricht verwandt werden sollen oder der Disziplinierung dienen, sind unzulässig.“ Davon ausgenommen ist die Nacharbeit von versäumtem Stoff als ➪ Erziehungsmaßnahme.

Strafe 1) ➪ Bestrafung (1).

2) ➪ Erziehungs- und Ordnungsmaßnahmen.

Strategie Zielgerichteter Plan des eigenen Vorgehens, der wesentliche Momente seiner Realisierung vorwegnimmt und mögliche Störfaktoren einkalkuliert; z. B. ➪ Konfliktlösungsstrategien, ➪ Lernstrategien, ➪ Problemlösungsstrategien.

Strategievermittlung Auch bekannt unter dem Stichwort »das Lernen lernen«; Erwerb von ➪ Arbeits-, ➪ Lern- und Gedächtnisstrategien im Fachunterricht. Die St. ist ein langwieriger Prozess, der möglichst früh eingeleitet werden sollte, und zwar

- im ➪ Gelegenheitsunterricht, der den Erwerb von ➪ Strategien zum Gegenstand hat (z. B. Informationen beschaffen und ordnen, auswerten und verarbeiten; Aufgaben modellieren; Ergebnisse präsentieren);
- in metakommunikativen Sequenzen, die eine Klärung kognitiver Vorgänge bei den Schülern und Schülerinnen zum Gegenstand haben (z. B. zu Phänomenen wie Lernen, Behalten, Erinnern oder zu Strategien wie Abstrahieren, Akzentuieren, Anreichern, Organisieren);
- in modellhaften Unterrichtssequenzen, welche die Anwendung der Strategien implizit und dennoch gezielt erfordern;
- durch ➪ Lehrerkommentare (1), in denen bestimmte Strategien für die Lerngruppe explizit und transparent gemacht werden (z. B. Steuerung und Kontrolle von Unterrichtsgesprächen, Aufbau und Auswertung von Experimenten, Organisation einer Gruppenarbeit).

Weitere Einzelheiten bei H. F. Friedrich / H. Mandl (1992), R. Schräder-Naef ([19]2000).

Streitgespräch ➪ Pro-und-Kontra-Diskussion.

Streitschlichter-Programm Maßnahme zur ➪ Prävention von ➪ Gewalt und ➪ Aggression an Schulen, bei der Schüler und Schülerinnen unter sich Streitigkeiten in geregelter

Form beizulegen versuchen. Im Allgemeinen wird das St.-P. zunächst in der ➪ Schulkonferenz vorgestellt und von den unterschiedlichen Mitbestimmungs-Organen der Schule beraten. Nach Einrichtung des St.-P. werden sodann ältere Schüler und Schülerinnen (z.B. Klasse 9) in dessen Anwendung ausgebildet (z.B. »Das Streitschlichter-Programm« – 30 Blätter, Beltz & Gelberg, Weinheim). Für die Schüler-Schüler-Gespräche steht ein bestimmter Raum zur Verfügung; sie sollen nicht ausufern und sind daher stark formalisiert und zeitlich begrenzt. Der Ablauf kann folgendermaßen aussehen:

1. *Vorphase*: Ein Streit auf dem Schulhof, Prügelei, Brille zerbrochen o. dgl.
2. *Mediationsgespräch*

- Einleitung: Die Konfliktparteien verpflichten sich, die Regeln und Regelungen des St.-P. anzuerkennen.
- Sichtweise der einzelnen Konfliktparteien: Jeder der Kontrahenten stellt seine Sicht der Dinge dar, ohne unterbrochen zu werden usw.
- Konflikterhellung und Vertiefung: Ansprüche werden gestellt, evtl. sind gesetzliche Regelungen zu beachten.
- Problemlösung: Entwurf von Lösungsmöglichkeiten, denen beide Parteien zustimmen können.
- Übereinkunft: Hierzu gibt es ein »Schlichtungsformular«, das beide Parteien unterschreiben.

3. *Umsetzungsphase*: Die in der Übereinkunft getroffenen Vereinbarungen (Entschuldigung und Annahme der Entschuldigung, Ersatz der zerbrochenen Brille o.dgl.) sind einzuhalten und werden ggf. kontrolliert.

Weitere Einzelheiten bei Landesinstitut (1996), C. Besemer ([8]2001).

Stress 1) ➪ Angst (Schulangst), ➪ Konzentrationsmängel, ➪ Lernproblem (1), ➪ Schulschwierigkeiten.

2) ➪ Burnout-Syndrom, ➪ Entlastung (2).

Struktur Dt.: Gefüge, Bau, Zusammenhang; eigentümlicher Aufbau eines ➪ Systems.

1) Die St. eines Systems wird – ganz allgemein gesprochen – dadurch beschrieben, dass a) seine ➪ distinktiven Elemente ermittelt und b) deren Funktion und Beziehung zueinander und zum Ganzen beschreiben werden.

2) Auch: Konstitution; Verknüpfung der Atome in einem Molekül, d.h. im Wesentlichen die Reihenfolge der Atome in diesem Molekül sowie die Art der Bindungen (Einfach- und Mehrfachbindungen).

3) Seit dem 17. Jh. wurde in der Philosophie und den Geisteswissenschaften der Strukturbegriff zunächst in Analogie zur Uhrwerk-, dann zur Maschinenmetapher auch auf den menschlichen Geist übertragen. „Es ist die Übertragung der Maschinenmetapher auf die Ergebnisse menschlicher Handlung und im speziellen auf den menschlichen Geist, die charakteristisch ist für den Strukturalismus. Der Geist wird als Informationen verarbeitende Maschine betrachtet, die Daten aus sinnlicher Wahrnehmung in eine funktionale Struktur umsetzt, die zweckgerichtet und bedeutungsvoll ist. In diesem

Sinne kann man sagen, daß der Geist die Daten interpretiert. In den Humanwissenschaften ist Strukturalismus die Lehre von den Strukturen innerhalb der Interpretationsprozesse." (P. A. M. Seuren, 2001)

Strukturalismus In Frankreich in den 50er-Jahren des vorigen Jh. entwickelte Richtung der Wissenschaftstheorie, die in der ⇨ Struktur eine Grundgegebenheit zur Erfassung und Bestimmung jeglicher Erkenntnisobjekte sieht. Roland Barthes (1969) beschreibt die strukturalistische Tätigkeit in zwei Teiloperationen: (1) die Zerlegung des gegebenen Objekts (Analyse), (2) die Rekonstruktion des Objekts (Arrangement der Elemente, Synthese). Das Dritte, das Neue, das bei dieser Tätigkeit wirksam wird, ist der „hinzugefügte Intellekt", also das, was wir bei der strukturalistischen Tätigkeit an intelligenter Fähigkeit eingesetzt, aber auch an intellektueller Einsicht gewonnen haben; und so scheint es nur so, als ob das Objekt vor und nach dieser Tätigkeit das gleiche geblieben sei. Das Ziel jeglicher strukturalistischer Tätigkeit besteht somit darin, ein »Objekt« derart zu rekonstruieren, dass in dieser Rekonstruktion zu Tage tritt, nach welchen Regeln es funktioniert, welches seine Funktionen sind.

Strukturanalyse Die »Strukturanalyse des Unterrichts« ist Kern der ⇨ Berliner Didaktik.

Struktur des Inhalts Älterer Ausdruck bei W. Klafki für ⇨ thematische Struktur.

Strukturgitter Beschreibung eines systematischen Zusammenhangs in Form einer ⇨ Matrix; meist werden zwei Richtgrößen in ihren einzelnen Faktoren waagerecht und senkrecht über eine Art Koordinatensystem gelegt, so dass die entsprechenden Kombinationen direkt ablesbar sind.

Bekannt sind St. in allen Fachdisziplinen; als Beispiel aus der allgemeinen Pädagogik diene die heuristische Matrix zur Bestimmung von ⇨ Richtzielen emanzipatorisch relevanten, professionellen didaktischen Handelns bei W. Schulz (^{3}1981), in der er die Themen (Sach-, Gefühls-, Sozialerfahrung) mit den Intentionen (Kompetenz, Autonomie, Solidarität) in einem St. in Beziehung setzt und so genau neun Richtziele erhält.

strukturiertes Lernen Erfolgreiches ⇨ Lernen bedeutet Strukturieren und Einordnen: Neue Wissenselemente, Kenntnisse und Erkenntnisse, müssen ständig mit dem bisher Gelernten durch ⇨ Assimilation oder ⇨ Akkommodation verknüpft werden. Die *kognitive Struktur* (J. Piaget) des Lerners wird nicht nur quantitativ erweitert, sondern durch Differenzierung und Umstrukturierung qualitativ verändert. So sind didaktisch-methodische Vorüberlegungen notwendig, um die optimale ⇨ Vernetzung von Wissenselementen zu ermöglichen:

- Muss früher Gelerntes zunächst wiederholt, durch ⇨ Übungen erneut gesichert werden, damit das Neue mit ihm sinnvoll verknüpft werden kann?
- Wird das Neue im Unterricht genügend geübt und gesichert, damit die Verknüpfung mit dem früher Gelernten erfolgreich und dauerhaft wird?
- Haben die Schüler und Schülerinnen – auch die schwächeren – genügend Zeit für diese zum Teil recht komplexen Vorgänge?

Strukturmomente des Unterrichts In der ➪ Berliner Didaktik wird an Hand einer Strukturanalyse beschrieben, über welche St. des U. prinzipiell und unabhängig von der Spezifik konkreter Einzelstunden Entscheidungen gefällt werden müssen.

Die vier St. des U. betreffen 1. intentionale, 2. thematische, 3. methodische und 4. medienbezogene Entscheidungen. W. Schulz hat diesen Ansatz in seinem ➪ Hamburger Modell weiter entwickelt.

Studienseminar Das Lehrerausbildungsgesetzt (§ 3,1) legt fest, dass der ➪ Vorbereitungsdienst für ein Lehramt an öffentlichen Schulen an St. für die einzelnen Lehrämter und an den ihnen zugeordneten Ausbildungsschulen abzuleisten ist; im Normalfall sind dies zwei Jahre. Die Ausbildung im St. ist in ➪ Fachseminaren (für jedes der unterrichtsrelevanten Fächer des oder der Auszubildenden) und ➪ Hauptseminar organisiert. Diese Veranstaltungen umfassen etwa sieben Wochenstunden und finden entweder an einem Seminartag ganztägig oder an bestimmten Wochentagen nachmittags statt. Die Ausbildungsziele, -prinzipien und -organisation sind in einem ➪ Seminarrahmenkonzept verbindlich geregelt; ansonsten richtet sich die Ausbildung nach der Konferenzordnung für St. sowie der ➪ OVP. (Die Zweiten Staatsprüfungen werden von den zuständigen Prüfungsämtern organisiert und durchgeführt.)

St. für die unterschiedlichen Lehrämter können organisatorisch zu einem Verbund zusammengeführt werden bzw. organisatorisch oder aber im Hinblick auf bestimmte Ausbildungsaufgaben miteinander kooperieren.

Stufenschema 1) ➪ Unterrichtsphasen.

2) ➪ moralische Entwicklung.

Stundenziel ➪ Grobziel.

Subjektive Didaktik ➪ Personenorientierte Didaktik.

subjektive Theorien Auch: Überzeugungswissen; jeder Lehrer und jede Lehrerin hat, was typisch für menschliches Denken und Handeln ist, s. T. verinnerlicht, an die er oder sie – meist unbewusst und unreflektiert – glaubt, z. B.:

- Jungen sind sprachlich weniger begabt als Mädchen.
- Wer sich gut ausdrücken kann, kann auch klar denken.
- Wer in Mathematik gut ist, ist es auch in Latein (und umgekehrt!).
- Die (Un-)Sauberkeit im Heft spiegelt die (Un-)Ordnung der Gedanken wider.
- Ohne Fleiß kein Preis!
- Leistungsversagen liegt in der Person des Prüflings (➪ Beobachter-Effekt) usw.

Derartige s. T. gründen auf bestimmten ➪ Deutungsmustern. Nicht selten kommen sie bei der ➪ Beurteilung oder ➪ Benotung von Schülerleistungen zum Tragen. Es ist wichtig, sich die eigenen s. T. so weit wie möglich bewusst zu machen und zu hinterfragen; hier kann schon das Gespräch unter Kollegen und Kolleginnen ein erster Anfang sein.

Subjektivität 1) Alles, was eine Einzelperson (ein Subjekt) ausmacht; Eigenständigkeit und Einzigartigkeit einer Person. In diesem Sinne haben Pädagogen immer wieder dafür plädiert, dass Lehrer und Lehrerinnen die Kinder und Jugendlichen in ihrer S. ernst nehmen und den Unterricht »vom Kinde aus« konzipieren sollten. In der jüngsten Gegenwart hat vor allem der ⇨ Konstruktivismus eine ⇨ Personenorientierte Didaktik (E. Kösel, [2]1995) befördert. Damit ist das »Subjekt des Lernens« in den Mittelpunkt gerückt: „Lernen ist ein individueller, aktiver und konstruktiver Aufbau von Wissen" (Richtlinien Deutsch. Sekundarstufe II, NRW, 1999).

2) Persönliche Auffassung, individuelle Meinung; wesentlicher Anknüpfungspunkt für den ⇨ Lehr-Lern-Prozess. Für jeden Lehrenden ist es unerlässlich, die subjektiven Wissensbestände der Schüler und Schülerinnen zu kennen, um so besser an Vorhandenes, an Kenntnisse oder Interessen, anknüpfen zu können. In diesem Sinne sind ⇨ Spontanphase (spontane Verarbeitung von Informationen, Primärrezeption), Maßnahmen zur ⇨ Motivation, ⇨ partizipatorische Planung oder ⇨ Schülerorientierung von besonderer Wichtigkeit.

Suggestivfrage Form des Interrogativsatzes, dessen Inhalt die Antwort (teilweise) bereits enthält und durch die dem Angesprochenen die Antwort aufgedrängt wird; z. B.: *„Freust du dich nicht auch, dass wir in den Ferien zu Hause bleiben?"*

Gelegentlich erwartet der Sprecher keine (konkrete) Antwort: *Seid ihr völlig übergeschnappt?*

Suggestopädie Auch: »Superlearning«; ganzheitliche Lehr-Lern-Methode auf den Grundlagen der ⇨ Humanistischen Pädagogik. Das Wort »Suggestion« meint zunächst »Beeinflussung eines Menschen« und auch dasjenige, was diese Beeinflussung bewirkt, also ein Gefühl, Gedanke oder Eindruck, die jemandem suggeriert werden.

Der Begründer der S., der bulgarische Arzt und Psychotherapeut Georgi Lazanow (etwa seit 1955), hat die Bezeichnung S. jedoch in einem speziellen Sinne verwendet: Unsere Umwelt bietet uns ständig Wahrnehmungen an, schlägt uns sozusagen Wahrnehmungen vor (engl.: to suggest = vorschlagen), welche die einzelne Person auf ihre ganz individuelle Art konkretisiert. Träger von »Suggestionen« kann jeder Aspekt der Wirklichkeit sein; es können jedoch auch Personen, insbesondere Lehrer bzw. Lehrerinnen sein, die ständig »Wahrnehmungsvorschläge« anbieten, die von Schülern und Schülerinnen jeweils auf deren Weise umgesetzt oder verinnerlicht werden (⇨ Personenorientierte Didaktik). Darüber hinaus gibt es die »inneren Suggestionen« eines Menschen, seine ⇨ subjektiven Theorien, Vorurteile und langlebigen Klischeevorstellungen.

Lazanow ging es um die Bewusstmachung derartiger »Suggestionen«, um die Beseitigung von Blockaden sowie um eine Verbesserung der Ergebnisse von Wahrnehmung ganz allgemein. Es hatte sich gezeigt, dass die Kapazität des menschlichen Gehirns im Wachzustand nur zu etwa 4% ausgelastet ist. Ziel der S. nach Lazanow ist es u. a., die restlichen Reserven durch geeignete Maßnahmen »anzuzapfen«, und das heißt vor allem, anti-suggestive Barrieren (z. B. kritisch-logische, intuitiv-affektive, ethische Barrieren) zu beseitigen und positive Suggestionen aufzubauen. Hierzu ist eine entspannte Lernatmosphäre unverzichtbar, und die Musik, insbesondere die Barockmusik, deren

Rhythmus einen beruhigenden Einfluss auf die Pulsfrequenz hat, stellt hier ein wichtiges Medium dar. Unter dem Einfluss der Musik erreicht der Proband eine optimale körperliche Entspannung, die für das Auftreten der so genannten »Alpha-Wellen« im Gehirn notwendig ist; und dieser pseudo-passive Zustand des Körpers geht einher mit einer erhöhten geistigen Wachheit und Aufnahmefähigkeit.

Die S. ist vor allem als Lernmethode für Fremdsprachen bekannt geworden. Hierzu wurde ein »suggestopädischer Kreislauf« entwickelt, der aus einem Drittel passiv-rezeptiven Lernphasen und aus zwei Dritteln aktiv-handlungsorientierten Lernphasen besteht:

1. *Vorbereitungsphase*: Vertrautwerden mit den Materialen, explizite Einführung des neuen Lernstoffs.
2. *Aktive Lernphase*: Textpräsentation durch den Suggestopäden bei klassischer Musik und gestischer wie mimischer Untermalung, dem Lernenden liegt der zweisprachige Text vor. Er kann also aus Wahrnehmungsvorschlägen auswählen: Musik, Text hören, Mimik und Gestik beachten, Text mitlesen.
3. *Passive Lernphase*: Der Lernende hört den Text erneut mit geschlossen Augen und der Untermalung durch Barockmusik; er ist entspannt und seine Aufmerksamkeit kann sich zwischen Text und Musik hin und her bewegen, was die gleichzeitige Aktivierung von linker und rechter Gehirnhälfte befördert (➪ Hemisphäre).
4. *Aktivierungsphase*: a) Lesen des fremdsprachigen Textes im Chor, Nacherzählen, Fragen stellen; b) unterschiedliche spielerische und interaktive Übungen, ➪ Rollenspiel, szenisches ➪ Spielen (3) u. dgl.

Die Methode der S. ist mittlerweile auch für andere Lernbereiche ausgeweitet und modifiziert worden, wie die Vermittlung von Sachwissen (z. B. im Umgang mit dem Computer). Elemente der S. lassen sich mehr oder weniger in jedem Unterricht realisieren, z. B. die positive Gestaltung von ➪ Lernräumen, die Schaffung eines entspannten ➪ Lernklimas, ➪ Ganzheitlichkeit und ➪ Handlungsorientierung.

Weitere Einzelheiten bei L. Levi (1998), M. Haun-Just (^{2}1998), W. Edelmann (^{6}2000), K. Riedel (^{2}2000).

Superlearning Engl. für ➪ Suggestopädie.

Supervision Dt.: Überwachung, Beaufsichtigung; allgemein die beratende Aufsicht über einen Prozess oder ein Verfahren durch einen kompetenten Fachkollegen bzw. durch eine kompetente Fachkollegin. In der Psychotherapie ist die S. ein übliches Verfahren, einen noch nicht voll ausgebildeten Berufsanfänger bei der Arbeit zu überwachen und zu beraten. Dabei fällt dem Supervisor z. B. die Aufgabe zu, während der therapeutischen Behandlung auftretende methodische Behandlungsfehler aufzudecken, die auf noch nicht hinreichend bearbeitete psychische Konflikte des Therapeuten selbst zurückzuführen sind. Ziel der S. ist es, dem Kollegen zu helfen, zu seiner vollen Berufskompetenz und Handlungsfähigkeit zu gelangen.

In ähnlicher Weise kann S. auch in allen anderen Berufszweigen, etwa im Bereich von Schule und Ausbildung, eingesetzt werden. Gerade bei schulischen ➪ Konflikten kann

S. durch einen Kollegen oder eine Kollegin sehr hilfreich sein. Wichte Fragen, die zuvor geklärt sein sollten, sind:

- Was ist das Problem?
- Worauf achte ich als Supervisor besonders?
- Welches Ziel verfolgt die S.?

Weitere Einzelheiten bei N. Belardi (2002), C. Feltham / W. Dryden (2002), W. Pallasch u. a. (2002).

Syllogismus Pl.: Syllogismen; ein logisches Schlussverfahren, das aus drei Urteilen besteht, die in ➪ analytisch-deduktiver Weise vom Allgemeinen zum Besonderen führen:

1. Prämisse (Obersatz)	Alle Menschen (M) sind sterbliche Wesen (W).
2. Prämisse (Untersatz)	Sokrates (S) ist ein Mensch (M).
3. Konklusion	Sokrates (S) ist ein sterbliches Wesen (W).

Der Term, der im Schlusssatz das Prädikat darstellt (W), heißt »major«, er wird im Obersatz eingeführt; der Term, der die Verbindung zwischen den Prämissen herstellt (M), heißt »minor«, er erscheint als Prädikat des Untersatzes. Ein derart abgeleitetes Urteil ist immer wahr, unabhängig von der Wahrheit der einzelnen Aussagen.

Symbol Dt.: Zeichen, Erkennungszeichen.

1) Als Dingsymbol die Verbildlichung einer Idee; ein wahrnehmbares Zeichen, das als Sinnbild steht. Dingsymbole sind z. B. Vereinsfahnen oder -embleme, das Kreuz (im Christentum), der Halbmond (im Islam), aber auch andere konventionelle Zeichen, wie die Herzform (für Liebe) oder die verschränkten Ringe (für die Ehe).

2) In Mathematik, Physik, Chemie oder Logik werden die fachsprachlichen Formelzeichen S. genannt; diese Zeichen oder Zeichenfolgen dienen zur Darstellung eines Begriffsinhalts (➪ Intension) oder eines Sachverhalts. So sind die chemischen Elementsymbole Abkürzungen für die Namen der chemischen Elemente, die international gültig sind. Die ursprünglich rein qualitative Bedeutung dieser Elementzeichen erhielt im Laufe der Zeit auch eine quantitative Bedeutung: So steht »Fe« nicht nur für den Stoff Eisen, sondern auch für ein Eisenatom oder für ein Mol Eisen.

3) Die Informatik kennt S. in der Programmiersprache; z. B. ist die Zeichenfolge »for« das S. für den Beginn einer Zählschleife.

4) Im 19. Jh. wurde der (literarische) Symbolbegriff entscheidend durch J. W. Goethe geprägt, der im S. eine »aufschließende Kraft« sah, die im Besonderen das Allgemeine darzustellen vermag. So ist die Kutschfahrt in Goethes »An Schwager Kronos« (1774) ein S. für den Ablauf des Lebens. „Zwei Bedingungen muß das Symbol für Goethe erfüllen: Anschaulichkeit und eine repräsentative Bedeutung. Repräsentation bedeutet Stellvertretung und Vergegenwärtigung. Ein Besonderes vertritt ein Allgemeines, insofern es ein charakteristischer und eminenter Teil dieses Allgemeinen ist, und macht dieses Allgemeine dadurch gegenwärtig, d. h. bewußt, vorstellbar, überschaubar.“ (G. Kurz, [4]1997). Insofern hat der Symbolbegriff Goethes eine enge Beziehung zur Analogie und zur Synekdoche.

Bezeichnend für das Verstehen des poetischen S. ist stets das Zusammenspiel eines alltagssprachlichen und eines literarisch-hermeneutischen Verständnisses (➪ Hermeneutik), etwa wenn in Goethes »Die Wahlverwandtschaften« (1809) ein Tintenfleck, der größer wird, als Charlotte ihn wegwischen will, an Befleckung und Schuld denken lässt. In diesem Akt des Verstehens wird die Darstellung eines Sachverhalts (Tintenfleck) zu einem S. (für Schuld). Ohne eine entsprechende ➪ Rezeptionsdisposition kann dieser Verstehensakt jedoch auch misslingen; der Leser oder die Leserin »überliest« die Romanstelle, ohne dass sich eine symbolische Dimension eröffnet.

In der Befähigung der Schüler und Schülerinnen zu einer entsprechenden Leserrolle (hier zum »literarischen Lesen«) liegt ein wesentliches Ziel des Literaturunterrichts; das Verstehen parabolischer Texte und symbolischer Formen gehört in erster Linie dazu.

symbolische Funktion ➪ semiotische Funktion.

symbolisches Spiel Bei der Herausbildung der ➪ semiotischen Funktion im zweiten Lebensjahr durchläuft das Kinde eine Reihe von kognitiven Stadien (➪ Stadienlehre); das s. S. findet analog zur aufgeschobenen ➪ Nachahmung (1) statt: Das Kind spielt z. B. »Schlafen«. Hier eröffnet sich ihm ein Tätigkeitsbereich, der nicht primär eine Anpassung des Ich an das Wirkliche, sondern im Gegenteil die Anpassung des Wirklichen an das eigene Ich darstellt. Im s. S. kann das Kind die Wirklichkeit durch mehr oder weniger reine ➪ Assimilation nach seinen eigenen Bedürfnissen transformieren.

Symbolisierungsformen Im Unterricht werden kulturell wichtige oder fachlich zentrale Gegenstände mit bestimmten Zielsetzungen, didaktisch reduziert und methodisch aufbereitet einer bestimmten Lerngruppe durch die Lehrperson nahegebracht. Dies bedeutet, dass die »Wirklichkeit der Welt« in der Regel nicht unverändert im Klassenraum gegenwärtig ist, sondern sie wird symbolisch »vermittelt«, und zwar auf recht unterschiedliche Art und Weise: durch Sprechen, Schreiben, Experimentieren, bildnerisches Gestalten, Modellieren, Musizieren, Spielen, Erwandern oder einfach durch Anschauen.

„Die im Unterricht durch das methodische Handeln von Lehrern und Schülern inszenierte Wirklichkeit symbolisiert die Wirklichkeit außerhalb des Unterrichts.“ (H. Meyer, Band 1, ^{8}1999) Das, was im Unterricht entsteht, ist einerseits eine symbolisierte Form der Welt »da draußen«, andererseits stellt es eine eigene Wirklichkeit – die Unterrichtswirklichkeit – dar. Dies zu unterscheiden, fällt nicht immer leicht (➪ Ernstfalldidaktik, ➪ situationsorientiert 1).

symmetrische Kommunikation Gleichseitige ➪ Kommunikation; findet in der Regel unter gleichgestellten Partnern statt, welche die gleichen Rechte und Möglichkeiten haben, ein Gespräch zu beginnen, Fragen zu stellen, Erklärungen abzugeben oder ein Gespräch zu beenden. Nimmt man diese Begriffsfestlegung ernst, so kann es zwischen Lehrer und Schüler nur sehr bedingt zu einer s. K. kommen; dennoch können ➪ Unterrichtsgespräche zu einer s. K. hin tendieren, indem der Vorsprung an Wissen, Autorität und institutioneller Macht des Lehrers bzw. der Lehrerin durch die Wahl geeigneter ➪

Handlungsmuster und durch größere ➪ Schülerorientierung möglichst gering gehalten wird.

Synthese Dt.: Zusammenfügung, Verknüpfung (⇔ Analyse); umgangssprachlich wird immer dort von S. gesprochen, wo Einzelergebnisse zusammengefasst werden sollen.

1) Ein Verfahren zur künstlichen Herstellung von anorganischen oder organischen Verbindungen; Aufbau einer komplexen chemischen Verbindung aus einfacheren Stoffen.

2) In der Philosophie: Aufhebung der Inhalte von These und Antithese in einer höheren bzw. abstrakteren Einheit.

synthetisch Dt.: zusammensetzend.

1) Die ➪ Synthese betreffend.

2) Bezogen auf Wortbildung und Grammatik ist Latein eine s. und Deutsch eine ⇔ analytische Sprache. Bei s. Sprachen herrschen Ableitungen und Zusammensetzungen gegenüber Konstruktionen mit getrennten Wörtern vor (vgl. lat. *laudatur, verbo* mit deutsch: *er wird gelobt, durch das Wort*).

System Dt.: Zusammenschluss; allgemein versteht man unter einem S. ein einheitliches und wohlgegliedertes Ganzes, in dem die einzelnen Elemente zueinander wie auch zum Ganzen (dem »Rahmen«) eine bestimmte Position und Relation, d.h. eine ➪ Struktur, aufweisen. Generell lassen sich gegenständliche S. ausmachen, d.h. Zuordnungen von Gegenständen, die entweder in der Natur vorfindbar sind (z.B. das Planetensystem) oder vom Menschen entworfen wurden (z.B. das Tonsystem in der Musik), sowie gedankliche S., bei denen es sich im Wesentlichen um die Ordnungsgefüge von Wissenschaftsgebieten handelt.

Neben geschlossenen S., die keinerlei Export oder Import von Energie in welcher Form auch immer vorsehen, gibt es offene S., die mit ihrer Umwelt Stoffe, Energie oder Information austauschen. Ein lebender Organismus oder eine soziale Gruppe lassen sich adäquat nur im Sinne offener S. untersuchen und verstehen. Solche offenen S. zeichnen sich durch eine Reihe besonderer Qualitäten aus:

- *Ganzheitlichkeit*: Jeder Teil eines Systems ist mit den anderen Teilen so verbunden, dass eine Änderung in einem Teil eine Änderung in allen Teilen und damit dem ganzen S. verursacht.
- *Übersummation*: Ein System ist nicht einfach die Summe seiner Bestandteile; was hinzu kommt sind die besonderen Verknüpfungen der einzelnen Elemente miteinander, d.h. ihre Funktion im Gesamtgefüge.
- *Rückkopplung*: Wie bei einem Regelkreis kann ein offenes S. sich selbst so regulieren, dass ein bestimmter Soll-Wert erhalten bleibt.
- *Homöostase*: Eine Art inneres Gleichgewicht, welches ein offenes S. (z.B. ein Organismus) einzuhalten und nach einer Störung wieder zu erreichen versucht; in der Lernpsychologie spricht man hier von ➪ Äquilibration (J. Piaget).

- *Kalibrierung* und *Stufenfunktionen*: Offene S. tendieren dazu, nach einer gewissen Zeit ihre innere wie äußere Organisationsform neu zu strukturieren (vergleichbar dem Autofahrer, der einen neuen Gang einlegt); derartige Stufenfunktionen sind dem S. meist immanent. Auf der neu erreichten Ebene werden alle relevanten Funktionen neu bestimmt, d.h. kalibriert (z.B. wenn ein junger Mensch eine Arbeit beginnt oder aus dem Elternhaus auszieht, oder wenn ein älterer Mensch pensioniert wird).

systematischer Lehrgang ➪ Lehrgang.

Systemdenken ➪ Problemlösungsstrategie.

✻ ✻ ✻

Tadel Der T. gehört zu den ➪ Erziehungsmaßnahmen; mit ihm sollte – ähnlich wie mit der ➪ Rüge oder dem Eintrag ins Klassenbuch – sparsam umgegangen werden, weil sich seine Wirkung schnell abnutzen und weil er das Gespräch und die ➪ Beratung des Schülers oder der Schülerin nicht ersetzen kann. „Die Eintragung von Rügen und Tadeln ins Klassenbuch ist in den Richtlinien nicht vorgesehen, wird aber in der Schulpraxis noch vielfach angewendet; sie soll aber unterbleiben." (H. Pöttgen, [17]1999) Sie werden auch nicht in das Schülerstammblatt übernommen, sondern gehören im Rahmen des sonstigen Datenbestands zu den »weiteren Informationssammlungen« der Schule.

Wie mit Rügen und T. praktisch umgegangen werden kann, sollte in den entsprechenden Konferenzen beraten und verabredet werden.

Tafelanschrieb Der T. erfüllt eine Reihe von Funktionen, je nachdem, wie dieses immer noch wichtigste ➪ Unterrichtsmedium eingesetzt wird:

- als *Notizzettel*: Bei einer dreigeteilten Tafel kann z.B. die linke Seite (aus Sicht der Klasse) genutzt werden, um Stichwörter zu notieren, die an späterer Stelle benötigt und wieder aufgegriffen, systematisiert oder kategorisiert werden.
- als *dynamischer T.*: Die mittlere bzw. die zentrale Tafel wird genutzt, um den Stundenablauf stichwortartig festzuhalten; der T. enthält als Erstes die ➪ Problemfrage bzw. das Thema der Stunde, sodann eine einprägsame grafische Darstellung des Problem- bzw. Sachzusammenhangs. Die verwendeten Kategorien sollten sprachlich vereinheitlicht sein (z.B. Nominal- oder Verbalstil), und die Ergebnisse sollten gut lesbar und in systematischer Absicht notiert werden. So wächst der T. allmählich und gibt Aufschluss über den inhaltlichen und methodischen Gang der Stunde.
- als ➪ *Ergebnissicherung*: Bei einer dreigeteilten Tafel sollte die rechte Seite dazu genutzt werden, die Ergebnisse der Stunde (mittlere Tafel) auszuwerten, zu integrieren oder zu bewerten.
- als ➪ informierender *Unterrichtseinstieg*: Thema und Gang der Stunde in ihren wichtigsten Momenten werden vom Lehrer bzw. von der Lehrerin als T. notiert und verdeutlichen die Grundstruktur des kommenden Unterrichts.

- als ➪ *Tafelbild*: Einbindung von Zeichnungen, Grafiken u. dgl., möglichst unter Nutzung farbiger Kreide.

Für die Tafelarbeit können einige Maximen angegeben werden; sie sollten jedoch variabel auf den jeweiligen praktischen Fall angewendet werden:

- Die erste Frage muss stets sein: Ist der intendierte T. didaktisch oder methodisch zu begründen? Ist er notwendig?
- Der T. sollte vor den Augen der Lerngruppe entstehen; nur in Ausnahmefällen sollte der Lehrer bzw. die Lehrerin einen vorbereiteten T. »aufklappen«.
- Der T. muss gut lesbar sein; in den unteren Klassen sollte die in den abgebenden Grundschulen übliche Grundschrift verwendet werden; evtl. ist der T. in Druckbuchstaben anzufertigen.
- Vor allem in den unteren Klassen sollte der Lehrer bzw. die Lehrerin möglichst gar nicht (oder nur sehr kurz) ohne Blickkontakt zur Klasse an der Tafel schreiben. Der ➪ Folienanschrieb ist hier eine Alternative.
- Weder in der ➪ Sammelphase noch in der ➪ Spontanphase sollte jeder Schülerbeitrag sofort und ohne Kommentar an der Tafel notiert werden. Erstens ist nicht jeder Beitrag gleich wichtig und zweitens soll die Beteiligung der Schüler nicht ständig unterbrochen werden. Es empfiehlt sich hier abzuwarten, evtl. handschriftliche Notizen zu machen und erst gegen Ende der Phase ausgewählte Beiträge an der Tafel zu notieren.
- Je älter die Lernenden sind, desto mehr müssen sie daran gewöhnt werden, die Formulierungen für den T. selbst zu übernehmen. Auf keinen Fall sollte die Lehrperson die Schülerbeiträge so umformen, dass sie zwar »auf den Begriff« gebracht sind, aber nur noch wenig mit dem zu tun haben, was der Schüler bzw. die Schülerin tatsächlich gesagt hat.
- Der T. sollte von der Lerngruppe nur dann abgeschrieben werden, wenn dies didaktisch begründet ist, z. B. wenn die Ergebnisse der Stunde im Heft gesichert, wenn sie gelernt oder für eine der nachfolgenden Stunden benötigt oder für eine ➪ Hausaufgabe genutzt werden müssen.
- Für die Übertragung des T. ins Heft muss genügend Zeit am Ende der Stunde bereitgestellt werden. Steht diese Zeit nicht zur Verfügung, so sollte ein Folienanschrieb gewählt werden; dieser kann kopiert und verteilt werden. Oberstufenschülern sollte es grundsätzlich freigestellt sein, ob sie den T. mitschreiben oder nicht.
- Wird der T. regelmäßig abgeschrieben, so muss der Lehrer bzw. die Lehrerin die Heftführung der Schüler und Schülerinnen kontrollieren und sich vergewissern, wie das, was an Ergebnissen gesichert werden sollte, tatsächlich angekommen ist und festgehalten wurde. Unter Umständen muss die Heftführung geübt werden.

Tafelbild ➪ Tafelanschrieb.

Takt Der Ausdruck »pädagogischer Takt« ist von J. F. Herbart (1776–1841) in die allgemeine Pädagogik eingeführt worden; er meint damit die Fähigkeit des Lehrers bzw. der

Lehrerin, die theoretisch begründeten ➪ Ziele des Unterrichts kreativ, ➪ situationsorientiert und ➪ schülergerecht in praktisches ➪ didaktisches Handeln umzusetzen.

Zum pädagogischen T. gehört z. B. auch, dass der Lehrer bzw. die Lehrerin der Lerngruppe verdeutlicht, dass auch im handlungsorientierten Unterricht (➪ Handlungsorientierung) klare Leistungsmaßstäbe bei der ➪ Bewertung gelten.

Täuschung Der Umgang mit einer T. oder einem Täuschungsversuch ist in der ➪ ASchO (§ 21,8) geregelt:

- Bedient sich ein Schüler oder eine Schülerin zur Erbringung einer Leistung unerlaubter Hilfe (Abschreiben, Abhören, Vorsagenlassen oder Nachlesen), so begeht er oder sie eine Täuschungshandlung.
- Bei geringem Umfang der Täuschungshandlung wird der ohne T. erbracht Teil bewertet; der übrige Teil wird als nicht erbracht gewertet.
- Bei umfangreicher Täuschungshandlung wird die gesamte Leistung wie eine ungenügende Leistung bewertet.
- Bei Unklarheit über den Umfang der Täuschungshandlung wird die Wiederholung der Arbeit angeordnet.
- Wird eine Täuschungshandlung erst nach Abschluss der Leistung festgestellt, so ist entsprechend zu verfahren.

Der Täuschungsversuch, d. h. die Vorbereitung einer Täuschungshandlung, zu der es nicht kommt, darf nicht als T. im Sinne des § 21,8 geahndet werden. In diesem Zusammenhang sollte die Lehrperson sehr genau agieren, um möglichen ➪ Widersprüchen vorzubeugen. Insbesondere gilt (nach H. Pöttgen u. a., [17]1999):

- Bei der Entdeckung einer T. während einer laufenden Klassenarbeit oder Klausur ist die Arbeit vom täuschenden Schüler fortzusetzen; er muss mit einer Bewertung unter Anwendung von § 21,8 rechnen können.
- Hat ein Schüler oder eine Schülerin die Aufgabenstellung vorher gewusst und die Lösung auswendig gelernt, so liegt keine Täuschungshandlung vor, wohl aber ein Verstoß gegen die Ordnung der Schule. Hat er oder sie die Lösung der Aufgabe zufällig erraten und diese auswendig gelernt, so liegt ebenfalls keine T. vor; allerdings kann diese Arbeit nicht im Sinne einer »selbstständigen Leistung« gewertet werden und muss ggf. noch einmal geschrieben werden.
- Der Schüler oder die Schülerin, die Hilfe leistet (z. B. vorsagt), darf nicht im Sinne des § 21,8 bestraft werden; seine oder ihre Arbeit wird normal gewertet. Unabhängig davon sind angemessene erzieherische oder ➪ Ordnungsmaßnahmen für dieses Verhalten vorzunehmen.
- Liefern mehrere Schüler bzw. Schülerinnen übereinstimmende Texte ab, so ist wie folgt zu verfahren: a) kann ausgemacht werden, wer den Text von einem anderen übernommen hat, so liegt bei diesem Schüler bzw. dieser Schülerin eine Täuschungshandlung vor, b) ist dies nicht festzustellen, müssen alle Arbeiten normal gewertet werden.

- Wird eine Arbeit nicht abgegeben und wird vom Schüler bzw. der Schülerin behauptet, er oder sie habe dies lediglich vergessen, so ist wie folgt zu verfahren: a) Ist die Behauptung nachweislich falsch, so ist die Leistung »ungenügend«, b) bestehen Zweifel, so ist die Arbeit noch einmal zu schreiben.

Teamfähigkeit Eine der so genannten ⇨ Schlüsselqualifikationen, die insbesondere von Industrie und Wirtschaft eingefordert wird. Gefragt sind hier die Fähigkeiten der Schüler und Schülerinnen, Arbeitsabläufe mit anderen zu planen, zu organisieren und durchzuführen, wobei es neben den notwendigen Sach- und Methodenkenntnissen auch auf soziale Kompetenzen ankommt wie: anderen zuhören können, andere ausreden lassen, sich in Gespräche einklinken und eigene Ideen und Vorschläge einbringen, arbeitsteilig und zielstrebig vorgehen usw. Hierzu gehören auch ⇨ effizientes Handeln, ⇨ Leistungsmotivation und die Fähigkeit zum ⇨ Problemlösen.

Im Fachunterricht kann T. beispielsweise durch ⇨ Partner- und ⇨ Gruppenarbeit sowie durch entsprechende Sozialformen im ⇨ fächerverbindenden oder ⇨ Projektunterricht gelernt und trainiert werden; förderlich ist in jedem Fall eine Hinführung zu ⇨ selbstverantwortetem Lernen.

Teamteaching Organisationsform von Unterricht, in der Lehrer und Lehrerinnen den Unterricht für einen Schülerverband, z.B. alle Klassen eines Jahrgangs, gemeinsam planen, durchführen und auswerten. Der von diesem Team durchgeführte Unterricht wird konkret in der einen oder anderen ⇨ Sozialform ausdifferenziert. Besonders effektiv ist T. in den Großformen des Unterrichts, dem ⇨ fächerverbindenden oder dem ⇨ Projektunterricht.

Teilziel ⇨ Feinziel.

Terminologie Dt.: Fachwortschatz, ⇨ Fachsprache; Gesamtheit der in einem Berufsfeld oder einem wissenschaftlichen Lehrgebiet geltenden Fachausdrücke (⇨ Terminus) und deren systematischer Zusammenhang. Allerdings unterscheiden sich T. im Grade ihrer Explizitheit und Verbindlichkeit:

a) *historisch gewachsene Fachsprachen* haben eine T. ausgebildet, die weitgehend aus der natürlichen Sprache entwickelt und im alltäglichen Arbeitsprozess entstanden ist; sie ist eher informell und stark mit den fachlichen Kontexten und Handlungen verbunden.

b) *explizite Fachsprachen* sind nach mehr oder weniger strengen Regeln eingeführt und kodifiziert; sie sind gekennzeichnet durch ihren Wortschatz, aber auch durch andere texttypologische sowie pragmatische Mittel der von ihnen geprägten Interaktionen, die selbst einem versierten und allgemein gebildeten Sprecher nicht geläufig sind, sofern er sich nicht mit dem entsprechenden Sachgebiet und den typischen Interaktionsformen – etwa im Rahmen einer Berufsausbildung oder eines Hobbys – vertraut gemacht hat.

c) *Wissenschaftssprachen* gehören – wie die formalen Sprachen – zu den Kunstsprachen; sie zeichnen sich durch ihren autonomen und expliziten Umgang mit der jeweiligen T. (und z. T. mit deren Formationsregeln) aus. Für sie gilt in entscheidendem Maße die übergeordnete Regel eines kreativen Umgangs mit der fachsprachlichen Festlegung von Ausdrücken. Die T. der Wissenschaftssprachen ist in hohem Grade normiert, kontextfrei verwendbar sowie in eine ➪ Theorie eingebettet; dies hat sie etwa mit den »Regeln« eines Spiels gemeinsam.

Terminplanung 1) Zahlreiche Termine im Ablauf eines Schulhalbjahres liegen bereits frühzeitig fest; insbesondere die Klausur- oder Abiturtermine, Elternsprechtage, Pflegschaftssitzungen oder Konferenzen. Andere Termine sollten rechtzeitig mit den Kollegen und Kolleginnen abgesprochen und bekannt gemacht werden (z. B. Klassenarbeitstermine, Klassenfahrten, Wandertage usw.). Es gehört zu den ➪ Dienstpflichten aller Lehrkräfte, sich regelmäßig über die T. im Mitteilungsbuch zu informieren und für einen reibungslosen Ablauf zu sorgen.

2) Eine vorausschauende und verlässliche T. gehört zur Berufsqualifikation ➪ Organisieren und Verwalten eines jeden Lehrers und einer jeden Lehrerin. Hierzu wird jeder wohl sein eigenes »System« ausbilden; doch gibt es auch bewährte Vorgehensweisen:

- In einer Jahresplanung (➪ Perspektivplanung) sollten Reihenthemen für den Unterricht in den einzelnen Klassen bzw. Kursen, Klassenarbeiten, Klausuren, vorhersehbar ausfallender Unterricht u. dgl. eingetragen werden.
- Die Termine für Klassenarbeiten sollten mit den Kollegen und Kolleginnen abgesprochen und rechtzeitig in eine Terminübersicht eingetragen werden, um Kollisionen oder Überforderungen der Lerngruppe zu vermeiden.
- Die T. ist den Schülern und Schülerinnen rechtzeitig mitzuteilen, ggf. mit ihnen abzustimmen.
- Wichtige Termine sollten den Eltern auf der ➪ Klassenpflegschaft oder schriftlich mitgeteilt werden.

Eine besondere Form der T. betrifft die »zügige« Korrektur und Rückgabe von Klassenarbeiten und Klausuren; hier ist weder eine übereilte Korrektur (die ganze Nacht hindurch) noch eine allzu lange Verzögerung angebracht, sondern eine überschaubare und gut organisierte T. (z. B. bei 70 Arbeiten, die in 14 Tagen zurückgegeben werden sollen, ergeben sich 5 Korrekturen pro Tag). Eine stetige und wohl dosierte Arbeit kann den Frust vermeiden helfen!

Terminus Pl.: Termini, dt.: Fachwort, Fachausdruck; die geltenden T. in einem Sach- oder Fachzusammenhang sind in deren ➪ Terminologie zusammengefasst. Die Tatsache, dass eine Terminologie unterschiedlich explizit und verbindlich sein kann, gilt von jedem einzelnen T. Im Allgemeinen jedoch ist die ➪ Bedeutung eines T. explizit innerhalb eines theoretischen wissenschaftlichen Zusammenhangs festgelegt, etwa in Form einer Definition, im Gegensatz zur konventionell geregelten Bedeutung von Ausdrücken in der ➪ Umgangssprache.

- Umgangssprachlicher Ausdruck: *Der Athlet strotzt vor Kraft. – Wir bewundern die Kräfte der Natur.*

- T. (Physik): *Kraft ist das Produkt aus der (zeitlich unveränderten) Masse m eines Körpers und der Beschleunigung a, die dieser Körper erfährt, also F = m a.* (F und a sind als Vektoren darzustellen.)

Test Auch: Schriftliche Übung; eine Form der ➪ Sonstigen Mitarbeit, die benotet wird. Die Aufgabenstellung muss sich unmittelbar aus dem Unterricht ergeben und so begrenzt sein, dass für ihre Bearbeitung in der Regel 30 Minuten, bei erforderlicher Textlektüre höchsten 45 Minuten, erforderlich sind. Geeignet sind begrenzte Aufgaben, die z. B. eine kurze, begründende Stellungsnahme erfordern. Bewertet wird neben der ➪ Verstehensleistung immer auch die ➪ Darstellungsleistung.

Der T. kann inhaltlich wie methodisch zur ➪ Lernzielüberprüfung wie zur Vorbereitung auf das ➪ Abitur genutzt werden.

Thema Dt.: das »Gesetzte«, das zu Behandelnde.

1) Allgemein ein zentraler Gedanke, mit dem sich ein Text befasst bzw. befassen soll; auch: Aufgabenstellung, z. B. das T. einer ➪ Diskussion, einer ➪ Hausaufgabe oder einer ➪ Klassenarbeit.

2) ➪ Unterrichtsthema.

Themafrage ➪ Problemfrage.

Thematik Ausgeführtes ➪ Thema, Leitgedanke.

1) In der ➪ Lehrtheoretischen Didaktik eines der vier ➪ Entscheidungsfelder (Intentionen, T., Methodik, Medienwahl); dort auch als »Inhalte« bezeichnet. In der Weiterführung bei W. Schulz (³1981) werden die drei »Erfahrungsaspekte« ➪ Sach-, ➪ Gefühls- und ➪ Sozialerfahrung als T. bezeichnet; zusammen mit den »Intentionen« (Kompetenz, Autonomie und Solidarität) ergibt sich so eine ➪ Matrix aus neun Richtzielen, z. B. »Kompetenzförderung bezogen auf Sozialerfahrung« usw.

2) ➪ Unterrichtsinhalt.

thematische Landkarte Eine Form der ➪ Einstiegsphase in den Unterricht; der Lehrer bzw. die Lehrerin stellt der Lerngruppe das »Programm« einer Unterrichtsstunde oder -sequenz vor. Dies geschieht normaler Weise als ➪ Tafelbild oder ➪ Wandzeitung: zentral steht das ➪ Unterrichtsthema oder die ➪ Problemfrage, darunter angeordnet die notwendigen Teilaspekte und Teilaktivitäten, z. B.

a) Problembereiche, die behandelt werden sollen;
b) Inhalte und Techniken, die dazu notwendig sind und gelernt bzw. wiederholt werden müssen;
c) alternative Aktivitäten und Lösungswege für die anstehende Unterrichtseinheit, für die sich einzelne Schülergruppen entscheiden können, u. dgl. mehr;
d) Bilder, Grafiken, Tabellen usw. können die t. L. ergänzen.

Eine t. L. erfüllt verschiedene Funktionen:

- sie gibt einen informativen Überblick über die anstehende Arbeit und sorgt für die notwendige ➪ Transparenz,

- sie kann recht genau auf die ➪ Lernvoraussetzungen und Interessen der Lerngruppe eingehen und schafft so die Voraussetzungen für ➪ Motivation,
- sie kann farbig gestaltet, witzig formuliert und von daher als ➪ Anreizstruktur wirken,
- die t. L. bietet die Informationen simultan und ist längerfristig verfügbar; die Informationen werden also nicht so schnell vergessen wie etwa beim ➪ Lehrervortrag,
- in späteren Phasen kann sie als Gedächtnisstütze und als Strukturierungsmöglichkeit auf das Unterrichtsziel hin dienen.

thematische Struktur Der Terminus wurde von W. Klafki in die allgemeine ➪ Didaktik eingeführt und zuletzt im Zusammenhang seiner ➪ Kritisch-konstruktiven Didaktik (1985) erläutert: Die t. St. eines ➪ Unterrichtsgegenstandes wird dadurch ermittelt, dass sich der Lehrer bzw. die Lehrerin bei der ➪ Unterrichtsplanung fragt:
- Was soll und kann im Hinblick auf die konkrete Lerngruppe an diesem Gegenstand erarbeitet werden (➪ Didaktisierung)?
- Welche Einzelaspekte ergeben sich und wie sind sie strukturiert?
- Welche Konsequenzen ergeben sich hieraus für die Gestaltung der einzelnen ➪ Unterrichtsphasen?
- Wie können diese Unterrichtsschritte sachlogisch angeordnet und in welcher zeitlichen Reihenfolge können sie abgearbeitet werden?
- In welchen größeren Zusammenhängen müssen die Teilaspekte eingebettet werden?
- Welche ➪ sachstrukturellen Voraussetzungen müssen bei der Lerngruppe gegeben sein?
- Über welche ➪ Unterrichts- und ➪ Fachmethoden müssen die Schüler und Schülerinnen verfügen?

Die so gewonnene t. St. führt zur Formulierung der ➪ Teilziele, die ihrerseits auf das Moment der ➪ Überprüfbarkeit bezogen werden müssen.

thematischer Zusammenhang Darstellung der Themen einer Unterrichtsreihe oder -sequenz in ihrem chronologischen Ablauf, und zwar so, dass die ➪ didaktische Progression sichtbar wird. Meist können mehrere Unterrichtsstunden (2 bis 6) thematisch verbunden werden; dies schafft vor allem bei umfangreicheren Reihen größere Übersicht.

Themenbörse Meist wird eine T. im Zusammenhang mit der ➪ Einstiegsphase verwendet: der Lehrer bzw. die Lehrerin bietet zu Beginn einer Unterrichtsreihe oder -sequenz eine Reihe von Themen an, die als ➪ Schülerreferat, ➪ Kurzreferat, zusätzliche ➪ Hausaufgabe o. dgl. bearbeitet werden können und zu einem festgesetzten Termin in den Unterrichtsverlauf integriert werden.

Die Themen werden auf Blätter oder Karteikarten notiert, ausgelegt oder an die Wand geheftet und können von den Schülern und Schülerinnen im Laufe einer bestimmten Zeit in Ruhe ausgewählt werden. Erläuterungen, Lesehinweise u. dgl. können die Themenvorschläge ergänzen.

Themenzentrierte Interaktion Abk.: TZI; zunächst war die TZI ein Instrument der Psychoanalyse und ein Interaktionsrahmen für Therapiegruppen; in den 70er-Jahren ist die TZI durch R. Cohn ([7]1986) auf den pädagogischen Bereich übertragen und in verschiedenen Veröffentlichungen (R. Cohn / Ch. Terfurth, 1993) propagiert worden.

Lebendiges Lernen nach der TZI ist ein Teilbereich der ➪ Humanistischen Pädagogik; es basiert auf folgenden Grundlagen:

- *Basisaussagen* (➪ »Axiome«) zur Sinn- und Wertorientierung
  Beispiel: „Der Mensch ist eine psycho-biologische Einheit. Er ist auch Teil des Universums. Er ist darum autonom und interdependent. Autonomie (Eigenständigkeit) wächst mit dem Bewusstsein der Interdependenz (Allverbundenheit)."
  „Freie Entscheidung geschieht innerhalb bedingender innerer und äußerer Grenzen. Erweiterung dieser Grenzen ist möglich."
- *Existentielle Postulate*
  Beispiel: „Sei die Chairperson deiner selbst. Mache dir deine innere und äußere Wirklichkeit bewusst. Benütze deine Sinne, Gefühle, gedanklichen Fähigkeiten und entscheide dich verantwortlich von deiner Perspektive aus."
  „Störungen haben Vorrang. Beachte Hindernisse auf deinem Weg, deine eigenen und die von anderen; ohne ihre Lösung wird Wachstum verhindert oder erschwert."
- *Interaktionsmethoden*
  Beispiel: Erreichen und Aufrechterhalten der Balance zwischen Ich, Es und Wir im Rahmen des Globe.
- *Hilfsregeln* oder *Interventionshilfen*
  Beispiel: „Vertritt dich selbst in deinen Aussagen; sprich per ICH und nicht verallgemeinernd oder unpersönlich."
  „Wenn du eine Frage stellst, sage, warum du fragst und was deine Frage für dich bedeutet."
  „Halte dich mit Interpretationen von anderen so lange wie möglich zurück. Sprich statt dessen deine persönlichen Reaktionen aus."
  „Sei authentisch in deinen Äußerungen, aber sage nicht alles, was du denkst."
  „Werde wach für deine Gefühle. Sie gehören zu deinem Wert und zu deiner Wichtigkeit. – Sie sind gültig für dich und deinen jeweiligen Augenblick."

Die Grundsätze der TZI haben mittlerweile Eingang gefunden in die großen Didaktikentwürfe von W. Klafki (➪ Kritisch-konstruktive Didaktik) oder W. Schulz (➪ Hamburger Modell). Der Unterrichtsprozess ist demnach so zu gestalten, dass eine Balance zwischen Sachansprüchen (Es), Personenansprüchen (Ich) und Gruppenansprüchen (Wir) hergestellt wird, und zwar unter Berücksichtigung der ➪ anthropologischen wie der ➪ soziokulturellen Voraussetzungen (Globe).

Weitere Einzelheiten bei U. Sielert (1995) oder in: Pädagogik (1995), Heft 11, zum Thema »Lebendig Lehren und Lernen«.

Theorie 1) In der Entgegensetzung zu »Praxis« meint T. ganz allgemein eine rein begriffliche, abstrakte, nicht praxisorientierte Betrachtungsweise; der Ausdruck wird dann eher umgangssprachlich gebraucht.

2) Fachsprachlich bedeutet T. die übersichtliche Lehre von den allgemeinen Begriffen, Regeln und Prinzipien eines bestimmten Bereichs; so spricht man z. B. von der T. des Schachspiels oder von einer T. des Lehrens und Lernens.

3) Als ➪ Terminus gebraucht, bedeutet T. eine systematische sprachliche Lösungsstrategie, die Beschreibungen und Erklärungen liefert; hierbei spielen Wertvorstellungen, symbolische Verallgemeinerungen, Modelle und Beispiele eine große Rolle. Eine ausgereifte T. enthält ein ➪ System wissenschaftlich begründeter Aussagen zur Erklärung bestimmter Tatsachen oder Erscheinungen und der ihnen zu Grunde liegenden Gesetzmäßigkeiten.

Theoriewissen Die Frage nach dem Nutzen von T. ist zu sehen im Zusammenhang mit der Theorie-Praxis-Diskussion, die gerade im pädagogischen Bereich brisant wird. Die am häufigsten anzutreffende Ansicht von Lehrern und Lehrerinnen formulieren W. Jank / H. Meyer ([5]1996) so: „Maßstab für die Brauchbarkeit didaktischen Theoriewissens ist die gelingende Unterrichtspraxis."

Was die Legitimation von T. im pädagogischen Bereich angeht, so gilt es Folgendes zu bedenken:

- Didaktisches T. lässt sich nicht linear in unterrichtspraktisches Handeln überführen.
- Unterrichtspraktisches Handeln lässt sich aber durch didaktisches T. legitimieren.
- Worauf es ankommt, ist die Erarbeitung eines eigenen didaktischen Konzept; hierzu bietet das didaktische T. Anregungen, Hilfen und Stützen an.
- Aus dem eigenen unterrichtspraktischen Handeln, der eigenen Phantasie und Kreativität, der ständig zunehmenden Unterrichtserfahrung erwächst und wächst die ➪ Handlungskompetenz des Lehrers bzw. der Lehrerin. Hier kann didaktisches T. eine Art Steuerungsfunktion übernehmen.
- Das allgemeine didaktische T. bietet eine Art Suchfunktion für zentrale Aspekte von Unterricht, und dies sowohl für die Planung als auch für die Analyse.
- Die Ausbildung von ➪ Routine hat, bezogen auf den Unterrichtsalltag, viele positive Seiten; die negativen Seiten können durch Reflexion vor dem Hintergrund didaktischen T. aufgehoben werden.

Die grundlegende Frage *vor* jeglichem pädagogischen T. lautet: *Woraufhin und wofür sollen die Kinder und Jugendlichen geschult und erzogen werden*? – Erst wenn man für sich diese Frage nach dem ➪ Menschen- und Gesellschaftsbild, für das man eintreten will, beantwortet hat, kann man aus dem Angebot des allgemeinen pädagogischen T., insbesondere aus den Modellen und Konzepten der allgemeinen Didaktik, eine begründete Auswahl im Sinne der Stärkung und Legitimation des eigenen pädagogischen Handeln treffen.

These 1) In der dialektischen ➪ Argumentation die Ausgangsbehauptung, der die Antithese gegenübergestellt wird; beide wiederum werden auf einer höheren (abstrakteren) Ebene in der Synthese »aufgehoben«.

2) Lehr- oder Leitsatz, der den Ausgangspunkt für eine sich anschließende Argumentation bildet. Im Allgemeinen stellt die T. eine Behauptung auf, die begründet werden muss, d.h. sie muss durch Grundsätze (wissenschaftliche Aussagen, Handlungs- oder Bewertungsnormen) oder so genannte »Stützen« (Beobachtungen, Bedürfnisse, anerkannte Regelungen) derart untermauert werden, dass sie für einen Hörer oder Leser im Rahmen einer so genannten »topischen Argumentation« glaubhaft wird.

Thesenpapier Begleitpapier für ein ➪ Schülerreferat, auf dem nicht nur die ➪ Thesen (2) des Referenten aufgeführt sein sollten, sondern auch zentrale Begründungen, wichtige Zitate, Zahlen, Daten, Diagramme oder Quellenangaben und weitere Lesehinweise; kurz alles, was dazu beiträgt, dass man dem Vortrag besser folgen kann, dass die Einzelheiten besser behalten und mitverfolgt werden können, dass wesentliche Inhalte gesichert sind und eine weitere Beschäftigung mit dem Thema möglich wird. Das T. sollte nach Möglichkeit eine DIN-A4-Seite nicht überschreiten.

TIMSS Abk. für Engl.: »Third International Mathematics and Science Study«. Die »Dritte Internationale Mathematik- und Naturwissenschaftsstudie« ist eine international vergleichende Schulleistungsuntersuchung, die von der International Association for the Evaluation of Educational Achievement (IEA) durchgeführt wurde. Die IEA ist eine Forschungsorganisation, der überwiegend Regierungseinrichtungen der Mitgliedsstaaten angehören. Die deutsche Forschungsgruppe setzt sich aus drei Partnern zusammen: dem Max-Planck-Institut für Bildungsforschung (MPIB), dem Institut für die Pädagogik der Naturwissenschaften an der Universität Kiel (IPN) und der Humboldt-Universität zu Berlin. TIMSS steht in einer fast vierzigjährigen Tradition internationaler Schulleistungsvergleiche, die in weltweiten Forschungskooperationen durchgeführt wurden. Mit TIMSS wurden 15 Jahre nach den letzten IEA-Studien wieder verlässliche Daten zu den Leistungen von mehr als einer halben Million Schüler aus rund 15000 Schulen in 46 Ländern ermittelt und Hintergrundinformationen über den Unterricht, die Lehrer, die Schulen sowie Aspekte der außerschulischen Lebensumwelt der Schülerinnen und Schüler gewonnen.

Mit TIMSS wurden zum ersten Mal gleichzeitig die Mathematik- und Naturwissenschaftsleistungen von Schlüsseljahrgängen in der Grundschule (TIMSS / Population I), in der Sekundarstufe I (TIMSS / Population II) und Sekundarstufe II (TIMSS / Population III) untersucht, wobei Deutschland sich an der Untersuchung der Populationen II und III beteiligt hat. Der Abschlussbericht von TIMSS III lag im Herbst 2000 vor.

Weitere Informationen unter: www.timss.mpg.de/

träges Wissen Bezeichnung für ein ➪ Wissen, das (nahezu) funktionslos und eher zufällig und nur für einen bestimmten Zweck, z.B. das Bestehen einer Klausur, erworben wird. Meist handelt es sich beim Erwerb von t.W. um ➪ rezeptives Lernen, dessen Inhalte nicht zweifelsfrei mit vorhandenem Wissen verknüpft werden können.

Training Auch: ➪ Übung; ➪ Trainingsunterricht ist eine Variante des systematischen ➪ Lehrgangs. Beim T. werden Kenntnisse, Fähigkeiten und Fertigkeiten geübt, und zwar in der Regel gemäß einem aufbauenden, progressiven Programm. Ein Beispiel für ein solches T. zu ➪ Lern- und ➪ Arbeitstechniken, das allerdings noch im Einzelnen weiter ausgeführt werden müsste, könnte so aussehen:

- Nachdenken über Lernen im gemeinsamen Unterrichtsgespräch
- Methoden der Informationsbeschaffung und -erfassung
- Methoden der Informationsverarbeitung und -aufbereitung
- Methoden der Arbeits-, Zeit- und Lernplanung

Trainingsunterricht Eine der Grundformen des ➪ Unterrichts bei W. Klafki (1985). Der T. ist als notwendiger Bestandteil der übrigen Grundformen, insbesondere des Lehrgangs und des eigenständigen fachlichen bzw. ➪ fächerübergreifenden Unterrichts, anzusehen; er dient zur ➪ Ergebnissicherung, ➪ Übung, Anwendung und ➪ Habitualisierung des Gelernten.

Transaktionsanalyse Die T. kommt aus der therapeutischen Tradition, hat sich aber auch in pädagogischen Zusammenhängen bewährt. Als *Transaktion* wird die kleinste kommunikative Einheit bezeichnet, die aus dem verbalen Beitrag (einschließlich der nichtverbalen Signale) eines Sprechers und der Antwort bzw. Reaktion des Angesprochenen besteht. Zahlreiche solcher Transaktionen bilden ein Gespräch, wobei die Rollen des Sprechers und des Angesprochenen wechseln.

Die T. stellt ein Instrumentarium bereit, um als problematisch empfundene oder misslungene Kommunikationsabläufe zu untersuchen und nach den Ursachen für das Misslingen zu forschen. Den zentralen Ausgangspunkt der T. bildet das Ich-Zustandsmodell:

1. Der Erwachsenen-Ichzustand (ER) ist der Teil, mit dem Menschen im Hier und Jetzt die Realität erleben. Sie nehmen Informationen auf und verarbeiten sie, erkennen Zusammenhänge, wägen ab, ziehen Schlussfolgerungen, treffen auf dieser Basis Entscheidungen. Im ER verhalten sich Menschen überwiegend sachlich, logisch und konsequent.
2. Der Eltern-Ichzustand ist der Teil, mit dem Menschen denken, fühlen und sich verhalten, wie sie es bei ihren Eltern und anderen Autoritätspersonen erlebt haben, als sie noch Kinder waren, bzw. wie sie es als Kinder erleben. Sie entwickeln Fürsorglichkeit und Verantwortung. Dabei vertreten sie z. T. verinnerlichte Anweisungen, Grundsätze, Normen, Regeln usw., die sie bisweilen fast automatisch und oft unreflektiert benutzen („So macht man das eben …“).
   Je nach Ausprägung kennt man das fürsorgliche Eltern-Ich (fEL) und das kritische Eltern-Ich (kEL).
3. Der Kindheits-Ichzustand ist der Teil, in welchem Menschen so denken, fühlen und sich verhalten, wie sie es als Kinder konnten und taten. Dieses Potential ist immer noch in uns vorhanden – das berühmte „Kind im Manne“ (oder in der Frau), das lacht und weint, intuitiv und kreativ denkt und spontan an der eigenen Lust orientiert handelt.
   Je nach Ausprägung kennt man das freie Kindheits-Ich (fK), das angepasste (aK) oder das rebellische Kindheits-Ich (rK).

Diese drei Ich-Zustände bilden die Grundstruktur unserer Persönlichkeit. Wie sie im Einzelnen ausgeprägt sind, wie wir welchen Ich-Zustand in bestimmten Situationen mit Energie besetzen und wie wir ihn in der Kommunikation mit anderen benutzen, das macht die Einmaligkeit unserer Persönlichkeit aus.

Beispiele für Transaktionen, bei denen die Erwartungen jeweils erfüllt werden:

- ER ⟷ ER
  Wie spät ist es? – Kurz vor zwei.
- kEL ⟷ aK
  Heb gefälligst das Papier auf! – Oh Verzeihung, das hatte ich gar nicht gesehen!
- aK ⟷ fEL
  Das kann ich wieder nicht. – Macht doch nichts. Ich helfe dir.

Antwortet eine Person nicht aus dem angesprochenen Ich-Zustand und reagiert damit nicht den Erwartungen gemäß, so spricht man von einer »gekreuzten Transaktion«. Sie führt beim Sprecher zu einer Irritation, die eine Neuorientierung innerhalb der Kommunikation erforderlich macht bzw. machen müsste.

Beispiele für gekreuzte Transaktionen:

- ER ⟷ ER wird kEL ⟷ aK
  Wie spät ist es? – O, ja; es ist schon reichlich spät.
  Sprecher ist in der Rolle ER und erwartet ER.
  Der Angesprochene sieht im Sprecher kEL und reagiert mit aK.
- kEL ⟷ aK wird kEL ⟷ rK
  Heb gefälligst das Papier auf! – Warum immer ich?! Hier sind so viele andere.
  Sprecher ist in der Rolle des kEL und erwartet aK.
  Der Angesprochene sieht den Sprecher zwar in der Rolle des kEL, reagiert aber mit rK.

»Verdeckte Transaktionen« entstehen dann, wenn zwei Ebenen oder Ich-Zustände angesprochen bzw. vermengt werden oder wenn ein Ich-Zustand zwar wirksam, aber sozusagen unter der Oberfläche bleibt.

Beispiel für eine verdeckt Transaktion:

- Lehrer zum Schüler: *„Wenn du es nicht mehr schaffst, dann höre auf."*
  Verdeckt: *Du machst sowieso schlapp.*

Als ein weiteres Analyse-Instrument für eine ganze Reihe von problematischen Kommunikationsabläufen, wie dies etwa die ⇨ Ränkespiele darstellen, bedient sich die T. des ⇨ Dramendreiecks.

Weitere Einzelheiten bei C. Nowak (1995), G. Henning / G. Pelz (2002).

Transfer Dt.: Übertragung.

1) In der Lernpsychologie wird mit T. der Vorgang bezeichnet, bei dem Gelerntes auf neue Sachverhalte übertragen wird. Im Allgemeinen unterscheidet man zwei Arten:

a) *Spezieller Übungstransfer*: Wenn ein Schüler oder eine Schülerin gelernt hat, wie man Gedichte vorträgt, wird er oder sie auch in der Lage sein, z.B. die gelernten Intonationsmuster auf das szenische Spiel zu übertragen oder im privaten Kreis eine Geburtstagsrede intonatorisch ansprechend zu halten.

Beim speziellen T. unterscheidet man einen positiven von einem negativen T. Wirkt im einen Fall die Übung bestimmter Aufgaben förderlich für die Lösungen anderer, so kann im anderen Fall die Übung einen solchen T. auch hemmen (z. B. Übung mit negativen Begleiterscheinungen wie ➪ Angst).

b) *Allgemeiner Begriffstransfer*: Wenn Schüler und Schülerinnen zunehmend mehr allgemeine ➪ Begriffe erlernen, bietet ihnen dies nach einiger Zeit die Möglichkeit, neue Lerngegenstände als Sonderfälle eines solchen allgemeinen Begriffs zu erkennen. Lernen nach allgemeinen Begriffen und Kategorien (➪ kategoriale Bildung) führt zu vertieftem ➪ Verständnis und dazu, die Struktur eines Sachbereichs zu überblicken. Es ist die beste Voraussetzung für T. und ➪ entdeckendes Lernen.

Die Frage des allgemeinen T. ist auch im Zusammenhang mit der ➪ Exemplarität von Unterrichtsgegenständen diskutiert worden; denn in der Regel ist nur ein solcher Unterrichtsgegenstand geeignet, allgemeine Begriffe zu erzeugen, der auch exemplarisch ist und umgekehrt.

2) Auch: Transferenz; die Übernahme einer sprachlichen Erscheinung (wie Wörter, Wortverbindungen, Bedeutungen) aus einer Fremdsprache in die Muttersprache; von daher auch: Einflüsse der Muttersprache beim Fremdsprachenerwerb. In der Fremdsprachendidaktik kennt man z. B. den negativen T. als fehlerhafte Übertragung von Strukturen der Muttersprache auf die Zielsprache (als so genannten »Germanismus«).

Transparenz Dt.: Durchsichtigkeit; bezogen auf Ausbildung und Unterricht bedeutet T., dass den Lernenden die Zielsetzung deutlich und die Arbeitsabläufe durchschaubar sind, schon bevor sie mit der eigenen Arbeit beginnen. T. wird insbesondere durch einen ➪ informierenden Unterrichtseinstieg oder eine ➪ thematische Landkarte hergestellt. Aber auch im herkömmlichen Unterricht sollte in der Regel dann, wenn die ➪ Problemfrage aufgeworfen oder das ➪ Unterrichtsthema gestellt ist, allen Schülern und Schülerinnen klar sein, worum es im Folgenden gehen wird, welchen Stellenwert die ➪ Lernmittel und ➪ Unterrichtsmedien haben, welches die ➪ Lernziele sind und mit welchen ➪ Fachmethoden sie am besten zu erreichen sind; es sei denn, einer dieser Aspekte ist selbst Gegenstand und soll im ➪ entdeckenden Unterricht erarbeitet werden.

Traumreise Auch: ➪ Phantasiereise; die ➪ Ich-Erfahrung förderndes ➪ Handlungsmuster. Die T. läuft wie folgt ab: Die Lerngruppe (als die Hörer bzw. »Träumenden«) begeben sich in Gedanken auf eine Reise durch ein unbekanntes Land, das ihnen von einem Sprecher (das ist meist der Lehrer oder die Lehrerin) »vorgestellt« wird. Hierzu nehmen sie eine bequeme Sitzhaltung ein oder legen den Kopf auf die gekreuzten Arme und schließen die Augen. Eine T. muss vom Sprecher gut vorbereitet werden, insbesondere was die Bedingungen der Lerngruppe angeht; denn diese muss willig und bereit sein, sich auf eine solche Reise zu begeben, und ihr muss der Sinn und Zweck klar sein.

Eine T. kann z. B. eingesetzt werden, um die Lerngruppe auf eine neue Lektüre einzustimmen, deren Handlung in einem fremden Land spielt; sie führt dann möglicherweise über „weite, duftende Weiden" – durch „hügeliges, bewaldetes Land" – jeder hört „Vogelstimmen" und „schaut den Wolken nach" – man muss durch eine „dornige Hecke kriechen“ und „spürt, wie die Dornen die Haut ritzen“ – gelangt schließlich „an einen Strand“ – „geht barfuß über feinen warmen Sand“ usw.

Im Anschluss an die T. äußert jeder Einzelne, was er oder sie »gesehen« und empfunden hat. Die Übung kann dazu dienen, in ein neues Unterrichtsthema einzustimmen; sie hat darüber hinaus den Effekt, dass Schüler und Schülerinnen ermuntert werden, über Gefühle und Stimmungen zu sprechen, wozu sie ansonsten recht wenig Gelegenheit haben.

Beispiele: K.-H. Fleckenstein (1996), H. Rousseau / S. Pfleger (1997).

Typ Dt.: Gepräge, Form, Muster.

1) Grundform, prägendes Beispiel, in der Philosophie auch »Urbild«; in der Lehre vom ➪ Begriff und der ➪ Begriffsbildung wird u. a. die *Prototypen-Theorie* vertreten.

2) Person, die nicht als Individuum betrachtet wird, sondern im Hinblick auf bestimmte (charakterliche) Merkmale, die sie mit anderen einer Gruppe gemeinsam hat. Von daher wird eine ➪ Typisierung bestimmter Menschen verständlich.

Typisierung Typenbildung, Einteilung nach ➪ Typen; im Alltag hängen T. eng mit ➪ Rollenzuschreibung, aber auch mit ➪ subjektiven Theorien und Vorurteilen zusammen. Dies hat seine besonderen Auswirkungen im Bereich von Schule und Ausbildung; denn auch Schüler und Schülerinnen werden nicht selten von einer Lehrperson typisiert wahrgenommen und beurteilt. So gibt es T. wie z. B. die »intelligente Schülerin«, der »Klassenclown«, der »coole Typ«, der »Schweigsame« usw., die u. a. folgende Auswirkungen haben können:

1. der »intelligente Schüler« (T.: begabt, fleißig, aktiv, meistens diszipliniert)
   Erklärungsmuster beim Lehrer oder der Lehrerin

a) bei richtiger Antwort: Wissen, Begabung, Konstanz, Interesse.
   Folgen: positive Rückmeldung durch die Lehrperson, Lob, Antwort wird weiter verarbeitet.

b) bei falscher Antwort: punktuelle Unaufmerksamkeit, Aussetzer, »Blackout«.
   Folgen: Ermunterung zur Weiterarbeit, Nachfrage, Angebot von Zusatzinformation.

2. der »schwache Schüler« (T: unbegabt, überfordert, fehlendes Interesse, antriebsschwach)
   Erklärungsmuster beim Lehrer oder der Lehrerin

a) bei richtiger Antwort: Zufall („Ein blindes Huhn ...“), leichte Frage, punktuelle Anstrengung.
   Folgen: intensives Lob, Aufmunterung, weitergehende Einbeziehung durch leichte Fragen.

b) bei falscher Antwort: mangelnde Intelligenz, fehlende Arbeitshaltung, Unaufmerksamkeit.
   Folgen: Übergehen, resignative Kritik, eher unstrukturierte Hilfestellung.

Derartige T. sind zwar verständlich, sollten aber durch ➪ Metareflexion kontrolliert werden: Warum nehme ich an, dass dieser Schüler bzw. diese Schülerin genau diese oder jene Eigenschaften hat? Warum führe ich eine Schüleraktion genau auf diese oder jene Charaktereigenschaften zurück? Warum reagiere ich auf Schüler A anders als auf Schüler B? usw.

TZI ➪ Themenzentrierte Interaktion.

✳ ✳ ✳

Überprüfbarkeit Auch: Erweisbarkeit, ➪ Erfolgskontrolle; eine der zentralen Kategorien des ➪ Perspektivschemas zur Unterrichtsplanung von W. Klafki (1985). Nach der Ermittlung der ➪ thematischen Struktur und der Festlegung der ➪ Teilziele ist hier zu fragen: „Wie, an welchen erworbenen Fähigkeiten, welchen Erkenntnissen, welchen Handlungsformen, welchen ‘Leistungen’ im weiteren Sinn des Wortes soll sich zeigen und soll beurteilt werden, ob die angestrebten Lernprozesse bzw. Zwischenschritte als erfolgreich gelten können?“ Eine solche ➪ Lernzielüberprüfung kann am solidesten bei weitgehender ➪ Operationalisierung erfolgen. Allerdings distanziert sich Klafki von den damit häufig verbundenen „behavioristisch-lernpsychologischen Vorstellungen“. Vielmehr sollen „einleuchtende Symptome“ gemeinsam von der Lerngruppe und dem Lehrer bzw. der Lehrerin benannt werden, an Hand derer ersichtlich wird, ob die Schüler und Schülerinnen einen Fortschritt in dieser oder jener Richtung gemacht haben.

Überstunden ➪ Mehrarbeit.

Überzeugungswissen Wenig geprüfte ➪ subjektive Theorien, die meist unbefragt unser Denken und Handeln leiten. Auch das ➪ didaktische Handeln von Lehrern und Lehrerinnen ist an Ü. gebunden, was insbesondere im Bereich der ➪ Benotung und ➪ Bewertung von nicht zu unterschätzender Bedeutung sein kann. „Denn die allgemeine Tatsache, dass man bevorzugt das wahrnimmt, was man wahrzunehmen erwartet, führt häufig zu Beobachtungsverzerrungen und -einseitigkeiten.“ (G. Bovet / V. Huwendiek, ^{2}1998)

Beispiele für Ü. finden sich in Urteilen wie: „Mädchen sind technisch weniger begabt als Jungen“ oder: „In Lateinklassen finden sich die besseren Schüler und Schülerinnen.“

Übung Die Ü. als ➪ Handlungsmuster dient im Allgemeinen der ➪ Ergebnissicherung; geübt wird, wenn die »eigentliche« Erarbeitung beendet und die Ergebnisse den Schülern und Schülerinnen im Gesamtzusammenhang bekannt sind. Doch dies muss nicht notgedrungen so sein; die intensive Ü. kann auch einen Sach- oder Problemzusammenhang erschließen helfen. Deshalb ist es auch nicht ganz zutreffend, dass die Ü. zwangsläufig die Motivation und Konzentration der Lernenden voraussetzt; sie kann auch geradezu eingesetzt werden, um unruhige oder gering motivierte Klassen zu konzentrierter Arbeit anzuregen. Das intensive Üben kann dazu beitragen, die eigene Leistungsfähigkeit und den eigenen Leistungswillen auszuloten und zu erproben. Einige Faktoren können diese Möglichkeit erhöhen:

- der Gegenstand der Ü. ist für den Schüler bzw. die Schülerin subjektiv bedeutsam,
- das Üben ist mit einem hohen Grad an ➪ Selbsttätigkeit verbunden,
- die Ü. erfolgt nicht in zusammenhanglosen Einzelaktivitäten, sondern in sinnvollen und strukturierten Zusammenhängen,
- das Üben fällt leichter, wenn die Schüler und Schülerinnen über Kategorien, Prinzipien, Regeln oder einen übergreifenden systematischen Zusammenhang verfügen,
- erleichternd für das Üben wirkt sich die Verknüpfung des Neuen mit bereits vorhandenen Wissensbeständen aus (➪ Vernetzung),
- zu achten ist ebenfalls auf die Tatsache, dass nicht alle Schüler und Schülerinnen auf den gleichen Wegen lernen, dass man es mit unterschiedlichen ➪ Lerntypen zu tun hat,
- das ➪ Behalten wird verbessert, wenn Ü. in regelmäßigen Abständen kontinuierlich erfolgen, wenn das Geübte immer wieder reaktiviert und angewendet wird.

Generell sollte das Üben nicht mit der ➪ Bewertung der Schülerleistung verknüpft werden, auch wenn dies aus zeitökonomischen Gründen oft nahe liegt. Gerade dort, wo Automatisierungsprozesse angestrebt werden, wie etwa im Beherrschen der Grundrechenarten oder im Rechtschreibunterricht, sollte der Ü. ein breiter Raum gewährt werden. Hierbei sind in der Unterstufe regelmäßige kleine Einheiten (z. B. Kopfrechnen vor jeder Mathematikstunde oder das »Fünf-Minuten-Diktat« zu Beginn einer jeden Deutschstunde) wirkungsvoller als gelegentliche ganze Übungsstunden.

Unterschieden werden sollte von einem expliziten Üben (➪ Übungsphase) das implizite Üben in komplexen unterrichtlichen Zusammenhängen. Wenn die Schüler und Schülerinnen z. B. eine ➪ Pro-und-Kontra-Diskussion durchführen, klären sie nicht nur Sachfragen, sondern sie üben gleichzeitig z. B. ihre Sozial- und Sprachkompetenzen.

Weitere Einzelheiten in: Themenheft »Üben und Wiederholen« der Zs. Pädagogik 10 (1998); Friedrich Jahresheft XVIII »Üben und Wiederholen« (2000).

Übungsphase Relativ selbstständige Unterrichtseinheit im ➪ Artikulationsschema, z. B. die 5. Stufe im lernpsychologischen Modell von H. Roth: Stufe des Behaltens und Einübens. Die ➪ Übung dient hier im Allgemeinen der ➪ Ergebnissicherung.

Übungsstationen Das ➪ Lernen an Ü. ist eine Methode, die vornehmlich in der Sekundarstufe I eingesetzt wird; es kann folgendermaßen ablaufen:

- Der Lehrer bzw. die Lehrerin hat der Lerngruppe das Verfahren sowie die Ziele der Arbeit erläutert.
- Auf einzelnen Tischen im Klassenraum befinden sich Karteikarten oder Arbeitsbögen mit Anleitungen und Aufgaben.
- Die Schüler und Schülerinnen bestimmen selbst, in welcher Reihenfolge und mit welcher Intensität sie an den einzelnen Ü. arbeiten.
- Einzelne Aktivitäten können sein: Wortschatzübungen, Vokabeltraining, Übungen zur Grammatik, Lösung von Rechenaufgaben, Umgang mit Formeln, Grafiken, statistischem Material, Anwenden von Methoden u. dgl.

- An einer »Kontrollstation« kann das erworbene Wissen überprüft werden (z. B. kurze Kontrollaufgaben).
- Sind die einzelnen Arbeitsaufträge hinreichend operationalisiert, können die Schüler und Schülerinnen über ein Lösungsblatt mit Punkteverteilung ihren Lernerfolg selbst überprüfen.
- Für eine Reihe von Aufgaben bietet sich auch ⇨ Partnerarbeit an (z. B. Entwurf eines Dialogs).
- Die Arbeit an den Stationen kann dadurch zusätzlich interessant gemacht werden, dass die Schüler und Schülerinnen in ⇨ Gruppenarbeit – nach Anweisung der Lehrperson – die Übungen, Aufgaben- und Lösungsblätter selbst gestalten.

Zahlreiche Anregungen bei P. Hölscher / E. Rabitsch (1993), R. Bauer (1998).

Umrissplanung In seinem ⇨ Hamburger Modell unterscheidet W. Schulz (^{3}1981) vier Ebenen der ⇨ Unterrichtsplanung, von denen die zweite Ebene die U. darstellt; Schulz nennt sie auch das „Kernstück der Unterrichtsplanung in der Alltagspraxis". Im Rahmen der U. werden die zentralen Aspekte der ⇨ Didaktischen Analyse reflektiert und entschieden:

1. ⇨ Lernziele (Intentionen und Themen) des Unterrichts,
2. ⇨ Ausgangslage des Unterrichts (z. B. Lernvoraussetzungen, schulorganisatorische Bedingungen),
3. Vermittlungsvariablen (⇨ Methoden und ⇨ Medien),
4. ⇨ Erfolgskontrollen (interne Kontrollen und Selbstkorrektur, außenwirksame Benotung).

Mit der U. sind folgende Funktionen verbunden:

- handlungserleichternde Reduktion und Bewahrung notwendiger Komplexität,
- Verknüpfung der Planungsmomente, von denen angenommen wird, dass sie in einem Implikationsverhältnis stehen,
- Vermeiden von Einseitigkeiten und Herstellen einer dynamischen ⇨ Balance,
- Eröffnung einer emanzipatorischen Perspektive im Rahmen der ⇨ Themenzentrierten Interaktion und Rückbindung an die ⇨ Perspektivplanung.

Umstrukturierung ⇨ Problemlösen.

Umwelterziehung Eine der zentralen Zukunftsaufgaben von Schule; denn es lässt sich zeigen, dass der pflegliche Umgang mit der Natur und ihren Ressourcen sowohl historisch als auch psychologisch nur wenig im Bewusstsein verankert ist. Auf der einen Seite hat die christliche Lehre die Vorstellung genährt, wonach der Mensch als Herr über die Natur gesetzt war, die ihm zu dienen hatte; auf der anderen Seite führte die Entfremdung des modernen Menschen immer weiter weg von primären sinnlichen Erfahrungen, die eine Selbstverpflichtung zur Bewahrung der Natur nahegelegt hätten.

Hier nun setzt die U. an, die auch eine ⇨ Werteerziehung ist. Eine ihrer Aufgaben sieht sie in der »ökologischen Zivilisierung« der jungen Menschen durch die Vermittlung von

Sachwissen, Einsichten und Handlungsalternativen mit dem Ziel einer »nachhaltigen Entwicklung« (*sustainable development*), wie sie auf den internationalen Umweltkonferenzen (zuerst 1972 in Stockholm, 1992 noch einmal in Rio de Janeiro) erarbeitet und zur Umsetzung empfohlen wurde. Der Ausdruck »Nachhaltigkeit« bezeichnet eine Wirtschaftsweise, bei der nicht mehr geerntet wird, als jeweils nachwächst; in diesem Sinne ist er auf die natürlichen Ressourcen und die Umweltfaktoren übertragen worden.

Zentrale Dimensionen des Themas sind

- seine globalen Ausmaße (Industrieländer / Dritte-Welt-Länder),
- seine ökonomischen Erfordernisse (Wachstum / Entwicklungshilfe),
- seine ökologischen Grundlagen (Ausbeutung / Bewahrung / nachhaltige Entwicklung),
- seine sozialen Auswirkungen (Bildung, Wohlstand / Unwissenheit, soziales Elend).

Hinzu kommt ein Bewusstsein von der Vernetzung dieser Dimensionen, die in ein zukunftsfähiges Gleichgewicht gesetzt werden müssen.

Gegenstand der U. ist im Kern das Verhältnis des Menschen zur Natur; ihr Ziel ist es, die Schüler und Schülerinnen zu befähigen und zu motivieren, spezifisches Sachwissen zu erwerben, ihre Wahrnehmungsfähigkeit und ihr Problembewusstsein im Hinblick auf die Dimensionen des Themas »Umwelt« zu schulen sowie ihre Bereitschaft zu umweltgerechtem Verhalten (ggf. zur Veränderung von eingefahrenen Gewohnheiten) zu entwickeln. Hierzu sind im Wesentlichen drei didaktische Konzepte entwickelt worden:

- *Sinnliche Erfahrung der Natur machen und verarbeiten*: Überwindung der Entfremdung des Menschen von der Natur, Ermöglichung von Primärerfahrungen, Lernen mit allen Sinnen.

- *Lokale Probleme erkunden und bearbeiten*: Erkunden von Umweltproblemen im Nahbereich, Einsicht in die Notwendigkeit, das eigene Verhalten zu verändern, persönliche Betroffenheit erzeugen und nutzen.

- *Globale Verflechtungen kennenlernen und reflektieren*: Zusammenhang zwischen ökologischen, ökonomischen und sozialen Aspekten; kulturelle und historische Hintergründe.

Diese Ansätze können, sofern sie eindimensional ausgerichtet sind, zu thematischen Verkürzungen führen (einseitige Schuldzuweisung, Entschuldigung des Einzelnen, Vernachlässigung der ökonomischen Dimension u. dgl.). Schon aus diesem Grunde sollten viele Fächer in gemeinsamen Unterrichtsvorhaben in die U. eingebunden werden. Die Behandlung des Themas »Umwelt« gilt als eines der ➪ Schlüsselprobleme unserer Gegenwart und Zukunft; methodisch ist es für den ➪ fächerverbindenden sowie den ➪ Projektunterricht prädestiniert; als »Querschnittsaufgabe« sollte es von allen Fächern und Bildungsbereichen – von der Primarstufe bis in die Sekundarstufe II hinein – aufgegriffen werden. Vorschläge hierzu liegen bereits vor, z. B. zum Thema »Wald« (R. Düring, 1991).

Weitere Einzelheiten bei H. Bölts (1995), D. Bolscho / H. Seybold (1996), A. Braun (1998), W. Kaiser (1998), M. Pappler (1999), H. Rode u.a. (2001).

Unfall Nach einem U., der eine gesundheitliche Schädigung befürchten lässt, hat die Lehrkraft, die hiervon zuerst Kenntnis erhält, im Rahmen der Ersten Hilfe die vorläufige Versorgung der oder des Verletzten in die Wege zu leiten. Die Schulleiterin oder der Schulleiter ist über den Unfall unverzüglich zu verständigen. Da die Erste Hilfe die ärztliche Behandlung nicht ersetzen kann und darf, ist die nächstmögliche ärztliche Hilfe sicherzustellen. Die Erziehungsberechtigten werden durch die Schulleitung alsbald unterrichtet.

Jeder Unfall, der zu einer ärztlichen Behandlung führt, ist unter Verwendung der vorgeschriebenen Unfallanzeige unverzüglich dem zuständigen Unfallversicherungsträger (z.B. einer Landesunfallkasse oder einem ⇨ GUVV) zu melden (ASchO, § 46).

Unfallverhütung Die ⇨ ASchO (§ 46, 1ff.) legt fest, dass die U. im Zusammenwirken mit allen Beteiligten erfolgen muss; die Bemühungen sollen vor allem darauf hinzielen, das Sicherheitsbewusstsein der Schüler und Schülerinnen zu wecken und zu schärfen. Dem Schulleiter obliegt die Durchführung der U. im inneren Schulbereich; zu diesen Maßnahmen gehört die Meldung von Sicherheitsmängeln an den Schulträger, der Einsatz von ⇨ Sicherheitsbeauftragten sowie die Organisation der ⇨ Aufsicht.

In zahlreichen Fällen haben die Fachlehrer und Fachlehrerinnen in besonderem Maße auf die U. zu achten: bei Exkursionen und auf Schulfahrten (⇨ Wandererlass), im naturwissenschaftlich-technischen Unterricht (z.B. Umgang mit gefährlichen Stoffen), im Sportunterricht (z.B. Hilfestellung leisten).

Unruhe 1) Kennzeichen für innere oder motorische U. bei Schülern oder Schülerinnen sind einerseits deren Unfähigkeit, sich über eine Zeitspanne, die ihrem Alter gemäß ist, hinaus zu konzentrieren oder still zu sitzen (das sind in Klasse 5 bis 7 ca. 20 Minuten); andererseits deren rastlose und z.T. unmotivierte motorische Aktivitäten, die nicht auf die schulischen Aufgaben bezogen sind. Diese so genannten hyperaktiven Kinder sind oft impulsiv, nur gering belastbar und ohne Frustrationstoleranz. Die zu konstatierenden ⇨ Konzentrationsmängel führen in der Regel zu ⇨ Lernproblemen und ⇨ Schulschwierigkeiten. Der Fachlehrer oder die Fachlehrerin ist beim Umgang mit solchen Kindern – vor allem in größeren Lerngruppen – überfordert; von daher ist die Zusammenarbeit mit Kollegen, Eltern und ggf. mit einem Schulpsychologen unerlässlich.

2) Auch: ⇨ Unterrichtsstörung; die unmotivierte U. in einer Klasse kann zu ⇨ Konflikten führen; diese sollten durch frühzeitig eingeübte ⇨ Rituale und Vereinbarungen (⇨ Prävention) bereits im Vorfeld ausgeschaltet werden (⇨ Konfliktvermeidung). Eine gewisse »produktive Unruhe«, etwa bei ⇨ Gruppenarbeit oder handlungsorientierten Phasen, sollte dagegen toleriert werden. In jedem Fall empfiehlt es sich, die Gründe für oder gegen U. im Unterricht der Lerngruppe explizit zu erklären und Grenzen aufzuzeigen.

Unterhaltung Lockere Gesprächsform, die weder ausgesprochen zielgerichtet noch ergebnisorientiert verläuft. Im Unterricht dient die U. im Wesentlichen der Pflege des sozial-emotionalen ➪ Lernklimas in einer Klasse oder einem Kurs und sollte von daher »wohldosiert« angewendet werden.

Eine weitere pädagogische Funktion der Unterhaltung als ➪ Handlungsmuster ist die Thematisierung von latenten oder aktuellen ➪ Konflikten innerhalb der Lerngruppe oder mit dem Lehrer bzw. der Lehrerin.

Unterricht Die Klassifizierung des intentionalen und institutionalisierten ➪ Lehr-Lern-Prozesses, der U. genannt wird, lässt sich nach unterschiedlichen Gesichtspunkten durchführen. Jeder Unterricht

- ist als Prozessstruktur nach ➪ Unterrichtsphasen (die auf J. F. Herbarts ➪ Formalstufen des Unterrichts zurückgehen) gegliedert,
- lässt sich als Beziehungsstruktur einer ➪ Großform oder einer der vier ➪ Sozialformen zuordnen,
- verläuft als Handlungsstruktur in einem der zahlreichen ➪ Handlungsmuster.

W. Klafki (1985) unterscheidet vier Grundformen von U. Dies sind:

1. die Großform des ➪ Projektunterrichts, gebunden an ➪ Handlungs- und ➪ Produktorientierung;
2. systematische ➪ Lehrgänge, die der Erarbeitung bzw. Aneignung relativ geschlossener Stoffgebiete dienen;
3. mehrperspektivisch strukturierter Fach- oder ➪ fächerübergreifender Unterricht, bei dem ➪ exemplarisches und orientierendes Lernen abwechseln, der an die subjektiven Schülerinteressen und -erfahrungen anknüpft, um diese dann in Richtung einer umfassenderen Perspektive und objektivierbarer Ergebnisse zu erweitern;
4. weitgehend Ergebnis sichernder ➪ Trainingsunterricht zum ➪ Üben und Anwenden des zuvor Erarbeiteten.

Für die Planung und Durchführung von Unterricht lässt sich eine Reihe von Prinzipien angeben, wie z. B. das Prinzip der ➪ Zielorientierung (1), der ➪ Problemorientierung, der ➪ Lernprogression, der ➪ Methodenvielfalt und ➪ Selbstständigkeit, des ➪ strukturierten Lernens sowie der ➪ Wissenschaftspropädeutik. Je nach der Akzentuierung und Realisierung dieser Prinzipien unterscheidet man Unterricht als aufgebenden, darbietenden (➪ Darbieten), erarbeitendenden oder entdecken lassenden Unterricht (➪ entdeckendes Lernen), als eher lehrer- oder schülerorientiert (➪ Schülerorientierung), als ➪ lernziel-, ➪ problem- oder ➪ erfahrungsorientiert, handlungs- und produktorientiert; als besondere Formen den ➪ offenen oder den ➪ fächerverbindenden U., ➪ Anfangs-, ➪ Epochen- oder ➪ Förderunterricht.

Unterrichten Eine der leitenden ➪ Berufsfunktionen von Lehrern und Lehrerinnen; ihre Hauptaufgabe ist es, im ➪ Lehr-Lern-Prozess die Schüler und Schülerinnen in die Lage zu versetzen, sich zunehmend selbstständig Kenntnisse und Fähigkeiten anzueignen, die zur Auseinandersetzung mit der Lebenswelt notwendig sind. Deshalb müssen Deutschlehrer und -lehrerinnen in der Lage sein, fachdidaktisch und methodisch fundiert den Fachunterricht zu leiten (➪ Fachmethode) und zu begleiten, zugleich aber auch in ➪ Kooperation mit Kollegen und Kolleginnen die Grenzen des Faches zu überschreiten, um den Schülern und Schülerinnen ➪ fächerübergreifendes Lernen, Fragen, Denken und Handeln zu ermöglichen.

„Unterricht muß langfristig die Selbständigkeit und Eigentätigkeit der Schülerinnen und Schüler fördern und auf die Einübung von Lern- und Arbeitshaltungen ausgerichtet sein. Deshalb ist Unterricht so zu strukturieren, daß die Begriffe klar, die Beziehungen deutlich und die Sachverhalte durchschaubar sind; methodisch abwechslungsreich, konzentriert auf das Wesentliche, werden möglichst alle Schülerinnen und Schüler in den Lernprozeß einbezogen, wobei Rücksicht auf die unterschiedlichen Lerngeschwindigkeiten zu nehmen ist. Die soziale Komponente des Unterrichts zeigt sich insbesondere in einer lernfördernden Atmosphäre, einem von gegenseitiger Achtung bestimmten Umgangston und der konsequenten Einübung von Standards der Aufmerksamkeit und der zielgerichteten Mitarbeit. Die personale Dimension des Unterrichtens erfordert von den Lehrenden die Aufarbeitung der eigenen Lernbiographie, der subjektiven Theorien und der Bilder von Lehrenden und Unterricht; nur so können sie die eigene Lehrerpersönlichkeit selbstreflexiv und die eigene Rolle im Unterricht selbstkritisch gestalten." (»Seminarrahmenkonzept« für Studienseminare für das Lehramt für die Sekundarstufe II in NRW, 1996)

Unterrichtsatmosphäre Sozial-emotionales ➪ Lernklima, das innerhalb einer Lerngruppe sowie zwischen der Lerngruppe und dem Lehrer bzw. der Lehrerin (längerfristig) besteht. Zum Aufbau einer angenehmen und das ➪ Lernen fördernden U. gehören u. a.:

- Gestaltung des Arbeitsraums als Lebens- und als ➪ Lernraum,
- Schaffung einer geregelten und dennoch entspannten ➪ Lernsituation,
- Fähigkeit und Bereitschaft der Lehrperson zu ➪ Akzeptanz, ➪ Empathie und ➪ Kongruenz (2),
- Umsetzung von Prinzipien der ➪ Humanistischen Pädagogik bzw. ➪ Gestaltpädagogik,
- Berücksichtigung der personalen Ebene und des ➪ Beziehungsaspekts bei der ➪ Gesprächsführung,
- Ausgewogenheit des Unterrichts im Sinne der ➪ Themenzentrierten Interaktion,
- Schaffung von ➪ Transparenz für Schüler und Schülerinnen durch kürzer- und längerfristige ➪ Zielorientierung (2) und durch ➪ partizipatorische Planung,
- Klarheit bei den Kriterien für ➪ Beurteilung und ➪ Benotung.

Unterrichtseinstieg ➪ Einstiegsphase.

Unterrichtsentwurf Verschriftlichte ➪ Unterrichtsplanung; in den verschiednen Traditionen der Ausbildung von Lehrern und Lehrerinnen für bestimmte ➪ Schulformen oder ➪ Schulstufen haben sich z. T. recht unterschiedliche Formen eines U. entwickelt. Einige Planungsaspekte erscheinen in der einen oder anderen Variante jedoch überall:

1. Persönliche Daten zum U.: Namen des Kandidaten bzw. der Kandidatin; Datum, Uhrzeit und Ort der Unterrichtsstunde, Klasse bzw. Kurs und Klassenraum, Namen anderer beteiligter Personen;
2. ➪ Unterrichtsthema der Reihe bzw. Sequenz und der Stunde sowie Einordnung der Stunde in den ➪ thematischen Zusammenhang;
3. ➪ Lernziel der Reihe, ➪ Grob- und ➪ Feinziele der Unterrichtsstunde;
4. ➪ Hausaufgaben zur Stunde sowie intendierte Hausaufgaben zur nächsten Stunde;
5. ➪ Verlaufsplan der Stunde mit Informationen zu
   a) den Unterrichts- und Lernschritten,
   b) den Sachaspekten,
   c) den Sozialformen und Handlungsmustern sowie
   d) den geplanten Medien.
6. Anhang mit Hinweisen zum intendierten ➪ Tafelanschrieb, mit Kopien der ➪ Arbeitsblätter, Texte, Tabellen, Folien, Bilder usw. sowie Angabe der benutzten Literatur.

Es empfiehlt sich, sowohl für Zeitknappheit als auch für Zeitüberschuss Alternativen zu planen. Zu fragen ist hier: a) Wann und auf welche Weise kann die Stunde früher enden? b) Was soll geschehen, wenn noch Zeit übrig bleibt? c) Muss möglicherweise in dem einen oder dem anderen Fall die Hausaufgabe geändert werden, da die Lernvoraussetzungen nicht gegeben sind?

Zahlreiche Beispiele bei B. Kroner / H. Schauer (1997).

Unterrichtsformen In einigen Darstellungen synonym zu ➪ Handlungsmuster gebraucht; besondere Aufmerksamkeit verdienen die schüleraktiven U., wie z. B. : ➪ Blitzlicht, ➪ Brainstorming, ➪ Clustering, ➪ Collage, ➪ Expertengespräch, ➪ Fishbowl, ➪ Freiarbeit, handelndes Lernen an ➪ Übungsstationen, ➪ Interview, ➪ Kartenabfrage, ➪ Methode 635, ➪ Mindmapping, ➪ Moderationsmethode, ➪ offener Unterricht, ➪ Planspiel, ➪ Podiumsdiskussion, ➪ Rollenspiel, ➪ Schreibgespräch, ➪ Schülerreferat, ➪ Streitgespräch, ➪ Spielen.

Unterrichtsforschung Auch: Lehr-/ Lernforschung; auf Grund des großen Lehrermangels Ende der 60-er, Anfang der 70er-Jahre des vorigen Jh. wurden verstärkte Anstrengungen sowohl in der Erhöhung der Ausbildungskapazitäten als auch in einem schrittweisen Aufbau einer eigenständigen empirischen Forschungspraxis der einzelnen ➪ Fachdidaktiken unternommen. Dies bedeutete letztlich die Ausdifferenzierung der Didaktik in Theorie und Praxis. Spätestens seit Mitte der 70er-Jahre versteht sich der empirische Teil der Fachdidaktik als »Fachunterrichtswissenschaft«. Zwei Richtungen können hier unterschieden werden:

- die *empirisch-analytische U.*, die der quantitativen Sozialforschung verpflichtet ist; ihr geht es darum, durch Zählen, Messen und Vergleichen empirisch gesicherte Fakten zu ermitteln, um so, gestützt auf komplexe statistische Verfahren und anspruchsvolle Methoden der Validierung (➪ Validität), eine berechenbare Beschreibung der sozialen Wirklichkeit zu erhalten.

- die *interpretative U.*, die der qualitativen Sozialforschung verpflichtet ist; ihr geht es vor allem darum, zwischen dem forschenden und dem erforschten Bereich einen Kommunikationsprozess in Gang zu setzen und zu nutzen, um in einem offenen und reflexiven Forschungsprozess Ergebnisse, aber auch neue Einsichten zu gewinnen. Dies bedeutet, dass gerade im pädagogischen Bereich diejenigen, die erforscht werden, mitdenken und mitlernen sollen, was dann wiederum den Gang der Forschung beeinflussen kann.

Grundlegend: E. Terhart (1978).

Unterrichtsgang ➪ Exkursion.

Unterrichtsgegenstand Auch: Lerngegenstand; jede »kulturelle Einheit« (U. Eco) kann zu einem U. werden, sofern sie in den suchenden Blick des Lehrers oder der Lehrerin kommt. Gefunden werden U. im Allgemeinen aus den Vorgaben der ➪ Lehrpläne und des ➪ Schulcurriculums, den eingeführten Lehr- und Lernmitteln, dem Berufs- und Bildungswissen der Lehrperson, den Empfehlungen von Kollegen und Kolleginnen, der Werbung von Schulbuchverlagen usw.

Die Frage, was zunächst vorhanden ist, ein U. oder eine ➪ Zielorientierung (2), ist wohl müßig, da die Suchwege recht unterschiedlich sein können. In der Regel setzen die Richtlinien und Lehrpläne am Anfang einer ➪ Unterrichtsplanung den thematischen Rahmen; erst bei der konkreten Füllung oder Ausgestaltung desselben kommen einzelne U. in den Blick, die sowohl dem Anspruch des Bildungsgangs als auch den Voraussetzungen der Lerngruppe gerecht werden müssen.

Im weiteren Verlauf der Planungsarbeit, wenn zu dem U. eine didaktisch-methodische ➪ Intention hinzukommt, wird aus dem Gegenstand ein ➪ Unterrichtsthema. Kommt dann noch die intendierte Schüleraktivität hinzu, erhält man ein ➪ Lernziel. Beispiel (Klasse 6):

- Unterrichtsgegenstand
  Modalverben
- Thema
  Die differenzierende Funktion von Modalverben im Textvergleich
- Lernziel
  Die Schüler und Schülerinnen sollen die differenzierende Funktion von Modalverben induktiv im Textvergleich herleiten und beschreiben können.

Unterrichtsgespräch Neben einigen Sonderformen wie ➪ Ergebnis-, ➪ Prüfungs- oder ➪ Sammelgespräch, unterscheidet man im Großen und Ganzen zwei Grundformen des U.:

a) das ➪ offene U., zu ihm gehören: ➪ Diskussion, ➪ Debatte, ➪ Kreisgespräch, ➪ Pro-und-Kontra-Diskussion (Streitgespräch), ➪ Unterhaltung, ➪ Schülergespräch oder ➪ Schreibgespräch;
b) das ➪ gebundene U., zu ihm gehören: das ➪ fragend-entwickelnde und ➪ fragend-reproduzierende U., das ➪ gelenkte U. sowie das ➪ impulsgesteuerte Verfahren.

Für das U. gelten die gleichen Normen und Regeln, wie sie für die ➪ Gesprächsgestaltung allgemein relevant sind; auch kann das U. wesentlich zu einer sozial-emotional positiven ➪ Unterrichtsatmosphäre beitragen. Dies hat zur Voraussetzung, dass der Lehrer oder die Lehrerin nicht nur auf den ➪ Inhaltsaspekt, sondern ebenso auf den ➪ Beziehungsaspekt achtet. Dies hilft dann auch, Störungen in Form von ➪ Ränkespielen oder ➪ Konflikten vorzubeugen (➪ Konfliktvermeidung).

Unterrichtsinhalt 1) Auch: Bildungsinhalt; in der Bildungstradition überkommener ➪ Unterrichtsgegenstand, wie ihn z. B. ➪ Richtlinien oder ➪ Lehrpläne vorgeben. So ist nach W. Klafki die ➪ didaktische Analyse der Ort, an dem ein U. auf seinen ➪ Bildungsgehalt hin reflektiert und überprüft wird.

2) Unter Berücksichtigung einer eher ➪ Personenorientierten Didaktik bewirken die Schüler und Schülerinnen selbst, was aus einem vorgegebenen U. in ihren Köpfen wird; d. h. sie erschaffen gleichsam gemeinsam mit ihrem Lehrer bzw. ihrer Lehrerin den projektierten U. auf ihre Weise neu. Dies macht deutlich, dass zwischen ➪ dem Lehrziel der Lehrperson und dem Lernziel oder ➪ Handlungsziel (2) des Schülers bzw. der Schülerin deutlicher als bisher unterschieden werden müsste.

Unterrichtsmedien Informationssysteme, welche die Interaktion im Rahmen von unterrichtlich organisierten ➪ Lehr-Lern-Prozessen unterstützen, indem sie Inhalte anschaulich, interessant und übersichtlich darzustellen gestatten. U. vermitteln zwischen ➪ Unterrichtsgegenständen und Lernenden; insofern können bereits bestimmte Organisationsformen von Unterricht (wie Lern-, Rollen- oder Planspiele) sowie Personen (Lehrer, Lehrerin, Mitschüler, Interviewpartner, Experten) als U. im weitesten Sinne eingestuft werden.

Neben den Massenmedien (➪ Medien 1) als U. sind es vor allem zwei Arten, die eine herausgehobene Rolle im Fachunterricht spielen:

1. *Vortechnische Unterrichtsmedien*
   ➪ Arbeitsblatt, ➪ Karikatur, Lesebuch, ➪ Modell, Spielmaterial, ➪ Tafelanschrieb, Übungsmaterial, ➪ Wandzeitung oder Zeitungsausschnitt, …
2. *Technische Unterrichtsmedien*
   a) Auditive M.: Hörfunk, CD, Schallplatte, Tonkassette
   b) Visuelle M.: Dias, Folien, OHP, …
   c) Audio-visuelle M.: Computer, Bildplatte, Tonfilm, Schulfernsehen, Videoaufzeichnung, …

Die Leistung von Medien im Unterricht ist vielfältig:

- Darstellung von Lerninhalten, die der direkten Erfahrung unzugänglich sind,
- Ökonomisierung von Unterricht und Lernprozess durch eine für alle gleiche und gleichzeitige Informationsdarbietung,
- Abbau der Lehrerdominanz,
- Ansprechen vieler Sinneskanäle bei den Lernenden. Als Unterrichtsgegenstände können die U. der Erziehung zu einem kritischen Umgang mit Informationen, ihrer Präsentation und Wirkung dienen.

Wesentliche planerische Gesichtspunkte für den Einsatz von U. lassen sich durch folgende Fragen markieren (nach P. Köck, 1991; G. E. Becker, [5]1993): Sind die Medien

- sachgerecht bzw. wissenschaftlich zuverlässig (aktuell, umfassend, differenziert genug)?
- zielfunktional (im Hinblick auf das ⇨ Grobziel) und fördern sie den Lernprozess?
- schülergerecht und interessant (bezogen auf den ⇨ sachstrukturellen Entwicklungsstand, die Aufnahme- und Lernfähigkeit sowie die ⇨ Motivation der Lernenden)?
- emanzipativ (im Hinblick auf Aspekte der ⇨ Erziehung, ⇨ Medienerziehung, die ⇨ Selbsttätigkeit und ⇨ Selbstverwirklichung der Lernenden)?
- zugänglich (didaktisch aufbereitet und einsetzbar) sowie zeitökonomisch (im Verhältnis von zeitlichem und/oder finanziellem Aufwand und Ertrag)?
- differenziert genug (⇨ Differenzierung), lassen sie Individualisierung zu?

Unterrichtsmethode Die ⇨ Methodenkompetenz des Fachlehrers bzw. der Fachlehrerin bezieht sich sowohl auf ⇨ Fachmethoden als auch auf U. oder ⇨ Aktionsformen; sie entfalten sich vor allem a) in ⇨ Sozialformen (z. B. Frontalunterricht, Einzel- oder Gruppenarbeit), b) ⇨ Handlungsmustern (z. B. fragend-entwickelndes oder offenes ⇨ Unterrichtsgespräch, Diskussionsrunde, Rollenspiel) sowie c) in der Abfolge der ⇨ Unterrichtsphasen (z. B. Einstieg, Erarbeitung, Ergebnissicherung). Recht abstrakt formuliert stellen U. einen Zusammenhang zwischen Lehr- und Lernformen, zwischen Lehrer- und Schülertätigkeit her; sie sind ein Mittel dazu, die gesetzten ⇨ Lernziele unter günstigen Lernbedingungen in angemessener Zeit optimal zu erreichen.

W. Klafki (1985) beschreibt U. als „Inbegriff der Organisations- und Vollzugsformen zielorientierten unterrichtlichen Lehrens und Lernens". Er betont, dass in diesem ⇨ Lehr-Lern-Prozess die Schüler und Schülerinnen zunehmend zur ⇨ Selbsttätigkeit und Selbstständigkeit geführt werden sollen. „Unterrichtsmethoden dürfen daher nicht bloß als Instrumentarien der LehrerInnen gesehen werden, vielmehr sind sie Formen und Verfahren, in denen Lehren und Lernen in Wechselwirkung zueinander gebracht werden." (W. Jank / H. Meyer, [5]1996). Dies wiederum bedeutet, dass U. nicht nur im Hinblick auf die fachlichen Unterrichtsziele und -inhalte gewählt werden können, wenn sie der konkreten Lerngruppe einen adäquaten Zugang (⇨ Zugänglichkeit) zu den ⇨ Unterrichtsinhalten gewähren sollen; vielmehr müssen sie zusätzlich so gewählt werden, dass auch die anthropogenen wie die gruppen- und sozialisationsspezifischen ⇨ Eingangsvoraussetzungen der Schüler und Schülerinnen Berücksichtigung finden. Um dies zu können, muss die Lehrperson über ⇨ Methodenvielfalt verfügen und ⇨ Methodenwechsel einplanen; andererseits muss der Unterricht so angelegt sein, dass die Lerngruppe ⇨ Methodenbewusstsein und ⇨ Methodenkompetenz erwerben und nutzen kann.

„Unterrichtsmethodische Handlungskompetenz von Lehrern und Schülern besteht in der Fähigkeit, in immer wieder neuen, nie genau vorhersehbaren Unterrichtssituationen zielorientiert, selbständig und unter Beachtung der institutionellen Rahmenbedingungen zu arbeiten, zu interagieren und sich zu verständigen." (H. Meyer, Band II, [9]1999)

Unterrichtsökonomie Verhältnis von Aufwand und Ertrag im Hinblick auf den in einer bestimmten Zeit tatsächlich erzielten Lernfortschritt der Schüler und Schülerinnen. Hierbei darf man jedoch nicht nur an die kognitiven Lernergebnisse denken, sondern muss auch – im Sinne der ⇨ Ganzheitlichkeit des Lernens – die anderen Dimensionen des Lernens (⇨ Dimensionierung) beachten, insbesondere ⇨ Lernziele im sozial-kooperativen, im pragmatisch-methodischen oder im affektiven Bereich.

So kann es unter dem Gesichtspunkt der U. geboten erscheinen, keinen offenen ⇨ Unterrichtseinstieg (⇨ offene Planung) zu wählen, bei dem die Lerngruppe möglicherweise lange Wege gehen muss und viele Ansichten dafür und dagegen abzuwägen sind; stattdessen gibt die Lehrperson unmittelbar an, was gemacht werden soll (⇨ informierender Unterrichtseinstieg oder ⇨ thematische Landkarte). Dies kann begründet sein dadurch, dass

a) die offene Planung die Lerngruppe bei diesem Thema überfordern würde,

b) der Unterricht selbst in anderen Phasen ⇨ Schülerorientierung vorsieht,

c) der lehrerzentrierte Einstieg genügend ⇨ Zielperspektive und ⇨ Transparenz eröffnet, um die Lerngruppe zu motivieren und selbstständiges Lernen zu ermöglichen,

d) die ⇨ deduktive Methode selbst Unterrichtsgegenstand sein soll.

Das Argument der U. allein kann jedoch keine Begründung für Planungsentscheidungen abgeben; um so wichtige soziale Lernziele wie ⇨ Gefühlserfahrung, ⇨ Kooperation oder ⇨ Solidarität zu erreichen, muss auch entsprechend Zeit investiert werden!

Unterrichtsorganisation Gesamtheit der Maßnahmen, welche die Prozess- (⇨ Phasierung), Sozial- (⇨ Sozialformen) und Handlungsstrukturen (⇨ Handlungsmuster) des Unterrichts festlegen. Je nach der vorherrschenden Grundform von ⇨ Unterricht ergeben sich besondere Formen der U.

- für den Fachunterricht: a) als systematischer ⇨ Lehrgang, b) als ⇨ fächerverbindender oder ⇨ fächerübergreifender Unterricht;
- für den ⇨ offenen Unterricht mit ⇨ Wochenplan und ⇨ Freiarbeit;
- für den ⇨ Projektunterricht.

Sollen ⇨ Handlungs- und ⇨ Produktorientierung an den öffentlichen Schulen einen angemessenen Raum erhalten, so muss sowohl die starre Gliederung im 45-Minuten-Takt aufgelockert als auch der Anteil der reinen Stoffvermittlung verringert werden. Dies wäre einen Versuch wert, um so wichtiger Leitziele wie ⇨ Methoden- und ⇨ Problembewusstsein, ⇨ Selbstorganisation und ⇨ selbstverantwortetes Lernen zu erreichen.

Unterrichtsphasen Auch: Phasierung oder Gliederung des ⇨ Unterrichts; zeitlich begrenzte, intentional und funktional bestimmte unterrichtliche Einheiten, deren Abfolge eine für den intendierten Lernprozess und den Arbeitsrhythmus der Lerngruppe günstige ⇨ Unterrichtsorganisation ermöglicht.

Die Grundform einer Unterrichtsstunde besteht aus den drei U.: ⇨ Einstiegs-, ⇨ Erarbeitungs- und ⇨ Sicherungsphase; hierbei sind zahlreiche Variationen und Ergänzungen möglich, insbesondere was die Übergänge zwischen den drei großen Gliederungseinheiten betrifft. Als Beispiel mag ein hermeneutisch angelegter Unterricht (➪ Hermeneutik) dienen; hier bietet sich folgender (idealtypischer) Aufbau an:

Einstiegsphase

- Eingabe einer neuen Information (eines neuen Textes, Themas o. dgl.), dabei gleichzeitig (oder im Vorgriff) Klärung unbekannter Einzelheiten,
- offene Phase und ➪ divergierendes Denken (erste subjektive Schülermeinungen, Aufstellen von Vermutungen, Querverbindungen zu bereits Gelerntem und Bekanntem)
- verstärkt ➪ konvergierendes Denken (Ordnen und Kategorisieren der ersten Eindrücke, Formulierung eines ➪ Primärverständnisses)
- Entwicklung einer leitenden ➪ Problemfrage bzw. Formulierung einer zentralen Fragestellung (➪ Problemdefinition und ➪ -differenzierung, Aufstellen von ➪ Lösungshypothesen, methodische Überlegungen zum ➪ Problemlösen)

Erarbeitungsphase

- Aufstellen eines Arbeitsprogramms zur Problemlösung (Beschaffung, Sichtung und Verarbeitung notwendiger Informationen, ➪ Methoden, evtl. Aufteilung der Arbeit auf einzelne Gruppen, konkrete Aufgabenstellungen und Zeitplan)
- Durchführung des Arbeitsprogramms (➪ Einzel-, ➪ Partner- oder ➪ Gruppenarbeit; systematische Beschreibung, Analyse, Bewertung; Informations- bzw. ➪ Ergebnissicherung durch schriftliche Notizen oder Beschriftung einer Folie)

Sicherungsphase

- Sammeln der Ergebnisse (Sicherung der Teilergebnisse, ➪ Tafelanschrieb oder Nutzung des ➪ Folienanschriebs)
- Sicherung durch Zusammenfassung (➪ Integration der ➪ Feinziele im Sinne des ➪ Grobziels, Sicherung durch ➪ Übung, Anwendung, ➪ Vertiefung, ➪ Transfer)
- Arbeitsrückschau (➪ Methodenreflexion, Reflexion des Stundenverlaufs bzw. des Arbeitsprozesses, ➪ Akzentuierung der Ergebnisse)
- Ausblick (Sammeln offener Fragen, Bewusstmachung des Lernstandes, Ausblick auf den weiteren Verlauf, auf noch Ungeklärtes oder neu zu Lernendes)

Jede U. lässt sich nach einer äußeren, sichtbaren und beobachtbaren Seite hin (➪ Unterrichtsschritt) oder nach einer inneren, nur interpretativ erschließbaren Seite hin (➪ Lernschritt) bezeichnen. So ist das »Sammeln von Ergebnissen« im methodischen Gang des Unterrichts beobachtbar, und seine Funktion besteht z. B. in der »Sicherung des Gelernten«.

(Zur Phasierung einer naturkundlichen Unterrichtsstunde ➪ Experiment.)

Unterrichtsplanung Auch: Unterrichtsvorbereitung; komplexes Geschehen, das die optimale Vermittlung eines ➪ Unterrichtsinhalts in einem ➪ Lehr-Lern-Prozess an eine konkrete Lerngruppe zum Gegenstand hat. Je nachdem, auf welches Theoriewissen sich der planende Lehrer bzw. die planende Lehrerin bezieht, welche allgemeine ➪ Zielperspektive er oder sie verfolgt und welche ➪ Unterrichtsorganisation vorgesehen ist, kann das Strukturschema zur U. recht unterschiedlich aussehen.

In der Praxis wird es eher so sein, dass viele Planungsentscheidungen von ➪ Routine bestimmt und von einem erprobten didaktisch-methodischen ➪ Handlungswissen (1) geleitet werden. Die großen didaktischen Modelle dienen hier eher zur Rechtfertigung bestimmter Entscheidungen – sofern eine solche Rechtfertigung eingefordert wird – sowie dem Aufspüren von Lücken oder Ungereimtheiten bei der U.

Zur U. nach der ➪ Lehrtheoretischen Didaktik (P. Heimann / G. Otto / W. Schulz, 1965)

- *Intention*: In welcher Absicht tue ich etwas?
- *Thematik*: Was bringe ich in den Horizont der Schüler und Schülerinnen?
- *Methodik*: Wie gehe ich vor?
- *Medienwahl*: Mit welchen Mitteln verwirkliche ich meine Intention?
- *Anthropogene Voraussetzungen*: An wen vermittele ich den Unterrichtsinhalt?
- *Soziokulturelle Voraussetzungen*: In welcher Situation vermittle ich ihn?
  Die Aufzählung bedeutet keine zwingende Reihenfolge; alle Planungsmomente sind jedoch streng interdependent.

Zur U. nach dem ➪ Hamburger Modell (W. Schulz, ^{3}1981)

- Unterrichtsplanung ist hier konzipiert als ➪ Diskurs aller Beteiligten;
- die Planung erfolgt auf den vier Ebenen ➪ Perspektiv-, ➪ Umriss-, ➪ Prozessplanung sowie ➪ Planungskorrektur;
- integriert ist die Anlage von Unterricht nach der ➪ Themenzentrierten Interaktion; zentrale Begriffe sind hier: Kompetenz, Autonomie und Solidarität bzw. ➪ Sach-, ➪ Gefühls- und ➪ Sozialerfahrung.

Zur U. nach der ➪ Kritisch-konstruktiven Didaktik (W. Klafki, 1985)

- Ausgangspunkt der U. ist die ➪ Bedingungsanalyse, insbesondere die Analyse der ➪ Ausgangsbedingungen der konkreten Lerngruppe;
- die eigentliche ➪ didaktische Analyse, die hier in das ➪ Perspektivschema zur Unterrichtsplanung eingefügt ist, bildet mit sieben Bereichen den Kern der U., und zwar: 1. ➪ Gegenwartsbedeutung, 2. ➪ Zukunftsbedeutung, 3. exemplarische Bedeutung (➪ Exemplarität), 4. ➪ thematische Struktur, 5. ➪ Erweisbarkeit und Überprüfbarkeit, 6. ➪ Zugänglichkeit und 7. der ➪ Lehr-Lern-Prozess einschließlich ➪ Lernhilfen und ➪ Unterrichtsmedien;
- bei der U. ist davon auszugehen, dass alle Strukturmomente wechselseitig voneinander abhängen, dennoch sind einige dominierender als andere; insofern gilt, dass die Zielentscheidungen (die ➪ Zielperspektive) die oberste Entscheidungsinstanz darstellt;
- zentral sind die ➪ Leitziele wie Selbstbestimmungs-, Mitbestimmungs- und Solidaritätsfähigkeit der Lernenden;
- die U. nach dem Perspektivschema hat die Aufgabe,
  a) ➪ Bildungsinhalte begründet im Hinblick auf die drei Leitziele auszuwählen, und
  b) zu klären, welchen ➪ Bildungsgehalt der zur Wahl stehende Inhalt hat.

U. nach dem erfahrungsbezogenen Ansatz (I. Scheller, 1981 und 1998)

- *Aneignung von Erfahrungen*: die Schüler und Schülerinnen sollen Gelegenheit haben, sich ihre bereits vorhandenen Erfahrungen (Erlebnisse, Wünsche, Befürchtungen, Phantasien) im Hinblick auf das neue Thema bewusst zu machen; hierzu sind Entscheidungen notwendig: zur ➪ Einstiegsphase, insbesondere zur ➪ Motivation, zur Wahl der ➪ Medien (Bild, Film, Karikatur, Spiel, Text), zur Gestaltung der ➪ Lernsituation.
- *Verarbeitung von Erfahrungen*: Ausgehend von den subjektiven Erfahrungen der Lernenden sollen Situationen geschaffen werden, in denen neue Perspektiven und divergierende Ansichten der anderen (Mitschüler, Lehrer, Fachleute, Autoren) erfahren werden können und eine Auseinandersetzung mit deren Wissen und deren Erklärungen stattfindet.
- *Veröffentlichung von Erfahrung*: die Resultate der Auseinandersetzung zwischen den eigenen Erfahrungen und den Ansichten, Empfindungen usw. der anderen sollen über den Rahmen der eigenen Klasse hinaus veröffentlicht und zur Diskussion gestellt werden; hierzu gehören auch planerische Überlegungen zur räumlichen Situation, zur zeitlichen Dimension, zu den technischen Voraussetzungen und dergleichen mehr.

U. nach dem handlungsorientierten Ansatz (W. Jank / H. Meyer, [5]1996; H. Meyer, [8]1999)

- Entscheidung über das ➪ Unterrichtsthema;
- *Vorbereitungsphase*: Klärung der Vorgaben durch die Bezugswissenschaft, durch ➪ Richtlinien, ➪ Lehrpläne und ➪ Schulcurriculum; Überlegungen zu den organisatorischen Voraussetzungen sowie zu den ➪ Lernvoraussetzungen und Interessen (➪ Motiven) der Schüler und Schülerinnen;
- Formulierung der ➪ Lernziele sowie der Vermutungen über die ➪ Handlungsziele der Schüler und Schülerinnen;
- *Einstiegsphase*: Organisation eines handlungsorientierten ➪ Unterrichtseinstiegs; Vereinbarung von ➪ Handlungsprodukten;
- *Erarbeitungsphase*: Lehrer und Schüler erarbeiten gemeinsam einen Arbeitsplan, sie beschaffen die notwendigen Informationen bzw. das notwendige Material zur Lösung der Aufgabe; sie arbeiten in größeren und kleineren Gruppen an der gestellten Aufgabe; evtl. Vermittlung systematischen Wissens in einem eingeschobenen ➪ Lehrgang oder ➪ Lehrervortrag, durch Einladung eines Experten oder durch einen Erkundungsgang (➪ Öffnung von Schule);
- *Lernzielkontrolle*: Punktuelle und/oder ➪ prozessbegleitende Bewertung von Einzel- und Gruppenergebnissen;
- *Auswertungsphase*: Vorstellen und Diskussion der Ergebnisse im Plenum; evtl. Überarbeitung; Schüler und Schülerinnen arbeiten, spielen, handeln mit den Arbeitsergebnissen und üben dabei (➪ Übung); evtl. Veröffentlichung der Ergebnisse auch außerhalb des Klassenraums (➪ Präsentation 1).

Quer zu diesen z.T. recht unterschiedlichen Planungsrastern lassen sich einige allgemeine Aspekte für die U. benennen, die nahezu in jedem Kontext relevant sein dürften:

- Bildungsgerechte Inhalte, ➪ Zielperspektive des Unterrichts und ➪ Lernvoraussetzungen der Schüler und Schülerinnen sind der Ausgangspunkt aller planerischen Überlegungen.
- Unabdingbar sind ebenfalls die fundierte fachwissenschaftliche Durchdringung des Gegenstandes durch den Lehrer bzw. die Lehrerin in einer ➪ Sachanalyse.
- Daran anknüpfend erfolgt die didaktische Analyse, möglicherweise orientiert an ein bereits erworbenes unterrichtspraktisches ➪ Handlungswissen und ein eigenes, praxisorientiertes didaktisches Konzept.
- Weitere zentrale Aspekte sind eine im Hinblick auf die vorangegangenen Entscheidungen durchzuführende didaktische Reduktion (➪ Didaktisierung) und ➪ Akzentuierung des Unterrichtsthemas. In der Regel sollte eine Unterrichtsstunde auch nur *einen* fachdidaktischen Schwerpunkt haben; dieser sollte allerdings für die Schüler und Schülerinnen deutlich erkennbar sein (➪ Transparenz).
- Ferner sind zu berücksichtigen: ➪ Motivation der Lerngruppe, Herstellen einer emotional positiven ➪ Lernsituation, Achten auf ➪ Lernprogression, Beteiligung der Schüler und Schülerinnen an der Planung und Durchführung des Unterrichts (➪ partizipatorische Planung), ➪ Schülerorientierung, ➪ Methodenvielfalt und ➪ Methodenschulung, ➪ Ganzheitlichkeit des Lehr-Lern-Prozesses.

Nicht zuletzt sollte der Lehrer bzw. die Lehrerin einen persönlichen Zugang zum Thema haben und sich in dessen Umfeld auskennen. Er oder sie sollte sich bereits bei der U. auf den Lernerfolg der Klasse bzw. des Kurses freuen; denn nur auf den tatsächlichen Lernzuwachs – sei er kognitiv, methodisch-pragmatisch, sozial und/oder affektiv – kommt es am Ende der Unterrichtsstunde oder Sequenz an.

Ergänzend: G.E. Becker (^{5}1993).

Unterrichtsprinzip 1) Normative Orientierungen, die ein allgemein didaktisches Modell oder Unterrichtskonzept prägen und charakterisieren, z.B. das Prinzip der ➪ Handlungs- und ➪ Produktorientierung, das Prinzip der ➪ Öffnung von Unterricht, das Prinzip der ➪ Zielorientierung (1) oder der ➪ Schülerorientierung. So spricht man dann von handlungsorientiertem, lernziel- oder schülerorientiertem Unterricht.

2) Grundprinzipien des Unterrichts, wie z.B. das Prinzip der ➪ Zielorientierung (2), der ➪ Problemorientierung, der ➪ Lernprogression, der Aktivität und ➪ Selbsttätigkeit der Schüler und Schülerinnen, des ➪ strukturierten Lernens oder der ➪ Wissenschaftspropädeutik von Unterricht.

Unterrichtsprozess 1) Abfolge der ➪ Unterrichtsphasen in einer funktional begründeten Chronologie.

2) ➪ Lehr-Lern-Prozess.

3) ➪ Prozessorientierung.

Unterrichtsreihe ➪ Reihenplanung

Unterrichtsrezept Direkt auf den konkreten Unterricht zu übertragende didaktisch-methodische Handlungsanweisung, z. B.: *Stelle dich nie für länger als zehn Sekunden mit dem Rücken zur Klasse, um etwas an die Tafel zu schreiben; halte auch beim Tafelanschrieb Blickkontakt mit der Lerngruppe.* Gelegentlich wird auch das Gesamt solcher Anweisungen oder ein Anweisungsraster für einen störungsfreien, ökonomischen, lernorientierten oder »guten« Unterricht als U. bezeichnet.

So stellen U. bewährtes und wiederholbares Handlungswissen dar; dieses kann sich sowohl auf die Inhalte, auf bestimmte ➪ Sozialformen und ➪ Handlungsmuster, auf ➪ Unterrichtsmethoden, auf ganze Stunden- und Reihenentwürfe oder auch nur auf einen wohlgemeinten Ratschlag beziehen. Ähnlich wie bei der Bewertung von ➪ Routine sollte Rezeptwissen (als unterrichtspraktische ➪ Handlungskompetenz) nicht nur negativ gesehen werden.

Unterrichtsschritt ➪ Unterrichtsphasen.

Unterrichtssprache Die U. für ein Schulfach ist geprägt von verschiedenen Faktoren:

Individuelle Faktoren des Lehrers bzw. der Lehrerin

- Stimmhöhe und -stärke, Modulation und Intonation,
- Sprachniveau (Alltags- und Bildungssprache), Wortwahl und Satzbau sowie aktive Verwendung fachsprachlicher Ausdrücke (➪ Terminologie),
- sprachbegleitende Besonderheiten (z. B. Füllwörter, Floskeln), ➪ Körpersprache (z. B. Gestik und Mimik, Köperhaltung und Augenkommunikation),
- Gesamterscheinung (Bewegung vor der Klasse und in der Lerngruppe), sozial-emotionale Beteiligung beim ➪ Unterrichtsgespräch, ➪ Kongruenz, ➪ Empathie.

Allgemeine Faktoren

- U. ist dialogisch angelegt, dabei gleichzeitig institutionalisiert (➪ Bewertung).
- Fachliche Anforderungen (Sachwissen, Fachvokabular, Verständnis) stehen stets im Mittelpunkt des Gesprächs; dies färbt auf die U. ab (z. B. Sprechen »in ganzen Sätzen«).
- Die Verteilung der Redeanteile im Unterrichtsverlauf kann zu umfangreichem ➪ Lehrerkommentar (1) oder zu breitem Raum für Schüleräußerungen führen.
- Grundformen des didaktischen Sprechens sind:
  a) *Präsentation*: ➪ Lehrervortrag, ➪ Schülerreferat,
  b) *Anregung und Lenkung*: ➪ impulsgesteuertes Verfahren, ➪ fragend-entwickelnder Unterricht,
  c) *Regulation*: ➪ positive Verstärkung, ➪ Lehrerecho.
- Die U. vermittelt stets auch soziale Erfahrungen (➪ Modell-Lernen, ➪ heimlicher Lehrplan).

Weitere Einzelheiten bei J. Grell ([15]1994), L. Klingenberg ([3]1986).

Unterrichtssteuerung Die U. beginnt nicht erst mit dem Klingelzeichen zur Stunde, sondern bereits bei der häuslichen ➪ Unterrichtsplanung; sie ist ein komplexes Geschehen, das vor allem auf eine planerische Vorwegnahme möglicher Problemstellen und Störfaktoren basiert:

Rahmenbedingungen für den Unterricht

- Beachtung der ➪ institutionellen Voraussetzungen,
- längerfristige Vereinbarungen (»Rituale«) und Reglungen zwischen Lehrer bzw. Lehrerin und der Klasse (Verhaltensregeln, ➪ Gesprächskultur),
- Schaffung einer optimalen ➪ Lernsituation (geputzte Tafel, aufgeräumte Klasse, evtl. Vorhandensein notwendiger Plakate, Folien, Bilder u. dgl.),
- Verfügbarkeit und Vertrautheit mit den einzusetzenden technischen ➪ Unterrichtsmedien,
- Vorbereitung auf wichtige ➪ Unterrichtsphasen und Gelenkstellen des Unterrichts (z. B. durch Notizzettel mit zentralen Fragestellungen – auch operationalisiert – und ➪ Denkanstößen),
- Überlegungen zu möglicherweise auftretenden Störungen und zur ➪ Konfliktvermeidung,
- Planung von Alternativen (bei Zeitmangel oder -überschuss, bei ➪ Lernproblemen; alternative ➪ Hausaufgabe).

Allgemeine Maßnahmen zur U.

- pünktliches Erscheinen (➪ Modell-Lernen), freundliches und ruhige Auftreten, Achten auf die vereinbarten und eingeübten ➪ Rituale,
- freundliches, korrektes Verhalten vor der Klasse, reflektierter Einsatz von ➪ Körpersprache wie Gestik und Mimik und entspanntes ➪ Lernklima,
- zügiges, zielstrebiges Arbeiten, Schaffung von ➪ Transparenz,
- differenzierendes Lernen und Ermöglichung von Erfolgserlebnissen, dabei eher die Vorzüge als die Fehler suchen,
- ➪ Akzentuierung und ➪ Sicherung der Unterrichtsergebnisse für alle Schüler und Schülerinnen,
- sparsamer, aber konsequenter Einsatz von disziplinierenden Maßnahmen (➪ Kongruenz) und ➪ Strafen (2).

Maßnahmen während des Unterrichts: Gesprächsführung

- bewusster und kontrollierter Einsatz der ➪ Unterrichtssprache,
- angemessener Umgang mit Schüleräußerungen (➪ positive Verstärkung),
- funktionaler Einsatz des ➪ Unterrichtsgesprächs,
- funktionaler Einsatz und Variation der ➪ Lehrerfrage, deutliche Formulierung von Arbeitsaufträgen, klare Anweisungen zu den Hausaufgaben (in den unteren Klassen schriftlich),
- keine Überformung von Schülerbeiträgen, Vermeiden von zu viel ➪ Lehrerkommentar (1) oder unnötigen Vorgaben, stattdessen Förderung des ➪ selbstverantworteten Lernens,

- Fähigkeit der ➪ Operationalisierung von Fragen (weite / engere Fragestellungen, ➪ Denkanstöße) und zu einem ➪ impulsgesteuerten Verfahren,
- Umsetzung der Regeln zur ➪ Gesprächsgestaltung und ➪ Gesprächsführung.

Weitere Maßnahmen während des Unterrichtsgeschehens

- Gestaltung eines interessanten, die Schüler und Schülerinnen motivierenden Unterrichts (➪ Unterrichtsorganisation, ➪ Unterrichtsphasen, ➪ Schülerorientierung),
- regelmäßige Kontrolle der ➪ Hausaufgaben,
- funktionaler und variationsreicher Einsatz von ➪ Unterrichtsmedien,
- wo es sich anbietet und didaktisch-methodisch gerechtfertigt erscheint: Wechsel der ➪ Sozialform, ➪ Methodenvielfalt, ➪ Handlungs- und ➪ Produktorientierung,
- transparente ➪ Bewertung und ➪ Benotung von mündlichen und schriftlichen Schülerleistungen,
- gründliche Vorbereitung von ➪ Klassenarbeiten oder ➪ Klausuren; Durchführung ohne Zeitdruck und Stress,
- Vertrautheit mit der U. der Großformen wie ➪ Projektarbeit oder ➪ fächerverbindender Unterricht.

Die Übersicht zeigt, dass nahezu alle Aspekte der Unterrichtsplanung auch steuernde Funktion haben können. Je nach der didaktischen Hintergrundtheorie können die Steuerungsmöglichkeiten des Lehrers bzw. der Lehrerin mehr oder weniger eingeschränkt sein. Am größten dürfte die Steuerung »von oben« beim ➪ Lernzielorientierten Unterricht sein, bei dem es um eine präzise Festlegung der angestrebten Zielen geht sowie um die empirisch kontrollierte Zuordnung der Maßnahmen (Inhalte, Methoden, Medien), die zur Erreichung dieser Ziele notwendig sind, um so die zweckrationale Steuerung der Unterrichtsabläufe zu verbessern. Folgt man den Überlegungen von W. Schulz im ➪ Hamburger Modell, so ergibt sich eine weitaus größere Steuerung »von unten«; denn Planung und Durchführung, Reflexion und Planungskorrektur von Unterricht sollen in stetem ➪ Diskurs aller Beteiligten erfolgen.

Unterrichtsstörung R. Winkel ([6]1996) definiert U. wie folgt: „Eine Unterrichtsstörung liegt dann vor, wenn der Unterricht gestört ist, d.h. wenn das Lehren und Lernen stockt, aufhört, pervertiert, unerträglich und inhuman wird." Sie ist stets eine *Normabweichung* (H. Meyer) bzw. eine Abweichung von den berechtigten Erwartungen der Beteiligten, womit auf das subjektive Element bei einer U. verwiesen wird. Nicht alles, was für den einen eine U. ist, muss dies auch für einen anderen sein. So kann die Kappe, die ein Schüler im Unterricht trägt, den Lehrer (persönlich) stören oder auch nicht; Ähnliches gilt für den Fall, dass jemand zu spät kommt, einen Text nicht gelesen hat, mit dem Nachbarn spricht oder während des Unterrichts aus einer Wasserflasche trinkt. Am häufigsten fühlen sich Lehrer und Lehrerinnen durch private Schülergespräche während des Unterrichts gestört; insbesondere, wenn es sich um ➪ Frontalunterricht oder eine Lehrerdarbietung handelt. Anders zu beurteilen ist hier die sogenannte »produktive Unruhe«, wenn Schüler und Schülerinnen z.B. bei der ➪ Gruppenarbeit miteinander reden und es dabei relativ laut wird. Aber auch Schüler können sich im Unterricht

»gestört« fühlen, wenn der Lehrer oder die Lehrerin die Schülerbeiträge durch eigene Ergänzungen unterbricht und kommentiert (⇨ Lehrerkommentar 1) oder übermäßig häufig benotete Lernkontrollen durchführt.

Die am häufigsten vorkommenden U. sind:

a) U. bei einzelnen Schülern bzw. Schülerinnen

- Zu den leichteren und kurzfristigen (oft vom Lernenden unbeabsichtigten) Störungen gehören sogenannte »Nebentätigkeiten« wie unter dem Tisch lesen, schreiben, Zettel austauschen, träumen, dösen, mit Utensilien beschäftigt sein. Hier muss sich der Lehrer bzw. die Lehrerin fragen, ob sein bzw. ihr Unterricht die Einzelnen unter- oder überfordert, ob der Unterricht interessant und motivierend (⇨ Motivation) genug ist, ob er zu handlungsarm oder eintönig verläuft usw. Abhilfe lässt sich hier meist durch eine kurze (aber direkte) Ermahnung oder eine Verbesserung der ⇨ Unterrichtsorganisation oder ⇨ -steuerung erreichen.
- Gravierendere Störungen liegen vor, wenn Schüler oder Schülerinnen zu spät zum Unterricht erscheinen, keine ⇨ Hausaufgaben gemacht haben, nicht vorbereitet sind, unspezifische oder »dumme« Zwischenbemerkungen machen, Mitschüler oder Mitschülerinnen herabsetzen oder beleidigen, sich außerhalb des Unterrichtsgeschehens streiten usw. Hier gilt es (z.B. im Sinne der ⇨ Gordon-Methode) zu reagieren: Der Lehrer bzw. die Lehrerin wird eine ⇨ Ich-Botschaft senden oder ⇨ Spiegeln und ⇨ aktives Zuhören praktizieren. Häufig können solche U. durch »Verträge« mit der Lerngruppe oder durch Maßnahmen der ⇨ Konfliktvermeidung umgangen werden. Gelingt dies nicht und greifen auch Einzelgespräche nicht, so müssen (maßvoll, aber konsequent) ⇨ Erziehungs- und Ordnungsmaßnahmen eingeleitet werden.
- Führen die Schlichtungsversuche über die Gordon-Methode zu keinem annehmbaren Ergebnis, so liegt eine längerfristige U. bzw. ein ⇨ Konflikt vor; dieser sollte über eine ⇨ Konfliktlösungsstrategie bewusst angegangen und (möglichst nach der ⇨ Methode III) gelöst werden. Gelingt dies nicht, so sind andere Gremien (⇨ Schulleitung, ⇨ Klassenkonferenz, ⇨ Lehrerkonferenz) nach den Verfahrensgrundsätzen der ⇨ ASchO (§§ 15–20) einzuschalten.
- Bei einer längerfristigen U. sollte auch die Möglichkeit bedacht werden, dass man sich als Lehrperson bereits als »Mitspieler« in einem ⇨ Ränkespiel befindet.

b) U. bei Lerngruppen

Hierunter fallen in der Regel Beziehungsstörungen, die zwischen dem Fachlehrer bzw. der Fachlehrerin und der Mehrheit der Schüler bzw. der ganzen Lerngruppe längerfristig bestehen. Sie lassen sich einteilen in solche, deren Ursachen verdeckt und unbewusst sind, und solche, die offen zu Tage liegen.

- Schwierigkeiten mit einer Lerngruppe können auf soziokulturellen Unterschieden zwischen der Mehrzahl der Lerngruppe und der Lehrperson bestehen, sofern diese nicht in der Lage ist, ihr verbales und nonverbales Verhalten zu reflektieren und den Lernvoraussetzungen anzupassen. Dies betrifft u.a. den Wortschatz (Fachsprache,

Fremdwörter), die Syntax (komplexe konjunktionale Verschachtelungen), die Intonation sowie Mimik, Gestik und Körpersprache, kann auch gelegentlich auf Kleidung, Frisur u. ä. ausgedehnt sein.

- Sozialpsychologische Probleme mit einer Lerngruppe können sich dann ergeben, wenn die eine oder die andere Seite Erwartungen hegt, die von der anderen nicht erfüllt werden. Ein Lehrer, der sich als Profi für Wissensvermittlung hält und ansonsten nichts mit der Lerngruppe zu tun haben will, kann trotz seines Fachwissens emotional von der Lerngruppe abgelehnt (und bekämpft) werden; eine Lehrerin, die für ihr Engagement gefühlsmäßige Annahme und Wärme von der Lerngruppe erwartet, kann schließlich enttäuscht und frustriert sein (➪ Burnout-Syndrom, ➪ Angst 1). Hier hilft vor allem eine gründliche Reflexion der eigenen ➪ Lehrerrolle und der ➪ Berufssozialisation; evtl. mit Unterstützung von außen (➪ Supervision).
- Offen sichtbare Ursachen für längerfristige U. sind häufig auf didaktisch-methodische Fehler, Fehleinschätzungen oder Ungeschicklichkeiten der Lehrperson zurück zu führen (Beispiel bei H. Meyer, [9]1999, Kap. 10.2). Es ist keine Seltenheit, dass eine Lerngruppe jede Schwäche und Ungenauigkeit des Lehrers oder der Lehrerin ausnutzt, um einen nervenaufreibenden verbalen Kleinkrieg mit ihm oder ihr zu führen. Derartige Störungen können in der Regel durch gezielte Mehrarbeit, d. h. im Wesentlichen durch eine gründlichere ➪ Unterrichtsplanung und -vorbereitung, beseitigt werden. Hierzu gehören (1) vorbildhaftes eigenes Verhalten (z. B. pünktlicher Unterrichtsbeginn, gründliche fachliche Vorbereitung, regelmäßige Kontrolle der ➪ Hausaufgaben, gerechtes Verhalten jedem Einzelnen gegenüber), (2) ➪ Kongruenz (Prüfung der eigenen ➪ subjektiven Theorien), (3) kommunikative Fähigkeiten (Einzelgespräche mit Schülern und Eltern, Absprachen mit Kollegen und in den ➪ Fachkonferenzen) sowie (4) methodische Variabilität (Vorbereitung geeigneter Fragen für den Übergang von einer Unterrichtsphase in die andere, Reflexion von möglichen Verstehensproblemen der Lerngruppe, Vorbereitung von geeigneten Beispielen und Anschauungsmaterial, von weiten und engeren ➪ Lehrerfragen, Einbeziehung von schüleraktiven ➪ Handlungsmustern, Wechsel der ➪ Sozialformen).
- Daneben lassen sich auch U. ausmachen, die durch Querelen einzelner Schüler bzw. Schülergruppen untereinander entstehen: einzelne Schüler bzw. Schülerinnen oder Schülergruppen feinden sich offen oder verdeckt an, Außenseiter kapseln sich ab, Mädchen und Jungen wollen nicht zusammen arbeiten (➪ Koedukation) u. dgl. Hiergegen helfen oft nur Einzelgespräche, geduldige ➪ Metakommunikation mit der Lerngruppe, Vereinbarungen für den Umgang miteinander, Einsatz geeigneter ➪ Sozialformen und ➪ Handlungsmuster, evtl. (pädagogische) ➪ Rollenspiele.

Besonders für Berufsanfänger ist es wichtig, Ansatzpunkte für U. und deren mögliche Eskalation zu kennen, um so U. vermeiden zu lernen, z. B.:

- Die Lerngruppe in der Regel nicht pauschal („Seid doch endlich ruhig!“) ermahnen und nicht im Plural („Wir wollten doch nicht petzen.“) bzw. unpersönlich („Man muss auch zuhören können.“) anreden.

- Nicht in eine laute Klasse hineinrufen – womöglich mit noch größerer Lautstärke –, sondern stets zu einzelnen Schülern (oder Arbeitsgruppen) gehen, diese direkt ansprechen und persönliche Anweisungen geben.
- Bei U. nicht so tun, als ob nichts wäre; denn die ganze Klasse wartet geradezu darauf, dass die Lehrperson etwas unternimmt oder durch Duldung ihre Schwäche eingesteht, was wiederum zu neuen Unverschämtheiten anreizt.
- Bereits auf die kleineren U. konsequent reagieren. (Ein Schüler der zu spät kommt, muss sich entschuldigen und einen Grund nennen.)
- Durch eigenes Verhalten vorbildhaft sein. (Kommt der Lehrer zu spät in den Unterricht, so muss er sich entschuldigen und einen Grund nennen.)
- Konsequent und fair bleiben; niemals eine angekündigte Strafe ohne triftigen Grund unter den Tisch fallen lassen. Andererseits aber stets für eine Aussprache offen sein.
- Erziehungsziele und Verhaltensregeln klären und besprechen, evtl. Regeln des Umgangs miteinander (➪ Rituale) vereinbaren.
- Das Spiel mit verschlüsselte Botschaften und Ränkespiele kennen und darauf reagieren können.
- Zum Klassengespräch und zur Metakommunikation fähig und bereit sein, wenn es die Sachlage erfordert; dies bereits bei kleineren U. (»Wehret den Anfängen!«)
- Mit Kollegen und Kolleginnen kooperieren und für Supervision und kollegiale Beratung offen sein.

Weitere Einzelheiten bei R. Winkel ([6]1996), B. Benikowski (1995), H. Meyer (Bd. 2, [9]1999).

Unterrichtsthema Wenn zu dem ➪ Unterrichtsgegenstand eine didaktisch-methodische ➪ Intention hinzukommt, wird aus dem Gegenstand ein U.:

- Unterrichtsegenstand
  Modalverben
- Unterrichtsthema
  Die differenzierende Funktion von Modalverben im Textvergleich

Unterrichtsvorbereitung ➪ Unterrichtsplanung.

Unterrichtssvorhaben Synonym gebraucht zu Unterrichtsreihe; umfasst aber auch die ➪ Großformen (2) wie Kurs(thema), Projekt, Exkursion oder Trainingsprogramm. In einigen Bundesländern ist die (Mindest-)Anzahl der U. pro Schulhalbjahr bzw. Halbjahreskurs vorgeschrieben, z. B.:

- Lehrplan Deutsch. Gymnasium. Sekundarstufe I (NRW, 1993): 16 Unterrichtsvorhaben in der Doppeljahrgangsstufe 5/6, davon 7 obligatorisch vorgegeben, 9 weitere obligatorisch und 4 sind frei wählbar. Es wird davon ausgegangen, dass ein U. 10 bis 12 Unterrichtsstunden umfasst.
- Lehrplan Deutsch. Gymnasiale Oberstufe (NRW, 1999): In der Jahrgangsstufe 11 sind 4, im Grundkurs 12/13 je 7 und im Leistungskurs 12/13 je 10 U. vorgegeben. Sie

sind in Halbjahreskursen zu organisieren, was im Sinne der ➪ Sequenzialität den Lernzusammenhang transparent und die ➪ Lernprogression sichern soll.

Unterrichtziel Auch: ➪ Lernziel, ➪ Lehrziel; nach W. Schulz ([3]1981) umfasst ein U. ➪ Intentionen und ➪ Themen (2) des zu planenden Unterrichts; z. B.:
Die Schülerinnen und Schüler sollen befähigt und motiviert werden (= Intention), *Probleme selbstständig durch mathematische ➪ Modellierung zu lösen* (= Thema).
Oftmals geht es in größeren Zusammenhängen bei einem U. eher um eine ➪ Zielorientierung (2).

UPP Abk. für »Unterrichtspraktische Prüfung« als Teil der Zweiten Staatsprüfung.

Ursachenanalyse ➪ Konfliktlösungsstrategie.

Urteilsbildung Der Ausdruck »Urteil« hat zwei Bedeutungsaspekte, a) abschließende Entscheidung zu einem Fall, b) abwägende, prüfende Stellungnahme zu einem Thema oder Problem. Von daher ergibt sich (im Sinne der Bedeutungsvariante b) die Zielsetzung für den Fachunterricht, die Schüler und Schülerinnen zur reflektierten U. zu befähigen; sie schließt Sachkompetenz, soziale Verantwortung und Authentizität ein.

Allerdings kann die U. bei Schülern und Schülerinnen, insbesondere während der Pubertät, durch einen enormen Gruppendruck gestört sein; denn die Neigung, ihr Urteil an die Meinung der Mehrheit oder so genannter Meinungsführer in einer Gruppe anzugleichen, ist groß. Auf der einen Seite übernehmen Schüler – aus Opportunismus oder Autoritätsgläubigkeit – kritiklos die Meinung des Lehrers; auf der anderen Seite schließen sie sich allzu gern der Mehrheitsmeinung in der Klasse an. Dies erklärt zum Teil das Phänomen, dass sich Schüler im Klassenverband destruktiv und ablehnend gegenüber der Lehrperson verhalten können, während sie als Einzelpersonen recht zugänglich und einsichtig im Gespräch unter vier Augen sind.

Urteilsfähigkeit Eines der ➪ Leitziele des Unterrichts: *die Schüler und Schülerinnen sollen befähigt und motiviert werden, zunehmend eigenständig Urteile über Sachverhalte und Werthaltungen begründet und argumentativ abgesichert zu fällen.* Hierzu müssen sie es als selbstverständlich erachten, dass Sachurteile stets auf verlässlichen Informationen (Quellenmaterial, Textbasis) beruhen und dass Werturteile auf einem reflektierten ➪ Welt- und ➪ Menschenbild basieren.

Neben den Sach- und Werturteilen sollen die Schüler- und Schülerinnen in die Lage versetzt werden, moralische Urteile zu artikulieren und entsprechend ihrer ➪ moralischen Entwicklung zu begründen.

✳ ✳ ✳

Valenz Dt.: Wertigkeit.

1) Auch: emotionale V.; ➪ Anreizstruktur, die ein Objekt der Wahrnehmung haben kann und die bei der ➪ Motivation eine wichtige Rolle spielt.

2) In der Chemie wird der Ausdruck V. oder Wertigkeit in recht unterschiedlichen Zusammenhängen benutzt. a) Bezeichnung für die Anzahl der von einem bestimmten Atom gebundenen oder durch dieses Atom in einer anderen Verbindung ersetzten Wasserstoffatome. b) Anzahl der Elementarladungen bei Ionen, c) Zahl der Teilchen, die sich in unmittelbarer Nachbarschaft eines betrachteten Teilchens befinden.

3) Eigenschaft von Verben, eine bestimmte Anzahl von Ergänzungen (Satzgliedern) zu fordern, um einen grammatisch vollständigen Satz zu erzeugen. So ist z. B. »schenken« dreiwertig: *Sandra* (1) | *schenkt* | *ihrer Großmutter* (2) | *Blumen* (3). Fehlt eine der Ergänzung, so ist der Satz ungrammatisch. Dagegen zählt eine weitere »Angabe«, wie *zum Geburtstag* nicht zur V. des Verbs, da sie fakultativ ist.

Validität ➪ Gütekriterien.

Variabilität Neben ➪ Interdependenz und Kontrollierbarkeit (➪ Erweisbarkeit) eines der drei formalen Prinzipien der ➪ Lehrtheoretischen Didaktik (P. Heimann / G. Otto / W. Schulz, 1965). Das Prinzip der V. beruht auf der Annahme, dass der Unterrichtsplan erst unter Mitwirkung der Schüler und Schülerinnen fertig wird. Hieraus folgt, dass schon bei der ➪ Unterrichtsplanung Alternativen vorzusehen sind und dass während des Unterrichts Abweichungen vom Plan oder eine nachträgliche Zielkorrektur möglich sein müssen.

Verantwortung Der Ausdruck V. ist zum einen auf zukünftiges Handeln ausgerichtet (eine Verpflichtung eingehen), zum anderen bezieht er sich auf abgeschlossene Handlungen (die V. für eine Tat übernehmen).

1) Im Bereich von Schule und Ausbildung gibt es auf Seiten der Lehrer und Lehrerinnen eine Reihe von Verantwortlichkeiten, von denen einige rechtlicher, andere pädagogischer oder allgemein moralischer Art sind; man vergleiche etwa die V. des ➪ Schulleiters oder der Schulleiterin für den reibungslosen Ablauf der Organisation einer Schule oder die V. des Sportlehrers für die Einhaltung der ➪ Sicherheitsvorschriften gegenüber der V. des Fachlehrers bzw. der Fachlehrerin für die wissenschaftspropädeutische Ausbildung (➪ Wissenschaftspropädeutik) oder die ethische Erziehung (➪ moralische Entwicklung, ➪ Erziehen) seiner bzw. ihrer Lerngruppen.

2) Im Laufe des Bildungsgangs sollte es gelingen, dass die Schüler und Schülerinnen immer mehr V. für ihr eigenes Lernen sowie das Lernen in der Gruppe übernehmen können. Diesem Ziel dienen eine stetig zunehmende ➪ Schülerorientierung, die Ermöglichung von ➪ Sach-, ➪ Sozial- und ➪ Gefühlserfahrungen, die Vermittlung von ➪ Methodenkompetenz und schließlich die Hinführung zu ➪ selbstverantwortetem Lernen.

verbales Handlungsmuster ➪ Handlungsmuster.

verbales Lernen ➪ kognitives Lernen.

Verbindungslehrer Der Schülerrat wählt an Schulen bis zu 500 Schülern einen (bis 1000 Schülern zwei, ab 1000 Schüler drei) V. Dieser unterstützt die ➪ Schülervertretung bei der Planung und Durchführung ihrer Aufgaben; er muss hauptamtlich oder hauptberufliche an der Schule tätig sein und kann an den Schülerversammlungen und auf Einladung des Schülerrats an dessen Sitzungen mit beratender Stimme teilnehmen.

Verfremden 1) Ausgehend von den Denkgewohnheiten, Alltagserfahrung oder den Klischeevorstellungen der Schüler und Schülerinnen, kann das ➪ Handlungsmuster V. dazu genutzt werden, einen motivierenden ➪ Unterrichtseinstieg zu gestalten. Allerdings ist auch Vorsicht geboten: V. setzt vor allem dort an, wo etwas vertraut ist und als altbekannt angesehen wird; von daher wird Altbekanntes in Frage gestellt oder auch zerstört.

2) Künstlerische Technik als »Verfremdungseffekt« (B. Brecht).

Verfügung Eine dienstliche Anordnung einer mittleren Behörde, die für ihren Zuständigkeitsbereich bindend ist. Für den Bereich von Schule und Ausbildung erlässt die jeweilige Bezirksregierung V. Eine V. kann auch mündlich erteilt werden. Sie muss bis zu ihrem Widerruf befolgt werden, auch wenn sie gleichzeitig angefochten bzw. auf dem Rechtsweg überprüft wird.

Vergessen Eine der wesentlichen Intentionen, die mit ➪ Lernen verbunden sind, ist das ⇔ Behalten; gelingt die Reproduktion von Informationen, die im ➪ Gedächtnis gespeichert sind, zu einem bestimmten Zeitpunkt nicht, so spricht man von V. Die Lernpsychologie nimmt jedoch nicht an, dass solche Informationen »verschwunden« sind, sondern nur nicht sogleich »gefunden« werden können. Sie erklärt das V. allerdings unterschiedlich durch die

- *Spurenzerfallstheorie*: Ein gelerntes Verhalten wird dann nicht mehr gezeigt, wenn es öfters unbeachtet bleibt, nicht die gewohnten oder erhofften Folgen zeitigt, d.h. nicht mehr »belohnt« wird. Wird eine Information längere Zeit nicht gebraucht oder abgerufen, verblasst oder zerfällt die Gedächtnisspur (die neuronale Verknüpfung); sie kann aber unter bestimmten Umständen wieder reanimiert werden.
- *Interferenztheorie*: Der gelernte Inhalt wird durch vorausgehende oder nachfolgende Lernprozesse überlagert und kann so nicht mehr abgerufen werden; dies ist oft der Fall, wenn mehrere Dinge oder Sachverhalten gleichzeitig oder in großer zeitlicher Nähe einzuprägen sind. Wird das Gelernte durch andere Informationen überlagert, so erscheint es »verschüttet«, kann aber unter bestimmten Umständen wiedererlangt werden.

Das V. ist häufig ein Problem des »Findens«; dieser Vorgang wird erleichtert, wenn die fragliche Information in einem Kontext (einer »Geschichte«) steht und mit anderem Wissen vernetzt worden ist (➪ Vernetzung). Entscheidend für das Erinnern ist somit die Qualität des Lernmaterials, die Art der Darbietung (z.B. ➪ duale Kodierung), die Beschaffenheit der ➪ Lernsituation sowie die ➪ Motivation der Lernenden, die Verarbeitungstiefe des zu lernenden Stoffes, d.h. die Intensität der ➪ Informationsaufnahme und ➪ -verarbeitung, sowie eine ➪ multiple Repräsentation des Gelernten. Darüber hinaus erweist es sich als günstig für das Erinnern, wenn die Situation, in der das Wissen benötigt wird, im Zusammenhang mit dem Erwerb dieses Wissens bereits simuliert worden ist.

Weitere Einzelheiten bei A. Scheunpflug (2001), H. J. Markowitzsch (2002).

Grundlegend: F. Vester ([25]2001).

Vergleichsarbeit ➪ Parallelarbeit.

Verhalten In Abgrenzung zur ⇔ Handlung, die willentlich gewählt und verantwortet wird, ist Verhalten weitgehend durch Reize von außen gesteuert und vollzieht sich meist unwillkürlich. So spricht die Lernpsychologie z.B. vom Explorationsverhalten des Menschen und meint damit, dass jeder Mensch im Normalfall, wenn es ihm zu langweilig wird (wenn zu wenig Außenreize vorhanden sind), nach Zerstreuung oder Unterhaltung oder nach etwas Neuem Ausschau hält, d.h. er oder sie sucht neue Umweltreize auf. Hierbei kann es dann zu gezielten Handlungen kommen, z.B. dass er oder sie jemanden anruft, ins Kino geht o. dgl. Menschliches V. kann vor allem durch ➪ Konditionierung und ➪ instrumentelles Lernen auf- bzw. abgebaut werden.

- Der Aufbau eines V. geschieht dadurch, dass es eine angenehme Folge hat oder dass eine unangenehme Folge ausbleibt (positive und negative ➪ Verstärkung).
- Der Abbau eines V. geschieht dadurch, dass es eine unangenehme Folge hat oder dass eine angenehme Folge ausbleibt (positive und negative ➪ Bestrafung).

Sprachliches Handeln ist in der Regel begleitet von nonverbalem V. (➪ Körpersprache, z.B. Mimik und Gestik), das besonders relevant im Bereich von Schule und Ausbildung ist, da es in entscheidendem Maße den ➪ Beziehungsaspekt der ➪ Unterrichtsgespräche definiert.

Verhaltensauffälligkeit Über einen längeren Zeitraum hinweg immer wieder auftretendes Verhalten, „das von relevanten Bezugspersonen – Lehrern, Eltern, unter Umständen auch Mitschülern – als störend oder beeinträchtigend bewertet wird, da es von ihren Erwartungen über ihre Toleranzgrenze hinaus abweicht“ (G. Bovet / V. Huwendiek, [2]1998). Zu den V. im Schulunterricht zählen vor allem ➪ Aggression, Auswirkungen von ➪ Schulangst, ➪ Konzentrationsmängel, ➪ Schulschwierigkeiten, motorische ➪ Unruhe oder auf mangelnder Disziplin beruhende ➪ Unterrichtsstörungen.

Weitere Einzelheiten, Tipps und Ratschläge bei E. Kret (2000).

Verhaltensdisposition Ein Schüler oder eine Schülerin erwirbt beim ➪ Lernen eine »Disposition«, wenn er oder sie in der Lage und unter bestimmten Bedingungen auch bereit ist, Gelerntes auch in einer nicht vorhergesehenen Situation sinngemäß richtig anzuwenden. Insofern ist eine V. nicht in jedem Fall unmittelbar zu beobachten, wie dies etwa bei einer erzielten ⇔ Verhaltensmodifikation der Fall wäre. Dennoch gehen neuere didaktische Konzepte davon aus, dass Unterricht so anzulegen sei, dass eine intendierte V. bei Schülern und Schülerinnen bewirkt wird.

Verhaltensmodifikation Auch: Verhaltensänderung; in älteren didaktischen Konzepten wird ➪ Lernen stets als bewusst herbeizuführende V. angesehen. So lassen sich auch ➪ Lernziele als die sprachlich formulierte Vorstellung von der durch ➪ Unterrichten zu bewirkenden und dann auch beobachtbaren bzw. kontrollierbaren V. eines Schülers oder einer Schülerin definieren.

Neuere Konzepte gehen jedoch davon aus, dass Lernen ein weitgehend subjektiver, konstruktiver Prozess ist (➪ Konstruktivismus 2) und dass vieles, was gelernt wird, nicht beobachtbar ist bzw. dass es bewusst oder unbewusst – zu einem bestimmten Zeitpunkt – nicht gezeigt wird. Insofern spricht man dann eher von einer durch den Unterricht intendierten ⇔ Verhaltensdisposition.

Verhaltensmuster Unter normalen Bedingungen zeigen Menschen in wiederkehrenden Situationen gern das gleiche ➪ Verhalten, zumal wenn es sich bewährt hat. Man spricht dann von einem V., wenn ein bestimmtes Verhalten abgrenzbar, wiederholbar und intentional gleich ist. So reagiert z. B. ein ➪ misserfolgsorientierter Schüler bei hohen schulischen Anforderungen regelmäßig mit Ausweich- oder Fluchtverhalten (er wird krank, fehlt oder verweigert die Leistung). Solche V. gründen sich auf entsprechenden Wahrnehmungs- und Denkmustern; sie zu ändern, ist meist schwer und bedarf eines langen (pädagogischen) Atems.

Eine ganze Reihe von V. wird gelernt; hier haben Erwachsene, speziell der Lehrer oder die Lehrerin, eine gewisse Modellfunktion (➪ Modell-Lernen). Einige V. sind dagegen ererbt und laufen unter normalen Bedingungen quasi naturgegeben ab; so suchen wir bei Langeweile nach irgend einer Zerstreuung oder bei Hunger nach etwas Essbarem. Der Aufschub solcher direkter Bedürfnisbefriedigung zu Gunsten längerfristiger Ziele verlangt die Änderung bzw. Modifikation von V. durch ➪ soziales Lernen.

Verhaltenstheorie ➪ Lerntheorie.

Verifikation Dt.: Bewahrheiten, Beglaubigen, auch: Verifizieren; durch Überprüfen die Richtigkeit von etwas feststellen. In der Vergangenheit haben ➪ empirisch-positivistisch eingestellte Wissenschaftler versucht, durch »reine« oder ➪ wertfreie Tatsachenbeschreibungen der ➪ Wahrheit immer ein Stückchen näher zu kommen. Diese Position ist heute weitgehend aufgegeben. Eine ➪ Theorie als Instrument wird nicht mehr unter dem Gesichtspunkt der wahren Erkenntnis entworfen, sondern vielmehr unter dem der Nützlichkeit. So ist denn auch die *Bewährung der Theorien* zu einem zentralen Kriterium ihrer Beurteilung und Auslese geworden. In diesem Sinne hat K-R. Popper (»Logik der Forschung«, 1934, ²1966) an die Stelle der V. von Hypothesen das Kriterium ihrer ⇔ Falsifikation gesetzt.

Verknüpfung In der Lernpsychologie spricht man von einer direkten V. zweier Inhalte durch ➪ Assoziation, z. B.

a) zwei Gedächtnisinhalte werden assoziativ verknüpft: *Der Dichter des »Don Carlos« ⟷ F. Schiller.*
b) ein äußerer Reiz wird mit einem Gedächtnisinhalt verknüpft, z. B. wenn sich jemand einen Knoten ins Taschentuch macht, um an etwas Bestimmtes erinnert zu werden.

Verlaufsplan Teil der schriftlichen ➪ Unterrichtsplanung; in einem V. werden die ➪ Unterrichtsphasen mit den ➪ Sachaspekten und den ➪ Sozialformen, ➪ Handlungsmustern sowie ➪ Unterrichtsmedien in Form eines Rasters in Beziehung gesetzt:

Unterrichtsphase: Unterrichtsschritt / Lernschritt	Sachaspekt	Sozialform / Handlungsmuster / Medien
[...]	[...]	[...]

Gelegentlich enthält ein V. auch die zeitliche Struktur sowie Verweise auf die ➪ Lernziele der Unterrichtsstunde.

Verlaufsprotokoll ➪ Protokoll.

Vermittlungsvariablen Nach W. Schulz ([3]1981) eines der ➪ Handlungsfelder, die für die ➪ Unterrichtsplanung relevant sind und in denen Entscheidungen getroffen werden müssen. Unter V. versteht er beispielsweise ➪ Unterrichtsmethoden, ➪ Unterrichtmedien oder schulorganisatorische Hilfen.

Vernetzung Die V. von Daten ist ein Phänomen, das erst in der jüngsten Vergangenheit größere Bedeutung erlangt hat.

1) Bereits im 19. Jh. gab es in Deutschland eine V. von Bibliotheken untereinander; dazu gehörten die Standardisierung von Katalogregeln, Fernleihsysteme oder Absprachen beim Erwerb von Publikationen. In diesem Sinne spricht man auch von der V. von Branchen und Unternehmen, von Straße und Schiene oder von sozialen Systemen in einer Gemeinde oder Stadt.

2) Die V. stellt eines von drei gängigen Datenmodellen dar; das Netzwerkdatenmodell zeichnet sich dadurch aus, dass es nicht hierarchisch gegliedert ist, etwa in Form eines ➪ Baumdiagramms, sondern dass auch Überkreuz-Relationen zugelassen sind. Hierdurch werden informative Abfragen nach bestimmten Datenmerkmalen möglich.

Um Netzwerke handelt es sich auch, wenn beliebig viele Computer im World Wide Web zusammengeschlossen sind oder wenn eine bestimmte Anzahl von Computern nur intern, in einem Intranet, zusammenarbeiten.

3) Die Lernpsychologie kennt Netzwerkmodelle zur Beschreibung und Erklärung von propositionalem Wissen: ➪ Propositionen als die kleinsten Bedeutungseinheiten (in Aussageform) sind in der Regel sprachlich vermittelt und werden im ➪ Gedächtnis in abstrakter Form repräsentiert; zu größeren Einheit verbunden bilden sie Netzwerke, z. B.: Die Aussage *Eine Referendarin schreibt einen Stundenentwurf für ihr Examen.* ist (modellhaft) in einem Netz gespeichert und bedeutungsmäßig verbunden als: a) N ist eine Referendarin. b) N schreibt X. c) X ist ein Stundenentwurf. d) X ist für ein Examen bestimmt. e) N macht Examen.

Auch ein Gefüge von ➪ Begriffen kann in Form von Begriffshierarchien, Begriffsfeldern oder Netzwerken beschrieben werden. Die ➪ Bedeutung eines Begriffs ergibt sich dann aus seinen Beziehungen zu den anderen Begriffen. Komplexere Wissenseinheiten sind in den so genannten ➪ Schemata und ➪ Skripten organisiert, die ihrerseits miteinander vernetzt sein und ganze Wissensgebiete umfassen können.

Allerdings muss auch damit gerechnet werden, dass nicht nur sprachlich vermitteltes Wissen eine Rolle beim ➪ Lernen spielt, sondern dass ➪ duale Kodierung und ➪ multiple Repräsentation eine größere Verarbeitungstiefe und Behaltensleistung ermöglichen. Wichtig erscheint allemal die Erkenntnis, dass einzelne Daten, die miteinander vernetzt sind (z. B. in einem Kontext oder einer »Geschichte«), viel besser behalten und erinnert werden als solche, die isoliert gelernt worden sind. Dies ist u. a. ein gutes Argument für die wechselseitige Befruchtung von systematischem ➪ Lehrgang und ➪ ganzheitlichem Lernen.

Versetzung 1) Ein Schüler oder eine Schülerin wird nach Maßgabe der Ausbildungs- und Prüfungsordnung (➪ AO-SI bzw. ➪ APO-GOSt) in die nächsthöhere Klasse oder Jahrgangsstufe versetzt, wenn er oder sie die Leistungsanforderungen der bisherigen Klasse oder Jahrgangsstufe erfüllt hat. Die Prüfungs- und Versetzungsordnung kann den Übergang in eine höhere Klasse oder Jahrgangsstufe ohne V. vorsehen. Über die Versetzung eines Schülers oder einer Schülerin entscheidet die ➪ Klassen- oder Jahrgangsstufenkonferenz als Versetzungskonferenz; der Fachlehrer bzw. die Fachlehrerin entscheidet über die Note in seinem bzw. ihrem Fach und begründet diese auf Verlangen der Versetzungskonferenz. „Die Note kann durch Konferenzbeschluß nicht abgeändert werden; die schulaufsichtliche Überprüfung bleibt unberührt." (➪ ASchO, § 27,5).

Ist die Versetzung eines Schülers oder einer Schülerin gefährdet, weil die Leistungen in einem Fach abweichend von den im letzten Zeugnis erteilten Noten nicht mehr ausreichen, so sind die Erziehungsberechtigten schriftlich zu benachrichtigen und zu einem Beratungstermin (➪ Beraten) einzuladen. Die Benachrichtigung erfolgt in der Regel zehn Wochen vor dem Versetzungstermin; „die nicht abgemahnte Minderleistung in einem Fach wird bei der Versetzungsentscheidung jedoch nicht berücksichtigt" (ASchO, § 27,8). Diese Bestimmung findet keine Beachtung, wenn mit der Versetzung zugleich ein schulischer Abschluss erworben werden kann (z. B. Versetzung in die Jahrgangsstufe 11). Bei Vorliegen „besonderer Gründe" kann eine Versetzung ohne Erfüllung der Leistungsanforderungen erfolgen; allerdings muss die erfolgreiche Mitarbeit in der nächsthöheren Klasse erwartet werden können. (H. Pöttgen u. a., [17]1999) Bei ➪ Nichtversetzung kann der Schüler bzw. die Schülerin im Rahmen der Ausbildungs- und Prüfungsordnung zu Beginn des folgenden Schuljahres eine ➪ Nachprüfung ablegen, um nachträglich versetzt zu werden.

2) Lehrer oder Lehrerinnen können auf Antrag (aus persönlichen Gründen) oder aus dienstlichen Gründen versetzt werden. Letzteres ist vor allem bei V. zur Wahrung der schulformbezogenen und fachlichen »Gleichverteilung« von Lehrkräften brisant; in solchen Fällen sind „vorhergehende Beratungsgespräche" notwendig angesagt.

Versetzungskonferenz Der Klassenlehrer bzw. die Klassenlehrerin als Vorsitzender bzw. Vorsitzende der Klassenkonferenz ist für die Organisation der V. verantwortlich (➪ ADO, § 16,3), was sich hauptsächlich auf die Terminierung sowie die Anfertigung der Zensurenlisten bezieht. Über die ➪ Versetzung (1) eines Schülers oder einer Schülerin entscheidet die Klassen- oder Jahrgangsstufenkonferenz als V. (⇨ ASchO, § 27,2) Mitglieder sind alle Lehrer und Lehrerinnen, die in der Klasse unterrichtet haben. Den Vorsitz führt der Schulleiter oder sein Stellvertreter.

Die V. ist beschlussfähig, wenn mindestens zwei Drittel ihrer Mitglieder anwesend sind; entschieden wird mit der Mehrheit der abgegebenen Stimmen, wobei Stimmenthaltung nicht zulässig ist. Bei Stimmengleichheit gibt die Stimme des Vorsitzenden den Ausschlag.

Der Fachlehrer oder die Fachlehrerin entscheidet über die Note in seinem bzw. in ihrem Fach und begründet diese auf Verlagen in der V.; die Note kann durch Konferenzbeschluss nicht abgeändert werden (die schulaufsichtliche Überprüfung bleibt jedoch unberührt).

Verständnis 1) Komplexe lernpsychologische Kategorie; V. wird im Unterricht nur dann erzeugt, wenn bestimmte Voraussetzungen des ⇨ Lernens erfüllt sind, z. B.:

- Der ⇨ Lehr-Lern-Prozess muss die Lernenden da abholen, wo sie stehen; d. h. er muss an die bereits vorhandene Wissensbestände anknüpfen (⇨ Assimilation, ⇨ Akkommodation).
- Das Lernen erfolgt in thematischen Zusammenhängen, die nach dem Prinzip der ⇨ didaktischen Progression gestuft und in Form des ⇨ Spiralcurriculums über die Jahre verteilt sind.
- Ein ausgewogenes Verhältnis zwischen der Entwicklung fachlicher Kompetenz, Autonomie der Person und ⇨ Solidarität und ⇨ Kooperation in der Gruppe fördert die Gesamtentwicklung des Einzelnen und damit auch die Voraussetzungen für ein vertieftes V.
- Vertieftes V. wird dann erzeugt, wenn der Lernprozess den ganzen Menschen anspricht (⇨ Ganzheitlichkeit), wenn er ⇨ selbstverantwortlich lernen kann und seinem Alter entsprechend zu ⇨ intrinsischer Motivation, ⇨ Leistungsmotivation, ⇨ Selbsttätigkeit und ⇨ Methodenbewusstsein geführt wird.

„Die Ideen des kleinen Kindes – des jungen Theoretikers – sind bestimmend und bleiben wahrscheinlich das ganze Leben über aktiv. Nur wenn diese Ideen ernst genommen, eingespannt und schließlich zurechtgestutzt oder so umgewandelt werden, daß besser entwickelte und umfassendere Auffassungen bestimmend werden – nur dann wird eine Erziehung zum Verständnis möglich." (H. Gardner, 1993)

2) Die zweite von sechs Stufen in der ⇨ Lernzielhierarchie nach B. S. Bloom: Nach der Vermittlung von Kenntnissen (1. Stufe) wird auf der 2. Stufe durch Übertragung, Interpretation oder Extrapolation V. angestrebt.

Verstärkung Versuch der ⇨ Verhaltensänderung über Belohnung oder Bestrafung; ⇨ positive oder ⇨ negative V. Das Ausbleiben einer V. führt (in der Regel) zur ⇨ Löschung eines Verhaltens.

Verstehen Auch: ⇨ Verständnis, ⇨ Verstehensdisposition, ⇨ Verstehensleistung, ⇨ Verstehenswiderstand; den ⇨ Sinn von etwas erfassen, begreifen. Menschliches V. ist die Grundkategorie der ⇨ Hermeneutik.

Verstehensdisposition Sammelbezeichnung für eine ganze Reihe von psychischen, ➪ soziokulturellen und ➪ anthropogenen Voraussetzungen, die für eine Verstehensleistung des Schülers oder der Schülerin gegeben sein müssen, wie z. B.: ➪ sachstrukturelle Voraussetzungen, ➪ Motivation, ➪ Sozialisation, kognitiver Entwicklungsstand (➪ Stadienlehre), ➪ moralische Entwicklung. Zur V. gehören aber auch Faktoren wie die »Tagesform«, Müdigkeit, Stress, ➪ Angst oder ➪ Neugiermotivation.

Die V. einer Lerngruppe geht als ➪ Ausgangslage in die ➪ Unterrichtsplanung ein; die Berücksichtigung der V. Einzelner kann durch ➪ Binnendifferenzierung im Unterricht sowie durch eine individuelle ➪ Bezugsnorm bei der ➪ Bewertung erfolgen.

Verstehenslehre ➪ Hermeneutik.

Verstehensleistung Die Leistungsanforderungen bei Klausuren oder im Abitur gliedern sich in eine V. und eine ➪ Darstellungsleistung. Die V. wird strukturiert durch die drei ➪ Anforderungsbereiche: 1. Wiedergabe von Kenntnissen, 2. Anwenden von Kenntnissen und 3. Problemlösen und Werten.

Die V. umfasst im Allgemeinen folgende Aspekte:

- richtiges Erkennen und Beschreiben der vorgelegten Materialien, Texte oder Versuchsanordnungen;
- sachlich korrektes Erfassen und Beschreiben der Problemstruktur im Hinblick auf die Aufgabenstellung;
- fachlich korrekte, geradlinige (ökonomische) und methodisch kontrollierte Wiedergabe von Wissen bei der Lösung der Aufgabe;
- richtige Handhabung und kritische Einschätzung der anzuwendenden ➪ Fachmethode(n);
- angemessene Berücksichtigung unterschiedlicher Zugriffe, Lösungswege, Ansichten oder Deutungsmöglichkeiten;
- Erkennen und Beschreiben des größeren systematischen Zusammenhangs, in dem die zu lösende Aufgabe zu sehen ist, sowie dessen Reflexion im Hinblick auf eigene Sichtweisen;
- ggf. Einschätzung und Beurteilen der Lösung unter Beachtung aktueller Bezüge, historischer Distanz oder anderer intervenierender Größen.

Auf keinen Fall können alle Aspekte einer fachwissenschaftlichen Bearbeitung des Themas bzw. der Problemlösung abverlangt werden; insofern erweist es sich als hilfreich, wenn die Aufgabenstellung einen akzentuierenden Schwerpunkt hat. Je nach Aufgabenart und Aufgabenschwerpunkt sind die Anforderungen an die V. der Schüler und Schülerinnen unterschiedlich zu gewichten; in jedem Fall sollte der Lehrer bzw. die Lehrerin einen ➪ Erwartungshorizont entwerfen, der sich eng an das im Unterricht vermittelte inhaltliche und methodische Wissen orientiert und der als Folie für die ➪ Bewertung der V. dienen kann.

Verstehenswiderstand Die Ursachen dafür, dass ein ➪ Lehr-Lern-Prozess gestört ist, dass das ➪ Verstehen erschwert oder gar verhindert wird, sind vielfältig: z. B.:

- Die Schüler und Schülerinnen können den Unterrichtsinhalt nicht an bisherige Wissensbestände anknüpfen (➪ Assimilation, ➪ Akkommodation).
- Wissen wird als nutzlos eingestuft, wenn es als zufällige Information abgespeichert und nicht zufallsfrei auf Vorwissen bezogen wird. Derartige Erfahrungen bauen ➪ Lernprobleme und V. auf.
- Der ➪ Lehr-Lern-Prozess ist eintönig, langweilig, handlungsarm, verkopft; er über- oder unterfordert die Schüler und Schülerinnen; er ist schlecht organisiert, es treten zu viele Störungen auf; es findet keine ➪ Motivation statt; es kommt zu keinem ersichtlichen Lernfortschritt usw.
- Wenn die Schüler und Schülerinnen ein Problem lösen sollen, müssen sie über Hintergrundwissen und Verfahrensweisen verfügen, und dieses erfordert seinerseits die Kenntnis der zu Grund liegenden ➪ Begriffe, ➪ Kategorien und ➪ Methoden.
- Um zu einem vertieften ➪ Verständnis zu gelangen, ist es vorteilhaft, wenn die Lernenden sich die grundlegenden Zusammenhänge und Gesetzmäßigkeiten in einem Prozess des ➪ entdeckenden Lernens aneignen; denn hierbei werden Techniken des ➪ Problemlösens entwickelt, die gleichzeitig eine positive Einstellung gegenüber dem eigenständigen Lernen auf- und V. abbauen.
- V. können auch durch äußere Umständen hervorgerufen werden: ungeeignete ➪ Lernmittel, ungünstige ➪ institutionellen Rahmenbedingungen, Ablenkung der Lernenden durch außerunterrichtliche Faktoren u. dgl.

Versuch und Irrtum Auch: engl. »Trial-and-Error«, ➪ Problemlösungsstrategie (1); Lernverfahren, das davon ausgeht, dass Fehler zum Lernprozess gehören. Die Schüler und Schülerinnen sollen einen eigenen Weg zur Problemlösung finden, indem sie verschiedene Möglichkeiten ausprobieren, um Fehlerquellen selbst zu finden und zu beseitigen.

Streng genommen müsste jede ➪ offene Phase, die mit einer Hypothesenbildung oder den Lösungsvermutungen der Schüler und Schülerinnen endet, in eine Phase von V. u. I. einmünden, wenn ➪ entdeckendes Lernen intendiert ist. In der Regel wird aber aus Zeitgründen der Lehrer bzw. die Lehrerin den Unterricht soweit vorstrukturiert haben, dass die Lösungsvermutungen der Lernenden bereits in die richtige Richtung weisen. Dies ist – wenn auch nicht optimal – so doch ein gangbarer Weg unter den herrschenden institutionellen Bedingungen.

Vertiefungsphase 1) Ein von J. F. Herbart (1776–1841) eingeführter Terminus; er versteht unter »Vertiefung« a) die Klarheit derjenigen Vorstellungen, die jeder Lernende bereits als Wissensbestand mitbringt, und b) die Aufnahme oder Assoziation von neuen Vorstellungselementen. Beide Teilaktivitäten sind Voraussetzung für die »Besinnung«, d. h. a) die systematische Einordnung der neu erworbenen Vorstellungen und b) die Einübung und Anwendung des neu assoziierten und eingeordneten Wissens.

2) Eine der ➪ Unterrichtsphasen; die V. schließt sich sinnvollerweise an die ➪ Erarbeitungs- und ➪ Sicherungsphase an. In der V. wird das in einer Unterrichtsstunde oder einer Unterrichtssequenz von den Schülern und Schülerinnen neu erworbene Wissen

z. B. durch ➪ Üben gefestigt, durch Zusatzinformationen reorganisiert (➪ Reorganisation) oder auf bestimmte Fälle angewendet und reflektiert. Übergänge zum ➪ Transfer ergeben sich, wenn es sich um ein neues Sachgebiet oder um unbekannte Fälle handelt, auf die das erworbene Wissen übertragen werden soll.

Vertretung (Vertretungsunterricht) Nach den Vorschriften der ➪ ADO (§§ 10,4 und 11,3) sind Lehrer und Lehrerinnen verpflichtet, auf Anordnung V. zu erteilen; sie sind zu einer angemessenen fachlichen Vorbereitung und Durchführung dieses Unterrichts verpflichtet. Auch Referendare oder Referendarinnen können (im Rahmen der ➪ OVP) zur V. herangezogen werden.

Im Einzelfall können Lehrer und Lehrerinnen zum ➪ Bereitschaftsdienst verpflichtet werden, wenn Aufgaben der Schule, insbesondere kurzfristig wahrzunehmende V., dies erfordern.

Hilfreich für Vertretungsstunden: M. Gressmann ([3]1995), U. W. Kliebisch (2001).

Verwalten ➪ Organisieren.

Verwaltungsakt Verfügung, Entscheidung oder eine andere hoheitliche Maßnahme, die eine Behörde zur Regelung eines Einzelfalls auf dem Gebiet des öffentlichen Rechts trifft und die auf unmittelbare Rechtswirkung nach außen gerichtet ist (z. B. Aufnahme eines Schülers, Beurlaubung und Befreiung, Nachprüfung, Versetzung, Zulassung zu Prüfungen, Entlassung aus der Schule). Gegen schulische Entscheidungen, die V. sind, können die Erziehungsberechtigten oder der volljährige Schüler bzw. die volljährige Schülerin ➪ Widerspruch bei der Schule einlegen. (➪ ASchO, § 50,4)

Gegen alle anderen Maßnahmen, die keine V. darstellen (z. B. die Benotung einer Klassenarbeit), kann ➪ Beschwerde eingelegt werden.

Verweis Über die Erteilung eines »schriftlichen Verweises« beschließt die ➪ Klassenkonferenz; im Kurssystem ein Ausschuss der Jahrgangsstufenkonferenz. (➪ ASchO, § 16) Mit dem V. kann a) die Überweisung in eine parallele Klasse oder Jahrgangsstufe oder b) der vorübergehende Ausschluss vom Unterricht von einem Tag bis zu zwei Wochen und von sonstigen Schulveranstaltungen verbunden werden.

Die Schule teilt den Erziehungsberechtigten oder dem volljährigen Schüler schriftlich mit, dass sie nicht länger bereit ist, das Fehlverhalten zu dulden. Eine eigentliche Regelung beinhaltet der schriftliche V. nicht. Der V. ist ein Verwaltungsakt und kann bei einem erneuten Fehlverhalten erschwerend ins Gewicht fallen. Allerdings darf er nur bei schuldhaftem Fehlverhalten des Schülers oder der Schülerin erteilt werden und auch nur dann, wenn erzieherische Maßnahmen nichts gefruchtet haben und wenn der Grundsatz der Verhältnismäßigkeit gewahrt ist.

Der V. ist nicht zu verwechseln mit der »Verweisung von allen Schulen« (ASchO, § 20).

Vorbereitung einer Klassenarbeit ➪ Klassenarbeit.

Vorbereitungsdienst Auch: Referendariat, Zweite Phase; in der zweiphasigen ➪ Lehrerausbildung stellt der V. die Zeit zwischen dem Ersten und dem Zweiten Staatsexamen dar. Der V. baut auf einem wissenschaftlichen Studium auf; er ist so auszurichten, dass ➪ Referendare bzw. ➪ Lehramtsanwärter in einem kontinuierlichen und wissenschaftlich fundierten Prozess berufliche Handlungsfähigkeit, bezogen auf alle ➪ Berufsfunktionen, erwerben. Sie lernen insbesondere

- didaktisch, methodisch und fachwissenschaftlich fachbezogenen und fachübergreifenden Unterricht zu planen und durchzuführen (➪ Unterrichten);
- selbstständig und im Zusammenwirken mit Kollegen und Kolleginnen Unterricht auch im Sinne einer Qualitätssicherung zu evaluieren (➪ Evaluation);
- dem Erziehungsauftrag der Schule entsprechend Schüler und Schülerinnen in der Entwicklung ihrer Persönlichkeit und ihrer sozialen Rolle zu unterstützen (➪ Erziehen);
- sich mit den an der Erziehung und Bildung Beteiligten über die Gestaltung und Weiterentwicklung der schulischen Arbeit zu verständigen;
- die gesamte Tätigkeit im beruflichen Handlungsfeld selbstständig, selbstverantwortlich und selbstkritisch zu planen, zu realisieren und zu evaluieren.

Die Ausbildung im V. findet im ➪ Studienseminar sowie in den angeschlossenen Ausbildungsschulen statt. Grundlage für den V. ist die ➪ OVP sowie ggf. ein ➪ Seminarrahmenkonzept. Ziel der Ausbildung ist die berufliche ➪ Handlungskompetenz der angehenden Lehrer und Lehrerinnen, d. h. unter anderem die Fähigkeit, sich in unterschiedlichen beruflichen Situationen fachlich kompetent, pädagogisch angemessen und zugleich kooperativ und selbstkritisch-reflexiv zu verhalten. Hieraus erwächst dem V. die Aufgabe, das gesamte Feld beruflicher Tätigkeit abzudecken und Lernmöglichkeiten in allen beruflich relevanten Situationen zu eröffnen.

Ein wesentliches Moment der neueren Bestimmungen liegt darin, dass der methodische Bereich der Ausbildung stark in den Vordergrund rückt, und zwar a) im Hinblick auf die Anwendung erwachsenenpädagogischer Verfahren in den ➪ Fachseminaren und im ➪ Hauptseminar, b) im Hinblick auf die ➪ Fach- und ➪ Unterrichtsmethoden, die in den Seminaren aktiv vorgeführt und erprobt werden sollen.

Vorbesinnung Die pädagogische V. ist der erste von vier Schritten zur ➪ Unterrichtsplanung bei W. Kramp (1961); weitere Schritte sind die ➪ didaktische Analyse, die methodische Vorbereitung (➪ Unterrichtsmethode) sowie die Unterrichtsplanung im Einzelnen (einschließlich des ➪ Unterrichtsentwurfs). In der V. sollen die vom Lehrplan vorgegebenen ➪ Unterrichtsinhalte auf ihre »Bildungswirksamkeit« im Sinne der ➪ kategorialen Bildung hin untersucht werden; außerdem sollen die Lehrer und Lehrerinnen sich ihrer eigenen Möglichkeiten und Grenzen im Blick auf die Inhalte vergewissern sowie die ➪ sachstrukturellen Voraussetzung der Lerngruppe berücksichtigen.

Vorentlastung Schwierige oder fremdsprachliche Texte mit neuen Vokabeln können in einer ➪ Unterrichtsphase vor der eigentlichen Informationsverarbeitung vorentlastet werden, indem z.B. der Sachbereich mündlich erschlossen, schwierige Passagen oder Gedankengänge vorab erläutert, neue Vokabeln in kleinen Kontexten eingeführt und semantisiert werden usw.

Vorgaben 1) Das ➪ didaktische Handeln von Lehrpersonen ist nicht frei von V., hierzu gehören z. B.: behördliche Bestimmungen und Gesetze wie die ➪ ASchO, das ➪ SchMG, die ➪ APO-GOSt u. dgl., ferner obligatorische Inhalte und Verfahren in ➪ Richtlinien oder ➪ Lehrplänen, fachwissenschaftliche Inhalte und ➪ Methoden, ➪ institutionelle Voraussetzungen u. a. m. Diese V. gehen im Ganzen in die ➪ Unterrichtsplanung ein.

2) Der Lehrer bzw. die Lehrerin kann der Lerngruppe V. für einen erfolgreichen Lernprozess geben; diese sollten allerdings didaktisch-methodisch notwendig und funktional sein. Sind sie dies nicht, etwa wenn in einer Frage (ungewollt) bereits Teile der Antwort enthalten sind, so wirken sie kontraproduktiv.

Vorkenntnisse Das, was die Schüler und Schülerinnen an Alltags- und Bildungswissen immer schon in den Unterricht mitbringen, sowie das, was sie in unterrichtlichen Zusammenhängen bereits gelernt haben und zum aktuellen Zeitpunkt wissen müssten (➪ Behalten). Die Erhebung des ➪ sachstrukturellen Entwicklungsstands der Lerngruppe und der ➪ Eingangsvoraussetzungen des Unterrichts sind unverzichtbare Eckpfeiler jeglicher ➪ Unterrichtsplanung. Nur wenn der Lehrer bzw. die Lehrerin über die V. der Schüler und Schülerinnen Bescheid weiß, kann er oder sie diese dort abholen, wo sie stehen, und den neuen Unterrichtsinhalt so aufbereiten, dass er an vorhandene Wissensbestände der Schüler und Schülerinnen anschließt, was die Grundlage für ein adäquates ➪ Verständnis darstellt.

Vortrag Der V. von Ergebnissen oder Informationen gehört zu den mündlichen Leistungen im Fachunterricht; von daher ist er Lern- und Übungsgegenstand. Eingeführt werden sollte der freie Vortrag bereits in der Unterstufe, zunächst als V. der ➪ Hausaufgaben, sodann als ➪ Stichwort- und ➪ Kurzreferat (mit Unterstützung durch ➪ Stichwortzettel), später als freie ➪ Zusammenfassung der Stundenergebnisse, als ➪ Statement, Beitrag im ➪ Streitgespräch, ➪ Schülerreferat.

Das Ziel für die Oberstufe sollte darin bestehen, die Schüler und Schülerinnen dazu zu befähigen und zu motivieren, dass sie ein Referat frei halten können. Stationen dahin sind der gestaltete V. nach Konzept, das Referat mit Hilfe von Stichwortzettel oder Karteikarten, das Referat mit Folienunterstützung sowie die kooperative Form von Referat und Korreferat. Eine besondere Leistung stellt die ➪ Präsentation (2) mit Hilfe der neuen Medien dar.

Einiges gilt es in jedem Fall zu beachten:

- Ein freier V. ist eine disziplinierte geistige Leistung, die gründlich vorbereitet sein muss.
- Der V. muss das Thema treffen und entfalten, er muss einen klaren Aufbau haben und zielfunktional strukturiert sein.
- Die Berücksichtigung der Hörerinteressen sowie die adressatenbezogene Anlage des V. in Sprache und Stilistik, Fachwortgebrauch und gedanklicher Durchdringung des Themas sind entscheidend für den Erfolg.

- Der Vortragende muss ein ausgewogenes Verhältnis zwischen der Sache, dem Publikum und seiner eigenen Person herstellen; keiner dieser drei Aspekte sollte allzu sehr im Vordergrund stehen, jeder dieser Aspekte ist jedoch wichtig für das Gelingen eines V.
- Wichtig für die Gestaltung des ➪ Beziehungsaspekts ist der Blickkontakt zum Publikum; der Vortragende sollte auf sein Publikum reagieren (z. B. Fragen zulassen, Unmutsäußerungen thematisieren, sich über Beifall freuen).
- Wichtige Techniken der Rede müssen beherrscht werden: gemäßigtes Sprechtempo, Wechsel des Sprechtempos an ausgezeichneten Stellen, Stimmführung und Pausen, Wiederholung von Kernsätzen sowie Unterstützung des V. durch eine adäquate ➪ Körpersprache, durch Gestik und Mimik, Augenkontakt usw.
- Ein ➪ Thesenpapier kann a) den Zuhörern vorliegen und sie durch den Vortrag geleiten oder b) am Ende zur Informationssicherung bzw. Nachbereitung ausgeteilt werden.

Weitere Einzelheiten bei H. Will (2000).

Vortragsform 1) ➪ Lehrervortrag.

2) ➪ Schülerreferat.

Vorurteil Auch: Stereotyp.

1) Allgemein eine Meinung, die ohne Prüfung der objektiven Tatsachen voreilig gefasst oder übernommen worden ist. Ein V. wird nicht selten von feindseligen Gefühlen gegen eine einzelne Person oder gegen (soziale, religiöse, ethnische) Gruppen oder gegen Sachen bzw. Sachverhalte begleitet. Meist wird es auch bei besserem Wissen nicht zurückgenommen oder revidiert.

2) In der Psychologie ist ein V. definiert als eine Extremform sozialer Einstellungen, die relativ starr ist und Veränderungen gegenüber relativ stabil bleibt. „Stereotype Urteile sind vorschnell und lassen diskrepante neue Erfahrungen nicht zu." (U. Tewes / K. Wildgrube, 1992) V. erfüllen verschiedene Aufgaben: sie vereinfachen die Informationsvielfalt und reduzieren die Realität und erleichtern so die Orientierung auf einer einfachen, wenig reflektierten Bewusstseinsebene; sie sind emotional aufgeladen und bewertend.

Der Abbau von V. und der Aufbau von echtem ➪ Verständnis ist eines der zentralen Aufgaben des Fachunterrichts; hierzu zählt auch und vor allem die moralische ➪ Erziehung der Schüler und Schülerinnen sowie die Auseinandersetzung mit anderen Kulturen, Wertesystemen und ethischen Vorstellungen (➪ Wertediskussion).

Vorverständnis 1) Eine Art Vor-Urteil, das – meist unbewusst – die wissenschaftliche und fachliche Arbeit beeinflusst; denn bereits die Auswahl der konkreten Untersuchungsbasis (das können bestimmte Wirklichkeitsaspekte, ein Textkorpus, eine Probenauswahl u. dgl. sein) sowie die Wahl einer bestimmten Untersuchungsmethode konstituieren den besonderen Blickwinkel, unter dem der Forschungsgegenstand dem Wissenschaftler erscheint.

Im Fachunterricht sind, etwa im Zusammenhang mit der ➪ Methodenreflexion, die einzelnen Faktoren des eigenen V. zu prüfen und zu reflektieren; insbesondere unter der Fragestellung, inwieweit diese die eigentliche Untersuchung sowie das Untersuchungsergebnis beeinflusst haben könnten. Dabei ist das V. ein durchaus ernst zu nehmender Faktor bei der Sinnkonstitution (➪ Hermeneutik).

2) Auch: ➪ sachstruktureller Entwicklungsstand; die Ermittlung des V. einer Lerngruppe im Hinblick auf einen neuen ➪ Unterrichtsinhalt ist ein wichtiger Aspekt der ➪ Unterrichtsplanung.

✳ ✳ ✳

Wahrheit Der Begriffsinhalt des Ausdrucks W. hat sich – ähnlich wie ➪ Erkenntnis oder ➪ Verifikation – im Laufe der Geschichte von Philosophie und Wissenschaftstheorie stark gewandelt. Auf Aristoteles geht die Aussage zurück, dass ein Urteil oder eine allgemeine Aussage dann wahr sei, sofern das damit Gemeinte mit einem dinglichen oder undinglichen Sachverhalt übereinstimmt. Hiergegen ist eingewendet worden, dass eine solche W. nicht erkannt werden könne, ohne dass zugleich die Übereinstimmung ihrerseits erkannt wird; und deren W. müsste dann ebenso mit einem anderen Sachverhalt in Einklang gebracht werden usw. (➪ hermeneutischer Zirkel).

In der abendländischen Tradition des Denkens gab es eine stillschweigend anerkannte Voraussetzung, wonach die Menge des zu Erkennenden (das »Wahre«) irgendwie schon immer gegeben sei und vom erkennenden Subjekt sozusagen nur noch erobert, entdeckt werden müsse. Hierbei würden unter Umständen Irrwege eingeschlagen, die zu falschen, nicht tragfähigen Erkenntnissen führten, und richtige Wege, die uns der W. immer näher brächten. Diese Vorstellung wird in neuerer Zeit – zumindest für den Erkenntnisprozess der empirischen Wissenschaften – als problematisch angesehen: W. ist immer nur das, was eine Gruppe von Menschen (von Wissenschaftlern) aufgrund von begründeter Erkenntnis für wahr hält und in diesem Sinne tradiert. Damit wird die Idee einer Annäherung (Approximation) an <u>die</u> W. hinfällig.

Die ➪ Erkenntnis, die wir auf Grund von empirischen Theorien über uns und die Welt (über uns in der Welt) erhalten, führt nicht zu absoluter W., sondern hat relative Geltung; denn ➪ Theorien sind keine Spiegelbilder (im Sinne einer naiven Widerspiegelungstheorie) der Realität, sondern Interpretationen unserer Erfahrung – eine Einsicht, die der radikale ➪ Konstruktivismus (2) auf den Erkenntnisvorgang im Ganzen bezieht.

Eine eher pragmatische Auffassung von Erkenntnis findet sich im zweckrationalen Denken instrumentalistischer Konzeptionen: Theorien werden entworfen, eine Menge empirischer Tatbestände mit anderen in Beziehung zu setzen. Dabei wird die Theorie wie ein Instrument (zur Anpassung des Menschen an seine Umwelt) betrachtet; sie beschreibt nicht die Realität, zumindest intendiert sie dies nicht. Eine Theorie als Instrument wird nicht mehr unter dem Gesichtspunkt der »wahren Erkenntnis« entworfen, sondern vielmehr unter dem der Nützlichkeit. So ist denn auch die Bewährung der Theorien zu einem zentralen Kriterium ihrer Beurteilung und Auslese geworden. Dabei wird zugestanden, dass »Erfolg« einer Theorie nicht mit »wahren Folgen« verwechselt werden darf.

Die Verlagerung der Vorstellung von wahrer Erkenntnis zu brauchbarer Erkenntnis darf allerdings nicht zu einer Einstellung führen, wonach jedes Verfahren recht sei, sofern es nur die probaten Ergebnisse liefert. Logisch-formale, mathematisierte Theorien können ein Mittel zur wissenschaftlich kontrollierten Erkenntniserweiterung sein, sie sind es aber nicht ausschließlich, und sie sind auch nicht per se leistungsstärker als andere Weisen der Erkenntnis. Die Bewährung einer Theorie im begrenzten Raum zweckrationalen Handelns und in der geschichtlichen Konkurrenz zu anderen Theorien stellt keine hinreichende, höchstens eine notwendige Bedingung dafür dar, sie zu akzeptieren. Es besteht durchaus die Gefahr, dass die durch Nahziele pragmatisch zu entscheidende Bewährung von Theorien in eine eigene zwangsläufige Dynamik mündet, die kraft der faktischen Evidenz den einmal begonnenen Prozess irreversibel macht und damit die Theorie immunisiert. „Das einmal Begonnene nimmt uns das Gesetz des Handelns aus der Hand, und die vollendeten Tatsachen, die das Beginnen schuf, werden kumulativ zum Gesetz seiner Fortsetzung.“ (H. Jonas, 1984)

Wissenschaftlicher Fortschritt muss immer auch im Sinne einer Zukunftsethik Bewährung »versprechen«.

Wahrnehmung Auch: Perzeption; komplexer psycho-physiologischer Prozess, in dessen Verlauf ein Organismus Sinnesreize (Informationen) der Umwelt aufnimmt, verarbeitet und weiterleitet, und dessen Ergebnis ein Akt des Bewusstwerdens oder ➪ Lernens ist. „Wahrnehmung ist der Prozeß, mittels dessen wir die Einzelreize und Reizmuster aus unserer Umgebung organisieren und interpretieren.“ (U. Tewes / K. Wildgrube, 1992) Dieser Vorgang ist also geprägt von ➪ Informationsaufnahme, ➪ Informationsverarbeitung, Speicherung von Information (➪ Lernen, ➪ Behalten) und betrifft die Grundlage unseres ➪ Gedächtnisses und unserer ➪ Erkenntnis.

Heute, etwa im radikalen ➪ Konstruktivismus (2), wird weitgehend angenommen, dass es sich bei der W. um einen selbstkonstruktiven Prozess handelt: „Wir gehen davon aus, daß das Gehirn als geschlossenes funktionales System die Verbindung zur Welt durch Rezeptoren herstellt, die unspezifische, bedeutungsfreie elektrische Impulse weiterleiten. Es gibt also keine 'Abbildung' der Welt im Gehirn. Der Ort im Gehirn, an dem solche Impulse eintreffen, bestimmt die Art der Sinnesempfindung und deren Qualität. Wahrnehmung ist also eine Bedeutungszuweisung zu neuronalen Prozessen, sie ist Interpretation von Nervenimpulsen und damit Konstruktion von 'Realität'. Grundlage solcher Interpretationen bilden interne stammesgeschichtliche Festlegungen und frühere Erfahrungen. Für die Bewältigung der komplexen Welt hat das Gedächtnis eine fundamentale Bedeutung: Es speichert und aktiviert frühere sensorische Erfahrung und die mit ihnen verbundenen Bewertungsmuster.“ (E. Kösel, ^{2}1993)

Waldorfschule Von R. Steiner 1919 in Stuttgart gegründet; ihm ging es um eine ➪ ganzheitliche Erziehung, um die Entfaltung und Entwicklung aller im Menschen angelegten Fähigkeiten. Die Schüler und Schülerinnen sollten ➪ Gefühlserfahrungen machen, ihre moralischen und religiösen Einstellungen entwickeln, sich künstlerisch und handwerklich entfalten können, aber auch ihre sozialen Umgangsformen (➪ Sozialerfahrungen) verbessern und Fachwissen (➪ Sacherfahrung) erwerben können. Das Phasenmodell Steiners basiert auf der Annahme, das eine Reifungsphase etwa sieben Jahre dauert:

1. Phase:	frühe Kindheit: Nachahmung als Grundform des kindlichen Lernens
2. Phase:	Kindheit (7.–14. Lebensjahr): Lernen durch Handlungserfahrung; Denken ist noch nicht abstrakt, sondern wird durch Bilder geleitet; Aufbau eines Weltbildes
3. Phase:	Jugendalter (14.–21. Lebensjahr): Entwicklung des begrifflichen Denkens, der Urteilskraft und der Leistungsmotivation.

Aus diesem Entwicklungsmodell leitete Steiner das Schulcurriculum der Freien Waldorfschulen ab, deren Schüler ohne Differenzierung in jeweils einer gemeinsamen Jahrgangsstufe unterrichtet werden. Dem Leistungsgedanken hat er nicht die dominierende Stellung wie an den öffentlichen Schulen gegeben, statt dessen legt er Wert auf altersgemäße Förderung und innere Differenzierung des Lernens. Das Jahreszeugnis kennt denn auch keine Ziffernnoten, sondern liefert lediglich einen Bericht über die Entwicklung des Schülers bzw. der Schülerin. Die Betonung des künstlerisch-handwerklichen Bereichs, der Einsatz von ➪ Epochenunterricht, kollegiale Selbstverwaltung und eine enge Zusammenarbeit mit den Eltern zeichnet diese Schulform aus. Allerdings muss das Abitur unter Mitwirkung einer staatlichen Kommission (meist sind dies Fachberater der Schulaufsichtsbehörde) abgelegt werden.

Weitere Einzelheiten bei Ch. Lindenberg (1997), S. Leber (2001), S. Lippert (2001), T. Richter (2002).

Wandererlass Die Durchführung von Schulwanderungen und Fahrten sind per Erlass geregelt; sie gelten als Bestandteile der Bildungs- und Erziehungsarbeit der Schule und müssen einen deutlichen Bezug zum Unterricht haben oder programmatisch aus dem Schulleben erwachsen und sie sollen im Unterricht vor- und nachbereitet werden. Folgende Regelungen sind in dieser oder ähnlicher Form gegeben (z. B. RdErl. NRW vom 19.3.1997):

- Die Schulen entscheiden über die Durchführung von Schulwanderungen und -fahrten in eigener Verantwortung.
- Die Schulkonferenz legt den Rahmen für Schulwanderungen und -fahrten fest (➪ SchMG § 5, Abs. 2, Nr. 4), einschließlich der Höchstdauer und Kostenobergrenze.
- Bei einer Dauer von mehr als zwei Wochen muss der darüber hinausgehende Teil in die Ferien gelegt werden.
- Die Klassen- bzw. die Jahrgangsstufenpflegschaft entscheidet über Ziel, Programm und Dauer auf der Grundlage eines Vorschlags der Klassenlehrerin oder des Klassen-

lehrers bzw. des Kursleiters oder der Kursleiterin unter Beachtung des von der Schulkonferenz vorgegebenen Rahmens.

- Die Genehmigung für Schulwanderungen und -fahrten erteilt die Schulleiterin bzw. der Schulleiter auf Grund eines rechtzeitig vor Beginn gestellten Antrags; er oder sie erteilt auch die Dienstreisegenehmigung (Formblatt) für teilnehmende Lehrer oder Lehrerinnen.
- Bei nicht ausreichenden oder nicht zur Verfügung stehenden Reisekostenmitteln müssen die begleitenden Lehrer und Lehrerinnen zuvor schriftlich auf die Zahlung von Reisekostenvergütung verzichten.
- Die Teilnahme an Schulwanderungen und -fahrten gehört zu den dienstlichen Aufgaben des Lehrers bzw. der Lehrerin. Für die Schüler und Schülerinnen des Klassen- oder Kursverbandes besteht Teilnahmepflicht (➪ ASchO § 8, Abs. 1); werden einzelne Schüler oder Schülerinnen von der Teilnahme entbunden, so besuchen sie in der Regel den Unterricht einer anderen Klasse oder eines anderen Kurses.
- Verträge mit Reiseunternehmen werden stets im Namen der Schule abgeschlossen.
- Bei mehrtägigen Fahrten, die mit größeren finanziellen Belastungen verbunden sind, müssen die Erziehungsberechtigten vor Vertragsabschluss schriftlich erklären, dass sie mit der Fahrt einverstanden sind und die Kosten übernehmen werden.
- Art und Umfang der Aufsicht bei Schulwanderungen und -fahrten richtet sich nach den jeweiligen Gegebenheiten, vor allem nach dem Alter und Entwicklungsstand der Schüler und Schülerinnen. Bei mehrtägigen Veranstaltungen, an denen Schülerinnen teilnehmen, ist eine weibliche Begleitung zwingend erforderlich.
- Nach vorheriger Absprache mit den Erziehungsberechtigten darf der Leiter oder die Leiterin einzelnen Schülern und Schülerinnen zeitlich und räumlich begrenzte Unternehmungen in kleineren Gruppen gestatten, ohne dass eine Aufsichtsperson sie begleitet. Allerdings muss diese jederzeit erreichbar sein.
- Eine Beförderung der Schüler und Schülerinnen mit privaten Kraftfahrzeugen ist grundsätzlich nicht zulässig.
- Für Unternehmungen mit erhöhtem Risiko (z. B. Schwimmen, Wandern im Hochgebirge) gelten in der Regel eigene Vorschriften (z. B. Sicherheitsbestimmungen im Rahmen des Schulsports); solche Veranstaltungen müssen besonders sorgfältig vorbereitet und abgesichert sein.

Wandzeitung Papierrolle (z. B. Tapeteninnenseite) zur Darstellung eines ➪ informierenden Einstiegs, einer ➪ thematischen Landkarte oder zum Notieren von Arbeitsergebnissen, die im Plenum veröffentlicht werden sollen. Die W. bietet reichlich Platz, kann nach Bedarf ergänzt (verlängert) werden und eine Zeitlang sichtbar im Klassenraum angebracht bleiben.

Sollen jüngere Schüler und Schülerinnen die W. nutzen, um z. B. Gruppenergebnisse zu veröffentlichen, so sollte der Lehrer bzw. die Lehrerin Hilfestellung leisten und evtl. das Feld der W. vorstrukturieren. Das gilt insbesondere für erste Erfahrungen mit dem Erstellen einer ➪ Zeitleiste im Unterricht.

Warnung Ist die Versetzung eines Schülers oder einer Schülerin gefährdet, weil die Leistungen in einem Fach (abweichend von den im letzten Zeugnis erteilten Noten) nicht mehr ausreichen, so sind die Erziehungsberechtigten schriftlich zu benachrichtigen und zu einer ➪ Beratung einzuladen. Die W. ist in der Regel zehn Wochen vor dem Versetzungstermin auszusprechen. „Unterbleibt eine notwendige Benachrichtigung, so kann daraus kein Anspruch auf Versetzung hergeleitet werden; die nicht abgemahnte Minderleistung in einem Fach wird bei der Versetzungsentscheidung jedoch nicht berücksichtigt." (➪ ASchO, § 27,8)

Wechsel der Sozialform ➪ Phasenwechsel.

weite Frage ➪ Lehrerfrage.

Weltbild Unscharfer und schwieriger Begriff, der unterschiedlichen Bedeutungsebenen zugeordnet werden kann, z. B.:

- Als W. oder »Weltansicht« ist der Begriff im Zusammenhang mit der Erforschung unterschiedlicher Kulturen und Sprachfamilien diskutiert worden (z. B. W. von Humboldt, B. Lee Whorf, Leo Weisgerber); die Sprachforscher konstatieren einen fundamentalen Zusammenhang zwischen Sprache, Denken und W.
- Ideologisch betrachtet setzt sich ein W. aus einer Reihe von sozialen, politischen, religiösen bzw. »weltanschaulichen« Überzeugungen zusammen, die eng mit einem korrespondierenden ➪ Menschenbild zusammenhängen.
- In der Philosophie wird gelegentlich unterschieden zwischen »Weltanschauung« als dem Inbegriff der Ergebnisse metaphysischen Denkens und Forschens sowie »Weltbild« als der Summe des anschaulichen Wissens von der Welt; dieses lässt sich weiter gliedern als sinnlich-räumliches, seelisch-kulturelles und metaphysisches W.; in anderer Diktion als physikalisches, biologisches und philosophisches W.

Je nach dem zeitgenössischen Stand der ➪ Wissenschaft und der wissenschaftstheoretischen Einschätzung von Begriffen wie ➪ Erkenntnis und ➪ Wahrheit hat und wird sich das W. ganzer Kulturen im Laufe der Geschichte mehr oder weniger radikal verändern (➪ Paradigmenwechsel).

Werkstattunterricht Im W. werden insbesondere die Prinzipien der ➪ Handlungs- und der ➪ Produktorientierung praktisch umgesetzt; die Schüler und Schülerinnen können in einer entsprechend gestalteten ➪ Lernsituation konkrete Produkte herstellen, die für sie persönlich bedeutsam sind. Der Lehrer bzw. die Lehrerin bietet dar und macht vor (➪ Modell-Lernen), leitet die Schüler und Schülerinnen an und begleiten sie in ihrem Arbeitsprozess. Als (gelegentliche) Ergänzung zum Regelunterricht hat der W. eine nicht zu unterschätzende Bedeutung für die ➪ Motivation der Lernenden.

Dort, wo „Unterricht mit Lehrlingsverhältnissen, Projekten und technischen Hilfsmittel" generell gefordert wird (z. B. H. Gardner, 1993), ist eine ganz andere als die gegenwärtige Schule im Gespräch. Eine Fortführung dieses Konzepts ist H. von Hentigs Forderung nach einer „Schule als Lebens- und Erfahrungsraum" ([3]1994).

Weitere Einzelheiten bei A. Weber / K. Hunziger (1998).

Werte ⇨ Wertediskussion; ⇨ Werteerziehung.

Wertediskussion In Zeiten eines bevorstehenden oder gewollten gesellschaftspolitischen Wandels findet sich immer wieder die breite Diskussion über die so genannten Werte in der Gesellschaft im Allgemeinen und über die ⇨ Werteerziehung als Auftrag des öffentlichen Schulwesens im Besonderen. In diesem Zusammenhang wird meist ein Wertezerfall beklagt und der Ruf nach strengeren Maßstäben in der Erziehung (⇨ Erziehen) lauter.

Hierbei sollte allerdings genauer unterschieden werden zwischen den so genannten ⇨ Sekundärtugenden (Fleiß, Pünktlichkeit, Ordnung), die in früheren Zeiten noch als »Kopfnoten« im Zeugnis erschienen sind, und den unverzichtbaren ⇨ Grundwerten, von denen H. von Hentig ([3]1994) annimmt, dass sie an Zahl gering und innerhalb einer Kultur so gut wie konstant seien. Man kann zwar darüber diskutieren, ob Fleiß oder Pünktlichkeit stärker eingefordert und beachtet werden sollten; aber damit ist noch keine W. im eigentlichen Sinne angestoßen, höchstens eine Frage nach pädagogischen »Ritualen«, nach effizientem Handeln, nach dem Umgang miteinander oder der Einhaltung der Schulordnung.

Die W. dagegen erfolgt in komplexen Zusammenhängen; sie setzt eine bestimmte ⇨ moralische Entwicklung der Schüler und Schülerinnen voraus und betrifft Fragen z. B. nach *der sozialen Gerechtigkeit, dem Frieden und der Unversehrtheit des Leibes, der Wohlversorgtheit und der Würde der Person, der Mobilität und Identität und dem Streben nach Glück.*

Der Fachunterricht kann seinen je spezifischen Beitrag zu diesen Themen, die in die ⇨ Richtlinien als ⇨ Schlüsselprobleme unserer Lebenswelt eingegangen sind, leisten; er kann dies vornehmlich im ⇨ fächerverbindenden oder im ⇨ Projektunterricht.

Weitere Einhelheiten bei H. von Hentig (2001 a).

Werteerziehung Der Doppelauftrag der Schule umfasst ⇨ Unterrichten und ⇨ Erziehen, wobei die W. einen besonderen Aspekt der allgemeinen Erziehung hervorhebt und in die sukzessive ⇨ moralische Entwicklung der Schüler und Schülerinnen sowie in eine wohl verstandene ⇨ Wertediskussion eingebettet ist. Während Unterrichten eher auf den Aufbau einer ⇨ Wissensstruktur zielt, geht es der W. um den Aufbau einer ⇨ Wertestruktur; beide sind jedoch untrennbar miteinander in der kognitiven Struktur des Menschen verbunden.

Der W. geht es um die Bereitschaft und Fähigkeit der Schüler und Schülerinnen, sich mit Werten und Wertsystemen auseinander zu setzen, zu urteilen und sich zu entscheiden. Dazu gehören insbesondere die Bereitschaft und Fähigkeit

- Werte und ⇨ Normen (1) auch im Kontext von Wert- und Normensystemen zu erkennen und zu verstehen,
- Begründungszusammenhänge für Werturteile zu erfassen und darzulegen und sich dabei der Besonderheit solcher Urteile bewusst zu sein,

- zu eigenen Wertvorstellungen in der Auseinandersetzung mit konkurrierenden Meinungen, Überzeugungen, Ideologien usw. zu gelangen,
- sich insbesondere auch im Spannungsfeld der Rechte und der Pflichten des Einzelnen bzw. der Gesellschaft auf der Grundlage eigener Wertvorstellungen zu entscheiden und die Entscheidungen rational zu begründen,
- in Wert- und ➪ Normkonflikten Stellung zu nehmen und Partei zu ergreifen,
- Wertvorstellungen und auf ihnen beruhende Entscheidungen anderer Personen und Gruppen zu respektieren.

Damit zielt die W. letztlich auf die »Erziehung zur Mündigkeit«, ein scheinbares Paradox, das sich dann auflöst, wenn man die Hinführung zur ➪ Mündigkeit als einen erzieherischen *Prozess* wahrnimmt, in dem der Lehrer bzw. die Lehrerin den jungen Menschen »Hilfe zur Selbsthilfe« anbietet, indem diese das »Lernen lernen« und so allmählich zu ➪ Selbsttätigkeit und ➪ selbstverantwortetem Lernen geführt werden.

Unter lernpsychologischem Aspekt gilt zu bedenken: Die Bildung von Wertbegriffen erfolgt (nur) bei stärkerer Ich-Beteiligung. Während in der Wertphilosophie von der individuellen Erfahrung unabhängiger Ideen ausgegangen wird, „ist unter psychologischen Gesichtspunkten von Werterlebnissen zu sprechen" (W. Edelmann, [3]1993). Wertbegriffe wie Freiheit, Unversehrtheit des Leibes, Streben nach Glück sind durch persönliches Engagement ausgezeichnet, das seinerseits das logische Denken und das realitätsorientierte Urteilen schwächt. Die gefühlsmäßige Bewertung führt zu einer Klassifikation der Objekte nach der Bedeutung, die sie für das Individuum besitzen, d. h. zu einer »Wertehierarchie«. Gegen den Zweckrationalismus einer Handlung steht deren Wertrationalität, je nachdem ob der Zweck dieser Handlung außerhalb ihrer selbst liegt oder ob die Handlung um ihrer selbst Willen ausgeführt wird.

Ratgeber für Eltern und Erzieher: R. Coles (2001).

Wertestruktur Teil der ➪ kognitiven Struktur des Menschen; zusammen mit der Wissensstruktur dient sie der Bewältigung von Aufgaben. Da der Aufbau einer »Wertehierarchie« unter starker Ich-Beteiligung und persönlichem Engagement stattfindet, muss damit gerechnet werden, dass sie weniger den rationalen und (nur) verbalen Argumenten zugänglich ist, sondern weit eher durch individuelle Erfahrungen und Erlebnisse aufgebaut und gestützt oder verändert und modifiziert wird. Dies ist ein wichtiges Argument für die ➪ Werteerziehung im Rahmen von Unterricht und Ausbildung.

Wertfreiheit Umstrittener Begriff, der zu zahlreichen Anlässen reklamiert und ebenso oft kritisiert worden ist. So ist z. B. in der ➪ Berliner Didaktik die W. der Struktur- und Faktorenanalyse postuliert worden; sowohl P. Heimann als auch W. Schulz haben sich in den Anfängen auf positivistische Positionen der Wissenschaftstheorie berufen. Die Forderung nach einer wertfreien Wissenschaft ist aber selbst nicht wertfrei, sondern Ausdruck eines technologischen Erkenntnisinteresses.

Die problematische Struktur der Forderung nach W. ist besonders in den Publikationen der so genannten »Frankfurter Schule« offengelegt worden, z. B. durch T. W. Adorno

oder J. Habermas (»Erkenntnis und Interesse«, 1968; »Technik und Wissenschaft als 'Ideologie'«, 1968). Spätestens seit 1980 sind alle größeren didaktischen Entwürfe von der Vorstellung einer wertfreien Theoriekonstruktion abgerückt, was sich z. B. schon im Namen der ➪ Kritisch-konstruktiven Didaktik (1985) W. Klafkis zeigt.
Näheres bei H. von Hentig (2001a).

Wertrationalität Handlungen sind häufig Mittel zu einem Zweck; ihre Ausführung wird dann durch »Zweckrationalität« bestimmt. Anders sieht es bei Handlungen aus, die um ihrer selbst willen ausgeführt werden; sie folgen eher einer W.

Beispiel: Klavier spielen a) um Solist zu werden, um Preise zu gewinnen; b) um seine Freizeit auszufüllen, um sich daran zu erfreuen.

Wertschätzung ➪ Akzeptanz.

Widerspruch Der W. richtet sich – anders als die ➪ Beschwerde – stets gegen einen ➪ Verwaltungsakt der Schule mit dem Ziel, diesen abzuändern. Der W. kann innerhalb eines Monats nach Bekanntgabe des Verwaltungsaktes schriftlich (oder mündlich zur Niederschrift) sowohl bei der Schule als auch bei der Schulaufsichtsbehörde eingelegt werden. Ohne eine schriftliche Belehrung über den Rechtsbehelf des W. beläuft sich die Widerspruchsfrist auf ein Jahr.

Der W. gegen einen Verwaltungsakt hat aufschiebende Wirkung (sofern keine »sofortige Vollziehung« angeordnet ist); so kann z. B. eine Ordnungsmaßnahme nicht bis zur endgültigen Klärung ausgeführt werden. Andererseits darf der Beschwerdeführende auch nicht bevorzugt werden; dies heißt, dass etwa ein nicht versetzter Schüler zunächst in der alten Klassenstufe verbleibt. Weitere Einzelheiten des Verfahrens regeln die »Ausführungsvorschriften« zur ➪ ASchO (§ 50).

Wiederholen Die Wiederholung von Unterrichtsinhalten und -methoden kann an verschiedenen Stellen im Unterricht und mit unterschiedlichen Intentionen erfolgen:

1. Am häufigsten dürfte die mündliche Wiederholung dessen, was in der vorangegangenen Stunde behandelt worden ist, zu Beginn einer Unterrichtsstunde (in der ➪ Einstiegsphase) sein. Das W. dient hier der Anknüpfung und Vergegenwärtigung des Lernstandes; es sollte jedoch nicht zum bloßen Ritual oder gar zum Disziplinierungsmittel verkommen.
   - Auch die Wiederholung zu Beginn einer Stunde muss eine funktionale und ansprechende Form haben; sie muss von daher gelernt und geübt werden.
   - Wesentlich ist, dass ein Schüler oder eine Schülerin den Lernstoff der vergangenen Stunde in einem geschlossenen ➪ Vortrag (2) darbietet und dass sich nicht – nach dem ersten Satz – ein ➪ fragend-reproduzierendes Gespräch anschließt.
   - Das W. muss lebendig sein und die Lerngruppe aktiv halten; ansonsten schalten die meisten ab, wenn jemand »drangekommen« ist. So kann man vereinbaren, dass derjenige, der den Unterrichtsstoff wiederholt, bewusst an einer Stelle eine »Gedächtnislücke« einbaut, und dass er die anderen hinterher fragen darf, wer dies bemerkt hat und richtig ergänzen kann. Ein solcher »Kunstgriff« dient hier nur als Beispiel und sollte nicht überstrapaziert werden.

– Im Ganzen muss die W. zu Beginn einer Stunde knapp und informativ sein; sie sollte auf jeden Fall für den Fortgang des Lernprozesses notwendig, zumindest wichtig sein.

2. Die Wiederholung kann als ➪ Zwischensicherung, etwa nach der ➪ Erarbeitungsphase, eingesetzt werden; hier sollten auch schwächere Schüler oder Schülerinnen Gelegenheit zur ➪ mündlichen Mitarbeit erhalten, da diese Art der Wiederholung im Wesentlichen in einer Reproduktion von gerade Gelerntem besteht. Je nach Schwierigkeitsgrad sollte allerdings das ➪ Tafelbild oder die Folie bei dieser Art des W. nicht sichtbar sein.

3. In der ➪ Sicherungsphase gegen Ende der Stunde dient das W. im Wesentlichen der informellen ➪ Lernkontrolle und kann sich auf die Unterrichtsinhalte beziehen und/oder in einer ➪ Methodenreflexion bestehen. Auch diese Form der Stundenzusammenfassung muss gelernt und geübt werden. Sie kann (zunächst) nach einem vereinbarten Schema erfolgen, z. B.:
In der heutigen Stunde ging es um ...
Wir sind ausgegangen von ...
Hieraus ergab sich die leitende Fragestellung: ...
Als Lösung sind einige Vorschläge gemacht / Vermutungen aufgestellt worden, und zwar: (1.)... (2.)... (3.) ...
Unser Arbeitsplan sah vor, dass wir ...
Die Ergebnisse lauteten: (1.)... (2.)... (3.)...
Nach der Diskussion der Ergebnisse haben wir versucht, die Ausgangsfrage zu beantworten: ...
Wir stellten fest, dass wir noch ... untersuchen / fragen / erarbeiten müssen. Dies soll unsere Aufgabe für die nächste Stunde sein.

Wirklichkeit 1) Ein (vor allem im deutschen Sprachraum) recht komplexer und komplizierter Begriff; er wurde von Meister Eckhart (um 1260–1327) als Übersetzung des lat. »actualitas« gewählt und beinhaltet somit die Komponente des »Wirkens«. Im Deutschen unterscheidet man daher »Wahrheit« von der W. dadurch, dass sie an die Evidenz (nicht an das Wirken) gebunden ist, und die »Realität« von der W. dadurch, dass sie auch das Mögliche enthält. Insofern steht W. im philosophischen Sprachgebrauch sowohl im Gegensatz zum bloß Scheinbaren als auch zum bloß Möglichen.

Als recht nützlich erweist sich die Unterscheidung von drei Bezugsebenen für den Wirklichkeitsbegriff:

a) *W. im 1. Sinne*: die physikalische oder »makrokosmische« W., deren Erforschung Aufgabe und Ziel der Naturwissenschaften (insbesondere der Physik) ist; sie lässt sich auf dem Umweg bestimmter »Erscheinungsbilder« in ihrem Vorhandensein und ihren Eigenschaften sinnlich erfahren, theoretisch einordnen und – je nach Forschungsinteresse – deuten.

b) *W. im 2. Sinne*: die täglich uns umgebende Welt als »mikrokosmische« W., bei der sich noch einmal das »Angetroffene« vom »Vergegenwärtigten« unterscheiden lässt;

und nur das Erstere ist als unsere Erlebniswirklichkeit für uns »eigentlich« wirklich, es ist das für uns anschaulich Gegebene, unsere Alltagswirklichkeit. Wir nehmen sie meist fraglos hin und sehen kaum einen Unterschied zur Ebene der Sinnesreize (W. im 1. Sinne).

c) *W. im 3. Sinne*: das vom Menschen Vergegenwärtigte, eine Art »psychologischer« W., die nicht den Rang der W. im 2. Sinne hat, aber dennoch zu unserem Wirklichkeitsverständnis gehört, denn sie wirkt – meist in ganz entscheidendem Maße – auf unsere seelisch-geistige Verfassung und durch sie auf unser Handeln. Nur die W. im 3. Sinne ist verbunden mit ➪ Intentionen, ➪ Gefühlen und ➪ Vorurteilen; sie hat zunächst und vor allem Auswirkungen auf die W. im 2. Sinne, kann aber auch – im Sinne eines wissenschaftlichen ➪ Vorverständnisses – auch auf die W. im 1. Sinne Einfluss haben. Die Verwechslung der Relationen zwischen den einzelnen Wirklichkeitsebenen führte nicht selten zu Missverständnissen und Dissonanzen; alle drei fließen für den Einzelnen zusammen in ein bestimmtes ➪ Menschen- und ➪ Weltbild.

Neuere Ergebnisse der biologischen Forschung (A. Scheunpflug, 2001) sowie die Erkenntnisse des radikalen ➪ Konstruktivismus (P. Watzlawick, [9]1997) sprechen eher dafür, dass die drei oben skizzierten Wirklichkeitsebenen nicht »wirklich« unterschieden sind, sondern dass es eher unser Bewusstsein ist, dass sich (als Gattungswesen wie als Individuum) seine W. »aussucht« bzw. immer wieder neu »konstruiert«.

2) In didaktischen Zusammenhängen (➪ Didaktik) gilt im Allgemeinen, dass im Unterricht W. inszeniert wird, und zwar in Form von unterschiedlichen ➪ Inszenierungsmustern; gemeint ist die symbolische Vermittlung der W. der Welt durch je spezifische ➪ Unterrichtsinhalte und ➪ -methoden.

3) Bereits die ➪ Ernstfalldidaktik hat versucht, Unterrichtsprozesse nicht nur mit der Lebenswirklichkeit der Schüler und Schülerinnen zu verknüpfen, sondern diese »als« Lebenswirklichkeit für das ➪ Lernen nutzbar zu machen. Diese Intentionen finden sich im Konzept der ➪ Öffnung von Schule wieder.

Wirklichkeitsmodell Lernpsychologischer Terminus, mit dem die Tatsache benannt wird, dass ➪ Wirklichkeit nicht unmittelbar erfahren, sondern in einem komplexen kognitiven Prozess (➪ Informationsverarbeitung) angeeignet, selektiert, bewertet und im ➪ Gedächtnis – je nach der ➪ Verstehensdisposition – ganz individuell modelliert wird. Am schärfsten wird diese These im radikalen ➪ Konstruktivismus (2) und der von ihm abgeleiteten ➪ Personenorientierten Didaktik formuliert.

In neueren Untersuchungen, die sich dem Zusammenhang zwischen Biowissenschaft und Pädagogik widmen, wird nicht mehr nur die Frage diskutiert, ob und wie eine bestimmte Umwelt das menschliche Denken und Handeln prägt, sondern auch, ob sich bestimmte Anlagen »ihre Umwelt« suchen. „In Konsequenz daraus müsste Lernen als eine Auswahl aus verschiedenen Umweltangeboten verstanden werden. Erziehung kann dann als ein komplexes Bündel von Auswahlangeboten interpretiert werden.“ (A. Scheunpflug, 1/2000 und 2001)

Wissen Ergebnis menschlichen ➪ Lernens durch Aufbau kognitiver Strukturen; W. wird sprachlich-symbolisch im ➪ Gedächtnis repräsentiert (➪ Repräsentation).

1) In der Pädagogik wird zwischen aktivem und passivem W. unterschieden: aktives W. steht im ➪ Lehr-Lern-Prozess unmittelbar zur Verfügung, es wird erinnert und gezeigt; passives W. ist sozusagen »erwartbares« W., das entweder nicht erinnert wird (➪ Behalten, ➪ Vergessen) oder – aus welchen Gründen auch immer – nicht gezeigt wird.

2) Die Lernpsychologie unterscheidet zwei Formen des W:
   a) *deklaratives Wissen* oder Sachwissen repräsentiert W. über Sachverhalte,
   b) *prozedurales Wissen* oder Handlungswissen repräsentiert W. über Fertigkeiten; es wird mit zunehmendem Können automatisiert, d.h. seine Ausführung ist weniger bewusst (z.B. Schreiben oder Addieren können).

Die kleinsten Bedeutungseinheiten des sprachlich vermittelten W., die ➪ Propositionen (1), sind im Gehirn zu ➪ Schemata und ➪ Skripten verknüpft und bilden durch ➪ Vernetzung größere neuronale Hierarchien und Verbünde. Allerdings wird W. nicht nur in sprachlich-symbolischer Form vermittelt, sondern ebenso in bildhafter oder handlungsmäßiger Form. Für ganzheitliches Lernen ist die Berücksichtigung der ➪ Lateralität sowie eine ➪ multiple Repräsentation von W. unerlässlich. Ebenso wichtig ist das Eingehen auf unterschiedliche ➪ Lerntypen, was eine Wissensvermittlung über unterschiedliche Kanäle impliziert, sowie die Beachtung der Tatsache, dass Lernprozesse in entscheidendem Maße von ➪ Gefühlen begleitet sind.

Wissenschaft Forschende Tätigkeit, die darauf gerichtet ist, begründetes, geordnetes und für gesichert angesehenes ➪ Wissen hervorzubringen. Generell wird eine »reine« W. (Grundlagenwissenschaft) von angewandter W. (ärztliche, biologische, politische W.) unterschieden. Je nach ihrem methodischen Ansatz ergeben sich unterschiedliche Richtungen der wissenschaftlichen Forschung und Theoriebildung: ➪ Hermeneutik (Geisteswissenschaften, Existenzialismus, Phänomenologie oder kritisch-konstruktive Erziehungswissenschaft); ➪ empirisch-analytische Wissenschaften (wie Positivismus, Behaviorismus, kritischer Rationalismus, Strukturalismus, Konstruktivismus) usw. Jede W. besteht aus einer Wissenschaftlerpopulation, die in gegenseitigem kommunikativem Austausch (Publikationen, Kongresse, Projekte) steht, einem nur ihr eigenen »Gegenstand« oder »Gegenstandsbereich«, einer spezifischen ➪ Terminologie, einem Bestand an Grundsätzen, Normen, Gesetzesaussagen u. dgl., typischen ➪ Fachmethoden sowie exemplarischen Beispielen.

Sehr vereinfachend gesprochen, suchen die Geisteswissenschaften den ➪ Sinn aller menschlichen Lebensäußerungen, der nur im ➪ Verstehen derselben erkannt werden kann; Naturwissenschaften decken kausale Zusammenhänge auf, die dann zu Theorien über die (makrokosmische) ➪ Wirklichkeit und zur Erklärung der Natur führen.

Gut lesbar und auch im Unterricht in Auszügen einsetzbar: H. Seiffert (Band 1 und 2, [12]1996; Band 3, 1992), ferner F. Chalmers ([5]2001).

wissenschaftliche Begriffe Die Herausbildung w. B. kennzeichnet die letzte Stufe der kognitiven Entwicklung des jungen Menschen; für L. S. Wygotski (1964) sind w. B. zwar erst „im Zusammenhang mit dem Denken des Erwachsenen“ gegeben, doch sollten sie bereits beim Jugendlichen, gewisser Maßen als Vorgriff auf die Zone seiner nächsten Entwicklung, angebahnt werden. Für Wygotski zeigt sich die Kraft w. B. „in dem Bereich der höheren Eigenschaften – bewußte Einsicht und Willkürlichkeit“. Hierin unterscheiden sie sich wesentlich von den spontanen ⇨ Begriffen, die im Konkreten, in der persönlichen Erfahrung und in der Empirie wurzeln; beide sind jedoch aufeinander angewiesen.

Bei J. Piaget / B. Inhelder ([4]1991) findet die kognitive Entwicklung im Stadium der ⇨ formalen Operationen zu w. B. Gemäß der ⇨ Stadienlehre Piagets löst sich in dieser Zeit (zwischen dem 12. und 15. Lebensjahr) der junge Mensch vom Konkreten und er vermag das Wirkliche „in ein System von möglichen Transformationen“ einzuordnen; er wird damit fähig, aus bloß möglichen Wahrheiten die notwendigen Folgerungen zu ziehen, was den Anfang des hypothetisch-deduktiven oder formalen ⇨ Denkens darstellt.

Wissenschaftspropädeutik Die wissenschaftspropädeutische Ausbildung ist eines der ⇨ Richtziele der gymnasialen Ausbildung in der Oberstufe. Einerseits findet sie in Ansätzen bereits in der Sekundarstufe I statt, wo das notwendige Grundlagenwissen erworben wird; andererseits zielt sie auf die Studierfähigkeit der Schüler und Schülerinnen am Ende der gymnasialen Ausbildung. Wissenschaftspropädeutisches Lehrern und Lernen ist gekennzeichnet durch didaktische Reduktion (⇨ Didaktisierung) und ⇨ Akzentuierung ebenso wie durch das Prinzip des ⇨ Exemplarischen, ferner durch Systematisierung (⇨ Lehrgang), ⇨ Methodenvielfalt, ⇨ Problemorientierung und zunehmende ⇨ Selbstständigkeit der Lernenden. Es umfasst die kognitive, pragmatisch-methodische, die soziale und affektive Dimension. Seine wesentlichen Ziele sind:

- ein jeder Zeit verfügbares, gut vernetztes fachliches Grundlagenwissen, das in der inhaltlichen Auseinandersetzung mit Themen und Gegenständen ganz bestimmter Fächer und Fächergruppen erweitert und (vor allem in den ⇨ Leistungskursen) vertieft wird;
- weitgehende Beherrschung von Prinzipien und Formen selbstständigen Lernens und Arbeitens;
- Ausbildung einer problem- und prozessbezogenen, differenzierten Reflexions- und Urteilsfähigkeit;
- Einübung in grundlegende wissenschaftliche Verfahrens- und Erkenntnisweisen sowie (in den Leistungskursen) exemplarische, vertiefte Einführung in spezielle wissenschaftliche Verfahrens- und Erkenntnisweisen.

Wissenschaftstheorie Teildisziplin der Philosophie; Nachdenken über ⇨ Wissenschaft in systematisch-kritischer Absicht, „Theorie von der Wissenschaft überhaupt“ (H. Seiffert), Reflexion über den tatsächlichen und den möglichen Forschungsprozess einer Einzelwissenschaft. In ihren Anfängen war die W. stets Theorie der ⇨ analytischen Wissenschaften, doch wird heute der Ausdruck auch auf die Geisteswissenschaften ausgedehnt. Die W. handelt Themen ab wie: Logische Propädeutik (Lehre vom Wort, vom Satz, Aussage und Sachverhalt, ⇨ Zeichentheorie), Methodenlehre (⇨ Deduktion, ⇨

Induktion), ➪ Phänomenologie, ➪ Hermeneutik und historische Methode, ➪ Handlungstheorie, ➪ Konstruktivismus, Dialektik usw.. Allgemein gesprochen besteht der Gegenstand der W. darin, die Voraussetzungen wissenschaftlicher Erkenntnisse zu ermitteln, ihre Zielsetzungen zu diskutieren sowie methodische Verfahren und Theoriebildung kritisch zu würdigen. Dies schließt eine historische Betrachtungsweise sowie die Kritik gesellschaftlicher Verwertungsinteressen wissenschaftlicher Erkenntnisse mit ein. Dabei beschreibt und kritisiert die W. die Forschungspraxis und Theoriebildung nicht nur, sondern sie kann sie gelegentlich konstruktiv vorantreiben (etwa in der Abschätzung von Technikfolgen).

Gut lesbar und auch im Unterricht in Auszügen einsetzbar: H. Seiffert (Band 1 und 2, [12]1996; Band 3, 1992), ferner F. Chalmers ([5]2001).

Wissensstruktur Jeder Mensch verfügt über eine Wissens- und eine ➪ Wertestruktur. Diese so genannte »epistemische Struktur« beinhaltet ➪ Begriffe und Regeln und ist im Wesentlichen zur Bewältigung von Aufgaben angelegt; sie steuert den weitaus größten Teil unseres Handelns. Erst wenn unser Wissen nicht ausreicht, eine Aufgabe auf direktem Wege zu lösen, setzen wir ➪ Problemlösungsstrategien ein.

Wochenplan Instrument des ➪ offenen Unterrichts; der W. ist das Ergebnis der gemeinsamen Planungsarbeit von Lehrer bzw. Lehrerin und Lerngruppe. Er enthält z.B. Terminabsprachen, die einzelnen Aufgaben (nach Lernbereichen sortiert), Hinweise auf die zu verwendenden ➪ Lernmittel sowie eine Angabe über die Form der Erarbeitung, den spätesten Abgabetermin, Alternativangebote usw. Folgende Punkte sollten bei der Arbeit mit dem W. bedacht werden (nach W. Jank / H. Meyer, [5]1996):

- Das gemeinsame Planungsgespräch findet jeweils zu Wochenbeginn oder – wenn der W. mehr als eine Woche umfasst – vor dem neuen W. statt.
- Der Lehrer oder die Lehrerin gibt Planungsvorschläge vor, die von den Schülern und Schülerinnen ergänzt werden.
- Wünsche aus dem gemeinsamen Unterricht werden rechtzeitig gesammelt, evtl. an eine Pinwand geheftet.
- Der Lehrer bzw. die Lehrerin bringt die Vorschläge in eine angemessene Form und legt den Zeitrahmen fest.
- der W. sollte unterschiedliche Aufgabentypen enthalten:
  a) täglich zu erledigende Übungsaufgaben;
  b) umfassendere Schreibaufträge, die eine eigenständige Aufteilung über mehrer Tage erfordern;
  c) Aufgaben, die nur in der Kooperation mit anderen gelöst werden können (➪ Gruppenarbeit, ➪ Projektunterricht).
- Jede Aufgabe sollte nach ihrer Erledigung eigenständig kontrolliert werden können, und zwar bevor sie in die gemeinsame Arbeit der Klasse eingebracht und von der Lehrperson bewertet wird.
- Für die Erledigung der Aufgaben des W. stehen täglich etwa zwei bis drei Stunden zur Verfügung.

- Jede erledigte Arbeit wird auf dem W. abgehakt, sobald sie eigenständig kontrolliert und ggf. verbessert worden ist.
- Wenn Schüler oder Schülerinnen die Erledigung der Aufgaben nicht schaffen, können vom Lehrer oder von der Lehrerin geleitete Fördergruppen eingerichtet werden.

* * *

Zeichen Prinzipiell kann jeder materielle Träger zum Z. erklärt werden, sobald dieses Etwas als das ⇨ Bezeichnende für eine ⇨ Bedeutung als dem ⇨ Bezeichneten gesetzt bzw. vereinbart wird. Am geläufigsten ist die Verwendung des Ausdrucks bei Verkehrszeichen; doch lässt er sich ebenso auf die sprachlichen Zeichen (Wörter, Sätze, Texte) anwenden. Auch Wörter haben einen materiellen Träger (eine Ausdrucksseite: Schallwellen, Tinte, Druckerschwärze, Kreide) und eine Bedeutung (eine Inhaltsseite).

Zeichenerkennung 1) Fähigkeit, bei der ⇨ Informationsaufnahme ein ⇨ Zeichen sowohl nach seiner Zeichengestalt als auch nach seiner Bedeutung zu dekodieren und entsprechend zu verarbeiten (⇨ Informationsverarbeitung). Zu Problemen bei der Z. kommt es häufig im Zusammenhang mit einer Lese- und Schreibschwäche, der so genannten ⇨ Legasthenie. Im Allgemeinen handelt es sich um das Phänomen, dass Kinder im ⇨ Anfangsunterricht das phonemische Prinzip der Schriftsprache nicht durchschaut haben, dass nämlich die Gliederung der Sprachlaute in Phoneme und die Darstellung dieser Phoneme durch Buchstaben oder Buchstabenkombinationen zwei unterschiedliche Systeme bilden. Trifft dieser Umstand für die Wahrnehmungsfehler beim Leselehrgang zu, so kann man in der Regel davon ausgehen, dass es sich um entwicklungsbedingte Verzögerungen in der Z. und handelt.

2) Auch: Mustererkennung; Forschungsbemühungen im Rahmen der EDV mit dem Ziel, komplexere Zeichen wie Handschriften, natürliche Sprache, Luftaufnahmen u. dgl. einlesen und korrekt darstellen bzw. bearbeiten zu können. Die Z. verläut meist in mehreren Phasen:

a) Einlesen (z. B. über Mikrophon oder Scanner) und Abspeicherung,
b) Zerlegen des eingelesenen Materials in einzelne Elmente (z. B. Wörter, Buchstaben, Interpunktion, Formatierungszeichen),
c) Erkennen von Merkmalen, die für das jeweilige Einzelzeichen ⇨ distinktiv sind (z. B. Tonhöhenwechsel, Strichfolge),
d) Erkennen des eingelesenen Zeichens auf Grund seiner distinktiven Merkmale.

Leistungsstarke Texterkennungs-Programme (z. B. »Textbridge«) übersetzen einen gescannten Text, der zunächst als Grafik abgespeichert ist, in eine Datei, d. h. in einen normalen, weiter zu bearbeitenden Fließtext.

Zeichensystem Menge oder Klasse von ⇨ Zeichen mit mindestens einem gemeinsamen ⇨ distinktiven Merkmal (z. B. alle Geldmünzen einer Währung). Wie jedes ⇨ System ist auch ein Z. ein einheitliches und wohlgegliedertes Ganzes, dessen einzelne Elemente zueinander und zum Ganzen in einer bestimmten Position und Relation stehen. Die einzelnen Zeichen können ihren Wert durch die Stellung im Z. erhalten (Zensurenskala, Geldwerte, Verwandtschaftsgrade u. dgl.).

Zeichentheorie Auch: Semiotik; allgemeine Lehre von Vorkommen, Gebrauch und Funktion der ⇨ Zeichen im Leben der Menschen. Die Z. in ihrer wissenschaftlichen Form geht auf F. de Saussure 1916 (dt.: »Grundfragen der Allgemeinen Sprachwissenschaft, ^{2}1967) zurück.

Da alle unsere Tätigkeiten mit Zeichengebrauch verbunden sind, kann die Z. als Grundlagenwissenschaft schlechthin gelten; sie bietet eine Grundlage zum Verständnis der Hauptformen menschlicher Aktivität und ihrer Wechselbeziehungen, denn all diese Aktivitäten und Beziehungen drücken sich in den sie vermittelnden Zeichenprozessen aus. In diesem Sinne übernimmt die Z. – vor allem in ihren Teiltheorien Semantik und ⇨ Pragmatik – genuine Aufgaben der Erkenntnistheorie (Bedeutung und Sinn, Erkenntnis der physikalischen ⇨ Wirklichkeit oder Konstruktion von kultureller Wirklichkeit durch den Gebrauch wissenschaftlich fixierter bzw. sozial vermittelter ⇨ Zeichensysteme).

Grundlegend: U. Eco (^{8}1994), U. Volli (2001), U. Eco / J. Trabant (2002).

Zeitleiste Die Z. wird oft als ⇨ Wandzeitung angelegt und besteht zunächst aus einem Zeitstrahl, auf dem Jahreszahlen über einen bestimmten Zeitraum verteilt sind. Diesen Jahreszahlen können Ereignisse, biografische Daten, Untersuchungsergebnisse, Bilder, Fotografien oder Skizzen und Tabellen zugeordnet werden. Die Beteiligung der Lerngruppe an der Gestaltung und Ergänzung der Z. ist unerlässlich, variiert jedoch mit deren Alter und Selbstständigkeit. So wächst die Z. unter den Händen der Schüler und Schülerinnen von Stunde zu Stunde und sollte danach als Handlungsprodukt (⇨ Produktorientierung) noch einige Zeit der Anschauung und Reaktivierung von Kenntnissen dienen.

Die Z. kann an zwei Stellen im Unterricht besonders effektiv eingesetzt werden: a) zur ersten Orientierung in der ⇨ Einstiegsphase, wenn es z. B. um die Lebensdaten eines zu behandelnden Schriftsteller geht; b) zur ⇨ Ergebnissicherung.

Zeitmanagement 1) Ein wesentlicher Aspekt von ⇨ Arbeits- und ⇨ Lerntechniken; die Zeiteinteilung beim Lernen oder Schreiben muss in den unteren Klassen gelehrt und regelrecht geübt werden. So empfiehlt es sich schon recht früh, z. B. über das Z. bei Klassenarbeiten zu sprechen: einen Zeitplan (Themenfindung, Aufgaben und Text lesen, Ideen und Vermutungen skizzieren, Gliederung des Gedankengangs, Vorschrift, Reinschrift, Durchsicht o. ä.) aufstellen oder gemeinsam erarbeiten und in Übungsarbeiten anwenden.

2) Ein Aspekt der ⇨ Berufsfunktion ⇨ Organisieren / Verwalten von Lehrern und Lehrerinnen; das Z. umfasst die Einteilung der eigenen Arbeit (Vorbereitung von Unterricht, Korrektur der ⇨ Klassenarbeiten und ⇨ Klausuren), die Planung in Jahres- oder Halbjahreszyklen (einschließlich der Verteilung der einzelnen Unterrichtsvorhaben, der Termine für Klassenarbeiten, der Klassenfahrten, Exkursionen, Konferenzen

usw.) sowie die Einplanung der Maßnahmen zur fachlichen Weiterbildung.

Einzelheiten im Themenheft »Umgang mit Zeit« der Zs. Pädagogik (2001), Heft 3.

Zensur 1) Staatliche Überwachung und Kontrolle von Publikationen aller Art sowie von künstlerischen und anderen Produktionen, welche die kirchliche oder die staatliche Autorität, die theologischen oder die politischen bzw. ideologischen Lehrmeinungen in einem totalitären Regime verletzen könnten. Zeiten einer verschärften Z. waren Reformation und Gegenreformation im 16./17. Jh., die Zeit des Absolutismus (bis 1789), der Restauration (seit 1815), die Zeit der Sozialistengesetze (1878), die Zeit der nationalsozialistischen Diktatur sowie die Perioden der verschärften Auslegung des »Bitterfelder Weges« in der ehemaligen DDR.

Verschiedene Gesetze haben im Laufe der Geschichte immer wieder und immer weitgehender die Pressefreiheit in Deutschland proklamiert, z. B. das Reichspressegesetz von 1874 oder das Grundgesetz der Bundesrepublik (1947).

2) Auch: Schulnoten; die ➪ Benotung von Schülerleistungen, insbesondere bei ➪ Klassenarbeiten, ➪ Klausuren oder der ➪ Sonstigen Mitarbeit in der Oberstufe, wird in einer Ziffernnote zusammengefasst, deren Geltungsbereich in der ASchO (§ 25) festgelegt ist. Für die Klassenstufen 1 bis 3 der Grundschule kann an die Stelle der Z. eine schriftliche ➪ Bewertung der Schülerleistung treten. Neben den Notenstufen von »sehr gut« bis »ungenügend« kann nach Maßgabe der Ausbildungs- und Prüfungsordnung auch ein Punktesystem (von 15 bis 0 Punkten) verwendet werden.

„Die Leistungsnoten bewerten den Ist-Zustand. Sie sollen keine pädagogischen oder moralischen Werturteile und keine Prognosen enthalten. (Dies gilt auch für die Note *ungenügend*).“ (Pöttgen u. a., [17]1999) Dies heißt, dass Schülerleistungen nach fachlichen Gesichtspunkten angemessen und gleichmäßig zu beurteilen sind. Dies wiederum bedeutet, dass sich die Lehrperson ihrer ➪ subjektiven Theorien bewusst sein muss. Neben den subjektiven Fehlerquellen bei der Notengebung lassen sich systembedingte Schwachstellen ausmachen, z. B.:

- Die Noten sind zwar gegeneinander abgestuft, bilden aber keine Intervallskala. So bedeutet der Unterschied von »gut« zu »befriedigend« ebenso nur eine Notenstufe wie der Unterschied zwischen »ausreichend« und »mangelhaft«, doch die Note »mangelhaft« kann – im Gegensatz zu den anderen Noten – zur Nichtversetzung führen. Insofern ist die numerische Darstellung einer Schülerleistung nur scheinbar mathematisch exakt, und die Bildung eines »Durchschnitts« ist immer problematisch. Hier sollte die pädagogische Verantwortung des Lehrers oder der Lehrerin bestimmend für die endgültige Festlegung einer Z. sein.
- In der Regel kann ein Lehrer oder eine Lehrerin die Z. an bestimmte Bewertungskriterien, an einen ➪ Erwartungshorizont oder an ➪ Standards festmachen, sofern er oder sie die konkrete Lerngruppe als ➪ Bezugsnorm wählt. Es ist jedoch eine empirisch gesicherte Tatsache, dass Lerngruppen der gleichen Klassen- oder Kursstufe in anderen Schulen, ja selbst Parallelklassen der gleichen Schule für die gleiche Z. durchaus unterschiedliche Leistungen erbringen müssen. Um hier einigermaßen

gerecht vorzugehen, sind Gespräche mit den Fachkollegen, Vereinbarungen der Fachkonferenz sowie die Zweitkorrektur von Vergleichsarbeiten angesagt (⇨ Parallelarbeit, ⇨ Qualitätsentwicklung).

Die Angabe von Notentendenzen (plus und minus) sind weitgehend üblich und auch zulässig; ein Notensprung um zwei oder mehr Stufen in aufeinander folgenden Zeugnissen ist möglich, muss ggf. jedoch (vor der ⇨ Schulaufsicht) begründet werden.

Weitere Einzelheiten bei G. Bovet / V. Huwendiek ([2]1998).

Zeugnis Gegen Ende eines Schulhalbjahres sowie am Schuljahresende erhalten die Schüler und Schülerinnen ein Z., das Aufschluss über den erreichten Leistungsstand in den Fächern (beim Halbjahreszeugnis über mögliche Gefährdungen) sowie (nach Maßgabe der Ausbildungs- und Prüfungsordnung) einen Vermerk über die Versetzung in die nächst höhere Klassenstufe enthält. In der Regel gibt es vom 5. zum 6. Schuljahr sowie von der 12. zur 13. Jahrgangsstufe keine Versetzungszeugnisse.

Ein Schüler, der die Schule verlässt, erhält entweder ein Abschlusszeugnis für den erreichten Bildungsgang oder ein Abgangszeugnis bei der Schulentlassung; beim Wechsel in eine andere Schule erhält er ein Überweisungszeugnis. (⇨ ASchO, § 26) Es gehört zu den ⇨ Dienstpflichten eines Lehrers oder einer Lehrerin, die Z. fristgerecht auszufertigen. (⇨ ADO, § 9)

Grundsätzlich dürfen Z. – ausgenommen solche, die bei Bewerbungen vorgelegt werden – Bemerkungen über ⇨ Erziehungs- und Ordnungsmaßnahmen oder auch Aussagen zum Lern- oder Sozialverhalten enthalten; ehrenamtliche Tätigkeiten können auf dem Z. gewürdigt werden.

Zeugniskonferenz Für die Halbjahreszeugnisse oder in Fällen, bei denen keine ⇨ Versetzung vorgesehen ist, findet in der Regel eine informelle Z. statt; am Schuljahresende wird die Z. als ⇨ Versetzungskonferenz abgehalten.

Ziel ⇨ Lernziel; ⇨ Lernzielorientierter Unterricht; ⇨ Zielorientierung (2).

zielgerichtet Ein Unterricht verläuft dann z., wenn die ⇨ Lernziele und ihr Zusammenhang in der ⇨ Unterrichtsplanung klar erfasst und in der ⇨ Unterrichtsorganisation, dem ⇨ Lehr-Lern-Prozess wie den ⇨ Unterrichtsmethoden sukzessive und substanziell umgesetzt werden, so dass am Ende die Vorhersagen (*Die Schüler und Schülerinnen sollen* ...) in einer ⇨ Lernkontrolle überprüfbar sind. Wird diese ⇨ Zielorientierung (2) den Lernenden transparent gemacht, so lässt sich eine ⇨ Ziel-Zug-Spannung aufbauen.

Zielorientierung 1) ⇨ Lernzielorientierter Unterricht.

2) In der ⇨ Bildungstheoretischen Didaktik (W. Klafki) galt seit Anfang an die Vorstellung vom Primat der Zielentscheidungen, während die ⇨ Berliner Didaktik die ⇨ Interdependenz aller Momente der ⇨ Unterrichtsplanung hervorhob. Im Zuge der Annäherung beider Modelle gilt grundsätzlich, dass eine Interdependenz der grundlegenden didaktischen Strukturmomente von Unterricht gegeben ist, dass es sich jedoch

nicht um eine gleichartige Abhängigkeit handelt. Der „Primat der Zielentscheidungen im Verhältnis zu allen anderen, den Unterricht mitkonstituierenden Faktoren" bedeutet, dass keine unterrichtsbezogenen didaktischen oder methodischen Entscheidungen unabhängig von Zielentscheidungen getroffen werden können. (W. Klafki, 1985)

Zielperspektive Auch: Allgemeine ➪ Zielorientierung (2); die Suche nach geeigneten ➪ Inhalten (2) für den Unterricht erfolgt immer schon unter einer bestimmten Z., die dann bei der ➪ Unterrichtsplanung im Hinblick auf den tatsächlichen Unterrichtsinhalt und die ➪ Eingangsvoraussetzungen des Unterricht zu den aktuellen ➪ Lernzielen konkretisiert wird.

Ziel-Zug-Spannung Eine Z.-Z.-S. entsteht dann, wenn es dem Lehrer bzw. der Lehrerin gelingt, am Anfang der Unterrichtsstunde oder -sequenz die Lerngruppe derart zu motivieren, dass diese ➪ Motivation als »Spannungsbogen« bis zum Ende anhält. Dies ist z. B. der Fall, wenn die Lerngruppe für die Erstellung eines Produkts (➪ Produktorientierung) begeistert werden kann, so dass die Z.-Z.-S. sich erst auflöst, wenn das Produkt tatsächlich hergestellt, ausgestellt oder aufgeführt ist.

Positiv wirkt es sich auf die Herstellung einer Z.-Z.-S. aus, wenn der Lerngruppe in angemessener Form die ➪ Lernziele der Unterrichtseinheit sowie der Lernzielzusammenhang transparent gemacht werden können, wenn sie über ein fundiertes Fachwissen und die notwendigen ➪ Fachmethoden verfügen und wenn das Unterrichtsvorhaben einen für sie erkennbaren persönlichen Sinn hat. Hindernisse im ➪ Lehr-Lern-Prozess oder ➪ kognitive Konflikte können die Z.-Z.-S. verstärken, sofern sie mit den vorhandenen Mitteln zu überwinden sind und sofern die Schüler und Schülerinnen zu einem ➪ selbstverantworteten Lernen gefunden haben.

Zitat 1) Rhetorische Figur, bei der ein Textstück eines – meist bekannten oder für das Fachgebiet sehr wichtigen – Autors wörtlich wiedergegeben wird, um die eigene Meinung durch dessen Autorität zu stützen; z. B.: „Ressentiments verletzen den Respekt vor der Trauer um das Verlorene – verloren »*in Schmerzen, Krieg und, ach, in unerschöpflichen Tränen*«, wie es der Schlesier Andreas Gryphius am Ende des Dreißigjährigen Krieges sagte." (Aus einer Rede des ehemaligen Bundeskanzlers Willy Brandt am 07.12.1970 in Warschau)

2) Wörtlich wiedergegebener Beleg in einem Referat oder einer wissenschaftlichen Arbeit. Ein Z. muss auch syntaktisch in den neuen Kontext passen; es steht in Anführungszeichen. In schriftlicher Form ist – nach den Gepflogenheiten der ➪ Zitiertechnik – eine Quellenangabe anzufügen bzw. auf das ➪ Literaturverzeichnis zu verweisen. Längere Passagen sollten als ➪ Paraphrase, d. h. mit eigenen Worten zusammenfassend und erklärend, wiedergegeben werden.

Zitiertechnik Es gibt zwei Möglichkeiten, die Quelle für ein ➪ Zitat im Text kenntlich zu machen:

- Am Ende des Zitats erscheint eine durchlaufende, hochgestellte Ziffer, die auf eine Fußnote verweist; diese kann unten auf derselben Seite oder am Ende der gesamten

Schrift, in den »Anmerkungen«, ausgeführt werden. In der Fußnote oder in den Anmerkungen wird die Fundstelle genau angegeben, wie sie in einem ➪ Literaturverzeichnis erscheinen würde:

„[...] *Die geschilderten Sprachversuche mit Schimpansen haben gezeigt, daß Erfolge nur auf dem Weg über die nichtsprachliche Kommunikation erreicht werden können.*“[1]

Hinweis in der Fußnote:

[1] Ploog, Detlev (1974): Die Sprache der Affen und ihre Bedeutung für die Verständigungsweisen des Menschen, München: Kindler, S. 78

- Am Ende des Zitats wird in Klammern ein Kürzel gesetzt, das auf die Quelle im Literaturverzeichnis verweist; meist sind dort die Sekundärtexte durchnummeriert, so dass es genügt, eine Ziffernfolge für die Fundstelle anzugeben:
  „[...] *Die geschilderten Sprachversuche ... können.*“ (3, 78)
  Hierbei bedeutet »3, 78«: Titel Nr. 3 im Literaturverzeichnis und dort Seite 78.

Zugänglichkeit Terminus der ➪ Bildungstheoretischen Didaktik; mit Z. bezeichnet W. Klafki (1985) die Darstellbarkeit des ➪ Themas (2) im Hinblick auf die ➪ Ausgangsbedingungen einer Lerngruppe. „Zugänge können z.B. über konkrete Handlungen, Spiele, Erkundungen, Rekonstruktionen oder Konstruktionen oder durch Darstellen bzw. Verfremden in Medien – Bildern, Modellen, Collagen, Filmen usw. – gewonnen werden.“ In der ➪ Unterrichtsplanung ist mit Blick auf die Z. zu fragen:

- Was wissen die Schüler und Schülerinnen meiner Lerngruppe bereits über das Thema?
- Welche methodischen Zugriffsmöglichkeiten beherrschen sie?
- Was muss evtl. wiederholt, reaktiviert werden?
- Welche Medien (Text, Hörkassette, Film, Darbietung usw.) stehen zur Verfügung, um den Unterrichtsinhalt zu präsentieren?
- Finden diese Schüler einen kognitiven und emotionalen Zugang zum Unterrichtsinhalt?
- Können sie dabei selbstständig agieren und eigene Lernwege finden?
- Sind sie dabei über- oder unterfordert? Welche Störfaktoren könnten auftreten?
- Wie sind solche Störfaktoren im Vorfeld bereits auszuschalten?
- Welche Hilfen müssen bereitgestellt werden?

u. dgl. mehr.

Zuhören 1) Eine wichtige Fähigkeit im Umgang mit anderen sowie bei allen Formen des schulischen ➪ Lernens; allerdings sollte die Aufnahmefähigkeit und ➪ Konzentration der Schüler und Schülerinnen nicht überstrapaziert werden. Das Z. kann im Unterricht durch verschiedene Maßnahmen gefördert und geübt werden:

- kleinere Texte, Aufgaben oder Anweisungen werden vorgelesen und müssen aus dem Gedächtnis wiederholt werden,
- die Lerngruppe wird aufgefordert, zu den referierten Hausaufgaben oder zum Beitrag eines Mitschülers Stellung zu beziehen,

- längere (literarische) Texte werden mündlich nacherzählt,
- Ergebnisse werden mündlich zusammengefasst (➪ Ergebnissicherung, ➪ Methodenreflexion).

2) ➪ aktives Zuhören.

Zukunftsbedeutung Eine der Kategorien im ➪ Perspektivschema zur Unterrichtsplanung bei W. Klafki (1985). Für die vermutete Z. gilt Ähnliches wie für die ➪ Gegenwartsbedeutung eines ➪ Themas (2); sie kann sich „in der Sicht von Schülern verschiedener sozialer Herkunft und in der Einschätzung durch den Lehrer im Hinblick auf die Zukunft der Schüler" durchaus unterschiedlich darstellen. Hieraus folgt, dass die Z. erst durch die ➪ partizipatorische Planung von Lehrenden und Lernenden gefunden werden kann, und es erscheint notwendig, dass sich der Lehrer oder die Lehrerin in einer Art »Selbstreflexion« seiner bzw. ihrer Vorstellungen von Erziehung (➪ Erziehen), ➪ Menschen- und Gesellschaftsbild und lebenswerter Zukunft klar wird und diese dann – soweit erforderlich – offenlegt (selektive ➪ Authentizität).

In der Praxis der ➪ Unterrichtsplanung wird es bei dieser Frage darum gehen zu ermitteln, was das Thema bzw. die Zielsetzung einer Unterrichtseinheit zur Bewältigung von wesentlichen, in die Zukunft hineinreichenden Themen, Fragestellungen und Problemen der heranwachsenden Generation (bzw. eines größeren Teils von ihr) beitragen kann

Zusammenfassung 1) Schriftliche Z. als ➪ Protokoll oder ➪ Paraphrase.

2) Mündliche Z. im Unterricht als ➪ Ergebnissicherung.

Zusatzprüfung ➪ Nachprüfung.

Zweckrationalität Handlungen sind häufig Mittel zu einem Zweck; ihre Ausführung wird dann durch Z. bestimmt. Anders sieht es bei Handlungen aus, die um ihrer selbst willen ausgeführt werden; sie folgen einer ➪ Wertrationalität Beispiel: Klavier spielen a) um Solist zu werden, um Preise zu gewinnen; b) um seine Freizeit auszufüllen, um sich daran zu erfreuen.

Zweite Phase ➪ Vorbereitungsdienst.

Zwischensicherung Eine der ➪ Unterrichtsphasen in einem erarbeitenden Unterricht; die Z. ist immer dann angezeigt, wenn eine ➪ Erarbeitungsphase beendet ist; dies gilt auch für überschaubare Teilergebnisse nach einzelnen Schritten bei der Bewältigung einer Aufgabe oder bei der Lösung eines Problems.

Literatur

Aufgeführt sind nur die Titel, die im Zusammenhang mit den Stichwörtern verwendet bzw. genannt werden.

Adolph, Karlheinz: Das Buch der Argumentation. Münster / Hamburg / London, 2002

Aebli, Hans: Denken. Das Ordnen des Tuns. Stuttgart, Band 1: Kognitive Aspekte der Handlungstheorie, 1980, Band 2: Denkprozesse, 1981

Affeldt, Manfred: Erlebnisorientierte Gruppenarbeit in der Schule. Methoden-Bausteine für die Praxis. Bad Heilbrunn, 1994

Alt, Jürgen August: Miteinander diskutieren. Eine Einführung in die Praxis vernünftiger Argumentation. Frankfurt/M., 1994

Althaus, Peter u. a. (Hg.): Lexikon der Germanistischen Linguistik, 4 Bände. Tübingen, ²1980

Anrich, Christoph: Bewegte Schule – Bewegtes Lernen. Leipzig, 2000

AOL-Lernwerkstatt-Buch. 25 Bausteine für das andere Lernen in der Grundschule. Lichtenau, 2002

Ariès, Philippe: Geschichte der Kindheit. München, ¹⁴1998 (1975)

Ausubel, David P.: Psychologie des Unterrichts, 2 Bände. Weinheim, 1974 (1968)

Baake, Dieter: Jugend und Jugendkulturen. Weinheim / München, ³1999 (1993)

Baake, Dieter: Medienpädagogik. Tübingen, 1997

Bachmair, Sabine u. a.: Beraten will gelernt sein. Weinheim / Basel, ⁸2001

Backerra, Hendrik u. a.: Kreativitätstechniken. Kreative Prozesse anstoßen – Innovationen fördern. München, 2002

Bahle, Gunther u. a.: Beobachtungsbogen in Diagnose- und Förderklassen. In: Förderschulmagagzin 20 (1998) Heft 9, S. 5–10

Balke, Stefan: Die Spielregeln im Klassenzimmer. Bielefeld, 2001

Bandura, Albert: Lernen am Modell: Ansätze zu einer sozial-kognitiven Lerntheorie. Stuttgart, 1976

Barth, Karlheinz: Die diagnostischen Einschätzskalen (DES) zur Beurteilung des Entwicklungsstandes und der Schulfähigkeit. München / Basel, 1998

Barthold, Hans-Martin: Wie werde ich Lehrer. Handbuch Lehramtsstudium. Frankfurt/M., 2001

Bassett, Lucinda: Angstfrei leben. Weinheim / Basel, 2000

Bastian, Johannes / Gudjons, Herbert (Hg.): Das Projektbuch. Theorie – Praxisbeispiele – Erfahrungen. Hamburg, 1986

Bastian, Johannes u. a.: Profile in der Oberstufe, Hamburg 2000

Bastian, Johannes: Offener Unterricht. In: Pädagogik (1995), H. 12, S. 6–11

Bauer, Roland: Lernen an Stationen in der Grundschule. Berlin, 1998

Baumgart, Franzjörg: Entwicklungs- und Lerntheorien. Bad Heilbrunn, 1998

Beck, Ulrich (Hg.): Kinder der Freiheit. Frankfurt/M., 1997

Becker, Georg E.: Planung von Unterricht. Weinheim / Basel, ⁵1993

Bednorz, Peter / Schuster, Martin: Einführung in die Lernpsychologie. Stuttgart, 2000

Behme, Helma: Miteinander reden lernen. Sprechspiele im Unterricht. München, ⁴1992

Belardi, Nando: Supervision. Grundlagen, Techniken, Perspektiven. München, 2002

Benikowski, Bernd: Unterrichtsstörungen und kommunikative Didaktik. Baltmannsweiler, 1995

Bergmann, Wolfgang: Gute Autorität. Grundsätze einer zeitgemäßen Erziehung. München, 2001

Berlyne, Daniel E.: Konflikt, Erregung, Neugier. Zur Psychologie der kognitiven Motivation. Stuttgart, 1974 (1960)

Berne, Eric: Spiele der Erwachsenen. Reinbek, ⁴1981 (1970)

Besele, Sylvie: Pausenlust statt Schulhoffrust. Dortmund, 1999

Besemer, Christoph: Mediation. Vermittlung in Konflikten. Königsfeld / Heidelberg / Freiburg, 82001

Betz, Dieter / Breuninger, Helga: Teufelskreis Lernstörungen. München, 41996

Biermann, Heinrich / Schurf, Bernd (Hg.): Trainingsprogramm Deutsch Oberstufe, Heft 4: Die Facharbeit. Berlin, 2002

Bildungskommission NRW: Zukunft der Bildung – Schule der Zukunft. Neuwied / Berlin, 1995

Blankertz, Herweg: Theorien und Modelle der Didaktik. München, 61972 (1969)

Blankertz, Herweg: Die Geschichte der Pädagogik. Von der Aufklärung bis zur Gegenwart. Wetzlar, 1982

Blickhan, Claus: Die sieben Gesprächsförderer. Miteinander reden lernen. Freiburg, 2000

Bloom, Benjamin S. (Hg.): Taxonomie von Lernzielen im kognitiven Bereich. Weinheim / Basel, 41974 (1972)

Boettcher, Wolfgang / Sitta, Horst: Der andere Grammatikunterricht. München, 1978

Boettcher, Wolfgang u. a. (Hg.): Leistungsbewertung in der Grundschule. Weinheim / Basel, 1999

Bogdal, Klaus-Michael: Neue Literaturtheorien in der Praxis. Textanalyse von Kafkas »Vor dem Gesetz«. Wiesbaden, 1993

Bogdal, Klaus-Michael: Neue Literaturtheorien. Eine Einführung. Wiesbaden, 21997

Bolscho, Dietmar / Seybold, Hansjörg: Umweltbildung und ökologisches Lernen. Berlin, 1996

Bölts, Hartmut: Umwelterziehung. Grundlagen, Kritik und Modelle für die Praxis. Darmstadt, 1995

Böttger, Gudrun / Reich, Angelika: Soziale Kompetenz und Kreativität fördern. Spiele und Übungen für die Sekundarstufe I. Berlin, 2000

Bovet, Gislinde / Huwendiek, Volker: Leitfaden Schulpraxis. Berlin, 21998 [32000]

Brater, Michael: Schule und Ausbildung im Zeichen der Individualisierung. In: U. Beck: Kinder der Freiheit. Frankfurt/M., 1997, S. 149–174

Braun, Axel: Umwelterziehung zwischen Anspruche und Wirklichkeit. Frankfurt/M., 1998

Braun, Daniela: Handbuch Kreativitätsförderung. Theorie und Praxis für die Arbeit mit Kindern. Freiburg, 2001

Breuer, Bernhard u. a.: Leistungsbewertung in offenen Unterrichtsphasen. Essen, 2000

Brinkmöller-Becker, Heinrich: Die Fundgrube für Medienerziehung in der Sekundarstufe I und Sekundarstufe II. Berlin, 1997

Brinkmöller-Becker, Heinrich (Hg.): Fachübergreifender Unterricht in der Sekundarstufe II. Berlin, 2000

Brown, George / Petzold, Hilarion (Hg.): Gestaltpädagogik. München, 1977

Brügelmann, Hans / Brinkmann, Erika: Die Schrift erfinden. Lengwil, 1998

Brügelmann, Hans: Kinder auf dem Weg zur Schrift. Lengwil, 61997 (1983)

Bruner, Jerome S.: Entwurf einer Unterrichtstheorie. Düsseldorf, 1971 (1961)

Bruner, Jerome S.: Der Akt der Entdeckung. In: H. Neber (Hg.): Entdeckendes Lernen. Weinheim, 1973

Buddrus, Volker (Hg.): Humanistische Pädagogik. Bad Heilbrunn, 1995

Bürmann, Jörg: Gestaltpädagogik und Persönlichkeitsentwicklung. Theoretische Grundlagen und praktische Ansätze eines persönlich bedeutsamen Lernens. Bad Heilbrunn, 1992

Burow, Olaf-Axel / Gudjons, Herbert (Hg.): Gestaltpädagogik in der Schule. Hamburg, 1994

Bußhoff, Heinrich: Politische Argumentation. Baden-Baden, 1997

Calvin, William H.: Die Sprache des Gehirns. Wie in unserem Bewusstsein Gedanken entstehen. München, 2002

Chalmers, Alan F.: Wege der Wissenschaft. Einführung in die Wissenschaftstheorie. Heidelberg, 52001

Cohn, Ruth: Von der Psychoanalyse zur Themenzentrierten Interaktion. Von der Behandlung einzelner zu einer Pädagogik für alle. Stuttgart, 7 1986 (1975)

Cohn, Ruth / Terfurth, Christina (Hg.): Lebendiges Lehren und Lernen macht Schule. TZI und Schule. Stuttgart, 1993

Correll, Werner: Lernpsychologie. Donauwörth, 1964

Correll, Werner: Lernen und Verhalten. Frankfurt/M., 6 1976 (1972)

Cube, Felix von: Kybernetische Grundlagen des Lernens und Lehrens. Stuttgart, 2 1968

Culley, Sue: Beratung als Prozess. Weinheim / Basel, 2002

Dambach, Karl E.: Mobbing in der Schulklasse. München, 1998

Deiterin, Franz G.: Selbstgesteuertes Lernen. Göttingen, 2001

Deutscher Bildungsrat: Strukturplan für das Bildungswesen (= Empfehlungen der Bildungskommission). Stuttgart, 1970

Deutsches PISA-Konsortium (Hg.): PISA 2000 – Die Länder der Bundesrepublik Deutschland im Vergleich. Leverkusen, 2002

Dittrich, Brigitta: Moderner Deutschunterricht im Schulalltag. Frankfurt/M., 1983

Dolch, Josef: Lehrplan des Abendlandes. Ratingen, 2 1965

Dörpinghaus, Andreas / Helmer, Karl (Hg.): Rhetorik – Argumentation – Geltung. Würzburg, 2002

Dreikurs, Rudolf / Soltz, Vicki: Kinder fordern uns heraus. Wie erziehen wir sie zeitgemäß? Frankfurt/M., 9 2001

Dunker, Ludwig / Popp, Walter (Hg.): Fächerübergreifender Unterricht in der Sekundarstufe I und II: Prinzipien, Perspektiven, Beispiele. Bad Heilbrunn, 1998

Düring, Rolf: Ganzheitliche Umwelterziehung am Beispiel des Waldes. Frankfurt/M., 1991

Ebert, Joachim / Herter, Jürgen: Neue Allgemeinbildung. Grundzüge eines demokratischen Bildungsverständnisses. Frankfurt/M., 1987

Eco, Umberto: Einführung in die Semiotik. Stuttgart (UTB), 8 1994 (Milano, 1968)

Eco, Umberto: Wie man eine wissenschaftliche Abschlussarbeit schreibt. Heidelberg (UTB), 7 1998

Eco, Umberto / Trabant, Jürgen: Einführung in die Semiotik. Stuttgart, 2002

Edelmann, Walter: Lernpsychologie. Weinheim / Basel 6 2000 (Weinheim, 3 1993)

Edelmann, Walter: Suggestopädie / Superlearning. Ganzheitliches Lernen, das Lernen der Zukunft? Heidelberg, 3 2000

Endres, Wolfgang: 99 starke Lerntips. Weinheim, 1996

Erb, Helmut H.: Gewalt in der Schule und wie du dich dagegen wehren kannst. Weinheim / Basel, 2001

Erlinger, Hans-Dieter u. a.: Deutschdidaktik und Medienerziehung. München, 1999

Farin, Klaus: generation-kick.de. Jugendsubkulturen heute. München, 2001

Faulstich, Werner und Inge: Modelle der Filmanalyse. München, 2 1977

Faust-Siehl, Gabriele / Garlicks, Ariane, / Ramseger, Jörg (Hg.): Die Zukunft beginnt in der Grundschule. Empfehlungen zur Neugestaltung der Primarstufe. Reinbek, 1996

Feiks, Dietger / Krauß, Ella: Professionell handeln, erziehen, unterrichten. Konzepte und Beispiele. Stuttgart, 2001

Feltham, Colin / Dryden, Windy: Grundlagen der Supervision. Weinheim / Basel, 2002

Fend, Helmut: Theorie der Schule. München u. a., 1980

Ferruci, Piero: Werde was du bist. Selbstverwirklichung durch Psychosynthese. Reinbek, 2001

Firnhaber, Mechthild: Legasthenie und andere Wahrnehmungsstörungen. Wie Eltern und Lehrer helfen können. Frankfurt/M., 1996

Flechtner, Hans-Joachim: Grundbegriffe der Kybernetik. Eine Einführung. München, 1984

Fleckenstein, Karl-Heinz: Traumreise durch das Land der Bibel. Bad Liebenzell, 1996

Fluck, Hans-Rüdiger: Fachsprachen. Stuttgart, [5]1996 (München, 1976)

Fölling-Albers, Maria: Schulkinder heute. Auswirkungen veränderter Kindheit auf Unterricht und Schulleben. Weinheim / Basel, [2]1995

Fortmüller, Richard: Lernpsychologie. Bad Heilbrunn, 1991

Franke, Uwe / Kliebisch, Udo W.: Thema: Schulprogramm. Baltmannsweiler, 2000

Frey, Karl: Die Projektmethode. Weinheim / Basel, [3]1990 (1982)

Friedrich, Helmut F. / Mandl, Heinz (Hg.): Lern- und Denkstrategien. Göttingen, 1992

Fritz, Jürgen: Methoden des sozialen Lernens. Weinheim / München, 1993

Fromm, Erich: Humanismus als reale Utopie. München, 1996

Gampe, Harald u. a.: Allgemeine Dienstordnung (ADO). Kommentar. Neuwied u. a., 1993

Gardner, Howard: Der ungeschulte Kopf. Wie Kinder denken. Stuttgart, 1993 (New York, 1991)

Geißner, Hellmut: Der Fünfsatz. In: Wirkendes Wort 18 (1968), S. 258–278

Geißner, Hellmut: Rede in der Öffentlichkeit. Zur Einführung in die Rhetorik. Stuttgart, 1969

Gericke, Thomas u. a.: Jugendliche fördern und fordern. Opladen, 2002

Glasersfeld, Ernst von: Einführung in den radikalen Konstruktivismus. In: Watzlawick, P. (Hg.): Die erfundene Wirklichkeit, a. a. O., S. 16–38

Glücks, Elisabeth u. a.: Geschlechtsbezogene Pädagogik. Münster, 1996

Golecki, Reinhard (Hg.): Fächerverbindender Unterricht auf der gymnasialen Oberstufe. Bad Heilbrunn, 1999

Gölz, Gerhard / Simon, Peter: Besser Lernen. Die wichtigsten Lern- und Arbeitstechniken 5.–7. Schuljahr. Berlin / Frankfurt, 1996

Gordon, Thomas: Lehrer-Schüler-Konferenz. Wie man Konflikte in der Schule löst. München, [15]2001 (1986)

Graef, Roland / Preller, Rolf-Dieter (Hg.): LdL – Lernen durch Lehren. Rimbach, 1994

Grell, Jochen: Techniken des Lehrerverhaltens. Weinheim / Basel, [15]1994 (1974)

Gressmann, Michael: Die Fundgrube für Vertretungsstunden in der Sekundarstufe I. Frankfurt/M., [3]1995

Groß-Ernst, Birgit / Strelau, Marion: Lernwerkstatt Anfangsunterricht. Kempen, 2001

Großmann, Christina: Projekt: Soziales Lernen. Mühlheim, 1996

Grunder, Hans-Ulrich / Bohl, Th.: Neue Formen der Leistungsbeurteilung in der Sekundarstufe I und II. Hohengehren, 2001

Gudjons, Herbert: Projektunterricht begründen. In: Pädagogik 7/8 (1989), S. 47–52

Gudjons, Herbert: Pädagogisches Grundwissen. Heilbrunn, 1994

Gudjons, Herbert: Handlungsorientiert lehren und lernen. Projektunterricht und Schüleraktivität. Heilbrunn, [5]1997

Gudjons, Herbert: Verbinden – koordinieren – übergreifen: Qualifizierter Fachunterricht oder fächerübergreifendes Dilettieren? In: Pädagogik (1997) H. 9, S. 41–43

Gudjons, Herbert: Die Moderationsmethode in Schule und Unterricht. Hamburg, 1998

Gudjons, Herbert: Frontalunterricht – gut gemacht. In: Pädagogik (1998a) H. 5, S. 6–8; und: Anschaulicher Frontalunterricht, ebenda, S. 23–27

Gudjons, Herbert u. a. (Hg.): Unterrichtsmethoden. Hamburg, [3]1991 (1987)

Gudjons, Herbert (Hg.): Entlastung im Lehrerberuf. Hamburg, 1993

Gudjons, Herbert / Winkel, Rainer (Hg.): Didaktische Theorien. Hamburg, 1997

Gutheil, Georg / Mügge, Norbert: Lernort Neue Medien. Hohengehren, 2000

Habermas, Jürgen: Theorie des kommunikativen Handelns, 2 Bände. Frankfurt/M., 1981

Habermas, Jürgen: Vorbereitende Bemerkungen zu einer Theorie der kommunikativen Kompetenz. In: Habermas, J. / Luhmann, N.: Theorie der Gesellschaft oder Sozialtechnologie. Frankfurt/M. 1971, S. 101–142

Hager, Gerhard / Pohlheimer, Klaus (Hg.): Dimensionen einer begabungsfreundlichen Lernkultur. Innsbruck u. a., 2000

Hahn, Walter von: Fachsprachen. In: Althaus u. a.: Lexikon der Germanistischen Linguistik, a. a. O., S. 390–395

Hamm, Ingrid: Medienkompetenz. Bielefeld, 2001

Hanke, Petra: Anfangsunterricht – Grundschule. Leben und Lernen in der Schuleingangsphase. Neuwied, 2002

Hänsel, Dagmar / Müller, Hans (Hg.): Das Projektbuch Sekundarstufe. Weinheim / Basel, 1988

Harris, Thomas A.: Ich bin o.k. – Du bist o.k. Reinbek, 2001 (1974)

Haun-Just, Marianne: Ganzheitliche Lehr-Lernkonzepte am Beispiel der Suggestopädie. In: G. Bovet / V. Huwendiek (Hg.): Leitfaden Schulpraxis, a. a. O., S. 228–250

Heidemann, Rudolf: Körpersprache im Unterricht. Ein praxisorientierter Ratgeber. Wiesbaden, [6]1999

Heimann, Paul / Otto, Gunter / Schulz Wolfgang: Unterricht. Analyse und Planung. Hannover, 1965

Heimann, Paul: Didaktische Grundbegriffe. In: Reich, K. / Thomas, H. (Hg.): Paul Heimann – Didaktik als Unterrichtswissenschaft. Stuttgart, 1976, S. 103–141

Heinzel, Friederike / Prengel, Annedore: Heterogenität und Differenzierung in der Primarstufe. Opladen, 2002

Heller, Kurt A.: Begabungsdiagnostik in der Schul- und Erziehungsberatung. Bern, 2000

Hendricks, Wilfried (Hg.): Neue Medien in der Sekundarstufe I und II. Berlin, 2000

Hennig, Claudius / Keller, Gustav.: Anti-Streß-Programm für Lehrer. Donauwörth, 1998

Henning, Gudrun / Pelz Georg: Transaktionsanalyse. Lehrbuch für Therapie und Beratung. Paderborn, 2002

Hentig, Hartmut von: Werte in der Erziehung. In: Neue Sammlung (1988) H. 3, S. 332–342

Hentig, Hartmut von: Die Schule neu denken. München / Wien, [3]1994 (1993)

Hentig, Hartmut von: Bildung. Weinheim / Basel, 2001

Hentig, Hartmut von: Ach, die Werte! Weinheim / Basel, 2001a

Herbart, Johann Friedrich: Allgemeine Pädagogik, hg. von H. Nohl. Weinheim, [2]1959 (1806)

Herold, Martin / Landherr, Birgit: SOL – Selbstorganisiertes Lernen. Hohengehren, 2001

Hertlein, Margit: Mind Mapping. Die kreative Arbeitstechnik. Reinbek, 2001

Hess, Theodor: Lern- und Leistungsstörungen im Schulalter. Dortmund, 1989

Heuer, Gerd Ulrich: Beurteilen, Beraten, Fördern. Dortmund, 2001 (1997)

Heymann, Hans Werner: Allgemeinbildung und Fachunterricht. Hamburg, 1997

Hildebrand, Jens: Internet-Ratgeber für Lehrer. Köln, [6]2000

Hillebrand, Clemens: Didaktik bei Unterrichts- und Verhaltensstörungen. Stuttgart, 1999

Hoff, Martina / Kaup, H. / Röhr, A.: Schulhöfe planen, gestalten, nutzen. Münster, 2000

Hölscher, Petra / Rabitsch, Erich (Hg.): Methoden-Baukasten. Frankfurt/M., 1993

Holtappel, Heinz G. / Heitmeyer, Wilhelm / Melzer, Wolfgang: Forschung über Gewalt an Schulen. Erscheinungsformen und Ursachen, Konzepte und Prävention. Weinheim, [2]1999

Homberger, Dietrich: Kreativität und Kontrolle. Anmerkungen zu einem fachdidaktischen Dilemma im Schreibunterricht. In: Deutschunterricht (Berlin, 1997) Heft 1, S. 12–19

Horstkemper, Marianne / Kraul, Margret: Koedukation. Weinheim, 1999

Huber, Peter: Internet im Unterricht. Neuried, 2000

Hücker, Franz-Josef: Neuro-Linguistisches Programmieren. In: Buddrus, V. (Hg.): Humanistische Pädagogik, a. a. O., S. 117–132

Hurrelmann, Klaus: Lebensphase Jugend. München, 1997

Hurrelmann, Klaus u. a.: Gewalt in der Schule. Ursachen – Vorbeugung – Intervention. Weinheim / Basel, [2]1999

Issing, Ludwig J.: Medienpädagogik im Informationszeitalter. Weinheim, 1987

Ivo, Hubert: Zur Wissenschaftlichkeit der Didaktik der deutschen Sprache und Literatur. Frankfurt/ M. u. a., 1977

Jäger, Reinhold / Lissmann, Urban: Von der Beobachtung zur Notengebung. Landau, 2002

Jank, Werner / Meyer, Hilbert: Didaktische Modelle. Frankfurt/M., [5]1996 (1991)

Jansen, Fritz / Streit, Uta: Eltern als Therapeut. Ein Leitfaden zum Umgang mit Schul- und Lernproblemen. Berlin, 2000

Jefferys-Duden, Karin: Konfliktlösung und Streitschlichtung. Das Sekundarstufen-Programm. Weinheim / Basel, 2000

Jenzen, Uwe: Entwicklung arbeitsorientierter Allgemeinbildung. Hohengehren, 2002

Jonas, Hans: Das Prinzip Verantwortung. Frankfurt/M., 1984 (1979)

Jürgens, Eiko: Leistung und Beurteilung in der Schule: Eine Einführung in Leistungs- und Bewertungsfragen aus pädagogischer Sicht. Sankt Augustin, 1998

Kaiser, Wilfried: Umwelterziehung. Stuttgart, 1998

Kamlah, Wilhelm / Lorenzen, Paul: Logische Propädeutik oder Vorschule des vernünftigen Redens. Mannheim, 1967

Kampshoff, Marita / Luma, Beatrix: Chancengleichheit im Bildungswesen. Opladen, 2002

Kanter, Gustav O. / Masendorf, Friedrich (Hg.): Unterricht und Erfolgskontrolle. Berlin, 1998

Käßmann, Margot: Erziehen als Herausforderung. Freiburg, 2001

Keller, Gustav: Lehrer helfen lernen. Donauwörth, [3]1991

Keller, Gustav: Lernen will gelernt sein. Ein Lerntraining für Schüler. Heidelberg, 1998

Keller, Gustav: Schulschwierigkeiten – was tun? Schulpsychologische Hilfen für die Praxis. Wiesbaden, 1999

Keller, Gustav / Hafner, Karla: Soziales Lernen will gelernt sein. Lehrer fördern Sozialverhalten. Donauwörth, 1999

Keller, Gustav / Hitzler, Wilhelm: Schlüssel-Qualifikations-Training. Übungen zur Förderung der Methoden- und Sozialkompetenz. Donauwörth, 2001

Kemper, Herwart: Schultheorie und Schulreform. Von der Aufklärung bis zur Gegenwart. Bodenheim, 1989

Kerres, Michael: Internet und Schule. Eine Übersicht zu Theorie und Praxis des Internet in der Schule. In: Zs. für Pädagogik 46 (2000), S. 113–130

Kiper, Hanna / Nauck, Joachim (Hg.): Unterricht im ersten Schuljahr. Hohengehren, 2002

Klafki, Wolfgang: Das pädagogische Problem des Exemplarischen und die Theorie der kategorialen Bildung. Weinheim, 1957

Klafki, Wolfgang: Studien zur Bildungstheorie und Didaktik. Weinheim / Basel, 1963

Klafki, Wolfgang: Neue Studien zur Bildungstheorie und Didaktik. Weinheim / Basel, 1985

Klafki, Wolfgang: Schultheorie, Schulforschung und Schulentwicklung im politisch-gesellschaftlichen Kontext. Weinheim / Basel, 2002

Kleber, Hubert (Hg.): Spannungsfeld Medien und Erziehung. Medienpädagogische Perspektiven. München, 2000

Kleinmann, Klaus: Verstehen, Beobachten und gezieltes Fördern von LRS-Schülern. Dortmund, 1999

Klemm, Klaus: Ansätze für eine Schulreform. Was uns PISA und PISA-E über den Zustand unserer Schulen sagen. In: forum schule (2002) Heft 3, S. 18–21

Kliebisch, Udo W.: 15 Vertretungsstunden für die Sekundarstufe I. Hohengehren, 2001

Kliebisch, Udo W. / Schmitz, Peter A.: Gib Gewalt keine Chance! Hohengehren, 2001

Klingenberg, Lothar: Unterrichtsprozeß und didaktische Fragestellung. Berlin, [3]1986

Klingenberg, Lothar: Unterricht und Sprache. In: ders.: Unterrichtsprozeß und didaktische Fragestellung, a. a. O., S. 129–148

Klippert, Heinz: Methoden-Training: Übungsbausteine für den Unterricht. Weinheim, 1994

Klippert, Heinz: Auf dem Weg zu einer neuen Lernkultur. Gütersloh, 1999

Koch, Hartmut / Neckel, Hartmut: Unterrichten mit Internet & Co. – Methodenhandbuch für die Sekundarstufe I und II. Berlin, 2001

Kochan, Detlef C.: Projektorientierter Deutschunterricht. Was war? – Was blieb? – Was tun? In: Diskussion Deutsch 87 (1986), S. 3–30

Koch-Doetsch, Thomas / Schuster, Werner: Lernort Betrieb. Informationen, Handreichungen und Materialien zum Schülerbetriebspraktikum. Köln, 1991

Köck, Peter: Praxis der Unterrichtsgestaltung und des Schullebens. Donauwörth, 1991

Kohlberg, Lawrence: Zur kognitiven Entwicklung des Kindes. Frankfurt/M., 1974

Konrad, Klaus / Wagner, Annette: Lernstrategien für Kinder. Baltmannsweiler, 1999

Korte, Joachim: Sozialverhalten ändern! Aber wie? Weinheim / Basel, 1996

Kösel, Edmund: Die Modellierung von Lernwelten. Elztal-Dallau, [2]1995 (1993)

Kösel, Edmund: Psychodrama – in der Schule und im Unterricht. In: V. Buddrus (Hg.): Humanistische Pädagogik, a. a. O., S. 173–188

Kramp, Wolfgang: Stichwort »Unterrichtsvorbereitung und Nachbesinnung«. In: Groothoff, Hans-Herrmann / Stallmann, Martin (Hg.): Pädagogisches Lexikon. Stuttgart / Berlin, 1961, Sp. 986–988

Kramp, Wolfgang: Hinweise zur Unterrichtsvorbereitung für Anfänger. In: H. Roth / A. Blumenthal (Hg.): Didaktische Analyse. Hannover, 1962, S. 33–65

Krapf, Bruno: Aufbruch zu einer neuen Lernkultur. Bern u. a., [4]1995 (1992)

Kratochwil, Leopold: Erziehen und Unterrichten auf handlungstheoretischer Grundlage. Donauwörth, 1993

Kret, Ernst: Verhaltensauffällig, was tun? Berlin, 2000

Kretschmann, Rudolf / Arnold, Karl-Heinz: Leitfaden für Förder- und Entwicklungspläne. In: Zs. für Heilpädagogik 50 (1999) Heft 9, S. 410–420

Kroll, Sibylle: Richtig lernen. Tipps und Lernstrategien für die Unterstufe. Freising, 1998

Kroll, Sibylle: Richtig lernen. Tipps und Lernstrategien für die Oberstufe. Freising, 1999

Kroner, Bernd / Schauer, Herbert: Unterricht erfolgreich planen und durchführen. Köln, 1997

Kugemann, Walter K.: Kopfarbeit mit Köpfchen. Moderne Lerntechnik. München, 1994

Kuhn, Linda: Sprechen ohne Reden. 100 Mal nonverbale Kommunikation. München, 2002

Kuhn, Thomas S.: Die Struktur wissenschaftlicher Revolution. Frankfurt/M., 1967 (1962)

Kuppfer, Heinrich / Ziehten, Ulrich: Erziehung verhaltensgestörter Kinder und Jugendlicher. Stuttgart (UTB), [2]1992

Kurz, Gerhart: Metapher, Allegorie, Symbol. Göttingen, [4]1997 (1982)

Kusch, Martin / Schröder, Helmut (Hg): Text, Interpretation, Argumentation. Hamburg, 1998

Lambertz, Peter: Arbeitsblätter Deutsch. Medienerziehung in den Klassen 5–7. Stuttgart, 1996

Landesinstitut für Schule und Weiterbildung (Soest): Fachübergreifender und fächerverbindender Unterricht in der gymnasialen Oberstufe. Bönen, 1999

Landesinstitut für Schule und Weiterbildung, Soest
- Streit-Schlichtung, 1996
- Über die Nutzlosigkeit von Belehrungen und Bekehrungen. Beiträge zur konstruktivistischen Pädagogik (Horst Siebert), 1996a
- Lern- und Unterrichtsbeobachtung in den Anfangsklassen, 1997

- Lernwege entdecken, [2]1998
- Wie die Schule ihr Schulprogramm entwickelt, [2]1998a
- Konstruktivismus im Unterricht (Ewald Terhart), 1999
- Empfehlungen und Hinweise zur Facharbeit in der gymnasialen Oberstufe, 1999a
- Praxishandbuch Evaluation in der Schule, 1999b
- Lernen mit Neuen Medien 2000. Software-Ratgeber für die Sekundarstufe I/II, 2000
- Beratungstätigkeit von Lehrerinnen und Lehrern in der Schule, 2001
- Die besondere Lernleistung in der gymnasialen Oberstufe, 2001a
- Fachübergreifender und fächerverbindender Unterricht in der gymnasialen Oberstufe, [2]2001 [www.DruckVerlag-Kettler.de]

Lange, Günther: Lust am Projekt. Hohengehren, 1999

Lange, Günter u.a. (Hg.): Taschenbuch des Deutschunterrichts, 2 Bände. Hohengehren, [6]1998 (1990)

Leber, Stefan (Hg.): Waldorfschule heute. Einführung in die Lebensformen einer Pädagogik. Stuttgart, 2001

Lefrancois, Guy R.: Psychologie des Lernens. Heidelberg, [3]1998

Lenzen, Klaus Dieter / von der Groeben, Annemarie / Winter, Felix (Hg.): Leistung sehen, fördern, werten. Neue Wege für die Schule. Bad Heilbrunn, 2002

Levi, Lutz: Suggestopädie. Ein Weg des ganzheitlichen Lernens. Marburg, 1998

Lichtenstein-Rother, Ilse / Röbe, Edeltraud: Grundschule. Der pädagogische Raum für Grundlegung der Bildung. Weinheim / Basel, [5]1991 (1982)

Lindenberg, Christoph: Waldorfschulen: Angstfrei lernen, selbstbewusst handeln. Praxis eines verkannten Schulmodells. Reinbek, 1997

Lippert, Susanne: Steiner und die Waldorfpädagogik. Mythos und Wirklichkeit. Weinheim / Basel, 2001

Lohberg, Rolf / Lutz, Theo: Keiner weiß was Kybernetik ist. Eine verständliche Einführung in eine moderne Wissenschaft. Stuttgart, [2]1969 [1990]

Lorenzen, Paul: Methodisches Denken. Frankfurt/M., 1968

Lowen, Alexander: Biogenetik. Reinbek bei Hamburg, 1988

Lyotard, Jean-François: Das postmoderne Denken. Wien, [4]1999 (1979)

Maas, Michael: Jugend und Schule. Hohengehren, 2000

Maaß, Evelyne / Ritzschl, Karsten: Phantasiereisen leicht gemacht. Paderborn, 1996

Mähler, Bettina / Hofmann, Gerlinde: Ist mein Kind hochbegabt? Besondere Fähigkeiten erkennen, akzeptieren, fördern. Reinbek, 1998

Maier, Wolfgang: Grundkurs Medienpädagogik, Mediendidaktik. Weinheim / Basel, 1998

Maiwald, Josef / Schick, Axel: Hören, reden, überzeugen. Die Kunst der erfolgreichen Argumentation. München, 2001

Margies, Dieter u.a.: Allgemeine Schulordnung für Nordrhein-Westfalen. Neuwied u.a., [3]1995

Markowitsch, Hans Joachim: Dem Gedächtnis auf der Spur. Vom Erinnern und Vergessen. Darmstadt, 2002

Martial, Ingbert von / Ladenthin, Volker: Medien im Unterricht. Grundlagen und Praxis der Mediendidaktik. Hohengehren, 2002

Martin, Jean-Pol / Kelchner, Rudolf.: Lernen durch Lehren. In: Timm, Johannes-P. (Hg.): Englisch lernen und lehren – Didaktik des Englischunterrichts. Berlin, 1998, S. 211–219

Martin, Jean-Pol: Das Projekt 'Lernen durch Lehren'. In: Liedke, Max (Hg.): Gymnasium, neue Formen des Unterricht und der Erziehung. Bad Heilbrunn, 1998, S. 151–166

Martin, Lothar R.: Gewalt in Schule und Erziehung. Grundformen der Prävention und Intervention. Bad Heilbrunn, 1999

Maschwitz, Gerda / Maschwitz, Rüdiger: Phantasiereisen zum Sinn des Lebens. Anregungen für Kinder, Jugendliche und Erwachsene. München, 1998

Meiers, Kurt: Anfangsunterricht im Lesen und Schreiben. In: G. Lange u. a. (Hg.): Band 1, a. a. O., S. 173–198

Ments, Morry van: Rollenspiel effektiv. München, 3 1998

Metzinger, Adalbert: Arbeit mit Gruppen. Freiburg, 1999

Meves, Christa: Erziehen lernen. Was Eltern und Erzieher wissen sollten. Gräfelfing, 2000

Meyer, Ernst (Hg.): Burnout und Stress. Praxismodelle zur Bewältigung. Baltmannsweiler, 1991

Meyer, Hilbert: Unterrichtsmethoden. Frankfurt/M., Band 1: Theorieband, 8 1999 (1987), Band 2: Praxisband, 9 1999 (1987)

Meyer, Hilbert: Einführung in die Schulpädagogik. Frankfurt/M., 2002

Meyer, Meinert A.: Didaktik für das Gymnasium. Berlin, 2000

Meyer-Krentler, Eckhardt: Arbeitstechniken Literaturwissenschaft. München (UTB), 8 1999

Miller, Reinhold: Schul-Labyrinth. Weinheim, 1993

Molcho, Samy: Alles über Körpersprache. München, 2001

Mönks, Franz J. / Ypenberg, Irene H.: Unser Kind ist hochbegabt. Ein Leitfaden für Eltern und Lehrer. München, 2 1998

Moser, Heinz: Einführung in die Medienpädagogik. Leverkusen, 3 2000

Müller, Frank / Siepe, Werner (Hg.): Selbstständigkeit fördern und fordern. Weinheim / Basel, 2002

Müller-Michaels, Harro: Noten für Kreativität? Zum Problem der Beurteilung produktiver Arbeiten im Literaturunterricht. In: Deutschunterricht 46 (Berlin, 1993) S. 7–8 und 338–348

Münker, Stefan / Roesler, Alexander (Hg.): Praxis Internet. Kurlturechniken der vernetzten Welt. Frankfurt/M., 2002

Münsinger, Wolgang / Klafki, Wolfgang (Hg.): Schlüsselprobleme im Unterricht (= Die Deutsche Schule, Beiheft 3). Weinheim, 1995

Naegele, Ingrid M. u. a.: Schulschwierigkeiten in Lesen, Rechtschreibung und Rechnen. Weinheim / Basel, 2001

Neill, Sean / Caswell, Sean: Köpersprache im Unterricht. Münster, 1996

Neuner, Gerhart: Ressource Allgemeinbildung? Weinheim / Basel, 1999

Niederhauser, Jürg: Duden. Die schriftliche Arbeit. Mannheim, 2000

Niederle, Monika: Schulangst. So helfen Sie Ihrem Kind. Freiburg, 2002

Nöllke, Matthias: Kreativitätstechniken. Freiburg, 3 2002

Nowak, Claus: Transaktionsanalyse in der gruppenpädagogischen Praxis. In: V. Buddrus (Hg.): Humanistische Pädagogik, a. a. O., S. 231–248

Oelkers, Jürgen: Theorie der Erziehung. In: Zs. für Pädagogik (1991), H. 1, S. 13–18

Oelkers, Jürgen / Thenorth, H.-E. (Hg.): Pädagogik, Erziehungswissenschaft und Systemtheorie. Weinheim / Basel, 1987

Oelkers, Jürgen / Wegenast, K. (Hg.): Symbole – Brücke des Verstehens. Stuttgart, 1991

Oelsner, Wolfgang / Lehmkuhl, Gert: Schulangst. Ein Ratgeber für Eltern und Lehrer. Meilen (Schweiz), 2002

Oerter, Rolf / Montada, Leo: Entwicklungspsychologie. München / Weinheim, 2 1987

Oksaar, Els: Spracherwerb im Vorschulalter. Einführung in die Pädolinguistik. Stuttgart, 2 1987

Paetzel, Ulrich: Wissenschaftliches Arbeiten. Überblick über Arbeitstechniken und Studiermethodik. Berlin, 2001

Pallasch, Waldemar / Kölln, Detlef: Pädagogisches Gesprächstraining. Weinheim / München, 2002

Pallasch, Waldemar / Mutzeck, Wolfgang / Reimers, Heino (Hg.): Beratung, Training, Supervision. Weinheim / München, 2002

Pappler, Manfred: Umwelterziehung im Klassenzimmer. Das Ideenbuch. Donauwörth, 1999

Paradies, Liane / Linser, Hans Jürgen: Differenzieren im Unterricht. Berlin, 2000

Perleth, Christoph u. a.: Die persönliche Begabung entdecken und fördern. Berlin, 2001

Perrez, Thomas: So lerne ich leichter. Einführung in die Lern- und Arbeitstechniken. Zürich, 1998

Petermann, Bernd: Schulmitwirkungsgesetz. Kommentar. Essen, [14]1997

Petermann, Franz: Verhaltensgestörtenpädagogik. Neue Ansätze und ihre Erfolge. Berlin, 1987

Petermann, Franz / Petermann, Ulrike: Aggressionsdiagnostik. Göttingen, 2000

Petermann, Franz u. a.: Ratgeber aggressives Verhalten. Göttingen, 2001

Peterßen, Wilhelm H.: Fächerverbindender Unterricht: Begriff, Konzept, Planung, Beispiele. München, 2000

Piaget, Jean: Meine Theorie der geistigen Entwicklung, hg. von R. Fatke. Frankfurt/M., 1983 (New York, 1970)

Piaget, Jean / Inhelder, Bärbel: Die Psychologie des Kindes. Olten, [4]1991 (Paris, 1966, dt. 1972)

Pohlschmidt, Monika (Hg.): Grundbaukasten Midienkompetenz. Marl (book on demand), 2001

Pöppel, Ernst: Grenzen des Bewusstseins. Frankfurt/M., [4]2000 (1985)

Postman, Neill: Das Verschwinden der Kindheit. Frankfurt/M., 1987 (New York, 1982)

Pöttgen, Heribert u. a.: Allgemeine Schulordnung. Kommentar für die Schulpraxis. Essen, [17]1999

Rabenstein, Reinold / Reichel, Rene / Thanhofer, Michael: kreativ unterrichten. Möglichkeiten ganzheitlichen Lernens. Münster [3]1997

Reble, Albert: Geschichte der Pädagogik. Stuttgart, [19]1999

Rechtien, Wolfgang: Angewandte Gruppendynamik. Ein Lehrbuch für Studierende und Praktiker. Weinheim, 1999

Reichart, Natalija: Nonverbales Verhalten im Lernprozess. Hamburg, 2002

Richter, Tobias: Zum Lehrplan der Waldorfschule. Stuttgart, 2002

Riedel, Katja: Persönlichkeitsentfaltung durch Suggestopädie. Baltmannsweiler, [2]2000

Robinsohn, Saul B.: Ein Struktur-Konzept für Curriculum-Entwicklung. In: Achternhagen, F. / Meyer, H. L. (Hg.): Curriculumrevision. München, 1971, S. 57–74

Rode, Horst u. a.: Umwelterziehung in der Schule. Leverkusen, 2001

Roeder, Annette / Hallberg, Mascha: Das Wunderknäuel. Die Kunst der Rede und der Argumentation. Espenhain, 2002

Rogers, Carl R.: Lernen in Freiheit. München, 1974

Röhrs, Hermann: Die Reformpädagogik. Weinheim, [5]1997

Rolff, Hans-Günter: Wandel durch Selbstorganisation. Weinheim, 1993

Rolke, Günther: Erfolgreiche Stillarbeit auf der Unterstufe durch Arbeitsmittel und Lernspiele. München, 1986

Roth, Gerhard: Fühlen, Denken, Handeln. Wie das Gehirn unser Verhalten steuert. Frankfurt/M., 2001

Roth, Heinrich: Pädagogische Psychologie des Lehrens und Lernens. Hannover, [15]1976 (1957)

Rotthaus, Wilhelm: Wozu erziehen? Entwurf einer systemischen Erziehung. Heidelberg, [3]2002 (1998)

Rousseau, Henri / Pfleger, Susanne: Traumreise in den Dschungel. München, 1997

Rüedi, Jürg: Disziplin in der Schule. Begründungen, Möglichkeiten, Hindernisse und Beispiele. Bern, 2002

Rumpf, Horst: Die übergangene Sinnlichkeit. München, 1981

Rumpf, Horst: Die künstliche Schule und das wirkliche Lernen. Über verschüttete Züge des Menschenlernens. München, 1986

Runkehl, Jens u. a.: Sprache und Kommunikation im Internet. Ein Überblick. Wiesbaden, 1998

Ruprecht, Horst / Beckmann, H.-K. / Cube, F. von / Schulz, W.: Modelle grundlegender didaktischer Theorien. Hannover, 3 1976 (1972)

Sander, Klaus: Personenzentrierte Beratung. Weinheim / Basel, 1999

Sanner, Rolf: Textbewertung und Schulaufsatz. Baltmannsweiler, 2 1988 (1979)

Schäfer, Karl-Hermann / Schaller, Klaus: Kritische Erziehungswissenschaft und kommunikative Didaktik. Heidelberg, 1971

Scheibe, Wolfgang: Die reformpädagogische Bewegung. Weinheim / Basel, 1999

Scheller, Ingo: Erfahrungsbezogener Unterricht. Königstein/Ts., 1981

Scheller, Ingo: Szenisches Spiel. Handbuch für die pädagogische Praxis. Berlin, 1998

Schenk, Christa: Lesen und Schreiben lernen und lehren. Hohengehren, 3 2001

Schermer, Franz J.: Lernen und Gedächtnis. Stuttgart u. a., 2002

Scheuerl, Hans: Geschichte der Erziehung. Stuttgart u. a., 1985

Scheunpflug, Annette: Biowissenschaft und Pädagogik. In: Pädagogik (2000) H. 1, S. 47–52; Lernen. Was passiert in den Gehirnen von Schülerinnen und Schülern? ebenda H. 2, S. 46–51; Mit der Steinzeitausstattung in das Cyberspace? ebenda H. 3, S. 44–48

Scheunpflug, Annettte: Biologische Grundlagen des Lernens. Berlin, 2001

Schiffler, Horst / Winkeler, Rolf: Tausend Jahre Schule. Eine Kulturgeschichte des Lernens in Bildern. Stuttgart / Zürich, 3 1991 (1985)

Schmeing, Ursula u. a.: Schulerfolg trotz Lernschwierigkeiten. Ein Elternratgeber bei Lern- und Leistungsstörungen. Weinheim / Basel, 1999

Schmidt, Josef: Renaissance, Humanismus, Reformation. Ditzingen bei Stuttgart, 1976

Schmidt, Siegfried J. (Hg.): Kognition und Gesellschaft. Der Diskurs des Radikalen Konstruktivismus. Frankfurt/M., Band 1: 1988, Band 2: 2 1992

Schmidt-Herwig, Angelika (Hg.): Museumspädagogik in der Praxis. Frankfurt/M., 1996

Schorch, Günther: Grundschulpädagogik, eine Einführung. Bad Heimbrunn, 1998

Schräder-Naef, Regula: Rationeller Lernen lernen. Weinheim / Basel, 19 2000

Schulte-Körne, Gerd: Legasthenie erkennen, verstehen, fördern. Bochum, 2001

Schulz von Thun, Friedemann: Miteinander Reden. Reinbek, Band 1: Störungen und Klärungen, 1996 (1981), Band 2: Stile, Werte und Persönlichkeitsentwicklung, 1996 (1989), Band 3: Das 'innere Team' und situationsgerechte Kommunikation, 1998 [Sonderausgabe bei Rowohlt: Band 1–3. Reinbek, 2001]

Schulz, Wolfgang: Unterrichtsplanung. München u. a., 3 1981 (1980)

Schulz, Wolfgang: Unterricht – Analyse und Planung. In: Heimann, P. / Otto, G. / Schulz W.: Unterricht. Analyse und Planung, a. a. O., S. 13–47

Schulz, Wolfgang: Ein Hamburger Modell der Unterrichtsplanung. Seine Funktion in der Alltagspraxis. In: B. Adl-Amini / R. Künzli (Hg.): Didaktische Modelle und Unterrichtsplanung. München, 1980, S. 49–87

Schwab, Felix u. a.: Computerunterstützte Präsentation. Bad Heilbrunn, 1999

Schwarz, Monika: Einführung in die kognitive Linguistik. Tübingen, 1992

Schwarzer, Ralf: Stress, Angst und Handlungsregulierung. Stuttgart, 4 2000

Seebauer, Renate: Einführung in die Lernpsychologie. Wien, 1990

Seiffert, Helmut: Einführung in die Wissenschaftstheorie, 2 Bände. München, 12 1996 (1969)

Seiffert, Helmut: Einführung in die Wissenschaftstheorie, Band 3: Handlungstheorie, Modallogik, Ethik, Systemtheorie. München, 1992

Seitz, Marielle: Urformen, Quellen der Phantasie. Einführung und Anregung für die pädagogische Praxis. München, 2001

Seuren, Pieter A. M.: Sprachwissenschaft des Abendlandes. Hohengehren, 2001

Sielert, Uwe: Themenzentrierte Interaktion nach Ruth Cohn. In: V. Buddrus (Hg.): Humanistische Pädagogik, a. a. O., S. 249–265

Solzbacher, Claudia / Freitag, Christine (Hg.): Anpassen, Verändern, Abschaffen? Schulische Leistungsbewertung in der Diskussion. Bad Heilbrunn, 2001

Soremba, Edith-Maria: Legasthenie muss kein Schicksal sein. Freiburg, 2000

Spanhel, Dieter / Hüber, H.-G.: Lehrersein heute – berufliche Belastungen und Wege zu deren Bewältigung. Bad Heilbrunn, 1995

Spektrum der Wissenschaft. Spezial 1 (2002): »Gedächtnis«

Spinner, Kaspar H.: Literaturunterricht und moralische Entwicklung. In: Praxis Deutsch 16 (1989) Heft 95, S. 13–19

Spitzer, Manfred: Geist im Netz. Modelle für Lernen, Denken und Handeln. Heidelberg, 2000

Standop, Ewald / Meyer, Matthias L. G.: Die Form der wissenschaftlichen Arbeit. Heidelberg (UTB), [15]1998

Strittmatter, Peter: Schulangstreduktion. Neuwied, [2]1997 (1993)

Struck, Peter: Wie schütze ich mein Kind vor Gewalt in der Schule. Erfolgsrezepte gegen Aggression. Frankfurt/M., 2001

Suter, Beat: Hyperfiction – ein neues Genre. In: Der Deutschunterricht 53 (2001) Heft 1, S. 4–14

Tenorth, Heinz-Elmar: Geschichte der Erziehung. Weinheim, [3]2000

Terhart, Ewald: Interpretative Unterrichtsforschung. Kritische Rekonstruktion und Analyse konkurrierender Forschungsprogramme der Unterrichtswissenschaft. Stuttgart, 1978

Terhart, Ewald: Lehrerberuf und Lehrerbildung. Weinheim / Basel, 2001

Tewes, Uwe / Wildgrube, Klaus (Hg.): Psychologie-Lexikon. München u. a., 1992

Thomas, Werner: Mein Kind ist hochbegabt. Außergewöhnliche Begabung erkennen und fördern. München, [2]1999

Tillmann, Klaus-Jürgen: Sozialisationstheorien. Reinbek b. Hamburg, [4]1993 (1989)

Tillmann, Klaus-Jürgen (Hg.): Schultheorien. Hamburg, [2]1993 (1987)

Tulodziecki, Gerhard: Medienerziehung in Schule und Unterricht. Bad Heilbrunn, 1989 [1992]

Tulodziecki, Gerhard / Six, Ulrike: Medienerziehung in der Grundschule. Opladen, [3]2000

Tumpold, Ernst: Schulangst, nein danke. München, 1997

Ulrich, D.: Das Gefühl. München, 1982

Ulrich, Klaus: Beruf: Lehrer/in. Arbeitsbelastungen, Beziehungskonflikte, Zufriedenheit. Weinheim / Basel, 1996

Vester, Frederic: Denken, Lernen, Vergessen (Sonderausgabe). München, [25]2001 (1973)

Volli, Ugo: Semiotik. Stuttgart, 2001

Vollstädt, Witlof: Viele Methoden oder Methodenvielfalt?. In: Pädagogik (2000) H. 2, S. 7–9

Voß, Reinhard (Hg.): Die Schule neu erfinden. Systemisch-konstruktivistische Annähungen an Schule und Pädagogik. Neuwied, [2]1997

Walter, Dagmar C.: Kinder vor Gewalt schützen. Erkennen, vorbeugen, eingreifen. Stuttgart, 1998

Warm, Ute: Rollenspiel in der Schule. Tübingen, 1981

Watzlawick, Paul u. a.: Menschliche Kommunikation. Bern u. a., [5]1980 (1969; New York, 1967)

Watzlawick, Paul (Hg.): Die erfundene Wirklichkeit. Beiträge zum Konstruktivismus. München, [9]1997 (1981)

Weber, Andreas / Hunziger, Karin: Was ist Werkstattunterricht? Mülheim, 1998

Weber, Wolfgang: Aufbereiten, Präsentieren. Berlin, 1997

Weimer, Hermann / Jacobi, Juliane: Geschichte der Pädagogik. Berlin, 1992

Wellhöfer, Peter R.: Gruppendynamik und soziales Lernen. Theorie und Praxis der Arbeit in Gruppen. Stuttgart, 1993

Welsch, Wolfgang: Unsere postmoderne Moderne. Berlin, 2002

Wenger-Hadwig, Angelika: Schule zwischen Disziplin und Freiheit. Fragen der inneren Schulreform. Innsbruck, 2000

Wermke, Jutta: Integrative Medienerziehung im Fachunterricht. Schwerpunkt Deutsch. München, 1997

Weschenfelder, Klaus / Zacharias, Werner (Hg.): Handbuch Museumspädagogik. Düsseldorf, ^{3}1992

Will, Hermann: Mini-Handbuch Vortrag und Präsentation. Für ihren nächsten Auftritt vor Publikum. Berlin / Weinheim / Basel, 2000

Wimmers, Ralf: Lehrer-Kursbuch Internet. Berlin, ^{3}2001 (2000)

Winkel, Rainer: Antinomische Pädagogik und Kommunikative Didaktik. Düsseldorf, ^{2}1988

Winkel, Rainer: Der gestörte Unterricht. Berlin ^{6}1996 (1976)

Winkel, Rainer: Theorie und Praxis der Schule oder: Schulreform konkret – im Haus des Lebens und Lernens. Baltmannsweiler, 1997

Winkel, Rainer: Die kritisch-kommunikative Didaktik. In: Gudjons, Herbert / Winkel, Rainer (Hg.): Didaktische Theorien. Hamburg, 1997a, S. 93–112

Wolf, Doris: Ängste verstehen und überwinden. Mannheim, 2001

Wygotski, Lew S.: Denken und Sprechen. Berlin, 1964 (1934)

Zinnecker, Jürgen (Hg.): Der heimliche Lehrplan. Untersuchungen zum Schulunterricht. Weinheim / Basel, 1975

Zima, Peter V.: Moderne / Postmoderne. Gesellschaft, Philosophie, Literatur. Stuttgart, 2001

Zocher, Ute: Entdeckendes Lernen lernen. Donauwörth, 2000